DAFENG

2022

大丰年鉴

盐城市大丰区地方志编纂委员会办公室　编

方志出版社
Publishing House of Local Records

图书在版编目（CIP）数据

大丰年鉴. 2022 / 盐城市大丰区地方志编纂委员会办公室编. -- 北京 ： 方志出版社，2022.11
ISBN 978-7-5144-5427-7

Ⅰ. ①大… Ⅱ. ①盐… Ⅲ. ①大丰—2022—年鉴
Ⅳ. ①Z525.34

中国版本图书馆CIP数据核字（2022）第234882号

责任编辑：徐　宏
责任校对：刘玉霞
责任印制：梅中英
出 版 者：方志出版社
地　　址：北京市朝阳区潘家园东里 9 号（国家方志馆 4 层）
邮　　编：100021
网　　址：http://www.zgfzcb.cn
发　　行：方志出版社图书营销中心（010-67110500）
印　　刷：南京凯德印刷有限公司
开　　本：889 毫米 ×1194 毫米　1/16
印　　张：24.27
字　　数：911 千字
版　　次：2022 年 11 月第 1 版
印　　次：2022 年 11 月第 1 次印刷
定　　价：398.00 元

大丰年鉴（2022）编辑委员会

编 辑 部　地 址　江苏省盐城市大丰区飞达东路100号

邮 编　224100

电 话　（0515）87033270

电 邮　dsbnjk@163.com

《大丰年鉴（2022）》手机版

大丰年鉴（2022）撰稿人员

（按姓氏笔画为序）

丁　旺	丁虎翼	丁荣喜	于　昀	王　宁	王　颖	王云霄	王文江
王军勇	王国生	王明娟	王明娟	王淑君	尤　勇	仇　勇	仇文倩
卞丹丹	方振宇	尹思雨	卢　鹏	叶　凡	印　象	吉中旭	毕少东
朱　峰	朱红军	朱俊方	朱爱凤	朱菲菲	乔晶晶	仲维华	任　嵘
任婷婷	庄长荣	刘　波	刘亚琴	刘晓生	孙晓晨	杜　鹃	李进成
李林珅	李信欣	李姝姝	李蓓蓓	杨　宇	杨　松	杨　波	杨小杰
杨开轩	杨进东	杨利平	杨雨培	杨怡琴	杨涵蔚	束冬梅	束秋莲
吴　荣	吴　洋	吴中锋	吴海燕	吴耀庭	何　颖	谷素梅	邹　洁
汪　倩	沈　滢	沈金高	沈莉莉	宋　蔚	张　晨	张　平	张　庆
张　炎	张　涵	张　丰	张　冲	张素萍	张莉霞	张敏弛	张清儒
张　斌	陆仁德	陆玉婷	陆建丰	陈　萍	陈　力	陈　迁	陈　杭
陈　都	陈　倩	陈　浩	陈　萍	陈　晨	陈永斌	陈伟琴	陈亦璇
陈志伟	陈志伟	金　龙	陈桂官	陈晓波	陈晓睿	陈婧雅	陈雯婷
陈鹤飞	陈璐璐	英　俐	季明姝	金小燕	周　荣	周　斌	周　霖
周汉明	周剑宇	郑　杏	郑玉元	单　振	胡　静	胡　榕	施　勇
洪德鑫	姚红玲	袁　欣	袁康勇	耿　健	夏　伟	夏晓霞	夏萍萍
顾　丽	顾　蓉	顾龙海	顾晨激	顾鹏贵	钱　澍	徐巳力	徐永兴
高　宇	高　峰	高伟伟	郭　璐	唐　凯	唐佳莉	黄　蕾	黄启明
黄　忠	黄素华	黄晓梅	崔跃兵	康东升	葛顺明	韩　雯	储　斌
谢　杨	谢竹青	蔡卫平	蔡志林	臧龙生	管慧静	潘　丰	薛丹丹

编辑说明

一、《大丰年鉴》是由盐城市大丰区人民政府主办，盐城市大丰区地方志编纂委员会办公室负责编纂的地方综合年鉴。2000年创刊，一年一刊，本卷为第23卷。

二、《大丰年鉴（2022）》以马克思列宁主义、毛泽东思想、邓小平理论、“三个代表”重要思想、科学发展观、习近平新时代中国特色社会主义思想为指导，坚持辩证唯物主义和历史唯物主义的立场、观点和方法，旨在全面系统地记述2021年度大丰区自然、政治、经济、文化、社会、生态建设等方面的情况，客观真实地反映全区各行各业所取得的新成就、新经验以及需要解决的新矛盾和新问题，为各级领导科学决策提供参考依据，为社会各界了解大丰、研究大丰提供资料信息、为编修地方史志积累地情史料。

三、《大丰年鉴（2022）》记述起讫时间原则上为2021年1月1日至2021年12月31日。为保证年鉴的完整性、连续性、时效性，部分资料适当上溯或下延。“附录”的个别内容选用2022年的资料。

四、《大丰年鉴（2022）》采用条目式纪事体，分类编撰。基本结构分为类目、分目、条目三个层次，以条目为主要载体，标题用【 】标出。全书设大丰概况、中共盐城市大丰区委员会、盐城市大丰区人民代表大会、盐城市大丰区人民政府、政协盐城市大丰区委员会、中共盐城市大丰区纪律检查委员会·盐城市大丰区监察委员会、群众团体、法治、军事、沿海开发、开放型经济、区园建设、经济管理、农业、工业、建筑业、商贸服务业、信息服务业、金融、城镇建设、水利、旅游·麋鹿保护、房地产业、交通、生态环境、科学技术、教育、文化、卫生健康、体育、社会生活、人力资源·社会保障、公共安全、镇·街道、驻丰农场、人物共36个类目、265个分目，收录条目1336条、表67个。

五、《大丰年鉴（2022）》采用的文字材料，大部分是由各镇（街道）、区各部门提供，并经单位领导审阅。文中所列数据，由于统计口径不同，少数数据略有差异，请读者注意，并以区统计局提供的年度“统计资料”为准。

六、《大丰年鉴（2022）》卷首有正文目录；卷末有按汉语拼音音序编排的内容分析索引，以方便读者查考。2012年起，《大丰年鉴》随赠电子光盘。2021年起，通过二维码形式链接全文。

彰会
国梦

大丰区庆祝中国共产党成立100周年文艺汇演
永远跟党走 100 共圆中国

大丰区庆祝
永远跟党

2021年6月30日，大丰区庆祝中国共产党成立100周年文艺会演在区文化会展中心举行。整场演出以“永远跟党走”为主题，分为《摇篮 · 红船》《使命 · 征程》《芳华 · 筑梦》3个篇章

1921
2021
庆祝中国共产党成立100周年
The 100th Anniversary of the Founding of
The Communist Party of China
庆祝中国共产党成立100周年红色经典
主办单位：中共白驹镇委员会

1921
2021
庆祝中国共产党成立100周年
The 100th Anniversary of the Founding of
The communist Party of China

中国心

2021年，大丰区各镇（街道）、各部门广泛进行社会氛围营造和公共环境布置，开展各类活动庆祝中国共产党成立100周年

2021年，大丰区草堰镇组织办、农技中心以及当地村民联合设计策划，通过不同水稻品种的交替栽插绘制出一幅稻田画，图案包含中国共产党成立100周年的数字、党徽、和平鸽等元素以及“建党百年 世纪献礼”汉字，面积约34000平方米

◎绿色生态

2021年12月11日,《全国县域/市辖区生态系统生产总值(GEP)研究报告2021》发布,大丰区列全国市辖区GEP百强第3位。

2021年,大丰区依托世界自然遗产资源优势和特色,加强森林、湿地资源整合,加大国土空间绿化力度,统筹制定湿地生态修复工程实施规划,生态保护取得显著成效。全区112千米海岸线已建成沿海基干林带,26条大中型骨干河堤绿化覆盖率100%,建成村庄绿化示范村139个,林木覆盖率21.98%,自然湿地保护率67.6%。

周古凯 摄

大丰区域内黄海湿地景观

2021年，大丰有世界珍稀麋鹿6119头，其中野生麋鹿2658头

2021年，大丰区新增绿化面积约26万平方米。新建悦动体育公园、和美大丰游园、吾悦社区游园等20个游园，组织对城市公园基础设施进行维修

大丰区白驹镇串场河风光

◎全域旅游

2021年1月24日，江苏省文化和旅游工作会议召开，大丰区获“国家全域旅游示范区”授牌。截至2021年年底，大丰区有国家AAAAA级景区1个，AAAA级景区6个，全国乡村旅游重点村1个，江苏省五星级乡村旅游区2个，四星级乡村旅游区4个，工业旅游区1个，省级旅游度假区2个。全年接待游客1030.04万人次，实现旅游业总收入101.8亿元。

周古凯　任　嵘　解楼霞　摄

2021年3月27日,"花里大丰·相约美好"旅游季暨2021年荷兰花海郁金香文化月开幕

2021年5月1—3日，大丰区梅花湾景区内上演烟花秀，吸引游客观赏游玩

2021年，大丰观海廊道二期工程总投资约3000万元，全长约9.7千米，其中川东闸至竹港闸道路全长约9000米，竹港闸至旅游1号线连接线700米，按照6米宽浅灰色沥青路进行改造，为生态游增添新线路

2021年12月16日，省政府发文批复同意设立江苏省盐城斗龙港旅游度假区

2021年，梦幻迷宫接待游客35万人，综合收入3200万元

梦幻餐厅

◎企业创新

2021年，大丰区深入实施创新驱动发展战略，鼓励支持企业强化创新主体地位，集聚创新资源，加大研发投入，推动企业技术进步和质量效益提升，为经济高质量发展注入澎湃动能。当年，大丰区新增省级企业技术中心2个、省级智能车间3个、省级上云企业62个，江苏金风科技有限公司跻身省民营企业创新百强，江苏德和绝热科技有限公司入选国家级专精特新“小巨人”企业，江苏正大丰海制药有限公司进入第四届中国质量奖受理名单。

邱　鹏　王成龙　周古凯　宋凯华　摄

2021年9月，江苏金风科技有限公司被列入“2021江苏民营企业创新100强”榜单，为盐城市唯一入榜企业，位列榜单38位。12月，江苏金风科技有限公司和江苏中车电机有限公司上榜江苏省绿色工厂（第二批）名单，大丰区省级绿色工厂创建实现“零”的突破

截至2021年年底，大丰区有国家级“专精特新”小巨人企业2个，分别为江苏谷登工程机械装备有限公司和江苏德和绝热科技有限公司

DEHO 德和
绝热制品
THERMAL INSULATION PRODUCT
CELLULAR GLASS
泡沫玻璃
HELI
合力叉车

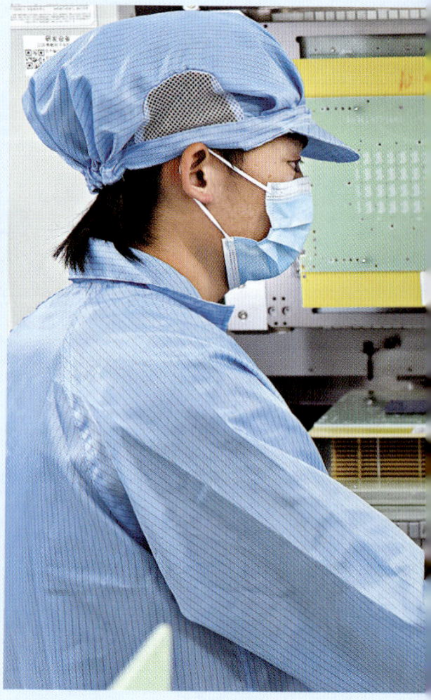

江苏博敏电子有限公司
创新造数
沟通世界

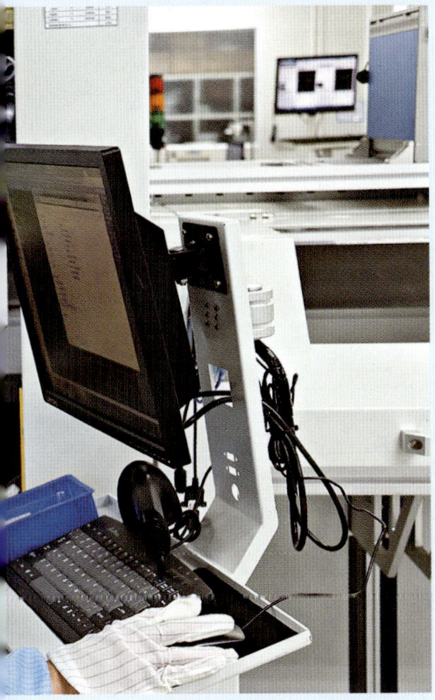

2021年，江苏博敏电子有限公司被评为省工业互联网标杆工厂、省五星上云企业、省两化融合管理体系（升级版）贯标试点企业

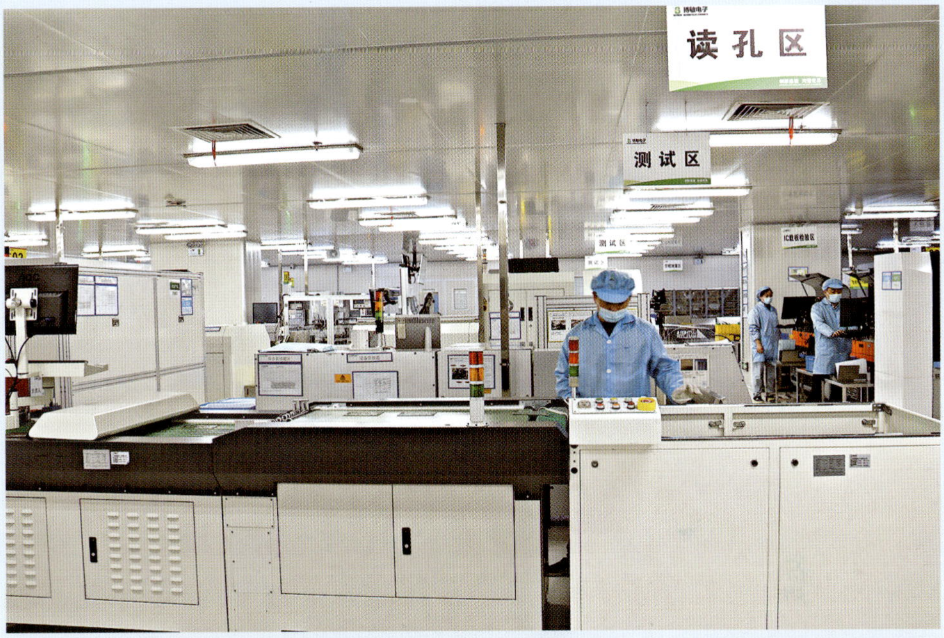

2021年，大丰区新增2个省级企业技术中心（江苏金韦尔机械有限公司、盐城大丰阿特斯阳光电力科技有限公司），截至年底，全区有省级以上企业技术中心20个

盐城大丰阿特斯阳光电力科技有限公司

2021年4月2日，中国首款百米级叶片10MW（兆瓦）-SR210型叶片，在洛阳双瑞风电叶片有限公司盐城基地顺利下线，从大丰港成功出运

2021年6月，江苏正大丰海制药有限公司进入第四届中国质量奖受理名单，是盐城市首家进入中国质量奖受理名单的企业

2021年11月28日，国内离岸距离最远的海上风电项目——三峡能源江苏大丰H8-2#30万千瓦海上风电项目完成全部风机安装；12月5日，首批机组并网发电。该项目位于大丰区毛竹沙北侧海域，场址中心离岸距离72千米，水深7.5米~20.9米

广告位招租

◎年度要闻

2021年，大丰区粮食生产实现“十八连丰”，杂交水稻制种面积全省第一，省级特色田园乡村总数11个，恒北村入选全国乡村特色产业亿元村，刘庄镇友谊村入选全国乡村治理示范村，获省2021年度乡村振兴战略实绩考核县级综合排名第一等次。深入推进城市更新，人民路海派风情街开街，20个城市游园建成开放。高质量发展教育、文化、卫生等社会事业，成功组建实验小学、实验初中两个教育集团，大丰瓷刻上榜国家级非物质文化遗产代表性项目名录，《妈妈的花摆裙》获第十一届“小荷风采”全国少儿舞蹈展演“小荷之星”荣誉称号（金奖），妇幼保健院新院投入运行。

邱　鹏　周古凯　单金德　摄

2021年11月，大丰区获省级县（市、区）耕地保护激励单位称号

2021年7月17日，大丰区大桥镇联丰村“苏翠1号”基地和恒北麋鹿早酥梨生产合作社基地生产的“苏翠1号”梨，在江苏省第三届优质早熟梨品鉴活动中分别获金奖和银奖

2021年9月23日，大丰区刘庄镇友谊村获第二批全国乡村治理示范村称号

中心

刘庄镇友谊村便民服务中心
为人民服务
医保

福

2021年12月1日，大丰区草堰石闸、丁溪闸和斗龙港闸上榜首批省级水利遗产名录

海派风情街
盛大开街

民路海派风情

2021年5月1日，大丰区人民路海派风情街开街。该街区是大丰区“一镇一里两街两商圈”的重点项目，全长2.7千米，总投资4亿元，是集休闲、购物、娱乐、饮食、观光为一体的海派风情特色商业街区

红梅报春

富贵满堂

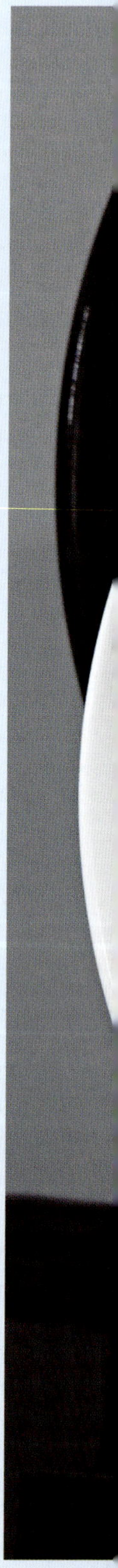

2021年6月10日，大丰瓷刻上榜第五批国家级非物质文化遗产代表性项目名录

2021年12月14日,《妈妈的花摆裙》获第十一届“小荷风采”全国少儿舞蹈展演“小荷之星”称号(金奖)

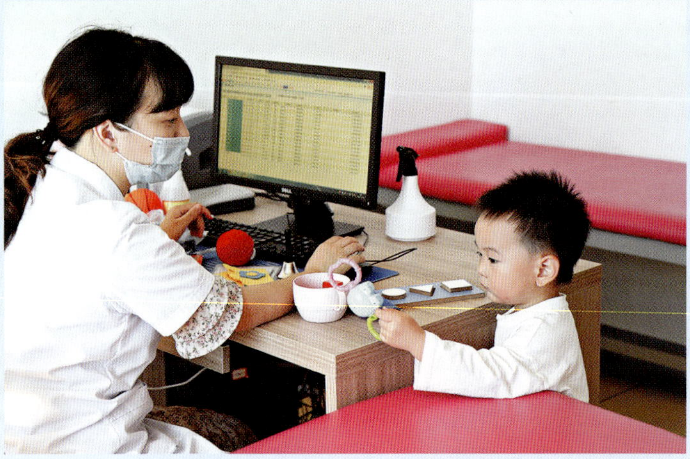

2021年12月20日，大丰区妇幼保健院新院开业试运行。新院区建筑面积14678.9平方米，设置床位100张，院内设孕产保健部、儿童保健部、儿科病房、妇科病房、产科病房、妇女儿童健康筛查等科室

挡烟垂壁
家长学校
Parents School
3f
高危诊室/早期发育诊室
体检测量室/发育诊室
2022年 9月29日 星期4
9:36:37

特 载

大 事 记

大丰概况

中共盐城市大丰区委员会

盐城市大丰区人民代表大会

盐城市大丰区人民政府

政协盐城市大丰区委员会

中共盐城市大丰区纪律检查委员会
盐城市大丰区监察委员会

群众团体

法 治

军 事

沿海开发

开放型经济

区园建设

经济管理

农　业

工 业

建筑业

商贸服务业

信息服务业

金　融

城镇建设

水　利

旅游·麋鹿保护

房地产业

交 通

生态环境

科学技术

教　育

文　化

卫生健康

体 育

社会生活

人力资源·社会保障

公共安全

镇·街道

驻丰农场

人 物

荣誉栏

附 录

索 引

特 载

十 大 新 闻

组织庆祝中国共产党成立100周年系列活动
学习宣传贯彻党的十九届六中全会精神
党史学习教育扎实开展
党的建设全面进步

2021年，全区上下在以习近平同志为核心的党中央坚强领导和习近平新时代中国特色社会主义思想科学指引下，精心组织庆祝建党100周年系列活动，认真学习、宣传、贯彻党的十九届六中全会精神，忠诚捍卫“两个确立”，增强“四个意识”，坚定“四个自信”，做到“两个维护”，始终胸怀“两个大局”、牢记“国之大者”，切实提高政治判断力、政治领悟力、政治执行力。扎实开展党史学习教育，相关创新做法被中央、省简报刊发推广。贯彻落实省市党代会精神，成功召开区第十三次党代会，选举产生新一届区委领导班子，顺利完成镇党委、村（社区）“两委”换届，绘出好蓝图，形成新气象。积极开展“我为群众办实事”实践活动、“两在两同”建新功行动，人民群众的获得感、幸福感、安全感持续增强。

经济实力总量、质量“双提升”
现代化大丰建设实现良好开局

2021年，全区深入贯彻新发展理念，统筹抓好经济发展和疫情防控，圆满完成年初确定的各项目标任务，人均地区生产总值、外贸进出口总额、金融机构贷款余额等指标居全市第一，全体居民人均可支配收入高于地区生产总值增幅，全口径工业开票销售总量和增幅全市领先，工业税收41.8亿元、占全部税收收入比重超50%，总量和占比居全市首位。预计完成地区生产总值735亿元，增长7.5%；一般公共预算收入58亿元，增长8.4%；注册外资实际到账1.2亿美元，外贸进出口总额40亿美元，分别增长10.6%、39.4%；新增市级工业星级企业5家，新增规模以上工业企业78家，新增开票销售超亿元企业40家，新培植规模以上服务业企业30家，服务业增加值389亿元、增长7.9%。大丰高质量发展稳中有进、行稳致远。

长三角一体化产业发展基地建设擂响战鼓
常盐工业园拓展区基础设施拉开阵势、全面开建

2021年12月27日，常盐工业园拓展区基础设施正式开工建设，这是长三角一体化产业发展基地建设从“规划图”变成“施工图”的第一个“重头戏”。市、区相继召开高规格动员大会，重点布局“一轴、一核、二组团、四园区”，常盐工业园及大丰经济开发区智造之核，刘庄物流组团、新丰文旅组团，大丰高新区、沪苏大丰产业联动集聚区、苏盐沿海合作园区和大丰港（中韩盐城产业园）临港产业配套区，形成全域联动、错位协同、竞相发展的新格局，沪苏大丰产业联动集聚区建设列入国家长三角一体化发展“十四五”规划，大丰发展历史性地提升到市域、省域、长三角一体化新高度。

蜂巢动力电池项目正式落户
大丰百亿级项目实现新的重大突破

2021年，全区上下始终坚持“实体为本、项目为王”，升温加压开展春季招商竞赛和秋季项目大会战，每月召开“三重”工作推进会，每季度组织集中开竣工活动，创新探索“零审批开工”，投资100亿元蜂巢动力电池和30亿元阿特斯三期、20亿元正泰新能源二期等重大项目签约落户，长三角智能网联汽车试验场、天合光能等15个10亿元以上项目开竣工。新能源及装备制造、新能源汽车零部件、新一代电子信息三大战略性新兴产业实现销售411亿元、增长35.8%，新能源发电量66亿千瓦时、增长20.6%。大丰绿色、低碳发展迈出新步伐。

大丰区列全国市辖区GEP百强第3位
“两山”理论大丰实践开花结果

2021年12月11日，《全国县域/市辖区生态系统生产总值（GEP）研究报告2021》发布，大丰区列全国市辖区GEP百强第3位。大丰区坚定践行“绿水青山就是金山银山”理念，以整治全域水环境为抓手，深入打好蓝天、碧水、净土保卫战，$PM_{2.5}$浓度均值、空气质量优良天数比率位居全省前列，行政村生活污水治理设施实现全覆盖，农村河道长效管护连续7年列全省第一等次，获省级耕地保护激励，新增成片造林365.33公顷，建成省级生态文明建设示范镇4个，省级绿色工厂实现零的突破，绿色成为美丽大丰最鲜亮的底色。

斗龙港旅游度假区创成省级旅游度假区 全域旅游有声有色

2021年12月16日，省政府发文批复同意设立江苏省盐城斗龙港旅游度假区。作为大丰区旅游经济发展具有龙头带动作用的重要载体平台，该度假区积极探索“休闲度假目的地”和“旅游+”产业协调发展之路，全力打造长三角一流品质的度假旅游目的地，成功举办全省文旅消费推广季活动，观海廊道基本建成通车，旅游公路新建里程全市第一，荷兰花海AAAAA创建上报文旅部评定验收，累计接待游客超千万人次，旅游业总收入超百亿元。旅游经济效益、富民效益不断提升。

金风科技跻身省民营企业创新百强 科技创新活力迸发

2021年9月23日，省工商联与省科学技术发展战略研究院联合发布“2021江苏民营企业创新100强”榜单，江苏金风科技有限公司列第38位，成为盐城市唯一入榜企业。大丰区深入开展“科技创新突破年”活动，净增国家高新技术企业28家，获批国家科技型中小企业360家，建成省级研发机构9家，获批国家、省、市专精特新“小巨人”企业10家，金风科技以第一名的成绩获评省企业技术创新奖，为全市唯一，大丰经济开发区建成省大众创业万众创新示范基地。

人民路海派风情街开街
城乡面貌焕然一新

2021年5月1日，作为大丰区"一镇一里两街两商圈"的重点项目——人民路海派风情街开街。城西、城东、城中、城北展现新颜值，西河口片区2.5平方千米启动区全面完成征迁，致力打造品质城市会客厅。悦动体育公园等20个城市游园建成开放，8个老旧小区综合整治全面完成，省道226大丰南段绕城段、春柳南路、新时代大道延长线竣工通车，新增和优化城市公交线路13条。全面推进乡村振兴，实施高标准农田1.19万公顷，建成新型农村社区10个，省级特色田园乡村总数11个，为全市最多，获评省级示范家庭农场12家，48个村集体经营性收入均超50万元，恒北村入选全国乡村特色产业亿元村。

盐城港大丰港区至韩国釜山港国际直达集装箱班轮航线开通
沿海开放走向深海

2021年9月，盐城港大丰港区至韩国釜山港国际直达集装箱班轮航线开通。该航线将充分激活盐城港大丰港区作为中韩（盐城）产业园唯一临港配套区的政策和区位优势，进一步提升盐城港的服务能力和水平。大丰沿海开发开放不断深入，大丰港深水航道一期竣工，滚装码头对外开放，"沪丰海上专线"增至每周4班，全年完成货物吞吐量7066万吨、集装箱37.6万标箱。大丰港铁路支线具备全面开工条件。新能源淡化海水成套设备出口运往马尔代夫等"一带一路"沿线国家。大丰向海发展的步伐坚实而有力。

实验小学、实验初中教育集团组建
民生事业托举幸福

2021年，大丰区成功组建实验小学、实验初中两个教育集团，顺利实施城区初中区管校聘改革。全区始终坚持以人民为中心的发展理念，城镇登记失业率创近5年新低；飞达路、东方路幼儿园投入使用，实验初中常新路分校主体竣工；扬州大学医学院附属大丰人民医院揭牌成立，区妇幼保健院投入运行，三院新院区主体竣工，规划建设老年医院；区图书馆获评全国服务农民、服务基层文化建设先进单位，《妈妈的花摆裙》获第十一届"小荷风采"全国少儿舞蹈展演"小荷之星"荣誉称号（金奖）；被评为全省"居家和社区养老服务创新示范区"；在全省率先实现全国示范型退役军人服务中心（站）全覆盖。

（摘编自《大丰日报》）

十大突破项目

阿特斯太阳能光伏组件二期项目

该项目由苏州阿特斯阳光电力集团投资建设，一期、二期合计总投资30亿元，总用地18.53公顷，其中一期投资15亿元，用地10公顷，8条生产线全部满负荷运营；二期投资15亿元，用地8.53公顷，建设厂房附房7万平方米，新上8条高效太阳能组件生产线。二期项目2021年1月开工，预计2023年一季度全面竣工投产。项目满产后，预计年可生产光伏组件6.5吉瓦，年开票销售60亿元，税收8000万元。

洪田高端成套装备研发制造项目

该项目由上海洪田机电科技有限公司投资建设，总投资15亿元，用地12.58公顷，新建厂房附房7万平方米，新上无缝钛圈旋压机、数控机床、立式加工中心等大型加工设备，建设高端锂电铜箔成套设备生产线、覆铜板CCL及PCB设备生产线、自动仓储物流设备生产线；项目2021年12月开工，计划2023年12月竣工。年产锂电生箔机成套设备及配件5200台套、一体机设备及配件1100台套、辊筒5500支、覆铜板自动化生产线设备50台套、标准铜箔机表面处理机设备20台套、仓储物流设备40台套项目，可实现年销售10亿元，税收1亿元。

金信诺5G互联产业项目

该项目由深圳金信诺高新技术股份有限公司投资建设，总投资10亿元，用地3.33公顷，分三期投资建设，其中一期项目主要投资8条PCBA和12条SMT生产线等；二期建成研发实验室及厂房约6万平方米，主要从事服务器高速线缆组件、各类系统设备、终端、模块等产品的研发制造；三期项目主要用于5G天线整机制造，规划自主研发并制造5G宏基站、小基站和卫星便携站等。项目于2021年4月开工，2022年9月竣工。

弈博太智能制造产业基地项目

该项目由深圳弈博太集团投资建设，总投资30亿元，占地13.33公顷，建设工业厂房26万平方米、办公及附属用房4公顷。其中一期投资8亿元，占地3.33公顷，建筑面积8万平方米，建设5栋标准厂房。新上物联网、车联网、5G、芯片、半导体封测、机器人、SMT、集成电路、智慧教育、智慧医疗、智慧安防等产业项目。项目于2021年4月开工，计划2024年12月全面竣工。建成后可年产全信号链芯片300万片，集成电路板等350万片，实现开票销售60亿元，税收2.6亿元。

朗克斯智能制造项目

该项目由苏州郎克斯精密五金有限公司投资建设，总投资5亿元，建筑面积约4.3万平方米，主要从事智能手机精密零组件、新能源汽车电机组件、5G高端散热组件等研发及制造，主要客户有华为、小米、vivo、特斯拉等一线品牌。项目2021年1月开工，2021年6月竣工投产。项目年产高端智能手机中框1500万套，特斯拉精密电机组件50万套，可实现开票销售5亿元。

正大丰海原料药和口服制剂项目

该项目由正大丰海制药有限公司投资建设，总投资10.1亿元。其中，5亿元原料药落户港区，用地13.33公顷，建筑面积2万平方米，新建福多司坦、盐酸莫西沙星、依达拉奉、利奈唑胺、艾司奥美拉唑钠、替格瑞洛、聚普瑞锌、旋卡多曲、孟鲁司特钠等高端精细合成原料药生产线。投资5.1亿元的口服制剂落户开发区，用地3.2公顷，建设厂房及附房2.5万平方米，新上两条固体制剂生产线及自动化立体仓库，可年产30亿粒（袋）颗粒剂、片剂、胶囊剂。

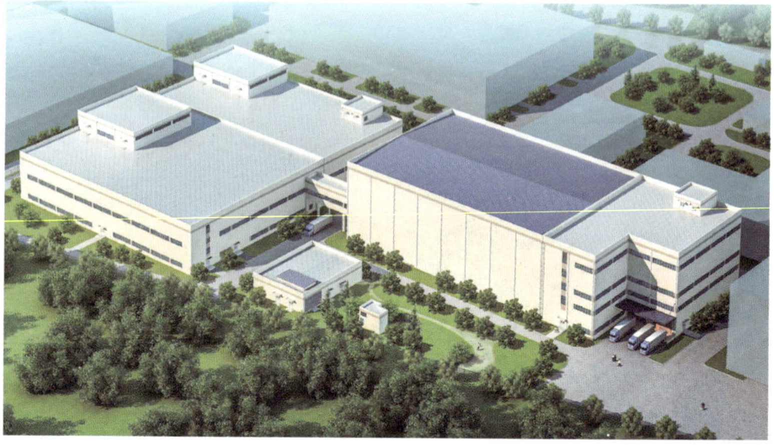

海恒海上风电装备制造项目

该项目由江苏海力风电设备科技股份有限公司投资建设，总投资5亿元，占地约9.47公顷，建设海上风电基础装备制造项目，购置160卷板机、800吨滚轮架、400吨龙门吊、200吨组对机等设备。项目于2021年9月开工，计划2023年8月竣工。建成后年产200台套塔筒，150台海上风机单桩基础、导管架基础承载平台，达产可实现年销售10亿元，税收1500万元。

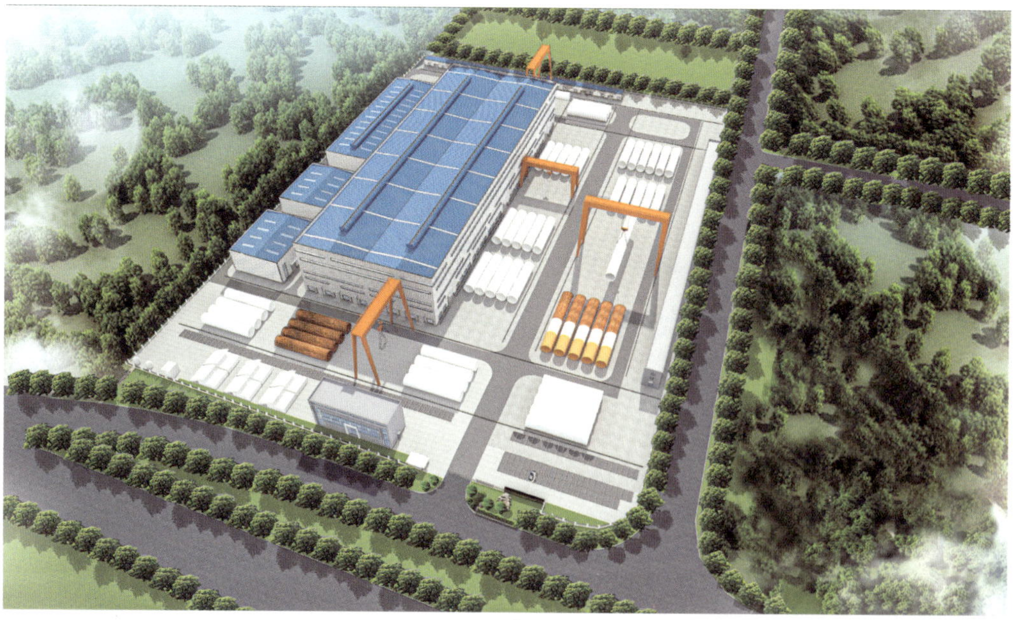

天沐温泉酒店项目

该项目由江苏裕丰旅游开发有限公司投资建设，总投资9亿元，用地6.67公顷，建设14栋单体，总建筑面积7.1万平方米，其中地上建筑面积4.9万平方米，地下建筑面积2.2万平方米。主要建设酒店客房313间，室内外温泉泡池58个，配套建设宴会中心、美食城、独立汤院。项目于2020年3月开工，2022年3月竣工。

莱悦广场项目

该项目由盐城市大丰世纪嘉年置业有限公司投资建设，总投资10亿元，用地9.47公顷，总建筑面积23万平方米，建设市场办公、特色酒店、零售市场、电影院、综合购物中心等。项目于2021年2月开工，计划2023年12月竣工。

海博智能仓储物流中心项目

该项目由江苏海博仓储物流有限公司投资建设，总投资6.7亿元，用地9.67公顷，建筑面积10.37万平方米，建设智能仓储物流区、快递分拨中心区、物流商务服务三个功能区及其他配套设施。项目于2021年3月开工，计划2022年12月竣工。

（顾鹏贵）

〖编辑　朱晓华〗

大事记

1月

5—7日　政协盐城市大丰区第十四届委员会第五次会议召开。区委书记薛盛堂在开幕式上作题为《同心筑梦 携手前行 奋力开启社会主义现代化建设新征程》的讲话。

6—8日　盐城市大丰区第十五届人民代表大会第五次会议召开。区委书记薛盛堂在闭幕大会上发表《实干创造 奋斗作答 携手开启社会主义现代化建设新征程》的讲话。

9日　区委、区政府召开全区重大产业项目现场推进会。与会人员集中观摩望海楼大丰海上风电产业园规划展示馆、金风科技16兆瓦传动试验室、昆仑绿建木结构建筑及构件、悦达汽车（大丰）科创园等10个大项目。

12日　大丰区进口冷链食品集中监管仓正式启用。监管仓位于大丰港经济开发区，占地面积1600平方千米，进口冷链食品日处理能力100吨。

18日　大丰区110千伏盐港输变电工程建成投运。该工程是省发改委"十三五"期间核准的大丰地区重点项目，位于大丰港经济开发区。

19日　南京军区原司令员、上将朱文泉撰写的《岛屿战争论》赠书仪式在大丰区举行。

24日　区长李志军在全省文化和旅游工作会议主会场（南京）围绕全域旅游创建作交流发言，并接受"国家全域旅游示范区"授牌。

28日　"我苏"客户端《我苏论政·崭新的征程已经开启》栏目播出对省人大代表、大丰区委书记薛盛堂的专访。

△　区长李志军检查污染防治工作。他强调，要坚持生态优先、绿色发展，着力打造宜居、宜业、宜游的美丽家园。

30日　区委书记薛盛堂主持召开十二届区委第十二轮巡察工作书记专题会议，听取区委第一至第十轮巡察整改情况汇报和第十二轮巡察情况汇报，并对做好下一步巡察工作进行部署。

2月

3日　大丰区首张容缺预审施工意见书发放给天合光能（盐城大丰）有限公司，打造"拿地即开工"大丰样本。

4日　区委、区政府举行全区镇域发展"家家到"观摩活动。与会人员进园区、入企业、看项目，集中观摩启航未来智能终端产业园、泰扶新能源光伏配件、江苏聚亿新材料科技、东方桃花洲温泉酒店等13个产业项目和12个农房改善项目。

8日　光大银行盐城大丰支行正式开业。

9日　大丰区农村工作会议召开，动员全区上下巩固拓展脱贫致富奔小康成果，全面推进乡村振兴战略，以走在前列的使命担当，建设全域农业现代化示范区，奋力开创新时代大丰农业农村工作新局面。

△　十二届区纪委六次全会召开。区委书记薛盛堂在会上强调，深入学习贯彻习近平总书记在中央纪委五次全会上的重要讲话和中央、省市纪委全会精神，持续深化党风廉政建设和反腐败斗争，坚定不移纵深推进全面从严治党，为"十四五"开好局、起好步提供坚强保障。

18日　大丰区在2020年度盐城市综合考核总结表彰大会上，被表彰为综合考核第一等次，并获得经济发展高质量、文化建设高质量2个单项奖，24个企业获评星级企业，五星级企业数量在全市名列前茅。

25日　常州高新区大丰工业园管理委员会在全国脱贫攻坚总结表彰大会上被表彰为脱贫攻坚先进集体。

26日　全省重大项目建设推进会议举行，市分会场设在盐城港大丰港区新能源产业基地。

2021年1月19日，南京军区原司令员、上将朱文泉撰写的《岛屿战争论》赠书仪式在大丰区举行　邱鹏　摄

3月

3—4日　省安全生产第九督导组到大丰区督导安全生产工作。其间，省督导组通过听汇报、实地察看等方式，检查、抽查大丰区化工园区、港口和西团镇等地安全生产工作情况，充分肯定大丰区安全生产工作取得的阶段性成效。

4日　盐城市"学雷锋践初心 向

建党百年献礼”主题活动暨2021年“学雷锋志愿服务”启动仪式在大丰区荷兰花海举行。

△ 盐城港大丰港区滚装码头对外开放通过省级验收。

5日 省政协“有事好商量”协商议事工作专题调研组一行到大丰，专题调研“有事好商量”协商议事工作开展情况。座谈会上，调研组对大丰区政协开展“有事好商量”协商议事工作取得的积极成效给予充分肯定。

11—12日 省政协副主席、党组副书记阎立一行到大丰区调研海洋科技创新发展情况。

15日 省政法队伍教育整顿盐城驻点指导组一行到大丰调研。

17日 大丰区召开党史学习教育动员会议。

△ 大丰区政法队伍教育整顿领导小组第一次会议召开，传达学习省政法队伍教育整顿盐城驻点指导组到大丰调研讲话精神，以及全市政法队伍教育整顿领导小组第一次会议精神，研究部署下一阶段工作任务。

26日 盐城市高质量发展项目观摩推进会在大丰区举行。与会人员实地观摩国新深通智能科技产业园、中船双瑞风电叶片、谷登重型机械、昆仑绿建木结构科技智能制造、人民路海派风情街等12个项目现场。

27日 由省文旅厅、省发改委和盐城市政府共同主办的“水韵江苏·有你会更美”文旅消费推广季在大丰区荷兰花海景区正式启动。

△ “花里大丰·相约美好”旅游季暨2021年荷兰花海郁金香文化月开幕。

30日 全省2020年度高质量发展总结表彰大会召开。大丰区在高质量发展年度统考中获评推进高质量发展先进县(市、区)，区委书记薛盛堂被表彰为推进高质量发展优秀县(市、区)委书记。薛盛堂在省主会场参会并上台领奖。

31日 区委、区政府召开全区城市建设大会战动员大会，并举行全区城建重点项目集中开工和观摩活动，23个城建重点项目开工建设，总投资41.9亿元。

4月

2日 大丰港区通用码头吊装出运一支长102米的风电叶片。该风电叶片是中国首款百米级叶片10MW(兆瓦)–SR210型叶片，同时打破全球港口吊装最长风电叶片记录。

8日 大丰区召开“大干二季度，确保双过半”动员大会，并举行重点项目集中开工活动，洪田高端成套装备制造、捷朗光伏电池组件材料、海纳新能源汽车新型泵类总成、正大丰海口服制剂综合生产、美高半导体封装测试等18个项目集中开工。

10日 2021年第九届恒北梨花文化节在大中街道恒北村开幕。

20日 党史学习教育市委宣讲团宣讲报告会在大丰区举行。

20—21日 盐城市重点工业项目推进会在大丰区召开。

23日 区政府召开十五届六次全体(扩大)会议，以“创新推动盐丰一体化，全面融入盐城大市区”为主题研究推进区政府工作，进一步转作风、提效能，确保“十四五”发展开好局、起好步。

26日 青海省同德县委书记丁瑞毅、县长项秀率党政代表团到大丰，先后考察恒北村新农村建设、金风科技实验中心、荷兰花海等现场，并听取相关情况介绍。

27日 省人大常委会副主任魏国强一行到大丰，围绕省人大代表提出的发展现代种业重点建议的办理，开展调研督办工作。

28日 由省委网信办、团省委联合开展的“歌颂写在大地上——线上马拉松暨打卡红色地标”“听！我来说党史·江苏青少年党史童声图书馆”活动在大丰启动。

△ 海军潜艇学院与大丰高级中学共建生源基地在大丰高级中学正式签约揭牌。

29—30日 扬州大学医学院和大丰人民医院举行合作签约暨附属医院揭牌仪式。

是月 大丰区入选苏北地区农民群众住房条件改善工作拟激励名单，全市仅此一家。

5月

1日 人民路海派风情街开街。

9日 全国人大常委会委员、民进中央副主席高友东一行到大丰开展“金融业助力乡村振兴”课题调研。其间，高友东一行调研恒北村、荷兰花海，并召开座谈会。

11日 全省“幸福家园”村社互助工程推进会在大丰区召开，大丰区作为全省唯一获省“幸福家园”村社互助工程示范点授牌。

13日 大丰宜君协作和经济合作工作联席会议在盐城召开。双方交流两地经济社会发展情况，共商对口协作和经济合作发展大计。

17日 区委书记薛盛堂在盐城会见大丰区邀请参加“向海发展，赋能未来”中国盐城投资环境说明会的山东龙马控股集团有限公司董事长樊宪国，南玻集团管理委员会主任、副总裁何进，就合力做大做强汽车和光伏等战略性新兴产业、构建一流的产业生态圈进行深入交流。

18日 “向海发展，赋能未来”中国盐城投资环境说明会在盐城举行。在主会场和大丰专场活动中，大丰区共有23个项目签约，总投资258.2亿元。

△ 九三学社盐城市大丰区基层委员会成立。

22日 盐都区委书记、区长王娟率党政代表团一行，到大丰区参观考察。其间，代表团一行考察了沪苏大丰产业联动集聚区正泰新能源光伏电池及组件项目和斗龙港旅游度假区，对大丰区推进高新产业建设、高质量发展旅游项目、推动文化旅游产业融合发展所取得的成果予以高度评价。

24日 中共盐城市大丰区委十二届十二次全会召开，会议审议通过了《关于召开中国共产党盐城市大丰区第十三次代表大会的决议(草案)》。全会由区委常委会主持，区委书记薛盛堂代表区委常委会讲话。

26日 广西壮族自治区政协副主席刘慕仁一行，到大丰考察“统筹沿海资源开发保护，推动向海经济发展”工作。在大丰期间，考察组一行先后考察了荷兰花海、金风科技临海总装厂项目、大丰港集装箱码头，对大丰区加快沿海开放开发、推动向海经济发展等方面取得的成绩给予高度评价。

31日 安道麦股份有限公司与江苏辉丰生物农业股份有限公司举行重组合作项目交割仪式。这是大丰区携手世界500强，推动企业挂大靠强、战略重组的重大成果。

是月 截至月底，大丰麋鹿国家级自然保护区麋鹿总数增至6119头，其中野生麋鹿种群2658头。

6月

2—3日 盐城市副市长汤如军，大丰区委书记薛盛堂带队到上海开展招商活动，聚焦产业战略布局，精准对接上海优质资源，拓展合作共赢空间，以产业大招商的新成效助力大丰发展高质量。

4日 上海人游“北上海”2021江苏大丰（上海）旅游推介会在上海举行，现场10个重点文旅项目集中签约。

7日 高考开考。大丰区参加普通高校招生统一考试的考生共2166人（另有564名参加高职院校提前招生已被录取），设大丰高级中学1个标准化考点、78个考场，其中备用防疫隔离考场3个。

10日 大丰瓷刻上榜第五批国家级非物质文化遗产代表性项目名录。

14日 电视纪录片《张謇与大丰》拍摄启动仪式在大丰区举行。

15日 中考开考。大丰区有考生4535人，设大丰高级中学、新丰中学2个考点、152个考场，其中备用隔离考场5个。

18日 大丰区举行城建大会战“做精城中”板块项目观摩推进活动，集中观摩城中板块城建会战成果。与会人员先后观摩了春柳南路工程、益民小区改造提升工程、第三人民医院新院、圆鼎市民广场、景尚名城保障性住房等9个项目现场。

△ 长三角“六市一区”（南通市、盐城市、宁波市、湖州市、绍兴市、合肥市和上海市徐汇区）政协主席联席会议代表团成员到大丰，考察大丰区文旅产业。考察团认为，大丰区精准把握文旅产业发展方向，文旅产业有品牌、有特色、有实力，值得学习和推广。

△ 大丰港区至济宁跨省内河集装箱航线正式开通。

30日 大丰区庆祝中国共产党成立100周年大会暨“两优一先”（优秀共产党员、优秀党务工作者、先进基层党组织）表彰会在区文化会展中心举行。

是月 江苏正大丰海制药有限公司进入第四届中国质量奖受理名单，为全市唯一。

7月

1日 区四套班子领导集中收听收看庆祝中国共产党成立100周年大会实况直播，共同庆祝党的百年华诞。

7日 大丰区领导干部大会召开。会议宣布省、市委关于盐城市大丰区党政主要负责人职务调整的决定：李志军任中共盐城市大丰区委书记；薛盛堂不再担任中共盐城市大丰区委书记职务；戴勇任大丰区委副书记，提名为大丰区政府区长候选人。

12日 省政协副主席、党组副书记阎立一行到大丰考察湿地保护工作。考察组认为大丰区高度重视生态环境保护，湿地保护工作措施扎实有力，取得良好成效。

14日 中共盐城市大丰区委十二届十三次全体会议召开，研究区第十三次党代会相关筹备工作。

17日 大桥镇联丰村“苏翠1号”基地和恒北麋鹿早酥梨生产合作社基地生产的“苏翠1号”梨，在江苏省第三届优质早熟梨品鉴活动中分别获金奖和银奖。

18—19日 中国共产党盐城市大丰区第十三次代表大会召开。李志军代表中共盐城市大丰区第十二届委员会向大会作工作报告。会议通过《中国共产党盐城市大丰区第十三次代表大会关于十二届区委工作报告的决议》和《中国共产党盐城市大丰区第十三次代表大会关于十二届区纪律检查委员会工作报告的决议》。

19日 中国共产党盐城市大丰区第十三届委员会举行第一次全体会议，选举产生中共盐城市大丰区第十三届委员会常务委员会委员和书记、副书记，通过中共盐城市大丰区纪律检查委员会第一次全体会议选举结果。李志军、戴勇、陈允春、陈刚、周小进、张林海、陈华、房其勇、卫爱军、朱晓春、黄同城当选为区委常委，李志军当选为区委书记，戴勇、陈允春当选为区委副书记。

20日 区政府召开十五届七次全体（扩大）会议，学习、贯彻、落实区第十三次党代会精神，扎实做好区政府各项工作，确保完成目标任务。

28日 浙商银行盐城分行在盐城地区筹建成立的第一家支行——浙商银行盐城大丰支行正式开业。

29日 中央电视台农业农村频道《我的美丽乡村》摄制组一行到大丰区采访拍摄优质梨果规模生产、果园管护、销售经营等情景。摄制组表示将通过节目积极宣传恒北打造梨品牌、建设新农村的丰富经验。

31日 大丰区在大中街道建西社区品尚雅居小区，开展全员核酸检测实战演练。

8月

5日 区委书记李志军走访大丰区部分企业，调研企业运行情况，实地检查疫情防控工作。

12日 悦达地产与大丰恒瑞投资举行合作框架协议签约仪式。

13日 大丰区支援南京的核酸

采样队完成任务，平安返回大丰。

19日 第二届区委法律顾问队伍聘任仪式举行。新一届区委法律顾问队伍包括1名法学专家、15名公职人员、3名律师和2名党建专家。

20日 《盐城市荷兰花海旅游景区总体规划(2021—2030)》评审会召开。评审专家认为该《规划》基本符合相关规范要求，对荷兰花海旅游景区未来的发展具有一定的指导意义，原则上予以通过。

24日 大丰区入选“第三批省级居家和社区养老服务创新示范地区”，为盐城市唯一入选地区。

27日 区委书记李志军会见诺德投资股份有限公司董事长陈立志、国机集团中国电工第一区域部总经理葛健一行，就全面深化项目合作进行深入交流。

28日 盐城—大丰快速通道项目开工。项目路线全长23.1千米，主路采用双向六车道城市快速路标准。

是月 大丰港铁路支线可行性研究报告获得省发改委批复。该项目预估投资45.97亿元，批复建设周期为2.5年，是盐城唯一与新长铁路直接相连的铁路专用线。

△ 江苏德和绝热科技有限公司入选工业和信息化部发布的第三批专精特新“小巨人”企业名单。

△ 大丰区首个“新市民”（农民工、城镇个体工商户、自由职业者等灵活就业人员）住房公积金账户设立。

9月

7日 国家海洋局南通海洋环境监测中心站与大丰区人民政府共建大丰区海洋中心签约仪式举行。

7—8日 省委农村工作领导小组成员单位联络员会议在大丰召开。与会人员到大中街道恒北村、荷兰花海等地，了解大丰区农村人居环境、乡村治理、富民增收等工作方面情况。省委农办副主任杨天水对大丰区在乡村振兴工作中所取得的成绩给予充分肯定。

2021年9月17-18日，江苏省委党史学习教育第四巡回指导组到大丰巡回指导，并召开工作汇报会 王越 摄

9日 省政协主席黄莉新率队到大丰区就“坚持陆海统筹、突出向海发展，推动构建新发展格局”开展考察调研。黄莉新肯定了大丰区坚持陆海统筹、突出向海发展取得的工作成效，希望大丰区增强科技创新能力，加快构建现代化产业体系，全力构建起向海发展新格局。

11日 中共盐城市大丰区委十三届二次全体会议召开，专题讨论决定区党代表会议有关事项。

12日 省沿海开发集团首个农业产业化重大项目“牵手”大丰区——大丰粮食科技产业园项目在三龙镇开工建设。该项目占地面积约8.67公顷，总投资约3亿元。

15日 省安全生产第九督导组对大丰区安全生产工作开展督导。在大丰期间，省督导组听取汇报、查阅台账，实地察看建筑工地、农贸市场、大型商场、重点企业和旅游景区等现场，对大丰安全生产工作给予充分肯定，同时提出改进提升的意见和建议。

17—18日 省委党史学习教育第四巡回指导组到大丰巡回指导，并召开工作汇报会。省委党史学习教育第四巡回指导组组长方标军出席并讲话。

23日 省工商联与省科学技术发展战略研究院联合发布“2021江苏民营企业创新100强”榜单，江苏金风科技有限公司列第38位，为盐城市唯一入榜企业。

28日 省政协副主席王荣平到大丰区联系指导“有事好商量”协商议事工作。

29日 区委、区政府举行全区三季度重大项目集中开竣工活动，金信诺5G产业园及智能制造等9个项目集中开工，春柳路南延(大华路—南翔大道)工程等8个项目集中竣工。

△ 2021年“花里大丰 为爱而来”旅游季暨荷兰花海百合花文化月启动。

是月 盐城港大丰港区至韩国釜山港国际直达集装箱班轮航线开通。

△ 大丰区入选国家整县(市、区)屋顶分布式光伏开发试点。

△ 大丰区39个企业上榜省科技厅公布的2021年第七批入库科技型中小企业。截至9月，大丰区有346个企业通过国家科技型中小企业认定。

10月

9日 央视二套《中国粮仓》在草堰晓成农场作大型融媒体直播活动。

12日 即日起至11月10日，市委第四联动巡察组对大丰区开展涉粮问题专项巡察。

14日 “桑榆晚晴，翰墨光彩”庆祝中国共产党百年华诞大丰区首届老年书画、摄影、非遗工艺暨陶培荣、杨国美摄影作品展开幕，此次展览收集作品200余幅，涵盖书法、美术、摄影、瓷刻、麦秆画等多个艺术领域。

15日　全国农业科技创业创新联盟主席刘坚一行到大丰考察江苏海稻生物科技有限公司海水稻（盐碱稻）试验基地。刘坚表示，规模化种植和推广超耐盐碱、高抗逆性的海水稻，具有十分重要的产业价值，希望中农海稻和大丰进一步加强沟通合作。

23日　中国·盐城第十一届沿海发展人才峰会新能源产业高层次人才对接会在大丰区举行。

26—27日　省教育督导组一行现场督查大丰区2020年度履行教育职责工作情况。督导组对大丰区学校强化师资队伍建设、落实“双减”政策、推进“五项管理”、开展课后服务、持续加强艺术和体育教育等工作给予肯定。

28日　区委书记李志军主持召开十三届区委第一轮巡察工作书记专题会，听取十三届区委第一轮巡察情况汇报，并对做好下一步巡察工作进行部署。

△　大丰区推荐的荷兰花海郁金香技术顾问荷兰籍专家尼可·卡义克获2021年“江苏友谊奖”，成为盐城市2021年唯一获此称号的国际友人。

29日　第三届中韩贸易投资博览会举办期间，大丰区举行战略性新兴产业外商投资推介会专场活动。会上，香港智能机器人、德国风电设备、伊朗汽车零配件等7个外资和港澳台资项目集中签约。

△　中国国际电视台（CGTN）制作的大型融媒体报道《海上看中国》聚焦大丰麋鹿国家级自然保护区野放区，进行中、英文两场移动直播，展现大丰黄海滩涂的风光以及麋鹿生活习性。

是月　大丰区2个集体（区农业农村局、区卫健委）、2人（三龙镇党委书记邢程、丰华街道裕华小学教师袁桂朋）分获全省脱贫攻坚和对口帮扶支援合作先进单位、先进个人称号。

11月

4日　省发改委正式同意批复大丰港铁路支线初步设计。

10日　全区长三角一体化产业发展基地建设动员大会召开。会上印发《关于推进长三角一体化产业发展基地建设的行动方案》（征求意见稿）。

28日　区委副书记、代区长戴勇带队赴宜君县考察交流，召开大丰宜君对口协作和经济合作联席会议。会上，大丰区政府、大丰农商行分别向宜君县捐赠了帮扶资金、爱心助学资金。

△　国内离岸距离最远的海上风电项目——三峡能源江苏大丰H8-2#30万千瓦海上风电项目完成全部风机安装。

△　中央广播电视总台《远方的家》专题摄制组到大丰采访拍摄金风科技海上风电培训中心、江苏丰海新能源淡化海水发展有限公司、荷兰花海、光明渔业及阳光定食等项目，展示大丰区沿海绿色产业发展、世界自然遗产地保护和自然风光。

29日　大丰区组织收听收看学习贯彻中共十九届六中全会精神中央宣讲团宣讲报告会。

是月　大丰区获“全国畜牧业统计监测工作综合评估优秀生产监测县”称号。

△　大丰区被省民政厅确定为第二批江苏省婚俗改革实验区，成为盐城唯一入选的地区。实验时间为两年，自2021年12月至2023年12月。

△　刘庄镇友谊村入选第二批全国乡村治理示范村名单。

12月

1日　大丰区草堰石闸、丁溪闸和斗龙港闸上榜首批省级水利遗产名录。

8日　区非诉讼服务中心揭牌成立，占地面积2200平方米，入驻10个窗口、12个调解工作室。

11日　《全国县域/市辖区生态系统生产总值（GEP）研究报告2021》发布，大丰区列全国市辖区GEP百强第3位。

15日　大丰区区、镇两级人大代表换届选举投票举行。

16日　省政府发文批复同意设立江苏省盐城斗龙港旅游度假区。

△　省生态环境保护专项督察组向区委、区政府反馈督察情况。经省委、省政府批准，省生态环境保护督察工作领导小组办公室成立专项督察组，于9月26日至10月17日对大丰区开展生态环境保护专项督察，并形成专项督察反馈意见。督察组组长丁立通报督察反馈意见，区委书记李志军作表态发言。

20日　大丰区妇幼保健院开业试运行。除婚孕检中心仍在区民政局婚姻登记处三楼（荷兰花海）外，原妇幼保健院整体搬迁至丰华街道裕丰路19号。

23日　全市“学习党史·敬读碑文”活动暨市级巾帼党性教育示范基地授牌仪式在大丰区举行。活动点亮巾帼党性教育基地红色地图，为10家盐城市巾帼党性教育示范基地授牌。

24日　区委、区政府举行全区四季度重大项目集中开竣工活动，13个项目集中开竣工，总投资130亿元。其中开工项目7个、竣工项目6个，涉及工业项目11个、为民办实事工程2个。

△　大丰区通过江苏省健康促进区评估。

27日　常盐工业园拓展区基础设施正式开工建设。

30日　中国共产党盐城市大丰区第十三届委员会第三次全体会议举行。全会由区委常委会主持，区委书记李志军代表区委常委会作《奋力建设高质量产业基地　勇当长三角一体化发展排头兵》的报告。

是月　大丰区江苏金风科技有限公司和江苏中车电机有限公司上榜江苏省绿色工厂（第二批）名单，大丰区省级绿色工厂创建实现“零”的突破。

△　《妈妈的花摆裙》获第十一届“小荷风采”全国少儿舞蹈展演“小荷之星”荣誉称号（金奖）。

（朱晓华）

〖编辑　朱晓华〗

大丰概况

建置区划

【建置沿革】 大丰自唐朝始有盐场建制，属扬州海陵县。北宋起隶属泰州海陵。清乾隆三十三年（1768年）属东台县管辖。1942年5月，境域建台北县，隶属于苏中行署第二专员公署。1949年5月，泰州专员公署成立，台北县隶属于泰州专员公署。1950年1月，台北县改隶属于盐城专员公署。因与中国台湾地区台北市同名，1951年8月，经政务院批准，台北县改名为大丰县。1953年1月，大丰县隶属盐城专区，1983年隶属盐城市。1996年8月，经国务院批准，撤销大丰县，设立大丰市。2015年7月，经国务院批准，撤销县级大丰市，设立盐城市大丰区。

【行政区划】 2021年年底，大丰区辖有草堰、白驹、刘庄、西团、小海、大桥、草庙、万盈、南阳、三龙、新丰11个镇及大中街道、丰华街道两个街道，大丰经济开发区、大丰港经济开发区两个省级开发区。各镇（街道）及开发区辖208个村民委员会、60个居委会。境内有隶属于上海市的上海农场和隶属于江苏省的大中农场、方强农场、东坝头农场。

自然地理

【地理位置】 大丰区位于江苏省东部，盐城市东南的黄海之滨，北纬32°56′~33°36′、东经120°13′~120°56′，海岸线长112千米。北与盐城市亭湖区交界，南与东台市接壤，西与兴化市毗邻，东濒黄海，总面积3487.79平方千米。

【地形地貌】 大丰区是长江和黄河东流入海泥沙长期淤积而成的滨海平原，地形南宽北窄，呈不规则三角形，似葫芦。东西宽44千米，南北长63千米，地面高程1.8米~4.5米。除沿海滩涂外，全区地势东高（2.8米~3.5米）西低（2.4米~2.8米）、南高（3.3米~4.5米）北低（1.9米~2.2米）。中部老斗龙港两侧为槽形洼地，宽3千米~6千米，自西南向东北纵贯全区。地面高程在1.8米~2.4米之间。中南部古河、小洋河两侧也为槽形洼地，宽2千米~3千米，自东南向西北纵贯中南部，地面高程在2.2米~2.8米之间。东南部川东港以南地区为高亢地，地面高程在3.5米~4.5米之间。

【自然资源】 土地与滩涂。大丰区有耕地12.70万公顷，人均占有耕地0.18公顷。大丰沿海滩涂1000多平方千米，列全国各县（市、区）之最。另有辐射沙洲东沙岛1000多平方千米。

水资源。区内常年自然降水量约1067毫米，丰水年有2000多毫米，欠水年有500毫米左右。区境内有川东港河、疆界河、王港河、四卯西河、斗龙港河、南直河、西潮河、大丰干河等入海水道，平均地面年径流量5.1亿立方米，客水过境量约25亿立方米。地下淡水资源丰富，根据实凿眼井观察，深160米左右的可供人畜饮用淡水日涌量约200立方米，深400米左右的常温淡水（水温约27℃）时涌量约60立方米。

生物资源。区内物产富有，品种繁多。大丰区是全国粮食生产先进县（区）、全国休闲农业与乡村旅游示范县（区）、国家畜牧业绿色发展示范县（区）、全国有机产品认证示范创建区、全国园艺出口示范区、全国第四批率先基本实现主要农作物生产全程机械化示范县（区）。2021年产粮食91.28万吨，水果6.5万吨，蚕茧671.95吨，生猪饲养量125.48万头，家禽饲养量3054万羽，水产品产量16.69万吨。其他木本、草本、地被植物500多种，药材除人工培植的80多种外，还有罗布麻、茵陈、龙胆草、益母草、墨旱莲、苍耳子、马鞭草等野生药材200多种。陆上脊椎动物100多种。2021年，大丰有世界珍稀麋鹿6119头，其中野生麋鹿2658头。区内有丹顶鹤、天鹅、白尾海雕、牙獐等40多种国家一、二级保护动物。近海资源丰富，有潮间带浮游植物145种、浮游动物68种、底栖固着性藻类47种。水生动物中，有各种鱼类20种，其中黄鲫、银鲳、小带鱼等优势品种10多种。贝类以青蛤、四角蛤、鲜蛏、泥螺、牡蛎等为多，年产3.89万吨左右。全区林业资源也较丰富。全区有林业用地面积4.79万公顷。森林覆盖面积5.18万公顷，其中有林地面积2.96万公顷，分别为杨树1.39万公顷、水杉0.26万公顷、其他经济树木及杂树1.31万公顷。全区活立木蓄积总量为145万立方米，其中有林地蓄积量107万立方米，分别为杨树88.8万立方米、水杉12.5万立方米、其他经济树木及杂树5.7万立方米；四旁树总株数1591万株、蓄积量38万立方米，其中杨树360万株、蓄积量19.4万立方米，水杉59万株、蓄积量13.3万立方米。纸浆和木材加工等开发前景广阔。

（刘晓生　陈萍）

港口与岸线。大丰港是国家一类对外开放口岸，开通至韩国仁川港等国际集装箱直航航线，至上海港、宁波港外贸内支线，开通上海港—大丰港—大连港的内贸滚装航线，与中国台湾基隆港实现直航。万吨级以上泊位19个，获批进口粮食指定口岸资质，B型保税物流中心、国家级进口木材除害处理中心建成运营，华丰进境活牛隔离场通过国家级验收，国际集装箱物流中心开工建设。大丰港海关、海事、边检等联检机构功能完善，实行“一站式”服务。

海洋与岛屿。大丰海域面积5000平方千米，另有辐射沙洲东沙岛1000多平方千米，发展海洋产业潜力很大。

风能和光能。大丰风电场（包括潮间带）规划总容量1000万千瓦以上，占江苏省的1/3。2021年日照时数1873.8小时，适宜发展光伏电产业。

（朱晓华）

【气候特征】 大丰属于亚热带与暖温带的过渡地带，适宜喜温作物的生长。

海洋性气候表现在春温回升慢，秋温稳定且下降缓慢，初霜迟，无霜期长。季风性气候表现在冬季受大陆季风冷空气影响，多西北风，以少雨天气为主，并常出现低温和霜冻；夏季受海洋性季风影响，多东南风，降水充沛，雨热同期；春秋两季处于交替时期，形成干、湿、暖、冷多变气候。春夏季、秋冬季界限不明显。近十多年来，冬季气温偏暖，大雪冰冻封河现象很少见。常年平均气温14.4℃，无霜期203.8天，常年降水量1066.7毫米，日照2214.4小时。

【主要气象要素分析】 2021年，年平均气温16.0℃，比常年偏高1.6℃，年极端最高气温37.3℃，与极端最高年份相比偏低1.1℃；年降水总量为1096.4毫米，比常年正常降水量略多29.7毫米；年日照时数为1873.8小时，比常年偏少340.6小时。6月13日，大丰区入梅，7月11日出梅，梅雨天长29天（常年24天），梅雨量320.2毫米；入梅偏早、出梅正常，梅期正常略偏长，梅雨量偏多，降水呈现间歇性、短时雨强大为梅雨主要特征。

【灾害性天气事件】 2021年4月30日，受强冷空气影响，大丰区出现强雷电、7到11级雷暴大风、冰雹天气。据区应急管理局统计：全区受灾人口164人，农作物受灾9公顷，一般损坏房屋7间，直接经济损失5.1万元。

2021年大丰区气象资料表（一）

表1

项目	霜	雪	积雪	结冰	最低气温≤0℃	地面最低≤0℃	草面最低≤0℃
初日	—	2020.12.29	2020.12.29	—	2020.11.30	2020.12.05	2020.12.15
终日	—	2021.4.22	2020.12.30	—	2021.3.22	2021.2.19	2021.2.18
初终间日数	—	115天	2天	—	113天	77天	66天

说明：统计时间节点为2020年7月1日至2021年6月30日

2021年大丰区气象资料表（二）

表2

日期（月份）	1	2	3	4	5	6	7	8	9	10	11	12
平均气温（℃）	2.3	7.3	9.9	14.1	20.0	25.4	27.5	27.2	24.9	18.5	10.8	4.4
极端最高气温（℃）	16.9	25.9	23.8	27.2	33.5	37.3	37.1	35.8	32.7	32.6	22.1	15.9
极端最高气温出现日期	14日	21日	28日	29日	10日	7日	14日	31日	22日	4日	4日	2日
极端最低气温（℃）	-10.9	-5.0	-1.5	2.9	10.2	17.4	22.0	20.4	17.7	7.1	-2.9	-8.4
极端最低气温出现日期	1日	9日	3日	9日	3日	4日	5日	19日	30日	18日	24日	28日
降水量（毫米）	18.5	31.7	35.9	59.2	119.0	50.1	498.0	53.7	90.9	93.0	42.0	4.4
降水日数（天）	5	4	9	10	12	10	13	7	7	9	6	4
蒸发量（毫米）	36.8	56.8	73.6	83.8	113.5	119.6	111.8	107.7	102.5	84.1	59.3	46.9
日照（小时）	158.0	161.8	147.5	134.9	181.8	154.2	133.3	130.5	134.9	142.7	194.2	200.0
大风日数（日）	—	1	—	2	1	—	1	—	—	—	—	—

说明：此表统计的降水日数为日降水量大于或等于0.1毫米的天数

（耿　健）

人口·民族·方言

【人口】 2021年，大丰区年末户籍人口69.38万人，比2020年减少0.72万人。在户籍人口中，男性人口34.65万人，女性人口34.73万人。

【民族】 大丰区境内居民以汉族为主，少数民族人口主要是因婚入居的少数民族妇女及其子女，共有33个少数民族，分别是侗族、苗族、壮族、土家族、彝族、白族、布依族、回族、瑶族、满族、蒙古族、傈僳族、水族、哈尼族、朝鲜族、纳西族、黎族、布朗族、傣族、拉祜族、景颇族、藏族、仡佬族、维吾尔族、土族、锡伯族、畲族、高山族、怒族、毛南族、基诺族、撒拉族、东乡族，约3100余人。

【方言】 大丰方言有大丰话、客籍居民说的海门话和盐城话。大丰话分布在境内的西部和南部地区，主要集中在草堰、白驹、刘庄、小海、西团、大桥、草庙、万盈、大中等地。大丰话以大中街道为代表，属江淮官话泰如片，具有泰如片的典型特征。大丰话分布广，内部有差异。海门话分散在中东部地区，主要以南阳镇为代表，大中街道、丰华街道和新丰镇的部分村组的海门人，常说海门方言。海门话属吴语方言太湖片，具有太湖片的典型特征。盐城话分布在北部地区，主要以三龙镇为代表。盐城话属江淮官话洪巢片，具有洪巢片的一般特征。境内上海市属的上海农场大多说上海话，江苏省属的大中、方强、东坝头3个农场有各自不同的方言。大丰地区的方言具有多样性。

（朱晓华）

城市名片

【麋鹿故乡】 大丰是麋鹿故乡。建有麋鹿、珍禽两个国家级自然保护区，其中麋鹿保护区是世界上占地面积最大、野生麋鹿种群数量最多、麋鹿基因库最丰富的自然保护区。大丰麋鹿种群数量由1986年引进时的39头，发展到2021年的6119头，约占全球麋鹿总数的70%，是世界最大的麋鹿种群。

【黄海港城】 大丰是黄海港城。国家一类对外开放口岸——大丰港，是江苏中部重要的出海大通道，建成万吨级以上泊位19个，开通集装箱直航航线7条，30余条散杂货航线遍布各大洲。大丰港经济开发区依托大丰港设立，是中韩（盐城）产业园唯一的临港产业配套区，是中韩产业合作的海上大通道。

【上海“飞地”】 大丰是上海“飞地”。大丰与上海地域相近，人文相亲，渊源深厚。上海驻大丰农场辖区面积307平方千米，是上海域外面积最大的“飞地”，建有上海市政府和江苏省政府主导、上海市唯一市级层面与外地合作共建的沪苏大丰产业联动集聚区。与上海光明食品集团、临港集团、上港集团、东方国际等大企业大集团深度合作，在教育、医疗、金融、交通等方面全面接轨。

【革命老区】 大丰是革命老区。大丰区有丰富的红色文化资源，具有光荣的革命传统。1940年10月新四军、八路军在白驹狮子口胜利会师，开辟了苏北根据地，开创了华中抗日斗争新局面。刘少奇、陈毅、粟裕、黄克诚、陈丕显等老一辈无产阶级革命家们曾在大丰浴血奋战。

【长寿之乡】 大丰是长寿之乡。大丰耕地、湿地、滩涂面积广阔，人均活动范围广，自然环境舒适，敬老爱老美德传承、文化底蕴悠远深厚，是人们宜居宜养、延年益寿的福地。大丰连续4年超过“长寿之乡”百岁老人数指标要求，人口平均预期寿命超过人均预期寿命75周岁的指标，获“2016·中国长寿之乡”称号。

（杨　波）

旅游景区概览

【国家级旅游景区】 2021年，大丰区有国家A级旅游景区（点）11家，其中AAAAA级旅游景区1家——中华麋鹿园。AAAA级旅游景区6家——知青纪念馆、大丰港海洋世界、荷兰花海、梅花湾、中华水浒园、梦幻迷宫。AAA级旅游景区3家——东郊公园、大丰港动物园、狮子口会师纪念地。AA级旅游景区1家——施耐庵公园。

【全国乡村旅游重点村】 2021年，大丰区有全国乡村旅游重点村1家——大丰区恒北村。2019年7月，恒北村被文化和旅游部、国家发改委列入“第一批全国乡村旅游重点村名单”。

【省级旅游度假区】 2021年，大丰区有省级旅游度假区2家，分别是大丰麋鹿生态旅游度假区和斗龙港旅游度假区。其中斗龙港旅游度假区于2021年12月16日获得江苏省人民政府批复，创成江苏省级旅游度假区。

【省星级乡村旅游区】 2021年，大丰区有江苏省星级乡村旅游区7家。其中省五星级乡村旅游区2家，即大丰区恒北村、丰收大地现代农业示范区。省四星级乡村旅游区4家，即多彩荷兰村、七彩花田、希望的田野农业示范园、东方桃花洲。省三星级乡村旅游区1家——大丰九州田园。

【省级工业旅游示范区】 2021年，大丰区有省级工业旅游示范区1家——江苏丰海新能源淡化海水发展有限公司。

（陈金龙）

丰物特产

【白驹三腊菜】 白驹三腊菜得名于主要原料野麻菜的麻辣、芥子的辛辣和寒冬腊月天的制作，因辣与腊同音，故称三腊菜。白驹三腊菜入口味美腊香，色泽青绿，食之可开胃，具有止咳祛痰、舒心通气、养容养颜、减肥的功效。

【刘庄麻辣鸡】 刘庄麻辣鸡始创于20世纪50年代，入口鲜、香、麻、辣。肉质细嫩，皮脆脱骨，咸淡适宜，麻辣得当。其制作过程大致为：选择优质正宗的土鸡，宰杀、清杂，漂洗后焯水，然后用卤汁（秘方）蒸煮约两小时，要求肉可脱骨，外形不变。

【小海五香茶干】 小海五香茶干由黄豆加工而成，制作过程有近20道工序。焖煮调料配方独特，一般有八角、小葵、丁香、花椒等数十种配料。茶干色泽酱红、入口清香、有韧性，参加过多届大丰麋鹿节展销。

【小海香肚】 小海香肚主料是优质猪肉，其制作过程为：将猪肉切成肉丁，然后用盐和调料腌制，与淀粉、葱、姜等配料搅拌成馅，装入预先清洗消毒去味的猪尿脬（猪膀胱），扎紧猪尿脬口后放入老锅汤中长时间烧煮。小海的香肚贵就贵在老汤中，一锅味道纯正的老汤需要多年的精炼。煮熟后的香肚外形球状，色泽光亮呈深赭色，色、香、味俱全。

【柏斜志香肠】 三龙镇的柏斜志香肠采用上好的猪肉，精细的工艺以及严格的制作，经祖传秘方精制而成，色泽红艳，间有白色夹花，口味咸中带甜，肉质紧凑。在大丰首届麋鹿生态旅游节大丰名优农产品展上，受到好评。

【裕华羊肉】 裕华羊肉选料为上等山羊肉，连皮带骨红烧，调料有猪油、黄酒、甜面酱、冰糖、葱、姜片、辣油、蒜段等。裕华羊肉的羊皮要烧得亮而透明，瘦肉酥而滋润，汤黏而不干，吃起来肥而不腻，甜得适当，辣得可口。

【恒北早酥梨】 恒北早酥梨果形端正，皮色光滑，肉质白细、酥脆可口，汁多、味甜，具有滋阴润肺、清热解毒等作用，适合多数人食用，是盛夏防暑养颜的保健果品。恒北早酥梨获无公害、绿色食品、有机食品认证，连续两年获"中国国际农业博览会名牌"称号。

【南阳柿子】 南阳柿子营养丰富、色泽鲜艳、香甜可口，含多种维生素，可生食，也可加工成柿饼、柿糕，并可用来酿酒、制醋等，同时具有较高的药用价值。生柿能清热解毒、降压止血，柿蒡、柿叶也有一定的药用价值。

【海丰大米】 海丰米业有限公司的原粮生产基地位于大丰区境内。海丰大米清香、软糯、口感好，富含维生素、蛋白质、磷、铁等多种有益人体健康的营养成分，味道香甜爽口。海丰大米获全国首批"放心米"称号，被评为"中国质量过得硬放心品牌""中国名牌农产品"等。

【宝龙冰镇龙虾】 宝龙龙虾产自大丰区斗龙港，壳青，肉质丰满、味道鲜美。宝龙冰镇龙虾加工技术精湛，风味独特、品质佳，多次获国际五星金奖。

【东沙紫菜】 东沙紫菜产自大丰东沙岛海域。该海域滩涂广阔，无污染，水流畅通，水质肥，养殖的条斑紫菜生长快、质地嫩。东沙紫菜干品色泽鲜亮，韧劲足，具有独特的风味，适宜各种加工与烹调。东沙紫菜是全国首个海藻类地理标志产品。

【醉蟛蜞】 醉蟛蜞壳钳酥软，鲜香，味美，营养价值高。其制作方法是，把小蟛蜞连同调味品（以酸辣粉、盐和捣碎的葱蒜为主要原料）一起放入陶制的大坛，密封后放在阴凉处，腌上一段时间，便可取食。

【黄泥螺】 大丰黄泥螺可生炝、可爆炒，肉质鲜美脆嫩可口。泥螺可为冷菜，也可为热菜，常用于宴席。大丰盛产的黄泥螺曾获第二届食品博览会金奖及"中国国际农业博览会名牌产品"称号。

【麻虾酱】 大丰沿海盛产麻虾（糠虾），常见于每年春季到初冬的沿海河口区和半咸水的池塘。麻虾个体约1厘米长，大小匀称。麻虾酱需经过漂洗、蒸煮、配料、包装等10多道制作工序制作而成，色香味俱佳。麻虾酱有"天下第一鲜"的美称。

【大丰瓷刻】 大丰瓷刻是以瓷件为载体，钢凿和铁锤为主要工具，凿刻瓷件产生崩瓷效果，使艺术作品物象机理再现于瓷体表面的地方传统美术。大丰瓷刻技艺传承以小海镇为基地。技艺传承人在刻瓷过程中，注重基本技法的传承和工具、辅材的改良，用独特的凿刻技艺赋予瓷刻作品独特的构成形式和审美效果，被工艺美术专家、文化学者喻为"瓷器上的刺绣"。2016年1月，大丰瓷刻入选第四批省级非物质文化遗产代表性项目名录。

【麦秆画】 麦秆画利用麦秆自然的光泽和抢撕成丝的特性，经过烫色或者染色，用"撕、剪、刻、抢"等工艺，平贴或直接用麦秆逐层堆成画的一种传统美术技艺。大丰南阳镇的麦秆画在国内多次获奖，在国外也有一定的知名度。

（摘编自《大丰好玩呢》）

2021年大丰区国民经济和社会发展情况

【概况】 2021年，全区上下坚持以习近平新时代中国特色社会主义思想为指导，认真落实党中央、省市决策部署，统筹疫情防控和经济社会发展，坚持稳中求进工作总基调，扎实做好"六稳""六保"工作，经济实力呈现总量和质量"双提升"的良好态势，实现了"十四五"良好开局。

经济总量继续增长。全年实现地区生产总值759.21亿元，按可比价格计算，同比增长6.6%。其中，第一产业增加值111.06亿元，增长3.4%；第二产业增加值253.21亿元，增长7.3%；第三产业增加值394.94亿元，增长7.0%。三次产业结构比为14.6:33.4:52.0。全区人均地区生产总值117562元。

就业形势稳中向好。全年新增城镇就业3.05万人，下岗失业人员再就业6867人。城镇登记失业人员1484人，城镇登记失业率1.47%。新开发公益性岗位安置就业困难人员2058人。造浓返乡创业氛围，支持成功自主创业4626人。

图1 2021年大丰区地区生产总值构成示意图

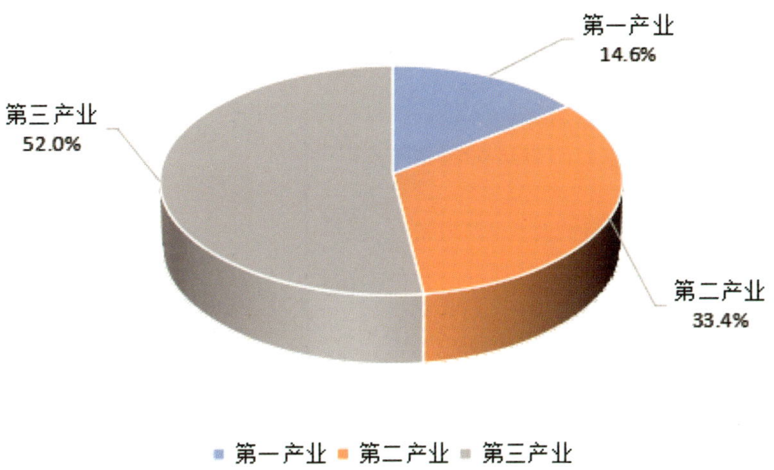

居民消费价格温和上涨。全年居民消费价格指数同比上涨2%。八大类商品价格呈现“六涨二跌”态势：居住上升4.4%，教育文化和娱乐上升4.0%，交通和通信上升3.2%，生活用品及服务上升2.3%，医疗保健上升1.4%，衣着上升0.8%；食品烟酒下降0.5%，其他用品和服务下降2.1%。

【农林牧渔业】 2021年，全区农业生产总体平稳。全年实现农林牧渔业总产值199.81亿元，同比增长4.4%；实现农林牧渔业增加值117.48亿元，增长3.5%。全年粮食播种面积13.49万公顷，同比下降0.2%；油料作物播种面积0.84万公顷，增长0.6%；药材播种面积839公顷，同比下降0.2%；蔬菜瓜类播种面积7.13万公顷，增长0.7%。全年粮食总产量91.28万吨，同比下降0.1%。其中，夏粮总产36.79万吨，下降0.6%；秋粮总产54.49万吨，增长0.3%。油料总产量2.56万吨，增长1.8%。肉类总产量9.94万吨，同比增长19.4%；蛋类总产量8.18万吨，增长11.4%。水产品总产量16.69万吨，下降3.8%，其中，淡水产品10.47万吨，增长1.1%；海水产品6.22万吨，下降11.1%。

现代农业较快发展。全年新增省级以上休闲农业品牌3个，累计达到38个。全区绿色优质农产品比重78.36%，累计建成国家绿色食品原料标准化生产基地1个，省级绿色优质农产品基地20个。累计建成市级以上现代农业园区23个，其中国家级1个、省级1个。2021年新创建区级示范家庭农场81家，累计221家；新创建市级示范家庭农场18家，累计87家；新创建省级示范家庭农场12家，累计38家。累计创成国家级农业产业化重点龙头企业2个、省级9个、市级30个。

农业机械化规模扩大。全区农机总动力91.16万千瓦，农机化作业收入5.23亿元。大中型拖拉机、联合收割机、水稻插秧机保有量分别为3475台、3143台、719台（其中乘坐式549台），秸秆机械化还田面积10.62万公顷。农作物耕种收综合机械化率超过84%。

2021年大丰区农林牧渔业总产值和增加值构成表

表3　　单位：亿元

指　标	产　值	增加值
农林牧渔业	199.81	117.48
#农业	103.25	69.42
林业	3.22	1.67
牧业	34.32	15.33
渔业	46.64	24.64
农林牧渔业服务业	12.38	6.41

【工业和建筑业】 工业生产稳定增长。全年完成全口径工业开票销售收入1404.35亿元，同比增长27.8%。其中，规模以上工业开票销售收入1252.22亿元，增长30.4%。规模以上工业增加值增长12.0%。规模以上工业企业总产值1087.68亿元，同比增长20.1%。分门类看，采矿业产值16.42亿元，增长139.8%；制造业1006.74亿元，增长18.6%；电力、热力、燃气及水生产和供应业64.53亿元，增长28.5%。规模以上工业企业利润总额74.37亿元，同比增长43.8%。分门类看，采矿业利润0.46亿元，下降230.4%；制造业55.35亿元，增长48.0%；电力、热力、燃气及水生产和供应业18.56亿元，增长26.4%。规模以上工业企业营业收入利润率为6.1%，比2020年提高0.8个百分点。

建筑业稳定发展。全区有资质以上建筑企业95个，其中，总产值超1亿元的企业19个，超10亿元的企业4个。全年完成建筑业总产值120.7亿元，同比增长21.3%，其中，建筑工程产值118.5亿元，增长22.8%。建筑业企业在外省完成产值41亿元，增长15.8%；签订合同额145.2亿元，增长14.9%。建筑业企业房屋建筑施工面积691万平方米，增长1.6%。其中，当年新开工面积218.3万平方米，下降38%。

【固定资产投资】 投资总量有所下滑。全年固定资产投资同比下降17.3%。其中，制造业投资同比增长3.1%。2021年，全区有高技术产业投资项目112个，比2020年多22个，完成投资同比增长0.4%，占全部投资的比重为19.2%，比2020年同期提升3.9个百分点。

房地产业总体稳定。全年完成房地产开发投资45.2亿元，同比下降16.6%，其中住宅投资37.1亿元，增长4.5%。商品房销售面积121.1万平方米，同比增长10.1%，其中住宅99.8万平方米，下降0.2%。商品房销售额89.4亿元，同比增长4.8%，其中住宅销售额80.3亿元，增长3.5%。

【国内贸易】 消费品市场稳定复苏。全年社会消费品零售总额245.79亿元，同比增长19.4%。其中，限上消费

图2　2017—2021年大丰区社会消费品零售总额变化示意图

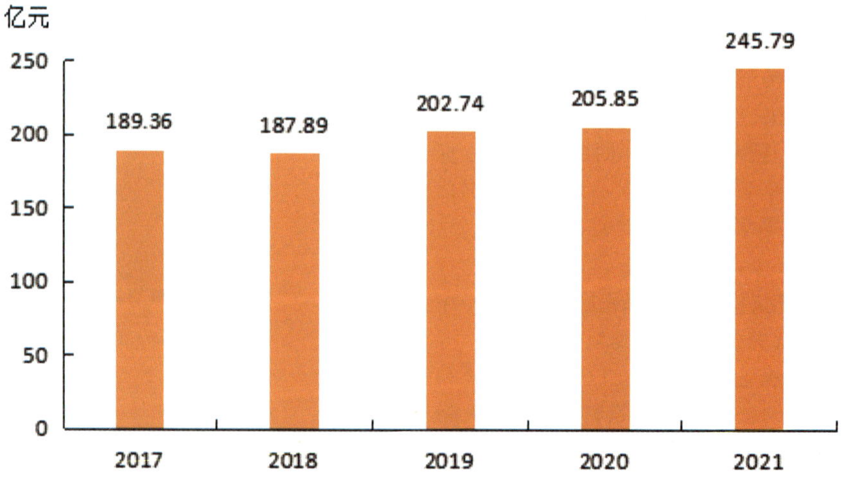

品零售额45.96亿元，增长14.4%。分行业看，批发业实现销售额424.56亿元，增长21.8%；零售业实现销售额29.73亿元，增长8.3%；住宿业实现营业额1.43亿元，增长29.9%；餐饮业实现营业额4.67亿元，增长45.6%。

【开放型经济】 对外贸易保持快速增长。全年实现进出口总额42.02亿美元，同比增长46.5%。其中，出口17.75亿美元，同比增长24.0%；进口24.27亿美元，同比增长69.0%。

利用外资稳步增长。全年实际使用外资12366万美元，同比增长10.6%；新设立外商投资企业23个，同比增长21.1%；新增总投资3000万美元以上项目7个，同比增长40.0%。

【交通、邮电和旅游】 交通运输业总体平稳。年末等级公路里程3616.72千米(不含地方自主实施农村公路)，其中高速公路里程75.57千米。全年实现公路客运量122.89万人，铁路客运量51.84万人，公路货运量782.97万吨。年末公共汽(电)车运营车辆251辆，公共汽(电)车客运总量639万人次，出租汽车128辆。大丰港实现货物吞吐量7066.24万吨，同比增长33.1%；集装箱37.56万吨标箱，增长43.4%；外贸量2706.93万吨，增长57.9%。内河码头吞吐量332.89万吨，增长17.3%。

旅游业快速复苏。全年接待游客1030.04万人次，同比增长36.9%。实现旅游业总收入101.8亿元，同比增长48.2%。斗龙港旅游度假区顺利创成省级旅游度假区，荷兰花海景区创建国家AAAAA级旅游景区通过省文旅厅初验收。截至2021年年底，全区有国家AAAAA级景区1个、AAAA级景区6个，全国乡村旅游重点村1个，江苏省五星级乡村旅游区2个，四星级乡村旅游区4个，工业旅游区1个，省级旅游度假区2个，江苏省特色景观旅游名镇、名村各2个，高等级景区数量、质量位居江苏各县区前列。

【财政金融】 财政收入稳定增长。全年完成一般公共预算收入58.05亿元，同比增长8.4%。其中，税收收入46.44亿元，同比增长11.1%；税收占一般公共预算收入比重为80.0%。

支出结构持续改善。全年完成一般公共预算支出115.06亿元，同比增长2.2%。一般公共预算支出中，教育支出15.81亿元，增长6.7%；卫生健康支出9.81亿元，增长10.3%；社会保障和就业支出19.86亿元，增长17.7%；住房保障支出4.18亿元，增长95.1%。

金融信贷规模扩大。全年实现金融机构本外币存款余额1085.35亿元，比年初增加67.36亿元，其中，储蓄存款525.72亿元，比年初增加62.99亿元。金融机构本外币贷款余额982.92亿元，比年初增加126.46亿元，其中，中长期贷款498.48亿元，比年初增加78.39亿元。

【科学技术和教育】 科技创新能力增强。全区专利授权量2860件，同比

图3 2017—2021年大丰区进出口总额变化示意图

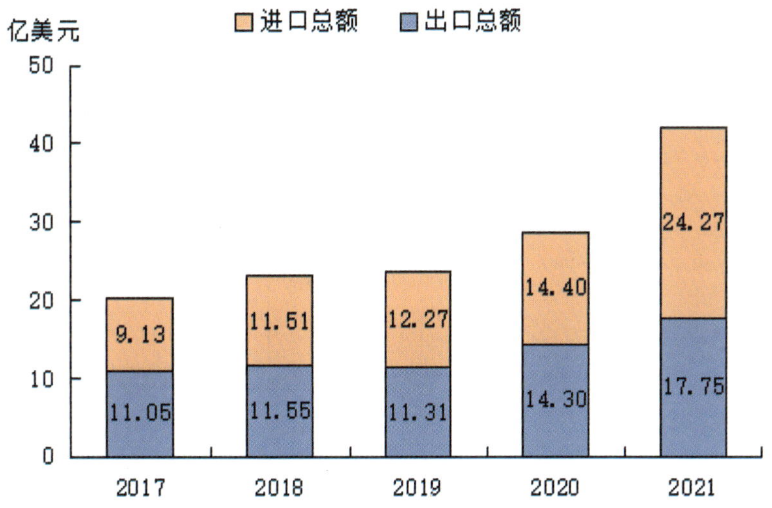

2021年大丰区财政收入分项情况表

表4 单位：万元、%

指　标	绝对数	比2020年增长率
一般公共预算收入	580466	8.36
# 增值税	201347	5.97
企业所得税	68491	71.25
个人所得税	18984	25.77
上划中央收入	342988	21.86
# 消费税	9532	7.93

2021年年末大丰区金融机构存贷款情况表

表5 单位：亿元

存款指标	年末余额	比年初增减
金融机构存款余额	1085.35	67.36
企业存款	395.60	9.54
储蓄存款	525.72	62.99
贷款指标	年末余额	比年初增减
金融机构贷款余额	982.92	126.46
短期贷款	398.56	43.45
中长期贷款	498.48	78.39
票据融资	85.86	4.61

增长69.3%，其中发明专利授权138件，增长20%；PCT专利申请11件，增长10%。年末全区有效发明专利量1008件，增长9.3%；万人发明专利拥有量15.61件，增长18.4%。全年签订各类技术合同201项，技术合同成交额13.47亿元。当年新增国家高新技术企业22个，总数176个。

教育事业全面发展。全区有普通中学32所，其中，高中4所、初中28所（含少年体育学校1所），在校学生21230人，毕业学生7311人；小学32所，在校学生27662人，毕业学生4551人，入学率和巩固率均为100%；中等职业学校1所，在校学生2884人，毕业学生717人；幼儿园52所，在园幼儿13022人；特殊教育学校1所，适龄残疾儿童入学率100%。全区专任教师5599人，其中高中756人、初中1668人、小学2045人、中等职业学校254人、幼儿园844人、特殊教育学校32人。大丰区被省教育厅确认为"江苏省首批幼小衔接试验区"，获评江苏省社区教育特色品牌项目1个。

【文化、卫生和体育】 文化水平不断提升。全区建有文化馆1个，图书馆1个，博物馆4个，美术馆（在建）1个，镇（街道）综合性文化服务中心13个（含港区）。全年举办各类大型文艺演出13场，送戏下乡284场，各类展览50余场。

卫生事业稳步推进。全区拥有卫生机构362个（含村卫生室218个，门诊、诊所、医务室等82个）。其中：医院、卫生院（社区卫生服务中心）41个，疾病预防控制中心1个，妇幼保健机构1个。各类卫生机构拥有床位3824张，卫生技术人员4593人，其中执业（助理）医师1987人（含乡村全科执业助理医师），注册护士1817人。

体育事业蓬勃发展。组队参加省青少年田径锦标赛和田径投掷项群比赛，获得3枚金牌、3枚银牌、4枚铜牌，团体总分居苏北第二名。参加盐城市各项体育竞赛获得72枚金牌，其中田径比赛金牌数、奖牌数和团体

图4　2017—2021年大丰区居民收入柱状图

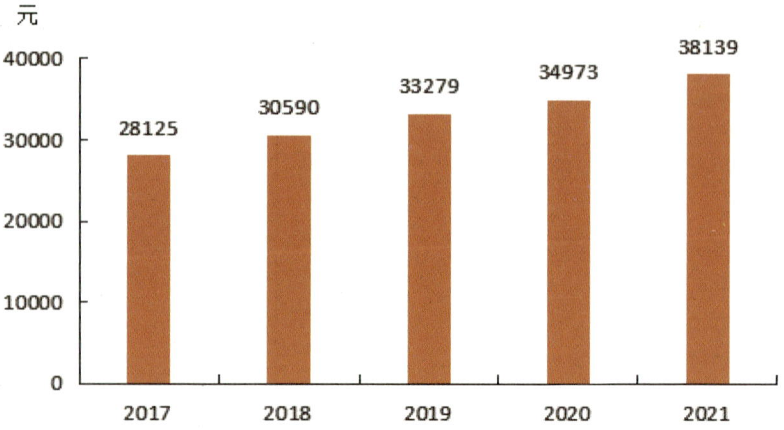

总分三项第一名、"三棋"比赛团体总分第一名、青少年体适能比赛团体总分第一名、街舞比赛第一名。组队参加盐城市"市长杯"足球比赛，获初中组亚军，并顺利拿到2022年"省长杯"参赛名额。

【环境保护】 生态环境持续改善。PM2.5年均浓度28.2微克/立方米，同比下降8.7%；空气质量优良天数比率86.3%，同比上升1.3个百分点，首次达到国家空气质量二级标准，实现历史性突破。国省考断面水质达标率90%，优Ⅲ类比例80%；国控入海河流断面水质达标率100%；全区近岸海域海水优良达到考核要求。

【人口、人民生活和社会保障】 人口总量继续下降。年末全区户籍人口69.38万人，比2020年年末减少0.72万人。其中，男性人口34.65万人，女性人口34.73万人；0~17岁人口7.72万人，18~34岁人口11.49万人，35~59岁人口29.13万人，60岁及以上人口21.04万人。全年人口出生率4.03‰，比2020年下降1.76个千分点；人口死亡率9.43‰，比2020年上升0.09个千分点；人口自然增长率-5.4‰，比2020年下降1.85个千分点。年末常住人口城镇化率62.57%，比2020年年末提高0.69个百分点。

居民收入稳定增长。全区居民人均可支配收入38139元，同比增长9.1%。按常住地分，城镇常住居民人均可支配收入44392元，增长8.3%；农村常住居民人均可支配收入29387元，增长9.8%。城乡居民收入差距继续缩小，城乡居民人均收入比值为1.51，比2020年缩小0.02。全区居民人均消费支出22227元，同比增长18.7%。按常住地分，城镇居民人均消费支出23663元，增长16.6%；农村居民人均消费支出20216元，增长22.1%。

社会保障更加健全。城乡基本养老保险参保人数56.11万人，失业保险参保人数10.72万人，工伤保险参保人数12.51万人。基本医疗保险参保缴费人数66.20万人，其中城乡居民参保人数47.90万人，职工医保参保人数18.29万人。企业退休人均养老金3124.2元/月，城乡居民养老保险基础养老金220元/月。

说明：

1.地区生产总值、规模以上工业增加值及其分类项目增长速度按可比价计算，为实际增长速度；其他指标除特殊说明外，按现价计算，为名义增长速度。

2.部分数据因四舍五入问题，存在总计与分项合计不等的情况。

3.部分指标数据因统计口径调整，较2020年不具可比性。

4.2021年年末大丰区金融机构贷款余额含189万元境外贷款。

5.建筑企业数为在区统计局入库列统的资质上建筑业企业

（夏晓霞）

〖编辑　朱晓华〗

中共盐城市
大丰区委员会

综 述

【概况】 2021年，大丰区坚持以习近平新时代中国特色社会主义思想为指导，全面贯彻中共十九大和十九届历次全会精神，在中央和省市委坚强领导下，坚决扛起“争当表率、争做示范、走在前列”的光荣使命，统筹发展和安全，坚持稳中求进工作总基调，扎实做好“六稳”（稳就业、稳金融、稳外贸、稳外资、稳投资、稳预期）、“六保”（保居民就业、保基本民生、保市场主体、保粮食能源安全、保产业链供应链稳定、保基层运转），实现“十四五”发展和现代化建设的良好开局。2021年全区实现地区生产总值759.21亿元、增长6.6%，人均地区生产总值超11万元；一般公共预算收入58.05亿元、同比增长8.4%；全口径工业开票销售1404.35亿元，同比增长27.8%，工业税收占全部税收比重超50%，超全省平均值4个百分点；外贸进出口总额超40亿美元，同比增长46.5%；城镇、农村常住居民人均可支配收入分别为44392元、29387元，同比分别增长8.3%、9.8%。地区生产总值、一般公共预算收入、全口径工业开票销售、外贸进出口总额、金融机构贷款余额等指标位居全市前列，获盐城市2021年度县（市、区）综合先进第一等次。

实体经济不断厚实。全年新签约1亿元以上项目140个，战略性新兴产业项目占比70%，其中投资100亿元的蜂巢汽车动力电池、100亿元天合光能储能、52亿元长安望江齿轮箱、30亿元永悦无人机、30亿元的阿特斯三期等重大项目签约落户，18个10亿元以上项目开工、竣工，蜂巢汽车动力电池、博敏印制电路板入列省重大项目。重点培植的新能源及装备制造、新能源汽车零部件、新一代电子信息三大战略性新兴产业开票销售411.5亿元、同比增长35.8%，占规模以上工业开票销售收入的32.9%。新能源产才融合创新中心揭牌，新能源发电量66亿千瓦时、同比增长20.6%，占全区全社会用电量的82.5%，占全省新能源发电量的10%。全区有市级星级企业30个，其中五星级企业7个；规模以上工业企业总数突破500个，新增79个；开票销售收入超1亿元企业150个，净增40个，50亿~100亿元企业2个，超100亿元企业2个；国家高新技术企业176个，新增59个。中汽研汽车试验场登陆深交所创业板，本土上市企业5个，金融生态环境列全省第4位，连续八年被评为省金融生态优秀县。

创新活力加速释放。高起点规划建设长三角一体化产业发展基地，高标准编制空间、产业、生态廊道等规划，“支持盐城建设长三角一体化产业发展基地”写入2021年江苏省政府工作报告，产业基地“一年出形象”126个项目清单化、节点化推进。深化“放管服”改革，全市率先推行个体工商户经营场所申报承诺制，企业开办半天办结，与28省（直辖市、自治区）179个地区签订通办协议，跨省通办事项104项。大丰港深水航道一期竣工，滚装码头对外开放，开通至釜山港国际直达集装箱班轮航线、至蚌埠港内河集装箱航线，辐射淮河生态经济带流域，全年完成货物吞吐量7066万吨，集装箱37.6万标箱。全力支持常盐、沪苏、苏盐等合作园区发展，常盐工业园拓展区加快建设，上海、大丰共建优质农副产品重要供应加工基地列入长三角一体化三年行动计划（2021—2023）。深入开展“科技创新突破年”活动，全社会研发投入占地区生产总值比重2.8%，国家高新技术企业总数176个，建成省级研发机构9个，江苏德和绝热科技有限公司获批国家专精特新“小巨人”企业，江苏金风科技有限公司以第一名的成绩获评省企业技术创新奖。推行“黄海明珠人才计划”，全年新引进高层次人才63名、大学生4543人，人才绿卡发放数量、人才补贴金额均列全市第一，荷兰花海尼可外国专家工作室获评省级优秀专家工作室。

城乡面貌焕发新颜。下“绣花功夫”提升城市品质，悦动体育公园等20个城市游园建成开放，西河口品质城市会客厅启动建设。夯实“三农”（农业、农村、农民）压舱石，杂交水稻制种面积全省第一，省级特色田园乡村总数11个，恒北村入选全国乡村特色产业亿元村，刘庄镇友谊村入选全国乡村治理示范村，获省2021年度乡村振兴战略实绩考核县级综合排名第一等次。以水环境综合治理为重点，打好蓝天、碧水、净土保卫战，$PM_{2.5}$浓度均值、空气质量优良天数比率位居全省前列，农村河道长效管护连续7年列全省第一等次。获省

2021年，大丰区新能源发电量66亿千瓦时、同比增长20.6%，占全区全社会用电量的82.5%，占全省新能源发电量的10% 周古凯 摄

级耕地保护激励，建成省级生态文明建设示范镇4个，创成省级绿色工厂2个，列全国市辖区生态系统生产总值(GEP)百强第3位。高质量发展全域旅游，荷兰花海AAAAA创建上报文旅部评定验收，斗龙港旅游度假区创成省级旅游度假区，全年全区接待游客1030万人次，旅游业总收入超100亿元。

群众福祉持续增进。扎实开展“两在两同”(同人民想在一起，干在一起，风雨同舟，同甘共苦)建新功行动和“我为群众办实事”实践活动，智慧站台、老旧小区加装电梯等暖心工程得到社会肯定，城市公交线路优化调整获得群众点赞。全年新增城镇就业超3万人，城镇登记失业率1.47%，创近五年新低。高质量发展教育、文化、卫生等社会事业，成功组建实验小学、实验初中两个教育集团，大丰瓷刻列入国家级非物质文化遗产名录，扬州大学医学院附属大丰人民医院揭牌成立，与上海中山医院合作的苏北健康管理中心正式落户，被评为全省“居家和社区养老服务创新示范区”，在全省率先实现全国示范型退役军人服务中心(站)全覆盖。纵深推进安全生产专项整治三年行动，生产安全事故起数、死亡人数同比双下降。做好常态化疫情防控，设立平安维稳法治专项资金，组建区级区域治理现代化指挥中心，“大数据+网格化+铁脚板”机制全域覆盖。政法队伍教育整顿取得实效，“初信”“初访”一次性化解率在全省领先，获评“全省信访工作示范县(市、区)”“争创全国法治政府建设示范市县活动先进地区”。

党的建设全面过硬。精心组织庆祝中国共产党成立100周年系列活动，开展党史学习教育，一体推进“两在两同”建新功行动，积极开展“我为群众办实事”实践活动，编写思政教材《勋章印记》等创新特色做法被中央、省简报刊发推广，卯酉文化社、狮子口村建成市级意识形态工作联系点，新型农村社区“红色邻里”、串场河党建文化公园等党建项目运行良好。锻造“看得出、站得出、豁得出”的干部队伍，加大园区和机关、企事业单位、乡镇干部之间的交流力度，选派年轻干部挂职锻炼，干部队伍精神状态佳、干事动力足。推进正风肃纪“镇村行”“看机关”专项行动，从严纠治“四风”(形式主义、官僚主义、享乐主义、奢靡之风)，在全市率先启动换届后首轮巡察，政治生态风清气正。成功召开区第十三次党代会，选举产生新一届区委领导班子，顺利完成镇党委、村(社区)“两委”换届。

【认真学习宣传贯彻中共十九届六中全会精神】 2021年，大丰区在以习近平同志为核心的党中央坚强领导和习近平新时代中国特色社会主义思想科学指引下，认真学习宣传贯彻中共十九届六中全会精神，忠诚捍卫“两个确立”，增强“四个意识”，坚定“四个自信”，做到“两个维护”，始终胸怀“两个大局”、牢记“国之大者”，切实提高政治判断力、政治领悟力、政治执行力。扎实开展党史学习教育，相关创新做法被中央、省简报刊发推广。

重要会议

【区委十二届十二次全会】 5月24日，中国共产党盐城市大丰区第十二届委员会第十二次全体会议举行。会议审议通过了《关于召开中国共产党盐城市大丰区第十三次代表大会的决议(草案)》。全会由区委常委会主持，区委书记薛盛堂代表区委常委会讲话。全会指出，中国共产党盐城市大丰区第十三次代表大会定于2021年7月召开。全区上下要充分认识换届工作的极端重要性，把思想和行动统一到中央、省委、市委的重大决策部署上来，把换届的各项工作组织好、实施好、完成好。

【区委十二届十三次全会】 7月14日，中共盐城市大丰区委十二届十三次全体会议召开，研究区第十三次党代会相关筹备工作，进一步统一思想、凝聚共识，确保党代会顺利召开。全会由区委常委会主持，区委书记李志军代表区委常委会讲话。会议听取区第十三次党代会筹备工作情况的汇报，讨论并通过区委、区纪委向区第十三次党代会所作的工作报告(讨论稿)，讨论并通过了区第十三次党代会关于人事方面的安排及大会计划(草案)。

【区第十三次党代会】 7月18日，中国共产党盐城市大丰区第十三次代表大会召开。会议的主要任务是，全面总结区第十二次党代会以来的工作，研究部署今后五年的目标任务，选举产

2021年7月18日，中国共产党盐城市大丰区第十三次代表大会召开
邱鹏　摄

生中共盐城市大丰区第十三届委员会和纪律检查委员会，号召全区各级党组织、广大党员和干部群众，坚持以习近平新时代中国特色社会主义思想为指引，聚焦美好生活向往，坚定绿色向海发展，全面开启社会主义现代化大丰建设新征程。李志军根据常委会讨论的精神，着重强调四个方面意见：（1）过去五年的工作回顾和总结；（2）今后五年的发展目标和定位；（3）奋力建设社会主义现代化大丰；（4）全面加强党的建设。

【区委十三届一次全体会议】 7月19日，中国共产党盐城市大丰区第十三届委员会举行第一次全体会议，选举产生中共盐城市大丰区第十三届委员会常务委员会委员和书记、副书记，通过中共盐城市大丰区纪律检查委员会第一次全体会议选举结果。选举结果报盐城市委批准。李志军受中共盐城市大丰区第十三次代表大会主席团委托主持会议。会议以无记名投票差额选举的方式，选举产生中共盐城市大丰区第十三届委员会常务委员会委员，他们是：李志军、戴勇、陈允春、陈刚、周小进、张林海、陈华、房其勇、卫爱军、朱晓春、黄同城。会议选举李志军为中共盐城市大丰区第十三届委员会书记，戴勇、陈允春为中共盐城市大丰区第十三届委员会副书记。

【区委十三届二次全体会议】 9月11日，区委十三届二次全体会议召开，专题讨论决定区党代表会议有关事项。全会研究讨论并一致通过《区党代表会议日程（草案）》《关于召开中国共产党盐城市大丰区代表会议的决议（草案）》《区党代表会议选举办法（草案）》，听取市党代表候选人预备名单酝酿产生情况汇报，研究讨论并一致通过《盐城市第八次党代会代表候选人预备人选建议名单》。

【区委十三届三次全体会议】 12月30日，区委召开十三届三次全体会议。这次会议的主要任务是，深刻领会中共十九届六中全会和中央经济工作会议精神，深入贯彻习近平总书记对江苏工作重要指示精神，认真落实省第十四次党代会和市第八次党代会决策部署，准确把握省委、市委经济工作会议要求，总结2021年工作，部署2022年任务，动员全区上下弘扬伟大建党精神，奋力建设高质量产业基地，勇当长三角一体化发展排头兵，以优异成绩迎接中共二十大胜利召开。李志军根据常委会研究的精神，着重讲了四个方面的问题：（1）在社会主义现代化建设新征程上，大丰高质量发展迈出坚实有力步伐。（2）深入学习贯彻中共十九届六中全会和省、市党代会精神，推动中央、省、市决策部署在大丰落地生根、开花结果。（3）深入践行新发展理念，以长三角产业一体化发展基地建设为统揽，推进大丰高质量发展。（4）全面推进新时代党的建设，以伟大建党精神引领保障大丰高质量发展行稳致远。

（杨　波）

重要决策

【疫情防控】 1月9日，区委常委会召开会议，听取区疫情防控工作领导小组各专项工作组工作情况汇报并研究部署下一步工作措施。区委书记薛盛堂强调，要深入贯彻落实中央和省委、市委的最新指示精神，分析疫情防控最新形势，进一步提高思想认识，落实严格防控措施，持续巩固来之不易的疫情防控成果。1月11日，大丰区召开疫情防控工作领导小组会议，听取区疫情防控工作领导小组各专项工作组工作情况汇报，深入分析当前大丰区疫情防控形势任务，研究部署下一步工作措施。薛盛堂强调，要深入贯彻落实中央和省市委的最新指示精神，分析疫情防控最新形势，进一步提高思想认识，严格落实各项防控措施，严密防范各类输入性风险，坚决保障人民群众生命安全和身体健康。7月29日，全区疫情防控工作视频调度会召开，迅速传达贯彻省市疫情防控工作视频调度会议精神，对当前大丰区疫情防控工作进行再部署、再落实。8月2日，全区疫情防控工作视频调度会召开，要求强化措施、堵塞漏洞，落实落细疫情防控工作责任，守护好人民群众生命健康安全。8月5日，区委书记李志军走访大丰区部分企业，实地检查疫情防控工作，调研企业运行情况。李志军强调，要深入学习贯彻习近平总书记关于疫情防控的重要指示精神，积极践行“两在两同”建新功行动要求，强化防控举措，助企纾困解忧，推动企业生产安全有序运行，实现疫情防控与经济发展“两手抓”“两不误”。10月19日，区委、区政府召开疫情防控工作会议，回顾总结前一阶段工作成效，研究部署下一阶段工作重点。李志军主持并讲话，强调要始终绷紧疫情防控这根弦，持续巩固和扩大疫情防控成果。12月31日，大丰区召开会议，对疫情防控工作进行再部署、再深化、再落实。会议要求做好常态化疫情防控，筑牢“双节”期间安全屏障。

【领导变更】 7月7日，全区领导干部大会召开。会议宣布省委、市委关于盐城市大丰区党政主要负责人职务调整的决定：李志军任中共盐城市大丰区委书记；薛盛堂不再担任中共盐城市大丰区委书记职务；戴勇任大丰区委副书记，提名为大丰区政府区长候选人。市委书记戴源出席会议并讲话。市委常委、组织部部长勾凤诚主持会议并宣布省委、市委决定。薛盛堂、李志军、戴勇分别发言。

【招商引资和项目建设】 1月9日，区委、区政府召开全区重大产业项目现场推进会，集中观摩部分盐城观摩备选项目推进情况。1月20日，区委书记薛盛堂主持召开重点项目方案汇报会，听取《大丰吾悦、中交两商圈更新规划》初步方案、斗龙渔港小镇规划方案和博物馆新馆布展方案汇报，强调要坚持系统思维，突出市场化运作，探索创新投资运营模式，确保项目早日实施到位、发挥效益，助推大丰区城市经济、海洋经济健康可持续发展。2月4日，区委、区政府举行全区镇域发展“家家到”观摩活动，集中检阅各镇(街道)2020年工作成效，从头从紧落实2021年镇域发展。2月18日，大丰区召开“高质量重大产业项目会战年”动员大会，动员全区上下全力会战高质量重大产业项目，为“十四五”开好局提供强劲支撑。3月26日，盐城市高质量发展项目观摩推进会在大丰区举行。市委书记戴源出席会议并讲话。市委副书记、市长曹路宝主持。5月18日，在“向海发展，赋能未来”中国盐城投资环境说明会主会场和大丰专场活动中，大丰区有23个项目签约，总投资258.2亿元。7月28日，区委、区政府召开春季招商竞赛总结暨秋季项目大会战动员部署会，深入贯彻落实市委要求和区第十三次党代会精神，认真总结春季招商竞赛成果，动员全区上下坚持“项目为王”，迅速掀起秋季项目大会战新热潮，助力产业转型升级。7月31日，李志军主持召开区委优化营商环境专项巡察工作书记专题会议，听取区委优化营商环境专项巡察情况汇报，部署下一步巡察工作。会议要求坚持问题导向，强化责任落实，从严从实推动巡察整改取得实效。9月1日，大丰区召开优化营商环境暨机关作风建设问题通报会，通报当前全区营商环境存在的典型问题，李志军出席并讲话。10月29日，在第三届中韩贸易投资博览会成功举办之际，大丰区举行战略性新兴产业外商投资推介会专场活动。会上，香港智能机器人、德国风电设备、伊朗汽车零配件等7个外资和港澳台资项目集中签约。12月17日，李志军主持召开全区企业家座谈会，深入了解当前企业运行情况，听取企业对2022年大丰区经济发展的意见和建议。

2021年4月10日，第九届恒北梨花文化节在大中街道恒北村开幕
严正东　摄

【全面从严治党】 1月23日，区委常委会召开民主生活会。区委书记薛盛堂主持会议并作总结讲话。市委组织部、市纪委监委派人到会指导。4月19日，薛盛堂主持召开区委党建工作领导小组会议，强调要始终保持“全市第一扛红旗、全省一流走前列”，以铁军精神推动全区党的建设高质量发展。4月20日，大丰区召开党建工作会议。薛盛堂强调，要以党建“最大政绩”引领保障发展“第一要务”，为实现“十四五”良好开局提供坚强组织保障。6月30日，大丰区庆祝中国共产党成立100周年大会暨“两优一先”表彰会在区文化会展中心举行，庆祝党的百年诞辰，表彰全区优秀共产党员、优秀党务工作者和先进基层党组织。11月9日，全区国有企业党建工作座谈会召开，区委书记李志军出席并讲话。会议要求坚持党建引领，扛起使命担当，以高质量党建引领保障高质量发展。12月31日，区委常委会召开专题会议，听取镇、街道、区园党(工)委书记抓基层党建工作述职。会议要求筑牢思想根基，夯实基层基础，以党建引领走好新时代“赶考路”。

【依法治区】 4月17日，大丰区举办领导干部法治专题讲座，强化全区领导干部法治思维，提高运用法治方式解决问题的能力，造浓尊法学法守法用法氛围。7月14日，区委书记、区委全面依法治区委员会主任李志军主持召开区委全面依法治区委员会第三次会议，传达学习中央全面依法治国工作会议、省委全面依法治省工作会议和市委全面依法治市委员会第三次会议精神，听取区委依法治区办关于依法治区工作情况汇报，审议《区委全面依法治区委员会2021年工作要点》，研究部署大丰区2021年工作。

【旅游发展】 3月27日，“水韵江苏·有你会更美”文旅消费推广季在大丰区荷兰花海景区正式启动。省政府副秘书长徐光辉，省文旅厅党组书记、厅长杨志纯等领导和嘉宾参加活动。3月27日，“花里大丰·相约美好”旅游季暨2021年荷兰花海郁金香文化月开幕。省文旅厅副厅长李川，荷兰驻华商务参赞方文丽，副市长陈卫红，区委书记薛盛堂，区长李志军共同启动开幕式。4月10日，2021年第九届恒北梨花文化节在大中街道恒北村开幕。省妇联主席、党组书记张彤，副市长陈卫红等领导嘉宾应邀参加开幕式。文化节以“梨花绽放庆百年”为主题，举办锦绣梨园竞芬芳系列文艺展演、水上表演、恒北文创产品展销以及恒北原乡、恒北精品民宿配套活动等。4月14日，大丰区召开盐城斗龙港旅游度假区总体规划汇报会。会议要求高水平高质量绘制度假区建设美好蓝图，打造大丰旅游发展新“名片”。5月18日，大丰区举行斗龙港旅游度假区揭牌和“双创”工作推进会。区委书记薛盛堂、区长李志军出席并共同为度假区揭牌。6月4日，上海人游“北上海”2021江苏大丰(上海)旅游推介会在上海举行，现场10个重点文旅项目集中签约，上海巾帼园·“北上海”拓展基地揭牌，上海人游“北上海”活动启动。9月7日，区委书记李志军主持召开全区旅游工作例会，强调要深入贯彻落实习近平生态文明思想，强化系统思维，突出问题导向，高效高质推进项目建设实现“双创”目标，全力擦亮生态品牌推动全域旅游高质量发展。9月29日，2021年“花里大丰 为爱而来”旅游季暨荷兰花海百合花文化月正式启动。市委常委、宣传部部长，市政府党组成员陈卫红，省文旅厅二级巡视员徐循华，省旅游协会执行会长詹庚庆，《只有爱·戏剧幻城》总导演王潮歌等领导和嘉宾应邀出席。荷兰贸易促进委员会首席代表理查德致辞，荷兰驻上海总领事郭媚姚通过视频表示祝贺。

【城市建设】 3月31日，区委、区政府召开全区城市建设大会战动员大会，并举行全区城建重点项目集中开工和观摩活动，23个城建重点项目开工建设，总投资41.9亿元。5月1日，区委、区政府举行城市经济现场推进会暨人民路海派风情街开街活动，深入贯彻落实省、市、区委全会精神，加速融入盐丰一体化，进一步推动城市建设提品质、优业态、聚人气。6月18日，大丰区举行城建大会战“做精城中”板块项目观摩推进活动，集中“检阅”城中板块城建会战成果，进一步提振信心、激发干劲，全力打赢“十四五”城市建设开局战。9月10日，区委书记李志军调研城市更新工作，强调要深入贯彻以人民为中心的发展思想，全面落实新发展理念，按照省、市委全会和区党代会精神要求，加快城市改造步伐，全力打赢城区房屋征迁大会战，持续推进城市更新，推动城市高质量发展，更好满足人民群众对美好生活的向往。10月14日，李志军率队专题调研文明城市创建工作，强调要围绕全市“争创全国文明典范城市”目标，紧盯薄弱环节落实整改，持续提升城市管理水平，让群众共享文明城市创建成果，确保交出争创全国文明典范城市“高分答卷”。

【农业农村】 2月9日，区委、区政府召开全区农村工作会议，深入学习贯彻中共十九届五中全会，中央、省、市农村工作会议精神和习近平总书记重要讲话指示精神，动员全区上下巩固拓展脱贫致富奔小康成果，全面推进乡村振兴战略，以走在前列的使命担当，建设全域农业现代化示范区，奋力开创新时代大丰农业农村工作新局面。5月11日，全省“幸福家园”村社互助工程推进会在大丰区召开，大丰区被评为全省唯一获省“幸福家园”村社互助工程示范点。省慈善总会会长蒋宏坤、省民政厅副厅长蒋同进、副市长费坚等出席，区委书记薛盛堂致辞。

【沿海高质量发展】 1月28日，“我苏”客户端《我苏论政·崭新的征程已经开启》栏目播出对区委书记薛盛堂的专访。薛盛堂表示：大丰将放眼长三角一体化和东北亚经济圈，更大力度开放沿海、接轨上海，打造江苏沿海中部最具活力的开放融合带、最具竞争力的绿色产业带、最具魅力的生态风光带。6月10日，区委常委会召开会议，传达学习全市沿海发展工作会议精神，研究部署大丰区贯彻落实工作。会议指出，全区上下要增强责任感使命感，自觉把思想和行动统一到省市最新决策部署上来，坚持高点定位，把握发展规律，夯实工作举措，系统谋划、扎实推进大丰“十四五”沿海高质量发展。6月21日，薛盛堂到港区实地调研重大项目建设和化工园区安全生产工作，强调要聚焦“面朝大海、向海发展、赋能未来”要求，坚持统筹发展和安全，筑牢安全环保底线，加快绿色转型发展，全力打造江苏沿海绿色产业新高地，为推动沿海高质量发展做出“大丰贡献”。

【科技创新】 4月24日，区委、区政府召开全区科技创新暨“数字大丰”建设工作会议。区委书记薛盛堂出席并讲话，强调要深入学习贯彻习近平总书记关于创新发展的重要论述精神，按照中央决策部署和省市工作要求，以“科技创新突破年”活动和“数字大丰”建设为重点，充分发挥科技创新引领作用，抢抓“数字经济”新机遇，深入推进“一核两翼”发展模式，培育增长新动能，推动全区经济社会高质量发展。

【乡村振兴】 3月29日，全区村（社区）党组织书记学习贯彻中共十九届五中全会精神暨乡村振兴培训班开班。区委书记薛盛堂出席并作动员讲话。9月17日，区委书记李志军主持召开书记专题会，听取全区农房改善、美丽宜居乡村建设、高速沿线两侧环境整治工作情况，研究部署下一步推进措施。李志军强调，要深入学习贯彻习近平总书记关于“三农”工作的重要论述，准确把握乡村振兴战略总要求，坚持高目标追求、高效率推进、高质量发展，因地制宜、创塑特色，加快打造乡村振兴示范样板，促进农业高质高效、乡村宜居宜业、农民富裕富足，努力在全面推进乡村振兴中走在前列。9月30日，大丰区专题召开全区乡村振兴重点工作推进会，对乡村振兴重点工作进行再动员、再梳理、再部署。区委书记李志军出席并讲话。10月25日，全区“头雁讲坛”暨村（社区）书记主题培训班开班。李志军出席开班仪式并讲话。他强调，要始终把责任担子扛在肩上，把群众冷暖记在心上，深入学习优秀村（社区）的好经验、好做法，不断提升抓班子、强治理、促发展的能力和水平，为全面推进大丰乡村振兴贡献力量。

【生态文明建设】 5月19日，大丰区召开水环境综合整治提升工作会议。区委书记薛盛堂在讲话中强调，全区上下要从讲政治的高度，提高思想认识，端正工作态度，坚持目标导向、问题导向、结果导向，集中力量整治提升水环境，确保高标准、高水平、高质量完成治水重任，坚决打赢碧水保卫战。8月20日，区委书记李志军主持召开全区生态环境治理书记专题会议，听取全区水环境治理提升和突出生态环境问题整治工作情况，研究部署下一步整改推进措施。李志军强调，要深入贯彻落实习近平生态文明思想，坚守生态环保底线，始终突出问题导向、目标导向、结果导向，精准施策，标本兼治，持续改善生态环境质量，全力筑牢高质量发展“绿色屏障”。8月20日，大丰区召开能耗“双控”工作书记专题会。李志军主持并讲话，强调要贯彻落实习近平生态文明思想和习近平总书记有关重要指示批示精神，按照中央、省、市最新部署要求，提高政治站位，统一思想认识，牢固树立绿色低碳发展理念，坚决遏制高能耗、高排放项目盲目发展，推动绿色转型和高质量发展。

【民生实事】 7月20日，李志军专题调研民生实事工作。他强调，要全面贯彻落实区第十三次党代会精神，坚持以人民为中心发展思想，顺应群众期待，切准民生脉搏，聚焦美好生活向往办好民生实事，不断提高人民群众的幸福感、获得感。9月16日，李志军赴“两在两同”建新功行动基层联系点大丰港经济开发区，开展走访调研活动。李志军强调，全区党员干部要认真学习贯彻习近平总书记“七一”重要讲话精神，按照中央和省、市、区委部署要求，始终践行以人民为中心的发展思想，深入开展“两在两同”建新功行动，着力解决群众“急难愁盼”问题，在联系基层、服务群众、推动发展中与全区人民共同奋斗。9月29日，大丰区召开教育高质量发展大会。李志军出席并讲话，强调要始终坚持把教育优先发展、高质量发展摆在重要位置，坚守为党育人，为国育才，涵养师者匠心，厚植教育情怀，奋力开创大丰教育高质量发展新局面。

【安全生产工作】 1月12日，全区安全生产工作会议召开，总结2020年安全生产工作，全面部署2021年工作任务。6月5日，区委书记薛盛堂到大丰港经济开发区，开展安全生产宣讲。他强调，要深入学习贯彻习近平总书记关于安全生产重要论述和指示批示精神，树牢以人民为中心的发展思想，把安全生产“红线意识”贯穿于经济社会发展全过程，积极防范化解安全风险，牢牢守住安全发展底线，坚决维护人民群众生命财产安全和社会稳定，为大丰区高质量发展夯实安全基础。10月22日，区委书记李志军带队检查粮食安全工作，强调要深入贯彻落实习近平总书记关于保障国家粮食安全的重要论述精神，坚决扛起粮食安全政治责任，全面排查整改涉粮问题，持续提升粮食供给保障能力，把饭碗牢牢端在自己手中。

【长三角一体化产业发展】 11月10日，大丰区召开长三角一体化产业发展基地建设动员大会，动员全区上下深入贯彻落实市第八次党代会精神，按照市委、市政府部署要求，统一思想、凝聚共识，压实责任、狠抓落实，迅速形成建设长三角一体化产业发展基地的工作格局和浓厚氛围。副市长汤如军出席并讲话，区委书记李志军作动员讲话，区委副书记、代区长戴勇作工作部署。11月12日，李志军主持召开长三角一体化产业发展基地相关规划汇报会。李志军强调，要站位长三角一体化大格局，突出规划引领，系统谋划推进，高质量推进长三角一体化产业发展基地建设，为大丰坚定绿色向海发展、谱写现代化建设新篇章积蓄新动能。12月21日，区委书记李志军主持召开长三角产业一体化发展基地建设指挥部工作例会。他强调，要深入贯彻落实省第十四次党代会和市第八次党代会精神，始终站位长三角一体化大格局，锚定目标精准发力，高质高效系统推进，加快把产业发展基地的美好蓝图变为生动现实，努力在长三角一体化发展中展现担当作为、打造示范样板。

【深化改革】 5月15日，区委书记、区委全面深化改革委员会主任薛盛堂主持召开区委全面深化改革委员会第六次会议，研究审议相关改革事项，听取重点改革工作情况汇报。他强调，要以更高站位、更宽视野、更大力度，加快推动各项改革举措落地见效，为全区经济社会高质量发展注入不竭动力。12月25日，区委书记、区委全面深化改革委员会主任李志军主持召开区委深改委第七次会议，研究审议相关改革事项，听取重点改革工作情况汇报。李志军强调，要学深悟透笃行习近平总书记关于全面深化改革的重要论述，坚持以全局观念和系统思维谋划推进改革，让改革更好对接发展所需、基层所盼、民心所向。

【党史学习教育】 3月1日，区委理论学习中心组举行学习会，学习交流习近平总书记在党史学习教育动员大会上的重要讲话精神和《中共中央国务院关于全面推进乡村振兴加快农业农村现代化的意见》精神。3月16日，区委常委会召开会议，传达学习全省和全市党史学习教育动员会议精神，研究《全区党史学习教育动员会议方案》《中共盐城市大丰区委关于开展党史学习教育的实施方案（讨论稿）》《关于成立区委党史学习教育领导小组的方案（讨论稿）》。3月17日，全区党史学习教育动员会议召开。区委书记、区委党史学习教育领导小组组长薛盛堂作动员讲话。4月1日，区委中心组成员到八路军新四军白驹狮子口会师纪念地参观并开展现场学习。区委书记薛盛堂领学经典名篇《为人民服务》。4月20日，党史学习教育市委宣讲团宣讲报告会在大丰区举行。市委宣讲团成员、市社科联主席、党组书记李晓奇作宣讲报告。薛盛堂主持报告会并讲话。4月29日，市委党史学习教育第十一巡回指导组到大丰指导党史学习教育工作。市委党史学习教育第十一巡回指导组组长黄文玉出席汇报会并讲话。区委书记、区委党史学习教育领导小组组长薛盛堂主持汇报会。5月14—15日，按照中央、省市委统一部署要求，区委中心组（扩大）举行党史学习教育集中学习暨专题读书班。8月14日，区委书记李志军到大丰港经济开发区讲党史学习教育专题党课，与港区党员干部交流分享党史学习教育的体会和感悟。12月25日，李志军赴党校宣讲中共十九届六中全会和省第十四次党代会精神，和全区党员干部群众交流分享学习体会和感悟。

【政法队伍教育整顿】 3月17日，全区政法队伍教育整顿领导小组第一次会议召开，传达学习省政法队伍教育整顿盐城驻点指导组到大丰调研讲话精神以及全市政法队伍教育整顿领导小组第一次会议精神，研究部署下一阶段工作任务。4月22日，区委书记、区政法队伍教育整顿领导小组组长薛盛堂主持召开全区政法队伍教育整顿集体谈心谈话会议，强调要对照市政法队伍教育整顿第三次领导小组会议和《全市政法系统顽瘴痼疾专项整治工作实施方案》要求，深耕“责任田”，打好“主动仗”，推动教育整顿工作走深走实，努力打造新时代政法铁军。6月8日，区委书记、区政法队伍教育整顿领导小组组长薛盛堂深入政法各单位，开展政法队伍教育整顿工作专题调研。6月10日，大丰区召开防止干预司法“三个规定”宣讲大会。市中级人民法院院长王世华作主题宣讲。7月9日，全区政法队伍教育整顿领导小组第四次会议召开，传达学习全市政法队伍教育整顿领导小组会议精神，听取区政法各单位关于教育整顿“回头看”和省指导组反馈意见整改工作措施等情况汇报，并就进一步做好教育整顿“回头看”工作进行部署安排。区委书记、区政法队伍教育整顿领导小组组长李志军主持会议并讲话。

【“三重”工作】 8月10日，区委、区政府专题召开全区“三重”（重点指标、重要工作、重大项目）工作推进例会。区委书记李志军主持并讲话，强调要坚持高目标追求、高效率推进、高质量发展，突出问题导向，深入对标找差，以更加精准务实的举措补短板、强弱项，确保高质量完成全年目标任务。9月8日，区委、区政府召开全区“三重”工作推进例会暨“大干一百天、奋力夺全年”动员部署会。区委书记李志军主持并讲话，强调要完整、准确、全面贯彻新发展理念，坚持高目标追求、高效率推进、高质量发展，以更加精准务实的举措全力争先进位。10月19日，区委、区政府召开全区“三重”工作推进例会，深入查摆问题，认真剖析原因，安排部署下一阶段工作。会议要求强化目标意识、质量意识、争先意识、效率意识，以实实在在的工作解决发展中的难题，确保各项指标、各个项目按序时推进，各项工作都能走在全市前列，高质量完成全年目标任务。11月11日，区委书记李志军主持召开全区“三重”工作推进例会。会议要求坚定信心谋进位，聚焦重点勇攻坚，全力以赴打赢全年“收官”之战。12月20日，区委书记李志军主持召开全区“三重”工作推进例会，全面梳理盘点2021年工作，科学研究谋划2022年工作。会议要求争分夺秒冲刺全年目标确保圆满收官，高点定位谋划2022年工作实现良好开局。

（徐巳力）

信息工作

【概况】 2021年，大丰区委办信息工作紧贴中央和省、市、区委工作大局，聚焦全年工作重点和社会各界关注的热点难点，向江苏省委、盐城市委和大丰区委组织报送大量时效强、内容好、质量高的信息，信息服务水平得到提升，参谋助手作用进一步加强。

【信息报送】 2021年，区委办坚持围绕中心、服务大局，紧扣党委工作重点、社会关注热点和民生问题痛点等，加强工作举措、亮点成绩、问题建议等类型重点信息报送，全年组织上报市委办公室信息1387条，被采用296条；组织上报省委办公厅信息1309条，被采用10条，其中，涉江苏省数字政府服务能力相关信息获省委主要领导批示。

【服务党委】 2021年，区委办聚焦信息服务能力提升，扎实做好信息搜集编报，重点反映大丰区经济运行、改革创新、民生建设等综合动态情况、重大成绩经验等，编发《快报》15期，采用信息203条，编发《书记参阅》24期，采用信息251条，为区领导掌握情况、部署工作提供了第一手资料。强化大局意识、稳定意识，密切关注信访、安监、环保、公安、舆情等重点领域动态，编发《维稳信息日报》181期，为区领导及时处置各类突发事件、维护社会大局稳定发挥重要作用。

【区情调研】 2021年，区委办认真开展综合调研，重点围绕改革创新、基地建设、城乡发展、民生幸福等方面深入挖掘，形成一批高质量调研信息。其中，《大丰区三个“全力”迅速掀起沿海高质量发展热潮》《大丰区“区场一体化”发展蹚出接轨上海新路子》《大丰区“三度”打造一流金融生态环境》《大丰区“三高”举措推动乡村振兴站排头》《长三角产业一体化发展基地百亿项目落户大丰》等27条信息，被省市重点刊物采用，有效提升了上级党委对大丰发展的关注度、认可度，以文辅政能力得到切实加强，为大丰区经济高质量发展贡献智囊力量。

（胡　静）

督查工作

【概况】 2021年，区委办督查室紧扣全区中心工作和重要时间节点，突出重点、改进方式、查深查实、推动整改，充分发挥了督查推动落实的“助推器”作用。

【督查方式改进】 2021年，区委办督查室按照基层减负的要求统筹规范督查检查工作，制定出台《大丰区督查检查考核计划管理办法（试行）》和《2021年大丰区区级督查检查考核计划》，严格执行计划管理和审批报备制度。充分运用大数据、互联网+督查、基层观测点等方法手段，加强动态监测，更多采取明察暗访等方式，督查区委区政府重大决策部署、区委主要领导交办事项、重要政策文件会议等贯彻落实情况，重点对市区两级“两重一实”（重大项目、重点工程、为民办实事工程）、首批“我为群众办实事”20个公示项目、市项目观摩“家家到”沿途环境整治、城建重点工程等重点工作开展督查。全年先后组织各类重点督查9项17次，编发督查报告等材料近20期，督查事项较2020年有所减少，保证工作成效，减轻了基层负担。

【督查考核机制】 2021年，区委办督查室坚持以考核提升督查效果，在全区年度目标任务综合考核中明确督查指标分值，将平时督查结果作为年度考核的重要依据，健全完善"事中督查推进、事后考核兑现"的长效机制。

【督查成效提升】 2021年，区委办督查室着重发现落实中存在的问题，及时了解需要完善的有关政策，提出解决和整改建议，动真碰硬督促和跟踪整改，倒逼重点工作推进，推动工作有效落实。

（丁虎翼）

2021年4月28日，大丰区科级干部学习中共十九届五中全会精神暨党史学习教育培训班开班　郑鸿康　摄

组织工作

【概况】 2021年，大丰区组织工作认真贯彻落实全国、全省、全市组织部长会议精神，按照"基层基础强化年""规矩规范提升年"要求，围绕集中换届、庆祝中国共产党成立100周年、招才引智等大事要事，启动实施"固本、强基、守正、创新"四大工程，统筹谋划开展推进、以点带面做好提升，各方面工作取得新进展。

【干部队伍建设】 2021年，大丰区委组织部统筹干部培养、选拔、管理、使用4个关键环节，以"集中换届工作"为重点，锻造忠诚干净担当干部队伍。认真落实中央精神和省、市、区委换届人事调整要求，研究制定镇党委、人大、政府换届考察工作实施方案。开展专题调研，精心组织换届考察，切实加强思想引导，做到"三个必谈、三个讲清楚"（对提名人选必谈、讲清楚工作要求，对不再提名人选必谈、讲清楚换届政策，对列入差额选举的有关人选必谈、讲清楚组织意图）。在班子的整体配备上，统筹考虑党政正职人选的选优配强，班子成员年龄结构的梯次配备，专业能力的优势互补，努力使"强个体"成为"强组合"。严把选人用人政治关、品行关、作风关、廉洁关，改进干部推荐考察方式，坚持"凡提四必"（对拟提拔或进一步使用人选，做到干部档案"凡提必审"，个人有关事项报告"凡提必核"，纪检监察机关意见"凡提必听"，反映违规违纪问题线索具体、有可查性的信访举报"凡提必查"），防止干部"带病提拔"。加强换届风气监督，坚持把纪律和规矩挺在前面，坚决贯彻落实"十严禁"（严禁结党营私，严禁拉票贿选，严禁买官卖官，严禁跑官要官，严禁个人说了算，严禁说情打招呼，严禁违规用人，严禁跑风漏气，严禁弄虚作假，严禁干扰换届）纪律要求，早敲警钟、早打预防针，教育引导广大党员干部知敬畏、存戒惧、守底线。11个镇1313名镇党代表共选举产生镇党委委员102名、纪委委员57名，全部符合省委换届规定的各类年龄结构比例要求，完成镇领导班子换届各项工作任务。加强对全区科级领导班子及成员综合研判，深入分析领导班子在个体素质、专业结构、整体功能等方面存在的主要矛盾和突出问题。围绕锻造"看得出、站得出、豁得出"的干部队伍，市里意见出台之后第一时间制定出台干部育选管用"十条措施"，第一时间开展"三出"（看得出、站得出、豁得出）干部队伍调研，第一时间出台《在"三重"工作中考察识别干部的实施办法》《关于进一步强化"334"内部管理实施办法》等配套制度。先后举办科级领导干部、青年干部、公务员、新履职科级干部、名校优生、党代表等培训班，举办政治能力、专业能力"双提升"培训班，提升参训干部专业水平和履职能力。开展年轻干部"四百提升展风采"（组织百名年轻干部到百个岗位挂职锻炼，组织百名年轻干部学百年党史学习教育，组织百名年轻干部讲百名党员先进事迹，组织百名年轻干部做百件志愿服务实事）活动、年轻公务员"争先锋，亮丰彩"系列活动。选派20名优秀年轻干部到常州、上海等地区挂职锻炼，促进年轻干部解放思想、开阔眼界、增长阅历。选派40名年轻干部参与疫情防控卡口执勤，注重在防疫一线识别任用干部。打造干部监督信息交流平台，定期召开干部监督联席会议，开展专项干部选拔任用检查，对卫健委、人社局、民政局等7个单位选人用人工作进行专项检查。深入推进公务员分类改革，在市场监管、城市管理、文化市场等领域共设置647个行政执法类职位，探索实行基于职位特点和行业特征的分类管理，有关做法被《江苏组工信息》推广介绍。

【基层党建工作】 2021年，大丰区委

2021年大丰区党组织、党员基本情况表

表6

党组织	数量（个）	党员		数量（人）	党员		数量（人）
党委	79	党员总数		51339	2021年发展新党员		660
党工委	9	其中	中华人民共和国成立前入党	564	其中	镇	375
党组	25		女性	12379		女性	292
党总支	344		35岁以下	5797		35岁以下	431
党支部	2232		高中以上学历	36014		—	—

（黄忠　汪倩）

组织部深入推进“五聚焦五落实”三年行动计划，认真贯彻落实党支部工作条例，以提升党支部影响力为出发点，充分发挥党支部战斗堡垒作用，全面提升基层党建工作水平。认真落实村（社区）“两委”换届“四个聚焦”（聚焦书记人选、聚焦退职人员、聚焦法定程序、聚焦风险防控）要求，262个村（社区）完成换届工作，“两个确保”（确保所有村、社区都程序规范，确保没有一个出现问题）、“三个100%”［村（社区）100%集中换届、村（社区）党组织100%换届成功、村（居）民委员会100%换届成功］目标全部实现。严格执行换届人选标准，拓宽选人视野，注重从致富能人、返乡大学生、退役士兵、区镇机关干部等群体中发掘培养村干部，不断优化村（社区）干部队伍结构。共选出“两委”成员1891人，村（社区）党组织书记平均年龄从50.5周岁下降到45.4周岁，大专以上学历占86%。深入实施村党群服务中心“加磁”工程，围绕“十有”（有诊疗器材、有休闲场所、有广场舞设备、有按摩座椅、有康养看护区域、有村邮站点、有便民超市、有法律援助服务、有特色文体活动、有党员志愿服务）微服务清单，积极扩展家政服务、快递代办、文体活动等便民服务，延伸开展养老助残、心理疏导、法律援助等公共服务，有序推进党群服务中心功能升级、服务提档，《江苏组工信息》推广介绍有关做法。开展基层党组织规范化建设“红色体检”，以“抓基层强基础，比规范促提升”为主题，组织开展党的组织生活规范化建设大比武活动。制定《党的组织生活规范化建设对标清单》，组建“专项工作督导小组”，通过现场看、党员议、群众评等多种方式，在基层党组织间横向比较“三会一课”（定期召开支部委员会、党小组会、支部委员大会、按时上好党课）开展情况、“三簿一册”（党支部委员会工作记载簿、党组织活动记载簿、党小组活动记载簿、党员花名册）记载情况，优选出一批“基层党组织规范化建设示范标杆”，有关做法被“共产党员网”推广介绍。常态化开展“两新”（新经济和新社会）组织党组织运行情况排查，对“两新”领域特别是新兴业态和互联网领域党组织“两个覆盖”（党的组织覆盖和党的工作覆盖）情况进行集中摸排，确保单独组建率保持100%。开展村（社区）“两委”（村党支部委员会、村民自治委员会）班子履新“接续奋进十到位”（集体谈话开展到位、宣誓就职组织到位、新老交接推进到位、“三项清单”创设到位、认标承诺制定到位、“梯度”培训举办到位、“鹿乡党课”开设到位、访民问计谋划到位、规章制度修订到位、档案规范整理到位），不断巩固换届成果。举办“头雁讲坛”，围绕“我为群众办实事，红色阵地换新颜”等主题，搭建村（社区）党组织书记基层治理经验交流平台。举办全区村书记履新赋能专题培训班、强农兴村示范培训班等，组织村（社区）党组织书记赴苏州、无锡等地区参观考察，开拓视野；举办村（社区）“两委”班子成员主题轮训班，开展选拔优秀村（社区）书记为事业人员调研，探索激发广大村（社区）干部干事创业主动性和积极性的新路径。推进党性教育现场教学，探索开展“课堂+基地”的党员教育实训模式，对全区基础条件较好的党员教育培训示范点进行分门别类、串点成线，绘制以“红、橙、金、绿、蓝”五种颜色为主线的现场教学精品路线，形成区域覆盖、多点辐射的党员教育服务网络，内容涉及革命历史、城市建设、乡村振兴、乡土旅游、科技创新等多个方面。结合大丰实际研究制定全区党员干部“两在两同”建新功实施意见、实施方案，细化任务安排、加强组织实施。区四套班子领导率先垂范，区直各部门和各镇、街道领导干部主动作为，科级以上领导干部走访群众9000余人，收集群众需求近3000条，处理办结群众需求问题2000余项。组织机关党员干部深入村镇农家、田间地头，58个机关党组织对应挂钩联建村，组织集体联建活动8次，帮助村引进项目3个，帮扶困难群众1000余人，解决慰问资金（物资）82万元，帮助办理路桥水等实事32件。以科级干部挂钩服务企业为桥梁，组织机关党员干部到企业走访调研，深入走访企业4500余人次，为企业协调解决各类问题矛盾275件。组织机关党员干部深入包保社区，帮扶困难群众，开展党员志愿服务，帮助协调解决创建全国文明典范城市的重点难点问题。组织1000余名机关党员干部深入社区，配合医务人员为居民做好志愿服务，完成核酸检测任务。

【创新创业人才集聚】 2021年，大丰区委组织部坚持“党管人才”原则，大力实施“黄海明珠人才计划”，持续做优人才发展环境，集聚各类优秀人才到大丰创新创业，为全区经济社会高质量发展提供强有力的人才支撑和智力保障。深入推进招才引智行动。根据全区三大新兴产业和三大基础产业发展需要，坚持每月“走

出去”，有针对性地开展产业发展“双招双引”（招商引资、招才引智）推介会。先后举办“百企进校园、走进苏科大”、省第十四批科技镇长团青岛对接会、盐城籍清华学子大丰行、新能源产业高层次人才对接会等活动。揭牌成立新能源产才融合创新中心，组团参加盐城沿海发展人才峰会，邀请中国工程院党组成员、秘书长、中国工程院院士陈建峰等7名重要嘉宾参会。赴广州、厦门开展2022年度名校优生招引工作，到厦门大学、中山大学等12所高校开展专场宣讲，成功引进85位名校优生到大丰工作。开展人才公寓建设专题调研和问卷调查，为新建人才公寓提供科学决策，赴南通、苏州、昆山等地学习人才公寓经验做法，形成大丰区人才公寓建设方案，促进主体做好人才生活安居保障工作。选派部分卫技人才到中山医院学习进修，重奖12名教育高层次人才，人均10万元，面向社会公开招聘教师245名，新建名师工作室3个、名医工作室2个。大丰瓷刻被列入国家非物质文化遗产传承项目，盐城市大丰区瓷刻世家工艺厂获评省乡土人才传承示范基地。深入开展省级以上人才项目申报工作，成功申报入选国家重大人才工程项目1个、省“双创计划”人才项目1个、省“333工程”培养对象15人，引进高层次人才63名、大学生4327名。

（臧龙生　张斌）

宣传工作

【概况】 2021年，大丰区宣传思想文化战线坚持以习近平新时代中国特色社会主义思想定向领航，紧紧围绕举旗帜、聚民心、育新人、兴文化、展形象的使命任务，认真贯彻落实省、市、区委全会和市、区党代会精神，精心组织党史学习教育，推动宣传思想文化工作出新出彩，文化高质量发展不断迈上新台阶。

【思想理论武装】 2021年，大丰区以学习宣传贯彻习近平新时代中国特色社会主义思想为重点，进一步完善理论武装工作体系，区委理论中心组带头开展学习会15次、区委学习报告会3次，围绕“学党史，悟思想”交流研讨7次，中心组成员撰写心得体会和调研报告40余篇。强化“巡听、巡考、巡查、巡讲”督查机制，不断强化思想理论建设。全面推进理论惠民“燎原”工程，建立“一镇一品”宣讲小队，打造村书记“乡村振兴微讲堂”247个，实现区级“百姓名嘴”工作室全覆盖，全年开展基层宣讲活动1200余场，《比学研讲“燎原”工程，推进理论惠民》入选全市宣传思想文化工作创新项目。做好“学习强国”学习平台学习使用工作，全年国家级平台用稿6篇，省级平台用稿208篇，用稿量列盐城市第二。深入做好基层党员冬训，大丰区获评省基层党员冬训工作示范区。施耐庵纪念馆、烈士陵园、麋鹿自然保护区建成省级爱国主义教育基地，上海知青纪念馆等6家单位建成市级爱国主义教育基地。

【意识形态工作责任制落实】 2021年，大丰区严格落实意识形态工作责任制，层层签订责任书，构建责任普查、阵地互查、专项检查、年度督查的工作体系。定期召开意识形态领域情况分析研判联席会议，制定印发意识形态工作任务清单，在区委巡察中，常态化开展意识形态专项督查，对市委巡察的3个区园和区委巡察的63家单位意识形态领域共性问题开展实地督查，确保“回头看”家家到。大中卯酉文化社成为市级意识形态工作联系点，建成龙吟文化服务站等区级联系点6家，创新做法在全市推广。密切关注全区思想理论领域和经济社会舆情动态动向，每月形成意识形态领域风险排查报告，每季开展意识形态领域风险研判分析，半年通报意识形态领域风险管控情况，全年进行意识形态工作考核。深化“扫黄打非”工作，开展“正道”“新风”集中行动，推动“绿书签”进校园、进机关、进书城、进基层。白驹镇获评2020年度全省“扫黄打非”基层示范点。

【对外宣传】 2021年，大丰区委宣传部把握“党的盛典、人民的节日”工作基调，组织开展庆祝建党百年宣传教育，开展系列庆祝活动和主题宣传活动。稳步推进融媒体中心改革运行，研究出台流程管理、人才技术、经营创收等一系列工作制度，“智慧大丰”App成功上线试运行。紧扣区委区政府发展大局，策应重大会议、重要活动，内宣外宣、线上线下融合，开展多角度、全方位宣传报道，全年中央、省级以上主流媒体用稿1278篇，其中《人民日报》4篇、中央电视台《新闻联播》6条，用稿数量和质量居盐

2021年4月26日，区委宣传部和区政府新闻办公室共同主办的“高铁时代　美好生活”主题作品征集颁奖仪式在荷兰花海文化艺术中心举行

周古凯　摄

城前列。中央广播电视总台财经频道《中国粮仓》“盐碱荒滩变良田”大型直播、CGTN《世遗秘境中的麋鹿乐园》大型直播、省广播电视总台荔直播金秋十月齐聚大丰，收看收听人次超过600万，向世界和中国展示大丰良好生态自然风貌。恒北村、全心村代表盐城市入选全国“全面小康、追梦之路”主题调研采访。中宣部“纪录小康工程”数据上传工作走在全市前列。承办全省“歌颂写在大地上——线上马拉松暨打卡红色地标”活动和“听！我来说党史·江苏青少年党史图书馆”融媒项目启动仪式。《对话——多彩湿地 花里大丰》新城市形象片在网络发布，形成刷屏之势。制定出台《全区新闻发布工作制度实施办法（试行）》，组织召开7场例行新闻发布会，推动新闻发布工作制度化、规范化、常态化。

【培育践行社会主义核心价值观】 2021年，大丰区紧跟盐城市步伐开展全国文明典范城市创建，制定出台新一轮创建全国文明城市三年行动方案，年内全市三轮季度暗访测评中均位列大市区“五区”（盐城市盐南高新区、盐城市经济开发区、亭湖区、盐都区、大丰区）第1名。区实验小学当选全国文明校园，白驹镇狮子口村当选全国文明村，大丰农商行、中国银行大丰支行、大中街道恒北村、新丰镇全心村通过全国文明单位（村）复审。积极培育践行社会主义核心价值观，涌现出省级文明创建先进集体34个，大中街道浦江社区居民周九江候选10月份中国好人，推选产生“江苏好人”2名、省最美家庭2个，蓝天救援队许鹏候选第八届全国道德模范、当选第八届省道德模范。全面推进文明实践工作，镇（村）新时代文明实践所（站）建设实现全覆盖。连续14年开展2021年度爱心助学工作。加强未成年人思想道德建设，组织开展“童”字系列美育活动，2名学生当选“新时代盐城好少年”。推进全区标准化志愿服务站点建设工作，志愿江苏（大丰）平台注册志愿者8.36万人，注册志愿服务组织476支。

【文艺精品创作】 2021年，大丰区委宣传部围绕建党百年，融入大丰元素，创作歌舞、小品、书法、美术等优秀文艺作品500余件。大丰瓷刻入选第五批国家级非物质文化遗产代表性项目名录。广播剧《初心》参加庆祝中国共产党成立100周年优秀广播剧展演。大丰芳韵舞蹈队代表盐城市参加全省“永远跟党走 幸福舞起来”广场舞活动获“最佳表演奖”（第一名）。大型历史题材原创重点剧目《大先生》于10月25日首演，获得2021盐渎文化艺术展演月新创舞台剧目调演文华大奖。举办江苏省“百年百场”优秀群众文艺作品巡演大丰专场、全区庆祝中国共产党成立100周年文艺会演。联合省广电总台拍摄电视纪录片《张謇与大丰》，组织大纲创作评审。盐垦博物馆展陈大纲进一步深化。全面实施文化惠民工程，开展“我们的中国梦”主题巡演40场次，“四史”教育电影课11场次，“百片千村万场”公益电影1800余场次，为206个村（居）农家书屋配送重点主题读物。深化全民阅读“十百千万”（打造十大阅读品牌，培育百家阅读组织，选树千名阅读推广人，开展万场阅读分享活动）工程，建成全民阅读新空间、便民阅读设施5个，打造“书香支部”示范点20个，开展阅读分享活动近700场，3人获评“书香盐城”先进个人，1人获评优秀阅读推广人。

【营造清朗网络空间】 2021年，大丰区委网信办落实网络意识形态和网络安全两个责任制，建立健全互联网重大突发舆情应急响应机制、网络舆情监测预警研判机制、网络舆情应对处置联席会议制度。围绕重点人群、重要节点、重要阵地，每月开展风险点评估和风险稳控工作，全年编报《舆情快报》32期，召开研判会149次。实施“网安2021”系列行动，组织开展网络安全专题培训，指导全区党政机关、企事业单位有效处置网络安全事件47件。实施“丰清气正”专项治理行动，约谈违规网站平台及自媒体账号27人（次），清理各类违法违规和有害不良信息200余条，8篇网评文章被省委网信办推送。建立“大丰宣传”微信公众平台，组织“留声留痕留心 遇见红色大丰”等网络文化主题活动，增强网络文化感染力、传播力。

（郭 璐）

【融媒体中心建设】 2021年，大丰区融媒体中心发动记者深入疫情防控一线，依托全媒体平台组织深度稿件，多角度、全方位传播正能量，弘扬主旋律。《大丰制种水稻生产》被中央电视台《新闻联播》采用，中央电视台财经频道《中国粮仓》用20分钟报道大丰农产品丰收故事。积极部署重大选题策划，选择特色题材，通过本地化视角和独特切入口，定格大丰精彩。瞄准大丰特色资源，积极组织优质稿源，聚力谋划外宣突破，全年在央视发稿29篇，11月份单月在中央电视台用稿10条。麋鹿生物多样性、海上风电、增殖放流等报道频频被中央电视台、省市电视台采用。创新探索广播直播与抖音直播协同作战新路径，积极与公安部门合作，打造新型联办节目，创新内容表达手段，实现新老媒体的“你中有我，我中有你”。组织开展“庆祝中国共产党成立100周年 奋斗百年路 启航新征程——寻访大丰红色印记”大型融媒体新闻行动，推出融合新闻精品，以图文、短视频等群众喜闻乐见的传播形式，在全区营造浓厚的党史学习教育舆论氛围，向党的百年华诞献礼。中心各平台全年发布新闻报道1047篇（条）。

【搭建媒体传播矩阵】 2021年，大丰区融媒体中心重点打造新媒体、广播、电视、报纸四大平台实时联动、互为补充的传播新格局，形成由智慧大丰App、“大丰发布”微信号、《大丰日报》抖音号、“大丰融媒”头条号、FM95.1等14个平台组成的传播矩阵。顺利完成电视高清化和广播直播室改造项目，为放大媒体融合效能提供先进的技术设施支撑。强化“荔枝云”平台的技术保障能力，根据岗位运转需求，积极开展问题排查处理，理顺新闻采编流程，确保新闻生产安全。中心各移动端平台各展所长，差异化推出，运用视频、动漫、动图、H5等新技术新手段，创新新闻产品表达方式，增强融媒产品吸引力。坚持内容为王，建立“智慧大丰” App平台首发机制，针对区内重大活动，组织记者第一时间在平台上推送新闻稿件，提升新闻发布时效性和独家性，满足受众资讯需求。

（丁　旺）

精神文明建设

【概况】 2021年，大丰区精神文明建设工作以高质量创建全国文明城市、提升社会文明程度为主线，完善城市管理、培育文明风尚、提升民生福祉，城乡居民获得感、幸福感不断增强，为推动大丰高质量发展提供强大的思想引领和精神动力。

【新时代文明实践】 2021年，大丰区坚持“全面覆盖 巩固提升” 总体思路，在各镇、街道、两区共建成新时代文明实践所15个、站254个，实现所（站）建设全覆盖。召开新时代文明实践所（站）建设现场推进会，明确工作标准和要求，提升建设质效。围绕元旦、春节、学雷锋纪念日、清明节、七一、国庆节等重要节日和时间节点，围绕理论宣讲、文化文艺、移风易俗、文明创建等重点工作内容，开展形式多样、内容丰富的新时代文明实践活动。“一团十队百人千场” 全域大宣讲常态化走进村居，品牌效应彰显；先后举办“百年百堂党课” “百年党史青春说” “‘百姓名嘴’ 巡回讲” 等“四史” 宣讲活动1200余场，受众12万余人次；送戏下乡演出活动214场；开展“我们的中国梦” 主题巡演40场次，放映“百片千村万场” 公益电影1800余场次；为206个村（居）农家书屋配送重点主题读物，开展阅读分享活动近700场。

【文明城市创建】 大丰区在江苏省文明委公布的2021年文明城市测评中，得分92.42，列第16位，较2020年分别上升4.13分、6个位次；乡风文明测评指数得分90.32，列第37位，较2020年分别上升3.64分、8个位次；社会文明程度测评指数得分91.63，列第28位，较2020年分别上升3.93分、26个位次。全区在提炼巩固上一轮创建成果的基础上，将文明城市创建与提升城市治理水平结合，完善城市服务功能、丰富城市文化内涵、树立城市文明形象、提升市民文明素质。针对老旧小区、背街小巷、农贸市场等重点领域、重点问题，建立长效管理机制。在盐城市文明办三次暗访测评中，均位列第一。

【公民道德建设】 2021年，大丰区培育践行社会主义核心价值观，从各行业推荐申报的凡人善举中评选产生34名“大丰好人”，发放礼遇奖金4.5万元。蓝天救援队许鹏获得第八届全国道德模范提名奖，当选第八届江苏省道德模范；大中街道浦江社区居民周九江当选10月份“中国好人” ；大中街道大新村村民储兵、龚志石，白驹镇三里树村一组村民施锁成、新丰镇百家福超市总经理何俊成、供电公司营销部资产管理员章卫东当选“盐城好人” ；姚家蓓、季娟两个家庭被表彰为江苏省最美家庭；何俊成家庭被表彰为盐城市第四届文明家庭，吴海洋、蒋书红两个家庭被表彰为盐城市第六届最美家庭标兵户。

【基层文明创建】 2021年，大丰区5个文明镇、6个文明村、3个文明社区、21个文明单位、4个文明校园被江苏省文明委表彰为2019—2021年度江苏省文明村镇（文明社区）、文明单位、文明校园。38个文明单位、6个文明镇、31个文明村、5个文明社区、15个文明校园被盐城市文明委表彰为2019—2020年度盐城市文明单位、文明镇村、文明社区、文明校园。县级以上文明镇村比例65%。

【学雷锋志愿服务】 2021年，大丰区承办2021盐城市“学雷锋践初心 向建党百年献礼” 主题活动暨2021年“学雷锋志愿服务” 启动仪式，盐城市委常委、宣传部部长吴晓丹出席活动。在大丰区范围内组织开展“学雷锋践初心 向建党百年献礼” 主题志愿服务活动，大丰区文明委表彰2020年度十佳志愿者及十佳志愿服务组织。全年有86家单位（镇、街道）开展志愿活动592项。

【未成年人道德建设】 2021年，大丰区文明办联合大丰区关工委、教育局

2021年3月4日，盐城市“学雷锋践初心 向建党百年献礼” 主题活动暨2021年“学雷锋志愿服务” 启动仪式在荷兰花海景区举行

马秀云　摄

召开2021年大丰区青少年"颂建党百年 做时代新人"主题教育活动动员会议。开展"童"字系列美育活动，大丰高级中学推荐的童谣《中华少年郎》获盐城市第十届"童声里的中国"少儿歌谣创作大赛优秀作品奖、优秀指导老师奖，三龙渔业小学推荐的校园歌曲《渔歌》、实验小学推荐的校园歌曲《花牛歌》获最佳校园歌曲奖。联合教育、团委、妇联等部门，做好"童心向党"青少年征文大赛、"童真里的色彩"儿童画创作大赛动员征集、宣传推广等工作。组织各中小学校开展"缅怀革命先烈 传承红色基因"青少年祭英烈主题教育活动。新丰镇龙堤小学学生夏雨当选"新时代盐城好少年"，大丰外国语学校学生孙瑞彤、新丰镇方强小学学生韦梦琪、实验小学学生梅业佑当选"新时代盐城好少年"，城东实验小学韦烨等16名学生当选"新时代大丰好少年"。

（仇文倩）

统一战线

【概况】 2021年，大丰区统一战线深入学习贯彻习近平总书记关于加强和改进统一战线工作的重要思想，牢牢把握党对统一战线工作的领导权，党的集中统一领导覆盖统一战线各领域、贯穿统战工作全过程。4月2日，大丰区欧美同学会党支部（功能性）正式批复成立。4月8日，召开大丰区欧美同学会党支部成立大会，并于会后组织大丰区欧美同学会会员赴白驹新四军会师纪念地开展"大丰海归·同心向党"党史学习教育。5月18日，九三学社盐城市大丰区基层委员会成立大会召开。

【党对统一战线工作的领导】 2021年，大丰区委常委会先后传达学习全国、省、市统战部长会议精神，全国宗教工作会议精神，研究部署大丰区民营经济和民族宗教相关工作。区委中心组组织《中国共产党统一战线工作条例》专题学习，深化对统战工作的认识。区委统一战线工作领导小组召开民营经济和宗教领域专题工作会议，并出台相关工作文件，进一步深化大统战格局。

【基层统战工作队伍建设】 2021年，全区统战工作负责人在镇（街道、区园）实现全覆盖，增设统战干事，解决基层统战工作力量不足问题。加强统战理论方针政策教育，全年开展村（居）"两委"班子培训班4期，培训1000多人次；网格员培训班7期，培训2000多人次。

【密切联系党外代表人士】 2021年，大丰区委统战部按照政治可靠和德才兼备的原则，与组织部门密切配合，拓宽党外干部的培养和选拔渠道，新提拔党外科级干部2名。组织党外知识分子开展"温故知新·与党同心""重温历史·同心同行"等庆祝中国共产党成立100周年专题活动，夯实"同心"思想基础。打造"书香知联"党外知识分子学习交流平台，组织党外知识分子调研大丰区基层公共服务平台和新型农村社区建设工作，就社保平台运行新模式和新型农村社区建设情况积极建言献策；组织党外知识分子开展"知行合一·联心织爱"系列主题活动，帮助困难儿童、重大疾病患者家庭等弱势群体解决实际困难，给予社会关怀。

【民主党派组织建设】 2021年，大丰区委统战部引导各民主党派基层组织不断深化自身建设，增强参政履职本领。围绕中国共产党成立100周年，组织农工党大丰支部、九三学社大丰支社参加"重温历史·同心同行"主题教育活动，指导民盟大丰支部开展"庆党百年华诞，传承铁军精神"主题教育活动，推进中共党史学习教育走深走实；支持民进大丰支部开展"情系教育·爱心助学"主题活动；推动全区各民主党派医卫专家参加"学党史·践初心"大型主题义诊活动；支持农工党大丰支部开展"携手共进·送医下乡"系列活动；组织致公党大丰支部围绕乡村振兴开展实景调研活动。协助九三学社大丰基层委员会成立，配合各民主党派把好人员"入口关"，提升基层组织凝聚力。

【民营经济统战工作】 3月24日，大丰区委统战部组织召开民营经济统战工作协调机制工作会议，会上印发大丰区关于进一步做好民营经济统战工作的实施意见和实施办法，明确协调机制成员单位职责，制定具体工作举措，建立起分工明确、环节完整的工作链条。5月14日，召开年轻一代民营经济人士联合会成立大会，在盐城所有县

2021年5月14日，大丰区年轻一代民营经济人士联合会成立大会举行
（区委统战部 供图）

（市、区）中率先成立年轻一代民营企业家组织，加强对年轻一代民营经济人士的组织培养。8月27日，组织召开统一战线工作领导小组民营经济统战工作专题会议，会上印发《盐城市大丰区“民营企业服务月”活动方案》。结合“我为群众办实事”实践活动，利用3个月时间，围绕六大活动，全面推动服务民营企业各项工作走深走实。9月3日，组织召开全区商（协）会座谈会，对先进商（协）会进行表彰。全年先后完成13个镇（街道）商会的成立（换届）工作，在全区范围内做到商会组织全覆盖，商会数量、商会发展质量位居全市前列，有3个商会获评全国“四好”（班子建设好、团结教育好、服务发展好、自律规范好）商会、5个商会获评全省“四好”商会，获奖商会数量在盐城各县（市、区）中排名首位。

【新阶层人士统战工作】　2021年，区委统战部进一步凝聚新的社会阶层人士思想共识。围绕中国共产党成立100周年，积极引导新阶层人士赴新四军纪念馆、白驹狮子口会师纪念馆等地开展党史学习教育活动并拍摄制作“奋斗百年路·启航新征程”大丰区新阶层人士庆祝中国共产党成立100周年专题视频；坚持赋能创新，着力打造影响面广、特色鲜明的新阶层实践基地。大丰区新阶层人士实践创新基地大丰瓷刻工作室被授予盐城市“无党派人士工作室”称号，创建“卯酉·新智荟”新的社会阶层人士统战工作实践基地；发挥新阶层人士力量作用。持续开展“同心普法”进机关、进企业等活动，引导新阶层人士主动投身疫情防控、捐资助学、环境保护、关爱弱势群体等活动中来，凝聚强大正能量，有效提升新阶层人士社会美誉度，扩大新阶层人士统战工作的覆盖面和影响力。

【“侨法宣传月”活动开展】　2021年5月，大丰区委统战部以“侨法宣传月”为契机，联合司法局、总工会等部门深入侨资企业和镇区相关部门，开展面对面普法宣讲。在“大丰统战”微信公众号，开展侨法宣传连载，强化对外联谊交友、信息沟通。

（尹思雨）

巡察工作

【概况】　2021年，大丰区委巡察机构坚持围绕中心、服务大局，高质量完成区级巡察“全覆盖”，提前完成对村（社区）巡察“全覆盖”，区委换届之前完成反馈问题整改和移交问题线索办结“双清零”。结合工作实际研究制定出台《十三届区委巡察工作规划》，明确巡察工作“时间表”和“路线图”。实施关键环节一体化推进等多项工作被新华网等中央级媒体报道，《党的生活》《江苏巡视巡察》10篇次宣传推介大丰区经验做法。

十二届区委开展12轮常规巡察，巡察13个镇（街道）、53个单位（部门）、4个专项资金，并对1个镇进行巡察“回头看”，涉及66个党组织，发现问题2484个，移交问题线索431条，提醒谈话120人、诫勉谈话99人、组织调整90人、党纪政务立案203人。开展6轮对村（社区）巡察，涉及265个村（社区）组织，发现问题4382个，移交问题线索422条，提醒谈话154人、诫勉谈话70人、组织调整19人、党纪政务立案192人。常规巡察发现问题共留置6人（涉及科级干部1人）、对村（社区）巡察直接司法诉讼2人，留置和直接司法诉讼数在全市名列前茅，巡察提供的线索成为区纪委监委案件线索的重要来源。

【常规巡察】　2021年，大丰区委巡察机构坚守政治巡察定位，区委换届后在全市范围内率先开展首轮巡察，组建4个巡察组对区卫健委等7个涉及民生领域的党组织开展巡察，发现并反馈问题160余个，移交问题线索20余条，巡察反馈后，区委对中医院等单位的主要负责人进行职务调整。创新谋划高位反馈制度，持续推动整改，对于综合评价较差的单位，区别于日常反馈的形式实行“高位反馈”，提请区委巡察工作领导小组常务副组长向区分管领导当面反馈，邀请区分管领导参加反馈会。

【对村（社区）巡察】　2021年，大丰区委巡察机构推动全面从严治党向村（社区）延伸，3月组织4个巡察组对新丰镇、经济开发区等9个镇（街道、区园）下辖的41个村（社区）开展第六轮对村（社区）巡察，发现并反馈问

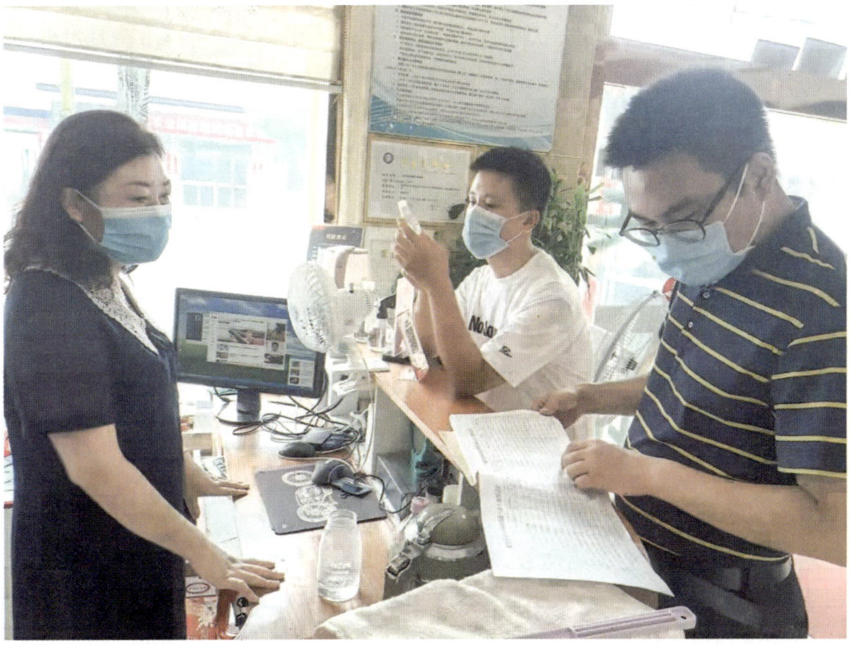

2021年，大丰区委巡察机构把疫情防控工作纳入巡察监督重点监督内容，实地察看各项防控措施落实到位情况　　（区委巡察办　供图）

题700余个，移交问题线索40余条，提前一年完成对村（社区）巡察“全覆盖”任务。

【专项巡察】 2021年，大丰区委巡察机构选取社会关注的“优化营商环境”专题并报备市委巡察办，组建5个巡察组对全区21个职能部门开展专项巡察，推动解决优化营商环境工作中群众反映强烈的突出问题130余个，移交问题线索9条，促进全区项目投资和营商环境的优化，为营造风清气正的营商环境提供坚强保障。

【巡察整改】 2021年，大丰区委巡察机构围绕区委换届前“双清零”（问题整改清零和线索办结清零）工作目标，持续加大对十二届区委巡察反馈问题整改和线索办结的督办、跟进力度，整改情况向书记专题汇报；针对长期未整改问题，向相关派驻纪检监察组或镇（街道）党（工）委发整改督办函，压实整改责任。推进十二届区委前五轮对村（社区）巡察反馈问题整改和移交线索办理，督促各镇（街道、园区）党（工）委对反馈问题和移交线索逐条梳理，层层传导压力，保证在区委换届前完成“双清零”任务，推动巡察整改质效落地见效、真改实改。

【巡察上下联动】 2021年，大丰区委巡察机构策应中央和省市巡视巡察机构统一部署，积极主动做好支持配合工作，10月抽调专兼职人员组建联动巡察组赴亭湖参与全市涉粮问题专项联动巡察，发现问题30余个，移交问题线索6条，抽调2名专职巡察干部积极配合做好到大丰联动巡察工作。督促被巡察单位做好2019年市委第九轮巡察和2020年市委提级巡察反馈问题整改工作，跟踪移交问题线索办理情况。

【巡察队伍建设】 2021年，大丰区委巡察办注重队伍专业能力建设，定期组织“巡察利剑讲堂”，组织业务骨干交流心得体会，交流研讨巡察经验，提升综合素质，增强专业本领。更新完善区委巡察人才库和专家库，从全区机关、事业单位和国企中选取优秀人才，探索实施抽调人员鉴定机制，破解“抽调难、不好用、难管理”的难题。

（陆玉婷）

机构编制

【概况】 2021年，大丰区机构编制工作坚持以习近平新时代中国特色社会主义思想、中共十九大、十九届五中全会、六中全会和省市区党代会精神为指导，认真贯彻落实《中国共产党机构编制工作条例》和《江苏省贯彻〈中国共产党机构编制工作条例〉实施办法》，稳步推进全区基层整合审批服务执法力量改革、综合行政执法体制改革等一系列重大改革，强化机构编制源头管理，规范事业单位登记管理，健全编外用工管理，为全面开启社会主义现代化大丰建设新征程提供机构编制保障。

【基层整合审批服务执法力量改革】 年内，区委编办坚持问题导向、精准施策，在深化基层改革上出实招、硬招，全力构建改革新格局。印发实施首批144项镇（街道）审批服务执法类赋权事项，明确赋权事项3个月过渡期管理规定，全面建立镇（街道）权力清单制度，动态调整、更新完善镇（街道）202项权力事项，做到“行政权力进清单，清单之外无权力”。会同司法局、审批局精心组织3次全区审批服务执法赋权事项业务培训班，召开全区基层综合执法现场推进会，提升400名基层工作人员能力水平。推进资源力量下沉，由城管、交通、市场监管成立执法中队派驻到镇（街道、区园），保障赋权事项顺利承接。联合组织部、应急管理局开展改革专项监督检查，对时序进度不达标的镇（街道）第一时间发放督办函，促使新职能机构常态化、规范化、制度化运行。落实新丰镇省级改革示范点创建，协调区行政审批局、区城管局、区民政局等8个部门14名业务专家“手把手”现场教学；打造“一屏多元”指挥体系，定制开发荷兰花海特色模块，建立镇村两级17个点位视频会议系统，联通区“12345”、数字城管、全要素网格、防汛防旱预警系统、环保蓝天卫士、国土慧眼守土等系统，实现一体化平台数据汇聚、综合研判、视频指挥、力量调度等功能大联动。新丰镇成功举办全市改革示范点现场观摩会，中央编办和省市委编办领导多次莅临调研指导，给予高度肯定。

【综合行政执法体制改革】 年内，区委编办按照上级改革部署，加强部门协同，突出关键重点，构建完善权责明晰、运行协调、智慧高效的综合行政执法体制。加强与涉改部门沟通对接，稳妥有序完成涉改部门改革方案制定、“三定”规定（对一个部门的主要职责、内设机构、人员编制及领导职数等内容进行确定）印发、办公场所选址挂牌、人员转隶等工作，妥善化解改革中的矛盾问题。改革完成后，区直执法队伍从36支减少为10支，精简比例72%，基本实现“一个领域一支队伍管执法”“一个部门一支队伍管执法”目标。认真落实开展相对集中行政处罚权和相关行政强制权的工作要求，按市场监管领域71项、文化领域11项、城市管理领域涉及民政部门8项统一向上申报。作为全市县域治理集成指挥平台建设试点地区，积极推进“大数据+指挥中心+综合执法队伍”新模式，精心制定区级指挥中心建设方案，先后提请区长办公会、区政府常务会议研究同意。按照“数据归集、互联互通、实战运用、体现特色”的工作思路，联合政法委、工信局在已有区网格化指挥平台基础上投入700多万元高标准规划建成区级指挥中心，实现指挥中心与全要素网格、数字城管、市12345在线、镇街平台、综合执法部门分平台等互联互通，并提前预留与区“城市驾驶舱”对接端口，初步构建起上下贯通、左右联通的两级指挥体系，形成社会治理大联动格局。

【机构编制管理】 年内，区委编办主动将机构编制工作融入发展全局，围绕区委区政府中心工作找准定位、勇担使命、服务发展。牵头拟定《关于申请将大丰荷兰花海旅游度假区更名为盐城市斗龙港旅游度假区的请示》,经市政府批复同意后,组建成立盐城市斗龙港旅游度假区党工委、管委会。结合实际制定体制机制方案,健全度假区机构设置,完善"管委会+集团公司+新丰镇"的管理模式,厘清三方机构在度假区核心区和拓展区范围内的职责和分工,实现资源有效集中,要素双向流动,助推成功创成省级旅游度假区。牢牢把握"以人民为中心"的工作导向,落实全区教育高质量发展大会精神,推进教育资源优化布局,统筹建立紧密型区实验小学、区实验初级中学教育集团,调整系统内中小学(幼儿园)编制,创新挖潜编制保障和师资配备,配合推进"区管校聘"管理体制改革。深入推进紧密型县域医疗卫生共同体建设,组建以大丰人民医院、大丰中医院为龙头的两个医共体,将纳入紧密型医共体的基层医疗卫生机构增挂相关牌子,将区妇幼保健计划生育服务中心更名为区妇幼保健院,并调整内设职能科室,核增区疾控中心、基层医疗卫生机构事业编制35名,落实疫情防控一线事业单位编外人员直接入编事项,保障基层医疗机构健康发展。全面推进实施乡村振兴战略,挂牌成立区乡村振兴局。加强全区文化阵地建设,组建成立区美术馆,核增区博物馆事业编制,加大高层次文化人才公开招引力度,提高文化惠民工程覆盖面。按照"上下一致"原则,推进散装水泥和墙改管理职能划转落地见效,全力保障行政复议体制改革,将区司法局挂牌的行政复议应诉科改为单独设置,核增机关行政编制。积极服务"人才强区"战略,创新挖潜192名编制足额保障"名校优生"到大丰就业需求。

【事业单位管理】 年内,区委编办立足于提升事业单位公益服务水平,健全工作机制,创新监管方式,提高监管效能。开展2020年度事业单位法人年度报告公示和信用等级评价工作,督促全区469个事业单位完成年报公示,完成率和合格率均100%。办理各类事业单位登记事项243件,其中设立登记10件、变更登记107件、注销登记72件、证书补领54件。开展全区2021年度事业单位法人监督管理检查,采取"双随机"(随机抽取检查对象、随机选派执法检查人员)抽查形式,对大丰区教育、水利、卫健、应急等所属8家事业单位法人登记管理工作进行实地核查,提升大丰区事业单位法人登记与监管能力水平。稳步推进大丰人民医院、大丰中医院公立医院信用等级评价试点工作,对信用评价指标体系进行系统性重塑,实现评价指标更加科学完备、评价工作更加有序规范、评价结果更加有力有效。省事业单位登记管理局主要负责人专题到大丰调研大丰区试点做法,给予高度肯定,相关做法在省委编办网站进行宣传推广,为全省面上推开提供"大丰样板"。

【编外用工管理】 年内,区委编办健全完善编外用工审批操作规范,研发编外人员管理信息系统,建立"审批+备案"的双轨管理新模式,实现全区6000余名编外用工实名制动态更新管理。按照从严从紧的原则,深入区法院、水利局、卫健委、公安局等申请用工指标单位实地调研,科学下达用工指标,保障部门事业发展用人需求。

(周　荣)

台湾事务

【概况】 2021年,大丰区对台工作在区委、区政府领导下,在盐城市委台办指导下,围绕全区中心工作,以持续推进两岸关系和平发展为主线,创新工作方法,细化工作措施,助推全区对台工作更上新台阶。全年接待台商9批100多人次。截至2021年年底,大丰区有正常运行的台资企业10个。

【对台经贸合作】 2021年,大丰区台办围绕大丰区产业布局,瞄准产业链核心企业、关键环节、上下游配套企业,利用与台商台企接触多、联系紧的优势,宣传大丰区投资政策。受新冠肺炎疫情影响,入岛招商活动受到一定限制,依托区台资招商局和各镇招商团队,主攻上海、昆山、深圳等台资密集区,开展高频次招商,建立台资项目信息库。灵活运用台办系统资源拓展合作渠道,与上海台办、苏州台办、昆山台办等地建立战略合作关系,年内为港区、商务局等招商团队提供有效信息3次。

【对台交流活动】 2021年,大丰区台办深化丰台经贸合作,加强招商引资,提升营商环境;同时通过人员交流、文化互动等途径,不断增强台湾各界和基层民众的文化认同和心灵契合,加深两岸民众感情,提高接待工作水平。上海台协会会长、竞衡集团董事长张简珍一行到大丰区考察刘庄、港区物流项目;盐城台协会执行长徐启琦一行参访调研大丰台资企业,并召开台商座谈会;发挥省对台交流基地、"国家全域旅游示范区"、世界文化遗产等品牌效应,带领暑期到大丰实习的台湾大学生参观游览麋鹿保护区、中华水浒园、荷兰花海等景点景区,彰显城市魅力;积极参与国台办项目"云上看江苏"活动;组织两岸企业家峰会文创联盟到大丰区举办合作交流活动,推动长三角区域文创产业的融合发展。

【服务台胞台企】 2021年,大丰区建立定期走访台企联系制度。定期走访调研重点台资企业,及时掌握台企最新经营状况,更新台企信息数据库,定期排查涉台矛盾纠纷,发现苗头及时协调处理,对台商台企反映的问题,安排专人负责,及时交办,跟踪督办。举办台商座谈会并建立台商台企微信联系群,及时发布各类惠台政策和活动公告,为台企开通服务"直通车"。及时掌握台企需求,摸准台胞动态,实施精准服务,助力企业保经营、稳发展。开展"我为台商办实事活动"。春节期间,为每户留大丰的台胞赠送新年礼包;积极宣传和组织台胞及家属在知情、同意、自愿的前提下接种新冠疫苗；为台籍学生赠送中华经典诵读书籍；邀请口腔医院为台企开展义诊活动；为困难重病台胞台属赠送慰问金；围绕台商买房、子女教育、医疗卫生等生活需求，提供一站式服务；为台企提供专业法律意见和帮助，及时跟进个案指导；组织大丰台企积极投身公益事业等，为大丰台胞台企解决问题20余件。

【区台办自身建设】 年内，大丰区台办将党史学习教育与学习两岸关系史、服务祖国统一大业结合起来，把政治建设放在首位，不断提高政治判断力、政治领悟力、政治执行力。组织人员参与市台办赴贵州遵义红色革命老区活动，通过听讲解、看图片、观影像，认真学习遵义会议内容，进一步感悟遵义会议精神内涵，坚定理想信念，牢记初心使命，肩负责任担当，为助力两岸关系和平发展提供坚强组织保障。完善保障台胞福祉和实现同等待遇的政策措施，不断增强大丰区台胞的获得感、幸福感、安全感，全心全意为台湾同胞办实事、做好事、解难事。

（沈　滢）

机关党建

【概况】 2021年，区级机关工委在区委的坚强领导下，坚持以习近平新时代中国特色社会主义思想为指导，以模范机关创建为主线，围绕服务中心、建设队伍，着力推动机关党建工作与业务工作融合发展，提升机关党组织的创造力、凝聚力和战斗力，不断推进全区机关党建工作高质量发展。

【深化习近平新时代中国特色社会主义思想学习教育】 2021年，区级机关工委坚持用习近平新时代中国特色社会主义思想武装党员干部，把学习贯彻省、市、区党代会精神作为重大政治任务，组织机关党员深入学习、深刻领会新理念新举措，准确把握新目标新要求，凝聚思想共识，汇聚行动合力。以党委（党组）中心组学习为牵引，引领学习贯彻。始终把习近平新时代中国特色社会主义思想作为各党委（党组）中心组学习的主题主线，结合实际，节点化制定切实可行的学习计划，通过个人自学、集体研讨、专题调研，适时扩大中心组学习人员参加范围，拓宽学习渠道，提升学习效果，充分发挥表率作用。以“领导带头上党课”为示范，推动学习贯彻。全区61个机关党组织书记按照“三个必须”（讲课内容必须联系实际、贴近基层，讲课方式必须简洁深刻、话风朴实，讲课形式必须创新新颖，具有感染力）要求开展活动，确保讲课质量。以“支部横向联学”为契机，促进学习贯彻。通过组织机关党组织之间、机关与农村党组织之间、机关与企业党组织之间共同开展专题调研、走访参观、体会演讲、“联合党日”、党建观摩等活动，加强基层组织间的沟通联合。

【“机关丰彩学堂”学习活动开展】 2021年，区级机关工委重视学习型党组织的建设，在区级机关党组织中开展“机关丰彩学堂”学习活动，提升机关党员干部的理论素养、业务能力和服务水平。要求区级机关党组织进一步强化领导责任，明确职责分工，做好组织实施，通过开展“五学”（主要领导定期辅导“领学”、走进党史教育红色基地“促学”、中层干部自选课题“讲学”、普通党员轮流主讲“比学”和走进基层支部互动“联学”），组织内容丰富、形式多样的学习活动。在推进机制上，建立“三项制度”（计划方案报送制度、督查指导制度、定期抽查考试和体会交流制度），使学习活动常态化。

【党史学习教育开展】 2021年，区级机关工委将党史学习教育作为2021年党员教育的重点任务，引导区级机关党员干部学党史、悟思想、办实事、开新局。组织区级机关党员干部集中学习习近平《论中国共产党历史》《毛泽东、邓小平、江泽民、胡锦涛关于中国共产党历史论述摘编》等四本必读书目，组织地方党史工作者、思政课教师、优秀党课主讲人深入区直部门开展“麋鹿故里的红色记忆”“百年百堂党课大宣讲”等系列党史宣讲活动，营造党史学习浓厚氛围，提升党史理论素养。坚持线上学习与线下交流相结合、组织教育与自我提高相结合，线上用好“学习强国”“铁军号角”“丰彩组工”等新媒体平台，线下依托“机关丰彩学堂”、每月20日基层党组织统一活动日、党委（党组）中心组学习等载体，激发党员干部的参学热情。

【机关党建基础规范落实】 2021年，

2021年，大丰区级机关工委通过开展“三查三纠”进一步推动机关党建工作检查考评和巡察反馈问题整改工作　（区级机关工委　供图）

区级机关工委制定印发《关于坚持问题导向抓实机关党建基础规范的实施方案》，通过开展“三查三纠”进一步推动机关党建工作检查考评和巡察反馈问题整改工作。单位自查自纠：各单位认真对照巡察反馈的情况，逐条逐项梳理机关党建存在的问题，建立问题清单，自行整改，确保整改落实到位；组织互查帮纠：抽选熟悉机关党建业务、党务工作经验丰富的机关党务干部组成6个党建互查工作组，通过听取汇报、查阅资料、实地查看等方式开展专项督查，对每个区级机关党组织形成单篇督查报告，指出存在的问题，并交办督促相关单位整改落实；加强抽查促纠：机关工委对各机关党组织进行抽查，经抽查后发现仍存在问题的，进行通报并限期整改。56个区级机关党组织被督办整改149个党建基础规范性问题。

【开展“三走进”活动】 2021年，区级机关工委在区级机关党员干部中深入开展“三走进”（走进农村、走进企业、走进社区）活动，组织党员干部下基层，发挥机关党组织的先锋模范作用，促进机关党建工作更好地服务全区发展大局。“走进农村”，以“机关+农村”党组织结对共建为重点，组织机关党员干部深入村镇农家、田间地头，面对面、心贴心地与基层群众谋发展、讲政策、办实事，与联建村共同开展党员教育互动、扶贫帮困互助、干部培养互补、和谐社会共建、兴办实事工程等各项活动，帮助发展村级集体经济，增加农民收入，提升联建效果。2021年，58个机关党组织对应挂钩联建村，组织集体联建活动8次，帮助村引进项目3个，帮扶困难群众1000多人，解决慰问资金（物资）82万元，帮助解决路桥水等实事32件。“走进企业”，以科级干部挂钩服务企业为桥梁，组织机关党员干部到企业走访调研，了解企业生产经营情况，对政府服务的需求以及存在的困难、问题等；宣传解读相关帮扶政策，帮助企业协调解决困难。实行企业问题收集、汇总、交办、督办、销号“一条龙”制度，做到件件有着落、事事有反馈。全年，挂钩干部深入走访企业4500多人次，为企业协调解决各类问题和矛盾275件（在服务企业一线协调解决问题、解难答疑、政策宣传解读182件，提请解决的矛盾问题93件）。“走进社区”，以创建全国文明典范城市为目标，组织机关党员干部深入包保社区，帮扶困难群众，开展党员志愿服务，帮助协调解决创建全国文明典范城市的重点难点问题。

【发展党员工作】 2021年，区级机关工委把发展党员质量放在第一位，坚持实行发展党员公示制、预审制、票决制、责任追究等制度，严把发展党员“入口”关，从源头上有效遏制发展党员不规范问题，确保新发展党员符合程序、符合标准、符合条件。全年，区级机关工委发展新党员29名，预备党员转正22名。

（王淑君）

老干部管理

【概况】 2021年，在大丰区委的领导下，在市委老干部局和区委组织部的指导下，大丰区委老干部局以习近平新时代中国特色社会主义思想为指导，深入学习贯彻习近平总书记“七一”重要讲话精神和中共十九届五中、六中全会精神，全区老干部工作取得一定成效。年内，庆祝中国共产党成立100周年活动丰富多彩。开展“回望百年路，助力新征程”主题党日活动、“‘颂党恩、感党情、助力新征程’——我看建党百年新成就”主题实践活动、“颂建党百年、做时代新人”主题教育活动、“百年辉煌颂党恩，桑榆晚晴诉心声”建党百年征文活动，选出优秀作品以《心声》为名编辑成书。“七一”前夕组织开展走访慰问活动，认真做好“光荣在党50年”纪念章颁发工作；举行建党百年文艺会演专场演出，区老干部艺术团参演节目《茉莉芬芳》入选全省老年春节联欢会；建设百年红色精神永流传——区离退休干部政治生活馆，打造“红色教育基地”和老干部工作之窗。

【离退休干部党史学习教育】 2021年，区委老干部局举办老干部“数字化培训班”，帮助老干部跨越“数字鸿沟”，举办4期，培训老干部老党员300余人次。组织学习党史小分队，带着党史学习教材，走进社区、村（居）踏进年老病弱不能正常参加学习的党员家庭，开展“送学上门”活动，帮助180余名中华人民共和国成立前的老党员、生活困难老党员开展党史学习教育活动，向老党员赠送学习书籍700余册。组织“花里大丰游

2021年，大丰区委老干部局举办老干部“数字化培训班”4期，培训老干部老党员300余人次
（区委老干部局 供图）

家乡，相约美好夕阳红”活动，离退休支部书记以及部分离退休干部代表打卡知青农场、白驹狮子口会师纪念地、烈士命名村等红色圣地，开展“寻访红色基地，走进实境课堂”学党史实践活动，重温历史、回顾党史、感受家乡发展变化。开设“老党员初心讲堂”，成立以老干部党支部、老龄协会、百姓名嘴理论宣讲团成员等为主体的“五老四史宣讲团”，开展文艺老兵说唱党史、以“学党史、讲四史、忆成长、颂党恩”为主题的系列活动，做到以史为镜、知史爱党，让革命薪火代代传承。

【离退休干部党组织建设】 2021年，区委老干部局发挥考核“指挥棒”作用，对离退休干部党支部实行“三化”（实现考核工作项目化、完成时间节点化、坚持具体内容实操化）管理。大丰区将离退休干部党建工作列入全区基层党建考核之中，在全区基层党建中占0.5分，将这0.5分实行百分制考核，分为“老干部工作类”“党建工作类”和“自身建设类”三大类，共10个考核项目。编印《大丰区离退休干部党支部工作指导手册》，指导手册中详细罗列每一项目的考核分值、考核依据、考核任务、考核科室以及责任人，并根据不同的考核项目明确其完成时间节点。对每个项目要求各支部建立台账、倒排工期，年中对照目标责任，查现场、查进度、查质量，实行跟踪督查。

【离退休干部志愿服务】 2021年，区委老干部局根据不同领域、不同行业老干部的特点，设计《大丰区银发生辉老干部志愿者情况登记表》，分门别类建立老干部人才信息库，截至2021年年底，有专业志愿队伍28支，522名志愿者进库，建设五老志愿者驿站3个。2021年开展“开启新征程，银发再出发”志愿服务行动，“同人民想在一起、干在一起，风雨同舟、同甘共苦，在现代化新征程上建新功”行动志愿服务、防疫等各类志愿活动130多次，参加人员10000多人次。

【离退休干部作用发挥】 2021年，区委老干部局开展“感动大丰·最美老干”学习宣传活动，杨国美、王宣德、汪群旺等8人获市“第二届正能量之星”称号。成立北上海建设“五老”（老干部、老战士、老专家、老教师、老模范）志愿者驿站，挂牌朱贻生知青文化传承工作室，培植西团黄祝明工作室、税务局银税向阳等特色品牌，大丰老年大学被国家卫健委表彰为敬老文明号，老干部支部推荐的退休干部周九江入选2021年10月“中国好人”。

【情暖夕阳活动】 2021年，区委老干部局开展情暖夕阳关爱活动，提升幸福感。开展“面对面、心连心”走访活动，全面落实“三有一落实”（有一条就医绿色通道、有一名家庭签约医生、有一套自付医疗费补助办法，落实好离休干部享受医疗待遇的相关政策规定）制度；创建“情暖夕阳”服务品牌，开展征集离退休干部“微心愿”活动，出台《关于在建党100周年之际提高离休干部生活补贴标准的通知》，继续开展“党旗辉映爱晚晴”活动，对老干部给予更多的党内关怀、生活帮扶和关爱照顾，提高老干部们的生活幸福感。

（李信欣）

党校工作

【概况】 2021年，大丰区委党校以《中国共产党党校（行政学院）工作条例》为工作根本遵循，坚持党校姓党、实事求是、质量立校，改革创新、从严治校的原则，发挥党校干部教育培训主阵地、主渠道以及咨政智库的职能作用，推动党校各项事业高质量发展。2021年，区委党校被授予“江苏省文明单位”称号。

【党员干部教育培训】 2021年，区委党校立足全区干部教育培训重点班次计划，全年举办全区村（居委会、社区）党组织书记学习十九届五中全会精神暨乡村振兴培训班、全区科级干部学习十九届五中全会精神暨党史学习教育培训班、全区公务员政治专业能力“双提升”培训班、全区新任科级干部政治专业能力“双提升”培训班、全区青年干部政治专业能力“双提升”培训班、全区事业单位负责人政治专业能力“双提升”专题培训班等各类培训班9期，培训学员1500余人次。立足“鹿乡党课”基层理论宣讲品牌，结合建党百年及党史学习教育要求，创新推出“百年百堂党课大宣讲”活动，结合基层实际精心打造宣讲课程，深入全区11个乡镇、2个街道开展宣讲工作，宣讲100多场次，实现全区各乡镇、街道基层理论宣讲全覆盖。积极开展“送教上门”活动，发放送教上门服务函200余份，为全区各单位、企业提供菜单式送教上门服务，全年开展各类宣讲服务57场次，有效提升党史学习教育的广度和深度。推进现场教学常态化，课程覆盖党校主体班次及各类外来培训班次，全年开展现场教学90余场次。立足“红+绿+蓝+X”现场教学品牌，丰富区委党校现场教学内容，推进现场教学常态化，授课对象已覆盖党校主体班次及各类外来培训班次，全年开展现场教学90余场次。

【科研咨政成果】 2021年，全校发表文章43篇，其中省级以上文章29篇，质量和数量在盐城县区级党校中位居前列。在资政层面，区委党校强化科研咨政职能，成立专题调研组，围绕旅游和战略性新兴产业等重点研究方向开展调研，调研成果《关于大丰区旅游高质量发展的调查研究》先后获区委书记李志军和区长戴勇批示，《发力新兴产业 争当先行军》《抢占科技“制高点” 下好创新“先手棋”》《让一流营商环境成发展金字招牌》分别发表于10月25日、11月22日、12月25日《盐阜大众报·理论周刊》。在省级层面，1月，《基层党校要在党史教育中站排头争先进》一文发表于《江苏党校报》；5月，向省委党校第十届江苏党的建设高层论坛提交《中国共产党开辟独立自主道路的艰辛历程》一文并入选征文汇编；10月，完成省委党

2021年5月27日，大丰党校“鹿乡党课”宣讲团到国家电网大丰公司开展红色故事微党课教学 （区委党校 供图）

校2020年度课题“大丰区先进制造业的发展的路径与对策研究”成果申报；11月组织向省委党校十九届六中全会精神理论研讨会提交《汲取历史之光开创辉煌未来——三个历史决议的比较研究》一文获得收录。在市级层面，4月，申报盐城社科联课题，立项四项；7月向市委党校建党百年专题征文提交征文5篇，全部编入论文集；9月向市委党校“园区高质量发展与招商路径研究”论坛提交论文，汇编4篇，其中《推进开发园区高质量发展新路径的实践与思考》获一等奖，《互联网推动招商引资模式变革》等3篇论文获二等奖；同月向市委党校第八次党代会精神理论研讨会提交并立项“大丰区生态文明建设现状调查与分析”等专项课题4项。

【人才强校】 2021年，区委党校重视师资队伍建设。选派骨干教师参加各类教学比赛，1人获全市党校系统精品课程奖。与盐城市委党校共同举行青蓝工程暨教科研能力专项培训活动，区委党校4位青年教师与盐城市委党校的教授严安、陈蓉签订培养协议，青蓝接续，共谱新章；分批次选派部分骨干教师赴北京、上海、浙江以及江苏省委党校等地参加专题培训。

【农民培训】 2021年，党校下属单位大丰区农业干部学校举办高素质农民培训班57期，培训学员5701人，其中省任务1492人，地方任务4209人。开展粮油生产、农旅融合、农产品质量安全等方面培训，组织学员前往东台、句容、上海等地实地观摩学习；有序推进涉农中专各项工作开展，完成招生、开班、技能鉴定等各项任务，2021年18级涉农中专2个班级130名学员全部毕业，招生建成全国29个试点班之一；全年为农民发放各类学习书籍万余本，疫情期间采取课程录制的教学方式，保证农民学习常态化，较好地提高大丰农民综合素质。

（周剑宇）

党史工作

【概况】 2021年，中共盐城市大丰区委党史工作办公室（以下简称“区委党史办”）认真学习贯彻习近平新时代中国特色社会主义思想，扎实开展党史学习教育，积极履行史志部门以史鉴今、资政育人的职责，年内，获2021年度盐城史志系统宣传工作先进奖。

【《大丰接轨上海实录》发行】 12月，区委党史办组织编纂的《大丰接轨上海实录》发行。陈泰主编。该书客观记载了大丰区全方位、宽领域、多层次接轨上海的史实，八万上海知青在大丰艰苦奋斗的精神，激发全区人民干事创业的激情和热情，动员干部群众积极投身到推动大丰高质量发展的新征程上来，具有较高的历史价值和现实意义。全书设3章12节，书末设大事记、附录。全书12万字。

【助力党史学习教育】 2021年，区委党史办充分发挥史志部门优势，聚焦主责主业，主动融入和服务党史学习教育、中国共产党成立100周年庆祝活动，助力全区党史学习教育走深走实。组织开展“党史主题道德讲堂”宣讲活动、党史专家网上宣讲活动、“中国共产党在大丰——寻访红色印记、弘扬红色文化”采访活动、筹备红色革命文物展览、编纂《大丰接轨上海实录》、《中国共产党大丰历史》（第三卷）、用活红色文化资源等6项党史学习教育系列活动。加强与组织、宣传等部门的工作联动，参与庆祝中国共产党成立100周年主题宣讲、文艺演出、论文评选、理论研讨会和座谈会等系列活动，积极对接、主动融入，为大丰区开展党史教育活动提供丰富的党史素材。

（谢竹青）

档案工作

【概况】 2021年，大丰区档案馆坚持以习近平新时代中国特色社会主义思想为指导，始终牢记“为党管档、为国守史、为民服务”的职责使命。举旗帜、聚民心、育新人、兴文化、展形象，增强档案工作的传播力、引导力、影响力，大丰档案工作取得新的发展成绩。更新升级“中国共产党在大丰”主题展，新建“党史长河”主题长廊，制作红色专题纪录片《百年潮涌 档案见证》，充分发挥省爱国主义教育基地、中小学档案教育社会实践基地和党员教育实境课堂示范点的作用。6月5日，围绕“档案话百年”主题，在荷兰花海旅游度假区成功举办“6·9”国际

2021年9月15日，大丰区档案馆“档案话百年”主题展览进老街社区
（区档案馆　供图）

档案日系列档案宣传活动。组织拍摄大丰档案工作微视频——《时光摆渡人》，登上“学习强国”江苏平台。9月22日，获江苏省档案馆颁发的“全省档案宣传工作特等奖”，为盐城市唯一获表彰单位。12月8日，收到江苏省委宣传部、江苏省委党史工办联合颁发的感谢信：感谢大丰区档案馆在“百年征程 初心永恒——中国共产党在江苏历史展（1921—2021）”中做出的积极贡献。12月20日，区档案馆被盐城市档案馆评为2021年度全市档案工作先进集体。

【馆藏资源建设】 2021年，区档案馆跟踪全区重大活动、重大事件，加强重要档案资源归集整理。建成疫情档案数据专题库，疫情防控“一办十四组”（一个防控办公室、十四个工作组）2020年度7000余件疫情档案已全部整理扫描并移交进馆。加强脱贫攻坚档案管理工作，2016—2020年脱贫攻坚档案的规范整理、扫描工作全部完成。征集到旅游活动及国家全域旅游创建档案2700余件，重大活动图册若干，照片、视频、文件等20余件，大丰名人著作、证书、书画、照片522件。2021年，区档案馆接收文书档案64152件，分娩登记簿63721卷、出生医学证明档案47930件，数码照片档案10373件，退休职工人事档案80件。

【档案业务建设】 2021年，区档案馆深入50多家单位，进行“面对面、手把手”的现场指导，组织召开数码照片档案整理工作、村级档案工作、宗教场所档案业务等专题培训，编写企业档案工作培训材料，进一步加强对“两类档案”、党史学习教育档案、企业档案、新生儿出生医学证明等档案的规范指导工作。扎实开展2021年度档案年检工作，对97家单位以上门年检方式开展档案行政执法检查，第一时间反馈意见，书面通报，限期整改，及时发现和解决档案工作中存在的问题，全面提升立档单位档案工作整体水平。

【档案利用体系优化】 2021年，区档案馆争取到专项经费150万元，全面启动馆藏档案目录及全文数据校核工作，此项工作已列入全区“为民办实事”工程，查档准确率提高。率先开展馆藏档案自形成之日满25年档案（1985—1995）的划控鉴定，完成224个全宗20994卷，476626件到期档案，向社会开放利用约148047件，开放率约为31.26%，最大限度地开放馆藏档案资源，满足社会各界查档利用需求。同时，对馆藏满50年的长期档案（1970年前）开展鉴定工作，涉及116个全宗，案卷级目录6000条，文件级目录135939条。2021年，区档案馆接待社会各界档案利用者查档9526人次，接待破产改制企业档案查阅利用168人次，受理异地查档82例，调阅档案7144卷、6220件。

【开发红色档案价值】 2021年，区档案馆开展“学好百年党史、护好红色档案、争当模范先锋”主题系列活动，深入挖掘红色档案资源内涵。以“国际档案日”为契机，组织开展“档案话百年”广场主题宣传活动，社会各界代表400余人参加，同时，首次通过平台进行全程同步直播，在线观看人数最高达2.92万人次。推动“档案话百年”主题展进社区、进企业、进学校等，扛起档案职责。联合融媒体中心，共同启动“奋斗百年路 启航新征程——寻访大丰红色记”大型融媒体新闻行动。举办“峥嵘岁月——庆祝建党100周年大丰革命文物展”，展出馆藏股票、房地契、抗战期间文件100余份。与大丰本场人博物馆合作编撰《中共大丰（台北）县委县政府红色政权档案丛书》，详细介绍大丰的政权更迭历史。联合融媒体和退役军人事务局联合拍摄《大丰参加抗美援朝长津湖战役复员军人》短视频，作为口述历史档案入馆珍藏。参加江苏省委宣传部、江苏省委党史工办联合举办的“百年征程 初心永恒——中国共产党在江苏历史展（1921—2021）”，为展览增添大丰红色印记。

【专业档案队伍打造】 2021年，区档案馆开展“青蓝结对”行动，推动全馆人员强化学习意识，增强学习能力。开通长三角民生档案异地查询利用服务，建立完整规范的数字档案馆室系统，推出“馆长接待日”、预约查档等形式，印发“查档服务便利贴”、《大丰区民生档案查阅指南（2021年）》3000余份，提升档案为民服务效能。2021年，撰写信息报道49篇，其中在市级平台发表43篇、省级平台发表30篇、国家级平台发表8篇，报道采用数量在全市县区级档案馆排名第一。

（张敏弛）

〖编辑　朱晓华〗

盐城市大丰区
人民代表大会

综 述

【概况】 2021年,盐城市大丰区人民代表大会常务委员会(以下简称"区人大常委会"),以习近平新时代中国特色社会主义思想为指导,立足"坚持党的领导、牢记人民重托、服务中心大局"工作定位,按照"夯基础、创特色、争一流"总体要求,全面加强"两个机关"(工作机关、代表机关)建设,全力做好各项协调服务保障工作。

区人大常委会始终坚持在党的领导下依法履职行权,认真落实重大事项请示报告制度,坚决贯彻区委决策部署。依法行使重大事项决定权,作出决议、决定2项。依法行使人事任免权,全年依法任免"一府一委两院"国家机关工作人员57人次。全面加强意识形态建设,深刻学习领悟习近平总书记"七一"重要讲话精神和党史理论,专题开展"学党史、悟思想""七一"重要讲话精神、"四史"(党史、新中国史、改革开放史、社会主义发展史)学习交流,创新开展"学党史、当表率""五个一"活动(组织一次警示教育活动,一次先进典型教育活动,主要领导上一次党课,一次专题报告会,开展一次廉政文化活动)、四级人大代表"认真学党史永远跟党走"专题报告会,扎实开展"我为群众办实事"实践活动和"两在两同"建新功行动。

区人大常委会始终把践行新发展理念作为履职重中之重,合力推进区委决策部署落实和区委区政府重点目标任务的完成。围绕实体经济发展、招商引资项目建设、产业转型发展、营商环境优化等开展监督,密切关注接轨上海重大项目、重点事项、重要活动,每月听取接轨上海工作、上海招商服务中心情况汇报,推动加快沪苏大丰产业联动集聚区建设列入国家长三角一体化发展"十四五"规划。提升上海农场(大丰)发展水平、共建优质农副产品供应基地和加工基地分别列入省"十四五"规划和长三角一体化发展三年行动计划(2021—2023年)。组织四级人大代表对"两重一实"、农房改善、城市更新、旅游"双创"、人居环境整治等重点工作,实行"一委员两代表"点对点跟踪和"代表月月访",省人大常委会副主任许仲梓对此专门作出批示:"积极践行全过程人民民主,其做法值得总结推广"。持续对审计查出问题整改落实情况进行跟踪监督,首次组织对中央直达资金、省对下转移支付资金的拨付、使用、管理等情况开展专项监督,联网监督系统于2021年9月率先与省市人大系统实现上下贯通,《光明日报》客户端对大丰区国有资产管理监督工作给予专题报道。

区人大常委会始终自觉践行以人民为中心的思想,围绕镇村经济发展,对壮大镇级经济开展调研,听取村级集体经济发展、农村集体资产管理情况报告。围绕农业农村现代化,听取乡村振兴战略贯彻实施情况报告,对现代农业示范园区创建开展视察调研。关注生态旅游发展,听取生态文明建设年度目标任务完成情况报告。注重旅游经济,重点跟踪荷兰花海AAAAA级景区创建,推动斗龙港旅游度假区创成省级旅游度假区。推行区镇民生实事项目人大代表票决制,出台指导意见,对民生实事工程开展监督。2021年年初,区人代会上首次由全体人大代表票决产生当年20件区级民生实事项目,所有镇人代会均实施民生实事项目人大代表票决。关注公共服务保障,听取城市经济工作情况报告,对城市建设、盐丰一体化等开展调研,跟踪督办"加快城市更新步伐,建好大市区副中心"1号议案,对教育高质量发展进行专题调研,推动设立"树人教育基金会",组织代表视察学前教育工作情况。关注医疗卫生健康,对医疗高质量发展进行专题调研,就公共卫生体系建设情况开展视察专题询问。

区人大常委会始终坚持把全面推进依法治区作为履职应尽之责,严格落实《中华人民共和国宪法》宣誓制度,组织《中华人民共和国宪法》宣誓31人次。用好"法律巡视"利剑,对《中华人民共和国固体废物污染环境防治法》贯彻实施情况上下联动开展执法检查。听取19名员额法官和8名员额检察官开展报告履职工作,对全区"八五"普法工作进行调研,依法做好人民来信来访工作,全年受理来信35件,接待来访59人次。对区市场监督管理局、科技局等4个部门和单位开展专项工作评议,坚持"五个结合"(问题导向与目标导向相结合、委员评议与代表评议相结合、推进工作与改进工作相结合、听取汇报与征求意见相结合、工作评价与满意度测评

2021年6月22日,大丰区人大常委会组织部分常委会组成人员和省、市、区三级人大代表专题视察2021年度民生实事项目建设情况 雒聪聪 摄

相结合)开展评议,对区政府报送的4件规范性文件依法开展全流程电子化备案审查。

区人大常委会始终坚持立足“代表机关”定位,注重履职平台提升,在全国、省、市人大充分肯定的基础上,优化提升“家站点”和“驻沪人大代表之家”,建成区人大代表履职、议案建议办理两个网络平台。依托“家站点”,组织代表开展民生实事人民建议征集工作,及时汇总交办“代表大走访”和“两在两同建新功”(同人民想在一起、干在一起,风雨同舟、同甘共苦,在现代化新征程上建新功)行动中发现的问题,走访接待群众1500余人次,梳理意见建议243件,办实事好事92件。注重议案建议督办,推行领导牵头领办督办工作机制,区政府领导带头领办城市公交线路优化、优化营商环境等重点议案建议,十五届人大五次会议120件议案建议全部按时办结,同时对本届内承诺办理的28件建议办理情况进行“回头看”。提高代表提议案建议组织化程度,《关于支持苏北地区创建国家现代种业产业园的建议》被列为省人大重点督办建议,市人代会确定的3件大会议案中的1件、市人大常委会重点督办的33件建议中的6件为大丰代表团提出。依法组织换届选举,成立区镇人大换届选举工作机构,及时作出决定,参选率92%,为历届最高。高质量高标准完成区镇人大代表换届选举工作,为召开新一届人大一次会议、选举产生新一届国家机关领导人员打下坚实基础。

【人大自身建设】 区人大常委会始终把加强自身建设摆在突出位置,改进工作作风,提升履职效能。坚持强化政治意识,全面履行从严治党主体责任,严格执行中央八项规定精神,持之以恒纠正“四风”(形式主义、官僚主义、享乐主义和奢靡之风)。强化上下联动,注重省市人大衔接,强化镇级人大指导,坚持常委会领导联系、委室指导机制,每季度召开一次镇级人大工作座谈会,组织镇级人大负责人赴外地考察学习,联动开展执法检查、工作评议、视察调研,全区人大工作整体合力进一步提升。强化调研宣传,围绕民生实事等热点难点问题专题开展深入调研,调研成果得到区委主要领导批示,充分发挥一个培训、两网建设、三好评比、四类刊物“1234”载体作用,调研宣传创新工作走在全省前列。强化能力建设,组织人大代表和干部赴省人大培训中心苏州基地学习培训。注重服务效能,扎实做好招商引资、企业挂钩服务、文明城市创建、结对帮扶等工作。

重要会议与活动

【区第十五届人民代表大会第五次会议】 1月6—8日,大丰区第十五届人民代表大会第五次会议召开。会议应到代表265名,实到代表252名,因事因病请假13名。应邀列席会议的有:出席区十四届政协五次会议的全体委员;不是代表的区四套班子领导,区人民法院代院长,人武部部长,区四套班子离退休人员;区人大常委会各委室负责人,区监察委员会副主任、区人民法院副院长、区人民检察院副检察长,区直党政部门党政主要负责人,垂直单位党政主要负责人;各区(园)主要负责人,驻丰农场、部队及办事机构主要负责人;镇长,人大主席、副主席,街道办事处主任,人大工委主任、副主任;开发区、港区人大工作联络处主任、副主任,驻丰省十三届人大代表,驻丰部分盐城市八届人大代表列席大会。

会议听取和审议区人民政府区长李志军作的《政府工作报告》;审查和批准区国民经济和社会发展第十四个五年规划纲要和2035年远景目标;审查和批准区2020年国民经济和社会发展计划执行情况的报告与2021年国民经济和社会发展计划;审查和批准区2020年财政预算执行情况的报告和2021年财政预算;审议区政府2020年民生实事项目完成情况和2021年民生实事候选项目计划安排报告,票决2021年度民生实事项目;听取和审议区人大常委会主任范大玉作的《区人大常委会工作报告》、区人民法院代院长王如平作的《区人民法院工作报告》、区人民检察院检察长许正胜作的《区人民检察院工作报告》。审议区十五届人民代表大会第四次会议期间代表议案及建议、批评和意见办理情况报告;进行选举事项。

【区人大常委会会议】 2021年,区人大常委会共召开12次会议。

1月4日,第33次会议召开。会议进行人事任免等事项。

1月27日,第34次会议召开。会议对区十五届人大五次会议代表议案

2021年1月6—8日,大丰区第十五届人民代表大会第五次会议召开
周古凯 摄

作出交办意见；进行人事任命事项。

3月24日，第35次会议召开。会议听取和审议区政府关于公共卫生体系建设情况报告，并开展专题询问；听取和审议区政府贯彻落实《中华人民共和国固体废物污染环境防治法》有关情况报告；听取区政府关于农业“123”重点工程、挖掘和放大黄海湿地世遗优势情况报告审议意见落实情况的反馈报告，并开展满意度测评；推选2021年接受专项工作评议部门；进行人事任命事项。

4月20日，第36次会议召开。会议进行人事任免等事项。

5月18日，第37次会议召开。会议听取和审议部门接受专项工作评议情况报告；听取部分员额制法官、检察官履职情况报告；审议通过区人大常委会代表资格审查委员会关于个别代表的代表资格的报告（草案）；进行人事任免等事项。

7月7日，第38次会议召开。会议进行人事任免等事项。

7月29日，第39次会议召开。会议听取和审议区政府关于2021年上半年国民经济和社会发展计划执行情况报告；听取和审议区政府关于大丰区2020年区本级财政决算草案和2021年上半年预算执行情况的报告，审查和批准2020年区级财政决算；听取和审议区政府关于2020年区本级预算执行和其他财政收支情况的审计工作报告；审议《盐城市大丰区人大常委会关于推行街道议政代表会制度的实施办法（草案）》；进行人事任免等事项。

9月22日，第40次会议召开。会议听取和审议区政府关于区十五届人大五次会议代表议案办理情况报告；听取和审议区政府关于区十五届人大五次会议代表建议、批评和意见办理情况报告；听取和审议区政府关于2020年度全区国有资产管理情况的综合报告；听取和审议区政府关于绿色向海发展赋能未来战略推进情况的报告；审议批准区政府提请区人大常委会将常盐工业园拓展区建设项目增补纳入2021年度国民经济和社会发展计划的议案；听取区政府关于公共卫生体系建设情况报告、《中华人民共和国固体废物污染环境防治法》执法检查审议意见落实情况的反馈报告，并开展满意度测评；听取部分员额制法官、检察官履职情况报告。

9月27日，第41次会议召开。会议传达省、市委关于人大换届选举工作会议精神；审议《关于全区区镇两级人民代表大会换届选举问题的决定（草案）》《关于设立区选举委员会、各镇选举委员会的决定（草案）》《关于区第十六届人民代表大会代表名额分配的决定（草案）》《关于确定各镇人民代表大会代表名额的决定（草案）》《关于授权主任会议接受区、各镇选举委员会成员辞职的决定（草案）》。

11月23日，第42次会议召开。会议听取区科技局、水利局、文旅局、市场监管局等4部门接受专项工作评议审议意见落实情况报告，并进行满意度测评；听取区政府关于安全生产工作情况报告；听取区政府关于审计查出问题整改情况的报告；听取区政府关于生态文明建设年度目标完成情况报告；进行人事任免等事项。

12月1日，第43次会议召开。会议听取和审议区政府关于2021年区本级财政预算调整方案（草案）的议案，审查和批准2021年区本级财政预算调整方案；听取区政府关于“七五”普法工作情况报告，审议区政府关于提请审议《关于开展第八个五年法治宣传教育的决议（草案）》的议案；专题学习中共十九届六中全会精神；进行人事任免等事项。

12月28日，第44次会议召开。会议学习中央人大工作会议精神；听取和审议区人大常委会代表资格审查委员会关于区第十六届人民代表大会代表的代表资格的审查报告（草案），并作出决定；审议通过召开区十六届人大一次会议有关事项。

【区人大常委会主任会议】 2021年，区人大常委会共召开26次主任会议。

1月4日，第81次主任会议召开。会议听取第33次常委会有关议题情况汇报。

1月27日，第82次主任会议召开。会议听取第34次常委会有关议题情况汇报。

2月5日，第83次主任会议召开。会议交流月度工作安排。

3月2日，第84次主任会议召开。会议交流月度工作安排。

3月22日，第85次主任会议召开。会议听取区政府关于代表建议交办情况汇报；听取代表议案建议重点督办和对口督办的安排情况汇报；研究通过区人大代表活动经费管理暂行办法；听取区十五届人大常委会第35次会议议题调查准备情况汇报；研究确定区十五届人大常委会第35次会议召开时间地点等事项和5月份“两官”（员额法官、员额检察官）履职报告人选。

4月1日，第86次主任会议召开。会议交流月度工作安排。

4月20日，第87次主任会议召开。会议听取第36次常委会有关议题情况汇报。

4月28日，第88次主任会议召开。会议交流月度工作安排。

5月17日，第89次主任会议召开。会议听取区政府交通重点工程建设情况汇报；听取区十五届人大常委会第37次会议议题调查准备情况汇报；研究确定区人大常委会第37次会议召开时间地点等事项。

5月31日，第90次主任会议召开。会议交流月度工作安排。

6月22日，第91次主任会议召开。会议听取民生实事项目建设情况汇报；听取区政府关于乡村振兴情况汇报。

7月7日，第92次主任会议召开。会议听取第38次常委会有关议题情况汇报；研究确定区人大常委会第38次会议召开时间地点等事项。

7月9日，第93次主任会议召开。会议交流月度工作安排。

7月26日，第94次主任会议召开。会议听取第39次常委会有关议题情况汇报；研究确定区人大常委会第39次会议召开时间地点等事项。

8月3日，第95次主任会议召开。会议讨论研究常委会领导分工。

8月26日，第96次主任会议召开。会议听取重点建议办理情况和工委对口督办情况汇报；听取区政府重大项目建设推进情况汇报；听取区政府关于科技创新工作情况汇报；研究确定9月份“两官”履职报告人选。

9月2日，第97次主任会议召开。会议交流月度工作安排。

9月18日，第98次主任会议召开。会议听取第40次常委会有关议题情况汇报；研究确定区人大常委会第40次会议召开时间地点等事项；研究讨论做好区镇两级人大换届选举工作的意见；研究通过2021年度镇级人大工作目标考评办法。

9月27日，第99次主任会议召开。会议听取第41次常委会有关议题情况汇报；研究确定区人大常委会第41次会议召开时间地点等事项。

10月8日，第100次主任会议召开。会议交流月度工作安排。

10月27日，第101次主任会议召开。会议听取城市“智治”工作情况汇报；听取旅游“双创”情况汇报；研究人大代表优秀议案、建议评选工作。

11月1日，第102次主任会议召开。会议交流月度工作安排。

11月18日，第103次主任会议召开。会议听取第42次常委会有关议题情况汇报；研究确定区人大常委会第42次会议召开时间地点等事项。

11月30日，第104次主任会议召开。会议听取第43次常委会有关议题情况汇报；研究确定区人大常委会第43次会议召开时间地点等事项。

12月8日，第105次主任会议召开。会议讨论《关于接受范大玉等68名同志辞去大丰区区镇选举委员会职务请求的决定(草案)》。

12月27日，第106次主任会议召开。会议听取第44次常委会有关议题情况汇报；研究确定区人大常委会第44次会议召开时间地点等事项；听取区十六届人大一次会议议案建议准备情况；听取各委室向市人大常委会汇报对接准备情况；讨论通过关于2021年度区人大“三好评比”结果(草案)。

人大专门委员会

【法制委员会】 2021年，区人大法制委员会创新“两官”履职监督方式，听取19名员额法官和8名员额检察官履职工作情况报告。配合常委会听取和审议“七五”普法工作情况报告，作出“八五”普法决议，对区文旅局组织开展专项工作评议，推动文旅融合走深走实。坚持把处理群众来信来访作为“我为群众办实事”的重要内容，受理群众来信35件，接待来访群众59人次。推动办理“建立看守所在押人员参与民事诉讼协调机制”重点督办建议和涉及道路交通安全管理、养老服务体系建设等14件对口督办建议，修订完善规范性文件备案审查实施办法，对《盐城市大丰区人民政府关于加快推进全区建筑业高质量发展的意见》等4份规范性文件进行备案审查，通过省人大常委会备案审查信息平台，实现规范性文件报备、登记、交办、审查、反馈全过程网上办理。配合上级人大做好立法规划制定、立法调研等工作，做好《盐城市养老服务条例(草案修改稿)》意见征集工作，提出24条意见和建议。

【财政经济委员会】 2021年，区人大财政经济委员会以推动发展高质量为重点，加强“十四五”规划实施的督查推进，组织省、市、区、镇四级人大代表对“两重”项目开展监督，听取全区重大产业项目建设情况报告，对列入盐城市考核的“两重”项目实行“一委员两代表”点对点跟踪，将推动区级“两重”项目实施作为区、镇人大代表小组固定活动内容，开展“代表月月访”；听取区政府关于安全生产工作情况的报告，对安全生产“一法一条例”(《中华人民共和国安全生产法》《江苏省安全生产管理条例》)贯彻实施情况进行执法检查。扎实推进预算联网监督，将预算审查监督拓展改革、国资监督、绩效管理监督、政府债务监督等要求体现在预算联网监督系统功能设置中；扎实开展国有资产监督，8月组织对全区10个国有企业经营运转情况开展家家到调研；对中央直达资金、省对下转移支付资金、省市“上审下”审计查出问题整改工作情况开展监督。组织对区市场监管局专项工作开展评议，对产业链现代化、镇级工业园区建设2件建议开展重点督办，对飞地经济示范区建设、促进就业创业等20件建议开展对口督办。

【社会建设委员会】 2021年，区人大社会建设委员会不断完善专委会工作机制，坚持每月一个主题、开展一次活动，开展重点监督，实现区镇代表票决全覆盖。实行“一委员两代表”跟踪监督，“组织四级人大代表开展重点工作监督”的做法相继在《人民与权力》《新华日报》《盐阜大众报》等媒体发表。坚守安全底线，开展安全生产法律法规学习宣传活动，组织开展“一法一条例”执法检查，听取全区安全生产工作情况报告，督促应急管理局及相关部门，围绕建筑施工、化工企业生产、公共场所消防救援、居民小区电梯等重点领域开展自查自纠，督促重点领域安全生产隐患整改。对《关于建设医养结合型养老机构的建议》《关于加强养老服务人才培训就业的建议》等重点建议开展督办，区十五届人大五次会议及社会事业方面的21件代表建议均得到有效办理。

人大常委会工作委员会

【人事代表联络工作委员会】 2021年，区人大常委会人事代表联络工作委员会依法依规组织换届选举。3月对全区户籍人口数进行摸底，4月召开部署会；选区划分科学合理，将大丰区区代表选区划分为122个，镇代表选区划分为320个；宣传发动广泛深入，制作宣传展板500块，悬挂宣传条幅700余条，发放宣传资料8000余份；选民登记细致扎实，全区设立登记站约1763个、登记员3500余名；督查指导有力有效，区人大常委会成立6个督查指导组，深入全区20个选举单位开展督导，顺利完成选举任务。充分发挥代表主体作用，扎实开展重点工作监督等各类代表活动，围绕“我为群众办实事”，结合学党史主题活动，在全区省市区镇四级人大代表中开展“学党史、当表率”活动，走访接待群众1500人次，梳理意见建议243件。注重提升建议督办实效，注重抓好议案建议“提、交、办、督、复、评”六环节，持续实行区政府领导牵头领办、区人大常委会领导领衔督办重点议案建议机制，督办议案建议120件，其中1件议案、6件重点建议，代表满意率100%。依法做好人事任免工作，全年补选区代表2名、任免国家机关工作人员35人次、组织任前法律考试10人次，接受辞职3人次，组织《中华人民共和国宪法》宣誓18人次。

2021年10月28日，大丰区开展区镇人大换届选举集中宣传日活动
雒聪聪 摄

2021年盐城市大丰区人大常委会重点督办议案和建议一览表

表7

议案和建议内容	提案人	主办单位	牵头督办工委
加快城市更新步伐、建好大市区副中心（1号议案）	金干生、葛顺明等22位代表	住建局	教科文卫工委
加快推进“一园一厨五基地”建设（10号建议）	王连军等11位代表	农业农村局	农村工委
建立看守所在押人员参与民事诉讼协调机制（119号建议）	韦翔龙代表	公安局	监司工委
全面崛起镇域经济（36号建议）	马绍良等10位代表	工信局	财经工委
发展现代种业，争创国家园区（5号建议）	王宣山等10位代表	农业农村局	农村工委
加快产业链现代化发展（37号建议）	杨海慧等10位代表	工信局	财经工委
以“双创”为抓手，打响全域旅游品牌（54号建议）	袁葆春等10位代表	文旅局	教科文卫工委

【监察司法工作委员会】 2021年，区人大常委会监察司法工作委员会推动司法公正，保障和改善民生，促进社会公平正义。4—11月，紧扣高质量发展要求，组织对文旅局开展专项工作评议，推动文旅融合走深走实，文旅产业转型升级，旅游经济高质量发展。6月，组织部分领衔提建议代表至区司法局、公安局督办代表建议办理工作。5月、9月，分别听取19名员额法官和8名员额检察官的报告履职工作情况，实现全覆盖的目标任务。根据《盐城市大丰区人大常委会规范性文件备案审查实施办法》，对区人民政府报送的《盐城市大丰区人民政府关于加快推进全区建筑业高质量发展的意见》等4份规范性文件进行备案，同步通过江苏省人大常委会备案审查信息平台。推动区十五届人大五次会议期间代表提出的《建立看守所在押人员参与民事诉讼协调机制》这一重点督办建议和涉及非道路交通安全管理、养老服务体系建设、人民调解工作经费保障、《中华人民共和国民法典》宣传等方面的14件对口督办建议办理取得实效。配合开展立法调研，就《盐城市养老服务条例(草案修改稿)》提出24条意见和建议。规范涉法涉诉信访接处，受理群众来信35件，接待来访59人次。

【财政经济工作委员会】 2021年，区人大常委会财政经济工作委员会紧扣区委决策部署，狠抓常委会重点工作落实，完成各项工作任务。4—11月，以特种设备安全监管和食品质量安全监管为重点，对区市场监管局开展专项工作评议。6月，调研2020年度区本级预算执行和其他财政收支审计工作，提出不断拓展民生审计监督广度和深度，强化审计成果的运用，切实提高财政资金使用绩效和全面提升审计价值和成效的建议；调研大丰区优化营商环境工作，建议在深化“放管服”改革、维护市场秩序、推进法制化建设、构建亲清政商关系等方面持续发力，为大丰区经济社会高质量发展营造稳定、公平、透明的营商环境；调研2020年区本级财政决算及2021年上半年财政预算执行情况，建议加强税源培植，壮大财政经济实力，加大财政监管，提高资金使用绩效，加强国有资产监管，实现国有资本保值增值，加强政府债务监管，防范化解债务风险，加强协调对接，积极解决经济发展中的问题。7月，对全区上半年国民经济和社会发展情况进行专题调研，建议持续优化营商环境，破解瓶颈制约，抢工会战重点项目，力促达产达效。8月，调研重大项目建设推进情况，建议全区进一步升温加压，坚定不移主攻重大项目，一着不让推动达产达效，凝心聚力提供要素保障。11月，调研安全生产工作建议开展隐患排查治理，从源头抓防范，从短板抓提升，坚决遏制各类安全生产事故发生。

【教科文卫工作委员会】 2021年，区人大常委会教科文卫工作委员会，充分发挥职能作用，依法履行工作职责，完成各项工作任务。3月，调研全区全民健身工作情况，要求科学规划和统筹建设全民健身场地设施，不断健全全民健身体系。对公共卫生体系建设情况进行专题询问，要求高度重视公共卫生体系建设工作，围绕“健康大丰”研究具体措施，不断提高人民群众健康素养。4—11月，以突出项目建设、加速科技成果转化，优化人才服务、激发人才创造活力，发挥科技优势、助力乡村振兴发展为重点，对区科技局开展专项工作评议。8月，调研科技创新工作情况，建议抬高目标定位，找准创新方向，坚持问题导向，加快载体建设，突出人才建设，强化责任落实，确保大丰区科技创新工作走在盐城市前列。10月，调研旅游“双创”进展情况，建议丰富文化内涵，优化品质环境，提升服务水平，进一步提升旅游品牌影响力和号召力。调研区卫生健康高质量发展情况，建议进一步突出人才队伍建设、完善投入保障机制、健全配套政策体系。

【农村工作委员会】 2021年，区人大常委会农村工作委员会依法履职，助力全区“三农”工作高质量发展。4—11月，以防灾抗灾体系建设、饮水保障能力提升和城乡水环境治理为重点，对区水利局开展专项工作评议。6月，视察全区防汛工作，建议提高思想认识、强化防汛措施、明确防汛责任，切实维护汛期的社会经济稳定和人民生命财产安全，确保安全度汛。调研区场一体化工作，建议要认真抓好“一园一厨五基地”（光明食品产业园；中央厨房及净菜加工配送项目；奶牛养殖及乳制品深加工、进口牛羊肉及深加工、1000万羽蛋禽养殖及深加工、粮食储备加工、20万吨水产品养殖及加工等）、大丰仓品牌建设，推进研学基地建设。调研乡村振兴战略实施情况，提出提高政治站位、推进乡村产业振兴、强化农村公共服务供给、完善乡村治理体系、增强各方力量保障等建议。9月，配合市人大开展《中华人民共和国渔业法》执法检查，重点检查渔业产业发展情况、渔业资源保护情况，以及渔业安全生产和水产品质量安全监管情况。对区十五届人大五次会议上提出的与农业农村工作相关的22件建议进行督办，及时研究解决办理工作中出现的困难和问题，切实提高议案建议办理的质量。

【环境资源城乡建设工作委员会】 2021年，区人大常委会环境资源城乡建设工作委员会，以生态文明建设为重点，完成区人大常委会交办的各项工作。3月，开展《中华人民共和国固体废物污染环境防治法》执法检查，要求区政府及区各职能主管部门，对照各自职责范围，自查固体废物污染环境防治的监督管理情况，加大固体废物污染防治工作力度。5月，调研全区交通重点工程建设情况，要求将六项交通重点工程建设工作摆上位置，开展抢工会战，在确保安全的基础上，保质保量完成任务。6月，调研水环境综合整治提升工作推进情况，要求充分认识大丰区水环境综合治理的重要性和必要性，依法深入细致地完善大丰区水环境综合治理的工作方案、具体措施，把水环境综合整治提升工程办成德政工程、民心工程。8月，召开1号议案办理工作推进会，听取办理情况和代表意见。10月，视察调研城市“智治”工作，建议不断改造升级数字化城市管理平台，推进智慧交通、智慧照明、智慧停车，使城市管理安全高效。11月，调研生态文明年度目标任务完成情况，建议始终坚持以人民为中心的思想，确保生态文明建设始终与维护人民群众利益和提升生存环境质量有机结合。

区十五届人大五次会议上，关于加快城市更新步伐，建好大市区副中心的议案被确定为“1号议案”，交区人大常委会在人代会闭会后审议督办。在督办过程中，充分调研，向前延伸督办关口，在设计理念、建设规划、空间布局等关键环节，广泛征求代表和群众的意见，使得项目实施更加接地气、合民意、聚民智；开门督办，吸引广泛参与，开展“一委员两代表”重点监督，邀请人大代表和广大业主、社区群众全程跟踪，确保监督无盲区、无死角；全程跟踪，确保督办效果，建立健全长效机制，持续强化精细管理。

（杨雨培）

〖编辑　於晨婷〗

盐城市大丰区
人民政府

综　述

【概况】 2021年，盐城市大丰区人民政府深入贯彻落实中共十九大和十九届历次全会、全国"两会"精神以及省、市、区委各项部署要求，坚决担负"争当表率、争做示范、走在前列"的光荣使命，牢牢把握稳中求进工作总基调，迎难而上，聚力攻坚，经济社会呈现稳中有进、稳中向好的局面。年内全区实现地区生产总值759.21亿元，人均超11万元；一般公共预算收入58.05亿元、同比增长8.4%；全口径工业开票销售1404.35亿元、同比增长27.8%，其中规模以上工业开票销售1252.22亿元、同比增长30.4%，工业税收41.8亿元、占全区税收收入比重超50%，总量和占比全市首位；城镇和农村常住居民人均可支配收入分别为44392元、29387元，分别同比增长8.3%、9.8%；外贸进出口总额、金融机构贷款余额等指标全市第一，金融生态环境列全省第4位，连续八年建成省金融生态优秀县。

开放合作开创新格局。长三角一体化产业发展基地全面启动建设，产业规划、生态廊道规划等高起点编制，常盐工业园拓展区一期、西河口片区启动区完成房屋征迁，总投资100亿元的蜂巢能源动力电池项目、常盐工业园拓展区基础设施工程开工建设。大丰港滚装码头对外开放，"沪丰海上专线"增至每周四班，全年完成港口货物吞吐量7066万吨、集装箱37.6万标箱，新能源海水淡化成套设备出口马尔代夫。外资外贸逆势增长，全年注册外资实际到账1.2亿美元、外贸进出口总额40亿美元，分别增长10.6%、39.4%。区场一体化发展取得新成效，上海大丰共建优质农副产品重要供应加工基地列入长三角一体化发展三年行动计划（2021—2023年），"一园一厨五基地"（光明食品产业园，中央厨房及净菜加工配送，奶牛养殖及乳制品深加工基地、进口牛羊肉及深加工基地、蛋禽养殖及深加工基地、粮食储备加工基地、水产品养殖及加工基地）加快推进。

转型升级迈出新步伐。全年新签约1亿元以上项目140个，长三角智能网联汽车试验场、金信诺5G产业园等一批10亿元以上项目开工建设，正泰新能源一期、天合光能等一批10亿元以上项目竣工投产。三大战略性新兴产业实现开票销售411亿元，增长35.8%；新能源发电量66亿千瓦时，增长20.6%；中汽研汽车试验场股份有限公司上市已向证监会提交注册申请。坚决遏制"两高"（高耗能、高排放）项目盲目发展，万吨标煤以上企业能耗在线监测平台实现全覆盖，实施一千万元以上技改升级项目63个。深入开展"科技创新突破年"活动，净增国家高新技术企业28个，获批国家科技型中小企业360个，建成省级研发机构9个，江苏德和绝热科技有限公司获批国家专精特新"小巨人"企业，江苏金风科技有限公司以第一名的成绩获评省企业技术创新奖，大丰经济开发区建成省大众创业万众创新示范基地。认真落实"黄海明珠人才计划"，新引进高层次人才63名、大学生4543名，每万名从业人员中高技能人才数量全市领先，荷兰籍郁金香专家尼可·卡义克获"江苏友谊奖"。

2021年，大丰区完成农房改善4803户，建成新型农村社区10个，被表彰为苏北农房改善工作绩效评价优秀县（市、区）　　周古凯　摄

城乡面貌发生新变化。提升城市品质，做实城东、做精城中、做强城西、做美城北，人民路海派风情街开街，幸福大街公共建筑提升一标段完成，悦动体育公园等20个城市游园建成开放。育红路金丰路美食街工程竣工，圆鼎广场对外营业，"月下爱河"旅游综合体、天沐温泉酒店主体封顶。城乡公交一体化改造、老旧小区加装电梯等获群众点赞。乡村振兴步伐加快，粮食生产实现"十八连丰"，杂交水稻制种面积居全省第一，持证种业企业、挂牌种业企业、审定品种数均列全省前列。深入开展农村人居环境整治提升五年行动，系统推进农业废弃物治理、生活污水治理和村容村貌提升，促进农村人居环境质量全面升级，全年完成农房改善4803户，建成新型农村社区10个，被表彰为苏北农房改善工作绩效评价优秀县（市、区），连续2年获评全省乡村振兴实绩考核第一等次。

生态环境彰显新魅力。全区牢固树立"两山"理念，践行绿色发展道路，做好生态环境保护与修复工作，各项环境指标逐年向好，环境质量稳步提升。全年空气质量优良天数比率86.3%，首次达到国家空气质量二级标准，生态系统生产总值（GEP）列全国市辖区第3位，成为世界自然遗产中国黄（渤）海候鸟栖息地（第一期）重要组成部分。发展全域旅游，创成国家全域旅游示范区，建有国家AAAAA级景区1个、AAAA级景区6个，斗龙港旅游度假区创成省级旅游度假区，荷兰花海AAAAA级景区创建上报文旅部评定验收。年内全区接待游客1030万人次，旅游业总收入超100亿元。

民生福祉得到新改善。从严落实常态化疫情防控措施，全力保障人民群众生命安全和身体健康，顺利完成987名扬州外转人员集中隔离医学观察服务保障工作。聚力推动教育、医疗高质量发展，实验初中益民路分校正式开学，飞达路、东方路幼儿园投入使用，实验初中常新路分校、三院新院区主体竣工，妇幼保健院投入运行，扬州大学医学院附属大丰人民医院揭牌成立，万盈镇建成省级“15分钟医保服务圈”示范点。大丰区成功入选全省居家和社区养老服务创新示范区，丰华街道新东苑社区被确定为全国老年人心理关爱项目试点社区。在全省率先实现全国示范型退役军人服务中心（站）全覆盖。信访群众满意率和初信初访一次性化解率在全省领先。高标准建设社会治安防控体系，可防性案件、电信网络诈骗案件持续下降。扎实开展安全生产专项整治，积极创建省级安全发展示范城市，2438个企业接入省安全风险防控“一张网”。妥善应对台风、地震等自然灾害，全区社会大局保持稳定。

自身建设得到新加强。扎实开展党史学习教育，推动“我为群众办实事”实践活动、“两在两同”（同人民想在一起、干在一起、风雨同舟、同甘共苦）建新功行动取得实效。深入推进依法行政，获评争创全国法治政府建设示范市县活动先进地区。认真办理人大代表议案建议和政协委员提案，满意和基本满意率100%。强势组织优化营商环境行动，办事效率加速提升。

【城市建设引领高质量发展】 2021年，大丰区围绕建设盐城大市区副中心的总体目标，按照“做实城东、做精城中、做强城西、做美城北”的思路，深入推进城市建设大会战，大力发展城市经济，现代化城市建设步伐进一步加快。重点打造新丰镇、新丰里、人民路海派风情街、幸福大街、吾悦广场商圈、中交美庐城商圈“一镇一里两街两商圈”，推动产城融合、商城融合、旅城融合，不断提升城市首位度、集聚度和辐射带动能力，为全区经济社会高质量发展提供强劲动能。

重要会议

【区政府十五届六次全体（扩大）会议召开】 4月23日，区政府召开十五届六次全体（扩大）会议，深入贯彻落实中共十九届五中全会、全国“两会”精神以及省、市、区委各项部署要求，以“创新推动盐丰一体化，全面融入盐城大市区”为主题研究推进区政府工作，进一步转作风、提效能，确保“十四五”发展开好局、起好步。

【区政府十五届七次全体（扩大）会议召开】 7月20日，区政府召开十五届七次全体（扩大）会议，深入学习、贯彻、落实区第十三次党代会精神，聚焦重点、聚力推进，扎实做好区政府各项工作，确保圆满完成目标任务。

【政府常务会议】2021年，区政府共召开14次常务会议。

1月15日，区政府召开第57次常务会议，传达国务院应对新冠疫情联防联控机制《研究落实元旦春节期间疫情防控、境外物品疫情输入风险防范、新冠病毒疫苗研发生产使用等有关工作的会议纪要》精神，部署春节前后疫情防控工作，研究《关于全面加强危险化学品安全生产工作的实施方案》《关于加快推进全区建筑业高质量发展的意见》《全区冬春困难群众生活安排和春节慰问活动工作方案》《盐城市大丰区市场监管领域相对集中行政处罚权工作方案》。

2月25日，区政府召开第58次常务会议，听取道路运输和交通运输、消防安全专项整治三年行动、闲置土地清理处置工作情况，研究《关于大丰区区域治理现代化指挥中心的建设方案》《盐城市大丰区道路交通安全设施建设管理办法》《全区“高质量重大产业项目会战年”活动实施意见》《关于在大丰城区实施高排放车辆限行管理的通告》。

3月29日，区政府召开第59次常务会议，学习《中华人民共和国行政处罚法》，听取全区新冠病毒疫苗接种、工业企业安全生产风险报告和城区禁（限）放烟花爆竹专项整治工作情况，研究《盐城市大丰区政府专职消防队站建设三年规划（2021—2023）》《关于全面推进乡村振兴加快农业农村现代化建设的实施意见》《大丰区城市管理提升年行动实施方案》。

4月16日，区政府召开第60次常务会议，研究《盐城市大丰区突发环境事件应急预案》等11个专项应急预案以及《关于加快推进“数字大丰”建设的实施意见》《关于做好2021年农民群众住房条件改善工作的实施意见》《关于在全区开展“科技创新突破年”活动的实施意见》《盐城市大丰区部分领域相对集中行政处罚权工作方案》。

5月29日，区政府召开第61次常务会议，学习《政府督查工作条例》，听取危险化学品（化工）、城市建设管理、渔业船舶安全专项整治进展情况，研究《落实健康中国行动推进健康大丰建设实施方案》《大丰区2020年中央财政制种大县奖励资金项目实施工作方案》《斗龙港旅游度假区财政体制方案》。

6月24日，区政府召开第62次常务会议，传达学习习近平总书记、李克强总理关于湖北十堰燃气爆炸事故重要指示批示，6月15日全省安委会会议和6月17日全国、省、市安全生产电视电话会议，以及《关于在全市开展迎百年华诞安全生产七个一活动的通知》精神，研究《盐城市大丰区“十四五”应急管理规划》《盐城市大丰区建筑施工安全生产管理办法》《大丰区政务信息化项目建设管理办法（试行）》《大丰港石化新材料产业园

“十四五”结构调整和转型升级发展规划》和大丰区海城实业发展有限公司股东变更事宜，听取全区城镇燃气安全监管、全国法治政府建设示范区创建、水环境综合整治提升工作情况。

7月20日，区政府召开第63次常务会议，学习习近平总书记在庆祝中国共产党成立100周年大会上的重要讲话精神和《公平竞争审查制度实施细则》，听取省级以上经济开发区、危险废物等安全专项整治进展和主要经济指标“双过半”“两重一实”以及落实重大政策措施真抓实干成效明显地方督查激励有关情况，研究《盐城市大丰区“十四五”水利发展规划》和331省道、351省道项目用地被征地农民社会保障资金差额解缴事宜。

8月6日，区政府召开第64次常务会议，学习《防范和处置非法集资条例》《新冠肺炎聚集性疫情处置指南（修订版）》《中华人民共和国安全生产法》，研究《关于加快建设知识产权强区的意见》《关于推进全区经济开发园区创新提升打造改革开放新高地的实施意见》《关于推进科技创新促进高质量发展的激励意见》《关于全面推行证明事项告知承诺制的实施方案》《关于对大丰区西河口地块国有土地上房屋实施征收的决定》。

8月26日，区政府召开第65次常务会议，传达市委书记曹路宝关于综合考核工作相关批示精神，学习《2021年度县（市、区）综合考核实施细则》《法治政府建设实施纲要（2021—2025年）》《江苏省地表水国考断面“断面长”履职规则（试行）》，研究《全区畜禽粪污集中处置运输补助方案》《2021年度镇（区、街道）综合考核意见》《2021年度区级机关单位综合考核意见》《2021年盐城市大丰区优化营商环境行动方案》《盐城市大丰区违法违规用地责任追究办法（试行）》《关于切实强化全区消防救援队伍职业保障和社会优待工作的通知》《2021年全区招商引资项目推进考核办法》和228国道大丰段交通安全工作。

9月10日，区政府召开第66次常务会议，学习《盐城市人民政府关于支持先进制造业加快发展的若干政策意见》，研究全区能耗“双控”工作和《大丰区行政复议体制改革实施方案》《大丰区促进服务业高质量发展的激励意见》《大丰区促进开放型经济高质量发展激励办法》。

9月26日，区政府召开第67次常务会议，学习《省政府办公厅关于进一步加强城镇燃气安全监管工作的意见》《盐城市住建局等部门关于进一步加强城镇燃气安全管理工作的通知》，研究《关于开展富民强村帮促行动接续推进乡村全面振兴的实施意见》《大丰区工程建设领域农民工工资支付管理办法》《大丰区教育高质量发展实施意见（2021—2025）》《大丰区中小学（幼儿园）教育教学改革创新奖励办法》《关于加强师资队伍建设强化教育高质量发展人才支撑的实施意见》以及住房公积金缴存基数调整事宜，并就国庆节期间安全生产和疫情防控工作作了部署。

11月16日，区政府召开第68次常务会议，学习《盐城市大丰区人民政府工作规则》《中华人民共和国基本医疗卫生与健康促进法》《〈中华人民共和国土地管理法〉实施条例》《盐城市人民政府办公室关于严格耕地保护坚决制止耕地“非农化”行为的通知》《国务院关于加强滨海湿地保护严格管控围填海的通知》以及统计业务知识和相关指标核算体系，研究《大丰区推进长三角一体化产业发展基地建设行动方案》《大丰区国有粮食企业粮食仓储设施建设三年行动计划（2022—2024）》《关于进一步促进土地节约集约利用的意见》《大丰区危险化学品道路运输事故应急预案》以及2020年度区本级预算执行和其他财政收支审计查出问题整改情况、财政追加支出事项。

12月18日，区政府召开第69次常务会议，学习《住房和城乡建设部关于广州市大规模迁移砍伐城市树木有关问题的通报》和省委书记吴政隆、代省长许昆林批示精神以及《江苏省信访条例》，听取2021年全区突出环境问题整改“百日攻坚”情况，研究《省生态环境保护专项督察反馈意见整改工作方案》《盐城市大丰区改革完善医疗卫生行业综合监管实施方案》《关于全面落实减轻义务教育阶段学生作业负担和校外培训负担工作的实施方案》《盐城市大丰区镇（街道）权力清单》《长三角产业一体化发展基地社会投资建设项目“零审批开工”改革创新实施方案（试行）》《盐城市大丰区防贫基金工作实施方案（试行）》《江苏省盐城市大丰区杂交水稻制种大县发展规划（2021—2025年）》《盐城市大丰区2021年中央财政制种大县奖励资金项目实施方案》，部署安全生产、疫情防控、环境保护工作。

12月29日，区政府召开第70次常务会议，传达学习全省安全生产电视电话会议暨省安委会全体（扩大）会议及市续会精神，听取《政府工作报告》《2021年国民经济和社会发展计划执行情况与2022年国民经济和社会发展计划草案的报告》《2022年全区国民经济和社会发展预期目标》《2022年全区重大项目推进意见》《2022年度区政府为民办实事项目表》《2021年财政预算执行情况和2022年财政预算草案的报告》起草情况、2022年区直部门预算编制工作以及2020年度区长质量奖评选情况，研究《大丰区创建第三批省级居家和社区养老服务创新示范区工作实施方案（2021—2023年）》《大丰区计划生育协会改革实施方案》《关于西河口片区启动区开发建设实施方案》，部署全区疫情防控工作。

重要施政

【经济运行稳定】 2021年，大丰区开展春季招商竞赛和秋季项目大会战，招引重大产业项目，每季度组织集中开竣工活动，1亿元以上项目新开工72个、新投产46个。稳定工业经济运行，落实各类惠企政策，制定优化营商环境30条措施，全年减税降费8.1亿元，为410个企业提供融资担保和过桥资金服务19.5亿元，新增规模以

2021年，大丰区226省道大丰南段绕城段、春柳南路、新时代大道延长线竣工通车 周古凯 摄

上工业企业78个，市工业星级企业24个，规模以上工业增加值增长11%。出台促进服务业高质量发展的激励意见，新培植规模以上服务业企业30个，服务业增加值增长7.9%，成功承办全省文旅消费推广季活动，全年接待游客1030万人次，旅游业总收入超100亿元。推动现代农业提质增效，实施高标准农田1.19万公顷，农产品电商销售额突破25亿元，集体经营性收入超50万元的村48个。

【农业经济高效】 2021年，全区农业总产值、增加值199.81亿元、117.48亿元，同比分别增长4.4%和3.5%。全年培植首批乡村振兴示范村30个，恒北村入选全国乡村特色产业亿元村，乡村振兴实绩考核连续2年位居全省第一等次。积极培育新型经营主体，全年新创省级家庭农场12家，累计发展农民专业合作社849家、家庭农场572家。开展农业重点项目建设，编排农业重点项目24个，年内完成投资13.35亿元。培大育强农产品加工业，实施强链延链补链工程，全区年销售超500万元农业龙头企业有288个，其中国家级2个、省级9个，建成省级农产品加工集中区2个。新开工一千万元以上农产品加工项目12个，完成投资10.51亿元，规模农产品加工企业产值519亿元。积极对接上海标准，全力打造“大丰仓”品牌基地，新建农产品上海直销窗口25家，实现农产品上海销售额46.5亿元。

【城乡建设加快】 2021年，大丰区深入推进城市更新，提升城市品质，加快建设宜居宜业宜游的盐城副中心。226省道大丰南段绕城段、春柳南路、新时代大道延长线竣工通车。串场河环境综合整治拆除建筑32万平方米，整理土地62公顷，建成新丰老供销社驿站、刘庄北闸口、白驹饮马驿站等9处重要节点。有省级特色田园乡村总数11个、数量为全市最多，实现美丽宜居乡村全域覆盖。开展城市管理提升年活动，在城区100个居民小区推行生活垃圾“四分类”（可回收垃圾、厨余垃圾、有害垃圾和其他垃圾），拆除高炮、围挡、楼顶广告设施332处。新增和优化城市公交线路13条，新购置新能源公交车100辆。新增镇级生活污水管网95千米，5个乡镇生活污水处理厂完成提标改造，城北生活污水处理厂尾水湿地净化工程竣工，餐厨垃圾处置中心试运营。

【生态环境优化】 2021年，大丰区深入打好污染防治攻坚战，系统开展国省考断面水质“保Ⅲ争Ⅲ”百日攻坚行动，投资2.1亿元实施农村生态河道建设、村庄河塘专项整治、入海河流支河整治等工程，农村河道长效管护连续7年位居全省第一等次。提升农村人居环境，新增镇级生活污水管网95千米，实现行政村生活污水治理设施全覆盖。创成省级特色田园乡村2个、市级特色田园乡村3个，省级绿美村庄8个，五星级“美丽庭院”示范户621户。推动绿色低碳发展，坚持能耗总量和强度“双控”，深入推进碳达峰行动，加快调整不符合生态环境功能定位的产业布局、规模和结构，坚决遏制“两高”（高能耗、高排放）项目盲目发展，创成省级绿色工厂2个、实现零突破，万吨标煤以上企业能耗在线监测平台实现全覆盖。

【民生实事工程兴办】 年内，区政府印发《关于下达2021年区政府民生实事项目任务的通知》，决定在教育供给、医疗卫生、住房保障、文化体育、社会服务、就业富民、社会保障、便民设施、公共交通、市政公用、生态环境、公共安全等领域实施20件民生实事项目，年内完成投资42.23亿元。其中教育供给类：（1）建设常新路中小学，总建筑面积12.5万平方米，设有小学15轨、初中12轨，共计126个班级。改扩建区第一小学教学楼，新增教室29间。建设盐垦中学，占地4.65公顷，总建筑面积3.3万平方米，办学规模10轨30班。（2）实施新四项教育惠民工程，改善中小学普通教室照明条件930间，更换添置学生课桌椅14400套，新建厕所3个205平方米，安装60个直饮水机，新建、改扩建寄宿制学校浴室2个230平方米。医疗卫生类：（3）新建二级标准的妇幼保健院，占地面积1.27公顷，建筑面积1.47万平方米。异地建设第三人民医院，总建筑面积3.2万平方米，设置300张床位。住房保障类：（4）改善农民群众住房条件4300户，完成投资10.4亿元。（5）整治同德农民公寓、长乐小区、技校宿舍、光明小区、健康小区、康宁小区6个老旧小区，城区具备条件的老旧小区加装电梯。（6）建设景尚名城、康馨雅苑2个保障性住房，年内完成投资8.9亿元。文化体育类：（7）新建二卯西河两侧风光带劲力桥至人民桥健身步道5千米，新建吾悦广场南侧体育公园，15个老旧小区安装室外体育健身器材。（8）新建、提升街头游园4个，完成投资2100万元。（9）建设人民路海派风情街提升工程，总长2.7千米，实施雨污分流、立面改造、景观亮化提升、增加道路绿化节点小品，打造里弄空间特色。建设幸福大街景观提升工程（东宁路—常新路），总长2.6千米，实施建筑立面改造、绿化景观、美化亮化、智慧城市、城市家具等项目。社会服务类：（10）殡仪馆改造扩建，新建主体建筑8000平方米。新建城市公益性公墓，提升殡葬服务能力。就业富民类：（11）实施就业创业富民工程。全年开展各类招聘活动50场，城镇新增就业10000人。发放技能培训补贴1500万元，发放公益性岗位补贴700万元。对部分企业发放稳岗补贴1000万元，对符合条件的就业困难群众发放社会保险补贴1600万元，为城乡创业者提供小额富民创业担保贷款贴息200万元。（12）实施贫困人员医疗托底保障，全面资助重点救助对象、建档立卡低收入人口参加城乡居民基本医疗保险。（13）提升社会保障水平。城乡居民基本养老保险基础养老金最低标准从190元提高到210元，基本医疗保险财政补助最低标准提高到每人每年710元。便民设施类：（14）增加便民服务设施，建设20座遮阳挡雨棚并配置LED电子显示屏，改造8座城市公厕，新建和改造30座农村公厕。（15）新建草堰竹溪农贸市场、苏合农产品冷链仓储交易市场、百富达综合性农贸市场、飞达路农贸市场4个农贸市场，改造提升新词广场生鲜市场、刘庄镇农贸市场、森海农贸市场、大桥朝阳菜场、三龙农贸市场等5个农贸市场。公共交通类：（16）新建3.5米宽农村水泥路100千米，实施农村公路危桥改造30座，实施县乡道安全生命防护工程150千米。市政公用类：（17）新建100个新能源电动汽车充电桩，完成投资1890万元。生态环境类：（18）新建69个行政村农村生活污水治理设施，完成投资2亿元。公共安全类：（19）新建高清治安监控890路，建成智慧安防小区84个，完成投资5680万元。（20）整治228国道路域环境和农村道路交通环境，建设数字化交警中队及交通警务服务站，整治343国道、226省道、351省道、331省道路域环境。截至2021年年底，新四项教育惠民工程、改善农民群众住房条件、整治老旧小区、实施农村路桥及生命安全防护工程、建设新能源电动汽车充电桩、治理农村污水、建设智慧安防和智慧平安大道等项目竣工，其余项目均按时序推进。

（陈志伟）

行政审批

【概况】 2021年，大丰区行政审批局认真贯彻落实区委、区政府重大决策和中心工作部署，紧扣“政务服务便捷高效、进入全国最优营商环境城市行列目标”，持续深化“放管服”改革，全力锻造“看得出、站得出、豁得出”的审批队伍，努力打造环节最简、流程最优、服务最好、创新活力最强的政务生态，奋力推动审批改革各项举措落地落实，以优质审批服务助力经济社会高质量发展。

【政务服务效能提升】 2021年，区行政审批局推进政务服务事项“应进必进”，1132个事项进驻政务服务大厅，与企业群众生产生活密切相关的事项实现100%进驻。10月8日，“前中后台”一体收办模式正式运行，实现“受理、审批、办结”一站式服务。前台人员直接面向群众实行综合受理，中台人员按职能对应紧贴前台，实行无障碍、零距离办理，各条线科室审批骨干、窗口负责人坐镇后台，负责现场踏勘、疑难件会办、最终审核等工作，从根源上解决首尾不呼应、审批不闭环的问题；制定出台服务、流程、清单、效能监督4个标准化手册，规范“三台”工作人员行为，所有事项一次性提交材料，部门同步流转、资料共享复用。编制印发《盐城市大丰区政务服务标准化达标创建工作实施方案》，开展政务服务标准化达标创建活动。优化区级政务服务大厅功能，标准化设立5个分中心，出台《盐城市大丰区行政服务分中心一体化管理办法》，做到同一事项名称、编码、依据、类型等要素相统一，业务系统与一体化在线政务服务平台互联互通。提升网办能力，全区1252个政务服务事项全部实现“不见面”，网办的权力事项数量占比100%。实施跨省通办“双百工程”（年内与100个省外地区签订合作通办协议，100个以上事项可实现跨省通办），与北京石景山区、上海宝山区、浙江南浔区、广东南海区等28省（直辖市、自治区）179个地区签订通办协议，将104个高频事项纳入跨省通办业务试点范围，全年办理事项2万余件。

【项目审批服务】 2021年，大丰区策应长三角一体化产业发展基地建设要求，12月在全国率先推出投资建设“零审批开工”新模式，制定出台《长三角一体化产业发展基地社会投资建设项目“零审批开工”改革创新实施方案（试行）》，明确“5个适用”（适用区域、适用产业、适用企业、适用内容、适用时间）、“6项原则”（用地合规、板块背书、企业承诺、本级权限、监管跟进、后审高效），通过服务前置、监管前移、审批后置，实施审批流程再造，从申请、联合会商、出具意见书到完善正式手续，全过程有序推进、各环节无缝衔接，通过有效配合，仅需1个工作日即可开工建设。在一般性社会投资项目区级41个子项、65个业务事项中，推出“五个一”改革（低频事项挂起一批、实行“告知承诺制”一批、“限时办结”改“立即办理”一批、低风险项目豁免一批、材料申报共享一批），同类、相似材料实行网上共享、窗口共享、部门共享，审批事项减少18.5%，申报材料减少70.8%，审批用时减少45.3%。推行分阶段办理施工许可证，拓展用好“项目审批通”App，把并联并行作为重点，促进项目集成优化，打通数据屏障壁垒，实现全流程网上办理。高效推行首席项

2021年10月8日，大丰区行政审批局"前中后台"正式运行，实现"受理、审批、办结"一站式服务（区行政审批局 供图）

目代理员制度，新上1000万元以上项目全部绑定代办员，对项目实行"四个一"（每一名客商都陪同、每一个项目都绑定、每一次办件都到场、每一项环节都跟踪）服务法；对代理员坚持"四个一"（每天一报到、每周一汇总、每月一培训、每季一考核）管理法；坚持"三全三重抓"（所有板块、项目全覆盖，项目代办全免费，全生命周期负责；重抓体系，重抓质效，重抓机制协同发力），保证1000万元以上项目"应代全代、一代到底"。截至2021年年底，全区有首席项目代理员18名、代办员团队53名，全年代理各类项目516个（其中1亿元以上项目287个），代办事项5000余件，人均代办代跑事项100余次；核准备案项目740个，总投资937.3亿元，同比增长1.7%；办理施工许可193张，投资额69.94亿元。

【市场主体活力激发】 2021年，大丰区行政审批局深化商事制度改革，固化"全程通、零费用"模式，实现企业开办"六合一"（企业登记、章印刻制、银行开户、税务事项、社保登记、住房公积金缴存）半天办结常态化。实行"个体工商户登记即来即办"改革，简化注册登记提交材料，申请人在申请开业、变更经营场所时按要求填写《大丰区个体工商户经营场所申报承诺书》，对经营场所的真实性、合法性、安全性作出承诺，无需提交房屋产权证明、租赁合同等其他住所（经营场所）使用证明材料，即可办理营业执照，办理时限由原来的法定15个工作日缩减为当场办结。2021年，新注册法人企业3949个，同比增长39%，新增个体工商户6156家，同比增长47%。快速推进"一业一证"改革（将企业需要办理的多张许可证整合为1张行业综合许可证，实现"一证准营"），在健身房、药品零售、美发店等13个行业先行先试，通过设立专窗、明确专人、流程再造等，平均提交材料数精简37.5%，平均办理时限由15天缩减至2天。率先建成盐城第一个电子证照数据库，以单位统一社会信用代码作为唯一身份标识，关联其全部证照信息，并以二维码的形式加印至营业执照，电子证照数据库已覆盖公共场所卫生许可证、特种行业许可证等22类证照，2021年全年发放新型集成式营业执照3263张。在全市率先试点行政许可事项远程核查工作模式，对207个申请件完成远程查验，时限由7~15日缩减至1日。

【交易市场管理规范】 2021年，大丰区推行标前专家论证制度，4月，全省独家开发上线招标文件评价系统，截至12月31日，评价招标文件635份，各类专家提出有效评价意见5398条。全面推行全程电子化，实行远程异地评标。7月起推广使用经评审的最低投标价法，从根本上遏制串标围标行为，采用经评审的最低投标价法项目180个，中标价13.45亿元，中标金额10.08亿元，资金节约率25.06%，高于2020年同期同类项目近10个百分点。落实招标人主体责任，制定国有资金投资项目招标人重点环节责任清单，明确具体责任要求。严格日常监管，实行评标专家、代理公司动态进出调整机制，组织业务培训和评比，开展评星定级活动，提升专业化水平；加强评委考核管理，制定出台《关于深化评标（评审）专家监督管理的实施办法》，将评委日常"一标一评"管理与评委年度考评有机结合。完善评委违法违规行为投诉举报制度，健全评委信用管理体系，2021年对31名评委分别给予批评教育、扣分、暂停评标资格的处理，移送围标串标弄虚作假案件线索21条，暂扣投标保证金230.9万元，行政处罚7家，均予以公示和信用惩戒。联合行业主管部门高频次开展标后监督，每月组织现场检查，开展行政审批系统公共资源交易服务管理条线专题教育，打造风清气正、公平公正的招投标市场环境。

【电子政务工作优化】 2021年，大丰区12345平台受理群众诉求52663件，国务院"互联网+督查"3件，省政风热线诉求61件，盐城市长信箱来信238件，大丰区长信箱来信653件，线下人民来信8件，网民留言112件，办结率均为100%；回访来电群众5108件，回访满意率99.91%，同比上升0.4个百分点。制定出台《完善社区群众反映诉求化解机制方案》和《12345在线平台工单办理规则》等工作机制，2021年协调会办问题30次。建立部门联席督办、现场勘察交办、报送领导会办等督查督办制度、未落实工单月报制度，向区委区政府主要领导报送未落实到位工单14件。定期梳理分析不满意工单，在《12345督查通报》中通报办理不力问题25件，对其中典型的22条作风及效能问题线索及时移送区纪委，解决部门不作为、乱答复等问题。建立“一哨联办”工作机制，印发《关于建立“街道吹哨、部门报到”工作机制的通知》，成立“一哨联办”申请事项研判小组，各镇(街道、区)2021年共“吹哨”49次，水岸豪庭产权证办理、金润嘉园小区违章搭建、麋鹿吃庄稼导致农作物受损等社会关注度高，长期得不到解决的疑难问题全部解决到位。持续服务监测，对江苏政务服务网对外公示的咨询电话开展14轮拨测，共拨测电话3285个，平均接通率超96.55%。门户网站及时发布区政务工作、民生新闻等信息1.53万条，发布信息公开6235条，发布解读信息26条；开展互动访谈9期，意见征集12个，网上调查9个；制作“优化营商环境 服务企业发展”“花里大丰 为爱而来”“慈行鹿乡 善美大丰”“中共盐城市大丰区第十三次代表大会”等9个专题；直播“上海人游‘北上海’2021江苏大丰(上海)旅游推介会”、“‘面朝大海 花开大丰’投资环境说明会”、大丰区科技创新暨数字大丰建设大会等重大会议活动；制作并发布大丰区“学党史、办实事、惠民生”系列新闻发布会等；围绕区委、区政府工作重心，开设疫情防控专栏。升级区政府网站“站内搜索”板块，新设“统一登录”“一号登录”功能。常态化开展网站巡查和监管，对照网站检测报告开展政府网站的查遗补漏和对标整改，提升网站管理实效。向盐城市政府网站报送县区动态、新闻发布会、专题专栏等各类信息1106条，采用669条。新媒体办公室深入开展政务新媒体网络宣传工作，突出经济社会发展和疫情防控两方面，重视强化对“学党史 跟党走”“文明城市创建”“大丰防控”等工作的网络宣传氛围营造，按要求完成“两会”、郁金香文化月、“面朝大海 花开大丰”投资环境说明会、百合花文化月、城区禁(限)放烟花爆竹专项整治行动等政务新媒体宣传工作，全年发布微博4407条，制作短视频产品28个，策划微博专题3个，发布微信439期，回应网友各类咨询投诉1500余条。升级改造办公自动化系统，完成OA办公自动化系统国产化适配，做好电子政务外网线路改造和服务器、安全设备的安装、设备调试、OA国产化适配系统软件的数据迁移和正式上线工作。区电子政务办联合电信公司开展对村(社区)网络的回访工作，对回访过程中发现的6条问题线路进行现场处理。配合区审计局、水利局、残联等单位做好规定项目接入电子政务外网工作。加强电子政务外网安全检查力度，形成自查工作总结，并对规章制度不完善的部分进行完善，对网络中存在的安全隐患通过技术手段及时处理。

(韩 雯)

信访工作

【概况】 2021年，大丰区信访稳定工作围绕建党100周年信访稳定工作这条主线，按照“做精初信初访、做强积案化解、做实基层基础”的要求，突出做好隐患纠纷大排查、矛盾化解大会战、重复信访大整治、信访业务大提升。全区信访形势继续保持总量平稳、结构优化、秩序向好的态势，信访总量、集体访量、越级去省进京访量分别下降7.7%、26.8%、68.7%，成功完成各级“两会”、建党100周年、中共十九届六中全会、省党代会等重大活动期间的信访稳定工作。创新提出的“五全工作法”(全口径受理、全流程提速、全要素规范、全覆盖包案、全方位跟进)获省信访局领导批示，在全省信访系统宣传推介。2021年大丰在信访工作高质量发展考核中，名列全市第一，创成全市唯一的“全省信访工作示范县(市、区)”。

【信访责任落实】 2021年，区委常委会、区政府常务会议、区四套班子月度例会先后10次研究部署信访稳定工作。区委、区政府主要领导带头接访约访，主动包难案、解难题，全年接待信访群众24批次，化解率100%，常态批阅人民来信370封；其他常委、副区长严格执行“定点接访、对口接待、重点约访”制度，接访约访133人次，化解信访事项121件。联席会议机制不断强化，区镇两级全部明确党政主要负责人为信访联席会议召集人，推动责任落实。2021年，召集联席会议4次，区分管领导牵头开展重点案件“周周清”12次，研究解决突出问题51件。区纪委、政法委、信访联席会议联合制定《信访工作责任清单》，明确党政主要责任人、分管负责人、信访干部以及村(居)工作人员的职责，这一做法得到省信访局主要领导批示肯定。

【信访机制创新】 2021年，大丰区信访局创新提出“1+3+4”满意度评价件办理工作机制，“1”即一本《信访事项规范化办理工作手册》；“3”即“3+N”沟通反馈机制，区级信访部门流转交办之前、承办部门办理过程之中、信访事项处理结束之后必须与信访群众见面，在此期间视情况进行N次当面接待疏导；“4”即包案、指导、约谈、考核四项制度。积极推进信访事项，特别是初信初访办理“一册通、双承诺、闭环办”，对重点事项实行“周周清、月月理”，及时研究会办、全力推进化解。2021年，办理初信初访满意度评价件238件，化解事项群众满意率96.64%。

【信访积案攻坚】 2021年，大丰区推进治理重复信访、化解信访积案专项工作，落实省定阶段性目标，坚持抓进度与保质量、减存量与控增量并重，优化领导专项包案、专班重点突破、责任部门牵头、问题属地主导的合力化解机制，专项工作交办事项全部按要求报结。区级层面成立8个重点案件工作专班，由分工挂钩区领导牵头，所涉责任单位安排专门力量参与，集中人力、物力、财力，持续攻坚化解。截至年底，成功化解6个重点案件。

【信访队伍建设】 2021年，大丰区信访局组织党员干部开展各类学习活动56次，加强机关党员干部思想政治教育。加强素能培训，分层分类为全区信访干部、青年干部、新当选镇(街道、区）党政负责人、村（居）书记及主任等开展信访业务培训15场次，提升各级党员干部从事信访工作的能力和水平。在全区信访系统深入开展“争当人民满意信访干部，争创人民满意信访部门”“最美信访干部”“岗位之星”等评先评优活动，鼓励比学赶超、进位争先。2021年，全区有1人获评省级“岗位之星”，4人获评市级“岗位之星”。

【信访基层基础建设】 2021年，大丰区信访局根据上级部署，结合全区信访工作实际，组织开展“人民满意窗口”创建提升工程，推动区级层面信访接待窗口提档升级的同时，推进15个镇（街道、区）标准化接待场所建设全覆盖，先后组织召开创建工作现场会、推进会3次。2021年，区信访接待中心被省信访局表彰为“人民满意窗口”建设质量提升工程先进单位，西团镇、万盈镇人民来访接待中心获省信访联席办授牌表彰，新丰镇为民服务中心、南阳镇人民来访接待中心、草堰镇信访接待中心等6个窗口单位获市信访联席办授牌表彰。扎实推进“无访村（居）”创建，以初信初访一次性化解率、交办积案化解率、重点人员在位稳定情况为重点考评指标，强化基层一线防控风险、解决问题的能力。2021年，全区有20个村（居）获区级“信访工作示范村（居）”称号。

（陈晓睿）

外事工作

【概况】 2021年，大丰区外事办坚持以习近平新时代中国特色社会主义思想为指导，在区委、区政府的坚强领导和市外事办的指导帮助下，积极应对新冠肺炎疫情严重冲击和国际形势变化，较好地完成各项外事工作任务，为全区夺取疫情防控和经济社会发展“双胜利”做出贡献。

【涉外转运隔离工作专班成立】 2月7日，大丰区成立涉外转运隔离工作专班，对解除隔离的入境到大丰人员实施点对点接驳转运。接转完成之后，督促各主体对境外赴大丰人员严格管控、闭环管理，直至入境90天期满，并定期对其开展督查。2021年接转境外赴大丰人员263批274人次。

【郁金香文化月开幕】 3月27日，“花里大丰·相约美好”旅游季暨2021荷兰花海郁金香文化月正式开幕。荷兰驻华商务参赞方文丽出席开幕式。荷兰南荷兰省副省长安德瑞·本·拉姆塞等及文化名人和国际友人通过视频寄语荷兰花海。

【全市外事管理暨因公出国（境）行风监督员工作会议在大丰召开】 4月1日，全市外事管理暨因公出国（境）行风监督员工作会议在大丰区召开，盐城市外事办副主任陆帅及外管处（领事处）一行6人参加。会上回顾盐城市自2020年以来涉外疫情防控工作情况以及2020年因公出国（境）、邀请外国人来华、APEC商务旅行卡申办工作情况，传达涉外管理相关工作要求，并为市第二届因公出国（境）行风监督员颁发聘任证书。

【韩国驻沪总领事馆财经官金明珠一行到大丰参观】 5月18日，韩国驻沪总领事馆财经官金明珠一行6人到大丰参观访问。代表团一行参观荷兰花海、中华麋鹿园，并表示大丰生态优美，希望以此次考察为契机，携手共谋发展。

【百合花文化月开幕】 9月29日，“花里大丰 为爱而来”旅游季暨2021荷兰花海百合花文化月在江苏大丰荷兰花海开幕，荷兰贸易促进委员会首席代表理查德致辞，荷兰驻上海总领事郭媚姚、荷兰北布拉邦省津德尔特市市长乔伊斯·维尔穆、荷兰津德尔特花车游行主席乔斯·约赫姆斯发祝贺视频。

【江苏省千名外国友人“体验江苏·读懂中国”盐城大丰站活动举办】 12月10日，江苏省千名外国友人“体验江苏·读懂中国”盐城大丰站活动在美丽的荷兰花海举行。活动以“感受多彩湿地·畅游花里大丰”为主题，常住大丰区的韩国、俄罗斯、法国、乌克兰、哈萨克斯坦、墨西哥、白俄罗斯等国家30余位国际友人齐聚一堂，欣赏大丰美景。

（王 宁）

【尼可获江苏友谊奖】 2021年10月，荷兰人尼可（江苏裕丰旅游有限公司顾问）获省政府颁发的江苏友谊奖。2013年，尼可正式加盟荷兰花海，负责郁金香培育的技术指导，与大丰荷兰花海合作共建郁金香种球研究中心，努力实现郁金香种球国产化。他推动大丰荷兰花海与荷兰瓦格宁根大

2021年3月27日，荷兰驻华商务参赞方文丽出席“花里大丰·相约美好”旅游季暨2021荷兰花海郁金香文化月开幕式 周古凯 摄

学开展合作，寻求更多技术支持；联系举办中荷花卉文化旅游论坛和经贸洽谈会，邀请荷兰知名专家、企业、政府官员与中国的种植者、企业进行面对面深层次交流，为花海与荷兰架起一座友谊桥梁。

（潘　丰）

地方志、年鉴编纂

【概况】 2021年，大丰区地方志办深化地方志、年鉴研究、致力打造精品良志，提升年鉴品位，统筹推进志鉴业务，地方志年鉴工作扎实推进，取得较好的成绩。认真贯彻落实盐城市政府办《关于在"十四五"期间开展镇村志编纂工作的通知》，持续推进镇村志编纂工作。结合大丰区实际，选取26个试点村，以点带面逐步推开镇村志编纂工作。全区13个镇（街道）中9个镇（街道）已完成镇志编纂工作。部门志、特色志有序推进，7月，《大丰交通运输志》出版发行；10月，《大丰图志》出版发行。

【《大丰年鉴（2021）》出版】 12月，大丰区地方志编纂委员会办公室编纂的《大丰年鉴（2021）》由方志出版社出版。该卷年鉴设34个类目，下设256个分目、1375个条目，收录200余幅图片、68张表格。卷首专题图片分收官"十三五"、重点工程、全域旅游、疫情防控、纪念会师80周年等板块，共21面97张图片，卷末附组织机构及其领导人、重要会议报告、媒体聚焦、文件目录、统计资料5个部分，记录年度综合资料。该卷年鉴在总体结构保持相对稳定的前提下，按照第六期全国年鉴主编班培训会会议精神和盐城业务主管部门的建议，结合方志出版社审稿意见和大丰实际，调减机构改革、农村经贸等分目，调增农村人居环境整治分目，对审计监督、统计管理、脱贫攻坚等分目进行更名，人口与计划生育分目调整为人口与家庭，退役军人事务分目调整至军事类目下，证券与保险两个分目合并为一个分目——证券·保险。参照《地方综合年鉴编纂出版补充规定》，调整群众团体类目下各分目排序。框架结构进一步规范，更具时代特色和地方特色。推出《大丰年鉴（2021）》手机版，通过扫描书中二维码，便可进入年鉴手机版页面浏览。全书78.3万字。

【村志编纂辅导】 2021年4月，区地方志办组织召开大丰区村志编审辅导会，邀请盐城市修志专家结合大丰村志编纂实际情况，讲授村志编审业务，指导各镇（街道）村志指导员、各试点村村志主编做好编纂与审稿工作。年内，区地方志办组织相关人员进镇入村，对村志工作试点村逐一开展业务辅导，基本实现试点村"面对面"辅导全覆盖。结合审稿、辅导中发现的问题，及时梳理总结村志稿件常见问题，编纂印发《村志评审参考资料》供村志指导员、编辑学习使用，提高试点村村志编纂质量，初步解决了村志编纂中出现的"村史化"倾向等问题。

【《大丰图志（1978—2020）》出版】 10月，大丰区地方志编纂委员会办公室组织编纂的《大丰图志（1978—2020）》由江苏人民出版社出版。该志上限起于1978年12月，下限至2020年12月，全面系统记述大丰改革开放42年取得的历史性成就和发生的历史性变革。该志卷首设引言；按照"事以类聚、类为一志"原则设美丽大丰、历史回眸、改革潮涌、沿海开发、接轨上海、城市建设、现代农业、生态环境、全域旅游、幸福和谐、党的建设11章，章下统一设置述体导语，分别以"目"进行图文记述，卷末设大事记、后记。全书27万字。

【《大丰交通运输志》出版】 7月，大丰交通运输志编纂委员会编纂的《大丰交通运输志》由江苏人民出版社出版。该志上限追溯事务发端，下限截至2010年，大事记和图片延至2018年。该志共有10章42节176目，共85.1万字，比较全面、系统、准确地反映了大丰交通事业的历史和现状。

（谢竹青）

机关事务管理

【概况】 2021年，大丰区机关事务服务中心围绕区委、区政府工作部署，树立"规范、有序、高效"工作理念，推进各项工作高效开展，打开后勤服务保障工作新局面。会务、财务、物业、食堂基础服务保障工作有序开展；办公用房权属统一登记工作率先突破，成功过户登记区法院、城管局、原滩涂局3个单位；办公用房管理信息系统建设按实施方案稳步推进；公务用车管理平台重新整合车辆资源，进一步提升派车频次和集中管理率；"三定"（定点加油、定点保险、定点维修）管理工作开展新一轮招标，对服务企业要求更高；节能工作继续坚持"以点带面"，草堰、三龙两个镇级新能源项目顺利实施；区行政中心试点项目入选国家、省合同能源创新案例，试点经验被《盐阜大众报》专版报道。

【综合服务保障】 2021年，大丰区机关事务服务中心提升服务大局的能力，构建科学高效保障体系。年内，提高服务质量，注重服务效果，完成区"两会"、高质量发展项目观摩会、投资环境说明会、大丰北上海旅游推介等重大政务活动的服务保障任务。规范财务资产管理，强化财会业务培训，严格做好待遇发放、票据审核等常规性工作。及时完成预决算编报，精准开展数据分析，组织实施绩效目标申报及自我评价工作，强化预算绩效管理，为各项工作高效运转提供保障。大丰区机关事务服务中心打造物业服务品牌，规范有序做好来访登记、群众疏导、定岗执勤、夜间巡查等工作。强化疫情常态化防控，严格执行"三查"（查佩戴口罩、查健康通行码、查体温）制度，对不符合条件人员，一律禁止进入集中办公区；每天早、中、晚3次对集中办公区公共区域进行消毒，确保干部职工健康安全。规范食堂运营管理，签订新一轮食堂委托管理协

2021年，大丰区公务交通服务中心平台发挥集中优势，着力提升保障水平　　陈婷　摄

议，完善内部管理制度，加强员工技能培训，努力提高餐饮服务质量。加强宣传引导，杜绝餐饮浪费。

【办公用房管理】 2021年，大丰区机关事务服务中心积极推进权属统一登记工作，科学研判、妥善处置全区25家区直单位涉及42处办公用房的权属登记工作。截至2021年年底，区法院、城管局、原滩涂局3家单位完成权属登记。稳步推进办公用房信息化建设，拟订《党政机关办公用房管理信息系统建设实施方案》，报请区政府审批同意后着手实施，拉开办公用房信息化工作序幕。在保障行政中心、丰华大厦、人武部等办公区日常运转的基础上，认真落实上级便民要求，节假日免费向社会大众开放41处党政机关办公大楼内约2045个停车位，释放更多公共资源。

【公务用车管理】 自2021年6月取消集中办公单位的派驻车辆以来，公务交通服务中心平台派车4495次，日均25次，集中管理率50%。通过资源重新整合，进一步实现平台集中管理、统一调度功能。7月份顺利完成2021—2023年度定点维修招标工作，强化服务企业考核，督促提高服务质量，促进“三定”管理水平不断提升。8月，机关事务服务中心联合区纪委监委、财政、审计等部门，组成3个督查组，对全区75家单位的公务用车使用管理情况进行督导检查，推进公务用车日常管理规范有序。严格按照“五统一”（统一编制、统一标准、统一购置经费、统一采购配备、统一处置管理）要求履行车辆更新购置程序。截至年底，除公安、法院、检察院、司法局、纪委等部门执法执勤车外，其余单位和部门的公务用车均已过户至机关事务服务中心名下，基本实现车辆的统一处置、规范管理。

【公共机构节能管理】 2021年，大丰区机关事务服务中心开展“十三五”能耗数据核查，以省定能耗定额为基准，比对大丰区能耗实际情况，锁定能耗超额单位，确保完成“十三五”节能目标。高效开展示范创建。省级示范创建单位三龙镇和复核单位中等职业学校均已通过市级初审。继续组织24家单位申报创建节约型机关，力争创建覆盖率100%。综合运用微博、微信公众号等新兴平台全方位、多层次开展节能宣传。分批组织能耗统计、示范创建、生活垃圾分类等业务培训，推动全社会形成绿色发展理念。积极参与市垃圾分类星级库建设，首批12家公共机构入选市公共机构生活垃圾分类星级库，区行政中心被认定为五星单位。积极开展新能源利用。增加行政中心充电桩配置，优化整体布局，便捷干部职工交通出行。不断放大合同能源示范效应，草堰、三龙两个镇级光伏车棚项目6月底并网发电，实现效益分享。丰华大厦能源整体托管项目已与国网公司对接。

（陈雯婷）

〖编辑　朱晓华〗

政协盐城市
大丰区委员会

综 述

【概况】 2021年，政协盐城市大丰区委员会（以下简称“区政协”）坚持以习近平新时代中国特色社会主义思想为指导，把服务“争当表率、争做示范、走在前列”新使命作为工作主线，不断提高建言资政和凝聚共识水平，为大丰“十四五”开好局、全面建设现代化起好步凝心聚力、贡献智慧力量。

区政协围绕思想引领稳舵奋楫。以党史学习教育为载体，举办中心组学习11次、委员讲堂6次、周一学习49次。组织委员赴淮安周恩来纪念馆、白驹狮子口会师纪念地、东台安丰镇等地现场教学，传承红色基因、坚定理想信念。始终坚持在区委领导下开展政协工作。围绕区重点工作提出年度政协重点协商、民主监督计划，经区委同意后组织实施，主动向区委请示政协工作安排，落实区委对政协的工作要求。6月，区委专题听取“有事好商量”工作情况汇报，研究出台《推进“有事好商量”协商议事工作提质增效的实施方案》；8月，区委主要领导专题赴政协调研，听取政协党组情况汇报。

区政协围绕中心大局资政建言。以服务“十四五”规划实施为主线，遴选海上风电产业发展、区场一体化和城市精细化管理等议题，召开政协常委会议、主席会议专题协商。委员扎实调研，提交建言材料100余篇，结合委员建议形成的建议案和委员意见得到区委、区政府领导重视，多次批示相关部门研究采纳。围绕农村水环境治理、保障性住房建设等议题开展视察调研、界别协商。围绕教育惠民、保障性住房、新能源汽车充电桩、农村路桥、智慧平安大道等工程实施制定专项民主监督计划，开展协商式监督，助推政府“为民办实事”项目早建成、早落地、早见效。

区政协围绕改善民生协商议事。建好用好政协“有事好商量”协商议事室，推动政协协商与基层社会治理有机融合。全区建成“有事好商量”协商议事室287家，做到镇（街道）、村（社区）、市级以上园区、界别“四个全覆盖”和门牌设计、规章制度、档案标准、活动频次“四个统一”。各议事室开展协商议事活动606次，参与委员449人次、议事代表2670人次，提出意见建议950余条。议事实践中总结的“一键知丰商”“369协商议事法”“五个一线选题”“协商智库”等做法得到上级政协肯定，先后被《人民政协报》、“今日头条”、省市政协公众号宣传报道。恒北村协商“八议”助推基层治理文章获省政协领导批示肯定。区委、区政府领导会同政协主席会议成员领衔协商重点提案，赴提案承办较多的单位、部门开展集中协商，助推民生领域有关问题加快解决。

区政协围绕凝聚共识献计出力。围绕“庆祝中国共产党成立100周年”主题，开展书画展、诗歌朗诵会、传承红色经典书友笔会、捐资助学、爱心助残、微心愿等系列活动。区政协社情民意报送、信息化建设、“有事好商量”协商议事工作等在市考核中位于前列。加强与周边地区政协的横向互动，促进协作交流，增强工作合力，扩大政协对外影响。

【区政协自身建设】 2021年，大丰区政协加强政协党组自身建设，自觉担负全面从严治党主体责任，切实履行“一岗双责”，严格落实党建工作、意识形态工作、党风廉政建设“三个责任”。发挥专委会的基础性作用，更好地为界别和委员履职服务。发挥委员主体作用，在全区政协委员中开展“牢记嘱托、担当作为”主题活动，加强委员下沉基层、建言献策等方面考核，建设完善智慧政协系统，方便委员履职。加强机关制度建设、作风建设，开展党史学习教育和党风廉政教育。

重要会议与活动

【政协盐城市大丰区第十四届委员会第五次会议】 1月4—7日，区政协召开中国人民政治协商会议盐城市大丰区第十四届委员会第五次会议，区委书记薛盛堂在会议开幕式上作题为“同心筑梦 携手前行 奋力开启社会主义现代化建设新征程”的讲话，区政协主席石根美代表区十四届政协常务委员会向大会作工作报告。会议期间开展协商议政、专题讲座等活动。会议表彰2020年度政协工作先进集体和先进个人，听取区政协十四届五次会议期间提案审查情况的报告，审

2021年1月4—7日，中国人民政治协商会议盐城市大丰区第十四届委员会第五次会议召开
（区政协办 供图）

议并通过会议决议。

【区政协常委会议】 2021年，大丰区十四届政协召开常委会4次。

6月1日，区政协召开十四届二十二次常委会议，专题协商“构建海上风电全产业链生态圈”工作。会议听取区发改委关于大丰区海上风电全产业链生态圈构建情况汇报、区政协经济委专题调研报告，与会政协委员就协商议题开展协商讨论。会议还审议通过有关委员增加、辞职等事项。

7月30日，区政协十四届二十三次常委会议召开。会议听取区政府关于2021年上半年经济社会发展情况和下半年工作安排的通报、区纪委监委关于上半年党风廉政建设和反腐败工作情况的通报、区人民法院关于上半年审判工作情况和下半年工作安排的通报、区人民检察院关于上半年检察工作情况和下半年工作安排的通报。4名政协委员进行协商建言。会议对推进旅游“双创”工作进行专题协商，听取区文旅局关于大丰区旅游发展工作情况汇报，2名委员进行协商建言。

9月23日，区政协召开十四届二十四次常委会议，专题协商区场一体化发展工作。会议听取区农业农村局关于推进区场一体化发展工作情况、区政协调研组专题调研发言，与会政协委员就协商议题开展协商讨论。

11月24日，区政协召开十四届二十五次常委会议，专题协商城市精细化管理工作。会议听取区城管局关于大丰区城市精细化管理工作的情况、区政协调研组专题调研发言，与会政协委员就协商议题开展协商讨论。

【区政协主席会议】 2021年，大丰区十四届政协召开主席会议7次。

3月23日，区政协召开十四届第38次主席会议，专题协商“巩固国家森林城市创建成果”工作。会议听取大丰区关于巩固国家森林城市创建成果工作的情况汇报，4名政协委员与主席会议成员分别进行协商建言。

5月7日，区政协召开十四届第39次主席会议，专题协商“加快推进高标准农田建设”工作。会议听取大丰区关于加快推进高标准农田建设工作的情况介绍，3名政协委员与主席会议成员分别进行协商建言。

6月1日，区政协召开十四届第40次主席会议，协商讨论有关委员任免事项，通过2021年度《“有事好商量”协商议事工作考核办法》和《委员履职量化考核评分细则》。

6月24日，区政协召开十四届第41次主席会议，专题协商“改善营商环境”工作。会议听取大丰区关于改善营商环境工作的情况汇报，5名政协委员与主席会议成员分别进行协商建言。

8月26日，区政协召开十四届第42次主席会议，专题协商讨论“推进教育集团化改革”工作。会议听取大丰区教育集团化改革工作的情况汇报，并围绕主题进行协商建言。

10月26日，区政协召开十四届第43次主席会议，专题协商“坚持镇域经济特色化发展”工作。会议听取大丰区农业镇域农村经济发展情况、工业经济发展情况、考察情况汇报，并围绕主题进行协商建言。

12月6日，区政协召开十四届第44次主席会议，专题协商“大力集聚优秀人才”工作。会议听取大丰区招引高层次人才工作和招引优秀大学生工作有关情况汇报，并围绕主题进行协商建言。

政协专门委员会

【提案委员会】 2021年，区政协提案委员会扎实开展提案督办、对口协商、民主监督等工作。区政协十四届五次会议以来，提交提案193件，经审查，立案交办184件，所有提案均已办复。委员对提案办理情况满意和基本满意率为100%。编制《区政协提案办理工作指南》《区政协提案工作手册》。全年收到高质量集体和联名提案38件，对不符合立案标准的9件提案作“撤、

2021年政协盐城市大丰区委员会重点提案一览表

表8

案号	提案者	案　由	承办单位	组织实施委办
1	马　琳	关于进一步支持新兴产业发展的提案	主办：发改委 协办：工信局、自然资源和规划局、人社局	区政协办公室、区政协提案委员会
176	张南睿	加快推进串场河大丰段保护开发	主办：住建局 协办：新丰镇、刘庄镇、白驹镇、草堰镇	区政协办公室、区政协提案委委员会
20	卞松建	依托生态文旅优势，打造康养特色小镇	主办：民政局 协办：卫健委、文旅局	区政协港澳台侨委员会
16	顾　益	关于推动地方与农场联动发展的建议	主办：农业农村局 协办：自然资源和规划局、发改委、住建局	区政协农业和农村委员会
5	西团镇政协联络组	关于进一步加强大丰区镇域经济发展的提案	主办：工信局 协办：自然资源和规划局、交通运输局、财政局、农业农村局、项目服务中心、发改委	区政协经济委员会
98	董江龙	优化教育资源配置，提高教育发展水平	主办：教育局	区政协科教文卫体委员会

并、转”处理。全年遴选6件综合性提案作为重点提案，由区政协主席会议成员会同区委、区政府相关领导领衔督办。在《大丰日报》和政协微信公众号上公布提案办理结果和委员满意度。着重围绕“新四项”教育惠民工程、保障性住房工程、增加新能源电动汽车充电桩工程、农村路桥工程、智慧平安大道工程，组建民主监督小组牵头开展民主监督。承办第41次主席会议，围绕“改善营商环境”工作，组织委员赴张家港、浙江慈溪市等地考察学习，形成调研考察报告1篇和建言材料5份。为提升第44次主席会议质效，3名委员围绕“大力集聚优秀人才”工作，着重就人才孵化器建设、产才融合、配套保障等方面开展资政建言。9月，党群工作组和工商界委员就推动民营经济代表人士健康成长进行座谈调研。与农业和农村委员会联合组织部分委员专题视察新丰里城市更新项目和光明小区、阜丰小区等老旧小区整治工程现场。赴挂钩联系的小海新丝路协商议事室，参加关于水环境整治协商议事活动。参加市政协民生论坛交流，并提交《建好用好协商议事室，推动“有事好商量”与社会治理相结合》建言材料。10月，组织法制工作组委员视察新城·悦隽智慧安防小区、新丰派出所、反电信诈骗中心，并围绕现代社会治安防控体系建设工作专题协商。督查指导华尚玻璃“有事好商量”协商议事室建设运行工作，起草大丰区“有事好商量”协商议事工作情况汇报等相关材料呈报区委，和融媒体中心合作制作《为党政聚共识，为群众办实事》“有事好商量”协商议事工作纪实专题片。向市政协申报《与经常性工作有机融合，充分释放人民政协“协商式监督”能量》创新案例。全年收集提交社情民意信息21条，报省政协1条。在人民政协报网站宣传报道1篇。

【科教文卫体委员会（学习文史委员会）】 2021年，区政协科教文卫体委员会（学习文史委员会）承办区政协十四届二十四次常委会议，围绕“推进区场一体化发展”工作，组织相关委员赴上海农场、大中农场等4个农场考察调研，整理报送的《关于推进区场一体化发展的建议案》，得到区委书记李志军批示肯定。承办区政协十四届第42次主席会议，专题协商讨论“推进教育集团化改革”工作。组织科技组委员围绕高新技术企业培育工作，赴盐城大丰阿特斯阳光电力科技有限公司、江苏丰东热技术股份有限公司、苏大维格（盐城）光电科技有限公司、江苏华尚汽车玻璃工业有限公司等企业调研。组织部分企业家委员和相关部门负责人，围绕“优化营商环境”，开展“有事好商量”协商议事活动。组织委员围绕“打造上海域外（大丰）有影响的康养基地”，赴杭州市余杭区、湖州市德清县、无锡市宜兴市等地考察学习。配合第一民主监督小组就“新四项”教育惠民工程，开展专项民主监督活动。组织医卫组委员赴妇幼保健院新院区工程、大丰中医院改造提升工程、大丰区第三人民医院异地建设工程等开展调研视察。组织相关提案者赴教育局督办重点提案，并召开提案办理协商推进会。全年报送社情民意信息21条，其中报省政协3条。撰写的《坚持陆海统筹，构筑海洋经济发展新高地》调研报告被《江苏政协》刊载，一篇调研文章在《盐城工作》发表，《新四军裕华奋战围歼日伪军》文章在《钟山风雨》发表，《务实担当，让红色基因薪火相传》学习心得体会在市政协网站刊载。举办庆祝中国共产党成立100周年书画作品展和诗歌朗诵会。做好全国政协《“三亲”文库·新中国成立卷》文史资料征集工作，提供稿件1篇。做好省政协《江苏红色文化名片》征编工作，提供相关照片和11篇文稿。拍摄制作“政协委员带你走进红色盐城”专题片5部，其中3部在“学习强国”平台、市政协微信公众号上播出。扎实推进《串场河风物》征编工作，编辑印制《诗画大丰年鉴2020年卷》《耐庵学刊——施耐庵碑刻》和《大丰诗草》第二十六辑。

2021年8月19日，大丰区政协部分委员和相关委办负责人督办176号提案
（区政协办　供图）

【经济委员会】 2021年，区政协经济委员会紧扣区政协年度重点工作安排和委室工作计划，发挥专委会基础作用，认真学习调研，积极协商议政。承办十四届二十二次常委会议，专题协商“构建海上风电全产业链生态圈”工作，汇报赴福建省福清市、南通市如东县、盐城市射阳县等地考察

及调研情况，分析大丰区风电产业现状，肯定成绩，指出面临的机遇与挑战，提出明晰发展目标、做强产业链条、提升创新能力、协调生态圈布局等建议。承办十四届第43次主席会议，专题协商“坚持镇域经济特色化发展”工作，汇报赴海安、东台、兴化等地考察情况，分析大丰区镇域经济发展成绩及不足，提出统筹规划系统化推进、产业化推进提升实力、差异化发展打造特色、强化协调优化镇域经济发展环境等建议。开展中韩产业园临港配套区建设专题协商，组织委员视察国际集装箱智慧物流中心等项目点，提出坚持规划引领、加大开放力度、突破对韩招商、高质量推进配套区发展等建议。加强与上级政协组织联动，密切与委员联系。4月，结合党史学习教育，组织政协工业、民营经济等界别委员，视察9个全区高质量发展项目；6月，服务政协委员视察民生实事工程及水环境综合整治；9月，召集联系的4个工作组委员开展“串场河综合整治工程”专题视察。服务委员参与协商议事室建设，到新丰镇引水村协商议事室开展宣讲，参加总工会界别在中车公司开展的能级工资制协商。加强民主监督，遴选相关委员成立第二民主监督小组，视察景尚名城、康馨雅苑项目建设现场和计划建设的润富花园二期地块，召开民主监督会议，对建设保障性住房工程开展民主监督，提出加快工程进度、切实化解制约、严把工程监管、守牢廉洁底线等建议。牵头交通局（15件）和工信局（9件，含重点提案1件）承办提案的督办，邀请提案委员分别到两单位开展督办，听取承办单位情况汇报，提案委员现场交流。牵头科级干部挂钩服务企业工作，督促做好挂钩企业服务，每月了解企业发展情况。

【港澳台侨委员会（委员联络委员会）】 2021年，区政协港澳台侨委员会（委员联络委员会）立足委室职能，按照工作要求，履职尽职，加强委员联络。3月，巩固提升“有事好商量”协商议事室，各镇（街道、区）从114家增加到287家。4月，围绕“加快高标准农田建设步伐”牵头召开39次主席会议。5月，先后参加省政协“有事好商量”协商议事召集人培训班、市政协“有事好商量”现场观摩“家家到”活动，并以专题培训的形式，对全区召集人做专题辅导。6月，赴区民政局督办20号重点提案《依托生态文旅优势，打造康养特色小镇》，围绕“旅游经济发展”组织文化艺术界委员赴东台市学习调研并开展座谈交流，赴恒北文创街专题视察“非遗与文创产业发展”情况。6—9月，对大丰区3家现场观摩点进行软硬件提升，建成有事好商量一键知“丰商”网站，召开市政协“有事好商量”家家到现场观摩会。10月，全面推进“你扫码大家议”二维码“六进”工作和“协商议事室”“委员工作室”“社情民意信息联系点”三位一体工作，并与区政协第三民主监督小组就区充电桩规划建设情况进行专项民主监督。全年撰写制定《关于推进“有事好商量”协商议事工作提质增效的实施方案》《关于成立盐城市大丰区“有事好商量”协商议事工作领导小组和督查组的通知》《关于区政协主席会议成员挂钩重点协商议事室的通知》《关于开展“有事好商量·民生专题协商议事月”活动的实施方案》《“有事好商量”村级议事室委员分工表》等文件，编制《“有事好商量”协商议事工作手册》、区政协《优秀协商案例选编》。积极对外宣传，《协商“八议”议出民主新气象 传递乡村治理“恒北温度”》创新案例得到省政协副主席王荣平的批示。多篇报告登上市级以上媒体，《人民日报》刊登1篇，“学习强国”江苏站发表1篇，省政协公众号录用3篇，“交汇点”报道3篇，“今日头条”报道2次，市政协公众号选登9篇。全年社情民意信息上报11条，其中2条报省政协，《加强对“颜值经济”行业管理工作的建议》报全国政协。

【农业和农村委员会】 2021年，区政协农业和农村委员会充分发挥专委会的基础作用和界别优势，广泛凝聚各方智慧力量，积极履职尽责。3月，承办区政协第38次主席会议，专题协商“巩固国家森林城市创建成果”工作，视察沪丰大道及高铁站前广场、刘庄镇串场河等绿化现场。11月，承办区政协十四届二十五次常委会议，专题协商城市精细化管理工作。年内，组织委员围绕推动“做好农房改善‘后半篇文章’”“城乡生活垃圾分类处理工作”“新丰里城市更新项目”等议题开展视察活动，为政协委员知情明政、履行职责创设有效平台和畅通渠道。组织民主监督小组成员赴丰华街道、小海镇，实地察看农村路桥建设情况，开展专项民主监督。7月，赴区农业农村局督办重点提案，召开提案办理协商推进会，推动提案办理工作高质量发展。4月，赴山东省日照市东港区、潍坊市寿光市和泰安市宁阳县，专题考察学习种业经济发展，并开展专题协商活动；5月，赴南通市海安市、淮安市盱眙县，专题考察学习“水产养殖”“稻虾轮作”等工作；9月，赴苏州昆山市、苏州吴中区、无锡滨湖区和南通崇川区，专题考察学习“城市精细化管理”工作。《关于大丰区种业经济发展的调研报告》得到区委、区政府主要领导批示，并在《盐城政协》发表。《关于城市精细化管理的建议案》得到区委书记李志军的批示。《写好“种业”文章 助力农业高质量发展》在《江苏政协》发表。宣传报道被多家媒体录用，其中省级以上媒体18篇。全年上报社情民意信息21条，其中报省政协5条，报全国政协2条。协助推进开发区、草堰镇“有事好商量”协商议事室“民生议事月”活动。

（蔡志林）

〖编辑　於晨婷〗

中共盐城市大丰区
纪律检查委员会
盐城市大丰区
监察委员会

综 述

【概况】 2021年，中共盐城市大丰区纪律检查委员会、盐城市大丰区监察委员会（以下简称“大丰区纪委监委”）充分发挥监督保障执行、促进完善发展作用，坚定不移正风肃纪反腐，大丰区党风廉政建设和反腐败工作取得新的进展和成效。区纪委、监委被市纪委、监委评为2021年度先进集体。坚持分层分类警示教育，组织县处级领导干部讲授专题党课，部署开展“纪法宣讲进百镇千村”行动，9部廉政短视频被中纪委网站头条采用，廉政影片《我们的河》获得“清风盐城”杯“我身边的廉洁故事”征集评展活动一等奖第一名；推行的“三限两倡一带动”（限制陪餐人数、限制用餐金额、限制饭菜分量，倡导简易用餐方式、倡导剩菜打包行动，带动建设节约型社会）杜绝餐饮浪费工作，被中央电视台《朝闻天下》栏目宣传推介；制定干部教育培训三年规划，打造“金丰廉韵®·增知学堂”平台，组织开设新任纪检监察干部、村（社区）纪检委员培训班，联合高校举办监督检查业务和审查调查业务专题研讨班，相关做法省纪委组织部专题向省委常委、省纪委书记、省监察委员会主任王常松作汇报。探索实施“两抄一报”（将在日常监督、专项监督中发现的有关问题，抄报分管区领导，抄送相关职能部门、单位和相应纪检监察组织，并及时将重要问题的办理情况书面专报区委、区政府主要领导）制度，推进同级监督常态化，抄报110余次、专报5次。坚持失责必问，对40个问题启动问责程序，问责党组织2个，问责党员干部48人次。坚定不移惩腐肃贪，查处各类违纪违法案件488件，其中科级干部33件，采取留置措施14件。运用第一种形态处理865人次，占比65.8%。严格执行中央八项规定精神，查处违反中央八项规定精神问题41个，党纪政务处分86人次，通报4批次11起17人。创新实施信访举报“三抓三并重”（抓“三信三访”，注重案结与事了并重；抓三次反馈，注重沟通与信任并重；抓三个重点，注重主责与主业并重）工作法，建立《信情专报》工作机制。深入推进一领域一治理，聚焦群众关心关切的问题，组织实施公共停车设施、欺诈骗保、小区物业服务管理等重点领域专项整治，严肃查处群众身边不正之风和腐败问题82个。开展“四小四弱”（小工程、小资金、小岗位、小负担，老、少、病、残）突出问题专项治理，发现问题622个，党纪政务立案152人。深化涉农案件定向通报制度，利用农村“大喇叭”、村务公开栏通报典型案件10批次30人次。扎实开展党史学习教育，举办纪检监察干部“学党史、正家风、铸铁军”主题活动，组织新任纪委书记集中谈话，发出“廉洁齐家、从我做起”倡议书。加强智慧纪委监委建设，成立监督审查技术室，以信息化赋能精准高效监督办案。

【区纪委监委自身建设】 2021年，区纪委、监委围绕“建设政治素质高、忠诚干净担当、专业化能力强、敢于善于斗争的纪检监察铁军”目标追求，持续加强干部队伍建设，深化干部全员教育培训，深入开展“打铁必须自身硬”专项行动，服务保障纪检监察工作高质量发展。4月24日，区纪委监委班子成员、机关党委委员、各支部书记赴八路军新四军白驹狮子口会师纪念地开展学习，重温入党誓词，区纪委书记、区监委代主任陈刚以“传承红色基因、推进全面从严治党”为主题，上了一堂专题党课。制定干部教育培训三年规划，打造“金丰廉韵®·增知学堂”平台，组织开设新任纪检监察干部、村（社区）纪检委员培训班，联合高校举办监督检查业务和审查调查业务专题研讨班，相关做法省纪委组织部专题向书记王常松作汇报。加强智慧纪委监委建设，成立监督审查技术室，以信息化赋能精准高效监督办案。建立干部监督工作通报机制，搭建纪委委员、纪检监察干部监督员履职平台，全方面做好内外双重监督。扎实开展党史学习教育，举办纪检监察干部“学党史、正家风、铸铁军”主题活动，组织新任纪委书记集中谈话，发出“廉洁齐家、从我做起”倡议书，推动全体纪检监察干部以更高标准更严要求做好表率，始终维护纪检监察干部良好形象。

2021年6月18日，大丰区纪委监委青年纪检监察干部在八路军新四军白驹会师纪念馆中聆听老战士讲述当年会师场景　　韦波　摄

重要会议和活动

【区纪委十二届六次全会】 2月9日，中国共产党盐城市大丰区第十二届纪

律检查委员会第六次全体会议召开，出席会议的区纪委委员14人，列席112人。区纪委常委会主持会议。全会审议通过须卫琴代表区纪委常委会所作的《坚守职责定位，提升履责效能，全力推动纪检监察工作高质量发展》的工作报告。

【区纪委监委干部大会】 4月8日，大丰区纪委监委召开干部大会，宣布关于大丰区纪委监委主要负责人调整的决定。大丰区委书记薛盛堂出席并讲话。会议宣布：陈刚任中共盐城市大丰区委委员、常委、纪委书记，提名为盐城市大丰区监察委员会主任候选人。

【全区党风廉政宣传教育工作会议】 4月27日，大丰区纪委监委召开大丰区党风廉政宣传教育工作会议。区纪委书记、区监委代主任陈刚出席会议并讲话。会议肯定大丰区2020年党风廉政宣传教育工作取得的成绩，并就如何做好下一阶段的党风廉政宣教工作提出明确要求。会议宣读《关于表扬2020年度全区党风廉政宣传教育工作先进集体和先进个人的决定》。区文化广电和旅游局、区市场监管局、万盈镇、大丰农商行四家单位就做好2021年党风廉政宣教工作作交流发言。

【全区领导干部警示教育大会】 5月29日，大丰区领导干部警示教育大会召开。区委书记薛盛堂出席并讲话，他强调，要以更强的政治担当，更高的工作标准，更实的工作举措，更严的纪律作风，推动各项工作高质量完成，向组织和群众交出一份满意的答卷。与会人员集体观看警示教育片《错位之殇》。

【区第十三届纪律检查委员会第一次全体会议】 7月19日，中共盐城市大丰区第十三届纪律检查委员会第一次全体会议召开，选举产生中共盐城市大丰区第十三届纪律检查委员会常务委员会委员和书记、副书记。会议应到区纪委委员15名，实到15名，符合规定人数，经过投票选举，陈刚当选为中共盐城市大丰区第十三届纪律检查委员会书记，朱薇、周云冲当选为中共盐城市大丰区第十三届纪律检查委员会副书记。陈刚、朱薇、周云冲、徐俊、郁峰、杨尉、陶冬林7人当选为中共盐城市大丰区第十三届纪律检查委员会常务委员会委员。

2021年1月，大丰区纪委监委工作人员对部分单位党员干部个人有关事项报告进行抽查研判，进一步发挥个人有关事项报告制度的震慑作用

茆昊　摄

【全区优化营商环境暨机关作风建设问题通报会】 9月1日，大丰区召开优化营商环境暨机关作风建设问题通报会。区委书记李志军出席并讲话。区委副书记、代区长戴勇主持。会上，与会人员集中观看《直面痛点堵点，亮剑发展顽疾》优化营商环境案例通报片。会议通报大丰区营商环境暨作风建设相关问题，解读2021年盐城市大丰区优化营商环境行动方案。区工信局、区税务局、大中街道等单位作交流发言。

【"企地廉洁共建"活动开展】 10月20日，大丰区纪委与江苏省东坝头农场纪委举办企地廉洁共建签约仪式。区纪委书记、区监委代主任陈刚，江苏省东坝头农场党委书记、分公司总经理滕金平参加活动。会上，东坝头农场纪委书记胡国君详细介绍农场基本情况及企地廉洁共建情况。大丰区纪委与农场纪委签订《企地廉洁共建协议》，并互相聘请党风廉政建设指导员和党风政风监督员。

党风廉政

【"两抄一报"制度实施】 2021年，大丰区纪委监委聚焦党员领导干部特别是"一把手"关键少数，制定《关于推行"两抄一报"强化监督的实施办法》，将监督执纪问责、监督调查处置中发现的重点问题，抄报区领导、抄送职能部门，并向区委、区政府主要负责人专报整改落实情况，强化对基层党委（党组）"一把手"的监督。向区领导抄报有关问题110余次，向区委、区政府主要负责人专报5次。以精准问责倒逼责任落实，牵头对市纪委交办的5起行政复议纠错案件实施问责，处理9人次，其中诫勉谈话3人。对22个问题启动问责程序，问责24人次、2个党组织。

【"四小四弱"突出问题专项治理】 2021年，大丰区纪委监委紧盯基层小微权力运行风险点，重点开展"四小四弱"突出问题专项治理行动，成立7个工作专班组织专项督查。全年发现问题622个，党纪政务立案152人。《盐城市大丰区纪委监委聚焦“四小四弱”问题开展专项整治》经验材料被省纪委监委予以专刊转发。

【民生领域专项整治】 2021年，大丰区纪委监委聚焦民生领域突出问题，通过项目化推进方式开展“小切口”专项治理，重点围绕“双减”（减轻义务教育阶段学生作业负担、减轻校外培训负担）政策落实、“双碳”（碳达峰、碳中和）目标实现、惠民政策实施等过程中存在的形式主义、官僚主义问题开展整治，重点关注教育医疗、养老社保、小区物业、生态环保、食品药品安全、执法司法等领域，严肃查处民生领域腐败和不正之风。及时总结推广整治工作中的成功经验，制发4期《专项整治工作动态》，辐射指导各基层纪检监察组织查办高效农业保险项目案件41件、虚套“一户一棚”（农户自建大棚并享受政府补助）资金项目案件30件、违法建设乱耕地项目案件49件。

【廉政教育系统活动】 2021年，大丰区纪委监委制定《2021年度全区党风廉政宣传教育工作要点》，自主策划开展“贯彻落实纪委全会”“510”“百年党史学习”等专题宣传活动5次，打造“声光影里说丰廉”廉政文化项目，组织优秀作品参加全省“廉廉看·我书我话”传家风书画故事大赛，获评“最佳组织奖”。坚持分层分类警示教育，组织县处级领导干部讲授专题党课。部署开展“纪法宣讲进百镇千村”行动，举办廉政文艺巡演，充实优化廉政文化教育专线。结合区镇换届，以35周岁以下青年领导干部为重点，组织开展“红色+廉政”实景教育，引导青年干部系好廉洁从政“第一粒扣子”。联合区妇联举办领导干部家属廉洁教育大会，助力领导干部筑牢拒腐防变家庭防线。坚持“凡提必考”，联合区委组织部对94名新任科级干部开展任前廉政知识测试，敲响领导干部任前“廉政警钟”。截至年底，红色廉政教育专线和大丰区廉政文化教育专线共接待区内外260余家单位近3万余人次参观学习。

作风建设

【关键节点作风突出问题专项整治】 2021年春节、“五一”、端午、中秋、国庆等重要时间节点，大丰区纪委监委通过节前教育、节中督查、节后反馈等方式，重点围绕公车使用、公务接待等环节，加大明察暗访力度，从严落实好中央八项规定精神和作风建设的各项要求，对发现的问题及时进行处置。相关派驻组结合组内监督对象特点，以小切口介入，开展针对性的监督检查，在“护老暖阳”（开展养老领域突出问题专项整治，让老年人生活更有获得感）监督检查中，发现七大类39个问题，从严落实中央八项规定精神，紧盯重要节日、重点领域、关键岗位系统整治“四风”（形式主义、官僚主义、享乐主义、奢靡之风）突出问题，修订《作风建设有关规定汇编（2021年版）》，发放1000余册。惩治“昏懒庸贪”，常态化开展明察暗访，深挖干部队伍中存在的作风问题。《纠查“四风”不放松》等多篇稿件被《中国纪检监察报》采用。

【效能监测点全覆盖】 2021年，大丰区纪委监委在442个企业设立效能监测点，把涉企部门及其工作人员的服务态度、工作作风、工作效率等情况纳入监测范围，同时组织纪检监察干部担任网格员，定期深入企业开展走访，收集意见建议。对发现的个性问题，快调查、快处理、快答复；对存在的共性问题，联合职能部门召开联席会议，督促及时解决。累计跟踪督查涉企诉求处置情况26件次，4名公职人员因不作为、慢作为等问题受到处理。策应大丰区委优化营商环境的决策部署，派驻组抽调20人服从委机关统一安排，认真落实大丰区纪委监委《营商环境效能监测点工作实施方案》要求，深入60余户监测点开展走访调查，收集梳理企业意见建议，为领导决策提供参考。持续优化营商环境，专题召开营商环境作风通报会，精选100个规模以上企业开展营商环境效能监测。6月，省纪委对大丰区发文监测工作进行专项监督检查，并予以充分肯定。

2021年5月31日，大丰区纪委监委邀请厦门大学法学院教授集中授课，围绕“监察法证据制度的理解与适用”“职务犯罪调查中电子证据”等重要内容进行讲解 徐晨 摄

监督检查

【日常监督】 2021年，大丰区纪委监委出台《信访件办理质效“5+X”综合评价办法》，深入实施“三抓三并重”工作法，建立《信情专报》工作机制，逐一剖析原因、提出整改建议，为领导决策提供信息参考，为专项监督提供精准靶向。落实“5个1”（线索处置1个月完成、信访件1个月查结、初步核实1个月结束、立案后1个月移送审理、案件移送1个月审结）工作法，坚持“一周一督查、一月一通报”，信访室通过当面交办、电话催办、约谈督办等方式，强化对信访件流转后的各环节实施动态监督，发现问题及时纠偏。落实信访监察三项制度，将批转给基层纪委的信访件，同时转监察员办公室阅知备案，基层纪委在报结前，先报监察员办公室审核把关，提升基层纪委办理信访件品质。年内，受理检举控告205件，已办结174件，党纪政务立案80人次。各派驻纪检监察组列席被监督单位党委党（组）会议47次，约谈班子成员215人次，抽阅科级干部履职手册326人次，提出建议意见139条，真正形成用制度管人、凭制度办事的机制。

【疫情防控常态化督查】 2021年，大丰区纪委监委强化疫情防控督查指导工作，制订《大丰区常态化疫情防控督查工作方案》，及时交办反馈问题，督促相关职能单位和属地政府整改落实到位，形成各类督查专报24份，印发督查问题交办单243份，提醒谈话81人次，诫勉谈话4人次。各派驻纪检监察组对相关责任单位在物资储备，餐饮单位、生产企业疫情防控等方面工作开展跟踪监督，全面落实联防联控措施。

2021年11月，大丰区纪委监委组织干部深入万盈镇万盈村现场走访村民询问稻谷补贴政策落实情况，收集相关问题线索　　徐晨　摄

审查调查

【案件查处】 2021年，大丰区纪委监委坚持查处一类案件、总结一类规律，紧盯沿海滩涂资源发包、基层村居三资管理、涉粮等领域，查处各类违纪违法案件488件，排查廉政风险领域和风险点。扎紧扎牢制度笼子，精准用好“两书”（纪律检查建议书和监察建议书），瞄准制度漏洞和深层次问题，有针对性地提出纪检监察建议，督促相关单位举一反三、建章立制。

【“室地”联动办案】 2021年，大丰区纪委监委开展“下沉式”办案，将所辖15个乡镇（街道）纪（工）委划分成立4个办案联动区，形成“问题线索统一分办、工作人员统一调度、疑难案件统一研判”的工作模式，与片区纪检干部同吃、同住、同办案，并着重从线索摸排、笔录制作、证据收集、问题定性、安全办案等方面开展面对面、点对点督查指导。帮助乡镇（街道）纪（工）委摸排线索189件，指导乡镇查办案件203件，相关“室地”联动工作经验被省纪委纪检监察信息综合刊物采用。

【智慧纪委监委建设】 2021年，大丰区纪委监委认真贯彻江苏智慧纪委监委建设总体部署要求，成立监督审查技术室，积极探索运用互联网、大数据和信息化手段开展监督办案，推动纪检监察工作与现代信息技术深度融合。高标准启动大数据查询研判中心建设，设置业务受理、集中查询、专线查询、信息研判、电子数据调查5个功能区，配备杭州平航手机取证、厦门美亚电子取证、金鼎多维数据综合分析研判等国内先进技术的设备，提供集数据查询、分析研判、电子数据调查于一体的信息技术服务。围绕干部个人信息、社会关系、廉政评价、问题线索处置、预警信息等方面，协调各方收集数据，开发廉政档案管理分析系统，实现重点监督对象全覆盖，立体精准画好像。年内，受理各部门信息查询397人次，检索信息24986条，电子数据调查33件次。

（卞丹丹）

〖编辑　朱晓华〗

群众团体

大丰区总工会

【概况】 2021年，大丰区总工会深入推进职工政治思想引领、产业工人队伍建设改革、职工权益维护等重点工作。举办“永远跟党走”职工学党史演讲比赛和职工摄影大赛，常态化开展“劳模工匠进校园、思政教师进企业”活动，开展以“百年圆梦·幸福起航”为主题的女职工读书活动。

【工会换届】 12月19—21日，大丰区总工会第十三次代表大会召开。大会全面总结区总工会过去5年的工作，对今后5年的工作进行全面部署，选举产生区总工会第十三届委员会和经费审查委员会。

【先进模范群体选树宣传】 2021年，大丰区总工会开展劳模先进评选推荐活动。当选江苏省劳模8个；盐城市五一劳动奖状3个、盐城市五一劳动奖章9个、盐城市工人先锋号7个，盐城市五一巾帼标兵6个、盐城市五一巾帼标兵岗5个、盐城市最美女工1个；大丰区五一劳动奖状10个、大丰区五一劳动奖章38个、大丰区工人先锋号20个，大丰区五一巾帼标兵23个、大丰区五一巾帼标兵岗11个。为132名省劳模和274名市劳模发放慰问金26.9万元。加强与主流媒体合作，拍摄劳模微视频，讲述劳模故事，宣传奋斗事迹。

【职工劳动技能竞赛】 2021年，大丰区总工会开展以“建功十四五，奋进新征程”为主题的劳动竞赛。先后组织开展职工职业技能竞赛5场次，8个工种、600余名职工参加技能比武。推荐上报盐城市职工十大操作法4项、科技创新成果3项、发明专利3项，其中1项职工创新成果被盐城选报省参加评选。

【基层工会组织建设】 2021年，大丰区总工会新建独立基层工会16家，

2021年12月20—21日，盐城市大丰区工会第十三次代表大会召开
仲济慧　摄

新建村级联合工会48家，覆盖小微企业663个。全面推进工会组织和工会会员实名制信息采集录入工作，截至2021年年末，完成875个组织和92318名会员的信息采集录入。深化非公企业党建带工建“三创争两提升”（创争先进党支部、创争模范职工之家、创争工人先锋号，提升政治引领力、提升群众组织力）活动。江苏恒生建设集团有限公司、大丰禾丰粮油工业有限公司、大丰明进机械有限公司、大丰万达纺织有限公司、盐城固威铸造有限公司5个企业和大中街道总工会、经济开发区总工会2个片区分别创建2021年盐城市非公企业党建带工建“三创争两提升”活动示范单位和示范片区。新增开发区、港区、高新区、小海镇4个全面试点区域，化纤纺织、智能终端2个试点产业，江苏今达纺织实业有限公司、江苏晶亚汇电子科技有限公司2个试点企业。

【工会帮扶】 2021年，大丰区总工会深入开展“与法治同行·为劳动护航”法治宣传服务活动，为职工提供法律服务148件，规模企业工资集体协商合同签约率超过90%。组织开展“关爱女职工”志愿服务进企业活动，免费为32名环卫女职工提供“两癌”筛查。常态开展“工”字号品牌服务活动，全年帮扶困难职工500余人次，发放慰问物资4355份，发放帮扶金15.61万元。助学16个家庭，发放助学金5.13万元。设立职工创业贷贴息专项资金，全年贴息13.07万元。实施“求学圆梦行动”，全区申报275人，初审通过237人，终审通过150人。慰问全国劳模2人、困难劳模18人、困难职工40人。关心“八大群体”（货车司机、快递员、护工护理员、家政服务员、商场信息员、网约送餐员、房产中介员、保安员）生活，赠送专项慰问礼包80个，赠送免费健康体检服务152人份，总计金额4.12万元。全额返还小微企业工会经费984.1万元，涉及企业1958个。

（王　颖）

共青团大丰区委员会

【概况】 2021年，共青团大丰区委员会（以下简称“大丰团区委”）以县域共青团基层组织改革为契机，不断提升共青团的组织力、引领力、服务力，引导凝聚青年为大丰高质量发展贡献青春力量。全区251个村（社区）团组织、11个镇团委、区少工委、区青年联

2021年10月，大丰团区委主办的"青春建功 乡村振兴"试点村揭牌仪式暨"直播助农 丰衣足食"电商直播大赛颁奖活动举行　（团区委　供图）

合会先后完成换届。年内，红色快闪"青春与党同行"等工作获国家级报道6篇，省级报道16篇。大丰团区委被大丰区委、区政府评为2021年度综合考核先进集体，被盐城团市委评为2021年度综合先进单位，并获得争先进位奖。

【青少年思想引领】 2021年，大丰团区委打造"会师丰碑"青年学习社线路，获评省级青年学习社线路，是盐城市唯一。新建及提升青年学习社20家；在全区31所中学中职团校全覆盖基础上，试点供电公司建立行业团校；组建青年讲师团、红领巾巡讲团等队伍，开展"百年党史青春说"等各类宣讲活动146场，覆盖青少年13.8万余人次。青年志愿者协会会长王珂琪获第十三届中国青年志愿者"优秀个人奖"和首届"全国乡村振兴青年先锋"，均为盐城市唯一。

【助力高质量发展】 2021年，大丰团区委打造"青春留丰"品牌，发布岗位信息1万余条，举办线下招聘会10场。发挥大学生驻外团工委职能，组织寒暑假社会实践、"大丰学子看家乡"等活动10余场，覆盖大学生1200余人次。实施"菁英兴农"计划，新摸排各类农村青年人才60人，开设青马工程暨新农菁英训练营。组织返乡创新创业大赛，推荐优秀创业代表参加盐城市"创青春"大赛，获得一等奖1名，三等奖2名。举办"七彩假期""爱心暑托班""暖冬行动""点亮微心愿"等主题活动，惠及困境青少年300余名，发放物资7万余元。举办"爱我青春 共圆梦想""大手拉小手"捐资助学活动，全年资助优秀贫困学子200余名，发放助学金40余万元。继续深化与上海临港公益基金会合作项目"沪丰花开 青春远航"2.0版，全年投入18万元为全区50名特殊困境青少年提供1年期学业支持、自护教育、结对帮扶等全方位关爱服务。依托"社区有我 青春报到"专项行动，动员800余名大学生团员青年和700余名社会团员青年，组织开展"战疫情 致青春"疫情防控志愿服务活动32场，组建疫情防控青年突击队42支，为青年突击队成员们定制发放"青春报到抗疫护航险"800余份，总保额1.8亿元。组织开展"指尖上的关爱"老年人智能手机培训活动60余场，覆盖老年人1500余人次。举办巡河护河主题活动150余次，吸引带动3000余名青年志愿者参与。举办"保护母亲河"等相关主题宣传教育实践活动180余场次，覆盖青少年4万余人次。常态化开展"法治公开课""青春自护""五防"自护进校园、"CTRL 青春无毒"禁毒宣传教育等安全自护教育活动40余场次。

【基层团组织改革试点】 2021年，大丰区被确定为全国县域共青团基层组织改革试点地区。改革后，区镇村三级团干部力量增强；与区委组织部联合印发《关于进一步加强全区党建带团建工作的有关意见》，就团干部全流程管理和"推优"入党事项进行规定；与区委巡察办联合印发《大丰区党建带团建、队建重点内容巡察工作清单（试行）》。依据大丰区团员、团组织、青年"三个在哪里"特征监测，成立"丰立方"团建联盟，延展产业化、功能化、兴趣化团建新模式，覆盖大丰高新区、开发区、港区等重点园区及信息软件、风电新能源等重点产业，有效联系覆盖全区约11万青年。

【"梦想小屋"建设】 2021年，大丰团区委募集专项资金103万元，以政府购买服务形式，与大丰义工联签订"梦想改造+"关爱计划协议。每年投入政府资金15万元，通过分片推进的形式，将全区"事实孤儿"关爱工作项目化、系统化推进，实现"家庭+学校+社会"多维关爱体系。在陕西省宜君县援建梦想小屋10间，推动"梦想改造+"关爱计划实现跨区域延展。

【"青春建功 乡村振兴"试点村】 2021年10月，大丰团区委在丰华街道朝荣村正式启动"青春建功 乡村振兴"试点村打造工作。组织青年企业家赴朝荣村开展"万企联万村"乡村振兴调研活动；对接团市委、区水利局、农业农村局等部门为朝荣村争取项目支持；邀请东南大学研究生团队驻村调研，形成初步规划并得到区委领导批示肯定；邀请驻村青年规划师、青年农业科技特派员、乡风文明青年志愿者、名校优生代表赴朝荣村调研献策。团区委助农直播成为全区乡村振兴的重要举措。

（陈亦璇）

大丰区妇女联合会

【概况】 2021年，大丰区妇女联合会（以下简称“区妇联”）以中共十九大和十九届历次全会精神为指导，以服务广大妇女儿童为根本，加强妇女思想政治引领，联系服务好妇女群众，推动全区妇女儿童工作探索性发展、创新性发展、高质量发展。区妇联获得第三届江苏女性融媒体创意大赛优秀组织奖，被市妇儿工委表彰为全市“十三五”妇女儿童工作先进集体，被市妇联表彰为“六好”妇联第一等第二名；获盐城市“清正家风故事”讲述比赛一等奖、盐城市“学习党史·敬读碑文”现场教学竞赛一等奖、盐城市“巾帼颂歌献给党”大合唱比赛二等奖。省妇联《莫愁》刊登《盐城市大丰区妇联：多措并举促进妇联干部能力提升》专题报道。

【妇女思想引领】 2021年，区妇联开展“学党史、颂党恩、办实事”党史学习教育系列活动，举办一场红色经典诵读比赛、组织一次现场实境教学、开展一轮巾帼大宣讲、挂牌四个巾帼党性教育基地、发布五项妇儿实事项目。改版“大丰女性”，开通“大丰女性”视频号。省级公益社工服务项目——“红旗接力”三八红旗手赋能行动，助力全区200名各类三八红旗手学习成长，引导她们继续奋斗、回馈社会。探索“1+1”亲子志愿服务公益打卡模式，成立“益家同行”亲子服务队，招募80组家庭，开展6期绿色环保志愿服务，活动被“学习强国”平台报道。

【城乡妇女发展】 2021年，区妇联成立上海巾帼园·“北上海”拓展基地，为沪丰两地常态化开展交流奠定基础。成立浦东新区与大丰区女村（社区）书记联盟，更好地发挥两地女性领头雁的带动作用。牵线上海巾帼园家政所与本地家政学校合作交流，邀请整理收纳师辜井到大丰授课培训。打造“妇”字号巾帼示范基地，新增2家省级巾帼示范基地。举办“妇联喊你来买货”直播活动，与供销网城电子商务签订合作协议，为大丰名优农产品代言销售。探索城乡牵手新形式，组织25名女企业家与女村支部书记所在村开展企村联建，推动37个巾帼文明岗开展岗村结对。推进美丽庭院创建提质行动，将美丽庭院纳入全区人居环境整治工作。放大“美丽庭院”示范户的引领带动作用，评选五星级美丽庭院示范户621户，三星级示范户1万余户。7个村被评为盐城市“美丽庭院”示范点，新丰镇太兴村被评为省级“美丽家园”示范点。注重对女科技工作者的培育，实施智力引进工程。持续推进巾帼荣誉贷，发放贷款3482.5万元，扶持189名妇女创业。加强家政培训服务，采取送课上门的形式，组织家政培训学校到镇村开展培训20场次，培训妇女近2000名。

2021年10月9日，大丰区妇联举办全区乡村振兴巾帼行动推进会
（区妇联　供图）

【妇儿实事】 2021年，区妇联坚持把维护妇女儿童权益同履行政治责任紧密联系起来，合力做好家庭教育指导服务。依托“卯酉学堂”妇女微家，每周二上午免费为妇女提供法律咨询，一对一提供个性化服务，更好地帮助妇女用法律武器维护自身合法权益。开设普法维权网络大讲堂，举行“三八”维权周普法直播活动，定期发布普法宣讲视频。利用重要时间节点开展法治宣传教育活动，发放宣传资料6000份，受益妇女2万人。推进“美丽健康万家行”，为全区12056名妇女提供保障，开展巡回女性健康知识宣传讲座15场。为全区31名单亲困难母亲办理平安健康保险。启动“把爱带回家”寒假儿童关爱服务“四送”（送家风故事、送家教服务、送法治安全、送社会关爱）活动，组织巾帼志愿者开展生命安全知识讲座和儿童防性侵知识讲座，受教育儿童3000人次。开展“明德助学·‘悦’读逐梦”公益项目，为全区319名低收入农户家庭儿童捐赠6.38万元的书卡。开展“关爱母亲·明德助医”关心患癌母亲活动，为17名困境患癌母亲送去近5.1万元慰问金。开展“关爱妇儿——我们在行动”99公益日募捐活动，募集善款近21万元。

【家庭文明建设】 2021年，大丰区区、镇、村三级联动常态化寻找最美家庭，每月一主题，每月一评选，评选近100户“最美家庭”，建立“最美家庭”资料库。开展特殊家庭联合家访行动，组织教师、社区干部、妇女工作者上门开展心理疏导和学业辅导，实现家庭教育工作与社区工作的有效融合。召开“三全”（社区全域、父母全程、家庭全类型）家庭教育支持行动示范社区创建现场会，在6个试点社区开展“少年儿童心向党”党史学习进家庭、“童心绘党史”亲子书画比赛等活动。开展清正家风作品征集活动，征集清正家风故事作品39篇。依托基层妇联阵地，举办清正家风故事分享会15场次。联合区纪委向全区党员干部家庭征集助廉箴言1000余条，以清廉家风涵养党风政风、带动社风民风。

【妇联组织建设】 2021年，区妇联持续健全妇联组织体系，新建机关事业单位妇联4家、新建“四新”（新领域、新业态、新阶层、新群体）妇联组织5家。鼓励引导大丰女企业家协会等5家女性社会组织发展，指导旗袍协会换届改选。新建15个特色妇女微家，30个三八红旗手（集体）工作室。实施妇联干部培育“领头雁”计划，300余名各级妇联干部参加专题培训、参观交流活动。开展“两在两同建新功”活动，5000余名妇联执委、女党员参与防疫志愿工作。全区757名执委参与“妇联执委走基层”，开展“五带头”活动229场次、“五必访”特殊群体532户、“五个一”办实事76件，引领广大妇联干部切实履行好职责。

（张清儒）

大丰区科学技术协会

【概况】 2021年，大丰区科学技术协会（以下简称“区科协”）团结带领全区广大科技工作者，为新大丰现代化建设提供强有力的科技支撑，较好地完成全年各项工作任务。年内，区科协被评为“科普中国信息传播工作优秀组织单位”“2021年全国科技活动周优秀组织单位”“2020—2021年江苏省全民科学素质工作网络赛优秀组织单位”。

2021年5月12日，盐城市青少年创意编程与智能设计大赛大丰区选拔赛举行 （区科协 供图）

【全民科学素质建设】 2021年，区科协开展2020—2021年江苏省全民科学素质工作网络赛、“党建红引领科技蓝”全国科技工作者日观摩和防灾减灾、应急安全、心理团辅、健康科普讲座等9项活动，发放相关科普宣传折页1000余份，现场展示展板30块。在全国科普日期间，开展应急救护、消防安全、垃圾分类、科学防疫科技志愿服务等8项活动，发放系列科普宣传册5000余份、科普图书500余册、防疫挂图100张、现场展示展板30块。5月，朝阳社区健康教育科普馆建成投入使用；6月，资助沿河社区1万元专项经费打造科普书屋；9月，资助丰华街道朝荣村5万元，打造以大蒜经济为主体的科普惠农服务站；11月，资助大中街道新团村20万元，新建农业科普展示馆，营造科普惠民的浓厚氛围，全力形成党建引领科建发展的工作格局。

【青少年科技创新教育】 2021年，区科协围绕科技创新教育，形成城区主推、乡镇跟进的科教模式，打造大丰区青少年科普教育特色亮点。资助幸福路小学周末公益型机器人培训班、实验初级中学STEM工作室13万元；投资10万元，在白驹初级中学设立科技创新工作室，万盈小学建立流动科技馆，三龙渔业小学和人民路小学开设航模科技社团项目。5月，在区实验初级中学举办盐城市青少年创意编程与智能设计大赛大丰区选拔赛，全区100余名青少年参加；8月，第32届江苏省青少年科技创新大赛省赛大丰区3名学生获奖；11月，青少年科技模型大赛在城区3所学校同时开展，吸引1700名中小学生参与。

【湿地科普联盟行动】 2021年，区科协科学推进湿地科普与保护工作。9月，成立以国家级麋鹿自然保护区、野鹿荡科普基地、荷兰花海、未来科技馆为首批的湿地科普联盟单位。组建区科技志愿者青少年分队，招募青少年志愿者100余名，开展“湿地多样性”科普讲座、特色湿地文化研学游——把课堂搬进大自然等活动。

【科技服务创新驱动发展】 2021年，区科协邀请中国工程院院士曾溢滔专家团队就生物医药项目赴大丰港经济开发区进行前期考察，为推动生物医药技术落户大丰做好服务对接。截至2021年年末，高新技术企业、科创能力强的企业注册应用272个，上报好的应用案例3个。组织申报省市科协2021年“科创江苏”创新创业大赛，大丰区推送的伞亮科技分别获得市赛一等奖和省赛三等奖；组织参加盐城市2019—2020年度自然科学优秀学术成果申报评选工作，大丰区7篇论文获奖；推选大丰护理学会沈冬梅、江苏森威精锻有限公司施卫兵获得“盐城市十佳优秀科技工作者”称号，江苏博敏电子有限公司高端印制电路研发制造项目组获得“盐城市十佳科技创新团队”称号。

（沈莉莉）

大丰区归侨侨眷联合会

【概况】 2021年，大丰区归侨侨眷联合会（以下简称“区侨联”）围绕中心，服务大局，充分履行侨联工作职责，服务侨界群众、依法维护侨益、积极参政议政、服务经济发展，各项工作在盐城市侨联系统处于领先位置，获盐城市侨联表彰的“全市侨联系统信息宣传工作金奖”。

【为侨服务】 2021年，区侨联扎实开展走访慰问活动，将开展调研与帮扶慰问侨界群众、促进工作开展相结合。春节前夕，走访慰问归侨、侨眷、在侨联工作过的老干部60余人次。开展重阳节走访慰问老年归侨侨眷活动，赴大中街道、新丰镇、小海镇等乡镇，上门慰问侨界空巢老人、80岁以上老年侨眷和困难老年侨眷。坚持问计于侨、问需于侨，帮助协调解决侨界群众生产生活中遇到的困难和问题，帮助归侨子女咨询协调医疗保险、费用报销等相关事宜。助力涉侨企业发展。常态化深入涉侨企业走访调研，到江苏正大丰海制药有限公司、江苏久禾生物科技发展有限公司等涉侨企业车间一线实地调研生产运营、安全生产等情况，宣传援企惠企政策、安全生产政策，精准对接企业需求，为企业排忧解难，力促各项援企惠企政策落地落实。

【侨联阵地建设】 2021年，区侨联在大丰区图书馆“侨之家”开展送福送春联活动，组织美国侨眷张重光等5名大丰知名书法家现场为广大读者及侨界群众义写春联，营造“护侨、聚侨、安侨、暖侨”的和谐氛围。开展“追梦中华·侨瞧100年”图片展征稿活动，报送8件作品参加省侨联评选，《致敬抗疫英雄“花海行”》被评为人气奖，并在省侨联“追梦中华·侨瞧100年”图片展中展出。征文《回家》在省侨联组织的庆祝中国共产党成立100周年征文活动中获二等奖，为盐城市县级侨联唯一获奖作品。开展涉侨法律法规宣传进园区、进企业活动，设置“侨法”宣传角，举办“侨法”宣传展，发放宣传资料1000余套。图书馆“侨胞之家”“留学人员创业驿站”被盐城市侨联命名为“盐城市侨胞之家”；开展大丰图书馆“侨胞之家”标准化典型建设，获批中国侨联支持的专项工作经费，为海内外侨界人士提高政治站位、提升自我修养，提供学习交流平台。江苏正大丰海制药有限公司获“江苏省侨联新侨创新创业基地”称号；东苑书香酒店成功申报“亲情中华·魅力江苏”中餐文化海外推广中心；恒北村、白驹镇“皎皎书苑”成功申报“盐城市华侨文化交流基地”。

【联络联谊活动】 2021年，区侨联接待中国侨联兼职副主席，省侨联主席、党组书记周建农一行到大丰调研；接待内蒙古通辽市侨联党组书记、主席乌兰哈达一行到大丰考察；与淮安市洪泽区侨联缔结友好侨联；做好华侨、华人接待工作，全年接待来自委内瑞拉、匈牙利、斯洛伐克、泰国、法国等国的海外嘉宾代表团和泰国江苏青年总商会主席陈柱一行到大丰考察；接待加拿大华侨陈荫庭、美国华侨薛耀民等华人华侨。介绍大丰的区情和侨情，宣传大丰区建设成就、区位优势和投资环境，让更多的海外侨胞了解大丰，到大丰投资兴业。

（朱爱凤）

大丰区工商业联合会

【概况】 2021年，大丰区工商业联合会（以下简称“工商联”），以加强“五好”（领导班子好、工作保障好、会员发展好、商会建设好、作用发挥好）工商联、“四好”（班子建设好、团结教育好、服务发展好、自律规范好）商会建设为重点，紧扣“两个健康”（非公有制健康发展和非公有制经济人士健康成长）主题，贯彻落实党和政府关于支持民营企业发展的各项政策措施，较好地完成全年各项工作任务，为大丰民营经济持续健康高质量发展做出贡献，被全国工商联再次确认为“五好”县级工商联。

【顾万峰到大丰调研】 5月20日，江苏省委统战部副部长、省工商联党组书记顾万峰一行到大丰走访调研工商联和民营企业。调研组先后到江苏辉丰农化股份有限公司、江苏丰山集团走访调研，召开基层工商联建设及换届工作座谈会，听取盐城市各县市区工商联换届工作情况汇报、企业家代表对工商联换届的意见建议。顾万峰指出工商联要维护民营企业的合法权益，做好党和政府管理服务民营企业的助手、桥梁和纽带。基层工商联换届工作要坚持党的领导，要严格用人标准，要严肃换届纪律，确保换届工作风清气正。

【山东省海阳市考察团到大丰考察】 5月25日，山东省海阳市委常委、市政府副市长张金富，带领海阳市风电产业考察团到大丰考察金风科技产业园，实地了解大丰海上风电产业发展状况和风电产业集群打造的经验做法。大丰区政协副主席、工商联主席汤小山陪同考察。

【所属商会座谈会】 9月3日，区工商联召开所属商会座谈会。邀请区工信局相关负责人对参会的商会负责人、民营企业家代表进行专题辅导，学习长三角一体化发展战略、江苏沿海发展规划，引导全区民营企业抓住战略机遇，创新思维，主动融入，不断做强主业，实现转型跨越。

【民营经济调研】 2021年，区工商联发挥大丰民营经济调查点的作用，开展各项民营经济调查工作。完成工商联2021年四次民营企业运行状况调查、民营经济人士思想状况调研、江苏民营企业产业链自主可控能力调查、民营经济党组织建设调研、销售5亿元以上规模企业调查、民营企业政策落实情况和运行状况调查、民营企业用电情况调查和使用承兑汇票调查、商会和民营企业开展"万企联万村共走振兴路"行动情况调查等调查工作及调研活动，被江苏省工商联评为全省民营企业调查点先进单位。

【服务平台建设】 2021年，区工商联深入开展"民营企业服务月"活动，走访调研企业、商会组织，广泛宣传落实惠企政策，加大推动民营经济发展力度。与区司法局开展"万所联万会"法律服务民企活动，落实《法律服务民营经济高质量十条意见》。推动基层商会、行业组织开展劳动争议预防、调解、工资协商等服务工作。组织大丰区重点企业、新兴产业、先进制造业、现代服务业和年轻一代企业家代表参加盐城市"围绕企业规避各类风险高质量发展""同心助企、三位一体"季度沙龙活动。开展全国工商联万家民企评营商环境调查、政法机关服务保障营商环境调查、盐城市工商联营商环境大家评网上问卷调查活动，促进全区营商环境优化，提升营商环境满意度。

【万企联万村】 2021年，区工商联推动"万企联万村、共走振兴路"活动。大丰知青馆、白驹狮子口会师纪念地、荷兰花海获评"盐城市民营经济人士理想信念教育基地"。大丰区民营企业商会主办的"爱心素食馆"获评"江苏省社区组织优秀项目"。开展结对宜君县"携手并进、牵手致富"活动，全年完成助困、助残、助学资金66.5万元。江苏创意集团为宜君县提供就业岗位500余个，培训技术人员200余人，安置贫困群众50余人，助困助学15万元，推动当地经济社会事业的发展。

（陈永斌）

大丰区文学艺术界联合会

【概况】 2021年，大丰区文学艺术界联合会（以下简称"区文联"）广泛组织文艺活动，扎实开展精品创作，积极组织各艺术门类文艺会员申报工作，吸纳发展新会员。全年有1人加入江苏省作家协会，5人加入盐城市作家协会，2人加入盐城市摄影家协会，1人加入盐城市音乐家协会。截至2021年年末，大丰区有国家级会员33人，省级会员127人。

【艺术成就】 2021年，杨国美摄影作品《神秘投影》获得由盐城市人民政府主办的2020年度盐城市政府文艺奖一等奖；严正东摄影作品《夏日河谷》入展由中国摄影家协会、江苏省文联联合主办的中国第18届国际摄影艺术展览，《沙滩物语》入展由中国摄影家协会主办的"中国世界遗产地"全国摄影大展。顾晓燕书法作品入展由上海市文联主办的"风华正茂——庆祝中国共产党百年诞辰"长三角优秀青年书法家主题书法展；陈曙文油画作品《火速驰援》、陆天宁国画作品《圣地》获由盐城市人民政府主办的2020年度盐城市政府文艺奖三等奖；尤浩书法作品《建党100周年感怀》获第三届"沈鹏诗书画奖"全国大赛优秀奖；葛定明美术作品《凤鸣驿站》入展苏州市第四届"繁星奖"书法美术摄影展；顾晓燕、徐中林、朱忠来等7人书法作品入展"百年风华——盐城市庆祝中国共产党成立100周年"优秀书法美术摄影作品展；顾晓燕、徐中林、潘卫东3人书法作品入展庆祝中国共产党成立100周年——盐城市百家书画精品邀请展。邹进文学作品《流浪艺人》《海边听雪》在2021年度《鲁中诗人》优秀诗歌民刊展播；文学作品《裸猿：另一种辩论（组诗）》获《中国文艺家》杂志社、中国诗歌网、中国韵文学会联合主办的第二届"猴王杯"世界华语诗歌大奖赛三等奖；吴瑛散文作品《去哪里都在风的风向里》获由盐城市人民政府主办的2020年度盐城市政府文艺奖三等奖。"麋鹿之声"合唱团、"郁金香"合唱团获江苏省第五届紫金合唱节盐城分会场暨盐城市"颂歌献给党"合唱展演优秀节目奖；江苏正大丰海制药有限公司创作歌曲《许鹏你在哪里》获由盐城市人民政府主办的2020年度盐城市政府文艺奖一等奖；舞蹈《最美的歌儿唱给妈妈》获

2021年5月8日，大丰书画文艺工作者在大丰文艺之家创作作品
周古凯　摄

由省委宣传部、省文明办、省文旅厅、省体育局、省文联联合举办的“永远跟党走 幸福舞起来”广场舞大赛一等奖第一名；少儿舞蹈《妈妈的花摆裙》获由盐城市人民政府主办的2020年度盐城市政府文艺奖二等奖，获“童心向党——第十一届小荷风采全国少儿舞蹈展演”金奖。吴振林剧本作品《苗家大院》，刘守志剧本作品《专家门诊号》，姜华、王伟剧本作品《特殊暗访》获由盐城市人民政府主办的2020年度盐城市政府文艺奖三等奖；锡剧《大先生》获盐渎文化艺术展演月新创舞台剧目调演文华大奖和文华编剧奖、表演奖；民间文艺《社火空竹秀》获由四川省社会体育指导中心主办的“金响簧”杯2021年四川省空竹全民健身新春网络大联欢优胜奖。瓷刻作品《点滴之差》获江苏省文艺大奖·第六届民间文艺奖；5月，大丰瓷刻被列入第五批国家级非物质文化遗产代表性项目名录。

【文化惠民】 2021年，区文联在上海宝山区、崇明区、长宁区分别举办“世遗湿地 吉祥麋鹿——杨国美麋鹿摄影展”，以影像的形式将大丰湿地风光、文化风情和生态文明展示给上海人民，力促大丰文艺融入长三角。承办宣传思想文化队伍能力提升班，分期邀请区戏剧家协会主席陈乐美、区作家协会副主席张汉林，为宣传思想文化系统干部和专业人员举办戏剧专业知识讲座和英烈事迹党史宣传教育学习活动。利用“百姓星光大舞台”平台优势，鼓励各类原创文艺节目上台展演，为广大群众和草根文艺爱好者提供展现自我的舞台，打造惠民文化品牌。举办“三牛”精神新春诗画笔会，文艺家们创作并展示一大批精品力作，弘扬“为民服务孺子牛、创新发展拓荒牛、艰苦奋斗老黄牛”精神。为庆祝“三八”妇女节，举办“翰墨缘·巾帼梦”——大丰区2021年女性书画家作品展。举办跨地域文艺沙龙、作品联展，采用文艺志愿服务小分队的形式，引领文艺工作者以轻便灵活的方式深入基层举办各类文化惠民活动，在服务人民群众、建设文化强区方面发挥作用。

【文艺阵地建设】 2021年，区文联不断强化文化宣传和平台建设，筹办《鹿乡文艺》杂志，打造本土文艺新品牌。充分利用大丰图书馆、“明德书院”“全民阅读”读书会等平台，邀请文化学者开展专题讲座、定期举办文化沙龙，营造优良的创作环境，打造文化精品创作高地。定期更新维护“大丰文艺”公众号，全方位展示本土原创文学、书法、美术、摄影、音乐、舞蹈等艺术成果，为广大文艺工作者提供艺术展示、交流新平台。不定期组织区内文艺家举办专题讲座，集中展示作品成果、提升宣传文化队伍人文素养。统筹建设汇聚文艺界精华、沟通文化界朋友的“大丰文艺之家”，扎实推进常态化、规范化运转，推行周二工作例会制，8个主要文艺家协会轮值，传达贯彻上级主管部门工作部署，通报近期工作情况及工作计划，交流讨论创作题材方向和重点、创作经验体会，将大丰文艺之家打造成为文艺工作者事业上的好伙伴、生活中的真朋友。

（张素萍）

大丰区残疾人联合会

【概况】 2021年，大丰区残疾人联合会（以下简称“大丰区残联”）深入贯彻落实省、市残疾人工作会议精神，以推动残疾人事业高质量发展为主题，以改革创新为动力，大力推进就业创业、社会保障、康复服务、托养照护、教育文体、权益保障等各项工作，不断增强残疾群众的获得感、幸福感和安全感，被盐城市残疾人联合会表彰为2021年度残疾人教育就业工作先进单位。

【残疾人就业帮扶】 2021年，区残联调查登记8260余名就业年龄段残疾人的就业、失业情况，印发《开展2021年按比例安排残疾人就业网上年审工作的通知》，实行用人单位网上年审。区残联实行“两联动三必查”（区镇残联联动核查，残联地税联动核查；新增录用残疾人企业必查，疑似造假企业必查，申报奖补企业必查）工作机制，对企业进行走访核查，年审企业231个，企业安排残疾人正规就业584人，征收残疾人就业保障金约2000余万元，奖励补贴申报企业59个，为企业提供奖补经费38.8万元。为85名有就业意向的残疾人提供茶艺等内容的线上培训课程；为区、镇两级残疾人之家107名辅助性就业对象提供稳岗就业培训；为16个盲人按摩机构的44名从业人员提供党史知识普及、盲人按摩提升课等培训；推荐21名残疾人参加上级残联组织的播音、自媒体摄影等培训项目。区残联为残疾人建立以劳动能力评估和就业方向等为主要内容的电子台账108份。以城区街道残疾人之家为载体，鼓励残疾人参与辅助性就业，并推荐正规就业，合理适配岗位30余次。区残联通过举办招聘活动和上门微应聘的方式，安排残疾人正规就业11人。利用镇级资源为45名残疾人提供种、养等农村实用技术培训。全年完成更新实名制就业105人，实名制培训310人。

【残疾人康复托养】 2021年，区残联围绕《残疾预防和残疾人康复条例》，联合大丰人民医院、精神残疾人及亲友协会、苗苗艺术幼儿园走进公园、学校、康复中心开展残疾预防知识宣传活动，发放各类宣传单近1000份，为800多名居民和学生提供服务。全年转介187名有康复需求的残疾儿童到各机构接受康复训练，通过统计考勤天数、家长交流、电话随访等方式，对各机构的儿童康复情况进行绩效考核，确保康复有效率、家长满意率、评估建档率等达到规定要求。区残联在做好疫情防控的基础上，每个季度由镇（区、街道）残联组织服药对象集中到大丰区第二人民医院复诊取药，全年1814名精神残疾人领取免费药品，实行服药人数、服药费用“两个不封顶”。区残联根据残疾人个性化的辅具适配需求，做好辅具适配调查工作，全年为41名听力残疾人安装助听器，为42名肢体残疾人安装假肢、矫形器，为658名残疾人发放轮椅、

2021年12月2日，江苏省残联副理事长杜晓镇一行到大丰调研残疾人居家托养服务工作　　吴全楼　摄

拐杖等辅具764件。区残联加快推进残疾人居家托养，通过公开招标确定残疾人居家托养第三方服务机构。11月27日，正式启动残疾人居家托养服务，通过"1+S+N"（托养中心+就近就便的服务点+服务团队）模式，为650名肢体残疾人提供生活照料、个人保洁、助医护理、康复服务、精神慰藉、人文关怀和辅助性就业等个性化居家托养服务。

【残疾人社会保障】 2021年，区残联不断健全和完善残疾人各项保障体系，切实提高残疾人社会保障水平。1月起，提高残疾人护理补贴标准，全年10035名残疾人享受生活补贴、10303名残疾人享受护理补贴，"两项补贴"（生活补贴和护理补贴）覆盖率100%。区残联落实《关于改革完善社会救助制度的实施意见》，将44名残疾人单独纳入低保，同时对未享受"两项补贴"的850名残疾人进行全面核查，做到应补尽补，不漏不错。全年为3220名农村无固定收入的重度残疾人代缴新农保32.2万元。区残联加强残疾人和残疾人子女入学就读信息采集，并与教育部门做好衔接，筛查出符合发放条件残疾学生92名，发放教育补贴12.6万元。为着力改善残疾人生活条件，大力实施幸福生活推进计划，"助残日"期间向困难残疾人捐赠电视机、洗衣机、微波炉、电饭煲等家电489件。经过资格审查和公示，由区残联统一单位设计、统一经费测算、统一公开招标、统一施工组织、统一现场验收、统一项目审计，为108户残疾人家庭开展无障碍环境改造。8月1日，残疾人简易综合保险通过新一轮招标，大幅提升理赔额度，截至2021年年末，49人获得理赔款23.3万元。

【残疾评定】 2021年，区残联持续开展残疾人证"每月一评"，全年2200余人参加残疾评定，1052名残疾人领取残疾人证。开展残疾人证管理专项治理督导工作，及时做好死亡、失访、转移残疾人证的注销，注销757人、失访冻结18人、转移6人。落实"跨省通办"各项工作，为19名残疾人提供跨省通办服务。

【残疾人基本情况调查】 2021年，区残联落实省、市残联关于开展持证残疾人基本情况调查工作要求，召开专题培训会议并做到事中督查、事后考核。全年调查录入残疾人19600人，其中入户调查19485人、电话调查115人，入户调查率99.4%。

【残疾人安全信访工作】 2021年，区残联以场所、消防、用电、饮食安全为重点，对区镇两级残疾人服务机构开展安全隐患排查，对排查出的问题进行整改落实，确保制度落实、责任到人、安全措施到位。做好残疾人信访工作，全年接待残疾人来电来访来信260人次，接受"12345"交办件22件，完结率100%。

【残疾人文体活动】 4月18日，区残联在青少年活动中心举办助残脱贫奔小康文艺会演。5月16日，围绕"巩固残疾人脱贫成果，提高残疾人生活质量"主题开展一系列宣传活动。5月25日，残疾人作家韦江荷作品研讨会在大丰举行，60多名作家、诗人、文学评论家参加研讨。5月29日，组织9名残疾人参加盐城市残健融合运动会，其中1人获得定向赛金牌。残疾运动员王子妍、顾珊玲获第八届特奥会乒乓球女子双打比赛第四名，分别获得女子单打第三名和第四名。区肢体残疾人协会主席王鹏被国务院残疾人工作委员会表彰为全国残疾人工作先进个人，残疾人专委赵秀华被市残联表彰为十佳助残之星，残疾人汪杰、练霏菲被市残联表彰为十佳残疾人创业之星。

（夏萍萍）

大丰区红十字会

【概况】 2021年，盐城市大丰区红十字会（以下简称"区红十字会"）弘扬"人道、博爱、奉献"的红十字精神，完成全年各项工作任务，获中国红十字会总会报刊宣传先进集体三等奖。盐城市大丰区教育红十字会副会长冯慧琴被省红十字会表彰为"基层组织工作先进个人"，区红十字会志愿者赵锋、成俊杰被市红十字会认定为"四星级红十字志愿者"。

【帮扶困难群众】 2021年元旦、春节期间，区红十字会利用10万元博爱定向捐赠款，购置米、油、糖等春节生活必需品，连同省红十字会下拨的物资，分装成550份博爱大礼包，分发到全区550户、1400余名特困群众及家庭。对65名符合省、市红十字会救助条件，患尿毒症、白血病、癌症的家庭困难群众进行人道救助，发放救助金近4万元。6月，区红十字会联合三峡新能源盐城大丰有限公司将省、市红十字会下发的价值9万余元的衣服、蚊帐等夏季物资捐赠给大丰特校、麻风村、天祥村等贫困家庭，受益人数650人。全年，通过"国家彩票公益金大病儿童救助项目"，为7名困难家庭的白血病儿童申请资助，资助金额25万元。

【困难学生帮扶】 2021年，区红十字会在盐城市红十字会举办的"圆梦起航——红十字博爱助学"项目中，资助大丰区贫困大学生4名，发放助学款16000元。8月，总工会一位劳模通过区红十字会定向捐赠结对帮扶助学款4000元。10月，在大丰高级中学一楼科技报告厅举行三峡上海院"博爱助学"捐赠仪式，接收三峡集团上海勘测设计研究院向大丰区在校贫困高中（职高）学生捐助的10万元善款，现场给30名学生代表发放助学金，全区50名困难学生受益。

【博爱光明行】 2021年4月，区红十字会成功申报省红十字会"博爱光明行"项目。该项目在盐城市大丰区友义医院眼科门诊实施。全年在街道、乡村组织活动39次，接受眼部检查群众1281人次，完成白内障手术100台，治疗其他眼睛疾病70余例。

【应急救护培训】 2021年，区红十字会分批派送5名红十字师资人员及志愿者参加江苏省红十字会救护师资的初训、复训班。7月，会同应急管理局联合开展"学党史、办实事应急救护进百万企业千万员工"培训计划，在万盈镇、大桥镇、三龙镇等乡镇全面普及应急救护知识和技能，增强全区企业从业人员科学参与现场紧急救护的意识，提高防灾避险和自救互救能力。全年，区红十字会举办18期红十字救护员培训班，完成救护员培训1105名；开展普及性应急救护知识宣教12场次，普及性培训11394名。

【志愿服务】 2021年，区红十字会常态化组织红十字应急救援队、红十字养老志愿服务队走进社区，宣传无偿献血、造血干细胞及器官遗体捐献等知识，讲解应急救护、生活健康常识，为孤寡老人开展生活照料、精神慰藉等志愿服务。在高考、中考期间，组织红十字志愿者车队举办"爱心送考"免费志愿服务。

2021年8月20日，大丰区红十字会在润丰智能家居（江苏）有限公司为企业员工进行应急救护培训　　朱瑾慧　摄

【关爱生命工程】 5月8日，区红十字会组织冠名医院和志愿服务队在吾悦广场开展"红十字博爱周"活动。活动现场通过大屏展示、摆放各类宣传展板、发放宣传资料等形式，宣传红十字运动、《中华人民共和国红十字会法》、应急救护、无偿献血、捐献造血干细胞、遗体（器官）捐献、养老照护等方面知识。应急救护培训师在现场为群众演示心肺复苏、海姆立克急救等技能，指导市民学习。献血车现场进行无偿献血服务，车上设有造血干细胞采样台，方便爱心市民参加造血干细胞血样采集。6月14日"世界献血者日"，区红十字会与区卫健委、盐城血站大丰采血点共同开展以"献血，让世界继续跳动"为主题的无偿献血活动。全年参与无偿献血7950人次，采集血样269万毫升；完成造血干细胞血样采集36人份，初配再动员9人，其中高分辨检测5人，体检4人。

【特色项目建设】 2021年8月，区红十字会成功申报生命健康安全体检教室项目，项目位于大丰青少年活动中心内，由省红十字会统一配发工具包和器材设备，以CPR+AED（心肺复苏术、自动体外除颤器）、气道异物梗阻急救等救护体验为主，提高学生自救互救能力。9月，申报省红十字会爱心洗衣坊项目，项目位于大丰区刘庄镇友谊村博爱家园内，由省红十字会拨付4万元配套项目经费，明确用于采购洗衣机、衣柜式消毒机、晾晒衣架、衣物存放柜、洗衣液、消毒液等设备和物资，在社区开展为独居老人免费洗衣、洗床单等惠民服务。

（杨怡琴）

〖编辑　於晨婷〗

法治

政法委与综治

【概况】 2021年，区委政法委围绕疫情防控和高质量发展，以为庆祝中国共产党成立100周年营造安全稳定的政治社会环境为主线，全力防风险、保安全、护稳定、战疫情，各项工作有力有序推进。全市“一县一品牌”工作推进会在大丰召开。大丰区获评“争创全国法治政府建设示范县市活动先进地区”，创成全省“信访工作示范县（市、区）”。

【政法机关服务发展】 2021年，全区政法系统为应对新冠肺炎疫情，采用“网格员+社区警员+社区干部”联动模式，不断提升区域管控能力，扎实推动“无疫小区”的创建。政法系统营造法治化营商环境，出台政法机关进一步提升营商环境法治化水平的实施意见，明确区政法各单位优化营商环境工作，形成各单位优化营商环境工作的若干具体措施。

【社会稳定维护】 2021年，大丰区举办“全民国家安全教育日”等系列宣传活动，政治安全案件公诉工作经验在全市推广。加快推进区非诉讼服务中心建设，构筑“五化”（组织建设引领化、队伍建设专业化、体系建设精准化、制度建设严格化、基础设施建设标准化）非诉讼服务体系，相关工作经验被民主与法制网、“学习强国”平台介绍。常态化开展扫黑除恶等专项攻坚行动，摧毁跨境赌博、制假诈骗等犯罪团伙，相关案件被中央电视台报道。扎实开展“排风险、促化解、护稳定、保大庆”专项行动，完成庆祝中国共产党成立100周年等节点安保维稳任务。

【社会治理现代化】 2021年，大丰区聚力网格“五化”（网格阵地实体化、网格队伍专业化、网格流程信息化、网格主业重点化、网格联动社会化）建设，推进网格党员“亮身份、亮职责、亮承诺”系列活动，完善镇级中心“双集中”和每月“村村到”工作模式，进一步提升网格化实战应用水平。出台《大丰区网格员队伍建设实施意见（试行）》，建立专职网格员工作清单、中心坐席员工作职责清单。加快区网格化联动指挥平台应用建设，实现平安稳定、城乡治理、便民服务3大类45小类事项“一台受理”。用好社会治理大数据中心，实现综合网格内人口信息、矛盾纠纷排查化解等重点工作数据的有效关联。推进区域治理现代化指挥平台与网格平台融合建设，依托现代科技手段搭建信息互联、数据共享、高效运转的网格化社会治理平台。推进“网格化+风险防范”，构建基层网格风险防范长效机制，做好网格内风险排查等工作，实现全区公安警务网格和网格化治理工作深度融合。强化基层基础建设，全面推进基层社会治理“5个100%”（专业队伍配备100%、阵地融合建设100%、智治能力提升100%、网格机制完善100%、居民共治联动100%）建设，筑牢平安建设根基，建立网格中心与“12345”在线、数字城管、公安局、法院等部门联动联勤工作机制，联动处置网格事项。加快推进区域治理现代化建设，出台《关于加快推进社会治理现代化、建设更高水平平安大丰实施细则》等系列文件，投资790万元开发区域社会治理指挥中心平台，不断夯实社会治理基层基础。

2021年2月22日，全区政法工作会议召开　　（区委政法委　供图）

【综治平安建设】 2021年，大丰区召开群众安全感提升专题部署会和推进会，出台《关于进一步提升全区群众安全感宣传工作方案》，通过网格员入户宣传、组织电话测评、发送宣传短信、展板宣传等14种途径广泛开展安全感提升宣传。完善平安建设协调机制建设，调整平安大丰建设领导小组，发挥统筹协调作用。召开全区打击治理电信网络新型违法犯罪联席会议和全区银行业、通信行业电信网络诈骗打击治理工作专项会议，先后侦破“指尖微视”涉嫌诈骗案等各类通信网络诈骗案件134起，破获帮助信息网络犯罪活动、掩饰隐瞒犯罪所得案件74起。出台《2021年安全生产重点工作清单有关任务责任分解方案》等文件，先后3次召开政法系统安全生产工作会议，举办全区安全生产培训活动，印发典型案例汇编，为切实加强和改进安全生产工作奠定基础。深入推进感知天罗、场所慧盾等“五项计划”，进一步加强社会治安防控体系建设。调整铁路护路联防工作领导小组，印发“平安铁路”创建实施方案，将铁路护路联防工作纳入高质量“平安大丰”建设考核体系，为铁路沿线安全畅通营造良好的外部环境。

（朱菲菲）

法治政府建设

【概况】 2021年，大丰区深入学习贯彻习近平法治思想，履行推进法治政府建设的领导责任和主体职责，坚持依宪施政、依法行政，持续推动法治政府建设。大丰区被省委依法治省办公室表彰为争创全国法治政府建设示范县市活动先进地区。

【领导干部学法用法】 2021年，大丰区落实领导干部学法用法制度，分类分层举办习近平法治思想和法治能力提升培训。专题学习《中华人民共和国行政处罚法》《中华人民共和国乡村振兴促进法》《中华人民共和国安全生产法》等法律法规。全年区政府常务会学法10次，举办科级干部法治报告会1场、公务员轮训班2期、法治能力提升班2期。

【“放管服”改革深入推进】 2021年，大丰区分级分类推进行政审批制度改革，进一步加大简政放权力度。全区32个部门标准化认领1254个政务服务事项、443个公共服务事项，完成标准化清单编制1697个，编制完成率100%。编印《行政事业性收费项目目录》和《政府性基金项目目录》，全面向社会公布，主动接受社会监督。深入实施“证照分离”改革，对涉及大丰区20个部门55个事项、省级清单涉及大丰区4个部门6个事项，逐一落实到位。印发《大丰区深化“证照分离”改革进一步激发市场主体发展活力的实施方案》，梳理出涉及大丰区21个部门68项改革事项，实施清单管理，通过“直接取消审批、审批改为备案、实现告知承诺、优化审批服务”四种方式分类推进改革，培育和激发市场主体活力和社会创造力。

【证明事项告知承诺制】 2021年，大丰区印发《关于全面推行证明事项告知承诺制的实施方案》，明确第一批事项清单，涉及9个部门、12类事项、49项证明。清单动态调整机制落实到位，涉及证明实现告知承诺相关单位均建立基本工作规程、流程图、办事指南，并在政府网站、办事大厅进行展示宣传，同时完善《分类核查办法》《守信激励和失信惩戒办法》《事中事后核查制度》《风险防范机制》《数据信息共享机制》等配套制度。全年全区适用证明事项告知承诺制办件1700件，报送典型案例2件，涉及教育、人社、民政、医保等与民生密切相关的领域，工作经验得到新华网等媒体报道。

【法治营商环境】 2021年，大丰区持续推动政务服务事项和公共服务事项进驻政务服务大厅。全区1252个事项，进驻综合性大厅1132项，进驻事项占比90.4%，与企业生产、群众生活密切相关的政务服务事项100%进驻大厅。在盐城市公布的75个镇级服务事项基础上，结合大丰实际，梳理形成《大丰区镇级服务事项清单》，涵盖近120个事项，持续推动落实。全年开展行政约谈8次，约谈市场主体70余家，对首次轻微违法违规符合法定条件的，依法免予行政处罚20件。深入企业走访，开展矛盾纠纷排查调处工作，对企业拖欠农民工工资、工伤事故等引发的矛盾纠纷进行重点排查，为企业生产经营提供和谐、稳定的营商环境。

【行政决策规范化水平提升】 2021年，大丰区全面贯彻《重大行政决策程序暂行条例》《江苏省重大行政决策程序实施办法》，政府重大行政决策严格履行征求意见、专家论证、风险评估、合法性审核、集体讨论程序。严格落实征求社会公众意见机制，并建立意见沟通采纳反馈机制。坚持源头规范，实现文件起草部门法治科室初审和合法性审查双覆盖，区委区政府涉法文件与决策合法性审核全覆盖。全年审核区委区政府文件253件、重要项目决策29项、重大项目合作协议25份，参与会办100余次，出具法律意见113份，合法性审查率100%。

【规范性文件制定】 2021年，大丰区进一步规范政府规范性文件合法性审核程序，提高规范性、及时性和可操作性。全年大丰区政府制定规范性文件4件，涉及建筑业高质量发展、道路交通安全、农民工工资支付等领域，规范性文件备案“三率”（报备率、及时率、规范率）均为100%。“创新推进审查监督应诉‘三位一体’建设”工作经验，获省委依法治省办领导批示肯定。

【行政执法“三项制度”落实】 2021年，大丰区加强行政执法规范化，推动落实以行政执法公示制度、执法全过程记录制度和重大行政执法决定法制审核制度三项制度为主要内容的行政执法程序制度。在江苏省行政执法监督平台上录入行政执法主体78个、行政执法人员信息1897人，维护行政执法职权7854项，录入行政执法数据382件。市场监督管理局、应急管理局等部门行政处罚文书及时上网公开。全区行政执法记录实现文字记录100%全覆盖，交通运输局、公安局、综合执法局、市场监管局、应急管理局、卫健委等执法部门一般程序案件音像记录100%全覆盖。

【行政执法体制改革】 2021年，大丰区推进综合行政执法体制改革。对城市建设管理、市场监管、文化旅游、交通运输、农业农村5大领域执法职能全面梳理整合，组建成立5支综合执法队伍，并保留自然资源、劳动监察、卫生健康等5支专业技术性强的执法队伍。改革完成后，大丰区区直部门执法队伍从36支减少至10支，精简比例72%，实现“一个领域一支队伍管执法”目标。推进基层整合审批服务执法力量工作，在各镇（街道）组建成立综合执法局，实行镇域“一支队伍管执法”，将与群众生产生活、城市建设发展等密切相关的106项执法类事项和11项行政强制措施事项交由镇综合执法局行使。探索“大数据+指挥中心+综合执法队伍”综合执法新模式，高标准规划建成区社会治理现代化指挥中心，实现与区网格化平台、数字城管平台、“12345”在线、镇街"1+4"平台、审批服务平台、综合执法部门分平台等互联互通。

【行政复议应诉】 2021年，行政复议体制改革后，区司法局单设行政复议与应诉科，增加行政编制2名。加强行政复议阵地建设，规范行政复议场所建设，新建40平方米行政复议听证室，配备全程录音录像设备。全年大丰区收到行政复议案件70件，其中受理55件，作维持决定14件，驳回行政复议申请3件，申请人撤回复议终止25件；全年撤销确认违法、责令履行职责2件；区政府为被告的一、二审行政诉讼案件30件，已审结案件25件，其中裁定15件，维持、驳回诉讼请求8件、当事人撤诉2件。

（袁康勇）

公　安

【概况】 2021年，大丰区公安局坚持以人民为中心和总体国家安全观，以庆祝中国共产党成立100周年安保维稳为主线，扎实开展党史学习教育和队伍教育整顿，忠诚担当、务实进取，完成各项目标任务，获得全市县级公安机关工作绩效综合考核"优胜单位"，连续10年获区委、区政府"综合先进奖"，32家（次）单位、111名（次）民警获上级表彰。

【公安安全稳定维护】 2021年，大丰区公安局坚持维护政治安全和社会稳定，构建安保维稳"五情"（警情、稳情、险情、社情和舆情）研判机制、疫情防控应急响应"四联"（联勤、联动、联防、联控）机制，完成9万余条涉疫数据核查以及2850人隔离秩序维护任务。策应旅游经济发展，完成城市经济现场推进会、郁金香文化月等各类经济文体活动安保任务210余场次。持续打好安全监管"六大整治仗"（道路交通安全、群租房安全、危险物品安全、寄递物流安全、水域公共安全、重点目标安全专项整治仗），整治安全隐患7000余处，未发生重大安全监管事件、事故。全区交通事故、亡人事故同比分别下降10.5%、25.2%。智慧平安大道创建成效明显，204国道交通事故、亡人事故同比分别下降21.4%、75%；228国道同比分别下降22.3%、53.8%。强化智慧交通平台应用，在全市率先探索"数字化+N"的交通勤务新模式，道路通行效率提升35%，路口拥堵次数同比下降70.4%。智慧交通平台建设被评为全市政法领域改革"十大创新项目"，智慧交管实战模式被省公安厅评定为"全省智慧技防应用典型"。

【平安大丰建设】 2021年，大丰区公安局布建8230只智能高清探头，建成84个"智慧安防小区"，主城区监控密度129只/平方千米，技防镇（村）覆盖率100%，形成以"三道防控圈、四道拦截线、十五个防控区"为主体的防控格局。现行命案、八类案件全部破案，现行刑事案件、侵财案件和电诈案件破案数同比分别上升14.1%、30.7%、81.7%。侦办的"指尖微视"、维权"局中局"等16个典型案件被省部级以上主流媒体宣传报道。建设"盐之e警"综合服务窗口6个，"一站式"办理7个警种89项高频事项，窗口服务满意度99%。统筹推进"昆仑2021"专项行动，摧毁横跨四省九地的制售假团伙，侦破部督"10·27"特大非法制售兴奋剂药品案，公安部发来贺电。

【杨刚一行到大丰调研】 4月20日，国家体育总局情报调查局负责人杨刚与江苏省公安厅食品药品和环境犯罪侦查总队森林犯罪侦查支队政委陆伟一行，到大丰调研指导"10·27"专案侦办工作。副区长、公安局局长杨云峰，盐城市局食品药品和环境犯罪侦查支队支队长刘玉生接待陪同，相关民警出席会议。

【警务交流】 5月20日，澳门司法警察局情报及支援厅厅长岑锦荣带队到新丰派出所参观调研，省公安厅经侦总队协作追逃侦查支队政委闫冬倪，市公安局党委委员、经侦支队支队长梅继军，副区长、公安局局长杨云峰陪同。7月12日，吉林白山市公安局副局长丁洋一行到新丰派出所开展警务交流，副局长顾建忠接待陪同，政务服务管理、出入境大队、新丰派出所主要负责人参加接待。10月28日，镇江市公安局治安支队副支队长许星一行到大丰公安局考察交流派出所基础工作，盐城市公安局治安支队相关负责人，大丰区公安局党委委员、治安大队长仇勇接待，治安大队、新丰所相关负责人参加。

【海防大队揭牌仪式】 7月13日，大丰区公安局举行海防大队揭牌仪式。盐城市公安局海防支队支队长张同武，副区长、公安局局长杨云峰出席

2021年6月7日，大丰区公安特警为高考考生保驾护航　周古凯　摄

并共同揭牌。大丰区公安局党委副书记、政委张辉宣读海防大队成立批复，盐城市公安局海防支队副支队长薛松出席，盐城市公安局海防支队正科职海防专员、大丰区公安局海防大队负责人周小进表态发言。大丰区公安局领导智勇、陈一岭，各直属大队负责人，原边防大队及各边防派出所负责人及部分民警代表参加。

【公安工作报告会】 1月8日，大丰区公安局在大丰剧院举行2020年公安工作报告会。区委政法委书记钱勇，盐城市公安局党委委员、副局长、机关党委书记孙玉东、大丰区副区长、区公安局局长沈阳出席。区公安局、检察院、法院、司法局领导，老干部代表，见义勇为积极分子，社区干群代表，民警及家属代表，辅警代表出席。

（张 炎）

【海防违法犯罪打击】 2021年，大丰区海防大队各级接处警3379起，受理行政案件359起，查结312起，查结率87%；抓获违法犯罪分子178人，移诉15人，公诉16人。在查港查船专项行动中，与大丰区公安局经侦大队、区烟草专卖局合作办理“3·21”销售假冒注册商标的商品案，查获渔船非法存储汽油2400余升；在打击破坏野生动物资源违法犯罪行动中，破获1起非法狩猎案件；联合海事、渔政多部门开展非法砂石船专项整治，查处1起无证驾驶机动船舶案件。

【社区警力下沉】 2021年，大丰海防大队扎实开展上门入户、反诈宣传、安全监管等基础管控工作，落实社区警力就地巡逻处警、开展治安防控的责任。实体化运行各个驻村警务室和港口警务室，推动社区民辅警进社区办公。全年上门入户4129户、检查出租房屋825户、登记流动人员482人；召开反诈座谈会16次，投放反诈广告牌78处，悬挂横幅145条，发放海报158张、宣传单3370余份，动员辖区群众安装反诈中心手机软件、注册“盐之无诈”小程序1.3万余人次；深入重点危化品企业开展检查50余个次，排查“九小”（小商场、小学校、小医院、小餐饮场所、小旅馆、小歌舞娱乐场所、小网吧、小美容洗浴场所、小生产加工企业）场所、“三合一”场所等重点场所1000余家。

（卢 鹏）

检 察

【概况】 2021年，盐城市大丰区人民检察院（以下简称“大丰检察院”）坚持以习近平新时代中国特色社会主义思想为指导，充分履行“四大检察”（行政检察、刑事检察、民事检察、公益诉讼检察）职能，各项检察工作稳中有进。大丰检察院被盐城市检察院评为先进检察院，被区委区政府授予综合先进奖。

【检察服务营商环境】 2021年，大丰检察院出台《关于充分发挥检察职能服务保障优化营商环境的实施意见》，细化15条具体措施，相关做法被区委主要领导批示肯定。依法平等保护民营企业合法权益，办理侵害民营企业及企业家权益案件20件76人，对民营企业管理人员犯罪案件依法不起诉12人，监督撤案7件10人。监督撤销民营药店销售不符合标准的医用器材系列案，获评“全市检察机关优秀侦查监督案件”。在办理涉某钢铁企业案件中，帮助企业追赃挽损2300万元，相关做法获市委、市委政法委、区委主要领导肯定。

【检察护航安全生产】 2021年，大丰检察院严惩各类危害安全生产犯罪。深化“两法衔接”（行政执法与刑事司法衔接）机制，与应急管理局加强安全生产领域的检察监督和行政执法协作，依法起诉各类危害安全生产犯罪案件9件9人。开展安全生产领域公益诉讼工作，督促行政机关依法履职，监督企业及时消除安全隐患，最大限度预防和减少安全生产事故。结合“精准普法月月行”，开展“送法进企业”活动15次，将涉及安全生产领域的法律法规、典型案例编辑成册，向企业发放1000余份。

【刑事犯罪惩治】 2021年，大丰检察院充分发挥刑事检察职能，决定和批准逮捕各类犯罪108件140人，起诉431件636人。依法起诉故意杀人、抢劫、强奸等严重暴力犯罪25件26人，切实保障人民群众生命财产安全。打击毒品犯罪，起诉5件5人。积极参与反腐败斗争，依法办理职务犯罪案件6件7人，其中科级以上干部2人。

【检察服务民生】 2021年，大丰检察院深入开展“断卡”专项行动，坚决遏制电信网络诈骗犯罪多发、高发态势，高效办理涉案金额5600余万元的吴某某等117人电信诈骗案。开展“根治欠薪”专项行动，起诉恶意欠薪犯罪3人，民事支持起诉32件，帮助农民工讨薪90万元，助力解决拖欠农民工工资问题。起诉制售有毒有害食品、假药劣药等犯罪9人。依法对公安部、省检察院挂牌督办的制售类固醇兴奋剂产品案11名被告人提起公诉。深入推进落实最高检“四号检察建议”，牵头12家单位召开联席会议，推动开展问题窨井盖和破损盲道综合治理。

【矛盾纠纷化解】 2021年，大丰检察院落实“群众来信件件有回复”工作，办理群众来信来访249件，所有案件均在7日内程序性回复，3个月内实体性答复。对重信重访等问题，推行检察长接访制，院领导带头办理信访案件38件。对存在重大争议和有社会影响的案件，坚持“应听证尽听证”，邀请人大代表、政协委员、人民监督员参与公开听证48场次。强化司法救助，办理司法救助案件71件76人，向被害人及家属发放救助金44.7万元。

【未成年人保护】 2021年，大丰检察院认真贯彻《中华人民共和国未成年人保护法》《中华人民共和国预防未成年人犯罪法》，开展亲职教育11人次，着力破解家庭教育难题。开展旅馆业违规接纳未成年人住宿问题专项整治活动，制发检察建议，督促相关

2021年12月14日，上海农场、上海市四岔河农场区检察院、大丰河长办、大丰检察院举行"河长+检察长"协同工作机制签约仪式（区检察院 供图）

职能部门充分履职。依托"星星点灯"工作室，联合相关部门成立"大丰区幼儿保护联盟"。深化"检校共建"，开展线上线下法治宣讲，深入推进法治副校长制度落地落实。

【刑事诉讼监督】 2021年，大丰检察院牵头，会同区法院、公安局、司法局制定《关于适用刑事案件速裁程序的实施意见》，进一步推动刑事案件繁简分流。贯彻落实"少捕慎诉慎押"政策，依法不批捕42人，不捕率23.3%；不起诉85人，不起诉率13.4%，同比增加4.1个百分点；审前羁押率22.6%，同比下降12.7个百分点。监督立案2件3人，监督撤案35件38人，纠正漏捕6人，纠正漏诉5人，提出抗诉4件、采纳3件。监督纠正侦查活动违法行为42件，监督纠正审判活动违法20件。深化刑事执行监督，发出各类纠违通知书188份。

【民事诉讼监督】 2021年，大丰检察院办理各类民事监督案件90件，提请抗诉1件，发出再审检察建议5件、执行监督检察建议29件、审判纠违检察建议14件。1份不支持监督申请决定书获评"全省民事检察优秀法律文书"。1篇论文获评江苏省法学会民事诉讼法学研究会征文一等奖。参与办理的一起行政争议化解案件入选最高检第三十批指导性案例和"加强行政检察监督促进行政争议实质性化解"专项活动优秀案件。

【公益诉讼监督】 2021年，大丰检察院办理公益诉讼案件71件，行政公益诉讼发出诉前检察建议53件，民事公益诉讼起诉3件。贯彻落实与上海市四岔河农场区检察院签署的《关于建立公益诉讼协作配合机制的意见》，向该院移送相关案件线索，联合进行宣告送达检察建议。

（李进成）

法　院

【概况】 2021年，大丰区人民法院（以下简称"大丰法院"）以习近平新时代中国特色社会主义思想为指导，始终坚持服务大局、司法为民、公正司法，各项工作取得新的进展。全年受理各类案件11377件，审、执结11326件。年内，大丰法院被市中院评为先进法院，被区委、区政府授予综合先进奖。

【法院保障经济发展】 2021年，大丰法院依法保障经济社会发展，妥善审结各类商事案件2737件。审理涉旅游开发、重点交通、城市容貌改造等工程建设中的各类案件46件，助力斗龙港生态组团、人民路海派风情街等重大项目、重点工程顺利推进。审理涉江苏金风科技有限公司、中汽试验场等新型科技企业案件21件，促进新兴产业链式发展。审理涉江苏谷登机械装备有限公司、金光博汇集团、安道麦辉丰（江苏）有限公司等重点企业案件29件，促进传统基础产业绿色转型。依法审结各类知识产权案件112件，促进创新驱动发展。优化破产工作指标，依法受理兴华铸钢厂、江苏申恒智能科技有限公司等破产案件，有序推动清华源、景怡佳园等烂尾楼盘复工续建。提优涉企执行质效，常态化组织开展涉企专项执行行动，执结案件480件，执行到位金额5.5亿元。加强产权司法保护，审结买卖合同、股权纠纷、公司治理等案件601件。深入开展司法暖企活动，组织干警深入海港控股、丰海新能源等重点企业走访调研165人次。助推加快开放沿海，依托南京海事法院巡回审判基地，妥善化解涉海洋工程、港区物流、滩涂开发等纠纷136起。助力构建对外立体开放通道，审结涉大丰港铁路支线、226省道南段改扩建等案件25件。助推加快接轨上海，联合区司法局、上海农场签订诉调对接实施意见，在上海农场设立审务工作站，妥善化解涉产业转移、科技转化、农副产品供应等涉沪纠纷147起。

【法院服务平安建设】 2021年，大丰法院发挥刑事审判职能，审结各类刑事案件452件731人。常态化推动扫黑除恶斗争，审结李某某"套路贷"恶势力犯罪集团寻衅滋事案，推动扫黑除恶长效常治。参与"净网""断卡"等专项行动，审结电信诈骗、侵犯公民个人信息、帮助信息网络犯罪活动等案件34件119人。严惩网络犯罪，审结全省首起"网络水军"非法经营、倪某某开设网络赌场等案件4件12人。审结贪污受贿、滥用职权等职务犯罪案件8件11人。严格落实宽严相济的刑事政策，对456名认罪认罚的被告人依法从宽处理。促进金融市场稳定，审理肖某某等18人非法吸收公众存款等涉众型经济犯罪案件5件26人，涉案金额12亿元。维护税收秩

2021年11月9日，大丰法院走进村镇开展巡回审判 （区法院 供图）

序，审结涉案金额20亿元的孙某某等14人虚开增值税专用发票案。严惩安全生产领域犯罪，审结唐某某重大责任事故等案件11件12人。建立群体性纠纷示范调判机制，妥善化解涉香格里拉小区、华宏公司等系列纠纷265起，促进区域社会稳定。

【法院参与社会治理】 2021年，大丰法院推进诉源治理，联合区委政法委出台"法""网"融合实施意见，挂牌成立网格员法治实训基地，深入推进"审务进基层、法官进网格"，全院干警进校园、进企业、进村(居)217人次。扎实推动多元解纷，联合中国人民银行大丰支行、司法局、金融监管局等部门设立金融纠纷调解工作室，提高类型化纠纷化解效率。诉前化解各类矛盾纠纷1598起，荷兰花海旅游巡回审务工作站获全国、省人大代表充分肯定。创新法治宣传方式，举办"法佑成长·'未'爱同行""禁毒宣传进校园"等主题讲座38次，9个案例在中央电视台、江苏卫视等电视台播出，引导群众增强法治意识和法治观念。

【司法为民】 2021年，大丰法院深化现代化诉讼服务体系建设，为群众提供诉讼服务32100余件次，设立老年人诉讼服务窗口，网上立案、跨域立案7008件，一站式诉服工作被中央电视台报道。统筹使用线上平台送达和线下邮寄送达双模式，电子送达成功率81.3%。深化人民法庭建设，依托"社区法庭""车载法庭""田间法庭"巡回审理案件125件。南阳人民法庭被市中院表彰为先进人民法庭。妥善审理医疗、养老、教育、住房等民生领域案件3008件。维护弱势群体合法权益，联合关工委、团委、妇联等部门开展关爱困境儿童活动，审结婚姻、继承、赡养等家事案件894件。严惩危害食品药品安全犯罪，依法判处销售假药、假酒、假牛肉等犯罪分子20人，维护老百姓用药安全、餐桌安全。积极开展根治欠薪专项行动，审执结欠薪案件587件，帮助农民工追讨工资763.5万元。助力乡村振兴战略实施，妥善处理涉"三权分置"（宅基地的所有权、使用权，以及农户作为集体经济组织成员的资格权）中农村土地流转、宅基地纠纷等案件73件。

【法院执行工作】 2021年，大丰法院全面推动"切实解决执行难"，执结案件3059件，执行到位金额9.1亿元。健全执行联动机制，联合公安、住建、人社等部门查控房产901处、车辆1233辆。常态化开展"凌晨执行""假日执行"，实施强制搜查151次，拘留、拘传244人次，移送拒执侦查6件6人，不断提升执行威慑力。强化失信联合惩戒，推送"黑名单"662人，公开曝光57人。积极开展信用修复，对361名主动履行义务的被执行人撤销信用惩戒。

【司法改革创新】 2021年，大丰法院全面落实司法责任制，院庭长办结各类案件7755件，占比68.5%。推动互联网转型升级，运用"微解纷""微法院"平台线上审结各类案件2464件，实现"在家出庭、在线庭审"，保障当事人诉讼权益。推动科技赋能司法服务，开展智慧诉讼服务信息化专项培训，提升执业律师、法律工作者诉讼服务水平。强化流程节点管控平台结果应用，建立节点管控平台"微通报"制度，以规范审判流程促进审判执行高效化。

【司法公开】 2021年，大丰法院自觉接受民主监督，邀请代表委员旁听庭审、观摩执行27人次，21名员额法官向人大常委会述职，确保监督形式多元化、常态化。依法接受检察机关法律监督，邀请检察长列席审委会4次。广泛接受社会监督，网络发布裁判文书3504份，庭审直播5108次，向当事人推送审判信息24000余条、执行信息14000余条。召开安全生产、涉民生专项执行等新闻发布会4次，发布典型案例14个，切实回应群众关切。

【韦瑞瑾一行到大丰调研】 5月12日，省纪委监委派驻省法院纪检监察组组长、省法院党组成员韦瑞瑾一行到大丰法院调研指导队伍教育整顿查纠整改工作。市中院党组成员、政治部主任杨越华，大丰区委常委、政法委书记钱勇等陪同调研。

【江苏"最美法治人物"】 12月23日，江苏"最美法治人物"发布仪式在盐城广播电视总台举行，大丰法院干警朱艳萍被省委宣传部授予江苏"最美法治人物"称号。盐城市委宣传部副部长徐曼，盐城中院党组成员、副院长李悦，盐城广播电视总台副台长许岩峰，大丰区委常委、宣传部部长卫爱军等出席发布仪式。

（毕少东）

司法行政

【概况】2021年，大丰区司法局聚焦服务中心工作，全力推进司法行政工作高质量发展。大丰区获评“争创全国法治政府建设示范县市活动先进地区”；法治建设经验获《新华日报》专版宣传报道；社区矫正工作及队伍建设获省司法厅主要领导批示肯定。全年在省级以上媒体发表宣传报道132篇，获得省司法厅领导批示10件次。

【公共法律服务体系建设】2021年，大丰区司法局实施村（社区）法律顾问工作巩固提升工程，落实“挂牌服务”“见面服务”等工作制度。选聘律师、基层法律工作者97名，担任全区263个村（社区）的法律顾问，法律顾问信息在村（社区）进行公示。开展法企同行法治体检，充分发挥律师在企业担任法律顾问作用，定期为企业依法决策提供法律咨询和法律意见，参与重大合同的起草、谈判、签订活动，全年提供法律咨询、法律文书服务312次，代理诉讼26件，矛盾纠纷调解43件，为园区企业提供“法治体检”36次，进行法治宣传54场。大力实施法援惠民生拓展工程，充分发挥法律援助“保基本”“兜底线”的作用，上门服务行动不便的老年人、残疾人10次，受理农民工等弱势群体案件696件，免予经济审查500余件。开展涉农公证服务，主动对接全区房地一体化登记，通过延长服务时间、主动上门公证、预约公证服务等方式开通公证绿色通道，保障民生工程顺利推进，办理公证10117件。

【司法基层建设】2021年，大丰区司法局开展司法所分类建设工作，建成大型所3个，中型所2个，小型所10个。开展人民调解师徒结对“传帮带”活动，“大丰‘师徒结对’有效促进青年干部调解能力提升”获得省司法厅领导批示，举办人民调解“师徒结对”成果汇报暨首届述案比赛。12月8日，大丰区非诉讼服务中心举行揭牌仪式，入驻10个窗口、12个调解工作室，进行实体化运行。12月24日，区人民法院、区司法局、光明食品集团农场有限公司联合举行上海农场人民调解工作室挂牌仪式暨召开第一次联席会议，共同签发《关于深化涉上海农场矛盾纠纷诉调对接工作的实施意见》。在森威精锻公司、腾龙药业公司等11个企业成立人民调解委员会，全部挂牌运行。

2021年12月8日，大丰区非诉讼服务中心揭牌成立　　王越　摄

【“八五”普法】2021年，大丰区司法局拟订《关于开展第八个五年法治宣传教育的决议》。4月8日，在梅花湾举行第七届“4·8”司法日法治宣传活动暨梅花湾法治公园建设启动仪式，与梅花湾景区签署“法治文化进旅游景区”合作意向书。新丰镇文体法治公园获评“省级法治文化示范点”，系全市2021年度唯一示范点。开展“法律明白人”培育工程，通过培训、考核，选聘法律明白人1582名，开展“法律明白人”培训40余场，发放培训资料4000余份，开展送法进乡村、进农户系列活动300余场次。组织开展宪法公益广告、法治文化作品征集活动，创作征集一批群众喜闻乐见的法治文化作品，“法润江苏”法治文化作品、信息采用量居盐城第一。在全区深入实施民法典解读工程，以“服务民营企业宣讲民法典”为主题，组织百名法学家百场报告会“双百”活动，深入中车电机公司、大丰彤德磁电公司等企业开展民法典讲座；以“与法治同行，为劳动护航”为主题，与总工会联合深入企业开展法律维权宣传活动。大丰区司法局被表彰为江苏省“七五”普法工作先进集体。

【司法社会治理】2021年，大丰区落实《中华人民共和国社区矫正法》及其实施办法，全面推行社区矫正“一三三模式”（围绕促进社区矫正对象顺利融入社会目标，落实精细管理机制、精准矫治机制、精心帮扶机制，统筹力量保障要素、科技支撑要素、阵地建设要素）。镇（区）级社区矫正委员会实现全覆盖，在全省率先探索建立社区矫正安帮警辅队伍，高标准推进“中心+分中心+N个实训基地”的实战化运行模式，开展“芬芳花海——迷途修复的港湾”品牌建设活动。积极创建全国“智慧矫正中心”，添置自助矫正终端17台，实现全区各司法所（分局）自助矫正终端配备全覆盖。试点运行安置帮教对象社会适应评估指数系统。大丰区社区矫正管理局被表彰为全省社区矫正和安置帮教工作先进集体，大丰区司法局被省司法厅通报表扬。

（袁康勇）

〖编辑　於晨婷〗

军　事

人民武装

【概况】 2021年，中国人民解放军江苏省盐城市大丰区人民武装部（以下简称“大丰人武部”）围绕实现党在新形势下的强军目标，坚持铸军魂、抓备战、强基层、改作风，创新开展新形势下双拥工作，春节期间慰问大丰籍现役军人家庭。人武部全面建设始终保持稳步提升的良好态势。

【军事斗争准备】 2021年，大丰人武部突出问题导向，强化使命担当，持续推进军事斗争准备向纵深发展。扎实开展战备综合整治，规范应急指挥流程，组织营门反恐处突演练和民兵应急分队带装集结，应急能力得到检验。推进战备基础设施建设，进行信息化改造，至年末基本完工。民兵训练基地建设明确选址和建设主体。完善民兵情报信息网络，完善商货船报情体系，实现辖区情报信息全域覆盖、报知及时。

【后备力量建设】 2021年，大丰人武部坚持以融合发展为途径，不断提升能打胜仗的组织动员力、快速反应力和支援保障力。6月，组织参加后备兵员征召演练，进一步摸清辖区后备兵员潜力。7月，保障部队过境，引导车辆进驻、保障饮食住宿、慰问过境官兵，锻炼高速服务区过境保障能力。科学评估平战需求，会同区政府研究部署任务，深入镇村规模型企业开展调研与潜力调查，根据行业系统科学划分任务，多次组织业务培训、数据会审。联合区委、区政府印发《关于加强和改进新时代民兵工作的意见》，全面建立镇级民兵应急分队履职补助制度，有效增强民兵应急分队人员的荣誉感、责任感，《中国国防报》对这一举措做了报道。扎实做好征兵工作，突出大学毕业生重点，开展“一人一表一照片”精准宣传活动。6月，提前组织本科毕业生和挂钩高校学生进站体检。按照互利双赢、好中选优、目标导向的原则，主动对接大型优质企业，拓宽大学生征集领域，推动带编入伍政策落地。

2021年，武警大丰中队每月组织两次方案演练，增强中队官兵执勤战备处突能力

（武警大丰中队　供图）

【综合保障能力】 2021年，大丰人武部加强保障能力建设，发挥好服务打仗作用。在常态化疫情防控大背景下，严格社会化保障人员管理，出动民兵参加全区核酸检测任务。坚持党委集体理财，严格预算管理，集中财力保障作战准备和重大军事活动，接待费和行政消耗性开支维持在较低水平。开展全军“资产大清查”，严格落实武器弹药动态管控，加大人防技防力度，民兵武器装备连续43年安全无事故。

（陈晓波）

武　警

【概况】 2021年，中国人民武装警察部队江苏总队盐城支队执勤一大队大丰中队（以下简称“武警大丰中队”）深入贯彻习近平强军思想，围绕“建设一支强大的现代化武装警察部队”目标，连续43年执勤安全无事故。武警大丰中队被武警总队评为“基层先进中队”，中队团支部被武警总队评为“红旗团支部”。

【武警执勤训练】 2021年，武警大丰中队严格落实《中华人民共和国人民武装警察法》《执勤设施建设标准》，狠抓执勤制度的落实。坚持每天干部两班带哨查哨，每月组织两次方案演练，增强中队官兵执勤战备处突能力。全年中队出动官兵30余人次，配合公安机关和有关部门完成押解勤务13次。按照军事训练大纲内容，提高训练标准，通过组织体能训练、射击训练、刺杀训练、执勤训练，切实提高中队官兵自身军事素质。

【武警后勤保障】 2021年，武警大丰中队严格落实后勤建设管理的各项制度，全面提高后勤保障能力。全年先后组织12人次参加后勤岗位培训，包含卫生员、驾驶员、军械员、网络维护员、炊事员、文书等岗位，增强中队后勤保障能力。

（陈　杭）

人民防空

【概况】 2021年，大丰区人民防空办公室（以下简称“大丰区人防办”）突出“战时防空、平时服务、应急支援”职能，扎实履行人防各项职能，人防工程体系不断优化，人防工作整体水平进一步提升。全区人防专业队伍体系结构合理，人员素质优良，队伍建制完整。大丰区人防办被省人民防空办公室表彰为2021年度省人防工作先进单位。

【人防指挥通信建设】 2021年，大丰区人防办着力加强人防指挥所基础设施建设和信息化、智能化、数字化升级改造。大丰区人防基本指挥所开工建设，2021年年末完成底板浇筑工作。指挥信息系统不断完善，完成区人防指挥部成员单位和组成人员调整工作，明确"一中心三部门"（指挥控制中心、情报信息部、政治工作部、综合保障部）岗位职责。按照省国动委和省人防办统一部署，完成国防动员潜力数据核查及上报工作、人防综管平台人防专业队整组数据上报工作。定期对机动指挥车设备进行加电、巡检，对机动指挥车及先导车进行保养，确保机动指挥系统运转良好。加强地面指挥中心日常巡查及维护管理工作，完成省、市人防办统一组织的定期测试和通信保障工作。防空警报系统保持备战状态，委托专业编制单位完成大丰区警报建设规划编制工作，并通过专家评审。每季度对全区警报器进行巡查测试、维护与保养，确保警报器处于良好状态。完成全省统一的"9·18"防空警报试鸣任务，鸣响率100%。

【人防专业队伍建设】 2021年，大丰区人民防空指挥部制定印发《关于做好2021年度全区人防专业队伍整组工作的通知》，各专业队根据所在单位机构变化情况，按职能及时调整补充队员。按照盐城市政府办公室《关于做好盐城市"铸盾—2021"人民防空综合演习工作的通知》要求，组织开展梦幻迷宫人防疏散地域平战转换、城市人口临战疏散、人民防空行动筹划之分析判断情况3个演习课目，完成人民防空演习任务。

【人防工程建设管理】 2021年，大丰区人防办按照"应建必建"原则，加强人防工程建设。严格执行《江苏省人民防空工程建设使用规定》《江苏省防空地下室建设实施细则》和省人防办《关于进一步明确防空地下室易地建设费减免缓有关问题的通知》等规定，严格落实防空地下室配建要求。结合人防工程安全检查，对竣工人防工程维护管理进行检查，全区人防工程检查率100%，完好率90%以上。

【人防车位违规使用专项整治】 2021年，大丰区人防办扎实开展人防车位违规使用专项治理行动，规范使用人防车位。对全区居住小区人防车位使用情况进行全面摸查，全年督促整改4个小区，75个违规使用的人防车位全部整改到位。开展人防车位使用行为核实工作，对51个开发企业和78家物业公司报送的人防车位使用明细表和车位租赁合同，采取与业主电话联系核实、开展现场走访调查等方式，了解业主与开发企业签订的租赁协议是否真实，确认租赁的期限是否符合规定，建立人防车位使用台账。全年发放人防工程平时使用证10份。

【人民防空宣传教育】 2021年，大丰区人防办充分发挥阵地作用，开展人民防空宣传教育活动。在东方湿地疏散基地建立集宣传教育与应急指挥于一体的人防应急指挥平台，区人防教育体验馆接待参观体验26次、1580人。开展人防宣传教育"五进"（进机关、进学校、进企业、进社区、进媒体）活动，为全区所有初中二年级和小学四年级学生征订人防知识教材和教学光盘。落实社区人防建设，强化居民国防观念和人防意识，以"一个孩子带动一个家庭，一个家庭带动一个社会"的理念，不断提高在校学生防空防灾能力。通过电视台、电台、报刊、网站和微信公众号等途径，发掘工作亮点，宣传重点和热点，定期组织群众参与，推动人防工作向基层延伸。

【省级人防训练基地规范化建设】 2021年，大丰区梦幻迷宫省级人防训练基地进一步加强基础设施建设，完善服务功能，提升服务能级，优化服务环境，健全和完善各项管理制度，打造江苏省人防训练基地优质品牌。大丰区人防主管部门与梦幻迷宫合作共建人防训练基地，完善教育培训区、军事基础科目训练区、拓展训练区等15个功能区，具备1000人食宿训练接待能力。加大与省、市相关高校合作办学力度，年内先后有泰州、徐州、连云港、南京、镇江、扬州、盐城7个地区14次驻训活动在梦幻迷宫省级人防训练基地开展。

（葛顺明）

双拥工作

【概况】 2021年，大丰区退役军人事务局建立军地互办实事"双清单"，区直部门与驻大丰部队军地共建办理35件实事。坚持"消灭空白点、主攻薄弱点、放大闪光点"的工作思路，硬化创建资料整理、强化双拥氛围营造，省级双拥模范城创建通过盐城市考评和省厅交叉考评。

【双拥走访慰问】 2021年，区委、区政府主要领导带头开展走访慰问活动，在春节、"八一"建军节期间发放慰问金。"七一"前夕，区四套班子领导走访慰问25户烈士遗属和240名困难烈士子女，发放慰问金27.8万元。发挥关爱资金的救急济难功能，加大对困难退役军人关爱力度，帮扶困难退役军人，发放关爱资金。

【双拥宣传教育】 2021年，大丰区退役军人事务局开展"法律政策进军营"活动，帮助上海武警七支队官兵了解就业形势、知晓相关政策。开展"老兵永远跟党走"主题系列活动，大丰区退役军人朱兆平摄影作品《难忘的容颜》被退役军人事务部评为优秀作品，大丰区《传承红色基因、建设绿色村庄》微视频获全市一等奖。

【优抚褒扬】 2021年，大丰区退役军人事务局完善荣誉激励体系，向现役军人家庭送喜报、发放慰问金，为入伍新兵上门悬挂“光荣之家”牌匾。开展“让烈士回家”活动，全区148座零散烈士墓全部得到修缮维护或迁移安葬。举行“守护·2021清明祭英烈”祭扫活动，组织祭扫活动60余场，接待祭扫人数15300余人。

退役军人事务

【概况】 2021年，大丰区退役军人事务局始终践行“政治建局、服务立局、人才兴局、创新强局、依法治局”总体工作思路，坚持以退役军人为中心，全面落实《中华人民共和国退役军人保障法》，扎实做好就业安置、优待褒扬、权益维护和双拥共建等各项工作。区退役军人事务局被区委、区政府表彰为全区2021年度综合考核先进集体。

【优待抚恤】 2021年，大丰区退役军人事务局强化政策落实，优待抚恤水平不断提升。研究出台多项优抚工作制度，打造大丰“精准优抚、精致荣军”品牌，得到市退役军人事务局充分肯定并在全市推广。开展优抚对象年度确认工作，核查率100%，确保应享受尽享受、应清尽清。做好涉退役残疾人员身份专项核查和换发新证工作，合格率100%，全市第一。建立抚恤补助自然增长机制，发放抚恤补助，向下岗志愿兵发放生活困难补助。落实医疗保障政策，做好优抚对象健康体检工作，组织重点优抚对象到省荣军医院短期疗养，组织1~6级残疾军人进行伤残辅具配置和修理。

【移交安置】 2021年，大丰区退役军人事务局推进“军旅荣归”一件事改革，为退役军人办理退役后相关事项，实现军人退役事项“一次申请、一窗受理、联动办理、限时办结”。聚力优质岗位筹措，推进“阳光安置”，转业军官、政府安排工作退役士兵全部安置到位，实现安置率、安置满意率100%。

【就业创业】 2021年，大丰区退役军人事务局建立“一个载体+两支团队+三个平台+N位退役军人”的“123+N”就业服务模式，开发30余门系列课程，为退役军人提供专业化、个性化学历教育和技能培训；建立退役军人跟踪服务机制，定期与企事业单位对接，通过服务中心显示屏、公众号、区公共就业创业网等平台推送189个企业760个优质就业岗位信息；组织开展“退役军人招聘服务月”“戎归大丰·乐业鹿乡”等退役军人就业招聘活动，49家用人单位提供2800个就业岗位，多名退役士兵达成就业意向。

【退役军人权益维护】 2021年，大丰区退役军人事务局培养选拔“兵支书”、退役军人思想政治骨干，选树优秀退役军人典型。推进退役军人“戎耀之家”建设，创成省级优秀“戎耀之家”1家、市级“戎耀之家”4家、区级“戎耀之家”8家。推进“戎耀大丰”退役军人志愿者队伍建设，组建志愿服务队279支，区退役军人志愿者服务队被省退役军人事务厅确定为江苏省百支优秀退役军人志愿服务队。实施退役军人权益维护“接、查、商、交、化、答、访、结”八字闭环工作法，全省信访矛盾问题攻坚化解活动现场会在大丰区召开。

【退役军人服务体系建设】 2021年，大丰区退役军人事务局实施基层退役军人服务中心（站）星级创建行动，区退役军人服务中心、15个镇级退役军人服务站全部创成全国示范型服务中心（站），白驹镇狮子口村被省退役军人事务厅命名为百家红色精品退役军人服务站。制定完善退役军人服务站考核细则，对村级服务站实施考核奖补，其中第一等次奖2000元、第二等次奖1800元、第三等次奖1600元。

（杨　松）

2021年7月15日，大丰区退役军人志愿服务队成立暨授旗仪式举行
（区退役军人事务局　供图）

〖编辑　於晨婷〗

沿海开发

综　述

【概况】 2021年，大丰港经济开发区完成一般公共预算收入13.7亿元；全口径工业开票销售602亿元；规模以上工业开票销售546亿元；自营进出口额14亿美元；外资实际到账6555万美元；固定资产投资87.8亿元；开票销售超1亿元企业120个，其中10亿~30亿元企业11个、30亿~50亿元企业2个、50亿~100亿元企业3个、超100亿元企业1个；纳税超1亿元工业企业4个，全年新增规模以上工业企业70个。纳税2000万元以上工业企业（星级企业）、纳税1亿元以上工业企业数量（五星级企业）、新增规模以上工业企业等指标居全市第一。

【港口码头建设】 2021年，大丰港被列入《江苏省沿江沿海港口布局规划（2015—2030年）》四个重点发展港区。新开通大丰港至韩国光阳港、越南海防港集装箱直航航线，实现对韩主要港口全覆盖和东南亚直航航线首航。B型保税物流中心、国家级进口木材检疫处理区运营良好，申报汽车整车进口口岸、进口肉类指定口岸、进口水果指定口岸。大丰港与上海港达成战略合作，共建大丰港国际集装箱物流中心，实现"沪盐通"专班增至每周4班。全年完成货物吞吐量6000万吨，集装箱35万标箱。新能源淡化海水成套设备启程运往马尔代夫。

【临港产业】 2021年，大丰港经济开发区以海关监管区、保税物流中心为平台，拓展金融、贸易、航运、国际结算等服务。跨境电商孵化中心投入运营，丰山集团在A股上市，大丰海港控股集团下属香港公司在港交所上市，江苏大丰华丰种业股份有限公司、黄海港城实业有限公司登陆新三板。金光博汇集团、安道麦辉丰（江苏）有限公司两个世界500强重组企业运行良好。海聆梦家居股份有限公司入选省工业互联网发展示范企业（标杆工厂类），为盐城首家。联鑫钢铁3号高炉完成产能置换，入围中国民营企业制造业500强。江苏丰东热技术有限公司"无人化智能热处理工厂"项目获国家智能制造专项认定。江苏丰海新能源淡化海水有限公司、江苏博敏电子有限公司被盐城市政府表彰为智能制造先进企业。

（吴中锋）

港城建设

【概况】 2021年，大丰港城管理办公室坚持以习近平新时代中国特色社会主义思想为指导，以"高目标追求、高效率推进、高质量发展"工作精神，担当作为、真抓实干，确保各项决策部署不折不扣落地见效，努力实现"十四五"发展良好开局。全年完成一般公共预算收入1.3亿元，规模以上服务业营业收入4.9亿元，固定资产投资4亿元。

【港城疫情防控】 2021年，大丰港城管理办公室扎实做好疫情防控工作。深化摸排监管，全年落实管控上级交办重点人员660人，排查出省内外中风险区域人员573人次，同步落实防控措施。对辖区内在营的403家商户、11家商超、14个生活小区、30家宾馆进行疫情防控宣传，要求对风险地区到大丰人员及时监控上报。组织辖区居民开展疫苗接种、核酸集中检测工作，完成户籍居民疫苗接种904人、核酸检测968人。

【港城城市建设】 2021年，大丰港城管理办公室城市建设工作有序推进。基础设施不断完善，日月湖北大道、南港大道东延段道路、南港大道（上海港路—大丰港路）竣工通车；工业二路提升改造工程、石化园区经一路改造工程、中天海缆施工便道工程、悦达科创园西侧道路及入口道路竣工。重大项目快速推进，新王竹海岸带综合整治工程进场施工；中汽研汽车试验场股份有限公司拟首次公开发行A股股票并在深圳证券交易所创业板上市，计划2022年完成发行上市工作；悦达科创园酒店试运营；中汽长三角智能网联项目一标段桩基结束，二标段正在桩基施工中。征地拆迁稳妥推进，按照年度征地拆迁进度计划，积极推进征地拆迁工作，完成大

2021年，大丰港动物园引进大型野生动物亚洲象、长颈鹿等，将动物种类增加到近80种1200余头（只），提升人与动物的互动性、参与性、体验性、趣味性、科普性

任婷婷　摄

丰港铁路支线港区段征地拆迁、中汽试验场二期智能网联项目地块征收、大丰港奇港食品有限公司的整体拆迁工作。

【港城管理】 2021年，大丰港城管理办公室不断细化、优化城市管理工作。加强对港区环卫、路灯、绿化统一管理，完成对黄海港城环卫、路灯资产评估和收购过户以及人员接受等工作，对江苏博汇环卫车辆评估收购；完成港区绿化养护职能的整合，建立三支相对稳定的绿化养护队伍，负责港区所有道路绿化及公园管养，面积约232万平方米。严厉打击违法违章建设，拆除老王港闸违法建筑41处，拆除新王港闸违法码头2处，拆除广州港路东侧违法建筑12处，清理广州港路东侧鱼塘约66.67公顷，拆除海润家园后侧非法占用消防通道违法建筑，拆除木材园区综合楼非法占用消防通道的违法建筑，清理王港闸和通港大道南侧佳禾虾塘50公顷。做好港区范围内的扬尘管控，对港区货场进行专项整治，联合港区交警中队严格管控渣土车辆，加强土方管控，严格打击私自贩卖土方。

【港城安全环保】 2021年，大丰港城管理办公室强化安全意识，突出重点环节，扎实开展安全环保工作。扎实开展三年安全专项整治工作，重点做好建筑施工、城镇燃气、地下管网、文化旅游专项治理和港城日常安全管理。加大水环境整治力度，强化河长制管理，加强对日月湖、分界河、海堤复河、疏港复河、辰光河环境卫生的日常巡查，确保河道整洁。推动海洋生态文明建设，完成浒苔绿潮联防联控工作。

【港城社区服务】 2021年，大丰港城管理办公室全面提升社会民生服务，开展社区党建为民服务系列项目，鼓励居民共同参与社区管理，深化提升居民自治能力。设立“党建关爱资金”，专门用于走访慰问老弱留守家庭、困难群众，全年发放慰问资金11200元。开展精神文明宣传活动，研究制定“社区居民公约”十项条款，发放禁止非法集资、文明养犬、禁种铲毒、国家安全教育、平安城市建设等系列资料3892份。人才公寓、海融二期实施便民充电桩项目，降低小区公共区域的安全隐患。

【港城旅游发展】 2021年，大丰港动物园不断升级改造，丰富野生动物种类，丰富场馆设施配置。扩大野生动物种类和数量，在已有动物种类43种277头（只）基础上，增加到近80种1200余头（只）。引进大型野生动物亚洲象、长颈鹿、斑马、企鹅及国家级野生保护动物金丝猴、黑猩猩等。实现动物萌宠化，提升人与动物的互动性、参与性、体验性、趣味性、科普性。打造动物园IP，创造网红打卡项目，实现园区整体品质提升。

（任婷婷）

大丰港

【概况】 2021年，大丰港区积极抢抓中韩盐城产业园、长三角一体化产业发展基地建设等重大机遇，围绕建成长三角北翼现代物流枢纽港和中韩海洋经济新高地目标，努力打造盐城向海发展重要增长极，推动沿海高质量发展迈出新步伐。港口全年完成货物吞吐量7066.2万吨，集装箱37.6万标箱，同比分别增长33.08%、43.39%。

【港口能级提升】 2021年，大丰港区加快推进港口建设。深水航道一期工程竣工验收；国际集装箱物流中心道路堆场基本完工，避风港池开工建设，通用码头南侧扩建泊位岸线使用申请获交通部批复。5月14日，省交通运输厅通过《盐城港大丰港区总体规划布局调整》。9月1日，大丰港区总体规划布局调整获市政府批复，为大丰港加快建设长三角北翼现代物流枢纽港奠定基础。

【大丰港区滚装码头对外开放】 5月29日，大丰港区滚装码头正式对外开放。该码头泊位总长339米，码头等级为7万总吨级，设计年通过能力为商品汽车23万辆、集装箱2.2万标箱。7月6日，利比里亚籍“长顺”轮运载4999头澳洲活牛，顺利靠泊滚装码头，是该码头正式对外开放后的首艘外籍船舶。

【风电吊装业务破世界纪录】 4月2日，大丰港区通用码头吊装出运一支长102米的风电叶片，打破了全球港口吊装最长风电叶片记录。4月8日，一批风电设备从大丰港区出口至巴西，

2021年，大丰港港口全年完成货物吞吐量7066.2万吨，集装箱37.6万标箱，同比分别增长33.08%、43.39% 周古凯 摄

包含9台套风电设备(含机舱、轮毂、发电机、塔筒以及附件)，共213件，61000余立方米，刷新大丰港区单船发运风电设备套数纪录。

【新开通航线】 5月15日，“大港集005”号轮靠泊安徽蚌埠港集装箱码头，完成大丰港—蚌埠港集装箱航线首航。6月18日，“通海777”号集装箱货轮靠泊大丰港内河码头开展集装箱焦炭装卸，大丰港—山东济宁港内河集装箱航线正式开通。9月28日，大丰港—韩国釜山港国际直达集装箱班轮航线开航，货船从大丰港往返韩国釜山港，单向航程仅需35小时。

【大丰港保税物流中心跨境电商“首单”启动】 12月25日，盐城港跨境电商“首单”启动。大丰港区是盐城跨境电商综合试验区的核心区，依托保税物流中心和莎士比亚小镇，获批建设盐城跨境电商产业园，将采用“外部运营+自主合作”模式，招引行业龙头企业、发展园内自有品牌，建设园区运营中心、电商直播基地、青年创客中心、人才孵化基地、海外商品零售中心等多个配套设施，不断放大港口对物流、人流、资金流的集聚效应。

【大丰港疫情防控】 2021年，大丰港口岸严防境外疫情输入，全流程闭环做好船员换班工作。全年完成76批次1324名中国籍船员在大丰港口岸换班。严格做好船岸界面管控，严格执行“非必要不登轮、不登陆、不搭靠”规定，专班人员登轮全过程实行二级防护，防疫废弃物每日回收集中处理。督促设立外贸工作专班，实行“两点一线”封闭管理。高风险岗位人员每2天开展1次核酸检测，一线人员疫苗接种率100%。

（吴　荣）

海监与海洋综合管理

【概况】 2021年，大丰区贯彻落实中央深改领导小组印发的《围填海管控办法》《海岸线保护与利用办法》《海域、无居民海岛有偿使用的意见》和国务院印发的《关于加强滨海湿地保护 严格管控围填海的通知》等重大决策部署，依照《中华人民共和国海域使用管理法》《海域使用管理条例》，坚持规划引领、保护生态的原则，积极履职、认真工作，助推大丰海洋经济高质量发展。

【海域海岛综合管理】 2021年，大丰区自然资源和规划局贯彻落实中共中央、国务院对浒苔绿潮防控工作指示精神，按照省、市、区2020—2021年度浒苔绿潮联防联控工作方案，开展浒苔绿潮联防联控工作。开展筏架附着绿藻清除，完成筏架除藻喷涂约24000台；开展筏架标签化管理，标签上架32万套；做好紫菜养殖设施的回收工作，回收养殖设施11215台。依法出让东沙海域约2.17万公顷的开放式养殖用海，试点开展紫菜养殖缆绳覆塑PVC新工艺推广等工作，在全省系统大会上被表扬。做好珍禽保护区缓冲区违规用海整改销号工作，对涉及大丰区的21宗海域、6526.67公顷完成整改，拆除硬质护坡38.5万平方米，房屋、料棚1.98万平方米，水泥场地2100平方米，料台5255平方米，进排水涵洞231座，电线杆903根，电力线路65.5千米，海域使用权证全部注销。加快推进围填海历史遗留问题整改，梳理沿海海域问题整改清单，制定整改措施，明确责任主体，完成9宗、74.12公顷处置工作，剩余14宗、2413.27公顷有力有序推进处置。加强海域动态巡查，推进海域使用规范化建设。对重点在建用海项目加强现场监测，开展围填海项目的竣工验收工作，联合盐城市海域使用动态监管中心开展日常季度巡查。完成184宗海域使用权的海域金征收任务，征收海域使用金6858.51万元。

【海洋监测】 2021年，全省首家与自然资源部东海局南通海洋监测中心站共建盐城市大丰区海洋中心，全面提升海域管理和海洋灾害监测预警能力。重点开展汛期海洋灾害预警报工作，较好地保障沿海区域经济社会发展和人民群众生命财产安全。通过区预警信息发布平台，多次向海上风电企业和王竹养殖区发布汛期台风预警。认真落实各项防御措施，做好台风汛期的防御工作，通知相关单位和个人在台风来临前，停止海上作业，做好避险措施。加强典型岸段专项监测，进一步掌握大丰区岸线、岸滩及潮间带动态变化趋势。全年组织动态监测26次，其中岸线巡查14次、疑点疑区测量12次。

（陈　萍）

2021年9月7日，国家海洋局南通海洋环境监测中心站与大丰区人民政府共建大丰区海洋中心签约仪式举行　（区自然资源和规划局　供图）

海事管理

【概况】 2021年，盐城大丰海事处（以下简称“海事处”）紧扣海事工作重点，围绕水上安全监管中心工作，建设“有特色、有影响”基层海事，全力服务港口经济发展和国家海上风电建设，完成各项年度目标任务。全年，海事处办理船舶进出港报告手续13945艘次，其中：进出港报告13289艘次、进出口岸检查656艘次；办理船载危险品审批310艘次，在港安全作业报备158艘次。

2021年9月，大丰海事处在“灿都”台风期间组织救援受伤船员
顾丽　摄

【水上安全监管】 2021年，海事处通过举办“开航第一课”等主题宣讲、开展志愿服务活动等方式宣传贯彻《中华人民共和国长江保护法》《中华人民共和国海上交通安全法》《中华人民共和国安全生产法》等法律法规，提升安全意识。严格执行带班值班制度，做好春运、寒潮、台风“烟花”“灿都”等重点时段和恶劣天气防控，确保安全形势稳定。督促船方加强值班，提前落实防范措施，详细掌握恶劣天气期间所有在港船舶避风动态和应急联系方式，时刻关注每一艘船舶和人员的安全。严格落实“一年小灶”“三年行动”要求，通过督促企业开展自查、走访项目部、现场检查、电子巡航、辖区海上巡航等多种途径开展隐患排查治理，将排查到的隐患第一时间反馈给责任单位，持续跟进后续整改。落实水路及涉外疫情防控工作各项要求，坚持“战疫情、保安全、促发展”的总基调，统筹推进疫情防控和港口经济发展工作。加强防控政策宣传，推行一网通办平台，“不见面”受理审批部分事项。落实海事监管责任，推动辖区国际航行船舶中国籍船员换班“应上尽上、应换尽换”。为受疫情影响的“火烈鸟”轮开展紧急人道主义救助，运送水和食物等生活必需品，保障船员合法权益。

【法制海事建设】 2021年，海事处在辖区内开展船舶进出港报告、船载无线电、内河船涉海运输及非法砂石运输船舶等专项整治，严肃查处各类违法违规行为。联合交通、渔政、海防、海警、发改委、消防等单位，经常性开展联合执法、联合巡航，强化综合治理。强化对到港船舶的安全检查，确保船舶适航、船员适任。开展船舶载运危险货物安全综合治理工作，严把船载危险货物进出港申报审批关。加强对到港危险品运输船舶的现场检查，开展码头防污染检查和船舶防污染作业单位监督检查，推动码头及船方认真落实高质量选船机制及各项安全措施。加强海上风电施工及运维船舶监管，持续关注项目施工进度及施工运维船舶动态，开展风电场巡航、风电施工项目部及建设单位督察检查，压紧压实企业安全生产主体责任。

【海事服务优化】 2021年，海事处推动解决辖区风电交通运维船的集中登乘点问题。协助加强对临时集中登乘点大件码头、王港闸码头、川东港码头等的海事安全监管，推动地方加强视频监控及安全保障设施建设。推动地方政府租借东海救助码头等更适合登乘的码头作为集中登乘点。推动大丰港避风港池及交通运维船码头建设。服务辖区海上风电建设，指导督促企业及施工项目部做好安全生产管理。提高船舶核查效率，保证海上风电施工项目推进时序。加大施工水域通航安全监管，掌握船舶及施工动态，加强风险防控，加强恶劣天气预警，保障施工安全。

（顾　丽）

〖编辑　於晨婷〗

开放型经济

综 述

【概况】 2021年，大丰区积极应对疫情对商务经济造成的冲击，千方百计稳外资、稳外贸、促消费，对外贸易稳中有进，外资项目取得新突破，经贸合作持续深化，载体平台不断提升，商务经济各项工作难中守稳、稳中有进、进中提质。新设外商投资企业20个，协议注册外资3.5亿美元；全年实际利用外资12366万美元，占全年任务的103%，同比增长10.6%。外贸进出口42.02亿美元，占全年目标的140.1%，提前一个季度完成全年任务；5个企业位列全市外贸进出口前十强。进出口超1亿美元企业9个，同比增加1个；5000万美元以上企业13个，同比增加4个。

【招商活动】 2021年，大丰区组织参加“向海发展，赋能未来”中国盐城投资环境说明会，举办“面朝大海、花开大丰”投资环境说明会，邀请120多名客商参加。签约23个项目，总投资258.2亿元，其中盐城专场签约龙马汽车零部件、南玻光伏玻璃2个百亿项目。组织参加第三届中韩贸易投资博览会，新招引的蜂巢能源科技、金信诺技术股份2个企业参展，会上签约总投资100亿元的蜂巢动力电池、总投资20亿元的恒源动力电池新材料两个项目。举办大丰战略性新兴产业外商投资推介会，邀请40多名客商参会，7个外资项目在会上签约，投资总额4.6亿美元。

【经贸合作】 2021年，谷登机械公司在泰国泰中罗勇工业园投资2000万美元，新上年产250标准台非开挖水平定向钻机项目。中韩（盐城）产业园临港产业配套区加快建设，成立韩国招商服务中心，大丰港区总体规划布局调整方案通过省级层面评审，10万吨级深水航道建成投入使用，“沪丰海上专线”正式开通每周四班，上港集团与大丰海港控股集团合作共建100万标箱国际集装箱智慧物流中心。

对外贸易

【概况】 2021年，大丰区着力稳外贸、提质效，创新贸易方式，重抓规模企业，培育新业态，拓展新兴市场，挖掘新增长点，全面扩大进出口规模，全年实现外贸进出口总额42.02亿美元，在盐城所属县（市、区）排名第一，比2020年增长46.5%。有进出口实绩企业288个，进出口超1亿美元企业7个、5000万美元以上企业15个。

【国际市场开拓】 2021年，大丰区组织企业参加线上线下广交会、跨境电商采销会、盐城机械及汽配东盟专场、日用消费品日本专场线上对接会、中国国际进口博览会、“江苏优品·畅行全球”线上国际展会，开拓国际市场。

【服务企业】 2021年，大丰区积极做好精准服务，组织企业积极申报国家、省、市商务发展资金1157.27万元。其中国家进口设备贴息资金360.87万美元，国家进口贴息资金192.53万元。省级商务发展专项资金67.73万元，申报投保出口信用保险补助项目13个。市级外经贸转型升级资金93.91万元，其中含自主品牌建设项目25个、境内外展会项目3个；市级支持利用外资发展资金271.83万元，申报外资项目5个。

2021年大丰区进出口超5000万美元企业名单

表9 单位：万美元、%

序号	企业名称	进出口额	同比增长率
1	盐城市大丰区泽城贸易发展有限公司	105876	201.0
2	盐城大丰阿特斯阳光电力科技有限公司	53910	54.9
3	江苏博汇纸业有限公司	33910	88.4
4	大丰海融国际贸易有限公司	31017	-3.7
5	江苏北大荒油脂有限公司	11407	-27.2
6	大丰英茂糖业有限公司	11336	135.2
7	大丰海聆梦家纺有限公司	10671	19.9
8	盐城正泰新能源科技有限公司	9489	—
9	迪皮埃风电叶片大丰有限公司	9163	-61.2
10	江苏悦达港口物流发展有限公司	8795	122.2
11	江苏大丰港兴农农产品仓储物流有限公司	8438	—
12	江苏辉丰农化股份有限公司	7688	-25.0
13	江苏国林林产品有限公司	7313	-22.9
14	盐城大丰和顺晟达国际贸易有限公司	6243	62.4
15	江苏君霖纺织科技有限公司	5000	60.6

2021年12月16日，江苏丰海新能源马尔代夫项目设备启运仪式举行
邱鹏 摄

利用外资及港澳台资

【概况】 2021年，大丰区围绕“补链、延链、强链”，强化以内引外、以内促外，重点聚焦新能源汽车、新能源装备制造、电子信息、医疗器械等产业，国外聚焦韩国、日本等，国内主攻青岛、苏州、无锡等韩企集聚地，加大对外招商力度。通过外国企业及其中国区总部、产业商协会等途径，加强与外国企业总部对接联系。强化与商务部相关司局和驻外经商参处等对接沟通，及时掌握重点企业在中国投资战略信息。探索聘请“外籍雇员”担任招商代表，形成“信息早、沟通畅、效率高”联动机制。

【外资项目】 2021年，大丰区新备案外资项目20个，投资总额6亿美元；协议外资2.47亿美元，实际到账外资1.24亿美元。列入盐城市重点的9个项目已完成投资额3.45亿美元，占全年计划的84%。外资并购创新高，跨国公司、行业领军企业金光纸业（中国）投资公司并购大丰区黄海港务公司，实际利用外资超7000万美元。

对外经济技术合作

【概况】 受新冠肺炎疫情影响，大丰区企业走出去步伐放缓，谷登机械公司2021年对境外项目追加投资1500万美元。年内，丰海公司获得联合国工业组织授牌。

【外经项目追加投资】 2021年，谷登机械公司在泰国泰中罗勇工业园追加投资1500万美元，合计投资2000万美元，用地2公顷，新上年产250标准台非开挖水平定向钻机项目。项目建成后预计实现年产值1亿元，为当地解决100余人就业。

【丰海公司获联合国工业组织授牌】 2021年4月，丰海非并网风电海水淡化项目参加以“产业技术创新与合作，发动疫后经济复苏引擎”为主题的“2021联合国工业发展组织主题日”活动，会上丰海公司获得联合国工业组织授牌，正式进入全球政府采购清单。丰海公司作为国家高新技术企业，先后成为中国脱盐协会、全球清洁海水淡化联盟（GCWDA）会员单位。公司拥有万吨级新能源风、光、储淡化海水示范工程及多项发明专利，其中集装箱式新能源海水淡化成套设备已广泛应用于国内西沙群岛、开山岛等，以及马尔代夫等岛屿国家。

（李林珅）

招商引资和项目建设

【概况】 2021年，大丰区以“十四五”产业发展规划为引领，深入践行高质量发展理念，始终坚持“项目为王”，强力主攻新能源及装备制造、新能源汽车零部件、新一代电子信息三大战略性新兴产业，坚持高端导向，着力精准招商，成功招引100亿元蜂巢汽车动力电池、20亿元正泰光伏二期、10亿元金信诺5G、10.2亿元洪田高端装备等一批10亿元以上高质量重大项目。在2021年盐城市招商引资考核中，核定大丰区新开工10亿元以上项目7个（55亿元长三角智能网联汽车试验场

2021年大丰区实际到账外资及港澳台资情况表

表10　　单位：万美元、%

国家或地区	实际到账外资及港澳台资	占实际到账外资及港澳台资总额百分比
中国香港地区	11476	92.80
英属维尔京	600	4.85
澳大利亚	165	1.33
韩国	120	0.97
英国	5	0.04

及悦达汽车大丰科创园、30亿元龙马风电装备、20亿元天合光能、20亿元博敏电子二期、15亿元阿特斯太阳能光伏二期、10亿元正大丰海医药、10亿元莱悦广场)。大丰区招商引资项目建设工作列盐城市第三名。

【领导带头招商】 2021年,大丰区委、区政府主要领导密集带队赴上海、深圳、北京、杭州、苏州等地,拜访知名企业,高位洽谈推进重大项目。挂钩重大项目的区四套班子领导外出拜访或在大丰会见客商,牵头协调,主动服务,精准对接企业投资需求,推动项目洽谈落户。各板块、相关部门主要负责人集中精力谋划项目、洽谈项目。全年成功签约1亿元以上重大项目138个,其中100亿元项目1个(蜂巢汽车动力电池),10亿元以上项目7个(50亿元嘉寓光伏电池组件、30.8亿元博汇年产80万吨特种纸板、20亿元正泰光伏二期、10.6亿元博汇化机浆配套废液综合利用、20.66亿元黄海码头及其导堤和连接道路、10.2亿元洪田高端装备、10亿元金信诺5G产业园及智能制造)。

【招商活动】 2021年,大丰区先后组织全区招商引资动员会、春季招商攻坚赛动员会、冲刺"双过半"动员会、春季招商攻坚赛总结暨秋季项目大会战动员会、长三角一体化产业发展基地建设动员会等专题会议5次。区委、区政府从8月起每月召开"三重"(重大项目、重点指标、重要事项)工作汇报推进会。区领导常态化深入项目现场调研指导,现场办公,交办落实。全年组织各类招商活动21次。5月18日,组织"向海发展,赋能未来"投资环境说明会,集中签约重大项目23个。5月31日,安道麦股份有限公司与江苏辉丰生物农业股份有限公司举行重组合作项目交割仪式。7月26日,组织上海先进制造业招商活动,集中签约重大项目12个。9月28日,组织长三角(苏州)战略性新兴产业投资说明会,集中签约重大项目19个。10月27日,组织深圳电子信息产业发展投资说明会,珠三角地区80多个企业和协会参会,集中签约重大项目20个。10月29日,中韩(盐城)经贸活动,集中签约外资重大项目7个。全年组织集中开工、竣工和观摩活动7次。2月27日,20亿元天合光能项目代表盐城市参加全省集中开工活动。3月26日,盐城市"家家到"活动现场观摩大丰区12个项目,其中产业项目9个(全市最多)。7月28日,集中开工、竣工项目35个。9月29日,集中开工、竣工项目17个。12月24日,集中开工、竣工项目13个。组织春季招商攻坚赛活动,认定新签约1亿元以上项目78个,新开工1亿元项目39.5个。春季招商攻坚赛中,开发区、沪苏集聚区、大中街道、西团镇、小海镇、南阳镇、大桥镇、白驹镇8个经济主体被评为招商引资竞赛先进集体。杨一峰团队(正泰新能源二期项目)、季海峰团队(洪田高端装备项目)、港区招商团队(天合光能光伏组件项目)、夏文余团队(正大丰海医药制剂和原料药)、开发区招商团队(博敏电子二期)5个招商团队获重大项目第一引资人奖。组织秋季招商大会战活动,认定新开工1亿元以上项目30.5个,竣工投产1亿元以上项目13个。秋季项目大会战中,港区、沪苏集聚区、丰华街道、西团镇、南阳镇、草堰镇、白驹镇、万盈镇、工信局、中部联合招商组团、上海招商服务中心11个单位被评为秋季项目大会战先进集体。组织全年招商引资项目推进考核,开发区、港区等14个单位被评为全年招商引资项目推进先进集体,共7人被评为招商功臣。发改委、工信局等9个部门被评为项目服务先进集体,共102人被评为全年招商引资项目服务先进个人。

【招商引资机制】 年初,大丰区以"十四五"规划为引领,紧扣绿色导向,出台《全区"高质量重大产业项目会战年"活动实施意见》《战略性新兴产业按图索骥招商地图》,主攻三大战略性新兴产业,构建现代化产业体系。7月,区委印发《关于调整招商引资和重大项目建设指挥部组成人员的通知》,加大招商引资项目推进的组织化程度。7月,出台《关于进一步优化全区招商引资项目建设组织推进机制的通知》,推进三大组团联合招商、三大产业专班专业招商、招商服务中心一线招商。9月,区委组织部出台《"三三四"招商内部管理实施办法》,确保"三三四"(三大组团、三大产业、四大招商服务中心)招商推进机制运行质效。大丰区招商引资和重大项目建设指挥部办公室出台《大丰区项目准入指导意见(试行)》,进一步强化招商管理,突出绿色导向,从项目源头上严格项目准入,在国家、省产业项目负面清单基础上,对高能耗、低附加值、环境污染、落后工艺、淘汰产能等小散杂乱污项目建立资源供给限制目录,全面提升项目层次和质量。5亿元以下项目由区行政审批局牵头,会同发改委、工信局、生态环境局、自然资源和规划局、商务局、住建局、财政局、项目服务中心等单位开展项目前置预审,全年组织项目预审16次,直接否决项目8个,提出意见供区政府参考15份。5亿元以上项目,由区政府主要领导牵头组织重大项目决策审查会,全年组织重大项目决策审查7次,原则通过43个,调整4个,否决5个。12月19—21日,组织为期三天的长三角一体化产业发展基地建设专题招商培训。

【新兴产业建设】 2021年,大丰区主导发展的新能源及装备制造、新能源汽车零部件、新一代电子信息三大战略性新兴产业新开工、新签约、跟踪洽谈项目分别是19个、33个、57个。

新能源及装备制造产业。风电领域:12亿元双瑞风电叶片、5.2亿元金风传动实验平台竣工投产,30亿元龙马风电装备一期调试设备,25亿元中天海缆,5亿元海恒风电装备全面开工,3亿元中科宇能风电叶片启动建设。光伏领域:20亿元正泰一期投产运营,20亿元正泰二期完成签约,15亿元阿特斯二期、25亿元天合光能全面投产,30亿元阿特斯三期、60亿元正泰三期签订框架协议。

新能源汽车零部件产业。40亿元悦达汽车(大丰)科创园部分投入运营,15亿元智能网联汽车试验场加快建设，100亿元蜂巢汽车动力电池、5.5亿元美联桥汽车总成、5亿元海纳新能源汽车零部件启动建设。30亿元天永汽车智能装备、20亿元奇瑞平衡车及重卡等项目密切跟踪。

新一代电子信息产业。10亿元金信诺5G、5亿元苏大维格微纳光学防伪新材料一期、5亿元郎克斯、5亿元银泰福、5亿元丰迪智能声学等项目投产或试产；20亿元博敏电子二期、7亿元弈博太电子、5亿元美高半导体、5亿元宇豪新材料、5.5亿元维旺电子光学导光板、5亿元沪苏智造园二期等项目开工建设。120亿元诺德电子、100亿元惠科电子、68亿元东旭超薄玻璃等项目跟踪洽谈。开发区电子信息产业园、国新深通智能科技产业园、高新区启航未来智能终端产业园、沪苏智造园、大中街道中小企业标房加速堆满做实。

【项目推进机制】 2021年，大丰区落实项目"入库"管理。全区500万元以上投资项目全部"入库"建立台账，动态管理，加快推进。开展问题"四级会办"（板块主要负责人现场会办、区各条线挂钩领导随时会办、区分管领导专题会办、区主要领导重点会办）。以多层面的会办协调为重点，聚力突破堵点难点，打通"最后一公里"，加快推进在谈项目早签约，签约项目快开工，在建项目早竣工，投产项目早达产。领导挂钩推进，排出5亿元以上重点跟踪洽谈项目信息28个、5亿元以上在建项目31个、市观摩备选项目40个，分别落实区相关领导挂钩协调推进，实行"项目全生命周期"服务，从跟踪洽谈到签约落户、开工建设、竣工投产、达产达效，一条龙、一揽子服务到位。

【重大产业项目建设】 2021年，全区考核认定新开工1亿元以上项目54个。按产业类别分，工业项目42个，农业产业化项目3个，服务业项目9个。按认定投资规模分，10亿元以上工业项目3个（天合光能、博敏电子二期、长三角智能网联汽车试验场），5亿~10亿元工业项目4个（正大丰海口服制剂、正大丰海原料药、华英美大数据、希尔顿逸林酒店），1亿~5亿元工业项目35个，镇街5000万元项目24个。按落户地分，开发区12个，港区10个，沪苏集聚区1个，苏盐园区2个，常盐园区3个，大中街道5个，丰华街道3个，新丰镇2个，西团镇3.5个，南阳镇3个，白驹镇2个，三龙镇1.5个，草堰镇1.5个，大桥镇1.5个，小海镇1个，刘庄镇1个，万盈镇0.5个，草庙镇0.5个。考核认定1亿元以上新投产项目39个。按产业类别分，工业项目30.5个，农业产业化项目2.5个，服务业项目6个。按认定投资规模分，10亿元以上项目2个（天合光能、正泰光伏一期），5亿~10亿元项目2个（双瑞风电叶片、阿特斯太阳能光伏组件二期），1亿元以上项目22个，镇街5000万~1亿元项目26个。按落户地分，开发区6个，港区7个，沪苏集聚区1个，常盐园区2个，大中街道3个，丰华街道4个，新丰镇1.5个，西团镇3个，南阳镇1.5个，白驹镇2个，草庙镇0.5个，刘庄镇1.5个，万盈镇1个，三龙镇2个，草堰镇1.5个，大桥镇1个，小海镇0.5个。

（顾鹏贵）

区域经济及接轨上海

【概况】 2021年，大丰区抢抓沿海高质量发展战略机遇，围绕"争当沿海高质量发展排头兵"总体目标，努力打造江苏沿海绿色产业新高地、长三角产业一体化发展新标杆、美丽中国生态文明新样板。发挥"北上海"优势，紧扣"两争一前列"重大要求，高质量推进"一区三基地"（北上海"飞地经济"示范区、上海科创成果转化基地、上海优质农产品供应基地、上海生态旅游康养基地）建设，推动大丰区长三角一体化发展走在前列。2020—2021年，大丰区连续两年接轨上海工作考核居全市第一。"加快沪苏大丰产业联动聚集区建设"列入国家长三角一体化发展"十四五"规划，"提升上海农场（大丰）发展水平、共建上海优质农副产品供应基地和加工基地"分别列入江苏省"十四五"规划、长三角一体化发展三年行动计划（2021—2023年）。成立上海招商服务中心，组织"上海招商拜访活动""长三角战略性新兴产业专场推介会"，投资100亿元的蜂巢能源项目成功签约，投资15亿元的正泰新能源二期项目在长三角21次城市经济协调会上签约。

【南北合作共建】 2021年，沪苏产业联动集聚区围绕打造长三角一体化发展"飞地经济"示范区、北上海·临港生态智造城的目标要求，准确把握招商引资、项目推进工作重点，全年完成全口径工业开票销售50.76亿元，同比增长78.1%；规模以上工业开票销售41亿元，同比增长783%；固定资产投资11.9亿元，同比增长117.67%；实现一般公共预算收入3300万元，同比增长22.1%；到账外资1075万美元；外贸进出口总额1.1亿美元；培植规模以上工业企业4个；开工1亿元以上项目3个、5亿元以上项目2个、10亿元以上项目1个；竣工1亿元以上项目2个。

常盐园区在2020年度全省合作园区考核中位列第二名；2021年2月，被党中央、国务院表彰为全国脱贫攻坚先进集体；4月，省委省政府批复同意园区创建省南北共建园区高质量发展创新试点；10月，常州市政府和盐城市政府签订《关于共同打造长三角一体化融合发展示范区战略合作协议》；11月，签订《关于加快推进常州盐城工业园区高质量发展的战略合作框架协议》，合作共建不断走向深入。全年引进落地1亿元以上产业项目7个，其中5亿元以上项目两个，总投资38.82亿元；园区西拓拆迁工作顺利完成。

苏盐园区加强与苏州各板块产业转移对接，设立园区苏州招商中心，全年完成工业开票销售3.5亿元，同比增长75%；一般公共预算收入1200万元，同比增长41.2%；投资5000万元以上入库项目5个；完成固定资产投资8500万元；新开工1亿元以上项

2021年，沪苏产业联动集聚区培植规模以上工业企业4个；开工1亿元以上项目3个、5亿元以上项目2个、10亿元以上项目1个；竣工1亿元以上项目2个　　周古凯　摄

目5个，总投资8亿元；新签约1亿元以上项目10个，总投资88.6亿元。

【接轨上海】 2021年，大丰区接轨上海工作呈现良好发展势头，项目建设、市场管理、人社服务、行政审批、社会治理等方面合作全面接轨。成立上海招商服务中心，组织"上海招商拜访活动""长三角战略性新兴产业专场推介会"，投资100亿元的蜂巢能源项目成功签约，投资15亿元的正泰新能源二期项目在长三角21次城市经济协调会上签约。沪苏大丰产业联动集聚区智造园二期项目被纳入长江三角洲区域一体化发展建设专项2021年中央预算内投资计划，获中央预算内投资补助资金2000万元。2021年，新签约上海及长三角地区1亿元以上项目62个，开工建设35个。新签订上海及长三角地区产学研合作协议40份，新认定市级工程技术研究中心30家；接待上海及长三角地区游客210多万人次；新建直销窗口13个，"大丰仓"直营店建成运营。加强与上海经信委、省发改委的沟通对接，推动沪苏大丰产业联动开发建设推进协调领导小组第三次联席会议召开。"一园一厨五基地"扎实推进，中央厨房项目日供应学生营养午餐7万份，实现全区学校全覆盖。上海农场100万羽蛋禽项目已获上海市农业农村委、财政局批复并启动建设；泰和30万吨粮食仓储项目、海丰米业新上日加工300吨稻米生产线项目投入使用；光明乳业大丰销售公司开票销售5.9亿元，纳税908万元。研学基地首次接待上海学生1.5万人次。10月26日，上海市政府副秘书长赵祝平一行到大丰上海农场、沪苏大丰产业联动集聚区开展调研工作；11月2日，上海发展改革研究院到盐城调研长三角一体化产业发展基地产业规划编制工作。建立15个名医工作室，组织100名医生赴上海进行6个月的专业培训，实现沪丰医保异地就诊结算；建立沪丰校际联盟，组织13名校长和老师在上海封闭培训、跟岗学习，开设上海名师线上讲座18场次。

【淮河生态经济带】 2021年，大丰淮河生态经济带建设纵深推进，优化提升湿地生态系统，构筑沿海生态绿色屏障。常态化开展城市节水工作，实行城镇污水处理设施一体化运营。扎实开展$PM_{2.5}$与臭氧协同治理、扬尘污染治理等专项治理行动，改善生态环境质量。推进大丰港区深水航道二期进程，实施大丰港铁路支线工程，全面提升综合运输枢纽功能。统筹做好新型农村社区建设和传统村落保护，推进农村人居环境整治，提升巩固脱贫攻坚成果，进一步支持薄弱村加快致富，实现脱贫攻坚与乡村振兴有效衔接。

（邹　洁）

海关监管

【概况】 2021年，盐城海关驻大丰港办事处（以下简称"办事处"）监管进出境货物1034万吨，同比增长20.9%；其中集装箱货物3.5万标箱，同比持平；监管进出境国际航行船舶672艘次，同比增长11%；开征税款23.99亿元，同比增长45%，接受报关单申报4011票，同比增长5.5%，签发各类检验检疫证书1726份，同比增长2.3%。

【水运口岸疫情防控】 2021年，办事处按照海关总署和南京海关统一部署，组建水运口岸"14+7+7"工作专班，做好隔离点隔离人员工作场所改造和生活设施的配备，安排专业卫检人员、动检资质关员、兼职卫检关员和驾驶员参加疫情防控工作专班，保证工作专班顺利运行；利用视频监控开展工作巡查及全程督查，严防安全防护事故发生，运输工具登临检疫接受南京海关视频连线检查32次、均完成任务；开展专班工作个人防护实操考核，采用"一对一"交互指导、现场打分的形式对防护服的穿脱进行实操考核，一线口岸疫情防控人员均通过考核。办事处专班工作接受总关、省市各级检查督导20余次，相关工作受到各级领导的一致肯定。做好关员个人防护，坚决杜绝职业暴露和感染；召开班前会，提醒防护服穿脱细节，细化登临检疫注意事项，检查装备配备，严格落实"双人作业，互相监督"的安全防护监督制度；探索通过对讲机、热像仪非接触式测温和远程流调模式，实施登临检疫。全年登临检疫入境船舶267艘次、出境船舶177艘次；检疫入境船员4968人次，出境船员3438人次，管理换班船员1194人次。同时严格落实内部疫情防控主体责任，将安全防护措施渗透到干部职工日常工作生活全过程、全时段，深入贯彻海关从严管理各项要求，严格实施工作日体温监测、个人防护消毒、定期核酸检测、疫情日报、外出审批等各项防控制度，全年未发生疫情防控重大差错。

【通关领域重点业务改革】 2021年，办事处深入调研涵养税源，吸引优质异地企业在本口岸通关，强化商品价格管理，全年完成审价补税4352.26万元，同比增长27%，完成全年税收任务。做好压缩通关时间工作，从提高集装箱堆场的作业效率、优化查验场地、简化作业流程等方面入手，减少场地查验环节时长，做好超长时常报关单跟踪和处理工作，整体通关时间均处于关区中上水平。深入参与“两段准入”“两步申报”等改革项目，多次上报系统改进意见和建议，成功放行盐城辖区第一票“两段准入”货物。成功推广新一代物流信息化管理系统、运输工具管理系统、金关二期保税监管辅助平台等信息化平台，保证物流监控信息化水平迈上新台阶。积极推动多元化税收担保业务，完成关税保证保险担保200票，合计担保金额5.37亿元，解决本地生产型企业资金占用的难题，相关做法多次被南京海关信息载体采用。

【国门生物安全】 2021年，办事处查验和检验检疫进口粮食143.5万吨、进口原木和板材48.86万立方米、进口木片145.75万吨、原糖27万吨、肠衣1.3万吨、进口活牛4990头。全年对进口粮食和进口肠衣分别实施安全风险监测23批次和17批次。在进境植物类产品中，截获各类检疫性有害生物166种/3851种次，其中检疫性有害生物19种/416种次，一般性有害生物147种/3435种次。对60批查验发现的检疫性有害生物或来自特定国家带皮未处理的进境原木实施检疫处理。在进境活牛中，检疫出二类动物疫病阳性种牛34头，均实施扑杀处理。严格落实海关总署和南京海关有关加强对进口松属木材的检疫查验的要求，在来自美国的进口火炬松中检出检疫有害生物松材线虫。

【大宗商品快检快放能力提升】 2021年，办事处完成矿石、化工品、机电产品等商品检验125批次，总受检货值3.1亿美元；实施重量鉴定50批次、268万吨，查出34批短重的案例。推广矿产品“两段准入”“先放后检”业务改革，“附条件提离”放行铁矿石224万吨，同比增长2.2倍；加强放射性、固体废物属性、环保指标、有毒有害元素含量等重点项目检测，查获集装箱钛矿放射性超标货物110.22吨，并责令货物退运出境，相关情况被海关总署网站、“学习强国”等平台报道。

【口岸监管安全生产工作】 2021年，办事处加强口岸运行监控，建立监控日报制度，每日对辖区内监控摄像头进行巡检、回放抽查，发现问题及时向盐城海关监控指挥中心报备，保证监控在线率达到上级考核要求。深化监管作业场所安全管理，推进监管作业场所巡查“双随机、一公开”，实施监管场所“双随机”巡查34次，发现问题隐患8个，约谈企业3次，印发整改通知书2份，保证35万吨轻循环油、甲基叔丁基醚等进出境危化品顺利通关，办事处相关工作受到南京海关危化品检查组充分肯定。严格做好进口煤炭管控工作，两次召开用煤企业座谈会，根据南京海关统一部署，做好进口煤炭保障工作，全年监管165万吨进口煤炭，数量位居关区前列，有效保障盐城地区发电企业用煤需求。

【助力优化口岸营商环境】 2021年，办事处主动对接上海海关，为天合光能公司等重点企业提供优化监管，提高货物中转效率，助力“沪盐专线”加密航线。优化港口点对点通关物流方案，“陆改水”航线每标箱比陆路运输每标箱节约成本1000余元，支持盐城港自主经营集装箱运输业务，缓解“沪盐专线”缺箱问题。全年监管“沪丰通”航班228航次，进出口集装箱量3.4万标箱。推广“船边直提”作业模式，在卸船前全部完成进口货物报关、缴税、放行手续，减少货物在港滞留时间。全年对水泥熟料、纸浆、液氨、轻循环油等20票28万吨货物“船边直提”，为江苏博汇纸业有限公司等企业每船节约物流成本约30万元。在大丰港保税物流中心成功推广“区港联动”和“分报集送”申报监管模式，解决入区大宗散货车辆无法重复使用问题，允许运输大宗散货进出区车辆随到随卸随出，提高卸船50%效率，节约每船疏港费用约30万元，相关做法被海关总署《署内信息快报》采用。

【口岸开放载体建设】 2021年，办事处全力推动大丰港至釜山港国际直达集装箱班轮航线顺利开通，为盐城地区进出口企业提供新的出海通道，年内完成进出口集装箱1300标箱。指导盐城港集团顺利完成大丰港保税物流中心跨境电商业务监管现场软硬件建设，12月25日大丰港保税物流中心完成第一票进口网购保税模式跨境电商物品通关。

（于　昀）

口岸管理

【概况】 2021年，大丰区积极推进口岸载体建设，进境肉类、进境水果两个指定监管场地获得海关总署批准，滚装码头通过省级验收对外开放，跨境电子商务综合试验区核心区加快建设。“沪丰海上专线”正式开通每周第四班。

【口岸开放】 2021年，大丰区推进跨境电商四大中心建设，跨境电商监管中心、仓储中心、跨境商品展示交易中心、孵化创业中心加快建设，已入住跨境电商企业15个。进境肉类、进境水果指定监管场地完成前置拦截作业区、查验区和检疫处理区，紧盯进出口冷链食品行业领军企业开展招商。

（李林珅）

〖编辑　朱晓华〗

区园建设

江苏大丰经济开发区

【概况】2021年，江苏大丰经济开发区实现一般公共预算收入12.4亿元，增值税（100%）11.8亿元。新签约项目23个，其中，10亿元以上项目3个，5亿~10亿元项目4个，1亿~5亿元项目16个；新开工项目15个，新竣工投产项目8个。全口径开票销售423.2亿元，规模以上工业企业开票销售410.8亿元，规模以上企业现价工业产值347.9亿元，规模以上服务业营业收入5.79亿元，限额以上批零住宿餐饮零售额5.1亿元；固定资产投资29.8亿元，其中制造业投资23.62亿元，高技术产业投资13.48亿元。培植规模以上工业企业10个、规模以上服务业企业2个、限额以上批零住宿餐饮业企业4个；实际外资到账3111.72万美元，进出口总额8.2亿美元。

【招商引资】2021年，江苏大丰经济开发区全力突破重大项目，成功签约总投资60亿元的阿特斯光伏储能基地、52亿元的中国兵器集团重庆望江风电齿轮箱、15亿元的洪田高端装备、6亿元的中车风电变压器、5亿元的明通阀门制造、5亿元的蓝蓝数控车床等23个项目。

【产业发展】2021年，江苏大丰经济开发区三大主导产业（新能源及装备制造，新能源汽车零部件，新一代电子信息）开票收入282.9亿元，占总量的68.8%。其中，金风科技公司开票收入首次超过80亿元，中车电机公司开票收入首次超过60亿元，双瑞风电公司开票收入突破10亿元。正大丰海公司连续9年、金风科技公司连续7年保持税收过1亿元，中车电机公司、理研科技公司、德和绝热公司等25个企业纳税超1000万元。

【品牌创建】2021年，科技孵化园在科技部火炬中心考核、盐城市孵化器绩效考核结果均为优秀等次。德和绝热公司、爵格工业公司分别获得国家级、省级专精特新“小巨人”企业。正大丰海公司获得江苏省质量奖，金风科技公司、中车电机公司等一批企业先后获得省科技进步奖项。开发区工会被市委组织部、市总工会表彰为“党建带工建”示范片区。

【科技创新】2021年，中车电机公司入选江苏省创新百强榜单，成功研制全球首台抗台风5.5兆瓦海上漂浮式风力发电机，全球功率最大的12兆瓦海上半直驱永磁同步风力发电机顺利下线。双瑞风电公司成功生产中国首款百米级叶片，也是当前世界上最长的10兆瓦风电叶片。双一科技公司研制并出口100米非金属风电叶片模具，实现从国内市场向海外市场扩展的成功探索。

【园区更新】2021年，江苏大丰经济开发区推动维旺二期重组伟伦阀门、苏大维格二期重组英格半导体，收储劲力化肥公司的土地保障洪田科技项目用地，清理闲置土地47.73公顷、闲置厂房2.5万平方米。成立专题拆迁小组，推进新民中心河产城融合项目、西河口片区、大丰港铁路支线、和瑞奥凯明通、灶圩幸福路西延等拆迁项目，完成住户拆迁508户、企业拆迁20个、经营户拆迁21户。

【社会文化事业】2021年，江苏大丰经济开发区建设村获得“盐城市生态文明示范村”称号。灶圩小区67~70号楼农民公寓项目竣工验收，162幢农民安置房不动产产权证大证全部办理到位，75户安置房不动产产权证

2021年，江苏大丰经济开发区实现一般公共预算收入12.4亿元，增值税（100%）11.8亿元　　周古凯　摄

小证转移登记办理到位。百富达小区环境提升工程顺利完成，新民北小区、长安南小区、灶圩小区环境提升工程有序推进。设立大丰华东国际会议中心扬州到盐城人员集中隔离点，承接扬州到大丰隔离人员543人，完成集中隔离任务。

【安全环保】 2021年，江苏大丰经济开发区建设专职消防队，初步构建完善政府专职队、企业志愿消防队、村（社区）微型消防站三级联动应急救援体系。开展第一次全国自然灾害综合风险普查，排查整治房屋建筑、市政设施、既有建筑的安全隐患；强化扬尘管控，建设2座大气监测站，提升园区监测监控能力和管理水平；老斗龙港疏港路以北沿线水环境通过省级幸福河湖评估。

（尤　勇）

江苏大丰港经济开发区

【概况】 2021年，江苏大丰港经济开发区（以下简称“港区”）以海洋经济为统领，全面融入长三角一体化发展，招引新兴产业项目。2021年完成一般公共预算收入12.72亿元，同比增长42.9%；全口径工业开票销售收入602亿元，规模以上工业开票销售收入550亿元，分别同比增长35.3%、36.1%，其中开票销售收入超100亿元企业2个，为联鑫钢铁公司和金光博汇集团；自营进出口额14亿美元，外资实际到账6555万美元，固定资产投资90.3亿元，新增工业定报企业8个，服务业定报企业9个。港区在全市园区等级创建工作中获AAAA，在全区综合绩效考核位列第一。大丰港物流中心被评为全市AAAAA级园区。

【临港产业发展】 2021年，港区新签约1亿元以上项目17个，其中10亿元5个，5亿~10亿元3个，1亿~5亿元项目9个。用好全省重点项目在港区开工、全市高质量项目到港区观摩契机，加快项目建设进程，全年新开工亿元项目10个，其中10亿元2个，5亿~10亿元3个，1亿~5亿元5个。竣工投产1亿元以上项目7个，天合光能10兆瓦光伏组件项目3个月建成厂房、5个月产品下线，8个月全面投产，创造港区项目建设新速度。全区“拿地即开工”80%项目在港区，规模以上企业增长面保持在75%以上。

【港口口岸发展】 2021年，大丰港开通至上海港、釜山港等11条集装箱直航航线，班轮密度每月60班。大丰港总体规划布局调整方案通过市政府批复，临港作业区基本划定，深水航道一期工程竣工，滚装码头正式对外开放，开辟至釜山航线、至蚌埠港的内河集装箱航线，正式开通至釜山航线、至蚌埠港内河集装箱航线，盐城港至大连港汽车滚装船航线完成首航。100万集装箱堆场加快实施，码头泊位审批有序推进，成功出口世界最长102米、10兆瓦风电叶片。实现“沪盐通”通关模式，“沪丰海上高铁”每周4班，盐城港“沪盐专线”第四班完成首航任务。全年完成货物吞吐量7066.2万吨，集装箱37.6万标箱，同比分别增长33.08%、43.39%。

【基础设施建设】 2021年，悦达科创园一期建成运营，化工园区完成C升D升级改造，危化品停车场、特勤消防站、生活污水处理厂、海环污水处理厂扩能启动建设，化工实训基地加快建设，日月湖北大道、南港大道等一批重点工程建成竣工，新王竹海岸带综合整治、中天项目配套道路、工业四大道建设等工程持续推进。盘活闲置土地13宗，低效厂房2处，孟家实业、万山木业等项目7个。

【社会民生福祉】 2021年，港区推进1100公顷高标准农田建设，植树造林面积660公顷，养护农路82.40千米，公厕改造1220户；推进脱贫攻坚，制定帮扶政策，投入2800万元实施省级现代农业示范项目，转移劳动力500余人，年均新增工资性收入1000余万元。完成1户危房改造，与20户农户签订退宅还耕协议并购房。

【安全环保】 2021年，港区集中开展危化品使用、港口码头、受限空间等专项行动，排查安全生产责任主体147个，查出各类隐患7956条，年内整改7300条，整改完成率92%以上。完成联鑫烟气脱白、辉丰生态修复工程，王港闸断面水质趋好。推进生态环境治理，实施化工园区、水污染、大气污染、土壤污染等专项治理，辖区污水处理厂全部达到一级A排放标准。深入

2021年，天合光能（盐城大丰）有限公司10吉瓦光伏组件项目正式投产运营　　宋凯华　摄

推进整改气味绕城问题，群众满意度提升明显。

【世界最长10兆瓦风电叶片在大丰港成功出运】 2021年4月7日，大丰港成功出运全长102米大型海上风电叶片，打破全球港口吊装最长风电叶片纪录。该项目总投资1.5亿元，建设4条大型海上风电叶片生产线，叶片由洛阳双瑞风电叶片有限公司盐城基地生产，是中国首款百米级10兆瓦-SR210型叶片，也是当前世界上最长的10兆瓦风电叶片。

【盐城港至大连港汽车滚装船航线首航】 2021年6月25日，盐城港至大连港汽车滚装船航线完成首航，初步实现盐城港汽车物流货源地向外拓展的目标，开启汽车滚装业务发展的新里程。执行此次首航任务的汽车滚装船最大可装载汽车2386辆。航次从大连港至宁波、上海靠泊卸船，经停盐城港大丰港区至大连港，单次运输汽车数量再创大丰港区滚装码头业务历史新高。

【天合光能（盐城大丰）有限公司10吉瓦光伏组件项目】 2021年8月4日，省重点项目——天合光能（盐城大丰）10吉瓦210高效组件首件量产下线。项目总投资25亿元，主要进行单晶、多晶等高效光伏组件及光伏衍生产品的研发、生产和销售。项目于3月1日开工建设，首个车间至8月4日正式投入运营，用时仅5个月，体现了大丰项目服务的速度。

（张　涵）

大丰高新区

【概况】 大丰高新区地处大丰新城区核心位置，根据市委、市政府统一部署，按照“布局集中、产业集聚、资源集约”要求，2019年以高新技术区为主体，整合大中街道工业园区、西团镇工业园区，组建市级工业园区，2019年11月经盐城市人民政府批准成立“大丰高新区”。截至2021年年底，大丰高新区有工业企业310个，其中规模以上企业90个，国家高新技术企业55个。2021年实现一般公共预算收入7.9亿元，规模以上工业企业开票销售收入97.11亿元，税收10.90亿元。

【园区整合】 2021年，大丰高新区继续编制《盐城市大丰高新区总体规划（2020—2035）》，明确产业发展定位、明晰发展路径。园区投融资企业创新探索实体化转型路径，推动丰华水务公司建设，完善园区内水、电、气等基础设施，“四纵四横”（四纵：五一路、万丰路、福成路、陈李线；四横：通港大道、新北路、幸福大道、大华路）道路框架全面拉开，配套设施进一步健全。

【招商引资】 2021年，大丰高新区新签约总投资100亿元的蜂巢能源动力电池、金信诺5G产业园、德瑞精密等重大项目17个。宇豪新材料、摩羯星、共维电子、泓彩智能显示屏等项目相继开工建设。郎克斯智能制造公司、杰源智造公司、昊芯科技公司等企业全面投产。启航未来智能终端产业园累计落户企业16个，其中开票销售超1亿元企业4个；锦和、鸿基、锦徽、道诚等总部大厦集聚集群效应逐步彰显。

【创新驱动】 2021年，大丰高新区先后与南京大学、浙江大学等近10所知名高校开展深度合作，助推科研成果走出实验室、实现产业化。高新区创业服务中心获批“国家级科技企业孵化器”，东方创客、卯酉·创客邦创成“国家级众创空间”，国际软件园创成“江苏省级软件和信息服务产业园”“江苏省三网融合试点园区”“江苏省级众创集聚区”，丰华互联网创新创业园创成盐城市AAA级服务业集聚区，大丰智能硬件众创社区获评全区首家省级众创社区，吉凯同建成江苏省智能可穿戴通信终端设备工程技术研究中心，丰华生物制药入选潜在独角兽企业培育库。

【区城融合】 2021年，区属国有企业兴城投资公司旗下子公司——欣荣文化公司与盐城文旅集团等大市级国企开展全面合作，城东片区教育质量得到社会认可，大丰外国语学校全面投产使用。高质量完成幸福公园、东郊公园、五一公园的改造提升，高标准完成通港大道、东宁路周边、盐洛高速沿线环境整治，高效率完成铁路支线、风电项目、三纺厂地块拆迁。东苑酒店三期、文化会展中心、卯酉书局集中投入使用；维也纳国际酒店、众港汇养生馆、雅家乐

截至2021年年底，大丰高新区有工业企业310个，其中规模以上企业90个，国家高新技术企业55个　　周古凯　摄

超市、未来科技馆、博物馆建成开放。新城·云樾春秋、金辉·珺和府等一批高端社区楼盘相继开盘，健康路、健康桥建成通行，区城融合步伐加快。

（周　霖）

沪苏大丰产业联动集聚区

【概况】 沪苏大丰产业联动集聚区是上海市人民政府和江苏省人民政府主导建设的产业开发区，总规划面积33平方千米，先期开发12平方千米，其中已批控规面积7.7平方千米。集聚区入选首批"国家绿色产业示范基地"，被中国国际投资促进会、长三角开发区协同发展联盟评为"长三角共建省际产业合作示范园"。"加快沪苏大丰产业联动集聚区建设"列入《国家长三角一体化"十四五"规划》，"推进沪苏大丰产业联动集聚区等载体建设""提高沪苏大丰产业联动集聚区发展水平"分别写入上海市《"十四五"规划和二〇三五年远景目标纲要》和江苏省《"十四五"规划和二〇三五年远景目标纲要》。全年完成全口径工业开票销售收入50.8亿元，同比增长78.1%；规模以上工业开票销售收入41亿元，同比增长1073%；固定资产投资11.9亿元，同比增长117.7%；实现一般公共预算收入3300万元，同比增长22.1%；外贸进出口总额1.1亿美元；到账外资1075万美元；培植规模以上工业企业4个；新注册企业13个。

【招商引资】 2021年，集聚区开工1亿元以上项目6个，其中5亿元以上项目3个；竣工1亿元以上项目2个，其中10亿元以上项目1个。投资20亿元的正泰新能源光伏一期6月全面达产达效，全年开票销售收入36亿元；总投资15亿元、一期投资2亿元的泓顺硅基半导体材料项目设备陆续进场，二期租赁智造园四幢标房协议洽商提上日程；投资5.8亿元的新时代建筑节能科技项目厂房全面竣工；江苏人酒业与新潮传媒20亿元品牌传播战略合作签约；嘉寓、致和春、鸿桦、德沃等一批重大项目加快推进。

2021年，沪苏大丰产业联动集聚区入选首批"国家绿色产业示范基地"
周古凯　摄

【基础设施】 2021年，集聚区管委会和沪苏公司同向发力，坚持"规划、理念、思路、目标"一体化，达到"1+1>2"的效应。为项目配套建设的道路、地下管网、空中线路、通信、污水处理等工程基本实施到位；产业服务中心、邻里中心、高端智造中心等地标性"三中心"工程加速建设；与苏州银行、大丰城投的战略合作进一步深化，共同探索供应链金融平台、"沪苏制造贷"等金融创新服务手段，为集聚区企业、项目提供金融支撑。

【合作交流】 2021年，盐城市委、市政府和临港集团进一步加强合作交流。在盐城市委办、政府办联合出台《关于推动合作园区高质量发展的意见》的基础上，盐城市政府和临港集团出台支持集聚区高质量发展的会议纪要。集聚区纳入盐城长三角一体化产业发展基地建设。国家发改委支持集聚区发展的2000万元重大区域发展战略建设中央预算资金已经到账。

（杨进东）

常州盐城工业园区

【概况】 常州盐城工业园是按照省委、省政府出台的《关于推动南北共建园区高质量发展的若干政策措施》，在大丰建成区（原常州高新区大丰工业园）基础上深化合作共建的高质量发展园区。2021年5月，常州盐城工业园区高质量发展总体方案获省委办公厅、省政府办公厅批复，明确常盐工业园"一园两区"（将共建区域拓展为大丰和滨海港2个片区）发展格局，规划面积由原来的3.8平方千米拓展到24.3平方千米，包含大丰片区和滨海港片区两个区块。其中大丰片区在原有建成面积3.8平方千米的基础上向西拓展约5.5平方千米，总计9.3平方千米；滨海港片区规划面积为15平方千米。园区定位以建设"全省南北优势互补、共建共享的创新示范区""全省南北联动、产业合作的样板区"为目标，主要承担开发建设、项目招引、企业服务、产业培育等职能，其他社会事务均由所在地负责。园区形成常州、盐城党委政府联席会议、园区管理机构、投资开发公司三级管理架构，内设5个职能部门。管委会领导班子成员及部门负责人均由常州方选任。6月，设立投资开发平台公司（江苏新常盐建设发展有限公司），常州、盐城双方按照5:5的比例出资5亿元注册资本，并全部实缴到位，开始实体化运作。12月，常州盐城工业园区招商促进服务中心成立。园区全年新增规模以上工业企业4个（总数29个），新增1亿元以上工业企业6个（总数12个），新增高新技术企业1个（总数14个）、工业总产值中高新技术产业产值占比40%。园区全年完成营业总收入84.23亿元、工业销售收入44.52亿元、高新技术产业产值13.45亿元、营业总收入中制造业占比52%。

【基础设施】 2021年，园区投入8000万元对园区景观、道路、管网等实施改造提升工程。拓展区的拆迁安置工作7月底启动，快速推进，需拆迁的1629户已经完成近900户；拆迁安置小区项目完成项目招标，总投资超20亿元。12月底，常盐工业园拓展区基础设施开工仪式举行，有效推进首批标准厂房项目实施。

【项目建设】 2021年，园区强力推进项目建设，提高项目开工率、竣工率、投资完成率。全年引进1亿元以上产业项目6个，其中5亿元以上项目2个，总投资31.52亿元。出台重大项目招引奖励政策，促进项目招引和园区建设。制定项目代理员制度，从项目签约、备案环评、开工建设到投产达效全链条、全流程跟踪服务。打造首席项目代理员，服务园区重大项目，形成品牌化特色。

【招商引资】 2021年，园区构建全新招商体系，加快组建专业招商队伍，与相关专业机构开展招商代理和基金招商探索，与常州相关单位和社会组织加强对接，构建多层次招商合作体系。筹建常州招商服务中心，在常州高新区购置建筑面积约2000平方米办公楼并已启动设计装修，作为园区在常州的招商服务窗口，瞄准苏锡常、辐射“长三角”进行招商活动，承接常州方面产业转移。激发商会招商潜能，盐城市常州商会于2021年12月成立，通过商会平台，汇聚在盐城投资的常州企业资源，推动以商引商。制定与盐城市各板块、各园区之间共建共享的招商政策，鼓励盐城市各板块招引符合产业定位的1亿元以上项目落户园区，鼓励大丰区其他区、园招引符合园区产业定位的1亿元以上项目，鼓励全国有实力的企业单独、或园区单独、或组团到园区建设符合产业定位的园中园，享受园区项目共享政策，发挥多方优势，实现互利共赢。

2021年12月10日，盐城市常州商会正式成立（常州盐城工业园　供图）

【安全环保】 2021年，园区加大安全环保投入和对企业人员专业知识技能培训，推进安全生产专项整治行动和污染防治“三大”（蓝天、碧水、净土）保卫战，投入近300万元提升园区污水泵站，开展园区首次安全风险评估。分别开展安全、环保各类检查7轮次、300余个次和6轮次65个次，检查整改各类隐患1528条、103条，停产整改重大安全隐患2条。协助上级办理执法案件8起，其中对安全生产违法行为处罚5个企业，处罚金额11.12万元；对环境保护违法行为处罚3个企业，处罚金额49万元。督促迪皮埃风电叶片大丰有限公司、江苏谷登机械装备有限公司等企业投入800多万元对原有废气设施升级改造，指导各企业在国家危险废物态系统中规范处置危险废物681.7吨。

【科技创新】 2021年，园区制定“推动园区高质量发展”的政策意见，每年拿出5000万元，从项目建设、科技创新等六个方面推出20条政策，引导支持入园企业，推动结构调整和高质量发展。年内通过高新技术企业复评的企业有4个，上海特瑞机械设备盐城大丰有限公司、江苏杰工机电设备有限公司2个企业获批市级工程技术中心，完成22个科技型中小企业评价认定，入选江苏省科技副总3名、市级科技副总3名，完成1个企业省股交中心挂牌。

【重大项目实施】 2021年，园区一批重大项目实施。滨海港工业园德龙不锈钢制品深加工一期项目总投资18.2亿元，项目分两部分：厂房备案6.2亿元，项目备案12亿元。建设后年产50万吨拉丝。江苏谷登重型机械装备科技有限公司，年产2700台套非开挖配套设备及600台套桩工机械制造项目，二期占地4.67公顷，三期拟占地6.13公顷，购置等离子切割机、激光切割机等设备，年产2700台套非开挖配套设备及600台套桩工机械设备。

（英　俐）

2021年，苏州盐城沿海合作开发园区签约及开工1亿元以上项目15个，总投资近100亿元

周古凯　摄

苏州盐城沿海合作开发园区

【概况】 苏州盐城沿海合作开发园区（以下简称"园区"）是苏州、盐城两市积极响应江苏沿海开发国家战略而联合成立的共建园区。2021年，园区把握长三角一体化产业发展基地建设、沿海高质量发展等战略叠加机遇，以推进项目招引和建设为重点，全面深化对接协调，推动各项工作取得新成效。全年签约及开工1亿元以上项目15个，总投资近100亿元，园区已成为苏州与盐城密切合作、融入长三角一体化的重要纽带。

【高位推进】 2021年，省委常委、苏州市委书记曹路宝，盐城市市长周斌先后到园区调研指导工作。盐城市委先后印发《关于推动合作园区高质量发展的意见》《关于印发合作园区发展事项职责清单的通知》两份重要文件，全面加大支持合作园区发展力度。苏州高新区专门成立园区高质量发展工作领导小组，专题召开工作会议，出台项目转移园区发展扶持政策。在苏州、盐城两地有力支持下，选派优秀人员充实园区干部队伍，为推进园区产业基地建设提供重要支撑。

【项目建设】 2021年，园区完成工业开票销售收入3.5亿元，同比增长75%；一般公共预算收入1200万元，同比增长41.2%；完成固定资产投资1亿元。新开工1亿元以上项目5个，总投资8亿元；新签约1亿元以上项目10个，总投资88.6亿元。昌雷镁业项目成功签约，该项目总投资70亿元，投产后年产值500亿元，税收40亿元，实现园区重大项目零的突破。

【园区服务】 2021年，园区把推进已签约落户项目早日发挥经济社会效益作为一项重点任务。主动帮助企业协调解决能耗、排放指标与用工问题，引导企业满负荷生产。加强内部管理与考核，出台《全员挂钩服务企业和督查安全生产疫情防控工作制度》，提高工作效能。

【苏盐对接】 2021年，苏州高新区与大丰区主要领导先后两次率队互访，专题听取与会商产业联动及加快园区发展等情况汇报。苏州高新区分管领导带队到苏盐园区帮助协调解决具体问题。园区在苏州设立招商中心，为拓宽项目信息源，招聘专业人才，增强招商力量，全面对接苏州产业转移。加强苏州高新区与大丰区在全产业链分工协作、优势互补、协同发展等方面拓展合作空间和领域，构建联动发展新格局。

（高　宇）

〖编辑　朱晓华〗

经济管理

发展和改革

【概况】 2021年，大丰区紧扣经济发展高质量要求，强化经济运行预警、预测、调控工作。全年实现地区生产总值759.21亿元、同比增长6.6%，人均地区生产总值11.76万元；一般公共预算收入58.05亿元、同比增长8.4%；全口径工业开票销售收入1404.35亿元、同比增长27.8%；注册外资实际到账1.24亿美元、同比增长10.6%；外贸进出口总额42.02亿美元、同比增长46.5%；城镇和农村常住居民人均可支配收入分别为44392元、29387元，同比增长8.3%、9.8%。区发改委在盐城市发改系统综合考核中列第一等次，并获得规划编制、价格监测、粮食和物资储备3个单项先进奖，聚焦“一体化”“高质量”，聚力打造长三角一体化产业发展基地获优秀创新成果奖，大丰区蝉联2021年度县（市、区）综合考核第一等次。

【规划与发展】 2021年，区发改委科学编制印发《大丰区国民经济和社会发展第十四个五年规划和二〇三五年远景目标纲要》。响应国家、省、市战略部署，高起点规划建设长三角一体化产业发展基地，勇当沿海地区高质量发展排头兵。大丰经济开发区成功申创“第四批江苏省大众创业万众创新示范基地”，建设培育江苏中车电机有限公司、江苏大洋精锻有限公司等4个省产教融合示范企业，大丰港铁路支线具备全线开工条件，成功争取专项债券11.3亿元。

【三大新兴产业】 2021年，大丰区重点发展新能源及装备制造、新能源汽车零部件、新一代电子信息等三大战略性新兴产业，规模以上企业116个，实现工业开票销售411.5亿元。新能源及装备制造产业，规模以上企业32个，实现工业开票销售315.6亿元，开票销售5亿元以上企业11个，11个重点项目完成投资158.3亿元，其中110万千瓦沿海海上风电项目完成投资108亿元，阿特斯6吉瓦光伏组件项目、天合光能10吉瓦光伏组件项目、正泰新能源光伏电池及组件项目等3个市重点光伏项目完成投资33.4亿元。新能源汽车及零部件产业，规模以上企业33个，实现工业开票销售41.4亿元，开票销售1亿元以上企业9个，2个重点项目完成投资5.94亿元。新一代电子信息产业，规模以上企业51个，实现工业开票销售54.5亿元，开票销售1亿元以上企业17个，9个重点项目完成投资16.9亿元。

2021年，大丰区新能源及装备制造产业规模以上企业32个，实现工业开票销售315.6亿元 周古凯 摄

【项目建设】 2021年，区发改委持续做好重大项目建设决策审查工作，全年召开决策审查会7次。落实“两重一实”，100个区“两重”项目完成投资361亿元，有力支撑固定资产投资；20项区民生实施工程顺利完成年度目标任务，完成投资40.23亿元。落实协调服务，天合光能10吉瓦光伏组件、龙马风电装备制造基地项目（一期）、海上风电等3个项目列入省重大项目，沪苏大丰产业联动集聚区智造园二期等一批项目获中央预算内投资补助资金。

【区域合作深化】 2021年，长三角一体化产业发展基地全面启动，大丰发展历史性地提升到市域、省域、长三角一体化新高度。“推进沪苏大丰产业联动集聚区建设”列入上海“十四五”规划，“深化上海港与盐城大丰港合作、探索沪苏大丰产业联动集聚区省级合作园区发展新路径、支持盐城大丰区建设长三角飞地经济示范区、加强盐城大丰区与上海农场一体化发展、共建上海优质农副产品供应基地和加工基地”四个重点事项列入《长三角地区一体化发展三年行动计划》。新增签约上海及长三角其他地区1亿元以上项目65个、上海及长三角地区1亿元以上开工项目47个，搭建创新载体29个，实施产学研合作项目38个，新聘长三角地区科技副总22人，新建或改造提升盐城农产品上海直销窗口17个，1亿元以上农产品加工项目3个，上海市外农产品主供应基地面积共7000公顷（2021年新增1666.67公顷）。与长三角旅游企业签订有效协议，其中荷兰花海签订数20多份，全区旅客接待量突破1000万人次。

（谷素梅）

财 政

【概况】 2021年，大丰区财政局围绕区委、区政府决策部署，聚焦重点、精准施策，积极发挥财政职能作用，认真落实减税降费各项政策，统筹用好各类财政资金，扶持实体经济发展，持续保障民生改善，强化政府债务管理，深化财政改革创新，统筹疫情防控和经济社会发展，全力做好财政各项工作，为高水平全面建成小康社会、开启大丰现代化建设新征程提供坚强的财政支撑。区财政局被盐城市双拥工作领导小组办公室表彰为盐城市双拥工作先进单位，被盐城市精神文明建设委员会表彰为2019—2020年度盐城市文明单位，被大丰区委表彰为全区综合考核先进集体。

2021年12月7日，大丰区财政局组织2022年预算管理一体化系统应用暨2021年部门决算编制布置会，加快推进预算管理一体化建设工作
（区财政局　供图）

【收支预算执行情况】 一般公共预算：2021年，区十五届人大五次会议审议通过的全区2021年一般公共收

2021年大丰区一般公共预算收支执行情况表

表11　　单位：万元

预算科目	决算数	预算科目	决算数
一、税收收入	464388	一、一般公共服务支出	151141
增值税	201347	二、外交支出	0
企业所得税	68491	三、国防支出	553
个人所得税	18984	四、公共安全支出	49348
资源税	15	五、教育支出	153136
城市维护建设税	27197	六、科学技术支出	43661
房产税	28802	七、文化旅游体育与传媒支出	29193
印花税	9575	八、社会保障和就业支出	197657
城镇土地使用税	21107	九、卫生健康支出	98256
土地增值税	30295	十、节能环保支出	18824
车船税	3797	十一、城乡社区支出	118277
耕地占用税	13944	十二、农林水支出	133310
契税	38357	十三、交通运输支出	46978
烟叶税	0	十四、资源勘探工业信息等支出	16200
环境保护税	2246	十五、商业服务业等支出	9090
其他税收收入	231	十六、金融支出	405
二、非税收入	116078	十七、援助其他地区支出	1343
专项收入	24420	十八、自然资源海洋气象等支出	12279
行政事业性收费收入	20558	十九、住房保障支出	41701
罚没收入	9823	二十、粮油物资储备支出	3614
国有资本经营收入	0	二十一、灾害防治及应急管理支出	4617
国有资源（资产）有偿使用收入	61027	二十二、其他支出	4558
其他收入	250	二十三、债务付息支出	16390
		其中：地方政府一般债券付息支出	16390
		二十四、债务发行费用支出	79
收入合计	580466	支出合计	1150610

入预算57.59亿元，实际完成一般公共预算收入58.05亿元，完成调整预算的100.8%，其中区本级完成一般公共预算收入46.73亿元。区十五届人大五次会议审议通过的全区2021年一般公共支出预算97.01亿元，预算执行中，调整增加支出11.72亿元，上级追加补助6.38亿元，2020年结转支出8.82亿元，全区一般公共支出预算最终为123.93亿元，实际完成一般公共预算支出115.06亿元，比2020年实绩增加2.46亿元，增长2.2%，其中区本级完成一般公共预算支出105.35亿元。全年一般公共预算收入加上2020年结余、上级补助、预算稳定调节基金和调入资金等，形成地方留成财力123.93亿元，实际支出115.06亿元，结转下年支出8.86亿元。全区实现财政收支平衡。

政府性基金预算：2021年，全区完成政府性基金收入514876万元，其中：国有土地使用权出让收入504909万元，城市基础设施配套费收入9175万元，港口建设费收入18万元，污水处理费收入774万元。全区实现政府性基金支出547370万元（含上年结转、上级追加支出），其中：文化旅游体育与传媒支出13万元，社会保障和就业支出1057万元，城乡社区支出527306万元，农林水支出246万元，债务付息及发行费支出17903万元，其他支出845万元。

社保基金预算：2021年，全区完成社会保险基金收入136539万元。主要收入项目：机关事业单位基本养老保险收入76451万元，城乡居民基本养老保险收入60088万元。全区实现社会保险基金支出125156万元。主要支出项目：机关事业单位基本养老保险支出76451万元，城乡居民基本养老保险支出48705万元。

国有资本经营预算：2021年，全区完成国有资本经营收入3000万元，完成年初预算的100%。全区实现国有资本经营支出3003万元，完成年初预算的100%。

地方政府债务情况：截至2021年年末，全区地方政府债务限额114.96亿元，其中：一般债务限额50.76亿元、专项债务限额64.2亿元。全区地方政府债务余额107.75亿元，其中：一般债务余额47.65亿元、专项债务余额60.1亿元。

【疫情防控财政保障】 2021年，大丰区财政局严格落实常态化防控措施，最大限度减少疫情对经济社会发展的影响。积极调度资金，保障疫情防控各项资金及时拨付到位，全年拨付资金7751万元用于疫情防控支出，购置12台PCR扩增仪、8台核酸检测仪、购置核酸检测物资、购置6辆救护车，加强新型冠状病毒肺炎集中医学隔离点建设，建立健全公共卫生应急储备机制，支付8571万元用于全员免费接种新冠疫苗，保障人民群众生命健康。推进卫生体制改革，安排基层医疗卫生体制改革经费11861万元，基本公共卫生服务经费人均补助标准提高到88元/人·年。保障困难群众基本生活，全年向城乡低保户、“三无五保”户、孤儿、困境儿童、低保边缘户等困难群众补助资金6882万元，向无固定收入重残人员发放“两项补贴”生活补助7600万元。落实社保费减免及稳岗政策，帮助企业减轻负担、稳定就业，拨付企业稳岗补贴返还资金1770万元。

【财政调控】 2021年，大丰区财政局认真落实支持经济发展各项财政扶持政策，全力支持实体经济转型升级、高质量发展。争取债券资金13.3亿元，支持大丰港铁路支线、串场河整治等“两重一实”项目。加大先进制造业奖补力度，推动大丰区产业规模化、高端化、智能化、绿色化发展，全年拨付财政制造业发展专项资金3069万元，商务发展专项资金1109.43万元。加大财政金融支持力度，对区内一般项目担保费率和过桥资金使用费下降10%，新增担保项目担保费率降至1%以下，降低企业融资担保综合成本，全年金茂融资担保有限公司为349户企业担保13.08亿元，为28户企业提供过桥资金1.05亿元。通过“小微贷”财政普惠金融风险资金池，保障小微企业信贷需求，为55户企业发放“小微贷”贷款2.45亿元。利用富民创业担保贷款贴息政策，扶持创业、促进创业、带动就业、支持符合条件创业人员的资金需求，全年发放贷款592笔，共8532.8万元，较2020年增长51%。积极落实普惠金融发展政策，全年拨付普惠金融发展专项资金1916.58万元，引导银行对企业增加信贷投放，促进企业提质增效。

【民生保障】 2021年，大丰区财政局聚焦民生所需，压缩一般性支出，统筹资金保障民生，加大对民生领域的支持和投入力度。推进农村住房条件改善，投入农房改善资金10.77亿元，改善农村人居环境。推进城乡环境建设，投入1295万元支持大丰区农村生活污水治理设施建设，投入575.8万元保障乡镇污水处理厂的正常运行；投资6372.51万元支持大丰区居民生活区垃圾“四分类”（可回收物、有害垃圾、厨余垃圾和其他垃圾）项目，安排1385万元用于垃圾焚烧、餐厨垃圾及有机物处理等项目。提高社会保障待遇水平，城乡居民基础养老金发放标准提高到220元/人·月，为苏北地区最高。加大城乡居民基本医疗保险补助力度，城乡居民基本医疗保险财政补助从680元/人·年提高到710元/人·年。加大社会救助力度，安排医疗救助资金4000万元、重大疾病救助资金500万元、民生三项保险专项资金421万元、老年人意外伤害保险救助162.15万元，各类民政、养老、医疗、救助资金全部按标准执行到位。推进养老服务建设，对各镇居家养老服务运营实施“以奖代补”，对60周岁以上低保户、低保边缘户中的失能老人实施养老服务补贴制度，并对各镇的运营进行考核、奖励，鼓励各类养老机构对老人提供服务。推进家庭医生签约服务，安排资金400万元资助困难群众签约家庭医生。支持公立医院高水平建设，安排特别国债2.2亿元支持新建妇幼保健院工程项目和三院异地新建项目，安排2300万元用于妇幼保健院设备购置；支持区人民医院创建高水平三级医院、支持中医院创建三级中医院，安排2234万元用于人民医院新院区贷款贴息，安排5000万元用于中医院新院区的改造提升。

【社会事业经济保障】 2021年，大丰区财政局调整优化财政支出结构，加大教育、就业、科技创新、公共文化等的投入力度，促进基本公共服务均等化，全年投入27.54亿元支持社会事业发展。坚持教育优先发展。支持实施四项教育惠民工程，安排专项资金2091万元用于发放课后服务补助、中小学教室空调装配、食堂维修改造、中小学教室“增亮”、中小学课桌椅换新工程、中小学厕所革命、学生饮水机、寄宿制学校洗浴设施改善等工程。足额安排各项教育政策性经费，强化公用经费保障措施，薄弱学校保底公用经费每学年提高到30万元，提高非义务教育公用经费标准。积极改善办学条件，安排义务教育校舍维修经费2700万元，安排教育现代化建设经费1000万元。支持教育人才队伍建设，足额安排教师培训经费，发放盐城市高层次教育人才考核奖励资金113.23万元。扎实推进扶贫助学工作，发放扶贫助学资金940万元，对高中建档立卡家庭学生免收学费，并进一步扩大资助覆盖面，对残疾幼儿免收保育费，对中职和高中残疾寄宿生免收住宿费。加大人才引进力度，支持实施金丰人才工程，建设高技能人才队伍，全年兑现双创等人才资金5048万元，为全区战略性新兴产业发展提供智力支撑。支持科技自主创新，全年拨付各类科技专项资金资金4820万元，支持科技型创业企业孵育计划和高新技术企业培育，惠及全区360家企业单位。加大专利申请扶持力度，安排专利发展经费400万元。支持公共文化服务建设。设立文化建设专项资金1000万元，推动文化建设高质量发展走在前列。积极支持文艺精品创作，安排专项资金280万元支持区锡剧团排演大型历史剧《堰海赋》。安排旅游宣传推广专项经费2200万元，提升大丰旅游品牌的美誉度和号召力。加大综治平安建设。支持实施“智慧安防工程”“智慧平安大道建设”，支持社会治理升级版技防项目建设，提高农村网格工作经费标准，提升网格化社会治理能力和水平。

【财政支农建设】 2021年，大丰区财政局坚持实施乡村振兴战略，全面落实好区委、区政府关于推进农业农村高质量发展的激励政策，加快农业农村现代化建设。全区农林水投入13.33亿元，较2020年同期增长1.56%。支持农业基础设施建设，安排6000万元资金，实施农村生态河道建设、村庄河塘专项整治、生态清洁小流域、入海河流支河整治等项目，整治河道452条，疏浚土方664万立方米，建设生态河道44条，建成生态小流域2个，全区农村生态河道覆盖率从14.70%提高到32.16%。支持幸福家园项目建设，安排后期扶持资金1953万元，新建水泥路63条、4.5米以上宽桥梁4座、节制闸1座，安装太阳能路灯1196套。支持高标准农田建设，全年建设高标准农田1.19万公顷，其中国家项目14个6600公顷、投资18562.5万元，自建项目5333公顷、投资1.28亿元，含示范区项目3个3000公顷、投资2400万元。实施农机购置补贴政策，兑现农机购置补贴资金3291.96万元，新增大中型拖拉机、联合收割机、插秧机、烘干机等2060台。积极培育新型农业经营主体，加大对家庭农场、农民合作社等新型农业经营主体的扶持力度，兑现设施农业奖补资金607.92万元，兑现省级、市级示范家庭农场奖补资金90万元。积极扶持农产品品牌建设，加快推进农业品牌化战略，对新获得有机食品、绿色食品认证的单位兑现奖补资金49万元。鼓励发展农产品加工业，兑现奖补资金167.4万元，促进延伸农业产业链。支持农作物秸秆综合利用，兑现秸秆综合利用资金3724.64万元，全区秸秆综合利用率98.82%。

【财政管理改革】 2021年，大丰区财政局统筹财税改革与财政管理，全方位推进财政管理科学化、精细化。加强对直达资金的管理，以直达资金监控系统为重点，强化直达资金分配、下达、使用和问效的全过程管理，确保资金直达市场主体和基层群众，直接惠企利民。积极盘活存量资金，加大政府债券、政府性基金等各类财政资金的统筹使用力度，压缩非急需、非刚性支出，调整优化支出结构。全年盘活存量资金2.89亿元，统筹使用土地出让金30.52亿元，压缩支出10.77亿元，各项财政支出得到保障。加强债务监督管理，建立全区债务监管平台，将镇级债务全部纳入平台监管，实行债务融资备案制、债务资金使用审

2021年11月24日，大丰区财政局配合省财政厅、省农业农村厅、市财政局和市农业农村局，开展耕地地力保护补贴政策调研

（区财政局　供图）

批制，规范举债融资行为，遏制债务增长。加大债务化解力度，明确化债资金渠道，规范化债行为，严格落实省市债务化解各项政策，统筹使用一般公共预算财力、土地出让金和耕地占补平衡指标交易收入，多渠道筹集资金化解存量债务。强化债务风险动态监控，建立健全债务月报制度，按月统计到期债务规模、偿债计划安排、资金筹集准备等情况，重点加强对到期债务的实时监控，分类实施债务风险预警，提前做好偿债准备和处置工作，保障债务资金平稳接续，严防债务风险。加强预算管理改革，成立预算管理一体化建设工作专班，如期完成预算管理一体化建设。深化国库集中支付改革，顺利实现会计集中核算向国库集中支付转轨，深入推进乡镇国库集中支付电子化和公务卡结算改革。加强对财政资金的管理，进一步强化财政资金竞争性存放管理。

【镇级财政建设】 2021年，大丰区财政局加强对镇级财政收入的征收管理，按时间节点对各镇收入完成情况进行督查，保持镇级财政平稳运行。全年镇级财政总收入36.91亿元，占调整预算的99.72%，其中镇级财政一般公共预算收入22.84亿元，占年度预算的93.08%，一般公共预算收入超1亿元的镇有5个。积极支持镇村经济和社会事业发展，全年按村均22万元标准安排村级三项资金4796万元，安排农村公共服务运行维护示范奖补资金1744万元。根据村组干部报酬激励增长机制，调整增加村组干部报酬，全年村组干部报酬总额8485.43万元，比2020年增加619.49万元，增长7.88%。发展壮大村级集体经济，积极争取省市资金，争取省级扶持村集体经济发展补助资金564万元、市财政扶持村级集体经济发展资金636.83万元。开展为民办实事工程，区财政投入农桥建设奖补资金454.75万元，全年完成新建、改建农桥63座。落实各类财政支农惠农政策，全年通过"一折通"系统发放农业支持保护补贴、农村低保补贴等各类涉农补贴65项，发放131.74万人次、7.3亿元。加强镇级财政财务管理，组织开展基层财政业务培训，规范镇级财政基础工作，提升基层财政干部队伍的综合素质和业务能力。

【非税收入征管】 2021年，大丰区财政局认真贯彻非税收入相关政策，落实"互联网+政务服务"建设要求，加强与省统一公共支付平台对接，全面完成财政票据电子化改革工作，提高非税收入征管科学化水平。全年完成行政事业性收费收入、罚没收入以及政府性基金收入等各类非税收入63.1亿元，其中：行政事业性收费2.06亿元，政府性基金收入51.49亿元。严格落实中央和省部署的各项减负降费措施。及时转发上级部门发布的取消、停征、免征、减征部分政府性基金、行政事业性收费及降低收费标准的政策文件，让企业和群众享受到各项优惠政策带来的红利。完善收费项目目录清单制度。动态调整最新的行政事业性收费和政府性基金项目"两个目录"清单，及时将相关收费基金文件按权限通过门户网站等方式公开，并实时更新年度内政策调整情况，主动接受社会监督，确保收费实行目录清单管理，清单之外无收费。支持城镇保障性安居工程建设，积极筹集资金，2021年拨付资金3324万元，其中：棚户区改造资金1684万元，保障性住房租金补贴资金20万元，老旧小区改造补助资金1620万元，保障安居工程建设顺利进行。积极做好体育彩票、福利彩票等专项资金的收支管理工作，2021年拨付彩票公益金397万元，其中：体彩公益金支出208万元，福彩公益金支出189万元，支持大丰区社会事业发展。

【政府采购管理】 2021年，大丰区财政局优化政府采购营商环境，规范政府采购流程，坚持诚信守法服务理念，拓宽采购渠道，规范采购行为，提高采购质量和服务水平。贯彻执行省财政厅《关于印发江苏省2021年政府集中采购目录及标准的通知》，公开招标数额标准，工程、货物、服务的公开招标标准从100万元提高到400万元以上，分散采购数额标准货物和服务从20万元提高到30万元，工程从50万元提高到60万元，从2021年起，取消市县级集中采购目录和限额标准，实行全省统一。加强政府采购预算管理，做好政府采购信息公开。规范采购单位部门预算一体化管理工作，认真做好政府采购计划的备案工作，依法组织政府招标采购活动。落实优化营商环境措施，降低新冠肺炎疫情对企业的不利影响。认真做好政府采购便利化采购工作，构建采购人、采购代理机构、评审专家、供应商"四位一体"诚信体系建设。积极推进政府采购电子化交易系统的开发和应用，完善"不见面开标"的招标投标工作。加强采购需求管理，做好政府采购意向公开工作。落实价格评审优惠、优先采购小微企业产品措施，支持中小微企业发展。做好全国脱贫地区农副产品网络销售平台（832平台）配套服务工作，全年实现网上购买脱贫地区农副产品799.96万元。与省财政厅政府采购对接，做好政府采购"苏采云"系统推进、省政府采购"网上商城"和"协议供货"服务。2021年，全区政府采购预算130119.22万元，实际完成462批次采购，采购115291.4万元，比预算节约资金14827.82万元，综合节约率11.4%。其中：货物类采购预算36284.85万元，实际金额32472.59万元，节约资金3812.26万元，节约率10.51%；工程类采购预算67736.47万元，实际采购金额58648.73万元，节约资金9087.74万元，节约率13.42%；服务类采购预算26097.9万元，实际采购金额24170.08万元，节约资金1927.82万元，节约率7.39%。

【会计管理服务】 2021年，大丰区财政局贯彻执行会计准则等规章制度，依法管理全区会计工作，强化会计代账公司监管，规范会计秩序，推动会计工作更好地服务全区经济社会发展。组织会计法规制度专题培训，对中国农业银行大丰支行、大丰农商银行620名从业人员，进行会计基础工作规范、财经法律法规专题培训，提高银行从业人员会计基础工作水平。开展会计专业技术资格报名考试相关工作，2021年全区初级、中级资格报名通过2702人，通过考试取得证书383人，其中：初级262人、中级121人。申报高级会计师初评审15人，经评审取得证书11人。加强会计代理记账机构管理，对大丰2020年年底备案登记的20个代理记账机构进行备案核查和公示。做好会计继续教育培训工作，采用线上学习为主、单位自行培训为辅的形式，全年培训合格5000多人。组织全区开展2020年度内部控制报告编制工作，召开内控培训专题会议，全面落实内控编制工作，强化编制过程指导，全区244个行政事业单位参与内控制度编报，其中优秀80个，良好97个，中等67个。支持社会信用体系建设，做好"双随机、一公开"工作。推动珠心算事业发展。组织参加盐城市"珠心算"实验教学优质课大赛，大丰区第一小学一年级教师朱玲《不进位加、不退位减（1）》获一等奖。大丰区第一小学和幸福路小学在江苏省第二十五届珠算式心算能力比赛（盐城赛区）中分别获得团体二等奖、三等奖。

【预算绩效管理】 2021年，大丰区财政局贯彻落实区委、区政府《关于全面实施预算绩效管理的实施意见》，健全绩效管理机制，加强预算绩效评价，强化财政投资评审，不断提高财政资金使用效益。基本建成预算绩效管理新体系，制定四个配套管理办法，即事前绩效评估、绩效目标编制、运营监控、绩效评价办法。开展事前绩效评估工作，完成农业农村局的2019—2021年中央财政制种大县奖励资金项目、城投集团净水公司的省级城镇基础设施建设引导资金污水管网项目事前绩效评估。深化绩效目标管理，完成项目绩效目标审核2200余个，部门整体绩效目标审核166个。开展绩效评价，全年排出500万元以上项目55个，涉及资金110860.59万元，由涉及的41家部门（单位）进行绩效自评价工作，在自评基础上，选取5个比较典型的专项项目，实施财政重点评价，重点评价由第三方机构完成，评价结果向党委、政府和人大报告，绩效管理结果全部在省预决算统一公开平台上公开，接受社会监督。对财政绩效跟踪和绩效评价提出的问题和建议，进行整改落实并及时反馈整改情况，将绩效评价落实整改情况纳入2021年区级综合绩效考核。考核统计，2021年预算部门在单位自评中发现问题75个，改进财务和预算管理措施84条。加强政府投资项目管理，规范节约使用财政性资金，提高财政性资金使用效益。2021年，受理财政评审项目366项，预算方报审项目金额47.79亿元，评审核定投资金额47.03亿元，纠偏差1.24亿元（核增2415.68万元+核减9955.63万元），偏差率2.59%。其中：完成本级财政资金安排的行政事业单位及镇（街道）财政评审项目90项，核定投资5.98亿元，纠偏差1926.81万元，偏差率3.19%；完成上级扶持补助的项目资金财政评审30项，核定投资金额5.05亿元，纠偏差1555.6万元，偏差率3%；完成国有企业财政评审246项，核定投资金额36亿元，纠偏差8888.9万元，偏差率2.43%。制定《盐城市大丰区财政局政府投资项目评审业务复核监督管理办法》《盐城市大丰区财政局聘用社会中介机构参与政府投资项目投资评审管理考核办法》等两个管理办法，规范政府投资项目的投资评审行为。

【财政监督检查】 2021年，大丰区财政局加快财政监督转型，深化完善财政"大监督"工作机制，打造以政策执行监督为核心的七大财政监督业务板块，强化监督结果运用，发挥财政监督作用。着重对财政专项资金使用情况、违反中央八项规定和省委十项规定精神、市委十二项纪律规定和财经纪律行为进行监督检查，并结合区纪委"正风肃纪"专项行动相关要求，重点关注"三公"［政府部门人员因公出国（境）、公务车购置及运行、公务招待］经费、会议费、培训费等支出情况，及时纠正可能出现的各种廉政风险，查处机关事业单位违规公款接待、公款购置赠送礼品、公款旅游、乱发津贴补贴，查究虚报冒领、截留私分、挥霍浪费、贪污挪用扶贫资金以及套取财政资金、私设"小金库"等严重违纪违规行为，跟踪调查预决算公开和政府会计制度执行等情况，整肃财政纪律，规范财政秩序。全年对16个行政事业单位以及各乡镇财政所的财经纪律政策执行情况、13项专项资金、45个单位预决算公开情况进行监督检查。按照执法执勤用车更新的要求和标准，对大丰区执法执勤用车的使用、更新情况进行管理，保证执法执勤用车的使用规范，利用执法执勤用车平台全程监控执法执勤用车的调度和使用。加强建立与纪检、监察、审计等部门的工作联动机制，保障财政资金安全、规范、合理地使用。

【财政信息化建设】 2021年，大丰区财政局加快财政信息化建设步伐，为财政改革发展提供强力支撑。高效完成债务管理平台建设。结合大丰区债务管理实际需求，整合市场类似产品功能优势，从系统管理、基础信息库、融资审批、放还款、资金使用、风险预警、综合分析等融合财务、债务管理双要求，构建大丰区政府债务和资金使用信息化管理系统，将全区各个板块债务管理纳入统一管理。加快推进预算管理一体化系统建设，顺利实现预算编制、预算执行等主要业务上线工作，完成省厅下达的各项阶段性建设任务。加强非税收缴票据电子化系统建设，建立电子票据入库、缴款通知书开具、电子票据换开、财银数据对账等完整业务环节，通过开具缴款通知书，采用"先款后票"方式，实现柜面缴纳、扫码缴纳、专网缴纳、移动缴款等线上线下无纸化缴款方式。推进镇级国库集中支付电子化系统建设。将全区15个镇级基层单位纳入改革范围，取消传统的纸质凭证、物理印章和单据流转，采用电子凭证传递，实现集中支付业务全程无纸化和痕迹化。加强镇级财政信息化建设，构建以"一办七局"（"一办"指党政办公室，"七局"指党群工作局、社会治理局、行政审批局、经济发展局、财政和资产局、农业农村局、安监管理局）为主体的预算主框架，以部门单位细化辅助核算要素；建立单一清算账户和零余额账户，实现资金源头管理；将包括预算资金、专户资金、往来款项等全业务全部纳入指标、计划、支付管理和账务核算系统管理，实现镇级全业务信息化。加强财政信息安全建设，建立对外信息发布审核制度、核心设备的日常巡查机制、重要数据备份和应急恢复方案等，保证财政各项业务安全无故障运行。

（王明娟）

税　务

【概况】 2021年，盐城市大丰区税务局统筹做好征税收费和减税降费。全年组织入库各项税费收入116.48亿元，同比增长20.29%，其中税收收入81.87亿元，同比增长15.02%；社保费收入30.48亿元，同比增长30.27%；其他基金（费）收入4.13亿元，同比增长83.23%。完成一般公共预算收入46.44亿元，同比增长11.09%。2021年，大丰区税务局在区委、区政府综合目标考核中获综合先进奖，区局第一税务分局被评为“全国五四红旗团支部”。区税务局老干部党支部获“江苏省百佳离退休干部党支部”称号，为全省税务系统唯一获此荣誉的单位。

【减税降费】 2021年，盐城市大丰区税务局精准落实减税降费政策，推动政策红利直达市场主体，新增减税降费8.1亿元。办理留抵退税3.38亿元、出口退（免）税9.93亿元，全年办理缓缴税款2633户次、金额1.02亿元。

【税费服务】 2021年，盐城市大丰区税务局开展“便民办税春风行动”，落实“一口进、一口出”工作机制，实现“前台受理、内部流转、限时办结、窗口出件”，政务服务好评率100%。在人社、医保大厅设立专窗，实现社保医保缴费“一厅联办”。积极宣传推广江苏税务App，近1.5万户纳税人实现个人事掌上办、企业事网上办。持续推广增值税电子发票应用，非接触服务率92.8%。简化出口退税流程，全程线上申请办理。招募4名税费服务体验师，举办各类税费优惠政策培训46场，接受税费咨询近2万条。做好纳税信用评定工作，深化云税贷推广应用，助力发放信用贷款8000多万元。受理12345热线、12366咨询、小微诉求快反各类工单569次，办结满意率100%。

【征管改革】 2021年，盐城市大丰区税务局以风险管理中心为主阵地，完善应对团队建设，优化风险应对方式，实行提示提醒前置，促进应对进度和质量双提升，全年完成各类风险应对任务574户，应对总成效5.4亿元，应对成效、组织收入贡献率均居全市前列。研究制定贯彻落实省税务局深化改革“50条”的《工作意见》《具体措施》和《团队建设方案》，机关层面组建1个综合监管团队和2个专业监管团队，如期完成省税务局要求的28项改革任务。扎实做好专票电子化试点扩围工作，强化增值税发票风险管理，开展成品油税收管理、废旧物资、人力资源、农产品、运输企业等专项整治。加强异地协作平台、发票增版增量审核系统、代开发票风险管理等发票日常管理工作。个税经营所得汇缴申报率100%，企业所得税汇缴申报面99.34%。完成永泰广场等12个项目的土地增值税清算工作，清算补税5700多万元。利用综合治税平台采集外部门涉税信息4万多条，依法依规为区纪委监委等单位提供涉税数据2万多条。社保费征管全面融入城乡网格化服务管理，覆盖271个村居和123所学校。水土保持补偿费、排污权出让收入、防空地下室易地建设费和城镇垃圾处理费等4项非税收入征管职能实现平稳划转。

【依法治税】 2021年，盐城市大丰区税务局推进税收法治建设，加强税收政策确定性管理，严格落实税收执法责任制。率先将“三项制度”（行政执法公示制度、执法全过程记录制度、重大执法决定法制审核制度）融入风险应对全过程，对新增100万元以上开票的实地核查、一般注销的实地检查实行全过程记录，防范虚开风险和注销执法风险。严格执行长三角洲区域首违免罚清单，2500多户纳税人享受首违免罚。开展现金税费征缴“回头看”工作，完善内控制度，防范征缴风险。加强日常巡查、数据采集、服务性调研、欠税管理和注销清算等重点环节的跟踪管理，把好事中、事后“监管关”。开展对委托代征单位的清理和规范，截至年底，仅保留代征单位1

2021年7月13日，大丰区税务局自助办税区税务人员指导纳税人使用电子税务局纳税

（区税务局　供图）

户。稽查新立案30件，结案33件，查补入库税款及滞纳金2680万元，高效查办“霹雳七号”物流行业虚开专案。探索风险应对文书网上送达，参与法治政府示范区建设。年内，获区依法行政先进单位，2人被表彰为依法行政先进个人。

【税务人才建设】 2021年，大丰区税务局认真做好基层分局长缺位选任考察以及股级干部消超工作，促进基层领导班子以及干部队伍的年轻化。启动飞鹰人才培养工程，组织开展练兵比武活动，5人获评全省党史竞赛业务能手，15人参加省税务局举办的纳服类、国际税收类和社保非税类竞赛，2人被评为技师资格证书。开展结对共建，1人被评为全国巾帼建功标兵。参与文明创建，局机关、一分局、西团分局被评为2019—2020年市级文明单位。组织志愿服务，区局“四零”（办税服务零距离、办税程序零障碍、办税质量零差错、办税对象零投诉）志愿服务驿站被区文明委表彰为十佳志愿服务组织。关爱关心职工，新丰分局被盐城市总工会表彰为模范职工小家。

（陆仁德）

土地资源管理

【概况】 2021年，盐城市大丰区自然资源和规划局认真贯彻落实区委区政府和市自然资源和规划局党委的决策部署，坚决履行“两统一”（统一行使全民所有自然资源资产所有者职责，统一行使所有国土空间用途管制和生态保护修复职责）核心职责，耕地保护、海洋管理、矿产管理等多项重点工作走在全市前列，为全区经济社会高质量发展提供了坚实的自然资源支撑，实现“十四五”发展和现代化建设的良好开局。

【用地保障】 2021年，大丰区自然资源和规划局融入盐丰一体化和大丰高质量发展大局，强化要素护航，争取各类用地计划353.8公顷，调配规划空间571公顷，盘活建设用地复垦指标153.33公顷，第一批1253.33公顷成片开发方案获省批准，大丰港铁路支线等重大项目应保尽保。根据民生项目保障用地需求，加快项目落地建设，做好中心河闸、区拆迁安置房润富花园、德惠花园、开发区安置房，港区污水处理厂、消防站、殡仪馆改扩建工程等民生项目的组卷报批工作，完成9个村镇批次、10个增减挂钩批次、7个宅基地批次的组卷工作。强化土地节约集约利用，对内挖潜用地空间，盘活存量建设用地102公顷，处置闲置土地139.07公顷。出台土地节约集约利用办法，提高土地资源要素配置效率和产出效益。探索开展集体建设用地挂牌租赁，全年集体经营性建设用地入市8宗17.33公顷。

【土地储备及征地补偿】 2021年，大丰区自然资源和规划局细梳城市各类用地资源，全面分析土地供求关系，有计划地推进土地收储工作，收回国有土地使用权12宗，面积83.11公顷。成功举办2021中国大丰土地推介品鉴会，活动推出17幅推介地块、4幅合作地块和3个重点片区，计332.6公顷，全年土地出让收入50亿元。加强征地管理工作，认真履行征地程序，严格按政策、法规规定对被征地农民进行补偿安置，全年新征项目31个，面积144.1公顷，落实征地补偿费用和社保资金1.59亿元，维护被征地农民合法权益。

【耕地保护】 2021年，大丰区自然资源和规划局明确耕地保护责任主体，层层签订永久基本农田保护任务，落实耕地保护各项政策措施。调动各责任主体耕地保护的积极性，依据《关于印发〈盐城市大丰区耕地保护考核激励暂行办法〉的通知》（大政发〔2018〕53号）文件要求，对耕地保护工作较为突出的万盈镇兑现激励奖励资金50万元。年内，大丰区和西团镇入选江苏省耕地保护激励名单。

【土地综合整治】 2021年，大丰区挖掘耕地后备资源，对每宗可利用实施的后备资源进行分类筛选、实地核实，同时按照新增耕地来源地类区别及具体情况，坚持效益最大化原则，分别整合列入耕地占补平衡、城乡建设用地增减挂钩、工矿废弃地复垦等不同类型项目。实施占补平衡项目总规模2400公顷，新增耕地233.33公顷。实施工矿废弃地复垦项目总规模23.33公顷，新增耕地22公顷。实施增减挂钩复垦项目17个，总规模141.59公顷，新增耕地140公顷。主动发挥资源优势，积极开展耕地占补平衡新增耕地指标异地交易，完成指标交易收益6.38亿元。

【土地执法监管】 2021年，大丰区自然资源和规划局严格执法监管，构建资源保护新秩序。开展自然资源综合执法体制改革，统筹推进耕地、林地、海域等自然资源整体保护、系统修复和综合治理。强化制度建设，提请区政府研究出台《盐城市大丰区违法违规用地责任追究办法（试行）》，对责任体系、违法违规用地、责任追究对象以及有关程序等作出明确规定，厘清属地管理责任，对包庇纵容、失职渎职造成耕地流失的行为严肃问责。发挥“人防+技防”的作用，结合部、省卫片核查等工作，全面掌握全区用地、用林、用海动态，及时发现、制止、查处违法违规行为。2021年，开展执法（土地、林业、海洋）巡查300余次，核查部、省卫片图斑1581个，面积1367.71公顷，对发现的问题均及时制止并督促整改。开展存量违法用地清零行动，整改历史违法用地，整改面积666.67公顷。

【调查确权登记与测绘管理】 2021年，大丰区自然资源和规划局聚焦民生实事，妥善解决企事业单位及群众办理不动产证明的历史遗留问题，惠及群众近4000户。多措并举、全力推进房地一体登记，全年登记94315宗、登记率91.3%。建立“交房（地）即发证”常态化服务机制，全年交房即发证444套，交地即发证15宗。深化“五心登记”（坚定决心、倾注真心、融入耐心、彰显爱心、永葆虚心登记）服务模式，不动产抵押登记、预售商品房的双预告登记和不动产登记资料查询三项高频业务实现“跨省通办”，全年办理不动产登记业务125398件，发放不动产权证书81984本，证明22169张。加强测绘服务，1:1000大比例尺地形图测绘项目通过市自然资源和规划局验收，获得2021地理信息产业优秀工程银奖。

（陈　萍）

国有资产管理

【概况】 2021年，盐城市大丰区人民政府国有资产监督管理办公室（以下简称“大丰区国资办”）坚持稳中求进工作总基调，依法履行出资人职责，对标对表国企改革三年行动各项要求，充分发挥机构职能作用，认真落实企业主体责任，不断加强企业国有资产监管，深入推进国有企业改革，促进国有资产保值增值，推动国资国企高质量发展。

【国企改革三年行动推进】 2021年，大丰区国资办贯彻落实国家和省、市关于国企改革三年行动工作部署，出台《大丰区国企改革三年行动实施方案》《盐城市大丰区国企改革三年行动重点任务分解清单》，加强政策引导，细化分解工作任务，明确改革时间节点、工作举措和责任单位。完成国企改革三年行动80%以上改革任务，其中区城建集团通过AA+主体信用评级；国有企业实现董事会应建尽建、配齐建强；区属国企下属3个重要子企业实现董事会成员“外大于内”；区属国有企业及重要子企业均制定“三重一大”（重大事项决策、重要干部任免、重大项目投资决策、大额资金使用）决策和党组织前置研究讨论重大事项清单；“三供一业”（供水、供电、供热、物业管理）、市政社区分离移交、所办医疗教育机构深化改革工作全部到位；全区63家全民所有制企业基本完成公司制改革工作；区级党政机关和事业单位经营性国有资产集中统一监管改革稳步推进。

【国有资本布局优化】 2021年，大丰区国资办按照“突出主业、市场导向、资源整合、提升效益”的总体原则，通过合并重整、资产划入、新设企业等方式，对区属国有企业进行优化调整。以“大丰仓”品牌为引领，整合全区农业资源，覆盖农产品种、养、加、销全产业链模式的大丰仓农业集团顺利挂牌营业。发挥斗龙港生态组团优势，整合梅花湾、水韵龙湾、荷兰花海资产资源，结合股权重组，壮大斗龙港旅游集团公司实力。推进文旅、农旅融合发展，做“优”做“精”做“特”文旅产业，推动斗龙港旅游度假区高质量发展。支持区文化会展中心与盐城市文旅集团联合经营，利用市属国有企业的资源优势，将大丰区文化会展中心打造成盐城市文旅新地标。

【国企人员市场化管理】 2021年，大丰区国资办建立并实施企业用工计划审批制和市场化用工制度，制定出台《盐城市大丰区区属国有企业员工招聘与流动管理办法》《关于推进区属国有企业职业经理人制度建设的指导意见》等管理文件，推行员工公开招聘、管理人员竞争上岗、末等调整和不胜任退出等制度。全年下达区属企业含下属子公司32家用工计划283人，全部通过区公共就业平台进行市场化公开招聘。支持国企参与市场竞争，探索与区外资本、社会资本合作。城建集团与绿地香港合作开发老酒厂项目，恒瑞与悦达地产合作开发新民中心河组团项目，在投资时引入区外资本，拓展经营业务，提升自身市场化经营水平。完善与社会主义市场经济相适应的激励约束机制，调动区属国有企业管理层工作的积极性，形成利益与责任相一致、激励与约束相统一、薪酬与业绩相挂钩、分配与选任方式相匹配的合理有序的收入分配格局。

【国资国企监管体系建设】 2021年，大丰区国资办完善企业国有资产监管体制，形成国资监管与企业发展之间的良性互促，激发国有企业活力。加强项目投资管理，严格落实项目立项、投资分析、尽职调查、董事会决策等重点环节。对资产负债率超过预警线（65%）的企业投资项目，列入投资项目负面清单管理，企业自主决策项目由备案管理调整为核准管理；对超过2000万元以上的投资项目，必须履行区重大项目建设决策审查程序；重大特别监管类投资项目建立“双重论证”制度。全年完成项目审查及政府采购审核503项，投资金额103亿元，其中2000万元以上项目32项。加强国有企业风险管控，建立企业债务风险预警机制。区属国企按照“一企一策”制定企业“降资产降债务”工作方案，按月汇总企业债券存量及3个月内到期债券资金兑付安排情况，督促企业提前做好3个月内到期债务偿债计划安排和资金筹集准备工作，保证债务资金链接续顺畅不出险。开展企业贸易业务风险专项检查工作，对区属国企重点贸易业务和非主业贸易业务进行全面梳理，严控企业低毛利贸易、金融衍生等高风险业务，严禁开展融资性贸易和“空转”“走单”等虚假贸易业务。

【行政事业单位资产规范管理】 2021年，大丰区国资办加强行政事业单位资产管理，出台《盐城市大丰区行政事业单位通用办公设备和办公家具配置标准》，推进资产管理和与预算管理相结合，出台《盐城市大丰区区级行政事业单位国有资产处置实施细则》，细化资产处置要求，规范处置流程，保证国有资产不流失。做好国有资产报告工作，协调相关部门单位统筹推进，依法依规编报国有资产管理情况的综合报告，向区人大反映全区国有资产管理情况。截至2021年年底，全区行政事业单位资产总额210.10亿元，负债总额104.47亿元，净资产总额账面数105.63亿元，资产负债率49.72%。盘活行政事业单位闲置资产，对具有一定市场价值且具备处置条件的闲置国有房产进行公开处置，如区人才市场综合楼，剔除相关税费获得净收益2180万元，实现行政事业单位闲置资产变现回笼。

【国企党建引领】 2021年，大丰区坚持党管国企、党建入章，把党的领导融入公司治理各个环节。出台《关于规范推进国有企业党组织前置研究讨论事项工作的通知》《关于修改完善公司章程的通知》，坚决落实党组织前置讨论程序在企业决策中的核心地位，推行国企党组织班子成员与董事会、监事会、经理层成员“双向进入、交叉任职”的领导体制，厘清各治理主体职责，形成国企治理合力。理顺党组织关系，将5个一档国企党组织转隶区财政局党委管理，进一步优化组织设置。斗龙港旅游集团公司建立二级党委，城建集团、交控集团升格为党总支，设立大丰仓农业集团党支部。全面落实从严治党主体责任。建立跟进督办制度，制定《区属国有企业问题整改监督闭环管理实施办法》，形成发现问题、整改落实、检查验收、问责追责的企业国有资产监管问题整改监督闭环，提高国有资产监督工作效能。加强国企领导班子和人才队伍建设，出台《关于选拔任用区二档企业班子副职和区一档企业中层干部审批备案的实施办法》。

——（王明娟）

审 计

【概况】 2021年度，大丰区审计局依法全面履行审计监督职责，不断拓展审计监督的广度和深度，为大丰区经济社会高质量发展做出积极贡献。全年实施审计项目18个，审计查出问题金额150.24亿元，发现非金额计量问题405个；审计移送案件线索16条；被采纳审计建议52条；被批示、采用审计报告和专项审计调查报告29篇次；宣传信息被相关媒体用稿293篇次。在盐城市审计机关组织的县（市、区）审计局2021年度综合考核中获得综合先进表彰，在大丰区2021年度综合考核中蝉联第一等次。

政策落实跟踪审计。围绕国家重大决策部署和党委、政府中心工作，加大对“六稳”“六保”等国家重大战略和政策措施落实情况的审计力度。2021年，大丰区审计局实施审计项目，同时融合开展政府隐性债务化解情况、稳就业相关政策落实情况、科技改革政策落实情况跟踪审计。在稳就业相关政策落实情况跟踪审计中，重点关注就业补助等相关资金的分配、拨付和使用情况，促进出台《关于落实就业优先政策进一步做好稳就业工作的实施意见》，助力小微企业申请富民创业担保贷款140万元，帮助208名待业青年实现就业，促进稳就业政策落地生效，惠企利民。

区本级财政预算执行审计。构建财政审计大格局，将同级审与经济责任审计、政府投资审计、专项资金审计等项目相结合，实现审计目标大谋划、审计范围大覆盖、审计资源大整合。2021年，组织实施区财政局、港区、开发区、区人社局、区供销社2020年度预算执行和其他财政收支审计。在区财政局具体组织2020年度区本级预算执行审计中，重点关注区本级财政资金保障能力、预算绩效管理、存量资金盘活、暂付款清理、专项资金使用管理、以前年度查出问题整改等方面存在的问题，从体制、机制上提出审计建议，促进规范财政收支行为、深化财政体制改革。

领导干部经济责任审计。深入实施经济责任审计，促进领导干部依法履职。重点关注领导干部对中央八项规定精神的落实、重大经济运行的决策、重大资金的使用，结合重大政策措施贯彻落实情况，关注减税降费、清欠、隐性债务化解、网络安全和信息化建设等重要事项。全年完成部门及乡镇领导干部经济责任审计项目4个，同步开展自然资源资产离任审计1个。

民生资金和项目审计。围绕提高人民生活品质，加大对教育、社会保险基金、高标准农田建设等民生资金和项目的审计力度。全年开展民生资金和项目审计7个。在大丰中医院2016—2020年度运行情况专项审计中，审计指出5类18个问题，建立管理制度5类21项。

政府投资审计。以促进提高财政资金使用的决策和管理水平、提升资金绩效为目标，推动投资审计工作转型发展。全年实施计划政府投资审计项目2个，政府投资项目的结算审核监督31个，政府投资项目决算金额计19.43亿元，审计核减资金3.07亿元。在绿化工程后续养护情况专项资金审计调查中，审计提出建立健全全区绿化养护内控管理制度、建立统一绿化养护管理模式和绿化养护大数据

2021年8月20日，大丰区审计局实地查看防疫应急医疗物资库存情况，全力做好疫情防控应急服务
（区审计局　供图）

监管平台的建议，促进追回多付资金6.21万元，制定完善6个绿化养护管理制度。

企业审计。在江苏盐阜公路运输集团大丰有限公司相关下属企业2020年度财政补贴情况开展专项审计调查中，重点关注公交公司的组织结构、运营模式，经营线路设置、车辆人员配备及损益等情况，推动优化公共交通资金使用管理制度，提高资金使用效益，促进全区公共交通体系更加健全，运行更加高效规范，惠及更多百姓。

党委政府交办工作。审计监督作为党和国家监督体系的组成部分，肩负着推进全面从严治党的重要职责。大丰区审计局认真履行党章赋予的政治责任，知责明责，主动对接巡察，全力做好配合工作。全年有5人参加省市区委巡视巡察工作，纪审联动，组织开展区养老领域突出问题专项整治。完成政府交办的对区医疗应急物资补充采购资金、区自然资源和规划局浒苔经费的测算工作，开展乡镇财政管理情况调研。围绕全区经济建设得中心任务，认真做好全区招商引资项目建设考核认定工作。

【审计整改工作推进】 2021年，区委办、区政府办制定出台《关于加强审计整改工作的实施意见》，召开审计整改工作专题推进会，明确整改责任，确保整改成效。大丰区审计局出台《关于审计整改工作的实施细则》，以制度进一步规范审计整改工作。截至12月底，2021年审计项目整改问题金额计24.01亿元，通过整改促进增收节支和挽回损失等计729.60万元，制定完善相关规章制度41项。

【内部审计工作】 2021年，大丰区32个部门单位成立内审机构，配备内审人员90人，其中专职67人。15个镇、街道、园区成立党（工）委审计委员会，实现镇级审计委员会全覆盖。内审工作纳入全区高质量考核指标体。2021年，全区内审机构实施内审项目1000个，查出问题金额3583万元，处理32人，促进出台内审相关制度64项。

【审计信息化建设】 2021年，大丰区审计局推进金审工程三期项目应用系统的全面试用，购置基础硬件设施，升级网络存储系统，提升了审计工作的安全性、高效性、便捷性和规范性。加快大数据审计中心建设，强化数据归集，截至年底，已采集社保、扶贫、残疾人、人口死亡、低保人口、国土等6类行业数据，在一定程度上实现区域审计数据的全覆盖。

（陈志伟）

统 计

【概况】 2021年，大丰区统计工作围绕区委、区政府重大工作部署，推进统计改革创新，加强统计法治建设，有序规范统计业务工作，贯彻落实《关于深化统计管理体制改革提高统计数据真实性的意见》《统计违纪违法责任人处分处理建议办法》《防范和惩治统计造假、弄虚作假督察工作规定》和《〈中华人民共和国统计法〉实施条例》等统计法律法规文件精神，常态化开展统计法治宣传，提高防范和惩治统计造假、弄虚作假的法治意识。结合大丰区实际，继续探索推进地区生产总值统一核算改革方式方法，配合区委、区政府细化地区生产总值核算实施方案，落实部门推进责任，确保大丰区地区生产总值统一核算工作的有序开展。加强监测预警，及时、准确、高效开展统计服务，完成统计改革、监测和服务等各项工作。

【统计能力提升】 2021年，大丰统计工作持续推进，将科学实施核算改革纳入年度重点工作，探索推进地区生产总值统一核算改革方式方法。加强对镇（街道、区园）的地区生产总值季度核算工作，每月定期加强行业主要核算支撑指标的预测预警、通报情况、提出应对举措，为领导科学决策当好参谋助手。年内，区统计局完善部门统计网络队伍、工作机制；定期召开部门统计联席会议，研究解决行业运行中遇到的问题，与部门一道加强“准四上企业”（1—6月企业累计应税销售额达到“四上”单位标准50%及以上的单位）的摸排，组织“四上企业”（规模以上工业企业、资质等级建筑业房地产企业、限额以上批零住餐企业、规模以上服务业企业）申报；加强企业联网直报工作的指导和审核，提升统计工作组织化水平；加强部门统计数据资源整合平台建设，努力构建大数据、大统计新格局。加强村（社区）统计规范化建设，全区村（社区）统计协管员配备率100%。依法加强民间统计管理，规范民间统计参与政府统计行为；加强对“四上企业”的调研指导，督促“四上企业”加强统计台账建设。业务培训全面加强，扩大统计业务培训覆盖面，满足基层统计工作需求。在机关内部常态化开展“书香统计”“统计论坛”活动，提升统计人员业务水平和应对处理复杂问题的能力。创新调查方式，认真落实省统计局开展的“限下贸易数据质量提升年”活动，对全区限下抽样调查单位逐个发放“国家统计调查限下贸易样本单位”铜牌，逐个指导建立统计台账，逐个进行业务培训。配合区纪委开展的在校学生“阳光午餐”专题调查，开发利用问卷调查App小程序，一周内完成全区3万多名学生及家长、2000多名教师的问卷调查，为快速开展统计调查探索出新路径。

【统计服务】 2021年，大丰区统计局积极履行职能，服务水平提升。加强经济运行预警监测，做好月度主要经济指标的预测预报工作，及时发现问题，及时汇报领导会办解决。加强季度地区生产总值核算跟踪监测，及时做好对上、对下的对接工作。围绕能源消耗、投入产出等全区中心工作以及经济运行中的焦点、热点和难点问题，深入重点企业开展调查研究。针对固定资产投资、高新技术产业投资、知识产权投资开展投资专项调查。针对劳动工资指标开展专题调查，为党委政府及相关部门真实传递企情民意。更新优化《统计公报》《统计月报》《统计年鉴》《数据观察》《数海撷贝》等主要统计产品，满足社会各界对统计服务的需求。规范统计网站、微信公众号的信息发布和管理，加强数据解读，提高统计影响力。紧紧围绕经济运行速度变化、结构优化、动能转化等，加强综合分析。

【统计法治化建设】 2021年，大丰区统计局常态化开展统计法治宣传。通过印发资料、以会代训、媒介宣传等多种形式，开展统计法律法规宣传，增强各级领导干部统计法律法规的知晓率。针对部分“四上”企业统计人员变动频繁、法治意识不强等问题，对新申报入库“四上”企业统一发放《统计义务告知书》，督促企业依法履行统计义务，组织新入职统计人员业务培训。配合省、市统计局对企业进行统计执法；对前期立案单位进行行政处罚，并对相关镇政府进行提醒谈话。按照省统计局的统一部署，认真组织开展统计“双随机”（随机抽取检查对象，随机选派执法检查人员）执法检查。与区工信局、市场监管局、应急管理局、对企业进行联合执法检查。对用煤企业进行专项执法检查。加强统计对象依法统计意识，常态化统计法治宣传，提高防范和惩治统计造假、弄虚作假的法治意识，营造良好的统计法治环境。全面推行信息公开，按照江苏省统计执法案卷评查标准，对所有案卷进行整理归档，实行统计行政处罚案卷一案一卷，做到案卷归档及时、全面、规范。执法检查结果及时在江苏省统计依法行政管理系统上进行录入，对在执法检查中发现的企业统计违纪行为，通过盐城市县一体化公共信用信息系统、江苏省市场监管信息平台向社会公布。

（杨利平）

市场监督管理

【概况】 2021年，盐城市大丰区市场监督管理局（以下简称“大丰区市场监管局”）以“推进高质量监管、助力高质量发展”为工作主题，以“守住底线、营造环境、规范竞争、提升质量、促进发展”为基本思路，推动全区市场监管工作取得积极进展和明显成效。年内，大丰区市场监管局被国家机关事务管理局等4部门联合授予“节约型机关”荣誉称号，被省食品安全委员会表彰为全省食品安全工作先进集体，被省、市文明委分别表彰为2019—2021年度江苏省文明单位、盐城市文明创建先进集体。

【质量品牌发展】 2021年，区政府成立质量发展委员会，高位推进质量品牌发展工作。海工能源获评省质量信用AA级企业，佳丰粮油“恒喜牌”菜籽油获“江苏精品”认证，博敏电子获2020年度市长质量奖提名奖。组织第四届区长质量奖评选，博敏电子、丰海新能源获区长质量奖，森威精锻、丰特铸造获提名奖。中车电机参与申请的全国首个海上风电装备技术标准创新基地获批筹建。辉丰生物、中车电机等4个企业主导和参与制定的5项国家标准发布实施，大丰区新增国家标准数列全市第一。中车电机和中汽研汽车试验场分别通过省级战略性新兴产业标准化和服务业标准化试点项目立项，占全市立项总数的50%。水浒文化产业发展有限公司创建的省级服务业标准化试点项目顺利通过省市场监督管理局验收。加强计量惠民服务，帮助200余个企业免费检测各类计量器具2万余台（件），减轻企业负担。

【食品安全监管】 2021年，大丰区市场监管局针对校园食品、餐饮质量、进口冷链食品、保健食品等开展专项整治和日常检查，检查各类食品生产经营单位13580家次，发放整改意见书216份，督促整改隐患433条，行政约谈20家，完成食品抽检6059批次，抽检量9.41批次/千人，立案查处食品违法案件531件。推进食品小作坊整治提优，刘庄镇陆记卤制品加工厂、三龙镇永清香肠加工厂、西团镇明军食品厂等3个小作坊创成省级“名特优”小作坊。指导正大丰海“恬能”“素乾”两个特殊医学用途配方食品获国家总局注册批准，率先在苏北实现零的突破。

【药品安全监管】 2021年，大丰区市场监管局以中药饮片、疫苗、国家集采品种、网络销售药品等为重点，排查“两品一械”（药品、化妆品和医疗器械）经营使用环节风险隐患，发放责令整改通知书42份，行政约谈3家，立案查处9件，完成药品抽检80批次，合格率98.75%。对新冠病毒核酸检测机构和疫苗接种点开展4轮次全覆盖检查。扎实开展不良反应（事件）监测，药、械、化不良反应（事件）每百万人口报告总数列全市第一。

【特种设备安全监管】 2021年，大丰区市场监管局推进安全生产“三年大灶”专项整治，先后开展电站锅炉范围内管道、电梯鼓式制动器等专项整治行动5次，全年检查特种设备使用单位793家，抽查设备2695台，排查整改各类隐患问题2136条，发放监察指令书144份，立案查处26件。落实气瓶充装全过程信息管理模式，各充装单位严格执行“一瓶一码一档”制度，出站气瓶全部安装二维码信息标识。全区4087台电梯全部实行“人脸识别+定位”无纸化维保管理，完成电子维保记录76663台次。特种设备安全生产专业委员会作用充分发挥，全年开展联合检查4次，提升特种设备安全联动监管能力。

【“两反两保”行动】 2021年，大丰区市场监管局以开展“两反两保”（反垄断、反不正当竞争和保护知识产权、保护消费者合法权益）行动为重点，集中力量查办一批在区域有标志性和影响力的典型案件。立案查处虚假宣传等不正当竞争案件11件。查处知识产权违法案件61件，其中查办的一起销售假冒专利医疗器械案入选全国专利行政保护十大典型案例，系全省唯一。开展知识产权百日维权活动，给予企业胜诉经济援助11.44万元。加强商业秘密保护，推动港区建成全市首家商业秘密保护基地，丰山集团、联鑫钢铁、郎克斯智能工业科技、宇豪新材料

2021年3月9日，大丰区市场监管局检查华东国际会议中心后厨的食品安全情况 （区市场监管局 供图）

等4个企业建成全市商业秘密保护第一批示范点企业。强化放心消费示范区域创建，打造“放心消费在大丰”品牌，发展线下实体店七日无理由退货承诺市场主体1000余家。推行旅游景区消费投诉一站式服务，实现“矛盾进站不出园”，形成消费投诉处置“大丰经验”。查处各类违法案件753件，罚没入库965万元，移送公安追究刑责6件。查办的“10·27”假药案获国家药监局通报表扬，查办的一起网络商业诋毁案入选国家总局网络交易监管典型案例。加强涉企收费专项治理和民生领域价格监管，查出违规收费金额20.63万元，促进减税降费政策落到实处。开展网络市场专项监测，全年监测各类网站（点）2000余家次，查处网络交易违法行为23件。

【市场监管领域疫情防控】 2021年，大丰区市场监管局牵头成立进口物品防控协调组，守牢“外防输入”前沿关口。从严做好进口冷链食品安全监管，推广应用的“江苏冷链”追溯系统覆盖进口冷链食品生产经营单位136个、产品1965批次，先后抽检冷藏冷冻食品452批次，全部合格。充分发挥药店的哨点监测作用，做好“四类”（退热、止咳、抗病毒、抗生素类药物）药品实名登记销售管理。年内，大丰区市场监管局被省药监局列为江苏政务服务“四类药品”实名登记销售报告模块县级局试点单位，相关工作获省药监局通报表扬。关注餐饮单位、农贸市场等重点场所，落实常态化防控措施，完善从业人员健康监测，织密织牢疫情防控网。

【“双随机、一公开”监管和信用监管】 2021年，大丰区市场监管局对全区1704户市场主体开展双随机抽查，其中会同区级相关部门在成品油流通、粮食流通、养老机构、机动车检验检测等领域开展部门联合双随机抽查32次，联合监管任务从2020年的16项增加至31项。加强涉企信息归集共享，强化信用约束，全区列入经营异常名录企业1545户，依法吊销长期不经营企业369户，企业年报率92.77%。在全市首推零售药店“双随机、一公开”（在监管过程中随机抽取检查对象，随机选派执法检查人员，抽查情况及查处结果及时向社会公开）非现场监管，建立完善非现场抽查事项清单，制定工作指引，实现药品经营全程监控、监管指令及时下达、整改情况随时可查。

（方振宇）

知识产权保护

【知识产权创造】 2021年，大丰区知识产权局加快知识产权强区建设，全区新增专利授权2860件，其中新增发明专利138件、实用新型专利2657件、外观设计授权65件；有效发明专利累计1008件，其中高维持发明专利212件，万人有效发明专利拥有量15.61件。PCT（专利合作协定）申请11件。商标国内注册申请1724件，国内注册1729件；商标国际注册认定3件。

【知识产权运用】 2021年，大丰区知识产权局服务指导江苏瑞科医药科技有限公司等15个企业通过知识产权“贯标”验收。江苏金风科技有限公司、江苏博敏电子有限公司立项省级知识产权战推计划项目。辉丰生物技术“具有增效作用的植物生长调节剂组合物”发明专利获第22届中国专利奖优秀奖；正大丰海等3个企业获2021年度盐城市专利奖金奖、博敏电子等3个企业获银奖。

【知识产权服务】 2021年，大丰区知识产权局构建“五位一体”（政府主导、部门牵头、企业推动、金融机构配合、服务机构参与）知识产权质押融资工作格局，完成知识产权质押融资43笔、融资额2.11亿元，其中苏海制药通过商标专用权质押，融资额900万元，实现全市商标专用权质押融资零的突破。组织开展“4·26”世界知识产权日宣传活动，举办“知识产权质押融资”“商标法、专利行政执法”两期培训班。参加省知识产权局全员学法活动，法律知识考试平均成绩列全省第4位。

【知识产权案件查处】 2021年，大丰区知识产权局查处知识产权案件61件，其中假冒专利12件、专利标识标注不规范25件、商标侵权24件。查处的一起某单位销售医疗器械案件入选全国专利行政保护十大典型案例，系全省唯一。

（方振宇）

价格管理

【概况】 2021年，大丰区价格管理工作按照国家部署，坚持"稳增长、调结构、惠民生、防风险"的工作总基调，围绕年初制定的价格调控目标，不断完善价格管理体系，推进价格改革，落实清费减负政策，开展价格信息服务，为社会经济发展营造良好的价费环境。

【价格调控】 2021年，大丰区完成全社会居民消费价格指数涨幅控制在3%左右的价格调控目标任务。做好重要民生商品的保供稳价工作，建立猪肉储备制度，完成85吨冻猪肉储备任务，春节前动用政府储备肉，以低于市场价格10%以上的幅度投放市场，保证春节前的市场供应。完善猪肉、蔬菜等"菜篮子"商品应急处置预案，结合疫情防控实际，研究制定在疫情恶化、供应紧张、市民抢购、市场断供等特殊情况下的应急处置方案，及时防范和应对突发事件。

【民生价格监管加强】 2021年，大丰区发改委编制《大丰区居民价格手册》，整理归纳实施政府定价（或政府指导价）管理的、与群众生活密切相关的水电气、交通、教育、景点及其他民生领域等5个方面、25个细分项目的现行价格和收费标准，汇编成《大丰区居民价格手册》，在政府门户网站上予以公布，并向社会发放。降低农村居民出行费用，对15条农村公交线路按照原定标准60%票价执行。稳定居民用气价格，上游气源价格2次浮动5%均未向居民用户传导。清理供水、供气行业收费，制定公布大丰区供水供气行业收费标准，取消供水行业向用户收取的"补办自来水缴费卡（证）工本费""自来水复接费"，供气行业向用户收取的"补办燃气交费卡（证）工本费""燃气复供费"等费用。开展殡葬服务整顿，开展殡葬服务专用车收费专项整治，向区政府提出殡葬服务专用车经营实行公车公营建议，推进殡葬专业车辆经营改革。专项整治停车服务收费，在区停车综合整治办公室统一协调组织下，对全区收费停车场收费进行为期半年的专项整治，停车收费秩序明显好转，停车收费整治通过盐城市验收并得到验收组肯定。

【价格改革推进】 2021年，大丰区完善天然气价格机制，完成天然气配气成本监审，实施天然气配气价格管理，按照配气价格制定天然气终端销售价格；贯彻落实江苏省农产品初加工用电价格政策，对符合条件的企业实行农业生产电价，降低企业的用电成本。贯彻落实省政府关于清理规范城镇供水供电供气供暖行业收费促进行业高质量发展的实施方案，结合实际，制定大丰区的实施细则，建立供水供电供气供暖接入工程的政府和企业共担机制。

【收费管理】 2021年，大丰区动态调整收费目录清单。包括行政事业性收费目录清单、经营服务性收费目录清单、涉房收费目录清单、进出口口岸收费（基金）目录清单；进一步降低公证收费标准；保障教育单位正常运行，增设中小学课后服务收费，调整公办幼儿园收费标准。

（顾龙海）

2021年居民消费、商品零售价格指数一览表

表12

2020年价格=100

项目名称	指 数	项目名称	指 数
居民消费价格总指数	102.0	商品零售价格指数	102.4
非食品烟酒价格指数	103.0	一、食品	100.0
服务价格指数	103.3	1.粮食	103.1
工业品价格指数	102.8	2.薯类	104.2
鲜活食品价格指数	95.3	3.豆类	102.4
消费品价格指数	101.2	4.食用油	106.0
能源价格指数	108.4	5.菜	105.5
非食品价格指数	102.9	6.畜肉类	79.5
扣除食品和能源价格指数	102.4	7.禽肉类	101.1
一、食品烟酒	99.5	8.水产品	119.2
1.食品	98.7	9.蛋类	119.4
（1）粮食	103.1	10.奶类	103.8
（2）薯类	104.2	11.干鲜瓜果类	98.1
（3）豆类	102.4	12.糖果糕点类	104.0
（4）食用油	106.0	13.调味品	103.0
（5）菜	105.5	14.其他食品类	102.5
（6）畜肉类	79.6	15.在外餐饮	104.0
（7）禽肉类	101.1	二、饮料、烟酒	100.4
（8）水产品	119.3	1.茶及饮料	105.2
（9）蛋类	119.4	2.烟草	100.0

续表12

项目名称	指　数	项目名称	指　数
（10）奶类	103.8	3.酒类	100.1
（11）干鲜瓜果类	98.1	三、服装、鞋帽	101.0
（12）糖果糕点类	104.0	1.服装	101.4
（13）调味品	103.0	2.鞋帽袜	99.2
（14）其他食品类	102.5	3.其他衣着配件	100.7
2.茶及饮料	105.2	四、纺织品	93.3
3.烟酒	100.0	1.服装材料	101.6
（1）烟草	100.0	2.床上用品	91.1
（2）酒类	100.1	五、家用电器及音像器材	103.8
4.在外餐饮	104.0	1.家庭设备	105.7
二、衣着	100.8	2.文娱用耐用消费品	99.9
1.服装	101.4	3.专业音像器材	99.9
2.其他衣着及配件	101.2	六、文化办公用品	102.8
3.衣着加工服务费	102.1	七、日用品	98.3
4.鞋类	99.0	1.日用百货	98.0
三、居住	104.4	2.厨具餐具茶具	96.5
1.租赁房房租	104.4	3.清洗用品	99.8
2.住房保养维修及管理	101.5	4.其他日用品	98.7
3.水电燃料	102.7	八、体育娱乐用品	100.5
4.自有住房	105.6	1.体育户外用品	101.5
四、生活用品及服务	102.3	2.娱乐用品	100.3
1.家具及室内装饰品	105.8	九、交通、通信用品	100.6
2.家用器具	106.0	1.交通运输机械	100.0
3.家用纺织品	92.5	2.通信器材	104.6
4.家庭日用杂品	99.4	十、家具	106.2
5.个人护理用品	99.6	十一、化妆品	99.5
6.家庭服务	100.3	十二、金银饰品	106.9
五、交通和通信	103.2	十三、中西药品及医疗保健用品	104.0
1.交通	103.9	1.医疗卫生器具	99.0
2.通信	101.4	2.中药	108.7
六、教育文化和娱乐	104.0	3.西药	103.6
1.教育	105.0	4.保健器具及用品	101.0
（1）教育用品	98.6	十四、书报杂志及电子出版物	98.7
（2）教育服务	105.2	1.教材及参考书	98.5
2.文化娱乐	101.2	2.书报杂志	100.0
（1）文娱耐用消费品	101.3	3.计算机办公软件	97.9
（2）其他文娱用品	100.7	十五、燃料	115.6
（3）文化娱乐服务	100.7	1.煤炭及制品	118.8
（4）旅游	102.2	2.石油及制品	115.5
七、医疗保健	101.4	十六、建筑材料及五金电料	102.1
1.药品及医疗器具	104.0	1.建筑装潢材料	101.4
2.医疗服务	100.5	2.五金水暖	104.2
八、其他用品和服务	97.9	—	—
1.其他用品类	101.0	—	—
2.其他服务类	93.7	—	—

（陈璐璐）

〖编辑　朱晓华〗

农　业

综 述

【概况】 2021年，大丰区委、区政府以农业供给侧结构性改革为主线，以农村一二三产融合为路径，以农房改善2.0版本为重点，坚持农业农村优先发展，坚持共同富裕方向，坚持农业现代化与农村现代化一体设计、一并推进，开展乡村建设行动，守牢粮食安全、不发生返贫和农业安全生产三条底线，实施乡村振兴战略，高质量推进农业农村现代化，实现“十四五”全区“三农”工作开好局、起好步的目标。全区实现农林牧渔业总产值199.81亿元、农林牧渔业增加值117.48亿元、农村常住居民人均可支配收入29387元，同比分别增长4.4%、3.5%、9.8%，乡村振兴战略实绩考核连续两年位列全省县级综合排名第一等次。

【农民收入持续增长】 2021年，大丰区立足特色优势资源，持续加大乡村产业培育力度，大力发展农产品精深加工，通过产业发展带动增收。实施新型农民培训工程，完善创业政策，通过就业创业稳定增收。巩固扩大农村集体产权制度改革成果，深化集体资产股份和土地股份合作制改革，通过深化改革促进增收。2021年，全区实现农村常住居民人均可支配收入29387元，同比增长9.8%。

种植业

【概况】 2021年，大丰区坚决扛起粮食安全政治责任，稳定粮食、提质增效、绿色发展，加强部门协作配合，压紧压实属地保供责任。按照“粮食播种面积只增不减”的要求，将年度目标任务逐级分解落实到镇村、到作物，开展粮食绿色高质高效创建、耕地地力提升示范区和化肥减量增效示范区建设等，建成水稻绿色高质高效示范片8个。全年粮食播种面积13.49万公顷，总产量91.28万吨。10月，中央电视台财经频道《中国粮仓》专题节目组对全区粮食大丰收进行报道。全年蔬菜播种面积7.13万公顷，其中绿色蔬菜面积3.93万公顷，占比55.1%，南阳镇入选首批省绿色蔬菜产业特色镇，羊角村家庭农场、久禾生物科技发展有限公司入选“江苏味美菜园”，累计创建省级园艺作物标准园22个，建立省内外技术支持单位11个，建成南阳大蒜、西团青椒、大桥大葱等一批绿色优质蔬菜种植基地。

【农业园区提档升级】 2021年，大丰区重点实施一批高效种植业绿色发展、农业园区基础设施建设等项目，建成丰收大地精品园艺、荷兰花海花卉苗木、绿野新中绿色果蔬、万丰绿茵特色果品等一批特色农业园区，在盐城率先实现市级以上农业园区全覆盖；组织丰收大地、万丰绿茵、绿野新中、锦绣大地农业园区参加市级农业园区“等级创建”，分别获评AAAAA、AAAA、AAA、AAA级园区。

林 业

【概况】 2021年，大丰区牢固树立、积极践行“绿水青山就是金山银山”新发展理念，统筹山水林田湖草系统治理，依法合规、科学节俭开展国土绿化，深入推进沿海防护林体系建设，全面启动推行林长制工作，林业高质量发展取得显著成效，为全区社会经济发展提供了坚实的生态保障。

【果树花卉经济】 截至2021年年底，大丰区有果园4333.33公顷，年内生产各类果品6.5万吨，其中，梨2万吨、柿子3.2万吨、葡萄1.2万吨、桃0.07万吨、其他果品0.03万吨。2021年，全区花卉苗木种植面积1000多公顷，实现产值1亿多元，从业人员2500多人，建成各类苗圃（花场）150多个、花店30多个、花园（花海）10多个，主栽（主营）郁金香、百合、绣球及多肉、草本盆栽花卉等种类。

【国土绿化行动】 2021年，大丰区严格执行耕地“非农化”“非粮化”保护政策，围绕海堤、河堤、沟渠、道路等适宜植树的区域统筹布局绿化空间，突出沿海绿化、河道绿化、道路绿化、村庄绿化等重点工程，深入宣传引导，强化技术指导，全力推进国土绿化。完成合格新造成片林263.33公顷（其中净增120.8公顷、改造修复142.53公顷）、森林抚育706.67公顷、四旁植树71.1万株、农田林网1733.33公顷，

2021年，大丰区完成合格新造成片林263.33公顷、森林抚育706.67公顷、四旁植树71.1万株、农田林网1733.33公顷 董溪 摄

13个绿美村庄栽植各类苗木15.8万株，超额完成盐城市下达的各项造林任务，通过省市抽查验收。在大丰区林场、上海农场开展碳汇林试点，栽植薄壳山核桃、中山杉、落羽杉、水杉等碳汇林23.2公顷。高质量完成海堤海边造林81.13公顷，其中：新增24.2公顷、更新56.93公顷。组织开展农村公共绿化基础设施管护工作，制定出台管护方案、实施细则等文件，编印村庄绿化宣传册500份，指导各地编制管护台账、开展日常管护工作，顺利通过市级考核检查。

【森林资源管理保护】 2021年，大丰区认真执行林地定额、采伐限额、公益林“占一补一”等各项管理制度，强化使用林地、林木采伐、生态公益林等森林资源监管，服务343国道、大丰港铁路支线、沿海电力通道、沪苏集聚区智造园、卯酉教育服务中心等项目，办理建设项目使用林地事项16起，其中临时用地6起，同步报批涉及的省级公益林调整手续；完善林木采伐管理制度，按程序报批通榆河护岸工程、美丽乡村旅游公路、坡面小蠹危害等林木采伐事项1.6万立方米；开展年度森林督查及森林资源管理“一张图”变更，完成林草综合监测数据融合、样地调查等工作，启动编制新一轮林地保护利用规划。

【林业有害生物防控】 年内，大丰区自然资源局研究制定《2021年大丰区美国白蛾防治方案》《大丰区坡面方胸小蠹防治工作方案》，区政府办印发《关于切实加强美国白蛾等重大林业有害生物防控工作的通知》，强化日常监测巡查，公开采购无公害防治药剂1.41吨，免费发放给各地，并印发药剂使用提示函，指导各地科学做好药剂使用、管理工作。积极开展飞机施药防治美国白蛾，印发飞防通告、防控告知书、技术手册等文件资料3400份，完成1.5万重点林带飞防作业，通过专家评估验收；加强坡面方胸小蠹防控，对采伐的病死木进行熏蒸处理；释放周氏啮小蜂、花绒寄甲5000管，并结合杀虫灯进行灯光诱杀，累计无公害防治面积6400公顷，无公害防治率90.1%，全区无林业有害生物重大灾害发生。强化林业植物检疫，签发检疫要求书485份，植物检疫证书4400余份。

【林长制全面启动】 2021年，大丰区严格按照国家、省、市有关推行林长制工作部署要求，制订《大丰区全面推行林长制的实施方案》，完成征求意见、风险评估、法制审核等程序，由区委办、区政府办联合印发（大办发〔2021〕51号）。成立区林长制工作领导小组文件，划分区级林长责任区域，明确领导小组成员单位职责，区、镇（街道、园区、场圃）、村（社区）三级林长制体系基本建立。围绕林业资源“三增”“三保”“三防”目标（增加森林蓄积量，增加自然湿地保护率，增强自然保护地生态功能；保持林地面积、湿地保有量和森林覆盖率稳定；有效防控森林火灾、防治林业有害生物、防范破坏森林资源行为），着力构建“党政同责、分级负责、部门联动、社会参与、源头治理、全域覆盖”的森林资源管护长效机制，以林长制实现“林长治”。

（陈萍　刘晓生）

畜牧业

【概况】 2021年，大丰区以绿色高质量发展为导向，坚持“创新、协调、绿色、开放、共享”的发展理念，按照生产技术先进、经营规模适度、设施装备精良、市场竞争力强、生态环境可持续的要求，以畜牧业标准化生产、畜产品质量安全和环境保护协调发展为目标，以发展方式转变为主线，以废弃物减量化产生、无害化处理、资源化利用为重点，建立绿色发展机制，优化区域布局，推进标准化规模养殖，促进种养循环，建立病死畜禽无害化处理长效机制，做大做强废弃物综合利用产业，示范带动全区畜牧业可持续发展。2021年，生猪存栏49.45万头，生猪出栏76.03万头；家禽存栏1040万羽，家禽出栏2014万羽；山羊存栏10.28万只，山羊出栏11.05万只；畜禽粪污产生量265.6万吨，有小型规模以上养殖场1508个，其中生猪446户、家禽1004户、山羊58户。

【养殖区域布局优化】 2021年，大丰区按照畜牧业区域布局调整优化方案的要求，统筹考虑种养规模和环境消纳能力，实行以地定畜，严控单位面积土地畜禽承载量。落实各镇（区、街道）对畜地严重不匹配的养殖场实行重点监控，经督促无明显整改效果的或无法整改的，采取控发免疫标识、控制检疫出证数量等手段，控减畜禽养殖总量。

【标准化养殖水平提升】 2021年，大丰区坚持规模化推进、标准化提升，夯实现代畜牧业发展基础。着力扩大规模养殖比重，通过“改、扩、转、退”等措施，引导小散养殖场户有序退出，以适度规模经营为重点，积极发展种养结合型家庭农场，鼓励小规模养殖户扩规模、上水平，引导养殖大户和家庭养殖场联合组建专业合作社，提高中小规模养殖发展水平。推广肉（蛋）鸡全自动化封闭式层叠笼养技术，截至年底，建成示范养殖场60多户，年养殖规模超过1000万羽，采取半干鸡粪输送带清运收集集中处理，日产日清，基本实现鸡粪零污水排放。

【养殖污染治理改造】 2021年，大丰区严格按照“四到位”（排粪沟封闭到位、收集池封闭到位、干粪堆积棚遮盖到位、粪污处置到位）要求，建立健全所有养殖场的畜禽粪污治理及综合利用动态台账，实行动态管理，全面推进粪污规范整治。全力推进畜禽养殖场治污设施的改造提升，对整治不到位的养殖场督促其增加治污设施设备投入；已整治到位的，确保设施正常运行。严肃查处治污设施不匹配、假配套、不运行等现象，采取控减养殖规模的方法，确保粪污治理工作有效推进。推进养殖场污染治理认定工作。督促各镇（区、街道）开展小型规模养殖场治理工作，小型规模以上的畜禽养殖场治理率100%。

【畜禽粪污资源化利用】 2021年，大丰区以实施畜禽粪污资源化利用整县推进项目为重点，全面推广畜禽粪污资源化利用。对温氏、天邦等大型龙头企业的合作养户着重推广异位发酵床处理、槽式发酵、罐式发酵等模式，实现污水零排放。对有一定消纳土地的家庭农场式养殖场重点推广生态循环农牧结合模式，实现种养协调发展。对其他没有消纳土地的养殖场推广收集集中处置模式，实现粪污集中处置综合利用。苏港和顺、丰大肥业、江苏道远、江苏沼禾集中处置点等正常运行，生产生物天然气和有机肥，年消耗粪污110万吨。

蚕桑业

【概况】 2021年，大丰区有桑园336公顷，蚕农783户，其中0.33公顷以上的蚕桑大户292户。全年饲养蚕种1.51万张，年产茧量671.95吨，蚕茧总收入3283.14万元，平均亩桑饲养蚕种3.29张，亩桑蚕茧收入7153元。平均张种产茧44.5公斤，张种产值2174元。全年蚕种饲养三季，为春季、一秋、二秋。春季、一秋为制种，共三对品种，分别是华康3号，苏豪(抗)、钟晔(抗)，菁松、皓月，饲养原蚕2475克，生产种茧11160千克，蚕种38212张。二秋饲养丝茧51张，蚕茧价格每千克45元。

【蚕桑生产指导】 2021年，大丰区强化稳桑保桑宣传，发放技术明白纸1000份、书籍740本。加强蚕桑技术培训，开展进村入户培训14次，培训技术骨干57人次、蚕农534人次。加强基础技术服务，做好蚕种催青、桑病虫测报、蚕桑技术指导，全年催青孵化率96%，形成桑病虫调查资料32份，发放桑病虫情报7期。做好蚕桑生产产前产后服务，产前设置确认蚕药、桑药、蚕具的销售网点，确保蚕农有药买、买好药。产后做好蚕茧收购协调工作，主动联系收购主体，促进蚕桑生产。

【蚕桑产业项目实施】 2021年，大丰区推进国家蚕桑产业技术体系苏北试验站项目建设，在大桥镇已有苗木基础上，推广桑苗繁育新品种，种植育711、强桑、桂优12、粤桑51号、丰驰桑、小叶金桑等桑树新品种，建立苗木基地48公顷，年繁育桑苗量1.64亿株。大丰区连续12年实施蚕桑科技入户项目，建立区、镇、村、科技示范户四级蚕桑新技术指导服务网络体系，全年筛选蚕桑科技示范户100个，选拔蚕桑技术指导员10名，每人挂钩指导服务10户以上，入户指导100次以上。

【蚕桑生产新技术推进】 2021年，大丰区发展原蚕点生产，春季在新丰、刘庄2个点饲养苏豪(抗)、钟晔(抗)原蚕，生产蚕种7426张，合格率100%。在新丰镇裕南村、刘庄镇良好村等地开展桑疫病新药试验，试验药剂对桑树的保护率为84.6%，在益生菌防治基础上再跟踪使用一次盐酸环丙沙星防治。试验证明，益生菌与传统药剂盐酸环丙沙星联合使用，有效防治桑疫病的发生。全年开展桑园套种套养面积27.15公顷，资源综合利用产值109.5万元。新拓桑园“湖桑32” 2公顷，落实定杆、施肥、治虫等管理措施，推进新拓桑园正常生产。

渔 业

【概况】 大丰区水产养殖主要品种有杂交鲫、斑点叉尾鮰、脊尾白虾、梭子蟹、河蟹、四角蛤、泥螺等10多个。2021年实现水产品总产量16.69万吨，渔业经济总产值88.03亿元；新增高效设施渔业面积144公顷，完成池塘生态化改造面积1668.4公顷，特色水产养殖面积占比89%，生态健康养殖面积占比74%。

【现代渔业建设】 2021年，大丰区按照《盐城市大丰区养殖水域滩涂规划》，积极推进水域滩涂养殖证发放，规范水产养殖行为；加快推进池塘生态化改造，加强水产养殖污染防治。全年实施池塘生态化改造1668.4公顷，有效改善养殖水域生态环境。推行水产健康养殖，加强水产品质量安全管理。

【斗龙国家一级渔港提升项目实施加快】 2021年，大丰区加快实施渔港项目服务中心建设，渔港涉渔补给(制冰、加水、仓储)功能区项目大部分工程完

2021年，大丰区新增高效设施渔业面积144公顷，完成池塘生态化改造面积1668.4公顷，特色水产养殖面积占比89%，生态健康养殖面积占比74%。图为草堰镇合新村的蟹苗池开启增氧机为蟹苗增氧

董华鸿 摄

成。在2020年基础上，提升特色海鲜烧烤、渔村民宿、小镇客厅、花园酒店、渔港小镇标志性入口等项目。

【养殖品种结构改良】 2021年，大丰区依托区位、资源优势，因地制宜优化养殖品种，养殖品种的区域特色日益凸现，渔业生产形成专业化、规模化、产业化的格局。全区特色水产养殖面积占比89%，脊尾白虾、梭子蟹综合养殖面积近4535公顷，青蟹养殖面积2267公顷。

【水产养殖方式转变】 2021年，大丰区全面推进养殖方式转变，全面推广池塘生态化养殖改造技术，开展南美白对虾养殖污染专项整治行动，拆除非法南美白对虾养殖大棚面积173公顷。组织实施渔业科技及水产养殖污染防治技术推广服务，举办各类渔业技术培训班12期，直接培训渔民1000多人次。2021年，全区海洋捕捞11088吨，紫菜养殖一次加工2.5万箱，产值0.5亿元。

高标准农田建设

【概况】 2021年，大丰区建设完成2020年度高标准农田建设项目11个，共5067公顷，其中高效节水灌溉400公顷，总投资13750万元，涉及白驹、刘庄、草庙、大桥、小海、南阳、三龙、大中、丰华、大丰港经济开发区10个镇（区、街道）。共建设泵站43座、渠道68.14千米、管道8.93千米、节制闸18座、农桥63座、渡槽39座、水泥路76.63千米、小沟级涵洞842个。3月23日，大丰区农业农村局被江苏省农业农村厅通报表扬为2020年全省高标准农田建设成效显著单位。

【项目高标准建设】 高标准农田建设项目通过公开招标，择优确定勘测设计、监理、检测、施工、审计、第三方验收等单位，全过程接受监督。项目于2020年9月中旬起相继开工，2021年4月底前完成全部项目建设任务，经审计后，于2021年6月通过市级竣工验收，2021年9月下旬通过省级验收。通过高标准农田建设，新增及改善灌溉面积3993公顷，新增及改善排涝面积1500公顷，农田基础设施明显改善，实现田成方、树成行、路相通、水相连，为发展高产、优质、高效、生态、安全的现代农业创造良好的农田基础，实现农业提质增效、农田致富增收。项目建设主要做法被省农业农村厅《江苏农田建设》转发，被《农民日报》、学习强国、《扬子晚报》、交汇点新闻、《盐阜大众报》等媒体报道30余篇。

农业机械化

【概况】 2021年，大丰区农机总动力91.16万千瓦，主要农作物综合机械化水平达91%。全年新增大中型拖拉机、联合收割机、插秧机等各类农机具4000余台（套），其中推广乘坐式水稻插秧机64台、粮食烘干机110台、高地隙自走式喷杆喷雾机78台、植保无人机120台、北斗导航辅助驾驶系统174台，机插秧水平稳步提升。新增大中型拖拉机配套秸秆还田机236台套，主要农作物秸秆机械化还田率为76.2%，秸秆离田面积2.61万公顷，主要农作物秸秆综合利用率为98.8%。新增农机合作社18个。11月11日，全省棉花全程机械化绿色生产技术现场观摩会在大丰区召开。

【农机购置补贴】 2021年，大丰区实施中央及省级财政农机购置补贴专项资金2401.35万元，带动农民投入资金1.02亿元，有813个农户（单位）受益，累计补贴各类农业机械装备1516台（套）。

【秸秆机械化还田和综合利用】 2021年5月25日，区政府召开全区秸秆综合利用和“双禁”工作会议，专题布置秸秆机械化还田和离田综合利用工作。区政府出台《关于推进秸秆综合利用工作的实施意见》，突出秸秆离田利用重点。区财政局、区农业农村局联合制定《大丰区2021年秸秆机械化还田、打捆离田和综合利用考核奖补办法》。区镇村三级签订秸秆综合利用工作责任状。印发秸秆机械化还田和打捆离田政策告知书9万份。区财政在省补助的基础上，对实施稻麦秸秆打捆离田的种植户，给予每季每亩30元的秸秆离田作业补助；对秸秆机械化还田给予每季每亩25元补助，每个新建稻麦秸秆收储加工中心给予20万元补助，收储点按量补助每吨25元，秸秆能源化或原料化利用企业按量补助每吨10元；对新购置秸秆打（压）捆机叠加补助每台2万~6万元。全区组织调度配套秸秆切碎装置的联合收割机2300余台，投入大中型拖拉机配套秸秆还田机2400余台套进行秸秆机械化还田作业；组织大中型秸秆打捆机85台、小型秸秆打捆机8台进行秸秆打捆。水稻、二麦秸秆打捆离田面积分别为1.05万公顷、0.66万公顷；大麦、玉米青贮面积0.56万公顷。

【全程全面机械化】 2021年，大丰区巩固提升水稻、小麦、玉米等主要粮食作物机械化、信息化、智能化、集成化水平，推动水稻机插、高效植保等短板弱项发展，推广水稻插秧机配套侧深施肥装置。推动油菜收获机械化，实施油菜机械收获面积0.13万公顷。推进现代种业、畜牧水产、设施农业、果桑和农产品初加工等产业的农机装备和技术发展。种业推进全程全面机械化；畜牧业重点推进畜禽自动饲喂、精准环控、动物疫病防控、粪污养殖废弃物收集处理和资源化利用等机械化装备与配套技术；渔业重点推进智能投饲、水质监控、尾水处理等机械化装备与配套农艺技术；林果重点推进田间管理、有机肥深施、储运、分级分选等机械化装备与配套技术；农产品加工重点推进脱出处理、清选处理、保质处理等机械化装备与配套农艺技术。设施农业、水产养殖、畜牧养殖、果桑和农产品初加工机械化水平总体在64%以上。

【农机社会化服务】 2021年，大丰区举办各类农机人员培训班15期，培训各类农机从业人员1000余人。农机跨区作业收入4000万元以上。组织技术人员深入农机合作社、农机大户、家庭农场进行技术、安全措施指导,确保农机正常维修维护,保持安全生产状态,提高机具使用寿命。在信息方面给予新型农机服务组织支持,及时提供政策、技术、经营等信息。

【农机安全生产管理】 2021年,大丰区层层签订农机安全生产责任状7000余份。全年受理办结拖拉机和联合收割机登记业务6097件,办结拖拉机和联合收割机驾驶证业务1695件,总体检验率94%。开展重点机械安全执法检查,全区处罚农机涉牌涉证等违法行为103件。全年举办农机安全协管员、网格员、农机合作组织安全员及农机主安全培训班21期,开展农机安全进校园活动5场,结合送检下乡开展农机安全进乡村、进合作社活动36场,举办农机驾驶操作人员违法记分和安全培训班9期。积极配合公安部门开展运输用拖拉机载人等违法行为常态化整治行动,开展联合执法检查4次,查扣无牌拖拉机2台,协查外省籍变拖拉机牌证信息11件,由公安机关立案处理。

【农业机械保有量提升】 2021年,大丰区大中型拖拉机、联合收割机保有量分别为3475台、3042台,小型拖拉机保有量5310台,大中拖配套秸秆还田机保有量2658台,各类播种机保有量6176台,机动(电动)喷雾(粉)机保有量55460台,插秧机保有量719台,乘坐式水稻插秧机549台,粮食烘干机784台。

【农机化作业水平】 2021年,大丰区完成机耕面积20.42万公顷,主要农作物机耕率为99.1%;机播面积13.72万公顷,主要农作物机种率为91.8%;机收面积12.92万公顷,其中机收小麦面积6.33万公顷,机收水稻面积4.32万公顷,玉米机收面积1.57万公顷,油菜机收面积0.33万公顷,主要农作物机收率91%;主要农作物秸秆机械还田面积10.23万公顷。

农业科技

【概况】 2021年,大丰区强化农业与科技的深度融合,开展乡村振兴科技支撑行动,实施农业关键核心技术攻关工程,做强现代农业产业技术体系,推进农业科技创新和成果推广应用,不断提高现代农业质量效益和竞争力。2021年,大丰区实施省级现代农业产业技术体系建设数量5个,体系建设数量为全省县级最多,分别为:江苏金色农业股份有限公司的稻麦、江苏丰收大地投资发展有限公司的蔬菜、盐城众鑫农业发展有限公司的奶牛、大丰麋鹿早酥梨专业合作社的恒北梨产业、大丰区春喜兔毛加工厂的特色畜禽。

【粮油新技术推广】 2021年,大丰区以农作物绿色高质高效创建工作为重点,推广粮油新技术,春夏播阶段,在刘庄镇、华丰农场、草堰镇等地实施3个333.3公顷规模和5个66.7公顷规模的水稻绿色高质高效示范片,经省农业农村局专家组测产验收,全部达到创建目标。在配套技术上,开展水稻规模化集中育秧、水稻农机农艺融合全程生产技术、水稻绿色高质高效生产技术、小麦节肥高产优质抗逆栽培技术、农药化肥减量使用与农产品提质增效技术、玉米板茬直播与机械全程培管技术、稻油轮作技术等新技术的研究与推广。

【种业振兴行动】 截至2021年年底,大丰区有新三板挂牌种业企业2个,全省第一。年内,全国有35个企业在大丰开展杂交水稻制种。品种组合67个,制种面积4575公顷,居全省第一,制种量8560吨,所产种子可满足57万公顷用种量,产值1.5多亿元。全年常规小麦繁种面积10400公顷,繁种量74250吨,所产种子可满足49万公顷用种量;常规稻繁种面积6385公顷,繁种量48100吨,所产种子可满足53万公顷用种量。2021年,大丰当地企业自主选育品种7个,其中1个通过国家审定、6个通过省级审定,新增1个种苗单位被认定为江苏特色优势种苗中心(企业)。9月17日,全国制种大县发展规划交流视频会议召开,大丰区是全省唯一的典型发言单位。中央电视台《新闻联播》多次报道大丰区现代种业发展工作。大丰区政府与国家级种业龙头企业——先正达集团中国建立县企合作关系。9月24日,全省制种大县奖励资金项目推进暨杂交水稻全程机械化制种技术观摩培训会在大丰区举行。

【重大病虫防控】 2021年,大丰区开展"规范化调查、标准化预测",全年发布病虫情报22期,预报准确率在95%以上,适时组织重大病虫害测报会商10次。通过制定科学防治预案、落实防控责任、规范补贴物资发放、加大组织宣传力度、强化督促检查指导等行动,全面开展小麦赤霉病、水稻穗期病虫、草地贪夜蛾总体防治战役,适时组织其他病虫防治。争取各类财政资金986万元,采购农药71.79吨,确保小麦赤霉病一次用药免费全覆盖,战胜小麦赤霉病特大发生危害,实现病虫危害损失控制在5%以下。加强种子产地检疫、调运检疫、疫情监控,实施产地检疫35万亩次,出具产检合格证117份,签发植物检疫证368份。严把种子消毒关,对苗期、中期、后期杂交制种田进行全程药物控制,全年未发现水稻细菌性条斑病。

【绿色防控技术推广】 2021年,大丰区在西团镇、小海镇、万盈镇、草庙镇、三龙镇分别建设省级梨树、葡萄、猕猴桃、樱桃、水稻绿色防控示范区5个。在港区建立市级水稻病虫绿色防控示范片1个。在大丰经济开发区建立县级玉米病虫绿色防控示范方1个,推广绿色防控新模式,全区病虫害绿色防控产品使用面积占比在85%以上。推进农药减量增效行动,开展精准测报,推广绿色防控技术,推进统购统防。2021年,全区农药使用量1778.8吨,比2020年下降4.8%。

【废旧农膜回收利用】 2021年，大丰区开展废旧农膜回收利用宣传，发放明白纸和公开信15000份，多渠道、深层次、全方位宣传“白色污染”危害性。加强回收体系建设，结合产业分布，在农业园区、蔬菜生产基地、家庭农场等规模基地建立回收网点，形成区域全覆盖。开展监测掌握动态，设有15个田间农膜残留监测点，跟踪封残膜动态，每镇设立20户调查点，抽样调查地膜残膜回收率。截至2021年年底，全区有各类回收网点21个。全年回收废旧农膜1850吨，其中，回收棚膜960吨，地膜890吨，回收率93.43%，棚膜产生量960吨，地膜1020吨。

【耕地质量提升】 2021年，大丰区按照“控制施肥总量、优化施肥结构、科学肥料运筹、改进施肥方式”的原则，采取“精（推进精准施肥）、调（调整化肥使用结构）、改（改进施肥方式）、替（有机肥部分替代化肥）”等措施，扎实推进化肥减量化施用。积极实施耕地质量提升示范县项目，建立改土增肥示范基地，重点推广“有机类肥料+配方肥”“秸秆还田+机械耕翻+配方肥”模式。采取引淡水洗盐、种植水稻，建立盐渍化土改良示范基地，重点推广“有机类肥料+秸秆还田+配方肥”“稻油轮作+配方施肥”。在项目区推广应用商品有机肥9800吨、有机—无机复混肥料850吨、专用配方肥600吨，秸秆腐熟剂40吨，土壤调理剂15吨。加强耕地土壤肥力监测，截至2021年年底，全区有31个耕地质量监测点，其中，部级点1个，省级点5个，市级点10个，区级点15个。2021年，全区耕地质量比2015年提升0.5个等级，化肥使用量比2020年削减1.1%，主要农作物测土配方施肥技术覆盖率93%，肥料利用率40%，未发现有受污染耕地。

农村经营管理

【概况】 2021年，大丰区农村经营管理坚持以促进农民持续增收为出发点和落脚点，认真落实惠农支农政策，不断深化农村改革，着力构建现代农业经营体系，为高质量推进农业农村现代化发挥积极作用。

【农村政策落实】 2021年，大丰区农民负担总额1130.49万元，比2020年下降266.47万元，下降幅度19%，其中，有70个村实现农民种田零负担。一事一议筹资筹劳，共落实兴办公益事业项目755个，其中，农田水利设施182个、环境整治251个、道路桥梁维修159个、植树造林81个、其他项目82个。全区10个村列入省级财政项目，投资295.05万元，兴建村级水泥路11条、6.834千米。

【村组干部工资报酬提高】 2021年，大丰区根据《关于印发〈大丰区村干部工资报酬管理办法（试行）的通知〉》（大组字〔2017〕120号）精神，实行“基本报酬+考核报酬”的工资报酬管理制度，对全区1345个村民小组1778名村组干部，分配工资报酬总额8485.43万元，比2020年增加619.49万元，增长7.88%，其中村党组织书记人均工资报酬74755元，比2020年增加6445元，增长9.43%。

【农村宅基地管理推进】 2021年，大丰区起草《盐城市大丰区农村村民住房建设管理试行办法》，规范全区农村宅基地管理工作。建立审核批准机制，全区15个镇（区、街道）建立联审联办制度，全年受理宅基地申请454件，审批通过454件，批准面积5.89公顷。

【农村土地管理】 2021年，大丰区对农村土地确权登记颁证进行“回头看”，及时更新因征地拆迁、有偿退出、家庭分割等各种原因变动的承包经营权信息241条。在万盈镇、开发区等地探索承包经营权有偿退出新模式，年内全区有50户以平均价格29.55万元/公顷有偿退出承包土地9.29公顷。2021年，全区新增农村土地流转面积3666公顷，发展农业适度规模经营面积4667公顷，兑现2020年度农村土地连片规模流转奖补资金406万元。

【家庭农场发展】 2021年，大丰区新办家庭农场89个，累计572个，集中经营面积0.25万公顷；新创建省级示范家庭农场12个、市级18个、区级82个，累计创建省级示范家庭农场38个、市级87个、区级221个；兑现2020年度家庭农场奖补资金90万元，有效改善家庭农场水利、交通、供电等基础设施条件。成立盐城市家庭农场协会大丰分会，截至2021年年底，有农场会员单位55个。组建盐城市大丰区仁龙粮食专业合作社、盐城市大丰区丰北农业专业合作社2个家庭农场联盟，联盟共吸纳农场11个，大丰境内流转土地面积746.67公顷。2021年，对录入全国家庭农场系统中的4444条信息进行逐一核查，删除空壳家庭农场143个，对328个内容不全面的家庭农场信息进行采集完善，对417个与事实不符的家庭农场信息进行修改，截至2021年年底，名录系统共有农场信息4301条。对已认定和注册的家庭农场全面推广“随手记”App，注册用户777户。

【农民专业合作社发展】 2021年，大丰区登记注册的农民专业合作社新增59个，新增国家级示范社1个。截至年底，大丰区共有农民专业合作社849个，涉及蔬菜、中药材、苗木花卉、牛羊猪养殖等多个农业产业，其中，国家级示范社6个（盐城市大丰区金鹿渔业专业合作社、盐城小九野菜专业合作社、盐城市大丰区又一春粮食专业合作社、盐城市大丰区建鑫机插秧服务专业合作社、盐城市大丰三龙镇双富蔬菜专业合作社、盐城市大丰区大中镇裕华裕兴荠菜专业合作社），省级示范社17个，市级示范社46个。配合市场监管部门，通过电话、上门服务等方式指导合作社开展年报告，全区有680个合作社开展2020年年报告，年报告率83.3%。

【农业产业化经营水平提升】 2021年，大丰区有年销售额超500万元农业龙头企业288个，其中国家级农业龙头企业2个、省级9个、市级30个。2021年，年销售500万元以上农业龙头企业实现销售519.09亿元。全区有16个农业企业进入资本市场(2021年新增5个),农业产业化联合体8个,带动农户68237户,种养面积1.6万公顷,牲畜饲养量6.7万头、畜禽饲养量2100万只。年内,江苏金色农业产业化联合体入选省农业产业化联合体典型案例。全区新开工建设1000万元以上农产品加工项目12个,其中亿元项目4个,完成投资10.51亿元。11月,大中街道恒北村入选农业农村部公布的"全国乡村特色产业亿元村"名单。

【农旅融合】 2021年,大丰区在运营好荷兰花海、梦幻迷宫、恒北梨园等景区景点的基础上,引进社会资本,开发主题特色鲜明、产品创意独特、游客乐于参与的乡村文化体验产品,打造农旅融合示范新标杆。全年实现休闲农业与乡村旅游总接待人数865万人次,综合收入43.62亿元。全区累计创成中国美丽休闲乡村、全国休闲农业与乡村旅游示范点、全国休闲农业与乡村旅游星级示范园区等国家级品牌15个,江苏省休闲农业精品村、江苏省主题创意农园等省级品牌21个,品牌创建数量居全省第一。

【农业农村重大项目】 2021年,大丰区组织开展多形式的招商引资活动,发挥企业、园区、基地招商主力军作用,采取推介招商、以商引商、网络招商、内部挖潜等方式,招引落户建设了一批规模农产品加工项目。全年实施大丰港大宗农产品仓储物流、沿海粮食仓储物流加工等农业农村重大项目24个,完成投资13.35亿元,占年度计划投资12.52亿元的106.6%。深入实施"万企兴万村"行动,培植示范项目44个,实现"村有项目、村企结对"两个全覆盖。

【农业接轨上海】 2021年,大丰区做大做强做优上海域外最大的农副产品生产加工和产能合作基地,加快推进"一园一厨五基地"(光明食品产业园,中央厨房及净菜加工配送,粮食储备加工基地、1000万羽蛋禽养殖及深加工基地、水产品养殖及加工基地、奶牛养殖及乳制品深加工基地、进口牛羊肉及深加工基地)建设,2021年全区接轨上海工作新建(改建)上海农产品直销窗口25个,农产品上海销售额46.5亿元,中央厨房项目供应全区72所学校4.2万名师生,与海丰米业稻米订单生产面积9666.67公顷,光明乳业大丰销售公司开票6.2亿元。

【农业质量品牌凸显】 2021年,大丰区实施农产品质量安全"规模主体入网"行动,举办庆祝第四个"中国农民丰收节"系列活动,做强"大丰仓"品牌,"大丰仓"品牌直营店建成运营,"恒北早酥梨"通过国家地理标志农产品认证,"久禾食用菌"入选《2021江苏省农产品品牌目录》。新增绿色食品14个,省级绿优基地5个,全区绿色食品数114个,有机食品21个,省级绿优基地20个,绿色优质农产品占比78.36%。

【数字农业建设】 2021年,大丰区推进农业电商孵化基地建设,加快"荷兰花海"花卉、海瑞休闲食品、恒北早酥梨等优质农产品资源"引流上线",全年实现农产品电子商务销售额25亿元。全年完成物联网软件平台和省大数据后台对接,对接物联网设备631套,新增数据量151.23万条,苏菜直通上报有效信息6.32万条,益农信息社各站点每天服务超5次。

【村级集体经济发展】 2021年,围绕全区村级集体经济发展年度目标,大丰区委农村工作领导小组办公室牵头制定《关于发展壮大新型农村集体经济促进农民共同富裕的指导意见》,指导镇村大力发展融合经济、积极发展绿色经济、加快发展服务经济、鼓励发展"抱团"经济、深化发展合作经济、创新发展"飞地"经济。2021年,全区村级集体经营性收入1.23亿元,村平均56万元,全区所有村(居)集体经营性收入全部达到22万元以上。

【农村集体资产财务规范管理】 2021年,大丰区深化"正风肃纪镇村行"专项行动,制定《进一步规范村级小微权力清单化管理的指导意见》,补充完善村级小微权力清单及流程图,共10大类37项。建立村级小微权力智慧监管平台,强化"三资"(资产、资源、资金)管理平台运用。加强农村财务预决算管理,预算数据全部录入平台,及时推送更新门户网站信息,上传更新网站信息14640条,对平台预警系统出现的预警信息,及时查明原因,逐一处置。全年处置各类预警信息4246条。加强村务卡使用管理。进一步重申村务卡使用管理的相

2021年,大丰滩涂农业系统入选第一批江苏省省级重要农业文化遗产名录 周古凯 摄

关规定，督促各村（居）严格按要求使用村务卡。规范村级“四务”（党务、政务、财务、事务）公开，建立村务公开“123”制度，加强村务公开管理。

【农村产权交易开展】 2021年，大丰区结合“三资”清查，采取交易地块核实、交易项目完成、交易台账抽查、交易项目月报等方式，做到项目应进必进，不遗漏任何一宗项目，提高资产资源利用效率。制定《大丰区农村产权交易管理办法》，全面开展“不见面”线上交易，实现24小时“不打烊服务”，有序推进各类交易主体主动积极进场进平台交易。严格执行《大丰区农村产权交易责任追究实施办法》，落实主体责任，扎牢农村基层权力的“笼子”。全年成交项目数717宗，其中，线上交易211宗，成交金额2.48亿元，溢价率12.3%，涉及土地类成交项目数248宗，成交金额2.29亿元。

【乡村振兴示范典型培植】 2021年，大丰区策应长三角一体化产业发展基地建设，围绕“村强、民富、景美、人和”目标，探索形成恒北品牌效应、太兴农旅融合、众心集群产业、斗龙港渔港经济、狮子口红色文化为典型引领的乡村振兴五大发展模式。2021年培植首批乡村振兴示范村30个，盐城大丰滩涂农业系统入选第一批江苏省省级重要农业文化遗产名录，刘庄镇友谊村创成全国乡村治理示范村。

【脱贫成果巩固】 2021年，大丰区开展富民强村帮促行动，严格落实“四个不摘”（摘帽不摘责任、摘帽不摘政策、摘帽不摘帮扶、摘帽不摘监管）要求，实现农村低收入人口可支配收入增幅高于全区平均增幅，实施经济强村三年行动，全区村级集体经营性收入全部达22万元。2月25日，常州高新区大丰工业园管理委员会被中共中央、国务院表彰为全国脱贫攻坚先进集体。10月31日，区农业农村局、区卫生健康委员会被省委、省政府表彰为全省脱贫攻坚暨对口帮扶支援合作先进集体。10月31日，区对口帮扶铜川市宜君县联络组被省委、省政府表扬为全省脱贫攻坚暨对口帮扶支援合作工作表现突出的集体。

【高素质农民培育】 2021年，大丰区开展农业农村人才定向培养，继续实施大专以上学历定向委培三年行动计划，2021年定向培养基层农业农村人才18名。推进高素质农民培训，全年培训9090人。

农村人居环境整治

【概况】 2021年，大丰区坚持以习近平新时代中国特色社会主义思想为指导，确立“6+2”（扎实推进农村厕所革命、加快推进农村生活污水治理、持续推进农村生活垃圾治理、持续整治集镇及撤并镇环境、全面整治提升主要交通要道沿线环境、全面推进美丽宜居乡村建设、打造农村人居环境示范观摩线路、完善长效管护机制）五年整治提升行动工作思路，系统推进农村人居环境整治提升，实现“十四五”农村人居环境整治提升五年行动的良好开局。

【坚持高位推进】 2021年，由区政府主要领导任总召集人的全区农村人居环境整治推进工作领导小组，继续发挥联席会议制度作用，先后召开专题会议22次，研究部署推进农村人居环境整治提升行动。制定农村人居环境整治工作扶持政策，每年安排1000万元专项资金用于农村人居环境整治考核奖补、每年每村安排8万元作为公共服务设施运行维护经费。2021年，区级财政安排农村人居环境整治专项资金15.6亿元。发挥基层党组织的战斗堡垒和党员的先锋模范作用，完善村规民约，倡树文明新风。

【环境整治成果】 2021年，大丰区巩固扩大农村生活垃圾治理成果，新增分类垃圾桶29961只，一级清运车辆78辆，二级转运车辆1辆。完善5个已开展镇村全域垃圾分类乡镇的垃圾收运闭环体系，其余各镇（区、街道）在原有的基础上新增1个行政村开展农村生活垃圾分类试点。开展农村厕所粪污治理，年内新建农村公共厕所35座，新改（新建）卫生厕所5880户，推进2013年以来各级财政支持改造的农村户用厕所问题整改。加快推进农村生活污水治理设施及污水管网建设，全区行政村生活污水治理设施覆盖率100%，自然村和农户生活污水治理覆盖率35%，农村生活污水治理设施正常运行率100%。整治河道452条，疏浚土方664万立方米。稳步推进农业废弃物治理，着力提升村容村貌，年内创成市农村人居环境整治提升示范村3个，农村河道长效管护连续7年被评为全省第一等次，实现美丽宜居村庄建设356个规划发展村庄全覆盖，创建五星级“美丽庭院”示范户621户，建成农村公路100千米、危桥改造45座。落实有制度、有标准、有队伍、有经费、有督查、有问责的村庄人居环境管护长效机制，全区218个村（居）农村保洁队伍实现村组全覆盖，落实长效管护人员2460人，对农村人居环境实行“田水路林村”综合长效管护。

【强化督查推进】 2021年，大丰区发挥农村人居环境整治工作联席会议制度，实行一旬一督查、一月一调度、一月一通报、一季一考核、全年一评估的督查考核评估制度。坚持目标导向、问题导向、效果导向，采取联合督查考核、专项督查指导、随机抽查督促，及时掌握推进落实进度，对推进不力的或在进展过程中发现的问题，予以通报，限期整改，通过强有力的督查和考核，推动各项目标任务有效落实。2021年通报17次，提醒28次，交办单22份，整改问题3200个，推进全区农村人居环境面貌持续改善。

（刘晓生）

〖编辑　朱晓华〗

工　业

综　述

【概况】 2021年，大丰区工业经济工作围绕“四大战略”（创新驱动、“两海”引领、绿色赋能、融合共享），突出稳定增长、转型升级、绿色发展等重点，加快动能转换，大力发展先进制造业，加强技术创新，强化企业创新主体作用，加大技改投入，强化运行组织、提升服务能力、优化发展环境，努力推动全区工业经济高质量发展。年内，大丰区工业条线强化运行协调，突出新增长点培育，实现全口径工业开票销售1404.35亿元，同比增长27.8%。全区开票销售超1亿元企业150个，其中10亿~50亿元企业17个、50亿~100亿元企业3个、超100亿元的企业和企业集团各1个。盐城市联鑫钢铁有限公司开票销售200.4亿元，博汇集团开票销售149.5亿元（江苏博汇纸业有限公司94.9亿元、江苏海力化工有限公司16.4亿元、江苏海兴化工有限公司28.4亿元、其他9.8亿元）。纳税超1亿元工业企业6个，纳税1亿元以上工业企业数量（五星级企业）位居全市第一。全年新增规模以上工业企业79个，总数突破500个。

【产业结构优化】 2021年，大丰区新能源及装备制造、新能源汽车及零部件、电子信息三大战略性新兴产业实现开票销售411.5亿元，同比增长35.8%，占规模以上工业开票销售额的32.9%。化工、冶金、造纸等三大基础产业加快转型，实施1000万元以上技改项目20个。中国中化集团有限公司重组江苏辉丰生物农业股份有限公司、金光集团重组山东博汇集团有限公司顺利完成。盐城市联鑫钢铁有限公司获评2021中国钢铁企业竞争力B+（优强）等级，海聆梦家居股份有限公司获“全国纺织工业先进集体”称号。

【创新融合不断突破】 2021年，大丰区实施1000万元以上技改升级项目63个，完成投资32.79亿元，完成年度目标。江苏德和绝热科技有限公司入选工业和信息化部发布的第三批专精特新“小巨人”企业名单。江苏博敏电子有限公司的“高频段通信用高密度集成印制电路板”、江苏森威精锻有限公司的“轻量化汽车轮毂轴承关键件精密热成形智造技术”、盐城市联鑫钢铁有限公司的“HRB600高强度热轧钢筋”入选省新产品新技术。江苏大洋精锻有限公司建成省级“质量标杆”。新增2个省级企业技术中心（江苏金韦尔机械有限公司、盐城大丰阿特斯阳光电力科技有限公司），截至年底，全区有省级以上企业技术中心20个，其中国家级企业技术中心3个（江苏丰东热技术股份有限公司、江苏森威精锻有限公司、江苏中车电机有限公司），占全市总数的一半，数量和等级均居全市前列。全年新增盐城大丰阿特斯阳光电力科技有限公司、江苏正大丰海制药有限公司、盐城正泰新能源科技有限公司3个省级智能车间，省级上云企业62个，其中四星级上云企业35个、三星级上云企业27个。盐城大丰阿特斯阳光电力科技有限公司、盐城市联鑫钢铁有限公司、江苏德和绝热科技有限公司、江苏森威精锻有限公司等25个企业获评两化融合贯标评定企业，江苏博敏电子有限公司等7个企业被认定为省两化融合管理体系贯标试点。盐城市联鑫钢铁有限公司、江苏博敏电子有限公司、江苏大洋精锻有限公司、江苏迈硕医疗科技有限公司4个企业接入工业互联网解析二级节点。

【化工园区整治】 2021年，大丰港石化新材料产业园立足省级化工园区定位，加大化工行业安全环保整治力度。委托石油和化学工业规划院编制完成《大丰港石化新材料产业园“十四五”结构调整和转型升级发展规划》，经大丰区政府批准后印发实施。加快推进园区安全风险等级创建提升，园区安全风险管控水平大幅提升，化工实训基地建成投入运行。

【工业绿色发展】 2021年10月，大丰区资源高效利用工作联席会议办公室印发《推进全区土地、厂房、楼宇资源高效利用的实施意见》，深入推进“三项清理”（清理闲置土地、厂房、楼宇）工作，列入盐城市闲置土地、厂房、楼宇清单的28个项目，基本达到盘活认定标准。扎实开展木材加工企业整治工作，36个木材加工企业按照“一企一策”方案全面整治。强化淘汰落后产能工作，江苏中沃纺织印染有限公司、纽威工业材料（大丰）有限公司完成落后工艺设备淘汰工作。大丰区

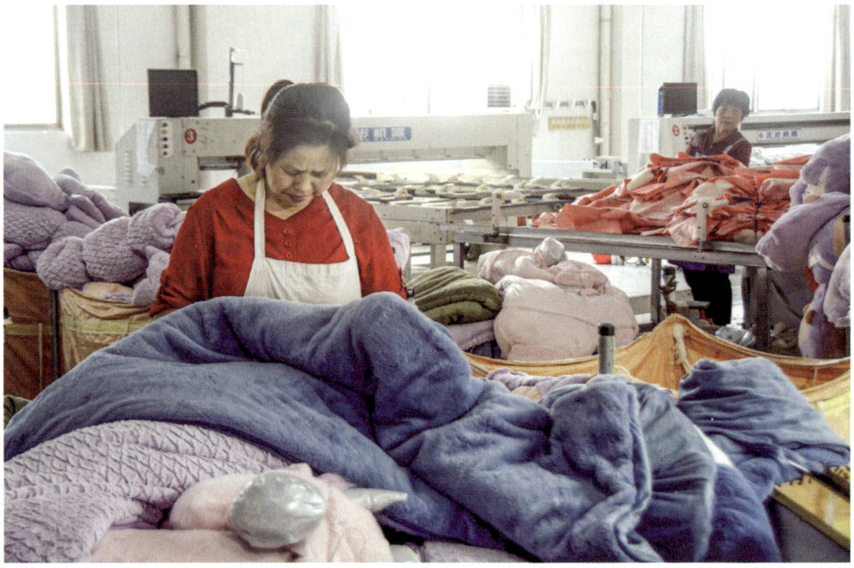

2021年7月，盐城杉童玩具公司的工人突击生产、检验、包装外贸产品
周古凯　摄

政府出台《2021年度工业节能考核办法》，分解落实年度节能目标任务，全力推进绿色低碳发展。大丰区年综合能耗5000吨标煤以上企业全部建成能耗在线监测平台。大丰区成立坚决遏制“两高”（高耗能和高排放）技改项目盲目发展工作领导小组，制定《坚决遏制“两高”技改项目盲目发展工作方案》。江苏金风科技有限公司、江苏中车电机有限公司创成省级绿色工厂，实现省级以上绿色制造体系零突破。

【优化发展环境】 2021年，大丰区建立健全提升服务质效工作联席会议和月度例会制度，着力强化为企服务，不断优化营商环境。以“我的盐城”App大丰板块为载体，汇编上传最新惠企政策，拓宽政策宣传路径。优化挂钩服务推进机制，帮助企业解决发展难题。大丰区兑现省、市、区三级制造业转型升级奖补资金近1亿元。10月，成功举办大丰（深圳）战略性新兴产业投资说明会，签约产业项目20个，总投资53亿元。11月，总投资100亿元的蜂巢能源年产22.3GWh（吉瓦时）锂离子动力电池项目开工建设。

纺织行业

【概况】 2021年，大丰区纺织行业有规模以上企业98个，实现开票销售83.2亿元，同比增长12.5%，占全区规模以上工业开票销售额的6.6%，年开票销售1亿元以上企业有19个，其中超10亿元的有2个（海聆梦家居股份有限公司、江苏君霖纺织科技有限公司）。行业重点企业有海聆梦家居股份有限公司、江苏君霖纺织科技有限公司、大丰万达纺织有限公司、盐城市大丰创意工艺品有限公司。

【江苏君霖纺织科技有限公司】 江苏君霖纺织科技有限公司成立于2017年4月，占地面积17.73公顷，位于盐城市大丰经济开发区，先后建成纺纱厂、织布厂、印染厂、成品厂、水处理厂。该公司是一家专门从事纺纱、织布、印染、面料复合和面料研发、卷帘的现代化生产工厂，有员工1200余名，在纺纱、织布、印染等方面均有先进设备。年产量为各类纱线1万吨，各类专业家纺面料6000万米，功能服装面料2000万米，窗帘200万套。公司和瑞典宜家公司合作开发以沙发套、窗帘、面料为主的业务。

化工行业

【概况】 2021年，大丰区化工行业有规模以上企业22个，实现开票销售125.2亿元，同比增长120.7%，占全区规模以上工业开票销售额的10%，年开票销售1亿元以上企业有13个，其中超10亿元的有5个［江苏辉丰生物农业股份有限公司、江苏海兴化工有限公司、江苏海力化工有限公司、江苏丰山集团股份有限公司、安道麦辉丰（江苏）有限公司］。行业重点企业有江苏海兴化工有限公司、江苏海力化工有限公司、江苏丰山集团股份有限公司、安道麦辉丰（江苏）有限公司。

【江苏丰山集团股份有限公司】 江苏丰山集团股份有限公司创建于1988年9月，是集农药研发、生产、销售于一体的国家定点农药生产企业、国家高新技术企业。2018年9月在上海证券交易所上市，实现了盐城市24年来主板上市零的突破。公司注册资本1.16亿元，具有年生产原药2.3万吨，加工、复配制剂2万吨的生产能力，是中国农药工业协会副会长单位，先后被评为“全国守合同重信用企业”“全国乡镇化工先进企业”“全面质量管理达标企业”“全国石油和化学工业先进集体”等。集团下辖原药运营中心、制剂事业部、大丰生产基地、上海研发中心、四川丰山生物科技有限公司、丰山新农业发展公司等单位。有员工1300余名，其中研发人员182人，博士、硕士26人，省双创人才1人，盐城市创新创业领军人才2人。产品远销美国、德国、澳大利亚、俄罗斯等30多个国家和地区。

钢铁行业

【概况】 2021年，大丰区钢铁行业有规模以上工业企业13个，实现开票销售225.7亿元，同比增长35%，占全区规模以上工业开票销售额的18%，年开票销售1亿元以上企业有4个，其中超10亿元的2个（盐城市联鑫钢铁有限公司、江苏大丰新安德矿业有限公司）。盐城市联鑫钢铁有限公司开票销售200.4亿元，江苏大丰新安德矿业有限公司开票销售15.7亿元。

【江苏大丰新安德矿业有限公司】 江苏大丰新安德矿业有限公司成立于2012年4月，是世界500强象屿集团的全资子公司。位于大丰港港区物流园内，是一家主营矿产资源的开发、利用、贸易以及矿石机械设备研发的矿业公司，有注册资本1.2亿元，员工208人。公司先后投资8000余万元，新上低品矿粉提质增效项目、平环核心工艺回收项目，并与长沙矿冶研究院、中南大学等科研院所建立长期产学研合作关系。公司拥有授权专利19件，其中发明专利8件，先后通过“质量、能源、环境和职业健康安全”等四大管理体系，并获“江苏省博士后创新实践基地”“江苏省企业技术中心”“盐城市难选铁矿技术研究中心”等称号。

新能源及装备制造产业

【概况】 2021年，大丰区新能源及装备制造产业有规模以上工业企业32个，实现开票销售315.6亿元，同比增长43.1%，占全区规模以上工业开票销售额的25.2%，年开票销售1亿元以上企业25个，其中超10亿元的企业有5个（江苏金风科技有限公司、江苏中车电机有限公司、盐城大丰阿特斯阳光电力科技有限公司、盐城正泰新能源科技有限公司、江苏双瑞风电叶片有限公司）。行业重点企业有江苏

2021年9月,江苏理研科技股份有限公司工人在验收产品,确保道道工序质量达标 周古凯 摄

金风科技有限公司、江苏中车电机有限公司、盐城大丰阿特斯阳光电力科技有限公司、盐城正泰新能源科技有限公司、江苏双瑞风电叶片有限公司。

【江苏中车电机有限公司】 江苏中车电机有限公司是中国中车下属中车株洲电机有限公司的全资子公司,中国中车二级重点子公司,专业从事陆地、海洋用大功率风力发电机的科研、生产、销售、技术服务及咨询。江苏中车电机有限公司是国内首台1.2兆瓦、1.5兆瓦、2.0兆瓦、2.5兆瓦、3.0兆瓦、6.0兆瓦直驱永磁同步风力发电机研制企业,也是中国最大的风力发电机生产企业之一。

新能源汽车及零部件产业

【概况】 2021年,大丰区新能源汽车及零部件产业有规模以上工业企业33个,实现开票销售41.4亿元,同比增长0.4%,占全区规模以上工业开票销售额的3.3%,年开票销售1亿元以上企业有9个。行业重点企业有江苏理研科技股份有限公司、江苏森威精锻有限公司、江苏大洋精锻有限公司、大丰市明进机械有限责任公司。

【江苏理研科技股份有限公司】 江苏理研科技股份有限公司成立于2004年,注册资本1.36亿元,占地面积218.6万平方米,银行资信AAA级。公司有员工约500人,有专业技术人员60多人。公司专业从事汽车精锻件、工程液压、矿山机械等产品的研发、生产与销售,其中汽车系统精锻件覆盖传动系统、转向系统、变速箱系统等。公司建有省级工程技术研究中心和省级企业技术中心,与国内知名院校及研究所建有紧密的产学研合作关系。公司有授权专利69件,其中发明专利16件、实用新型53件。公司已通过IATF 16949质量体系认证、ISO 14000、OHSAS 18000认证,并获得安全生产标准化证书。

新一代电子信息及智能终端产业

【概况】 2021年,大丰区新一代电子信息及智能终端有规模以上企业51个,实现开票销售54.5亿元,同比增长32.4%,占全区规模以上工业开票销售额的4.3%,年开票销售1亿元以上企业有17个,其中超10亿元的1个(江苏博敏电子有限公司)。行业重点企业有江苏博敏电子有限公司、苏大维格(盐城)光电科技有限公司等。

【苏大维格(盐城)光电科技有限公司】 苏大维格(盐城)光电科技有限公司是苏州苏大维格科技集团股份有限公司于2019年新建的全资子公司,占地面积8公顷。公司有各类研发及生产设备近80台套,形成年产镭射膜3亿平方米、镭射纸2万吨和电化铝10万标准卷的规模。主要产品为光学技术产品、防伪技术产品研发、激光包装材料生产线、新型光学印材和薄膜,主要应用于证件、电子产品、包装产品等。通过产学研合作和创新创业,一批重大成果(器件、材料和装备)在国内外广泛应用。

(吴 洋)

电力工业

【概况】 2021年,大丰区全社会用电量81.03亿千瓦时,同比增长14.90%。其中工业用电量65.13亿千瓦时,同比增长14.67%,城乡居民生活用电6.38亿千瓦时,同比增长6.29%。纺织业用电量5.37亿千瓦时,占工业用电量的8.25%;造纸和纸制品业用电量14.16亿千瓦时,占工业用电量的21.74%;化学原料和化学制品制造业用电量11.15亿千瓦时,占工业用电量的17.12%;黑色金属冶炼和压延加工业用电量8.13亿千瓦时,占工业用电量的12.48%。全区新能源发电量66.14亿千瓦时,同比增长20.20%。

【新能源发电】 2021年,大丰区有风电企业16个,光伏发电企业7个,生物质发电企业4个,新并网海上风电企业4个。年内,全区新能源发电量66.14亿千瓦时,其中风力发电61.02亿千瓦时,光伏发电1.47亿千瓦时,生物质发电3.06亿千瓦时,新并网海上风电发电0.59亿千瓦时。

【电网建设】 2021年,大丰区电网最高负荷123.30万千瓦,比2020年最高负荷增长6.87%。电网建设有力推进，编制“十四五”电网、中西部区域配电网等规划。高效推进110千伏花海输变电工程等13个项目建设。投运110千伏盐港变等4项重点工程。500千伏鹿乡变顺利投运，大丰成为全省第3个拥有3座500千伏大引擎变电站的县（区）。加快区域能源互联网建设，建成全省首批试点示范项目。开展农配网提升专项行动，实现配网工程无人机验收。大力推动“新基建”，编制发布全市首个县域电动汽车充电桩规划，全市率先实现电动汽车充电网络乡镇全覆盖。

【供电服务】 2021年，大丰区供电公司启动创建全国一流电力营商环境三年行动，走访天合光能、郁金香康养基地等重大项目。建成全省首个乡镇级全要素综合能源服务站，常态开展“供电+能效服务”。积极推动盐丰快速通道、226省道改扩建等杆线迁改工程。成功开展机器人和复杂类带电作业，完成带电作业478次，累计多供电量112.95万千瓦时。8个“临代正”（临时用电代供居民正式用电）小区全部清零。全域供电所实现零投诉，服务业务工单回访满意率为全市第一。

（朱俊方　王云霄）

规模企业

【概况】 2021年，大丰区规模以上工业企业479个，实现规模以上工业开票销售1252.2亿元，同比增长30.4%。全区开票销售超1亿元的企业150个，其中超200亿元的企业1个，50亿~100亿元企业3个，20亿~50亿元企业6个，10亿~20亿元企业11个。

【重点企业】 年内，全区开票销售超200亿元企业1个，为盐城市联鑫钢铁有限公司，开票销售200.4亿元。50亿~100亿元企业3个，为江苏博汇纸业有限公司94.9亿元、江苏金风科技有限公司88.9亿元、江苏中车电机有限公司65.5亿元。10亿~50亿元企业17个，分别为盐城大丰阿特斯阳光电力科技有限公司49.4亿元、江苏喜登门油脂有限公司40.3亿元、江苏辉丰生物农业股份有限公司29.6亿元、江苏海兴化工有限公司28.4亿元、江苏佳丰粮油工业有限公司26.1亿元、盐城正泰新能源科技有限公司25.5亿元、江苏海力化工有限公司16.4亿元、江苏大丰新安德矿业有限公司15.7亿元、江苏正大丰海制药有限公司14.9亿元、海聆梦家居股份有限公司12.9亿元、盐城温氏畜牧有限公司12.8亿元、江苏君霖纺织科技有限公司12.5亿元、江苏丰山集团股份有限公司12.5亿元、江苏双瑞风电叶片有限公司12.3亿元、中再生盐城资源开发有限公司11.4亿元、安道麦辉丰（江苏）有限公司11.0亿元、江苏博敏电子有限公司10.6亿元。

（吴　洋）

2021年，江苏双瑞风电叶片有限公司开票销售12.3亿元。图为公司生产的风电叶片堆放场　周古凯　摄

2021年大丰区“中国驰名商标”一览表

表13

序号	企业名称	商标	注册证号	商品类别	核定使用商品或服务	备注
1	江苏丰山集团股份有限公司	丰山	667271	5	农药	行政认定
2	江苏辉丰农化股份有限公司	辉丰	708820	5	杀虫剂	行政认定
3	江苏佳丰粮油工业有限责任公司	恒喜	1942432	29	食用油	行政认定
4	江苏大丰海港控股集团有限公司	大丰港及图	4388983	39	卸货、货物传送等	行政认定
5	江苏腾龙生物药业有限公司	腾龙及图	1552408	5	农药	行政认定
6	江苏丰收大地投资发展有限公司	丰收大地	7672936	31	新鲜蔬菜；鲜水果；鲜食用菌	行政认定
7	江苏谷登工程机械装备有限公司	Goodeng	7738210	7	打桩机、夯锤	行政认定
8	江苏超力机械有限公司	大力	342475	7	空压机	司法认定

续表13

序号	企业名称	商标	注册证号	商品类别	核定使用商品或服务	备注
9	江苏光普太阳能工业有限公司	光普	3623844	11	热水器	司法认定
10	江苏丰东热技术股份有限公司	丰东	1137581	11	污水处理设备	司法认定

2021年大丰区“省市区质量奖企业”一览表

表14

序号	企业名称	获奖名称	获奖时间
1	江苏正大丰海制药有限公司	2018年度江苏省质量奖	2019年12月10日
2	江苏正大丰海制药有限公司	2014年度盐城市市长质量奖	2015年3月9日
3	江苏丰山集团股份有限公司	2015年度盐城市市长质量奖	2016年3月31日
4	江苏辉丰农化股份有限公司	2016年度盐城市市长质量奖	2017年5月12日
5	大丰海港港口有限责任公司	2018年度盐城市市长质量奖	2020年3月4日
6	江苏中车电机有限公司	2019年度盐城市市长质量奖	2020年12月10日
7	江苏博敏电子有限公司	2020年度盐城市市长质量奖提名奖	2021年11月19日
8	江苏正大丰海制药有限公司	2017年度大丰区区长质量奖	2018年9月13日
9	江苏丰山集团股份有限公司	2017年度大丰区区长质量奖	2018年9月13日
10	大丰万达纺织有限公司	2017年度大丰区区长质量奖提名奖	2018年9月13日
11	江苏佳丰粮油工业有限公司	2017年度大丰区区长质量奖提名奖	2018年9月13日
12	上海海丰米业有限公司	2018年度大丰区区长质量奖	2019年10月18日
13	大丰海港港口有限责任公司	2018年度大丰区区长质量奖	2019年10月18日
14	江苏博敏电子有限公司	2018年度大丰区区长质量奖提名奖	2019年10月18日
15	大丰万达纺织有限公司	2018年度大丰区区长质量奖提名奖	2019年10月18日
16	江苏大丰农村商业银行股份有限公司	2019年度大丰区区长质量奖	2020年8月11日
17	江苏中车电机有限公司	2019年度大丰区区长质量奖	2020年8月11日
18	江苏博敏电子有限公司	2019年度大丰区区长质量奖提名奖	2020年8月11日
19	上海新型建材岩棉大丰有限公司	2019年度大丰区区长质量奖提名奖	2020年8月11日
20	江苏博敏电子有限公司	2020年度大丰区区长质量奖	2021年12月29日
21	江苏丰海新能源淡化海水发展有限公司	2020年度大丰区区长质量奖	2021年12月29日
22	江苏森威精锻有限公司	2020年度大丰区区长质量奖提名奖	2021年12月29日
23	盐城市丰特铸造机械有限公司	2020年度大丰区区长质量奖提名奖	2021年12月29日

2021年大丰区“江苏省质量信用AAA、AA级企业”一览表

表15

序号	企业名称	获奖名称	获奖时间
1	江苏丰山集团股份有限公司	2015年度江苏省质量信用AAA级企业	2016年1月26日
2	江苏正大丰海制药有限公司	2016年度江苏省质量信用AAA级企业	2017年1月22日
3	江苏辉丰农化股份有限公司	2017年度江苏省质量信用AA级企业	2018年1月15日
4	大丰万达纺织有限公司	2018年度江苏省质量信用AA级企业	2018年12月21日
5	江苏博敏电子有限公司	2019年度江苏省质量信用AA级企业	2020年2月17日
6	江苏中车电机有限公司	2019年度江苏省质量信用AA级企业	2020年2月17日
7	江苏谷登工程机械装备有限公司	2019年度江苏省质量信用AA级企业	2020年2月17日
8	江苏海工能源设备科技有限公司	2020年度江苏省质量信用AA级企业	2021年3月11日

（盐城市大丰区市场监督管理局）

〖编辑　朱晓华〗

建筑业

综　述

【概况】 2021年，大丰区建筑业以转变发展方式为主线，按照“对外开拓市场，对内规范秩序”的思路，加快建筑经济结构调整，加大集约型市场开拓力度，提高建筑经济运行质量。从严执行工程建设强制性标准，强化市场准入管理，规范招投标、施工许可、质量安全监督、竣工验收备案等制度，严厉查处违规发包、恶意拖欠等行为，构建健康开放、竞争有序的市场秩序，建筑业各项工作取得新成效。引导全区建筑企业把握发展机遇，推进生产经营方式转变，加大科技创新投入，提升企业核心竞争力。全区完成建筑业总产值177.47亿元，比2020年同期增长23.5%，其中市内产值66.16亿元，外出施工产值111.31亿元。培植宏鑫建设集团有限公司、江苏国安建筑安装工程有限公司、江苏恒生建设集团有限公司等产值超20亿元的总承包企业3个，江苏丰泽建设集团有限公司、江苏东远建筑有限公司等产值超10亿元企业2个。引进“双一级”宏鑫建设集团有限公司（房屋建筑总承包一级、市政工程总承包一级）。江苏国盛建设有限公司获得装饰装修专业承包一级资质，江苏衡建项目管理有限公司获得房屋市政监理甲级资质。大丰区全年创市级标准化示范工地17个，市级优质工程6个，省级标准化示范工地3个，省优质工程2个，江苏省智慧工地2个。

【建筑业营商环境优化】 2021年，大丰区住房和城乡建设局以市场主体需求为导向，营造重商、亲商、安商、扶商、护商的良好氛围，助推全区经济高质量发展。按照“放管服”和“最多跑一次”的要求，积极推进工程建设项目审批制度改革，提供主动上门服务和一站式服务。提高施工图审查效率，优化服务流程。出台加快推进全区建筑业高质量发展的政策意见，进一步促进产业结构调整，帮扶企业晋升资质、扩大规模，提高企业核心竞争力，优化建筑业发展环境，促进建筑业创新、持续发展。召开全区建筑业政银企座谈会，邀请7个银行负责人和29个建筑施工企业负责人参加，实现金融资本与企业资源有效融合对接。优化农民工工资保证金的缴存和返退流程，实行农民工工资保证金到期预警和主动告知制度，建立健全返退项目清单。

建筑市场

【外埠建筑市场】 2021年，大丰区进一步优化产业、市场和投资结构，引导建筑施工企业开展企业间战略协作，加强横向联合和优势互补，大力开拓外埠建筑市场。全行业出区施工人数2.3万人，完成外出施工总产值111.31亿元。积极扩张外埠市场，江苏国安建筑安装工程有限公司在陕西、广东、四川等市场设立办事处，专门对接“高精尖”项目，和央企、国企，市外签订10亿元合同，在阿尔及利亚首都阿尔及尔承建700套保障性住房项目；江苏恒生建设集团有限公司在河北燕郊、保定等均有在建项目，施工面积约20万平方米；江苏东远公司在湖北大冶在建工程面积10万平方米；江苏丰泽公司在滨海承建工程造价2亿元的保障性住房项目；盐城宏祥兴达公司在北京劳务从业人数1000余人，在手劳务合同额8000万元。进一步接轨上海，全区在上海施工产值4.5亿元，江苏鼎立钢构公司获得上海市“金钢奖”等荣誉。

【建筑产业转型升级】 2021年，大丰区按照“施工总承包企业做强，专业承包企业做精，劳务分包企业做专”的原则，鼓励和引导施工总承包企业通过兼并、重组、改制等方式，形成一批资产规模大、技术力量雄厚、管理先进、跨行业经营、具有核心竞争力的大型、领头羊式的企业集团。形成以总承包企业为龙头、专业承包企业为骨干、劳务分包企业为基础的企业集群，构筑分工明确、配套协作、整体优势明显的队伍结构。截至2021年年末，全区施工资质企业172个（其中一级总承包企业5个，二级总承包企业25个，专业承包一级5个），监理企业7个，勘察企业2个，设计企业6个。坚持“一业为主，多种经营”的发展方针，突破工程施工的单一模式，不断延伸产业链，扩大企业经营规模，做大建筑业。鼓励和支持企业由传统的房屋建筑为主向路桥、水电等专业建筑业拓展，由建筑业一业为主向房地产、新型建材、制造业延伸，由传统的工民建向钢结构、市政工程、建筑装修装饰工程、环境工程和智能建筑等领域发展。宏鑫建设集团有限公司、江苏丰达国润建设集团有限公司、江苏恒生建设集团有限公司、荣商建设集团有限公司、众恒翌泰建设集团有限公司发展成为集房屋建筑工程、市政公用工程、建筑装饰装修、钢结构、防腐保温、消防设施专业等多类施工资质的建设集团公司。

【农民工工资保障支付】 2021年，大丰区住房和城乡建设局开展建设领域农民工工资治欠保支行动，切实维护广大农民工的合法权益。宣传《保障农民工工资支付条例》，全区设立专用账户项目79个，实现线上代发项目79个，发放工资6.07亿元，在建项目劳动合同签订率100%。优化农民工工资保证金的缴存和返退流程，实行农民工工资保证金到期预警和主动告知制度。鼓励建筑施工企业采取银行保函、保险保单等形式缴纳保证金，全区41个工程项目涉及金额1471万元。加强农民工工资实名制管理工作，对农民工实名制管理开展专项检查，督促未实施到位的项目限期整改，实现本地区建筑工人实名制平台和市级管理平台数据互联共享。做好农民工信访接待工作，全年接待协调投诉纠纷113起，涉及农民工工资2100余万元。

【建筑市场秩序规范】 2021年，大丰区组织开展建设领域综合大检查，打击建筑施工非法、违法行为，整顿规范建筑市场秩序。对全区所有在建项目和施工企业进行拉网式检查，重点检查各方主体资质资格合规情况，依法应进行招标的工程项目招投标情况，以及是否存在出卖、转让、伪造资质证书和非法挂靠、非法承包转包等违法违规行为。对在检查中发现的违法违规行为一律发放责令限期整改通知书。坚持有检查必执法、有违规必处罚，加大对各类非法、违法行为查处力度，对违法案件发现一起、立案一起、处罚一起。严格实施隐患倒查追责、事故即行问责、查处挂牌督办、信用联合惩戒等制度，凡发生安全事故的企业，责令停工整改，从速上报省住建部门复核企业安全生产条件，落实暂扣企业安全生产许可证和人员资质资格、暂停招投标等管理措施，严格实施"黑名单"管理、吊销资质、停止执业等处罚措施。全年查处建筑工程类案件12起。利用会议、讲座、综合大检查等形式，宣传贯彻建设领域的法律法规，建立健全建筑市场信用体系，注重发挥协会作用，督促企业认真履行建筑企业自律公约，规范企业生产经营行为。对全区建筑施工企业开展年度资质动态核查工作。区建设主管部门与招投标办公室、法院等部门建立建筑工程实行施工现场与招投标有形市场"两场联动"机制，将建筑市场失信者列入"黑名单"，实行联动惩戒，营造建筑市场诚信激励和失信惩戒的信用意识，形成"一处失信，处处受限"的信用氛围。

【建筑产业现代化发展】 2021年，大丰区贯彻执行《盐城市人民政府关于大力推进装配式建筑发展的实施意见》，通过政策扶持、项目带动、技术引导、基地保障、市场激活等方式，推动装配式建筑发展，促进建筑产业现代化。推动以建筑产业现代化为引领的创新驱动发展战略，培育新时代建筑产业化工人队伍，打造门类齐全、产能合理、布局科学、技术含量高、辐射效应广的装配式建筑产业链，推动建筑业融合信息业向先进的智能制造业转型升级。指导装配式建筑企业围绕先进实用技术，实施创新驱动发展战略，在建筑产业化导向下聚合各方资源，打造具有协同创新、合作共赢的新型建筑产业链模式，实现设计标准化、制造工厂化、施工装配化、装修一体化、管理信息化、应用智能化，提高建筑技术水平和工程质量，促进建筑业优化升级。全年完成装配式建筑面积26.5万平方米。

【建筑节能与绿色建筑】 2021年，大丰区围绕建设资源节约型社会，推进绿色建筑及建筑节能工作。全区通过建筑节能施工图审查的新开工项目全面执行最新节能标准。全区竣工民用建筑91万平方米，均为绿色建筑，城镇绿色建筑占新建建筑的比例为100%。吾悦广场、天居·珑悦府等5个房地产项目取得江苏省绿色建筑二星设计标识。吾悦广场、友义医院等公共建筑取得省民用建筑能效测评等级证书。江苏金风科技—江苏中车电机海上风电综合园区内制造工厂、实验中心、培训中心等生产运营范围内所产生的二氧化碳当量温室气体，通过综合性微网系统中分布式风光储设备的能源替代、节能减排等措施以及注销碳减排指标的方式，实现100%碳中和，建成省可再生能源"碳中和"工业园区。

2021年，大丰区推进绿色建筑及建筑节能工作，吾悦广场、天居·珑悦府等5个房地产项目取得江苏省绿色建筑二星设计标识　　周古凯　摄

【预拌混凝土市场专项整治】 2021年，大丰区扎实开展预拌混凝土市场专项整治。建立专项整治联席会议制度，制定出台《关于在全区持续深入开展预拌混凝土生产企业专项整治工作的实施方案》，明确目标任务、实施步骤、工作要求和工作责任。规范预拌混凝土企业生产行为，对存在扬尘整治方案制定不到位、措施落实不力的部分有资质生产企业，依法采取停产整顿，并实行整改验收复工制度。对无资质的企业按照"依法关停一批、动员转行一批、整顿规范一批"的整治要求，进行规范整顿，全年取缔无资质的预拌混凝土生产企业28个。加强对各类工程使用预拌混凝土的监督管理，坚决打击使用不符合质量要求预拌混凝土的违法行为。加强常态化日常巡查，确保已取缔拆除的无资质预拌混凝土企业不反复、无新增。

工程建设管理

【概况】 2021年，大丰区住房和城乡建设局按照"三管三必须"（管行业必须管安全、管业务必须管安全、管生产经营必须管安全）的要求，加强安全生产监督，扎实开展安全生产专项整治行动。强化施工现场的安全生产管理，凡受监管工程安全生产制度、管理组织、相关人员配备均按照要求落实到位。创新住宅工程质量监督管理，进一步提升建设工程品质，加强建设工程质量安全全过程管控。严格工程质量检测，按照国家和省有关检测管理的规定、标准和规范，禁止使用不合格材料，落实建筑材料见证取样制度，确保检测数据真实、准确。全区新报监项目164个，面积257万平方米；在建项目216个，面积约546万平方米；出具监督报告90份，竣工面积约119万平方米。主城区受监率100%，乡镇公建与住宅工程受监率100%。

2021年，大丰区建筑工程监督覆盖率100%，工程质量合格率100%，无重大质量安全事故　　葛顺明　摄

【建设工程质量管理】 2021年，大丰区住房和城乡建设局创新工程质量监管方式，严格执行国家有关工程建设标准、规范和有关文件精神，加强工程质量巡查、抽查工作，确保工程主体结构和主要使用功能安全。全区工程监督覆盖率100%，工程质量合格率100%，无重大质量安全事故。严格执行工程质量终身责任制，认真落实"两书两牌一档案"（两书：《质量终身负责制承诺书》和《法定代表人授权书》，两牌：现场公示牌和永久性质量责任标牌，一档案：质量责任信息档案）制度。推进全区建设工程质量安全提升行动，通过对重点问题查处、发放质量整改和提交处罚建议等措施，促使施工、监理人员提高质量责任意识。开展质量检测机构专项检查，对4家质量检测机构规章制度、人员配置、环境条件、场地、仪器设备检测工作运行程序、检测报告等内容进行检查。开展2021年度检测人员考核和新进人员考核。加强对检测机构和商品混凝土质量监督检查，持续加强工程质量安全提升活动。采取"差别化" 管理模式，对质量信誉差的企业实行重点监督。在办理质量受监手续时，把关各责任主体、项目班子责任人和从业人员的资质资格、施工图纸与图审报告。监督方案中对各责任主体的质量行为、责任、工程信息传递、监督检查方式以书面形式作详细交底。施工过程中对责任主体履行质量职责的情况进行跟踪督查，发现问题及时纠正，保证质量行为符合法律、法规要求。深入开展住宅工程质量通病专项治理活动，针对住宅工程易发生现浇板裂缝、窗台渗漏、粉刷空鼓、地面起砂、几何尺寸偏差等通病，加大日常巡查力度，建立健全整治住宅工程质量通病制度，促进全区住宅工程质量整体水平进一步提高。严把房屋建筑工程材料的质量管理，规范各方使用行为。工程现场随机抽取钢筋原材、防水材料、保温节能材料、砂等样品进行送检，从源头上保障建设工程质量。

【建设工程安全管理】 2021年，大丰区住房和城乡建设局深入开展建设工程安全生产专项整治行动。对临边防护、施工用电、脚手架、模板支撑、深基坑及施工机具等环节开展专项整治，对发现的安全隐患责成建设、施工、监理单位及时整改，跟踪检查落实，以促进建筑施工安全形势平稳。强化隐患排查治理，严厉打击建筑施工领域未批先建、无资质承揽等非法施工活动，集中整治高大模板支撑不按规程搭设、深基坑支护不到位、起重机械违规安装拆卸等工程安全隐患。开展建筑起重机械设备专项整治，严厉查处无资格安装拆卸、使用国家明令禁止的起重设备和非特种作业人员从事特种作业等违法违规行为。进一步加强起重机械设备检测过程的监管，对发现的不规范检测及弄虚作假行为及时落实整改。加强深基坑、脚手架、模板支撑专项检查力度。督促施工企业严格按专项施工方案进行施工，督促监理企业严格审查并监督实施。全年开展4次综合大检查、15次专项检查，出动检查人员1076人次，检查项目473个，发出限期整改通知书365份，停工通知单32份，抽查记录单76份，排查出隐患2638条，全部实行闭环整改到位。严格安全文明施工措施费考评，加强施工单位日常安全投入监管。全年核查考评项目309个，出具考评测定表309份，涉及工程造价23.4亿元。8月25日，大丰区建筑施工项目安全管理平台投入使用，全面推行"互联网+监管" 模式，以信息化手段加强建筑施工项目安全监管，促进信息共享。

【城建档案管理】 2021年，大丰区住房和城乡建设局重抓城市建设档案的收集管理，推进村镇档案室创建工作，强化工程声像档案及地下管线建设档案工作，改善建设档案工作环境和保管条件，做好城建档案的提供利用工作，提升档案管理水平和档案利用服务水平。全年审核接收工程档案资料388个，组织整理编制工程档案3779卷，接待查档377人次，提供利用档案1341卷，出具证明材料500余张，拍摄工程照片248张，录像53分钟，数字化扫描文件26608份、图纸27963张。对事关重点工程、招商引资项目等特殊情况利用的，建立查询"绿色通道"，节假日照常提供查询服务。

【建设职工教育培训】 2021年，大丰区住房和城乡建设局组织建筑企业安全监督人员参加具有相应资质的在线继续教育系统平台网络授课。全区施工企业"三类人员"（建筑施工企业主要负责人、项目负责人和专职安全生产管理人员）参培810人。开展送安全教育到工地活动8次，在工地现场组织农民工进行法规及施工安全知识学习，免费向农民工发放《江苏省安全生产条例》《建筑工地消防安全常识》等安全生产资料3800余份。

【建设工程造价管理】 2021年，大丰区住房和城乡建设局规范有序开展招标控制价审查和造价咨询成果文件质量抽查。积极参与区国有投资项目施工过程中的造价控制，指导和监控企业在政府性投资工程中全过程造价服务的质量，引导企业和执业人员严格按照指导规程的程序、内容、方法和要求规范服务于建设工程，为政府性投资工程把好工程造价关。全年对105个政府性投资工程进行招标控制价审查工作，工程总造价约11.31亿元，建筑总面积9.63万平方米；对58个社会投资工程进行咨询文件质量抽查，工程造价约20.13亿元，建筑总面积79.11万平方米。围绕市场需求，深入一线调研材料价格，建立健全主要建材价格测报点，对94个测报点的建材价格进行测算调研，对每种材料的价格均从网上、经销商及采购方等多方面进行调研，确保发布材料信息的准确性。全年发布12期指导价，每期55种主要建筑材料，为全区工程招投标和竣工结算提供参考依据。

【建筑工地扬尘治理】 2021年，大丰区住房和城乡建设局扎实开展建筑施工扬尘污染专项整治行动，全力打赢蓝天保卫战。与各施工单位签订《盐城市大丰区"蓝天"工程建筑工地扬尘控制目标责任书》，制定《2021年全区建筑施工工地扬尘专项治理工作方案》，全面实现"六个百分百"（工地100%封闭围挡、裸露地面及土方100%覆盖、施工道路100%硬化、渣土车辆100%密闭运输、出入车辆100%冲洗清洁、建筑物拆除100%湿法作业）。将建设扬尘治理作为建筑工地安全文明施工的一项重要内容，对施工现场扬尘治理工作提出明确要求，对落实不到位的建设项目，取消年底评先树优资格。把建设工程扬尘治理与安全文明工地创建有机结合，对于扬尘防治措施不落实的项目，在安全文明工地创建中实行"一票否决"。坚持在扬尘管控范围内推进智慧工地建设，要求5000平方米以上建筑工地设立视频监控、监测系统。全年组织扬尘专项检查56次，检查城区扬尘重点管控工地27个，对各类不文明施工行为下达限期整改或停工通知书78份。城区设置建筑工地高标准围挡约1.2万米，车辆冲洗设施36套，硬化道路约3.6万平方米，采用密目网覆盖土方、砂石等约1万平方米，新建高标准移动式喷淋设施8个。办理区污染防治平台交办扬尘污染扰民投诉30件，完结时间和办理结果得到群众认可。

【建筑施工防范高处坠落专项整治行动】 2021年3—4月，大丰区住房和城乡建设局开展建筑施工防范高处坠落专项整治行动。重点检查施工现场安全管理人员到岗履职、从业人员安全教育培训、特种作业人员持证上岗、安全设施投入、安全防护用品落实、工程实体安全防护设施设置等情况，整治违法违规施工行为。将专项整治工作与建筑施工安全质量标准化、隐患排查治理和打击非法违法建筑施工行为等工作相结合，严格落实建筑施工企业安全生产主体责任，实现预防高坠安全防护设施、作业行为和管理的标准化。检查中发现专项整治落实不到位的责令限期整改到位；对安全隐患突出且整改缓慢的企业及项目，严格依据有关法律法规及规定进行处理。

【安全生产月现场观摩活动】 6月4日，大丰区住房和城乡建设局开展安全生产月现场观摩活动，组织建筑施工企业、燃气经营企业、物业服务企业等安全管理人员走进在建工程示范工地，现场观摩建筑施工标准化管理。先后观摩天沐温泉酒店、景尚名城保障房、碧桂园玖玺房地产项目等

2021年6月4日，大丰区住房和城乡建设局开展安全生产月现场观摩活动，观摩建筑施工标准化管理 葛顺明 摄

工程现场，听取相关项目负责人对建设工程安全标准化管理的经验介绍。在碧桂园玖玺房地产项目，大丰区住房和城乡建设局会同区消防救援大队开展消防应急救援演练，整个演练过程人员到位快速、程序规范、处置得当。召开安全生产月部署会，要求围绕“落实安全责任，推动安全发展”的主题，进一步强化企业安全生产主体责任，完善安全管理标准化体系，加强现场施工管理，加快智慧工地建设，促进建筑施工安全管理上台阶。

【建筑领域安全生产集中整治专项行动】2021年8—10月，大丰区住房和城乡建设局在全区开展建筑领域安全生产集中整治专项行动，对全区所有在建房屋建筑和市政基础设施工程的安全隐患和违法违规行为进行全覆盖整治。对在建工程项目重点实施防高处坠落、防机械伤害、防触电、防有限空间中毒窒息等专项整治。以落实企业安全主体责任为主线，健全建筑施工安全责任体系，完善全方位责任链条。强化施工现场安全隐患排查整治，管控重大安全风险。严厉打击违法分包转包，督促建筑施工企业科学合理安排工期，严格执行工程定额工期，加强施工现场管理，严禁在未经科学评估论证情况下压缩工期，坚决防止抢工期、赶进度引发事故。通过邀请专家授课等形式，组织监管部门和企业安全管理人员集中学习《中华人民共和国安全生产法》《江苏省安全生产条例》等安全生产法律法规，强化安全生产继续教育，组织对“三类人员”进行安全生产考核，严把建筑企业主要负责人、项目负责人、专职安全管理人员的任职资格考核关。加强联动执法检查，提升集中整治专项行动的成效。

规模以上建筑企业

【江苏国安建筑安装工程有限公司】江苏国安建筑安装工程有限公司创始于1957年，公司注册资金5323万元，通过ISO 9001质量管理体系认证、ISO 45001职业健康安全管理体系认证、ISO 14001环境管理体系认证。公司主营房屋建筑工程、市政工程、钢结构工程，多次获得国家级、省级、市级奖项。2021年，在盐城市纳税总额2100万元，被盐城市委、市政府表彰为三星级建筑企业，被大丰区政府表彰为五星级企业，获盐城市建筑业三十强企业等荣誉。承建的“博汇纸业湿式造纸联合厂房”工程获“中国钢结构金奖”，承建的宿迁市泗洪县东方公馆工程获宿迁市2021年度“项羽杯”奖项。

【宏鑫建设集团有限公司】宏鑫建设集团有限公司成立于1996年，是一个横跨市政、交通、房产、金融、旅游、文化等多领域的集团企业，是中国市政工程协会常务理事单位。公司具备市政公用工程施工总承包一级，公路工程施工总承包一级，房屋建筑工程施工总承包二级和对外承包工程资质。2021年，宏鑫建设集团总部迁至盐城大丰，被评为2021年度盐城市三星企业、大丰区五星企业。先后参加沪宁高速公路、淮江高速公路、锡澄高速公路、苏嘉杭高速公路、苏昆太高速公路等国家级重点工程项目；贯彻以“和平合作、开放包容、互学互鉴、互利共赢”为核心的丝路精神，在埃塞俄比亚建设江苏产业园。

【江苏恒生建设集团有限公司】江苏恒生建设集团有限公司为盐城市十强综合性建筑企业集团，是盐城市装配式建筑产业联合会理事长单位、盐城市建筑业协会常务副会长单位。公司有专家、教授级高工及高级工程师120余人，取得“扬子杯”省优质工程、省级标准化星级工地、“盐阜杯”市优质工程、市级文明工地等奖项。公司联合东南大学、思优建筑成立恒东优筑装配式建筑研究院，企业自建装配式示范工程工法楼，承建张家港东城幼儿园、太仓新湖泥泾住宅小区的装配式工程，为企业创新转型奠定坚实基础。2021年，公司承建的南京紫江炉业、太仓南郊小学、句容义台街三个项目被评为盐城市外优质工程，正大丰海制剂、吾悦华府A地块两个项目被评为盐城市文明工地。公司被江苏省总工会评为“企业民主管理先进单位”，被江苏省建筑业协会评为“江苏省建筑业优秀企业”，被江苏省建管局、盐城市建设局评为“质量管理先进单位”“建筑业先进企业”。

（葛顺明）

〖编辑　於晨婷〗

商贸服务业

综　述

【概况】 2021年，大丰区实现社会消费品零售总额245.79亿元，同比增长19.4%；限上批零住餐销售额460.6亿元，增速21%。实现服务业增加值394.94亿元，同比增长7.0%，服务业增加值占地区生产总值的52.0%；实现社会消费品零售总额245.79亿元，同比增长19.4%。全年新培植规模以上服务业企业30个，实现规模以上服务业企业营业收入116.46亿元，同比增长4.0%；新培植限上批零住宿餐饮企业56个、大个体41个，实现限上法人销售额456.63亿元、同比增长21.1%，大个体销售额3.99亿元，同比增长7.8%。江苏中车电机有限公司创成第一批省级现代服务业高质量发展领军企业，江苏丰东热技术有限公司创成第二批江苏省先进制造业和现代服务业深度融合试点企业。4个企业获评市级服务业星级企业，其中江苏大丰农村商业银行股份有限公司连续5年获评五星企业。金风科技16兆瓦传动实验室、文化产业集聚区、圆鼎广场等项目竣工运营。

【促进消费】 2021年，大丰区举办"5·15"盐城消费节、"冬暖大丰·苏新消费"等一系列促进活动，鼓励餐饮、商超等商贸流通企业线上线下融合发展，促进消费增长。人民路海派风情街、中交美庐天地、吾悦广场夜市街区被评为首批"盐城市特色夜市街区"，翔鸿皮蛋被评为"盐城老字号"。

【民生实事工程】 2021年，大丰区"民生实事"如期完成，实施农贸市场建设工程9个，其中新建4个，改造提升5个。草堰农贸市场、新词广场悦家生鲜市场列入省政府为民办实事项目。雅家乐综合性农贸市场、家家悦农贸发展有限公司万佳店、刘庄农贸市场、小海森海农贸市场、大桥朝阳菜场、三龙农贸市场列入市级为民办实事项目。

【市场监管】 2021年，大丰区不断优化营商环境，贯彻落实"放管服"相关改革要求，推进开发区区域环境评估、中韩（盐城）产业园临港产业配套区创新等工作。加强商务执法工作，围绕保障消费安全，加大查处力度，调查处理12345政府服务热线反映问题315个，维护消费者利益。

（李林珅　顾晨溦）

2021年，大丰区人民路海派风情街、中交美庐天地、吾悦广场夜市街区被评为首批"盐城市特色夜市街区"　　周古凯　摄

住宿与餐饮

【概况】 2021年，大丰区实现社会消费品零售总额245.79亿元，同比增长19.4%；新培植限额以上批零住宿餐饮企业56个，完成限额以上批零住宿餐饮企业零售总额3.76亿元。

（唐佳莉）

【"味道·大丰"节目拍摄】 2021年4—5月，中央电视台在大丰区拍摄"味道·大丰"节目，分别以50分钟和30分钟，介绍"大丰麻虾狮子头"、"大丰香肚"、"大丰六大碗"系列菜、"大丰籽沙爆"、"大丰海癞子焖蛋"、"大丰红烧肉"、"大丰烤鲴鱼"、"大丰海豆腐"、"大丰粽子"等大丰地方特色小吃和菜肴，在端午节档期和"我的家乡菜"节目播出。

【组织参加餐饮培训和美食大赛】 2021年，在区政府和盐城市人社局举办的职业技能大赛上，"严家大院"的季冬梅、"迎春茶社"的陈平、"花都宴会中心"的沈应春、"市社大酒店"的柏金扣晋升为中式面点和中餐烹调技师。6月21日，组织参加"恒喜"杯职业技能大赛，花都宴会中心的顾晓燕、和平饭店的董燕、建丰金悦的沈红梅、卯西河畔酒店的杨俊、绿岛生态园的陈兆存等获得区总工会、人社局、妇联、共青团联合表彰。10月29日，2021中国·江苏地标美食城市峰会在洪泽湖举行，"大丰麻虾狮子头""大丰海豆腐""大丰香肚""大丰皮蛋"获"原产地江苏地标美食"称号。由区人社局主办、区餐饮行业协会承办的首期餐饮行业职业培训举行，近50名来自各个餐饮企业的员工参加培训，参加考试的学员100%通过考核。在区服务业发展中心、区餐饮行业协会组织的大丰地方菜研讨会上，餐饮行业协会确定以海盐文化为基础、"鲜"为灵魂、"大丰汤菜"为表现形式的地方菜特色，作为挖掘和发展方向，得到大家的一致赞同。

（单　振）

电子商务

【概况】 大丰区于2016年被认定为江苏省农村电子商务示范县，共创建国家级电子商务示范企业1个、省级电子商务示范企业2个、省级电子商务示范镇2个、省级十强镇1个、省级电商村6个、省级农业电子商务示范单位1个、省级乡镇电子商务特色产业园(街)区2个、省级示范基地1个、盐城市级电商村12个。2021年，在原有扶持政策的基础上制定出台《关于促进服务业高质量发展的激励意见》，对电商企业、快递企业的发展给予支持。利用新媒体，组织全区电子商务从业者参加市商务局组织的线上电子商务培训。组织全区电商带头人参加盐城市第一届直播电商节。

【新零售模式创新】 2021年，大丰区积极应对疫情冲击，疫情加速电商新零售模式的创新，促进零售市场向社区下沉，满足居民日常生活需求。肥马小店主要从事百货与生鲜产品零售，发展模式为"新零售"，线上线下连锁经营生鲜产品，服务基层群众，为农村中行动不便和独居的老人提供便利，并带动土地流转后的农民就近就业。2021年实现销售额850余万元。

【农村电商】 2021年，大丰区创新发展农村电子商务，为农村发展、乡村振兴提供新的增长引擎。全年，大丰区涉农电子商务(含农产品及其加工品、农资、农业观光旅游等)交易额约为27.9亿元。草堰镇梦幻迷宫田阿姨菜篮子、草堰镇晓成家庭农场等主体践行"互联网+农业"，探索融合发展、创新发展道路。海瑞食品开设东尚天猫旗舰店，以新品牌"海岛家族"作为线上主打产品引流。

【电商物流载体平台建设】 2021年，大丰区着力搭建电商物流载体平台，整合区内电商资源，重点规划建设区电商产业园、高新区希望小镇等电子商务特色园区，园区入驻卓求贸易、尼尔森贸易、杪升科技、朗成贸易等电子商务企业，逐步形成电子商务产业生态链圈。大丰交投公司海博仓储项目(电商快递物流园)一期工程已接近尾声，快递自动化分拣系统投入运营。

(李林珅)

物　流

【大丰港物流】 2021年，大丰港滚装码头对外开放，"沪丰海上专线" 增至每周四班，全年完成港口货物吞吐量7066万吨、集装箱37.6万标箱。大丰港现代物流中心连续4年获评市级开发园区等级创建AAAAA级服务业集聚区，全年完成投资12.5亿元、营业收入177.3亿元、税收2.9亿元。盐城丰港物流有限公司创成国家级AAAA级物流企业、省级重点物流企业。

(顾晨溦)

【邮政寄递业】 2021年，全区有快递品牌11个，其中有快递企业8个：中国邮政集团盐城市大丰区分公司(邮政EMS)、盐城大丰申通快递有限公司(申通快递)、盐城顺心供应链有限公司(圆通速递)、盐城市大丰区丰城运输有限公司(中通快递)、盐城大丰同乐速递有限公司(韵达快递)、大丰市尚腾贸易有限公司(极兔速递)、盐城大丰中豪物流有限公司(优速快递)、盐城飞翰商贸有限公司(极兔速递)；分支机构2个：南京德邦物流有限公司大龙分公司(德邦)、盐城顺丰速运有限公司大丰分公司(顺丰速运)；直营网点5个：常熟德邦物流有限公司(德邦)，德邦快递昌平路营业部(德邦)，江苏京迅递供应链管理有限公司丰南点，大丰点(京东快递)，跨越新丰点(跨越速运)。全区从事快递人员约800人，快递末端网点近300个。全年，全区邮政快递行业业务总量2.59亿元，同比增速18.13%。

【道路物流】 2021年，全区道路物流业户3862个，其中，有限公司、集体全资公司、股份公司445个。全区有道路物流车辆7128辆，其中危险品运输车辆186辆。全区道路货物运输量791.52万吨，货物运输周转量16.62192亿吨公里。

【水路物流】 2021年，全区水路物流业户9个，其中海运企业4个。全区有水路运输船舶102艘。全区水路货物运输量322.51万吨，货物运输周转量10.2974亿吨千米。

(陈　都)

供销合作

【概况】 2021年，盐城市大丰区供销社坚守为农服务初心，坚持"为农、务农、姓农" 方向，贯彻落实中央和省、市、区党委、政府深化供销合作社综合改革的决策部署，加快推进基层组织体系、服务体系建设，擦亮供销社服务"三农" 品牌。深入开展"明比升" 活动，全系统干部职工的发展理念、工作能力、工作作风显著提升。年内，大丰区供销合作总社被全国供销合作总社评为信息报送工作先进单位，党委书记、主任杨正锋被评为先进个人。大丰区供销合作总社获全市供销系统综合绩效评价第一等次；先后被评为全区综合考核先进集体、乡村振兴先进单位。

【农药集中采购统一配供】 2021年，大丰区供销合作总社"推进农药集中采购统一配供扩面降本" 工作被列入全区党史学习教育首批"我为群众办实事" 重点项目之一。区政府出台《关于推进全区农药集中采购零差率统一配供工作的通知》，全力推进农药集中采购、统一配供工作。全年对西团、刘庄、白驹、草堰4个镇53个村的稻麦种植配供农药125个品种、550吨，销售额4520万元。在区党史学教办开展的问卷调查中，农药集中采购统一配供工作群众满意度95.39%，位居全区20个重点项目第2名。

【农药废弃物回收】 2021年，大丰区

供销合作总社在全区各镇均建立农药废弃包装物回收中心和回收点，实现回收面全覆盖。2021年回收农药废弃物32吨、199.3万件。拟定《农药包装废弃物统一回收集中处理方案》，明确谁销售、谁收购、谁处理的工作要求，全面做好农药废弃物回收工作，助力绿色乡村建设。

【方强、万盈供销社先后召开社员代表大会】 5月15日，大丰区方强供销社第八次社员代表大会在新丰镇举行。会议回顾方强供销社第七次社员代表大会以来取得的成绩，明确第八次社员代表大会目标任务，审议通过方强供销社第八次社员代表大会工作报告和修改方强供销社章程决议，选举陆小平为方强供销社理事会主任，严万林为监事会主任。12月20日，大丰区万盈供销合作社召开第六次社员代表大会，时隔24年再次重建"三会制度"（监事会、理事会、社员代表大会）。会议回顾总结"第五次社员代表大会"以来的工作，对今后五年的改革发展工作进行部署。选举张建胜、谢俊林分别任理事会主任、监事会主任。

【薄弱基层社建设】 2021年，西团、万盈供销社对经营场所设施维护修缮，拓展经营项目、品种，规范使用供销社标牌标识，优化办公场所内部设施，提升供销社形象，强化为农综合服务能力。通过合作办社重建三渣供销社，填补草堰镇空白。

【供销社自有品牌"盐禾园"注册】 2021年，大丰区供销合作总社开启"盐"字头供销社品牌的探索，注册"盐禾园"商标，塑创"黄海湿地、原生态、绿色、环保"的品牌核心价值。先后与30多家农产品加工企业和农场合作，签订农产品合作协议，打造"盐禾园"系列产品。初步形成大米、海苔、小海鲜、食用油、禽蛋、杂粮、果蔬等"盐禾园"品牌产品40多个。组建电商运营团队，在淘宝、拼多多、抖音等知名电商平台和省供销社鲜丰汇平台建立窗口，积极探索无接触消费、网红带货、直播营销新模式。借助农村综合服务社、供销E站、合作经营点等设立50多家电商线下销售网点，扩大"盐禾园"系列产品销售，提升品牌知名度、美誉度、影响力。

【新办社有企业】 2021年，大丰区供销合作总社创立盐城市大丰元禾农业发展有限公司，搭建全系统改革发展的综合平台。创立盐城市大丰元禾农资有限公司，对全区范围的农户、家庭农场和农资经营户基本信息进行调查摸底，承担全区农药集中采购零差率统一配供。创立盐城市大丰盐禾园超市有限公司，开展线上线下相融合的经营服务。

（李姝姝）

粮食储备与管理

【概况】 2021年，大丰区粮食和物资储备工作在区委、区政府的正确领导下，全面贯彻实施《粮食流通管理条例》，以粮食安全责任制为主线，以守住农民"卖粮难"为底线，以"六稳""六保"为工作重点，坚决扛稳保障粮食安全政治责任。2021年，实现粮食产业工业总产值101.7亿元，主营业务收入109.3亿元，利税1.68亿元全区粮食和物资储备工作在市对区部门单项考核中列第二名。

【夯实粮食安全基础】 2021年，大丰区严守基本农田11.71万公顷保护红线，确保永久基本农田面积不减、质量提升、布局稳定。强化粮食安全行政首长责任制，完成13.49万公顷粮食播种面积、91.28万吨粮食产量的底线目标，夏粮面积6.33万公顷，其中小麦5.64万公顷；夏粮总产36.79万吨，其中小麦32.78万吨。秋粮面积7.09万公顷，其中水稻4.19万公顷；秋粮总产54.49万吨，其中水稻38.6万吨，保障全区粮食安全和重要农产品供给。

【粮食工程推进】 2021年，大丰区坚持以"粮头食尾""农头工尾"为重点，推进优质粮食工程建设，新建13个粮食产后服务体系全方位覆盖，建设项目全部竣工投入使用，全区粮食质量检测覆盖面100%，实现"五优联动"（优粮优产、优粮优购、优粮优储、优粮优加、优粮优销）。全年实现粮食产业工业总产值101.7亿元，同比增长5.5%。实现主营业务收入109.3亿元，同比减少2.9%，主营业务收入超1亿元的企业有10个，分别为江苏禾丰粮油工业有限公司、黑龙江农垦北大荒商贸集团江苏北大荒米业有限公司、江苏佳丰粮油工业有限公司、江苏金阳光粮油工业有限公司、江苏喜登门油脂有限公司、通威（大丰）饲料有限公司、盐城恒兴饲料有限公司、盐城双胞胎饲料有限公司、盐城温氏畜牧有限公司、江苏钰丰麦芽制造有限公司，其中超10亿元的企业有3个。实现利税1.68亿元，同比增长17.6%。江苏佳丰粮油工业有限公司、盐城温氏畜牧有限公司、通威（大丰）饲料有限公司等6个企业跻身全区开票销售收入前40强。江苏佳丰粮油工业有限公司、江苏喜登门油脂有限公司、盐城温氏畜牧有限公司等3个企业跻身全区纳税前50强，其中江苏佳丰粮油有限公司纳税超2000万元。

【粮食收购】 2021年，大丰区政府针对粮食收购工作中可能出现的问题，为全面做好粮食收购工作，召开夏秋粮工作会议，部署收购工作任务，认真执行粮食收购质量标准，坚决落实先检后收，做到明码标价，实行优质优价，坚决守住农民"种粮卖得出"的底线。全年粮食社会化收购48.4万吨，其中小麦28.2万吨、稻谷20.2万吨，牢牢守住"种粮卖得出"的底线，达到售"放心粮、明白粮、满意粮"的成效，保证大丰区重要农产品供给。

【粮食仓储规模提升】 2021年，大丰区粮食仓容仓储能力提升，11个粮食产后服务中心全面建成，新增粮食仓容3.8万吨。根据《盐城市"十四五"粮食流通和物资储备发展规划》提出的仓储建设目标和省委涉粮专项巡视组要求，为解决粮食仓储设施老散旧的问题，研究通过《盐城市大丰区国有粮食企业粮食仓储设施建设三年行动计划(2022—2024)》,新建5万吨现代化仓储项目,规范地方储备管理要求。瑞丰谷物3万吨仓储项目建成使用,全区粮食仓储能力227万吨。

【粮食监督管理】 2021年,大丰区出台《关于做好全区2021年度粮食流通和物资储备"双随机一公开"抽查工作的通知》,做到有仓必到、有粮必查、有账必核、查必彻底,不留"死角",确保在库粮食数量真实、质量安全、轮换合规。加强政策性粮食定向销售监管,确保政策性粮出库不流入口粮市场,坚决不回流政策性库存。全年开展监督检查94次,监管定向销售到大丰区饲料加工企业稻麦混合物5万余吨。

【粮食应急保障体系建设】 2021年,大丰区按照"合理布点、全面覆盖、平时自营、急时应急"的原则,建立粮食应急保障体系,全区布设粮食应急保障企业23个,其中大润发超市、城南粮库等供应网点19个,江苏佳丰粮油工业有限公司、海丰米业公司等应急加工企业2个,区粮食购销有限公司、军粮供应站等配送中心2个,确保粮油应急保供有效发挥。

(庄长荣)

盐业专营

【概况】 2021年,大丰区销售各类盐产品9048吨,为2020年同期的99%。其中小包装食盐2058吨,为2020年同期的97%。其中,品种盐165吨,高端盐29吨;大包装食盐41696吨,小工业盐2820吨。全年实现营业收入983万元,其中小包装收入447万元,小包装吨盐收入2174元、小包装吨盐毛利1222元,非盐收入156万元。年内,大丰区有1个盐业专营企业——盐城海晶集团盐业有限公司。

【盐业营销】 2021年,盐城海晶集团盐业有限公司落实小包装食盐品种盐"三化"(扫街铺货常态化、商超维护规范化、特通渠道精细化)工作措施,安排专人每天上午、下午两班次维护好市区两大商业超市,保证大丰苏果淮盐占比85%以上,大润发淮盐占比95%以上。盐城海晶集团盐业有限公司加强与大丰上海农场生活服务有限公司沟通协调,全区大中小学校供应的食盐由盐城海晶集团盐业有限公司提供,并签订2022年全年合同。大型餐饮公司、部分大酒店、企事业单位食堂、团膳餐饮做到直配直送。

【食盐安全】 2021年,盐城海晶集团盐业有限公司外派驻区市场监管局城东分局3名街道专职食品协管员,正常每天巡访食盐市场,对市场巡访中发现的问题,主动与市场监管局协调处理。全年发放责令改正通知书17份,立案1起,稳定大丰盐业市场经营秩序和食盐安全监管。11月2日开始,面对市场抢购食盐风波,盐城海晶集团盐业有限公司动员全体人员做好配送服务,确保食盐不断货、不脱销,满足市场供应,11月销售小包装食盐近500吨。

(吴 洋)

烟草专卖

【概况】 2021年,大丰区烟草专卖局(分公司)围绕"推动高质量发展、推进高效能治理、造就高素质队伍"战略目标和盐城烟草"321"工作思路,坚持稳中求进、难中求进,年度各项目标任务顺利完成。年内,大丰区烟草专卖局获"专卖管理工作进位争先"单位、"营销网建进位争先"单位、"2019—2021年度江苏省文明单位"等荣誉称号。支部"金叶丰彩·珍鹿先锋"党建品牌被评为全市系统"优秀基层党建品牌实例","学党史、守初心、送温暖"主题党日活动被评为全市系统"优秀'主题党日活动'"。

【卷烟销售】 2021年,区烟草专卖局落实精准营销各项要求,经济运行稳中向好。"金丝利·家通号"建设取得实质性进展,依靠诚信互助小组阵地组织参与全省"晶彩杯"零售客户开口营销竞赛活动,1名客户获省级一等奖,6名客户获省级三等奖,13名客户被评为市级品牌宣讲师,带头开展品牌宣讲39次。加盟终端建设迈开新步伐,建成"金丝利·通"智慧门店系统客户60户,合作终端18户,金丝利零售加盟店6户,渠道掌控力增强,推动营销网建工作从"传统"到"现代"的转型升级。试点探索卷烟零售客户信用体系建设课题,承办全市系统卷烟零售客户信用体系建设推进会。

【专卖管理】 2021年,区烟草专卖局健全和完善"政府主导、部门联合、多方参与、密切协作"的打假打私体系,深化与公安、邮管等部门协作,加强对线索的分析研判,构建联防协防、错时管控、整体严密的防控网络。"3·21"海上走私卷烟案件,查获违法卷烟47000条,案值1160万余元。先后开展"百日会战""利剑7号""利剑8号"等专项行动,成功端掉一处窝点,净化辖区卷烟市场。深入贯彻落实新修订的《盐城市烟草制品零售点合理布局管理规定》,宣传《中华人民共和国烟草专卖法》和《中华人民共和国未成年人保护法》等法律法规,提升依法行政水平。专卖管理科获市烟草专卖局授予的县级局(分公司)"先进专卖科"称号,机动一中队获市烟草专卖局授予的专卖管理工作"先进机动中队"称号。

(金小燕 郑 杏)

石油经营

【概况】 2021年,中国石化销售股份有限公司江苏盐城大丰石油分公司(以下简称"石油公司")顶住压力、保持定力,内强三基提服务,外拓市场保量效,全年完成轻油销售总量10.56万吨。其中年度计划完成率,自营机出量完成率及同比均排中石化盐城公司前茅。非油品全年完成销售1592万元,毛利计划完成率排中石化盐城公司第一。

2021年，中石化大丰公司对加油站所有加油机计量精度做到自校检查全覆盖，确保中石化计量准确的服务承诺　蔡卫平　摄

【开拓经营市场】 2021年，石油公司践行“以客户为中心”和“服务是最好的营销”理念，对外维护新老市场，对内做好现场服务，围绕“夺标攻坚行动”部署，开展追客寻客，努力稳定柴油，以客户为中心，按照“一户一策、精准营销”的要求，应用返利优惠政策，推广单位服务平台，大力开发新客户，全力找回流失客户。强化精细精益，做强汽油销售，以“三定五进”（定油站、定油品、定车号；进机关、进企业、进社区、进车展、进“4S”店）为重点，做好聚惠会员日、天使卡、新车卡、冬奥卡、公安卡、“一键加油”、“爱跑98”等主题营销活动，在线上线下宣传“省钱攻略”和第三方合作营销，真情回馈，提升客户满意度、回头率。贯彻“以客户为中心”的理念，做好员工素质提升、油站环境改善、服务功能完善、支付方式优化，提高优质服务、差异服务、综合服务水平，为客户提供更优质的消费体验。开展“最美服务日”主题活动。高度关注客户差评率，落实“四有一无”（有问候、有微笑、有推荐、有道别、无投诉）服务要求，提升服务水平和客户满意度。完善司机之家，增强油站综合服务，更好地为司机提供更为安全、便捷、舒适的服务，着力构建“人·车·生活”生态圈，促进打造非价格竞争优势。

【基础管理提升】 2021年，石油公司强化党政融合，在“百日安全无事故”专项行动，春季安全大练兵活动、客户走访追客寻客、加油站HSSE体系建设、绿色油站创建等工作中，做到党建工作与经营管理工作“三同步”（同步工作部署，同步党员负责，同步考评考核）。开展“我为群众办实事”活动，油站形象出新，助力油站增量、员工增资；党群活动室建到油站，形成石化品牌宣传阵地，不断完善油站服务功能，打造国企新形象。

（蔡卫平）

中介服务

【人力资源服务】 2021年，大丰区人社局强化人力资源中介机构监管体系建设，统筹规划人力资源市场建设，推行服务公示、服务承诺、服务反馈、信用管理等制度，推进市场诚信体系建设。完成全区47家人力资源中介机构信息统计年报工作，全面掌握人力资源中介机构性质类型、主要业务范围、业务开展情况。认真落实江苏省人力资源社会保障厅《关于开展劳务中介专项整治行动的通知》，加强与市场监管部门的协调沟通、数据共享，通过受理投诉举报与专项检查相结合、部门之间联动执法，全面开展人力资源市场秩序清理整顿专项活动，通过抽取全区人力资源服务机构、劳务派遣机构、从事职业中介的组织和个人、各类招工用人单位的信息，检查职业中介机构22个、用人单位30个。完成2020年4月前领取劳务派遣经营许可证的劳务派遣单位的年度核验工作，全区年度核验劳务派遣机构43家，涉及职工6970人。

（刘　波）

【房地产中介】 2021年，区住房和城乡建设局依据《房地产经纪管理办法》，强化房地产中介机构管理，构建房地产中介机构信用体系。推行从业人员实名制。规范中介服务标准，要求中介从业人员规范着装、挂牌服务，积极引导房地产中介机构创新服务，提升房地产中介机构服务能力和服务水平。加强从业人员管理，将具有足够数量的房地产经纪人员或房地产经纪人协理人员作为房地产经纪机构登记的必要条件。不符合条件的经纪机构不予登记，提高房地产经纪机构从业人员的整体素质。加强房地产中介市场管理，对全区房地产中介机构开展登记行为检查，开展群租房专项整治、房屋租赁专项治理等活动，对城区范围内的房地产中介机构进行检查3次，抽查4次，对检查过程中发现的问题要求房地产中介机构限期整改。

（葛顺明）

【保安服务】 2021年8月，大丰区保安服务有限公司完成公司制改革，通过公司新章程，成立公司董事会。年内，保安公司押运中心担负大丰区多家银行及其下级网点、部分加油站（收款）的武装押运和ATM机加钞业务。2021年，大丰区保安服务有限公司参与疫情防控卡口执勤62天，派出保安力量1054人次；参加荷兰花海安保执勤、梅花湾安保执勤、盐城自行车赛等大型安保活动25次，派出保安力量2179人次，完成各项安保任务。技防部负责全区376个入网用户的联网报警系统运作，157处交通信号灯维修保养工作，路灯所业务自2021年8月由城管局移交公司，承担主城区（东至东宁路、西至西康路、南至南翔路、北至通港大道)、226省道、351省道、疏港路等100多千米路灯照明、景观灯、楼宇的亮化维护工作。保安员资格考试培训中心全年报名人数530人，先后安排28场560人次考试，18场510人次培训，合格率90%，为社会失业人员再就业提供机会。2021年7月，保丰物业有限公司成立，不断提升服务品质，全力拓展服务市场，广泛开展经营活动，为奥体中心、润富花园、同福花园等多家小区提供优质物业管理服务。

（姚红玲）

商品交易市场

【概况】 2021年年底，大丰区有各类商品交易市场39个，市场建筑面积381263平方米，经营面积324503平方米，市场建设总投资额89108万元，设有门店2603个，摊位2022个，实际入市经营2638户，其中门店经营1037户，摊位经营1601户，市场管理人员186人，市场总成交额31.6亿元。按市场类型分，其中农副产品综合市场34个，工业消费品综合市场5个；按交易方式分，其中零售为主市场37个，批发为主市场2个；从建筑类型分，其中棚顶市场28个，室内市场11个；按地域分布分，其中大中街道办范围内12个，丰华街道3个，草堰镇1个，白驹镇1个，刘庄镇2个，小海镇1个，西团镇1个，大桥镇1个，草庙镇1个，万盈镇2个，南阳镇2个，三龙镇3个，新丰镇4个，港区3个，大中农场1个，方强农场1个。

【野生动物保护“清风”行动】 2021年，大丰区市场监管局坚决贯彻落实《全国人大常委会关于全面禁止非法野生动物交易、革除滥食野生动物陋习、切实保障人民群众生命健康安全的决定》和《中华人民共和国野生动物保护法》，采取有力措施、坚决取缔打击野生动物非法交易，协同执法稽查条线开展打击野生动物非法交易和“长江禁渔”专项执法行动，不断加大野生动物保护力度。截至2021年年底，督促和指导148个次市场开办方开展宣传发动，张贴宣传贴画200余份，发放宣传单页5000余份，宣传横幅20条。

【生活物资市场稳价保供】 2021年，大丰区市场监管局开展粮油肉等生活物资市场稳价保供工作，持续加强质量、价格和市场秩序监管，营造安全稳定的消费市场环境，确保肉食品市场供应和价格稳定，让广大消费者买得放心、吃得放心。全年检查商贸超市1138家次，农贸市场1682家次。强化宣传教育，向经营者发放书面提醒函1368份，提醒告诫经营者诚信经营、价格自律。组织开展计量专项监督检查工作，对32家农贸市场、29家商场超市的1119户次经营户2028台电子秤、台秤、案秤等计量器具进行检定。建立年度“文明诚信经营红黑榜”，指导督促各农贸市场经营户加强环境卫生管理、日常秩序管理，维护市场经营秩序。

2021年年底，大丰区有各类商品交易市场39个，市场总成交额31.6亿元
周古凯　摄

【农贸市场新冠肺炎疫情防控】 2021年，大丰区市场监管局牵头搭建全区农贸市场疫情防控工作网络，指导全区15个板块成立农贸市场防控领导小组，32家农贸市场均由板块镇区指派点位负责人。印制《农贸市场从业人员健康管理登记表》等5类台账表格模板发放各板块，指导各板块严格落实农贸市场疫情防控各项措施。联系卫健部门，开展农贸市场从业人员按频次进行核酸检测，全年采样2682人次。联合区商务局成立5个督查组，对全区农贸市场落实防控措施情况开展督查，2021年督查农贸市场2782户次，发现问题986条，印发《督查事项交办单》10份，指导各板块做好问题整改和长效化管理。

【农贸市场文明城市创建】 2021年，大丰区市场监管局健全完善市场各类硬件设施，对市场内的消防设施、公共卫生间、空中缆线、广告设施、意见箱等进行全方位检查，对不符合创建文明城市要求的设施及时整改出新，全年投入76.1万元用于城北、幸福、恒生菜市场的硬件设施维修、秩序维护、广告出新等工作。加强环卫秩序整治，督促市场主办方增配管理人员和保洁人员，每日经常性开展卫生整治和清洁消毒，强化市场内水产区、摊位内部、楼梯拐角等重点区域的卫生清理，做到保洁及时。加强对市场经营秩序和周边环境的监督检查，区市场监管局、城管局及属地街道持续开展常态督查、专项整治，对市场及周边秩序问题实行“零容忍”，3家市场内175户经营户及周边商铺全部持照亮证经营，食品从业人员健康证明齐全，市场内均设置“经营户文明诚信经营红黑榜”和共产党员经营户标识，经营户自觉诚信经营、用语文明、服务规范。提升市场防疫管理，区疫情防控督查组不定期开展市场防控督查暗访，发现问题及时交办，督促整改。

（方振宇）

〖编辑　朱晓华〗

信息服务业

综　述

【概况】 2021年，大丰区加快推进5G基站建设，全年建成5G基站689个。组织召开全区"数字大丰"建设大会，出台《关于加快推进"数字大丰"建设实施意见》，全面加强数字经济发展力度。"我的盐城"App大丰板块上线运行，印发《大丰区政务信息化项目建设管理办法（试行）》，政务数据共享交换平台已成功与市平台接连，"数字大丰"建设基础性工作全面完善。

【基础设施建设】 2021年，大丰区抢抓新基建发展机遇，持续加快推进5G基站建设。推进"光网乡村"工程建设，开展老旧小区光改及扩容，农村康居工程光网覆盖，实施农村光纤补覆盖、主干光缆优化扩容、中继光缆扩容等光网建设项目，实现大丰城乡光纤全覆盖。

信息化建设

【概况】 2021年，大丰区有列入统计的规模以上电子信息制造企业47个，1—12月电子信息产业实现开票销售94.2亿元，同比增长65.4%。有软件及信息服务业企业5个，1—12月实现主营业务收入8563万元，同比增长64.4%。47个规模以上电子信息制造企业中，有32个同比增长，增长面68.09%。截至12月月底，全区开票销售超1亿元电子信息企业有13个，分别是盐城大丰阿特斯阳光电力科技有限公司、江苏博敏电子有限公司、江苏苏视光电有限公司、苏大维格（盐城）光电科技有限公司、大丰利电电子有限公司、江苏申茂电磁线有限公司、盐城维盛新材料有限公司、江苏伟途力丰科技有限公司、盐城吉凯同科技有限公司、盐城维旺科技有限公司、江苏郎克斯智能工业科技有限公司、江苏利丰机电有限公司和江苏汉华热管理科技有限公司。

【数字大丰建设】 2021年，实施2021"数字大丰"重点项目55个。加快推动5G融合应用，江苏晓宝复合材料有限公司5G+工业机器视觉检测项目、海港港口5G+车辆智能监管项目、丰收大地5G+智能运输设备采购项目、石化产业园5G智慧园区封闭管理提升改造项目顺利签约实施，人民医院县级医院5G+应急救治项目被列入工信部和国家卫健委5G+医疗健康应用试点项目（工信厅联通信函〔2021〕220号）。推动盐城市联鑫钢铁有限公司、江苏博敏电子有限公司、江苏大洋精锻有限公司、江苏迈硕医疗科技有限公司接入工业互联网标识解析二级节点企业，提升企业信息化水平，加快融入国家工业互联网网络体系。"我的盐城"App大丰板块上线运行，涵盖教育服务、医疗救助、文化旅游、公交查询、企业服务等67项便民服务事项。编制信息化发展（数字城市）"十四五"规划及电子信息产业发展规划。

2021年5月20日，大丰区举行工业互联网应用培训会，为企业提供信息化解决方案　　印象　摄

【信息安全建设】 2021年，大丰区开展2021年工业信息安全防护星级企业培育工作，组织江苏丰东热技术有限公司申报工业控制系统安全态势感知系统试点企业。开展重点工业企业网络安全抽查，提升企业网络安全能力。与通信行业管理办公室联合组织通信运营企业常态化开展地下管网（通信类）安全生产整治检查，定期排查隐患问题。

（胡　榕）

邮政服务业

【快递业】 2021年，盐城市大丰区邮政公司实现快递业务收入2501.58万元。快递业务量完成1329.7万件。快递末端营业网点35个，实现村村通快递。

【邮政普遍业务】 2021年，盐城市大丰区邮政公司投递报纸、杂志总量1261.97万份、给据邮件471.9万件，处理进出口快递包裹1193.8万件、标准快递135.9万件。完善便民服务功能，建成邮乐购加盟店498个，办理通信费、水费、电费等代缴费近2.8万笔。实现农产品销售120万元，实现工业品（家电）下乡销售额30万元，全年配送农资1433吨。开展税邮、警邮合作，建成1家税邮代办点，开票10940笔、代征税额194.3万元。建成6家警邮网点，接待客户1020人次。推进金融自助机具使用，全年安装ITM（智能柜员机）3台，开通CRS（存取款一体机）4台，结存自助机具74台。开展邮

2021年4月2日，盐城市大丰区邮政公司为丰华街道朝荣村设立有声读书墙，助力全民阅读　　陈继东　摄

政建设行动，全区网点全部实现新型包装箱和绿色胶带出售和使用，包裹电子面单使用率95%以上。开发“劳模个性化邮票”500版。2021年政务图书销售222万元，在全省县域排名前三。文化与传媒中心拍摄“美丽家乡邮我出力”微电影，全网播放量8000万。

（郑玉元）

通信服务业

【概况】 2021年，大丰区通信行业管理办公室助力疫情防控，推动信息通信行业稳步发展，协助政府发送公益短信1900万条。推进城区基础设施建设，针对区政府老旧小区整治三年专项行动（共计120个小区、总建筑面积约510万平方米），专门向区政府汇报，多次与区老旧小区改造工作领导小组进行会商。结合区通信行业管理办公室成员单位职责分工，牵头拟订老旧小区通信基础设施改造指导意见并发布，为后续奖补制定政策依据。推进以5G主的网络基础设施建设，牵头全区5G通信基础设施空间布局规划编制工作，协同部署。

【铁塔通信服务】 2021年，中国铁塔股份有限公司盐城市分公司大丰办事处全年总计投资0.9亿元，完成1590个5G站点的配套基础设施建设，超额完成区政府布置的1200个5G站点建设任务。大丰区出台政策支持加快5G网络基础设施建设，各级政府部门共开放公共资源241个，助力5G建设。区住建局、市场监督管理局、国家电网公司先后印发转供电收费等政策文件，全年完成转改直站点115处，节约5G电费成本350万元，确保大丰区5G通信基础建设的绿色、集约、效能化发展。与公安、环保、水利、海事、电力、交通等行业合作，开放1490个杆塔房站址，在能源环保、交通物流、生态环境、自然资源、消防应急等领域推动城区管理服务智能化水平提升。承建黄海森林高空防火监控，实现森林防火技防目标；完成省生态环境厅$PM_{2.5}$大气网格监测工作，通过170个通信铁塔环保监测站点，为环保监测提供实时大数据在线分析，助力建设大美大丰。配合政府推进旧城改造及新城通信专项规划，市区累计投资1350余万元，拆除并新建站点51处。推动铁塔换电业务促进资源共享，布局5G换电柜100余座，为快递小哥、外卖小哥提供基于5G网络电瓶智能置换服务，实现电池车辆的实时定位、实时电量显示等，助力1100多名外卖小哥，160多名邮政顺丰快递员更好更快服务大众。完成大丰高铁等重大民生工程的5G通信基础设施配套建设，新建112座通信铁塔，推动大丰高铁迈入5G时代。高质量完成疫情防控、防汛抗台等通信应急保障任务。铁塔5G智慧低速充电桩已入驻65个小区，完成4000个充电端口安装，同时为社区提供集5G基站、共享换电柜、监控、电梯禁入、高空抛物、消防通道监控等多位一体的小区安全保障服务。

（袁　欣）

【电信通信服务】 2021年，中国电信股份有限公司大丰分公司（以下简称“大丰电信公司”）被盐城电信公司表彰为安全工作先进集体，在江苏公司天翼杯客户运营服务大赛中被评为“最佳团队”。截至2021年年底，大丰门店总数100个，其中城区店28个，农村门店60个，核心商圈12个，基本达到城区、乡镇网点全覆盖。全年完成主营收入24657万元，天翼手机用户26.2万人，其中5G用户渗透率49.74%，宽带用户15.30万人，天翼高清用户12.53万人，智慧家庭业务取得突破。全年新增5G宏站176个，室分开通95个2.1G RRU。累计在网5G宏站276个，室分95个RRU，基本完成5G主城区全覆盖和乡镇集镇5G覆盖。优化无线网络建设，弥补网络覆盖空洞，提高深度覆盖水平，对70处基站进行150次天馈优化，对43个扇区进行优化。OLT10G上行改造20台，交换机上行改造15台，10G上行率100%。新增10G PON口992个，保障高宽带用户网络服务。强化装维服务质量管控，做好派单整治闭环管理，高风险工单、重复障碍及时升级，全年完成各类杆线隐患整治1023处，井盖隐患124处，障碍率同比下降15%。配合政府老旧小区改造，完成8个区域2500余户用户入户改造，分纤箱整治400余个。成功保障全省及本地重大项目视频会议、中考、高考等活动十余次。

在建立全流程服务过程管控体系基础上，进一步细化服务流程，规范服务标准，提升服务感知，2021年首次回应率提升20%，不满意工单数量持续下降。加强安全检查频次和隐患排查上报，全年检测村组跨路、过河杆线高度等1026处；检查通信机房、油机房262个次；检查营业厅112个次；检查安防系统216个次；检查出租房屋96次；检查外包施工单位9次，通过安监系统和纸质派发安全隐患整改单957张，整改安全隐患936个，整改完成率97.8%。强化

2021年，大丰电信公司按照国家A级建设标准进行云计算数据中心建设，机房面积1000平方米，可容纳120个机柜，采用构建云计算资源池方式进行建设 印象 摄

安全教育培训，2021年举办各类安全培训班13次，培训人员301人次，对于特种作业人员，确保持证上岗率100%，85名装维人员全部持证合法上岗。通过云改数转等信息化手段，推动安全生产工作管理上水平。

年内，中国电信股份有限公司大丰分公司实施数字强基，按照国家A级建设标准进行云计算数据中心建设，机房面积1000平方米，机房可容纳120个机柜，采用构建云计算资源池方式进行建设，提供基于云计算的IAAS、PAAS、SAAS层服务，承载了全区审批服务综合执法、网格化社会治理联动指挥、智慧技防、智慧交通、电子政务外网、智慧旅游、5G+工业互联网等重要平台的运行。配合实施数字优政工程，建设大丰区所有乡镇及226个村的电子政务网、建设行政审批局智能化平台，强化政务运行互联互通；部署区委、区政府、乡镇等20多个单位的办公OA，实现对内办公一套系统、一个平台；实施12345项目平台建设；建设区政法委全要素网格社会治理联动指挥平台、审批服务综合执法一体化平台、数字城管平台等；协助大丰“智慧城市”建设，协助整合智慧城管、智慧交通、智慧旅游、智慧园区等平台信息资源，打通信息壁垒，实现互联互通。配合实施数字善治工程，协助大丰公安建设综合治理村村通监控项目、公安技防城项目、智慧交通、350兆数字集群通信系统、“为民办实事”——卡警、卡口监控等项目；建设了大丰石化产业园智慧园区综合指挥平台；建设医保局数据中心、远程监控等项目。配合实施数字惠民工程，建设大丰区无线城市项目，覆盖主城区113个公共区域；实施城乡水务综合信息化工程；建设教育城域网平台、平安校园、考试院标准化考场、录播教室、智慧校园等项目。

（印　象）

【移动通信服务】 中国移动通信集团江苏有限公司大丰分公司2021年获评为江苏省文明单位。在岗职工136名，全年收入规模3.6亿元，5G用户超过22万人，全量用户户均流量12.9G，其中5G用户户均流量27.6G。坚持以客户为中心，建立全质量5G服务管理体系，开展“我为群众办实事”、“5·17”世界电信日、“总经理接待日”等系列活动。全年建成5G基站100座（实现城区、乡镇镇区100%全覆盖）；网络道路综合覆盖率99.64%，平均下载速率48.29M。建成5G SA核心SPN组网134个点，确保5G覆盖效果最优。累计建成5G宏站超200座、室分超230个、700M第一批次90个站点提前实现大丰各镇5G全覆盖，建设量排名全区第一；配合盐丰快速路、人民路、通港大道、老旧小区等56处城市扩建和改造。完成东苑书香开盘、人民路海派风情街“五一”节活动、动物园节日活动、农垦集团会议、2021“大洋湾”杯中国盐城黄海湿地公路自行车赛等通信保障20余次。

年内，中国移动通信集团江苏有限公司大丰分公司践行创新型企业建设战略，持续提高公司员工技术创新和业务创新的积极性，从集团业务、大众市场营销、品质服务、渠道管理、工程维护、网格运营等方面入手，为区政府在推动“智慧城市”“新基建”等方面的工作提供技术和服务支撑。先后在智慧园区、智慧物流、智慧农业等领域完成大丰港石化材料产业园5G智能园区封闭管理提升改造项目、大丰海港港口有限责任公司5G+车辆智能监管项目、江苏丰收大地投资发展有限公司大丰现代农业产业园现代种业育苗基地5G+智能运输设备采购项目，助力企业智能化改造和数字化转型。

（吴海燕）

【联通通信服务】 2021年，中国联通大丰分公司实现收入近6000万元，建设5G基站362个。承接大丰公安智慧小区一期工程，完成大丰84个智慧小区覆盖。2021年举办“企业上云”“标识解析二级节点”等企业数字化转型培训会10余场，覆盖规模以上企业80余个，为企业“智改数转”提供专业的技术服务支撑。做好客户服务工作，实行24小时不间断服务，加强客户咨询及投诉处理，投诉回复率和处理及时率100%。秉承降本增效原则，做好老旧设备退网，完成大丰全部C220退网、退网8台160A共计480门电话；全年通过电费核算对账，去除退租、拆除，核算计费周期，核减电费约10万元；完成13处铁塔基站退配套开户改造，铁塔全年完成3处站点转改直；全年直供电开户43处站点。

（孙晓晨）

〖编辑　朱晓华〗

金　融

综　述

【概况】 2021年，大丰区金融部门聚焦服务实体经济，支持民营小微企业，切实维护区域金融稳定。截至2021年12月末，全区各项存款余额1085.35亿元，比2020年年末增加67.36亿元，增长6.62%，其中储蓄存款525.72亿元，比2020年年末增加62.99亿元，增长13.61%；各项贷款余额982.92亿元，比2020年年末增加126.46亿元，增长14.76%。存款总量居盐城第二，贷款总量、增量居盐城第一。年内，光大银行盐城大丰支行、浙商银行盐城大丰支行分别开业。

【普惠金融】 2021年，中国人民银行大丰支行联合地方金融监管局召开"大干一百天、奋力夺全年"普惠金融发展助力乡村振兴推进会，扎实开展普惠金融考核工作，提升全区普惠金融发展水平。支行和地方金融监管局组成两个督查小组，对各板块推进普惠金融工作开展情况进行专项督查，听取各板块普惠金融工作要求和工作进展及下一步措施。对督查中发现的问题，形成问题清单，发放整改通知书，督促相关单位及时逐项整改到位。

【绿色金融发展】 2021年上半年，中国人民银行大丰支行不断加强与生态环境局、财政局等部门的沟通联系，推动金融机构摸排重点企业，确立华能盐城大丰新能源发电有限责任公司、国家电投集团大丰光伏发电有限公司等6个绿色企业。推动大丰农商行制定《绿色信贷业务发展实施意见》，引导法人金融机构向环保、节能、清洁能源、绿色交通、绿色建筑等领域投放贷款，推动重点行业和领域的绿色化改造。11月末，节能环保产业贷款余额2.72亿元，主要涉及废旧资源（如废铁）循环利用、生活垃圾综合利用；清洁生产产业贷款余额2000万元，主要涉及畜禽养殖废弃物污染治理；清洁能源产业贷款余额1.31亿元，主要涉及风力发电和太阳能发电装备制造、光电产业；生态环境产业贷款余额2.64亿元，主要涉及林木种植业。加大绿色金融产品创新，推出"环保贷"产品，支持借款人开展污染防治、生态保护修复、环保基础设施建设及环保产业发展等项目。为江苏沼禾农业科技有限公司发放首笔"环保贷"2000万元，支持其在大丰区新丰镇开展"畜禽粪污资源化利用"项目。

【政银企对接】 2021年，中国人民银行大丰支行开展银企对接活动，满足普惠金融有效信贷需求。走访调研有资金需求的企业，并要求相关商业银行向企业推介符合企业发展或量身定制的银行产品。整合国库、征信、税务等大数据，向银行发布无贷户信息，推动首贷户增量扩面。畅通银企信息交流渠道，建立银企信息双向发布机制，收集和发布企业资金需求、重点项目进展和招商等信息。组建普惠金融产品宣讲团，与企业面对面讲解产品、点对点交流需求、一对一设计方案。召开银行信贷投放专题剖析会，建立321个商会、企业调查问卷机制，走访企业、相关部门，摸排了解企业的运行情况及融资状况，破解企业"融资难、融资贵"的问题。

2021年5月13日，大丰区成立金融纠纷调解工作室　李华靖　摄

银　行

【中国人民银行大丰支行】 2021年，中国人民银行大丰支行加大对实体经济及薄弱环节的支持力度，深入强化两项政策工具和再贷款的基础管理工作，做到应延尽延、应放尽放，向2家法人金融机构发放再贷款10.4亿元。

完善和优化便民现金服务。组织全辖区金融机构开展残损人民币回收"扫街"行动，114个银行营业网点参与，承担服务区域116个，覆盖经营商户近5000个。为服务区域商户和社会群众收兑残损人民币3265笔、金额36850元，办理券别调剂860笔、金额17800元，接受社会群众有关现金服务和反假货币知识咨询答疑1360余人次，发放现金服务宣传资料4650份。

提高外汇管理服务水平。国家外汇管理局大丰支局稳步推进辖内货物贸易核查工作，对9个企业进行现场核查，降级11个企业，处罚人民币29.84万元。指导银行落实外汇便利化政策，为涉汇企业提供精准金融服务，着力解决外汇企业特殊时期的融资难、融资贵、融资慢等问题。

提升国库服务民生效能。截至

2021年9月8日，中国人民银行大丰支行组织区银行业金融机构进行"断卡"行动知识考试　　李华靖　摄

2021年年末，办理个人所得税汇算清缴退税51836笔、金额1863.48万元，个人所得税代扣代缴手续费退税855笔、金额452.23万元，办理减免退税4431笔、金额1311.89万元。完成医疗、失业、工伤、生育等社保资金结算1254062笔、金额80341.94万元，农村普惠金融国库服务质效不断提升。

发挥非诉讼纠纷解决机制优势。2021年，创新成立"大丰区金融纠纷调解工作室大会"，为纠纷案件当事人提供更低成本、更便捷的解决方式。截至2021年年末，工作室受理金融类纠纷214件，调解成功案件81件，司法确认35件，调解成功金额标的1652.28万元。其中，调解成功的案件司法确认率100%，群众满意度100%。

（杨涵蔚）

【中国工商银行股份有限公司盐城大丰支行】 2021年，中国工商银行股份有限公司盐城大丰支行推进"扬长、补短、固本、强基"布局，坚持"两争一前列"（在竞争力提升上争当表率，在改革创新上争做示范，在高质量发展上走在前列）奋斗目标，推动支行各项业务持续健康发展。

经营效益指标整体保持平稳。实现拨备前利润13034万元，人均税前利润125万元；净利润9807万元，人均94万元；中间业务收入4306万元。

储蓄存款保持良好增势。围绕"第一个人金融银行"战略要求，开展批量营销、综合营销和全员营销，加强对拆迁、代发、商户、乡镇、社保、个贷六大客群的拓展营销。2021年年末，本外币存款余额36.33亿元。其中，储蓄存款日均余额21.05亿元，较2021年年初新增1.53亿元；时点余额21.5亿元，较2021年年初新增2.19亿元，增幅11.34%。

信贷资产规模不断提升。加大全区重大项目和重点工程的跟踪营销，对接政府牵头单位、责任单位及项目具体建设单位，按照"一户一策"研究制定综合营销方案，做好项目贷款的营销储备、评估和提款工作。2021年年末，本外币各项贷款余额43.01亿元，较2021年年初增加3亿元，增幅7.5%。

（陆建丰）

【中国农业银行股份有限公司盐城大丰支行】 2021年，中国农业银行股份有限公司盐城大丰支行围绕服务实体经济要求，坚持疫情防控与经营发展两手抓，各项工作取得新业绩。2021年年末，本外币存款109.7亿元，较2020年年末增加10.11亿元。其中，个人存款和对公存款年末余额分别为76.81亿元和32.89亿元，分别比2020年年末增加6.83亿元和3.28亿元。全年实现拨备后利润1.87亿元、中间业务收入5521.66万元。各项贷款余额71.15亿元，较2021年年初增加9.22亿元。其中，个人类贷款较2021年年初增加4.03亿元，法人类贷款较2021年年初增加5.19亿元。2021年年末农户贷款余额9.3亿元，较2021年年初增加1.94亿元。以金农贷、苏微贷、苏科贷、简式贷、微捷贷、在线贴现等产品，服务园区建设、旅游、风电等重大项目和规上企业、中小微企业等实体经济，获大丰区委区政府"综合先进奖"、盐城分行综合考核第二名。

（施　勇）

【中国银行股份有限公司盐城大丰支行】 2021年，中国银行股份有限公司盐城大丰支行（以下简称"大丰中行"）立足高质量发展工作定位，抢抓机遇、创新转型，各项工作稳步发展。截至2021年年末，实现营业收入29008万元，拨备前利润19627万元；本外币存款余额72.13亿元，较2021年年初新增5.01亿元；本外币贷款余额80.43亿元，较2021年年初新增10.93亿元。

大丰中行以区域重大项目为抓手，在先进制造业、电子信息产业、新能源等领域，为产业内核心企业及上下游客户提供金融服务支持。响应国家普惠金融号召，进一步加大对实体中小微企业的支持力度，利用"苏岗贷""苏贸贷""苏科贷""苏农贷"等产品，解决小微企业"融资难""融资慢"问题，切实提升中小企业信贷服务效率。全面贯彻绿色金融发展战略，截至2021年12月底，大丰中行绿色信贷余额2.76亿元，较2021年年初新增2.2亿元。

（钱　澍）

【中国建设银行股份有限公司盐城大丰支行】 2021年年末，中国建设银行股份有限公司盐城大丰支行围绕"深化战略、调优结构、提升能力"的工作目标，紧抓战略推进、数字经营和改革创新，紧盯市场表现、系统贡献和价值创造，纵深推进新金融实践。全年营业收入1.14亿元，利润总额8947.85万元。个人存款2021年新增4.356亿元，点均新增1.09亿元；对公存款2021年新增5.2亿元，余额35.76亿元；各项贷款余额39.82亿元，新增9.11亿元，对公贷款新增占比为4家银行第一。服务国家建设方面取得明显进步，全年净新增基础设施贷款5.94亿元，绿色信贷净新增5.05亿元。为7户100强客户提供综合金融服务。项目推进持续加快，全年授信获批项目7个，金额27.6亿元，创历史新高。

（陈婧雅）

【交通银行股份有限公司盐城大丰支行】 2021年，交通银行股份有限公司盐城大丰支行以"补短板、调结构、强基础、稳内控"为发展思路，以客户为中心，根植实体经济需求，驱动业务不断优化、资源利用率不断提升、客户基础有效夯实。截至2021年年末，经营利润5790.65万元；存款总额11.01亿元，其中：对公存款7.48亿元，对私储蓄存款3.53亿元。贷款总额21.81亿元，其中：对公实质性贷款17.88亿元，小企业实质性贷款2.5亿元。

围绕高质量发展要求，加强数字化新交行建设，打造普惠金融、贸易金融、科技金融、财富金融四大业务特色，建强客户经营、科技引领、风险管理、协同作战和资源配置五大专业能力。

持续加强个人金融拓客业务，重点开展代发工资客户营销工作和周边社区客户的深度挖掘。优化厅堂数字办公，鼓励厅堂工作人员"走出去，引进来"，增强市场信任和品牌认知度。先后组织私银客户春节联谊活动、房贷客户专项营销活动、代发工资客户联谊会等活动，为个人金融业务发展奠定稳定的客户基础。

（陈　晨）

【中国邮政储蓄银行股份有限公司盐城市大丰支行】 2021年，中国邮政储蓄银行股份有限公司盐城市大丰支行以转型发展为中心，扎实推进全行高质量发展，完成全年各项工作目标。把防控风险摆在突出位置，加强全面风险管理，进一步加大风险合规类指标考核权重，强化监督检查和违规问责，全年无重大风险案件发生。截至2021年年末，全行实现自营收入1.13亿元，同比增长21.8%；实现利润6683.4万元，同比增长23.9%；成本收入比30.36%，同比下降3.04%。

（朱　峰）

【中国农业发展银行盐城市大丰区支行】 2021年，中国农业发展银行盐城市大丰区支行全年发放贷款12.16亿元，年末贷款总额20.17亿元。全面提升集约化、规范化、数字化水平，所有客户实现网银全覆盖。全年网银支付业务13523笔，金额超3.9亿元，电子支付替代率99.41%；开通农发企业手机软件，客户通过网上预约，大大缩短临柜等待时间。

服务国家粮食安全。坚持政策性收购与市场化收购并重的原则，做好夏秋两季粮食收购资金投放。全年发放储备贷款9358.73万元，收购入库储备粮3.57万吨；发放市场化购销贷款4.73亿元，支持企业收购粮食20.07万吨。服务苏北农房改善工作。全年投放农房改善贷款5亿元，用于大丰区14个乡镇农民群众改善住房条件，惠及农户8817户，取得良好的社会效应。服务高标准农田建设。全年新获批2亿元，发放大丰区金融系统内首笔高标准农田建设贷款1.5亿元，用于江苏桃花洲农业发展有限公司在大桥镇实施的3960公顷高标准农田建设。服务普惠小微企业。落实小微支持信贷政策，为盐城市大丰区大龙粮库和洋心洼粮库发放普惠小微贷款2000万元，为盐城市兴谷米业有限公司办理还旧借新粮油购销流动资金贷款600万元，全年实现小微企业融资增量0.26亿元。服务大宗农产品进口。全年开具出口信用证4笔、1.05亿美元，支持企业进口大豆18万吨，国际贸易融资业务量居江苏省农发行系统首位。

（刘亚琴）

【上海浦东发展银行股份有限公司盐城大丰支行】 2021年，上海浦东发展银行股份有限公司盐城大丰支行坚持以"夯实基础、做强特色；勇于创新、强化执行；提质增效、争先进位"为经营主线，持续加大实体企业信贷支持力度，推进零售信贷业务发展，经营指标稳健增长。在浦发银行南京分行县域行年终综合考评中连续第八年被表彰为"优胜基层网点"；被浦发

2021年6月15日，大丰农发行为大龙粮库和洋心洼粮库发放普惠小微贷款2000万元　李华　摄

银行总行表彰为全行"2020年度百强网点"。

截至2021年年末，各项存款余额37.67亿元，其中：对公存款35.35亿元，储蓄存款2.32亿元；本外币贷款余额71.1亿元（行内口径），比2021年年初净增6.7亿元，其中：公司贷款余额59.6亿元，比2021年年初净增4.9亿元；零售贷款余额11.5亿元，比2021年年初净增1.8亿元。普惠金融贷款余额1.62亿元，比2021年年初净增0.37亿元。全年实现营业利润2.29亿元，年末贷款五级分类无不良贷款，全年未发生金融案件与重大业务差错。

（沈金高）

【江苏大丰农村商业银行股份有限公司】 2021年，江苏大丰农村商业银行股份有限公司强化战略引领，坚持创新实干，持续推动高质量发展，各项工作稳中有进。截至2021年年末，全行资产总额539.99亿元，比2020年增加10.79亿元；各项存款431.96亿元，比2020年增加18.59亿元，增幅4.5%；各项贷款356.83亿元，比2020年增加36.54亿元，增幅11.41%；国际业务结算量4.35亿美元，连续四年获评盐城市外汇业务合规与审慎经营A类行；实现账面利润7.61亿元，同比增加5743万元；缴纳各类税收2.52亿元，居盐城市银行业机构第一名。被评为江苏省先进基层党组织、江苏省文明单位、江苏省放心消费创建先进单位，连续5年被评为全市争星创优"五星企业"，连续10年获得大丰区"综合先进奖"。

突出市场引领，服务实体更有广度。坚定支农支小，持续推动做小做面做量，涉农及小微企业贷款占比82.36%，增速22.2%，在全省农商行系统排名第二。深入推进"扩面强基"专项行动，走访家庭农场2723户、个体经营户2.81户，推广"阳光信贷"整村授信，授信上手机2.15万户。深化"百行进万企"等活动，运用两项政策工具，落实纾困解难措施，支持民营企业、普惠型小微企业，有效解决企业"融资难""融资贵"问题。

突出创新引领，发展转型更有深度。加快网点改造、自助银行、智慧厅堂、"小微云"建设步伐，开展"厅堂优质文明服务年"活动，全行离柜率（含第三方支付）98.81%。品牌金融入驻经销商120家，下游商户1.73万户；圆鼎市民广场运营，注册会员7.72万户，社区金融迈出实质性步伐。探索开办房屋租赁金融业务，亲子金融、养老金融进一步推进实施。优化线上贷款产品种类，创新工会职工创业贷、金丰随抵贷、银保惠农贷和住房租金质押融资、银行承兑汇票闪贴业务，获得合作办理远期结售汇业务资质，开通对公网银结售汇功能。

突出责任引领，回报社会更有温度。落实"以客为尊"的理念，打造"最快银行"的品牌，为企业提供注册、开户、办税一站式服务。探索开办客户全流程抵押登记等业务。支持设立"树人"教育基金，助推全区教育高质量发展，连续15年开展爱心助学活动，资助贫困大学生40余名。

（周　斌）

【江苏银行股份有限公司盐城大丰支行】 2021年，江苏银行股份有限公司盐城大丰支行以高质量的金融服务助推经济社会的高质量发展，坚持塑特色、调结构、促转型，着力防风险、抓创新、强党建，促进各项工作发展。截至2021年年末，各项存款49.29亿元，比2021年年初增长4.22亿元；各项贷款49.87亿元，比2021年年初增长7.57亿元；实现EVA（经济增加值）实绩1.03亿元，净利润1.12亿元；中间业务收入5426万元，纳税1621万元。

服务实体经济发展。通过表内信贷、债务融资工具、债权融资计划等产品，加大对大丰区农业基础设施、交通工程、绿化和水利工程等重点领域的支持，先后落地大丰区林业项目、西河苑城市更新项目等一批重点项目。通过绿色产业基金、绿色信贷等专属化绿色金融产品，支持区重大项目正泰新能源的落地投产；支持沪苏大丰产业联动集聚区污水处理厂工程项目，提升园区节能和环保水平，推动企业绿色低碳发展；发挥固废贷、环保贷等绿色金融产品优势，助力打好污染防治攻坚战。

做大、做强投行业务。作为主承销商发行大丰海港控股集团2021年度第一期中票票据5亿元、第二期中票票据5亿元，发行大丰城投理财直接融资工具2亿元、大丰城投投债业务1.9亿元，丰港投债业务1.5亿元，发行裕丰城镇3亿元理财直接融资工具等。

坚实推进三农业务。利用分险贷、苏农贷、惠捷贷等特色三农产品，跟进全区重点农业项目，加大信贷投放力度，支持地方农业经济发展。截至2021年年末，全口径小企业贷款32.01亿元，普惠口径小企业贷款4.84亿元，涉农贷款余额9.86亿元，落实全行首笔"仓储冷链贷"50万元。

（杜　鹃）

【苏州银行股份有限公司盐城大丰支行】 2021年，苏州银行股份有限公司盐城大丰支行突出市场营销、队伍建设、内控合规三项重点，坚持"业绩"文化和"合规"文化的和谐统一，完成各项工作任务。全年新增营销中小实体企业授信客户50户、授信总额10亿元。截至2021年年末，存款总额14亿元，其中：公司存款余额12.8亿元，个人存款时点余额1.2亿元；贷款余额18.46亿元，其中：公司贷款12.89亿元，个人贷款5.57亿元。

（张　庆）

【江苏大丰江南村镇银行股份有限公司】 2021年，江苏大丰江南村镇银行股份有限公司各项工作保持健康有序的发展态势，5名员工先后获"省优秀共青团干部""区五四青年奖章""区优秀共青团干部"等称号。2021年年末，各项存款余额15.89亿元，较2021年年初增加1.45亿元，增幅10.04%；各项贷款余额12.88亿元，较2021年年初增加1.05亿元，增幅8.88%。

围绕提升服务、创新产品、开拓客源，持续推进信贷业务转型发展，全行业务结构调整成效显著。全年新增信贷客户185户，其中：普惠小微企业贷款余额8.49亿元，较2021年年初增加7364.69万元，增幅9.50%。创新产品特色，结合区域市场环境推出"税易贷"信贷产品，为合法纳税人提供优质融资服务，满足客户贷款融资需求，助推小微企业发展。

（高 峰）

【江苏太仓农村商业银行股份有限公司大丰支行】 2021年，江苏太仓农村商业银行股份有限公司大丰支行紧扣"服务三农、服务小微、服务地方经济"的市场定位，进一步充实信贷营销队伍，储备新增客户资源，扎实推进服务民营小微企业质效，总体运营稳健，各项业务发展势头良好。

截至2021年年末，各类存款绝对额2.38亿元，较2021年年初下降1.41亿元，增幅-37.20%，其中：储蓄存款余额9830万元，较2021年年初增加3228万元，增幅48.89%。各项贷款余额7.67亿元，较2021年年初增加9250万元，增幅13.71%。全年新增企业贷款客户27户，金额1.4亿元，实现营业利润4759万元，纳税147万元。

（陈鹤飞）

证券·保险

【华泰证券股份有限公司盐城大丰人民南路证券营业部】 2021年，华泰证券大丰营业部进一步提高服务意识，逐步向精品营业部模式发展。积极引进人才，完善前台营销队伍，拓展营销渠道，有效提高客户覆盖率。为江苏丰海新能源淡化海水发展有限公司、江苏丰山集团股份有限公司、江苏谷登重型机械装备科技有限公司、江苏理研科技股份有限公司等制定个性化产品，提供更多的现金投资种类。全年实现产品销售16亿元。响应总公司"集团获客"营销活动，为大丰各个企业员工定制本金保障型收益凭证。"涨乐财富通"手机软件升级，增加"U3"会员功能，包含一键打新、相似K线，AI智能盯盘等功能，更加方便投资者。

（陈 浩）

【中国人民财产保险股份有限公司盐城市大丰支公司】 2021年，中国人民财产保险股份有限公司盐城市分公司大丰支公司保费收入2.76亿元，实现利润2860万元，全险种市场份额46.94%。推出快捷理赔、异地理赔、夜间理赔、微信理赔等多项便民措施。全年大病保险支付赔款5355万元，为65.8万人次的城镇职工和城乡居民做好大病保险项目服务工作。为1.3万人提供每人150万元的含住院、门诊慢性病、门诊特殊病的补充型健康险保障（盐城市民保）。开办安康系列产品，为2000余名客户提供全年550万元的医疗补充保障，弥补大丰区中高端医疗补充保险的不足。设置农业险种，承保4.1万户次，投保数量945万（亩、头、羽），保费6683万元，理赔金额3932万元，受益4.4万户次。由于经营模式改变，种植业理赔款直接支付给农户，赔款及时，提高农户参保的积极性。

（徐永兴）

【中国人寿保险股份有限公司大丰支公司】 2021年，中国人寿保险股份有限公司大丰支公司（以下简称"中国人寿大丰支公司"）以"更高质量、更有效率、更可持续、更为安全"为行动指向，统筹协调各项工作的部署与落实。全年实现首年期交保费9403.97万元，长险首年标准保费4178.79万元，十年期及以上首年期交保费5342.81万元，短期险保费4515.83万元，市场占有率34.73%。被评为市分公司先进集体、2021年度安康关爱行动先进单位，获"2021年度安康关爱行动卓越组织奖"，成为大丰区"服务三农"政企党建联盟成员单位。

中国人寿大丰支公司积极参与政府服务民生工程，为大丰区人民建立多层次风险保障。老年人意外伤害保险保费750万元，投保人次12万人，赔付金额545.8万元；城乡基本医疗保险小额补充健康保险保费655万元，投保人次13万人，赔付金额397.5万元；育龄妇女疾病保险保费120万元，投保人次1.2万人，赔付金额67.2万元。

中国人寿大丰支公司利用行业自身优势，持续开展各类宣传活动，提升服务水平。组织营销人员走进社区、走向乡村，向广大人民群众宣传"认识保险""防范非法集资""反洗钱""反诈骗"等金融相关知识，全年组织宣传活动78次，发放宣传彩页9000余份。结合"补充工伤保险"和妇联"美丽健康万家行"等活动的开展，组织全区政企网格专员招募行动，全年招募172人，遍及全区各个乡镇。

（杨小杰）

【中国太平洋财产保险股份有限公司大丰支公司】 2021年，中国太平洋财产保险股份有限公司大丰支公司（以下简称"大丰太平洋产险公司"）完成保费收入5340万元，同比增长2.2%。其中，车险3332万元，同比增长3.45%，非车险2008万元，同比增长0.02%，市场份额10.39%，理赔及各类给付保费收入比率96%。

大丰太平洋产险公司中标大丰区政策性农业保险后，不断与时俱进，勇于创新，作为新增长点加大培育力度。多个渠道建设同步开展，个人客户业务、法人客户业务保持独立性和专业性的同时，在业务拓展上相互支撑、联动发展。

（管慧静）

【中国太平洋人寿保险股份有限公司大丰支公司】 2021年，中国太平洋人寿保险股份有限公司大丰支公司完成保费收入2248.54万元，同比增长2%，占寿保市场份额1.82%。坚持以客户为中心，持续优化服务流程，多措并举主动提供各项服务。拓展健康养老生态，打造"产品+"服务体系。"太保蓝本"覆盖诊前、诊中、诊后的健康管理、就医绿色通道和高端医疗服务；"生命银行"免疫细胞冻存服务为未来精准抗衰、肿瘤防治等备份生命资源；"太保家园"打造颐养、乐养、康养三种不同社区模式，助力优享养老时光。

（张莉霞）

【中华联合财产保险股份有限公司大丰支公司】 2021年，中华联合财产保险股份有限公司大丰支公司（以下简称“中华财险大丰支公司”）恪守“服务至上、信守承诺、回报社会”的宗旨，公司整体经济效益、社会效益和企业形象日益改善，客户满意度和公司美誉度不断提升。全年实现保费收入2540万元，年度保费完成率103.6%，增速3.8%，成本率72.9%，实现利润688万元，支付各类赔款1851万元。被盐城中心支公司评为“先进经营单位”。1月，中华财险大丰支公司创新开办“保险+期货”新险种，为盐城地区同业公司首单。

中华财险大丰支公司不断规范理赔服务流程，提升理赔查勘人员的整体素质和服务理念，配合上级公司较好地开展“理赔服务创优年”等各项活动，全年未发生因理赔服务差而引起的客户投诉上访事件。

（黄素华）

资本市场

【概况】 2021年，大丰区聚焦资本市场“大丰板块”提速扩容，择优扩容储备、深化协调推进、重点服务突破。2021年3月，建立区镇两级工作专班和月度沟通机制。2021年4月，开展“金融专家园区（企业）行”，约请交易所、证券机构、投资专家走访企业，现场指导路径方案。

2021年5月，出台《2021年“资本市场突破年”行动计划》，围绕高新技术企业上市、规上企业挂牌、上市挂牌企业直接融资，发布年度重点工作，细化目标任务。调优区级30个“金种子”企业库，申报市级“金种子”企业8个，为全市最多。筛选290个挂牌后备企业，组织板块积极推动融接资本市场。

【企业上市及挂牌】 2021年，大丰农商行在证监会排队待审银行中排第一；中汽研汽车试验场通过深交所两轮审核问询，7月22日通过创业板上市委审议，11月26日向证监会提交注册申请；理研科技公司、海聆梦公司上市辅导稳步推进，腾龙药业（苏海制药）公司、创一精锻公司等企业推动股改前梳理规范，资本市场“大丰板块”加速推进。全区新增江苏省股权交易中心挂牌企业23个［江苏晨卓建材开发有限公司、国一新材料江苏有限公司、德尔迈自动化科技大丰有限公司、盐城市晟隆机械有限公司、盐城市大丰创意工艺品有限公司、江苏澳太斯纺织品实业有限公司、盐城大丰建平铝制品有限责任公司、盐城市百顺农产品初加工有限公司、江苏洲达铸造机械有限公司、江苏腾龙建材有限公司、金山东新铸造江苏有限公司、江苏锐达机械制造有限公司、盐城市都成纺织品有限公司、盐城市全盛纺织科技有限公司、盐城市兴谷米业有限公司、盐城恩贝尔工艺品有限公司、江苏盛锐光电科技有限公司、盐城市大丰港国际物流有限公司、盐城市大丰区天生联合药业有限公司、江苏锦海润丰粮油食品有限公司、江苏洁雅家居用品有限公司、安道麦辉丰（江苏）有限公司、盐城市大丰区鑫旺土地整理有限公司］。截至2021年年末，全区拥有上市公司4个（江苏辉丰生物农业股份有限公司、金财互联控股股份有限公司、江苏丰山集团股份有限公司、大丰港和顺股份有限公司）、新三板挂牌企业5个（盐城市中德精锻股份有限公司、江苏凯嘉橡胶科技股份有限公司、江苏金色工业炉股份有限公司、江苏金色农业股份有限公司、江苏大丰华丰种业股份有限公司），江苏股权交易中心挂牌企业120个。上市和新三板企业累计直接融资额全市第一。

地方金融监管

【概况】 2021年，大丰区金融系统突出抓好金融服务实体经济、打造资本市场“大丰板块”、防范化解重大金融风险等重点任务，推动全区金融工作持续健康发展。县域金融生态排名列全省第4位、苏北第一，连续8年建成“金融生态优秀县”，区地方金融监管局获评“2020年度省金融生态县创建工作先进单位”。

【金融风险管控】 2021年，大丰区实有地方金融组织9个（江苏金茂融资担保有限公司、盐城市顺达典当有限责任公司、盐城市华忱典当有限责任公司、盐城市大丰华瑞泰典当有限公司、草堰农民资金互助合作社、白驹农民资金互助合作社、西团农民资金互助合作社、裕华农民资金互助合作社、丰富农民资金互助合作社），采取“线上+线下”联合检查方式“贴身+穿透”监管地方金融组织。举办防范和处置非法集资宣讲“镇村行”专场15个，培训基层党员干部、网格员1980余人，印发各类宣传品40余万份。发放各类风险监管（处置）提示函9份。清理农民资金互助合作社无业务社员3972人，互助金余额较2021年年初下降3734.43万元，降幅29.34%。加强防范债券兑付风险，全面梳理已发行、未兑付债券情况，对年内到期的，逐笔对接发债主体，提前谋划兑付方案，确保资金平稳运转。推进私募基金风险整改，对72个重点名录企业逐一现场检查，督促尚未备案的基金主体限期整改，对已注册基金“一企一册”管理，“地毯式”排查800余家农民合作组织涉非风险。不良贷款率0.51%，全市最低。

（夏　伟）

〖编辑　於晨婷〗

城镇建设

综　述

【概况】 2021年，大丰区按照“做实城东、做精城中、做强城西、做美城北”的思路，深入推进城市更新改造，48项城建重点工程完成投资70.7亿元。人民路海派风情街项目与城北污水厂尾水湿地净化项目纳入省美丽宜居城市重点监管试点项目。悦动体育公园等20个城市游园建成开放。长乐小区、健康小区等8个老旧小区综合整治全面完成。深化全国文明城市创建，开展城市管理提升年行动，组织开展市容秩序、违法建设、水环境、交通秩序等专项整治。强化试点示范引领，人民路打造“席地而坐”的城市客厅，新丰镇、恒北村、滨河社区、幸福大街、吾悦广场等创建精细化样板点。通港大道、沪丰大道、南翔路、大刘路、228国道等全面整治沿线环境。运用物联网、大数据、区块链、人工智能等技术，升级数字化城市管理平台，更新城市管理和执法设施装备，完成区镇两级社会治理现代化综合指挥中心1.0版建设。春柳南路、新时代大道延长线、省道226大丰南段绕城段竣工通车。持续抓好农村人居环境整治提升，农房改善工作位于全省前列，建成新型农村社区10个、美丽宜居村庄121个，新创成“省级特色田园乡村”2个。行政村生活污水治理设施实现全覆盖。刘庄镇友谊村入选“全国乡村治理示范村”。

【城市防汛】 2021年5—6月，大丰区住房和城乡建设局全力推进城市防汛工作。修订完善城市防汛预案，健全城市防汛工作网络，做好防汛突发事件的应急管理、预警响应和应急处置工作，构建“统一指挥、运转高效、反应迅速、处置到位、保障有力”的城市防汛应急体系。积极储备防汛物资，购置黄沙1000吨、移动式抢排泵20台。结合城市防汛目标要求，成立240人的城市防汛应急抢险队伍。全面排查城市排水管网，对城区80千米的排水管网、7600余个窨井进行全面清掏疏浚，对38个下水道出口进行“拉网式”检查，保障排水通畅。开展城市河道防汛清障行动，做好排水泵站检查维护，确保正常运转。完成长乐小区、技校宿舍区、同德农民公寓、阜丰小区等老旧小区雨污管道改造工程。对部分易涝城中村进行巡查，重点对聋哑学校北侧、大刘新村、同德村部东侧平房区采取工程措施，提升排水功能。指导物业服务企业制订防汛工作方案，重点做好小区地下车库、人防设施、地下配电房等地下空间的防汛工作。落实汛期24小时领导带班、专人值班制度，及时、准确地上报汛情、雨情和灾情。

【城建重点项目集中开工】 3月31日，大丰区举行全区城建重点项目集中开工和观摩活动。23个城建重点项目开工建设，总投资41.9亿元，涉及教育卫生、交通文旅、人居环境等多个领域，对进一步完善城市功能、提升城市品质、做大城市经济具有重要支撑作用。

（葛顺明）

城市、村镇规划

【概况】 2021年，大丰区以“高起点规划，高标准定位”为原则，突出规划的引领调控作用，科学拓展城乡发展空间。编制《盐城市国土空间总体规划大丰区分区规划（2020—2035年）》《盐城市大丰区国土空间总体规划近期实施方案》，开展《西河口片区城市设计》《老斗龙港沿线风貌提升规划》等相关规划和城市设计。对城建等重点工程项目进行全过程跟踪式规划服务，确保各项城建重点工程项目顺利实施。完成西团镇龙窑村、草堰镇三元村、新丰镇施家湾3个新型农村社区规划设计方案评审工作。

【专项规划编制】 2021年，大丰区自然资源和规划局加快构建全区空间规划体系，优化提升空间布局，为高质量发展提供全局性、系统性的规划支撑。突出盐城大市区副中心的发展定位，策应长三角一体化产业发展基地建设，开展规划《长三角一体化产业发展基地及四条廊道规划》。形成《大丰吾悦、中交两商圈更新规划》《盐城市大丰区城市停车设施专项规划》《盐城市大丰区接轨上海及大丰—上海农场一体化专项规划》等相关规划成果，助力城市建设。推动镇级国土空间规划和实用性村庄规划的编制工作，形成《盐城市大丰区小海镇南团居委会、新窑村村庄规划（2021—2035）》，获区政府批复实施。

【城市规划管理】 2021年，大丰区自然资源和规划局扎实做好妇幼保健院、卯西教育服务中心、润富花园二期安置房、德惠西侧北侧安置房、新丰里（飞轮厂地块改造、扩建）、人才公寓等项目的技术审查工作；出具东宁路、飞达路、健康路西延、益民路等城市道路规划设计条件；在集中补办不动产证时，对农民公寓项目、供电公司生产区等项目提出审查意见。对招商成交地块提供规划服务，营造良好的投资环境。继续为雍景府、吾悦华府、公路站东侧地块、国药大厦、中农批冷链物流、蜂巢能源等重大项目提供规划技术服务工作。全年办理规划设计条件63份、选址手续20份、建设用地规划许可证21份、建设工程规划许可证183份、小型工程10份、规划核实手续142份，发证合格率100%，按时办结率100%。落实区城建指挥部下派的西河口、卫生巷、染织厂和益民路两侧地块征拆户面积核查任务，配合征拆公司和相关机构出具近1500户面积认定工作，加快城市建设拆迁地块速度，维护被征拆户的合法权益。

【村镇规划】 2021年，大丰区自然资源和规划局完成3个新型农村社区（西团镇龙窑、草堰镇三元、新丰镇施家湾）规划设计方案的评审工作。在中心村、美丽宜居示范村、传统村落等重要村庄和建设项目较多的村庄同步进行村庄规划编制和村庄设计。编制传统村落保护发展规划。加强对具有传统风貌和历史文化价值的建筑的保护，坚决制止保护性建筑的拆除行为，实现保护性建筑的合理利用。针对村镇规划服务，推行“网上办”和“不见面”审批，精简审批环节，节约建设单位报批时间，提升服务效能。全年出具用地规划条件及红线图78份，发放用地规划许可证34份、建设工程规划许可证243份、建设工程规划核实验收合格证100份、乡村建设规划许可证12份、个人建房规划许可证175份。

（陈　萍）

城市建设

【概况】 2021年，大丰区抢抓盐丰一体化、高铁时代发展机遇，深入推进城建会战，聚力主攻城市经济，同步提升城市形态、业态、质态、夜态，打造宜居宜业宜游的盐城大市区副中心。全面推进棚户区改造、城市老旧小区综合整治，建设完整居住社区、宜居社区、智慧社区。景尚名城9幢867套安置房、康馨雅苑9幢576套安置房完成主体工程。完成城区8个老旧小区综合整治，实施雨污分流、房屋出新、绿化亮化、管线序化等，进一步优化人居环境。人民路海派风情街提升工程、幸福大街公共建筑提升工程一期工程竣工，悦动城市体育公园、吾悦社区游园、中交美庐滨河景观带等口袋公园建成。新增绿化面积200余万平方米，新建、改造街头游园20个。城市夜游经济配套工程做美二卯西河沿线、中交美庐城商圈和吾悦广场商圈等节点。老旧小区加装电梯22部，新建交通路口遮阳挡雨棚20座，城建集团获AA+主体信用评级。

【城市布局发展】 2021年，大丰区树立“紧凑城市”“精明增长”理念，统筹布局生产、生活、生态空间，优化提升大丰分区规划。加快编制吾悦、中交两商圈更新规划，西河口片区城市设计、新丰片区城市设计等重点区域规划，科学推进组团开发。加强对单体建筑形态、风格和色调的精细设计管理，提炼本土元素，塑造城市个性。完善国土空间规划利用工作委员会的决策机制，集中统一领导，对重大项目一事一议、专题研究。邀请不同领域的专家学者和设计团队，参与城市规划的调整、修改、完善，为城市经济发展提供强有力的规划支撑。城东农贸市场、维也纳国际酒店、雅家乐超市投入运营，总部经济园签约国药大厦，幸福里健康小镇正式启动。国际进口商品博览馆、老城隍美食广场、龙凤旗袍、上海农场美好生活馆等特色品牌入驻人民路海派风情街，圆鼎广场对外营业，中交美庐城金街人气旺盛，吾悦广场金丰鹿角巷入驻商铺近30家。成立斗龙港旅游度假区管委会，斗龙港旅游度假区创成省级旅游度假区。荷兰花海通过文化和旅游部景区景观质量评审，创建国家AAAAA级景区。《只有爱·戏剧幻城》被省文旅厅评为“文旅融合新标杆项目”。水韵龙湾森林奇幻乐园成功签约。

【城建重点工程建设】 2021年，大丰区组织实施48项城建重点工程，完成投资70.7亿元，开工率98%，竣工率97%，招投标率、工程质量一次性验收合格率均为100%。人民路海派风情街开街，东苑书香酒店三期、卯酉书局、博物馆、锦徽大厦、夜游经济配套工程一期、幸福大街公建提升一标段、老旧小区改造提升、悦动城市体育公园等项目竣工交付使用，大丰外国语学校交付办学，景尚名城、康馨雅苑安置小区主体完工，卯酉教育服务中心二期主体工程竣工，原新丰中学校舍改建提升项目、大丰区第三人民医院新院区主体竣工，妇幼保健院投入运行。新丰里核心项目(飞轮厂地块改造)项目1~13号楼改造进度整体完成50%的工程量。“月下爱河”旅游综合体主体封顶，天沐温泉酒店实施内装。

2021年，大丰区幸福大街公共建筑提升工程一期工程竣工
周古凯　摄

【路桥工程】 2021年，大丰区人民路海派风情街、春柳南路、黄海路东延、育红路金丰路美食街等道路工程竣工通车。按照全国文明城市创建要求，对城区所有公交站、广告、路面、背街小巷等进行全面排查，对主次干道和背街小巷路面破损、雨水箅破损、道路护栏受损、公交站台破损等进行实时维修，对主次干道排水管道进行清掏疏浚。完成沥青路面修补约1.5万平方米，混凝土路面改造约5200平方米，人行道改造铺设约1.1万平方米。

【城市房屋征收搬迁】 2021年，大丰区积极推进常盐工业园拓展区一期、西河口片区启动区地块、新民中心河两侧地块等16个项目征收搬迁工作。

采取“街道+部门+乡镇”的工作模式，成立35个工作组、400余人的征迁队伍。在征迁过程中，大丰区规范房屋征收搬迁行为，做到法定主体到位、工作程序到位、责任落实到位，实现政策范围内群众利益最大化。为保证房屋征收公正、公平、公开，切实维护群众的合法权益，通过制定评估备案、现场复核、重大问题会办、补偿补助审批公示等一系列制度，取消房屋征收人员的自由裁量权，确保房屋征收补偿安置政策执行到位。全年完成房屋征收搬迁3574户，拆除房屋建筑面积68.6万平方米。

【城建融资】 2021年，大丰区城市建设集团有限公司在金融政策趋紧的形势下，重点突破融资困境，拓展融资渠道，压降融资成本。全年通过银行贷款（包含隐性债务置换业务）、信托、融资租赁、商业保理、资管计划等渠道融资到账约130亿元，全年融资综合成本7.5%。积极开展隐性债务化解工作，全年化解隐性债务10亿元。成功发行15亿元的短融及30亿元的上交所私募公司债，并拿到8亿元的中票及20亿元的PPN（非公开定向债务融资工具）项目的发行批复。城建融资为城建重点工程建设、房屋征收搬迁提供资金保障。

【房屋征收法制宣传活动】 1月29日，大丰区住房和城乡建设局围绕“依法征收、和谐征收”主题，在施耐庵公园开展房屋征收法制宣传活动。通过设立咨询宣传台、制作宣传图板、在房屋征收现场发放宣传单等形式，广泛宣传房屋征收法律法规及相关政策，让社会公众了解征收政策法规、工作程序。同时结合城市建设成就照片图板展示近年来的征收成果，让群众感受到城市房屋征收搬迁及城市建设带来的巨大变化，体验到宜居城市的美好生活。组织征收工作人员现场宣传房屋征收政策，特别是对群众关心的房屋征收法规、征收补偿安置政策等内容进行现场解答。发放房屋征收法规、征收补偿安置政策宣传单400余份，接受群众咨询200余人次。

【省级安全发展示范城市创建】 2021年，大丰区住房和城乡建设局结合安全生产“三年大灶”的专项整治，制定项目推进计划。强化建筑施工安全检查，组织专业技术力量，联合第三方中介机构，对在建项目施工现场进行全方位安全检查，深入查找各类安全隐患和管理薄弱环节，严禁施工单位盲目赶抢工期行为，严厉打击建筑施工领域各类非法、违法行为。推动市政设施、城市地下管网、公共消防设施等城市基础及安全设施建设，优化全区应急避难场所、人防工程和救灾、消防、疏散通道等城市安全空间建设、使用和管理。强化城镇燃气安全检查，组织开展管道燃气安全生产专项检查，督促燃气企业加强居民用户的入户安检，指导用户正确安全用气。强化城市既有房屋安全检查。对城市疑似危房安排专业人员进行兜底筛查，确认等级后分类处置，跟踪、督促解危，对D级危房限期拆除。全面推进智慧工地建设，提升建筑工地智慧化监管水平。建立智慧燃气系统和远程视频监控系统，推进燃气预警系统建设，安装餐饮场所燃气泄漏报警和自动切断装置2377个。设立预警系统监管平台，实行24小时全天候值守。8个瓶装液化气企业配备身份证识别系统，开展实名登记工作，完善用户档案登记管理，杜绝违规配送“黑气”行为。

【人民路海派风情街开街】 5月1日，大丰区人民路海派风情街开街。人民路海派风情街实施育红路—北兴路段，全长2.7千米，总投资4亿元。该项目对街区进行提升改造，打造集休闲、购物、娱乐、饮食、观光于一体的海派风情商业示范街区。道路提升方面，进行雨污分流，景观亮化提升；沿街建筑立面出新方面，美化沿街建筑，彰显海派风格；结合建筑对店牌、店招统一设计规范；城市空间整治方面，增加停车位，提升城市广场，增加居民休闲节点，完善空间肌理，打造里弄空间特色；智慧城市建设方面，涵盖智慧照明、智慧交通、智慧监控、智慧停车和智慧城管；业态调整优化方面，通过政府引导和市场运作相结合，调优商业业态，做好招商入驻工作。

【春柳南路主体工程竣工】 9月10日，大丰城区春柳南路沥青路面摊铺全部完成。该项目北起大华路，南至南翔大道，全长1580米，道路红线宽40米，双向六车道，建设跨二卯酉河桥梁一座，总投资7000万元。春柳南路采用共杆设计理念，对路灯、信号灯、交通标志标牌、交通监控、治安监控设施等道路杆桩的设置进行综合管理，实行城市智慧交通。

【新丰里城市更新项目】 新丰里城

2021年，大丰区春柳南路竣工通车　　周古凯　摄

市更新项目范围为东至人民路、南至飞达路、西至大四河、北至欧蓓莎城市广场，总投资约4.5亿元，总用地面积约54561平方米，总建筑面积约72000平方米，其中地上建筑面积约66000平方米，地下建筑面积约6000平方米，建筑密度为40%，容积率为1.2，绿地率为15%。项目将原有厂房的高大空间、桁架结构等特点和现代建筑艺术相结合，推进旧厂房改造，把飞轮厂地块打造成为集特色商业、创意办公、创业公寓等于一体的文创商业新街区。2021年12月完成1~13号楼主体工程。

【幸福大街公建提升工程】 幸福大街公建提升工程是大丰区建设的特色网红街区项目之一，总投资1.35亿元，重点实施幸福大街（东宁路—常新路）2.4千米内的建筑立面改造、绿化景观、美化亮化、智慧城市等项目。项目分两个标段实施。一标段（常新路—大四河）总投资5500万元，改造19栋公建建筑，绿化、亮化配套改造，2021年12月底竣工。二标段（大四河—东宁路段）计划总投资8000万元，2021年完成图纸设计、现场调查等前期工作。

【城镇污水处理规范化工作评估考核】 9月28日，省住建厅考核组到大丰，对大丰区城镇污水处理规范化工作进行评估考核。省住建厅专家组实地察看城北污水处理厂生产情况，对生产运行重要环节及关键部位进行评估考核，对大丰区城镇污水处理工作给予肯定，希望大丰区进一步做好城镇污水处理规范化管理，不断增强群众的获得感、幸福感。

村镇建设

【概况】 2021年，大丰区全力推进小城镇建设，健全完善城镇功能，提高城镇化水平。加快推进老旧小区改造、路网管网改造提升、街道绿化等工程，积极推进小城镇建设项目，进一步提高镇区基础设施建设水平。强化城镇管理，持续加大镇区环境综合治理，深入开展镇区环境卫生、马路市场、店外经营、车辆乱停乱放等整治行动，建立健全常态化管理机制，全面提升城镇管理精细化水平。各镇实施城镇建设重点工程项目63项，完成总投资9.8亿元。持续抓好农村人居环境整治提升，农房改善工作位于全省前列，培植首批乡村振兴示范村和特色村20个，建成新型农村社区10个、美丽宜居村庄121个，新创成省级特色田园乡村2个。实现行政村生活污水处理设施全覆盖。刘庄镇友谊村入选全国乡村治理示范村。

【农村生活污水治理】 2021年，大丰区深入开展农村生活污水治理工作。全年实施69个行政村生活污水治理工程、王港河沿线生活污水治理工程、169个自然村生活污水治理工程，建设690千米生活污水主管网，配备593套微动力设备，行政村污水处理设施覆盖率100%，自然村污水处理设施覆盖率35%。对2020年以前建设的94个行政村中71套污水处理设备进行“回头看”，对61套存在问题的设备进行保养、维护、维修，对4套报废的设备进行更换，对10套水量较少的设备配套新建污水管网，所有设备均正常运行。

【农民群众住房条件改善】 2021年，大丰区持续推进农民群众住房条件改善工作。全年完成农房改善4803户，其中退宅进城入镇购房2632户，退宅还耕861户，进新型农村社区1285户，规划发展村庄点翻建25户。西团镇龙窑新型农村社区按照“碳达峰、碳中和”目标需求，合理采用可再生能源应用技术，运用太阳能光电设计、户式净水技术、秸秆砖等乡土材料，建设绿色低碳社区，入选第三批省级示范创建项目。

【村级工程建设问题专项整治行动】 2021年3—9月，大丰区开展村级工程建设领域问题专项整治行动。深化“正风肃纪镇村行”专项行动，进一步推动小微权力运行标准化建设，严管村级工程建设项目，健全村级工程建设良性发展的长效机制。重点整治村级工程质量不高、党员干部违规干预村工程项目、建筑材料价格明显虚高以及村级工程应招标未招标、增量手续不规范、化整为零拆分项目等突出问题。由大丰区住房和城乡建设局牵头，区交通局、水利局等部门参与，指导各镇、各街道、区园加大问题排查力度，全方位、多渠道摸排村级工程存在的突出问题。强化规范抓整改，镇村两级制定整改方案，细化整改要求，制定整改任务书、时间表，使整改措施具体化、可操作。严格实行整改销号制，整改一件、销号一件，整改不到位不放过、群众不满意不销号。通过专项整治排查发现各镇（街道）村级工程存在问题1379个，闭环落实整改措施。

【省特色田园乡村】 8月25日，江苏省特色田园乡村建设工作联席会议公布第七批次省特色田园乡村名单，大丰区新丰镇太兴村2组上榜。12月10日，江苏省特色田园乡村建设工作联席会议公布第八批次江苏省特色田园乡村名单，大丰区草堰镇三元村2号庄点被命名为省特色田园乡村。

（葛顺明）

城市管理

【概况】 2021年，大丰区城市管理局围绕盐城市城市建设管理“十没有”“二十有”标准，实施城市管理提升年行动，进一步提升城市精细化管理水平，被大丰区委区政府表彰为综合先进单位。下属城市管理综合行政执法大队被盐城市城管局表彰为全市城市管理工作先进基层单位。

【市容秩序整治】 2021年，大丰区城市管理局组织市容综合执法整治70余次，清理乱堆乱放480余处、乱张贴670余处，牵头整治城区线杆线缆

550余处。持续开展车辆违停整治，规范非机动车停放1560余辆，清拖违停非机动车312辆；新增、出新机动车泊位1450个、停车标线标识13215平方米。办理渣土准运证2366件，开展建筑垃圾（渣土）运输秩序综合整治92次。开展餐饮油烟集中整治86次，对821家餐饮店进行“回头看”，督促餐饮服务单位新装油烟净化器118台，整改139家问题单位。拆除城乡各类违法建设519处，面积6.45万平方米。完成城区户外广告和店牌店招专项规划编制，拆除城区各类户外广告设施332处，面积20308平方米，主城区范围内的楼顶、墙体、落地户外广告设施全部拆除。升级改造数字化城管平台系统，受理办结案件9165件。牵头督促新丰镇、恒北村、滨河社区、幸福路、人民路、育红路、吾悦广场完成“五个一”精细化样板点建设工作。

【环境卫生管理保洁】 2021年，大丰区城市管理局加强环境卫生管理保洁。城区道路机械化清扫率90.9%，清运暴露垃圾360余车、建筑装潢垃圾120车，清理野广告240余处，清运和处置生活垃圾7万余吨。购置除雪车和除雪设备，改造城区3座地埋式垃圾箱，同时配套购置密闭垃圾箱4个、拉臂车2辆。全面开展垃圾分类工作，签订餐厨垃圾收运协议531份，收运、处置餐厨垃圾7000余吨，更换破损垃圾桶620余个；在100个居民小区开展生活垃圾“四分类”工作，设置环保屋195个。完善农村生活垃圾集中收运体系，新增分类垃圾桶29961个、清运车辆79辆，各镇（区、街道）在原有基础上新增1个行政村开展农村生活垃圾分类试点。

【城市管理惠民工程】 2021年，大丰区城市管理局惠民工程扎实推进，餐厨垃圾处置中心进入试运营阶段，垃圾分类处置中心竣工验收。改造城市公厕8座，指导农村新建、改建公厕34座。在城区5个交通道口新建20座遮阳挡雨棚。新增提升绿化面积约26万平方米，实施朝阳北路、建设北路、工农路、春柳南路等道路绿化工程，新建二卯西河两侧风光带健身步道5千米，在15个老旧小区和2个游园安装室外体育健身器材，新建悦动体育公园、和美大丰游园、吾悦社区游园等20个游园，组织对城市公园基础设施进行全面维修。完成226省道、通港大道354盏景观灯维护工程，智慧照明物联网项目，夜游经济配套工程。完成飞达东路便民市场搬迁改造工程。

【城管依法行政】 2021年，大丰区城市管理局加大对建设工程和燃气等安全隐患较大事项的稽查处罚力度，全年立案查处各类建设工程案件101起，结案101起，罚没金额706万元。对全区69个企业作出行政处罚决定，服务企业补办证工作。会办重大案件61起，行政复议答复1起，行政诉讼答辩19起，无一例行政败诉。全年行政审批、许可725件事项，验收小区6个，组织开展法制培训10次。接收并处理市民举报和投诉工单2800余件，办结率100%，回访满意率99.78%。落实城管综合执法体制改革，增设15个乡镇（区、街道）中队。2021年6月，15名中队负责人全部下沉基层，将城市管理标准延伸至乡镇。

【城管疫情防控】 2021年，大丰区城市管理局筑牢疫情防控防线，持续每日对农贸市场、商业场所、公园、环卫设施、公厕等公共区域进行高频消杀，禁止活禽、野生动物现场宰杀，并对市场经营户、市民进行体温测量。专项清运废弃口罩1000余桶次，清运隔离点污水450余车次。

（顾　荟）

公共设施建设

【概况】 2021年，大丰区加快推进城市公共基础设施建设，不断提升城市综合承载能力，不断改善人居环境。实施城市道路提升、城镇污水治理、黑臭河整治等公共服务设施建设，老旧小区、低洼片区截污控源及道路整修等工程竣工。城区范围垃圾日产日清，生活垃圾无害化处理率100%。加强渣土运输管理，实行市区主要干道渣土运输车辆限时通行。加快天然气工程建设步伐，为市民提供清洁、安全、优质的天然气。

【地下管线工程建设】 2021年，大丰区住房和城乡建设局规范地下管线工程建设。巡查雨污管网2997千米，疏通雨污管网130千米，清掏窨井5017个，维修窨井盖183个；巡查供电地下管网1646千米，排查整治安全隐患12处；巡查供水管网984千米，维修供水管网渗漏点45处；巡查燃气管网43750千米，处理第三方损坏管网1处；巡查电信、移动、联通通信线路3825千米，排查整治安全隐患21处；巡查广播电视线路1392千米。

【城镇生活污水处理】 2021年，大丰区住房和城乡建设局按照生活污水处理“厂网一体化、城镇一体化”的要求，实施城区人民路以东片区污水管网改造建设，新建污水管网30千米。对城区常新路、大华路、富民路、黄海路等12条道路的污水管网进行非开挖修复，修复点状缺陷885处、整体缺陷3774.3米。对新丰、草庙、南阳、大桥、万盈等5个镇级生活污水处理厂进行提标改造，年内竣工进水调试，出水达一级A排放标准。按照“十必接”［对机关、学校、医院、集中居住小区、工业集中区（非化工）、农贸市场、垃圾中转站、宾馆、饭店和浴室污水管网必接］的要求，全区完成镇区污水主管网建设95千米、提升泵站29座。

【公共设施项目建设】 2021年12月，大丰区第三人民医院新院项目完成主体工程，按照二级甲等医院标准建设，占地面积37276平方米，总建筑面积38104平方米（含地下停车场面积6027平方米），总投资2亿元，主要包括门诊医技楼1幢，后勤科研楼1幢，病房楼1幢及附属用房等，设置床位300张。2021年6月，圆鼎市民

2021年，大丰卯酉教育服务中心二期主体工程竣工 周古凯 摄

广场正式对外营业。圆鼎市民广场是集商业、景观、市民休闲于一体的综合性市民广场，总投资1.5亿元，占地面积18688.6平方米，建筑面积31538.99平方米。2021年10月，悦动体育公园建成对外开放。悦动体育公园位于吾悦广场商业综合体南侧，占地面积约1.7万平方米，总投资约1000万元。

【卯酉教育服务中心项目】 卯酉教育服务中心项目规划用地总面积16.1万平方米，分为南北校区。北校区为初中项目，规划设计12轨36个班，用地面积7.8万平方米，总建筑面积约6.54万平方米，其中地上建筑面积约5.75万平方米，地下建筑面积7869平方米，地下停车位412个，地上停车位83个。南校区为小学项目，规划设计15轨90个班，用地面积约8.29万平方米，总建筑面积约9.16万平方米，其中地上建筑面积约7.65万平方米，地下建筑面积1.52万平方米，地下停车位180个，地上停车位36个。初中项目2021年年末完成主体工程，小学项目2021年10月开工建设。

【燃气供气工程】 2021年，大丰区进一步优化燃气产业结构，在稳定液化石油气供给的基础上，大力发展管道天然气。通过互通、补缺、延伸、加密等方式，集中力量补齐天然气管网基础设施短板，因地制宜制定管道铺设方案，加快推进天然气安装使用，力争应装尽装，应改尽改。年内新建天然气管道80.2千米；新增天然气工商业用户62家；新增居民通气用户8109户。全年天然气供应总量9612.5万立方米，液化气供应总量8360吨。

【燃气安全管理】 2021年，大丰区住房和城乡建设局扎实推进城镇燃气安全专项整治行动，确保燃气设施安全运行。对全区17个燃气场站设施开展检查，全面排查燃气设施安全风险隐患。对燃气储存数量达到临界量的重大危险源场站实施重点检查，明确企业负责人抓安全、查隐患、促整改的责任，做到责任、措施、资金、时限和预案“五落实”。全年排查燃气安全隐患406个，下发整改通知书79份，全部闭环整改到位。开展建筑物、构筑物违法占压燃气管道的整治工作，发现占压燃气管道3处，均整改到位。全面改造城镇燃气老旧灰口铸铁管道，完成康宁小区、健康小区等8个老旧小区燃气低压管线改造，改造长度5.5千米。督促管道燃气加快推进GIS（地理信息）、SCADA（数据采集与监视控制）系统建设，加强巡查力量和巡查频次，对工程施工涉及天然气管道的地段实施重点巡查和监控，进一步完善天然气管道标志、警示标识的设置。强化燃气市场动态监管，加大瓶装液化气市场检查力度，查扣液化气钢瓶119个，查获倒气枪1套。

【燃气从业人员安全培训】 5月16日，大丰区举行瓶装燃气从业人员安全培训班，全区153名瓶装燃气从业人员参加培训。9月13日，大丰区住房和城乡建设局开展燃气从业人员安全培训，宣传贯彻新《中华人民共和国安全生产法》，部署燃气入户安检工作。全区燃气经营企业负责人、燃气从业人员150余人参加培训。

【城镇燃气安全宣传活动】 9月9日，大丰区住房和城乡建设局通过发放燃气安全生产宣传册、燃气安全用气告知书、播放燃气安全录音、展示宣传牌和现场咨询等形式，开展城镇燃气安全宣传活动，进一步提高居民使用燃气安全意识。全区3家天然气企业、8家液化气企业参加活动，接待群众约300人，发放宣传资料900余份，解答现场群众问题150余条。

（葛顺明）

〖编辑 於晨婷〗

水利

综 述

【概况】 2021年，大丰区水利局坚持“节水优先、空间均衡、系统治理、两手发力”新时期治水方针，齐心协力、笃定前行，取得“十四五”水利发展和现代化建设良好开局。印发《大丰区2021年河长制工作任务》，各级河长主动履职尽责，牵头巡河治河管河，组织打捞骨干河道水面漂浮物，排查整改河道“两违”（违法圈圩、违法建设）及遥感监测问题，10个国考、省考断面水质全部达标。统筹推进农村水利、重点工程、供水管网、防洪排涝等项目建设，严抓质量、进度，高质量完成年度建设任务。执行最严格水资源管理制度，强化水利工程运行管理，开展水土保持工作，巩固农业水价改革成果，狠抓水行政执法、在建水利工程质量及安全生产监督管理，行业监管成效显著。坚持人民至上、生命至上，未雨绸缪、精准应对，实现“城镇不看海、工程不失事、次生灾害不发生、不死一个人”的防汛防台目标。

【水利工作成绩突出】 2021年，大丰区农村生态河道覆盖率从2020年年底的14.70%提高到32.16%，位列盐城市第二名。农村河道长效管护连续7年被评为江苏省第一等次。建成五一河和老斗龙港两条幸福河道。川东港大丰段被评为2021年度江苏省幸福河湖示范工程。大丰区水利局获大丰区“综合先进集体”称号。

河长制工作

【概况】 2021年，大丰区践行习近平生态文明思想，认真贯彻落实上级关于河道管理及河长制工作的各项要求，以涉河“两违”及遥感监测专项治理、幸福河湖建设和河道水质提升为重点，靶向发力、精准治水，全面推动各项工作有序开展，河道水环境水生态稳中向好，河长制工作取得明显成效。

【巡河治河管河】 2021年，大丰区、镇、村三级河长认真履职，主动开展巡河治河工作，累计巡河3.3万余次，其中区级河长86次，召开区级专题会议17次。根据机构调整和人事变动，调整河长制工作领导小组、变更区级河长及河长助理。开展“水韵大丰全民随手拍”活动，利用“大丰河长”微信公众号发布河长制工作信息570条，收集交办涉河问题515件，办结514件，办结率99.8%。各镇（区、街道）根据自身特点成立相应的保洁队伍对境内河道进行日常保洁，农村河道长效管护连续7年被评为江苏省第一等次。

2021年，川东港大丰段被评为江苏省幸福河湖示范工程 周古凯 摄

【河道专项整治】 2021年，大丰区按照“河长牵头、属地负责、河长办协调、相关部门配合”的工作思路，组织开展涉河问题整治，市级交办的64个“两违”及遥感监测问题全部整改到位。常态化组织开展河道漂浮物打捞，以通榆河、串场河等市级以上河道、水源地及国考、省考断面周边为重点，封闭拦截通榆河、串场河两岸敞口101个，设置拦截打捞点17个，投入机械设备50台套，日均打捞量约5000立方米。组织各镇（区、街道）开展全区面上漂浮物打捞，日常投入打捞船只182条，打捞漂浮物150万立方米。

【幸福河湖建设】 2021年，大丰区响应关于建设“造福人民的幸福河”的号召，认真贯彻落实省、市建设幸福河湖工作部署，在全区部署推进幸福河湖建设工作。选定并建成五一河和老斗龙港两条幸福河道，新建河长制主题公园2座，维修美化桥梁、闸站等水工建筑物23座，新增岸坡绿化14.5千米，顺利通过江苏省及盐城市验收。川东港大丰段被评为2021年度江苏省幸福河湖示范工程。

【河长制督查考核】 2021年，大丰区严格执行河长制考核办法和河长考核细则，采取日常督查、季度考核、专项督查相结合，明察与暗访相结合的方式，全面准确掌握全区河长制工作开展及任务完成情况。并通过发放交办单、提示函、督办单等形式，列出问题清单，限定整改时间，跟踪督查问效。加大督查考核结果运用，将考核结果作为各地年终考核的重要内容，保证河长制工作真正落到实处、抓出成效。

水利建设

【农村水利建设】 2021年，大丰区投资8500万元，实施农村生态河道建设、村庄河塘专项整治、新丰全域水环境提升、生态清洁小流域、入海河流支河整治等项目，治理河道452条，疏浚土方664万立方米，建设生态河道44条。建成生态小流域2个，分别为刘庄三圩中心河南生态清洁小流域和国家水土保持重点工程南阳祥南小流域。大丰区农村生态河道覆盖率32.16%，位列盐城市第二名。

【四卯酉闸下移工程】2021年，大丰区加快推进四卯酉闸下移工程扫尾施工，完成河道开挖土方填筑及河道堤防防护工程。整理堤防内、外坡3500米，铺设沥青道路3885米，新增堤防网状混凝土格埂7300立方米、排水沟7069立方米，种植绿化草皮21万平方米、刺槐14000株。8月21日，河道开挖及堤防填筑、河道堤防防护工程完工验收。11月20日，水文仪器设备采购与安装（含水文设施）单位工程完工验收。

【西潮河整治工程大丰区境内工程】2021年，大丰区加快推进西潮河整治工程尾工建设。采用下超上欠的方式对树木影响段面高程1.0米以下河坡进行施工，6月底完成全部土方工程，疏浚河道土方85.04万立方米，植物防护15.04公顷，完成全部300米驳岸施工。10月24日，西潮河整治工程大丰区境内工程单位工程暨合同工程完工验收。

【水土保持工作】2021年，大丰区审批通过31个生产建设项目水土保持方案，收缴水土保持补偿费221.33万元，完成水土保持自主验收项目8个，对36个在建项目开展事中督查59次，发放告知函、催告函20份，验收核查2个项目。完成2019—2020年国家及省级生产建设项目水土保持遥感图斑核查认定查处工作，需整改的18个生产建设项目全部销号；核查2021年国家（12个）和省级一期（6个）、二期（11个）、三期（11个）图斑。完成国家水土保持重点工程祥南小流域综合治理项目和盐城市2021年度生态清洁小流域项目大丰区三圩中心河南小流域治理工程，综合治理流域面积29.86平方千米。

【农业灌溉用水】2021年，大丰区持续巩固农业水价综合改革成果，不断深入推进农业水价综合改革，进一步提高农业灌溉用水效率。以农业水价综合改革为抓手，建立健全工程长效管护机制，用好用足农业水价综合改革和维修养护补助资金，通过精准补贴和节水奖励等方式，加强小型灌溉设施的维修、养护工作，全面落实小型水利工程管护责任，有效改善小型水利农田水利设施形象面貌，工程完好率达95%以上。

水利工程管理

【水利工程维修养护】2021年，大丰区争取省级水利工程维修经费170万元，先后实施大丰闸启闭机房维修、竹港新闸闸门喷锌防腐、川东闸通航孔防撞设施更新、通榆河西岸大中农场段堤防维修。争取省级水利工程养护经费103万元，对通榆河、一线海堤、川东港闸、大丰闸、竹港闸、竹港新闸、三里闸、四卯酉闸、王港闸等水利工程开展养护，保障全区安全度汛和人民生命财产安全。

【涉河建设项目审查】2021年，大丰区水利局根据《水行政许可实施办法》《盐城市水利局水行政许可实施办法》，对大丰区10个涉水项目进行前期审查。针对项目实际，区水利局采取提前介入、主动告知、上门服务等方式，做好项目前期咨询、书面函复、参与审查等服务，为涉河项目的规范化建设管理提供专业技术支撑。

【水利工程规范化管理】2021年，大丰区大丰闸管理所通过省二级水利工程管理单位复核，王港闸管理所通过省三级水利工程管理单位创建。截至2021年年末，大丰区有省级以上水利工程管理单位7家，分别为川东闸管理所、竹港闸管理所、王港闸管理所、四卯酉闸管理所、大丰闸管理所、堤防管理处和河道管理处，全区达标单位占比71.4%。

【水利工程质监工作】2021年，大丰区水利工程质量监督站对盐城市大丰区四卯酉闸下移工程、盐城市川东港影响处理完善工程大丰区境内工程、盐城市西潮河整治工程大丰区境内工程和盐城市大丰区2021年度国家水土保持重点工程祥南小流域综合治理项目等水利工程项目开展质量监督工作，组织各类质量监督检查活动3次，发送检查整改通知单3份，排查各类质量问题隐患17起，督促参建单位落实整改，保障水利工程的质量。

【水利安全管理】2021年，大丰区水利局严格执行“管行业必须管安全、管业务必须管安全、管生产经营必须管安全”的要求，认真做好安全生产

2021年，大丰区先后实施川东闸通航孔防撞设施更新、通榆河西岸大中农场段堤防维修等工程　　周古凯　摄

专项整治三年行动、城市供水安全保障工作、危险化学品使用安全专项治理行动、创建省级安全发展示范城市工作、安全生产"春之守护"行动、水利系统管辖桥梁安全风险隐患排查、2021年防汛抢险演练、水利系统既有建筑和外墙附着物隐患排查行动等工作。全面开展盐城市大丰区四卯西闸下移工程、盐城大丰自来水有限公司、大丰闸管理所等在建水利工程和单位安全大检查。根据《江苏省水利工程管理考核办法》，大丰区水利局与基层水利工程管理单位签订2021年度安全生产目标责任状42份，严格按规定周期对工程及设施进行日常检查，认真开展汛前、汛后专项检查，排查整改各类事故隐患108个，确保水利系统安全生产态势良好。

水资源管理

【水资源管理制度】 2021年，大丰区严格执行建设项目水资源论证和取水许可制度。规范水资源论证，按照审批权限和规定程序，完成取水许可项目审批5个，验收发放取水许可证6本，取水许可电子证照转换275个。通过严格取水许可审批管理，促进计划用水和产业结构优化升级，保障经济社会的合理用水需求。

【节水型社会建设】 2021年，大丰区完成节水型载体创建22个，其中省级4个、市级7个、区级11个。大丰区水利局指导大丰经济开发区创建江苏省级节水型园区，创建材料已上报江苏省水利厅。

【地下水资源管理】 2021年，大丰区实施最严格水资源管理制度，涵养地下水源，削减开采量，实现地下水采补平衡。推进区域供水到达地区的深井封填工作，2014—2020年地下水压采工作通过省、市验收。2021年封填深井7口。邀请第三方专业机构对全区深井开展每月2次地下水水位监测，掌握水位动态，地下水水位稳步上升。

【饮用水源保护】 2021年，大丰区新水源原水供应4254.59万立方米，水量充足、运行稳定，全年实现安全优质供水。完成水源地规范化建设，《大丰区通榆河刘庄水源地管理与保护规范化建设方案》通过市局组织的专家验收，水源地规范化工作通过盐城市水利局组织的验收。

水政执法

【水法宣传】 2021年，大丰区利用"世界水日""中国水周"，围绕"深入贯彻新发展理念，推进水资源集约安全利用"主题，重点宣传推进最严格水资源管理制度、节约保护水资源的重要意义。坚持把宣传与依法治水相结合，以增强群众的水法制观念为先导，以提高群众的水法律意识为重任，以促进经济发展、社会稳定、依法行政为目标，狠抓发动，突出重点，注重依法治理。本着"重在建设、贵在坚持、注重实效"的原则，全面动员，人人参与，以人为本，精心组织，坚持学法与用法相结合，注重水法宣传的质量和社会效率，不断将水法宣传工作引向深入。

【水行政执法】 2021年，根据大丰区行政审批局移交的案件线索，大丰区水政监察大队持续开展水利工程招投标领域违法行为专项整治行动。赴湖北省通城县、安徽省萧县以及江苏省淮安市、宿迁市、宜兴市、兴化市、泗洪县等地调查取证，当面送达法律文书，全年立案4起，对7个法人单位、7名责任人依法实施行政处罚，处罚21万元。

城乡水务一体化

【城乡供水管网及设施建设】 2021年，大丰区铺设北兴路DN800、常新路北延DN500、黄海路DN400等管道7400余米；改造老旧小区管道10.2千米，更换水表1454副；投资990万元建设南翔路东延管道并网通水，助力城市重点工程建设，提高管网运行效率。铺设管网35.6千米，完成四卯西闸供水工程、川东农场主管道供水工程和川东闸小街接水改水工程，实现四卯西闸、川东农场和川东闸等地区区域供水。完成南阳大道1350米DN400供水主管道和白驹镇三七路1210米供水管道改造，对16个城乡水务加压站实施消毒方式改造。

【城乡供水安全优质】 2021年，大丰区城乡供水高标准通过盐城市住建局组织的供水安全保障检查，县（市、区）排名第一，大丰区自来水公司信用评价为A级供水企业。二水厂完成加矾系统改造、深度处理碳池换碳、臭氧发生器更新等工程，进一步提高供水保障能力。通榆河水厂完成集中式水源地管理与保护规范化建设，提高水源保障等级。创新"叠螺机+低温干化"污泥处置工艺，打造供水行业污泥处置新亮点。水质检测中心参加2021年度盐城市城镇水务行业化学检验员专题培训暨职业技能竞赛，获县（市、区）团体第一名。镇村供水完成12个加压站次氯酸钠消毒投加技改，运行效果良好。扩容1700吨/日海丰农场加压泵站，进一步满足北片供水量的需求，同时拓展供水范围。

【供水服务品质提升】 2021年，智慧水务三年行动目标基本完成。整合城区收费网点，供水调度中心服务大厅2021年6月对外开放，供水服务的硬件环境得到提升。2021年10月，新营销系统上线，微信公众号、支付宝无缝对接，稳定运行。新增微信生活缴费、"我的盐城"大丰区水费缴纳功能，进一步方便用户缴费。新水源、水厂加压站，968千米管网、3361个阀门、72处测压点、44处水质点、184处流量计等运行数据，对接至智慧水务平台，实时监控供水工况，城乡供水调度科学、精准，确保全区供水安全。管网巡检系统正式投入使用，办公OA系统接入智慧水务平台，客服和报装系统进入调试阶段。

（黄启明）

〖编辑 於晨婷〗

旅游 · 麋鹿保护

综 述

【概况】 2021年，大丰区文旅局围绕旅游经济高质量发展，锐意进取，求实创新。全年接待游客1030.1万人次，同比增长36.9%；实现旅游业总收入101.8亿元，同比增长48.2%。

项目建设成效明显。根据2021年文旅产业发展计划和实际，编排《2021年旅游经济重点项目、重要事项、重大活动任务分解表》，有力有序推进项目建设。郁金香健康养生文化中心、天沐温泉度假酒店主体结构竣工；希尔顿酒店完成桩基工程；月下爱河主体结构封顶；大龙岛错觉驿站、阿姆斯特丹酒店、只有爱大酒店等项目加紧推进。有序开展麋鹿小镇建设运营、中华麋鹿园提升改造、川东闸小街、"川东—竹港—王港" 观海廊道等项目。

旅游品牌创建显著。2021年，大丰区文旅局协助、指导、配合荷兰花海国家AAAAA级景区、斗龙港省级旅游度假区创建工作，荷兰花海达到国家AAAAA级景区创建标准，斗龙港旅游度假区创成省级旅游度假区。白驹狮子口会师纪念地创成国家AAA级景区，斗龙港康养旅游基地入选盐城市康养产业发展示范基地，东方一号创意产业园通过省级文化产业园区复核。荷兰花海通过省级特色小镇验收，创成省级夜间文旅消费集聚区，被纳入省级文化和旅游产业融合发展示范区建设单位。

【旅游活动】 2021年，大丰区文旅局为促进旅游消费升级、提高旅游经济效益，承办省文旅厅"水韵江苏·有你会更美" 文旅消费推广季开幕式活动；举办"上海人游北上海" 江苏大丰(上海) 旅游推介会，同步推出"湿地·秘境" 研学游、"寻爱·赏花" 青春游等主题线路，不断提升"多彩湿地 花里大丰" 品牌影响力和远程号召力；联合"我的盐城" 手机应用软件投放价值500万元的旅游消费券，进一步释放旅游消费潜力；知青农场、梅花湾、中华水浒园等文化气息浓厚的景区、景点植入沉浸式体验产品，吸引长三角地区中坚游客群体。

旅游景点

【概况】 2021年，大丰区有A级景区11家，其中AAAAA级景区1家，AAAA级景区6家，AAA级景区3家，AA级景区1家；全国乡村旅游重点村1个，江苏省五星级乡村旅游区2个；新丰镇、草堰镇三元村在建成江苏省特色景观旅游名镇、名村的基础上更上一层楼。

【中华麋鹿园】 中华麋鹿园为国家AAAAA级旅游景区，依托于江苏大丰麋鹿国家级自然保护区，围绕麋鹿、湿地的生态主题，将麋鹿元素用于景观营造、产品设计和纪念品的开发等多个方面，实现景区的主题化。景区由"麋鹿观赏区" "自然生态区" 和 "麋鹿文化区" 三大园区20多个景点和服务设施组成，爱国游、科普游、文化游、生态游贯穿于整个景区游览始终。先后获"中国十佳湿地旅游目的地" "中国生态旅游15个精选项目" 之一、"世博之旅" 推荐路线、首批"江苏自驾游基地试点单位"、五星级"江苏最美的地方" 和首批"中国低碳旅游景区" 等称号。

【荷兰花海】 荷兰花海位于新丰镇，是国家AAAA级旅游景区、省引进国外智力示范基地，是国内郁金香种植面积最大、种类最多、形态最美、业态最全的中国郁金香第一花海。重点发展花卉园艺、婚庆摄影、健康养年等度假旅游产业，培植"地上长花、湖中生花、树上开花" 的特色花海，建成长三角地区最大的婚旅拍摄基地。与知名导演王潮歌合作打造《只有爱·戏剧幻城》，设置"如月、如心、如花、如歌、如故、如意" 六大剧场，可同时容纳2400名观众，成为江苏省首个沉浸式演艺项目，致力打造江苏文旅品牌的代表作品。阿姆斯特丹酒店、郁金香健康养生文化中心等产业项目同步推进，逐步实现"宜居、宜游、宜业的旅游目的地" 目标。

【梦幻迷宫】 梦幻迷宫位于大丰区草堰镇，是国家AAAA级旅游景区、江苏省四星级乡村旅游区。景区规划面积246.67公顷，已建成并对外开放面积86.67公顷，通过"三生"（生产、生活、生态）、"三产"（农业、加工业、服务业）的有机结合、关联共生，实现人与自然和谐共融、可持续发展，是集休闲旅游、餐饮住宿、研学教育等于一体的综合体景区。获"世界最大的永久性树篱迷宫" 和"世界最长路径的永久性树篱迷宫" 两项吉尼斯世界纪录称号。获"全国休闲农业与乡村旅游五星级园区" "江苏省国防教育示范基地" "江苏省人民防空训练基地" "盐城市爱国主义教育基地" 等称号。

【大丰港海洋世界】 大丰港海洋世界是国内首个集科普、体验、互动、探秘、观光于一体，以海洋为主题的情景剧式互动体验馆。景区投资3亿元，占地面积23.33公顷，由海洋科技馆、水族馆、热带植物馆、海洋剧场、海洋乐园、游客中心等部分组成。先后获"国家AAAA级旅游景区" "全国休闲农业与乡村旅游五星级示范企业" "全国科普教育基地" "全国休闲渔业示范基地" "江苏省价格诚信区域" "江苏省智慧旅游示范企业" 等称号。大丰港海洋世界发挥世界自然遗产和国家全域旅游示范区的品牌效益，融合沿海滩涂、生态湿地的自然风光，突出景区"海洋" 和"科普" 主题文化特色，通过集知识性、趣味性、实用性于一体的现代科技演示和海洋实物展示等表现形式，让游客体验到海洋文化和海洋娱乐，致力打造中国东部沿海知名旅游景点。

【知青农场】 知青农场是国家AAAA级旅游景区，位于大丰区上海农场境内，以二十世纪六七十年代8万余名上海知识青年奋战荒原的历程

国家AAAA级旅游景区——知青农场　　周古凯　摄

为主题而创设。建设包含知青纪念馆、海丰少年馆、北上海历史展陈馆、中国知青主题馆、中国知青图书文献馆5个特色馆区的展馆群落，涵盖教育、影视、拓展的系列基地，酒店、小厨、民宿、街区产业配套陆续建成运营并不断完善。先后建成“江苏省未成年人社会实践（盐城·大丰）基地”“江苏省科普教育基地”“省级影视拍摄基地”“省级研学旅游示范基地”“盐城市委党校现场教学基地”“盐城市中小学特色文化体验基地”。

【梅花湾】　梅花湾是国家AAAA级旅游景区，占地约200公顷，以梅花、仿古建筑、水系和夜景为四大特色。种植梅树近2万株，200多个品种，并有500年的梅王、梅后和800多年的宋梅，是赏梅胜地。景区内有梅苑、梅文化馆、三十二舫、西湖、咏梅阁、颂梅阁、儿童乐园、假日酒店、露天营地等，体现人与自然的融合。生态游、文化游、科普游、亲子游贯穿整个景区。

【中华水浒园】　中华水浒园是国家AAAA级旅游景区，位于大丰区白驹镇北街区。以施耐庵和水浒108将为主题，包含花家垛施耐庵文化核心区、施家垛水浒文化体验区及白驹古镇民俗文化体验区，占地面积14公顷。其中位于花家垛岛上的施耐庵文化景区，占地2.33公顷，包括施氏宗祠、施耐庵书院、施耐庵碑廊三大主要场馆。施氏宗祠，最早为乾隆年间施耐庵后裔第十二、第十三世孙发起修建的祠堂。祠堂由施耐庵古宅改建，以供奉始祖施公耐庵。1938年被日军焚毁。20世纪80年代末，由文化部确认并拨专款修复。内部展陈《水浒传》研究成果、施耐庵家谱、出土文物和数百种《水浒传》版本等重要史料、资料。施耐庵书院主要介绍施耐庵于古书院讲学、会友、祭祀、藏书等轨迹，突出“投师罗贯中、会友刘伯温、兵起张士诚”等内容。施耐庵碑廊由108米碑廊和远观榭、长啸亭、莲池等景观组成，游览性强，为全区主要文化旅游景点。

【东郊公园】　东郊公园（又名大丰区东方湿地公园）是国家AAA级景区，地处城东新区西北侧，占地面积60万平方米，分南园和北园两个园区，总投资约2.5亿元。作为城东新区次干道的东方路贯穿于南北公园。公园以湖泊、果林和绿化为主要特色，同时具备建筑、假山和水幕电影，是一个综合性公园。东郊公园以“泽都水韵”为主题，按照“现代、活力、开发、自然”的原则，采用“挖掘城市资源禀赋、优先培育生态环境、环境休闲和谐相融”的理念设计建设而成。公园内的东方1号创意产业园是江苏首个旅游商品研发基地，是大丰确立的首个创意产业项目，也是苏北地区首个文化创意产业园。楼内一层是创意设计展示中心，建有蓝馆、红馆和综合展览馆。红馆为创意生活馆，蓝馆为工业设计馆，主要展示国内外创意设计的最新成果和世界工业、生活领域的高端前沿产品。2楼和3楼是创新产品生产区，吸引包括上海木马、苏州斑马等中国顶尖创意团队入驻。

【大丰港动物园】　盐城大丰港动物园位于盐城市大丰港核心区域，青岛港路东侧、日月湖西畔，占地面积33.3万平方米，为国家AAA级旅游景区。2021年，新改扩建猛兽类、灵长类、亚洲象三大动物展区，在原有43种277头（只）动物基础上，增加到70余种千余头（只）；全面实现动物萌宠化，打造动物园十大动物明星品牌，全面提升人与动物的互动性、参与性、体验性、趣味性、科普性；全力打造动物园IP；全力营造动物园的新业态、新项目、新亮点，实现园区整体品质提升。盐城大丰港动物园重点突出为游客创造快乐、制造趣味、科普科教的规划理念，展现动物园的新特色、新概念、新趋势，满足父母和孩子对科普研学教育的需求。

【白驹狮子口会师纪念地】　八路军新四军白驹狮子口会师纪念地，位于江苏省盐城市大丰区白驹镇狮子口村，由会师纪念广场（含会师纪念碑）和会师文化展示区组成，是国家AAA级旅游景区、中国新四军和华中抗日根据地研究会“铁军精神教育基地”和盐城市爱国主义教育基地。会师纪念广场灯柱展示彪炳历史的九大会师，地面石刻展示八路军新四军的七次重要会师，14面高高飘扬、鲜艳的红旗象征中华民族抵御外侮的14年抗日战争历史。会师文化展示区主体建筑外形象征着南北会师的两面军旗，建筑面积10800平方米，展陈面积3700平方米，以全史馆的形式分五个部分展示：日本侵华，全民抗战；巩固华北，发展华中；同侪并马，会师白驹；开辟苏北，砥柱华中；将星闪耀，缅怀铭记。作为江苏省新四军纪念场馆之一，白驹狮子口会师纪念地是传承和弘扬铁军精神的重要红色教育基地。

【恒北村】 恒北村地处大丰城区南侧，距离城区4.5千米。恒北村将生态农业与乡村旅游有机结合，围绕新农村建设、城乡统筹、公共服务、产业发展，推动实施恒北村8.8平方千米村庄建设，围绕"梨园风光、生态宜居、乡村旅游"定位，全力打造"一心、两轴、三片区"的总体空间布局，发展独具特色的以早酥梨品牌为主要产业的现代休闲观光农业。大力发展生态旅游，建有温泉度假、农耕体验、休闲观光、农家乐、民宿、文创街等旅游配套设施。恒北原乡温泉旅游度假村项目，包括温泉度假酒店、温泉民宿、星星乐园、原乡研学旅游基地、耕读体验园五大板块，培育"春赏花、夏有荫、秋摘果、冬泡泉"的乡村旅游特色。恒北村先后被授予全国乡村旅游重点村、国家级生态村、全国文明村、全国乡村旅游重点村、全国一村一品示范村、全国十佳小康村、中国慢生活休闲体验村、全国生态文化村、全国交通文明示范村、全国休闲农业与乡村旅游示范点、江苏省最美乡村、江苏省乡村旅游标准化示范基地、江苏省最具魅力休闲乡村、江苏省五星级乡村旅游区等称号。

【丰收大地】 丰收大地现代农业示范区是盐城市AAAAA级现代农业园区，总体规划3.47万公顷，核心区1500公顷。作为中国驰名商标，丰收大地是江苏省政府首批认定的省现代农业产业园区。园区按照"一个核心、两个支撑、三大载体、四大产业"的建设思想，把发展农业现代服务业作为核心目标，以科技创新和高端技术人才为支撑，建设现代农业示范区、农产品加工集中区和农业现代服务业集聚区三大载体，全面推进种苗产业、农副产品深加工业、创意产业、旅游产业快速发展。先后被评为江苏省现代农业科技园、江苏省现代农业示范区、江苏省农业机械化示范园区、江苏省设计农业研究中心、国家技术转移示范机构、全国青少年农业科普示范基地、江苏省五星级乡村旅游区、江苏省农产品加工集中区、中国特色农庄、全国五星级休闲农业与乡村旅游景区等，通过国家农业综合标准化项目验收、获得科技部首批星创天地认证，"丰收大地"被认定为江苏省著名商标。

【东方桃花洲】 东方桃花洲位于大桥镇，为江苏省四星级乡村旅游区，立足镇域特色发展乡村旅游，重点打造具有农家特色、乡土气息，能让游客充分体验农业、品味农乐、感受农味的农家本色景点。规划建设有小南湖公园、千亩桃园、"桃花源"农家大院、"百桃园"露天桃园、"虾岛渔庄"垂钓中心、"桃香流韵"音乐喷泉广场、"桃花洲"温泉度假酒店等，东方桃花洲创成全国四星级休闲农业与乡村旅游示范点，并获"江苏最具特色乡村生态园区"称号。

【希望的田野】 希望的田野位于草庙新镇区西侧，是江苏省四星级乡村旅游区。园区采取客商投资、能人入股、农户参与的总体运营模式，并以优惠政策鼓励本地农户创业，是一个集农业观光、垂钓休闲、珍禽养殖、乡村农家乐于一体的新型生态农业示范基地。园区包含庄稼乐园、垂钓中心、无土养殖示范区、孔雀观赏园、果品采摘园、草庙红名贵植物园和现代农业展示馆等十大功能区。各功能区别具特色，各有亮点，在功能区之间有休闲观光小径贯穿相通，汇成一幅"树在园中、园在绿中、姹紫嫣红、交相辉映"的乡间美景。

【施耐庵公园】 施耐庵公园位于大丰城区，为国家AA级旅游景区，建有纪念褒扬区、中心大道主景区、滨水区、水浒文化区、体育活动区、宣传演艺区、运动草坪区、绿色丛林区、老年活动区、儿童游乐区、革命烈士纪念馆。园内山、水、湖、树木、花草、音乐喷泉等，形成红色氛围与绿色生态一体、革命历史与人文活动交融的特色景观。

【银杏湖公园】 银杏湖公园位于大丰城区，为国家AA级旅游景区。该园以20世纪50年代形成的长约1.5千米的银杏林带为依托向东拓展而建，整个公园占地约19公顷，由两个部分组成。跃进河东侧是占地面积约14万平方米的公园主体，跃进河西侧是占地面积约5万平方米的银杏林带。公园配以广场、桥梁、钢膜结构、灯光等公园景观元素，实现自然景观与都市氛围有机结合，是集观赏性、功能性、游览性于一体的开放式公园。

【江苏丰海新能源淡化海水发展有限公司】 江苏丰海新能源淡化海水发展有限公司位于大丰区临港大道东侧、盐丰河畔，为江苏省工业旅游示范区，是世界首个1万吨智能微电网风电海水淡化产业化示范基地，是具有全国示范推广海水淡化集成技术的专业公司。企业配备多名专业讲解人员负责介绍企业状况，有专门的游客咨询服务中心、中英文等多种语言的标识牌。中控室可播放汇报片、工艺流程等视频，详细介绍项目情况，让参观人员更直观、具体地了解海水淡化相关情况。

旅游项目推进

【大龙岛（错觉驿站）综合开发】 大龙岛（错觉驿站）综合开发占地28公顷，其中水面16.67公顷。大龙岛四面环水，以荷兰风情的传统村落文化为主题，开发具有荷兰风格的民宿、风车、桥梁等旅游度假产品。依托岛上水生态、水景观、水环境等进行建设及提升，充分利用斗龙港两条自然海沟环抱的生态资源禀赋，建设宜游、宜住的民宿度假区。

【新丰老街(920街坊)】 新丰老街(920街坊)位于新丰镇，毗邻国家AAAA级景区荷兰花海，总用地面积约21公顷。新丰老街以"生活着的人文老街，全方位的文旅体验"为主题，秉承"历史文化+"战略，深入挖掘百年古街的历史文化。以垦管局遗址更新、启海移民文化馆、酱油工坊、新丰剧场广场、船屋民宿、水岸森林、河畔剧场、水上游船等重点文化体验项目为引领，集餐饮、住宿、零售、酒吧、文创、娱乐等业态于一体，实现老街历史性、功能性、娱乐性的融合，全面满足游客吃、住、行、游、购、娱的需求。

旅游品牌创建

【斗龙港省级旅游度假区】 斗龙港旅游度假区以体验经济为主要业态，构筑盐丰一体化的引擎中心和全域旅游功能核心，以生态旅游为特点，以郁金香为核心，以"养性、养颜、养心"为主题，以《只有爱·戏剧幻城》为载体，打造"旅游+""花卉+""度假+""爱情+"和"婚庆+"产业链。12月16日，江苏省人民政府同意将盐城市斗龙港旅游度假区设为省级旅游度假区，命名为"江苏省盐城市斗龙港旅游度假区"。

【白驹狮子口会师纪念地创成AAA级景区】 2021年，白驹狮子口会师纪念地由盐城市文化广电和旅游局确定为国家AAA级旅游景区。白驹狮子口会师纪念地由会师旧址、会师纪念碑、会师纪念广场和会师文化展示区等组成，为江苏省文物保护单位，中国新四军和华中抗日根据地研究会"铁军精神教育基地"，江苏省党史教育基地和盐城市爱国主义教育基地。会师纪念地展示区是江苏省新四军纪念重要场所之一，是传承和弘扬铁军精神的红色教育基地。

旅游推介

【第九届恒北梨花文化节】 4月10日，围绕"梨花绽放庆百年"主题，2021年第九届恒北梨花文化节在恒北村梨园广场开幕。省妇联主席、党组书记张彤，副市长陈卫红等领导嘉宾应邀参加开幕式，区委书记薛盛堂、区长李志军、区人大常委会主任范大玉、区政协主席石根美出席。此届文化节，恒北村将戏曲文化、非遗文化、民俗文化、美食文化、农耕文化充分融合，展现出多彩的乡村旅游业态。活动期间，梨园大舞台举办戏曲、器乐、民俗等展演，文创街开展非遗文创产品的展示及销售，恒北精品民宿烹制大丰地方老字号美食，还有红色歌舞互动演出，恒北原乡温泉、原乡星星乐园推出优惠活动，吸引来自全国各地的游客。

【"花里大丰·相约美好"旅游季暨2021荷兰花海郁金香文化月】 3月27日，"花里大丰·相约美好"旅游季暨2021荷兰花海郁金香文化月正式开幕。江苏省文旅厅党组成员、副厅长李川，零点研究咨询集团董事长袁岳，南通謇文化科技发展有限公司董事长张慎欣，荷兰驻华商务参赞方文丽等出席开幕式。荷兰花海旅游形象推广大使杨超越、《只有爱·戏剧幻城》总导演王潮歌、荷兰南荷兰省副省长安德瑞·本·拉姆塞等演艺名人和国际友人通过视频寄语荷兰花海。开幕式上，"花里大丰·相约美好"旅游季系列活动及大丰全域旅游春季旅游产品与线路正式发布。来自全国的15位金牌导游向游客推介荷兰花海的郁金香文化月活动。袁岳向广大上海市民发出游"北上海"的邀约，并公布《只有爱·戏剧幻城》优惠政策。

【2021"花里大丰 为爱而来"旅游季暨荷兰花海百合花文化月】 9月29日上午，2021"花里大丰 为爱而来"旅游季暨荷兰花海百合花文化月正式启动。来自文化、旅游、花卉等行业的200多名领导、嘉宾和媒体代表参加开幕活动，荷兰贸易促进委员会首席代表理查德致辞。荷兰驻上海总领事郭媚姚、荷兰北布拉邦省津德尔特市市长乔伊斯·维尔穆、荷兰津德尔特花车游行主席乔斯·约赫姆斯等荷兰友人，通过视频深情寄语荷兰花海。园林教授工作站、荷兰花海国际花文化研究中心、荷兰花海中国球宿根花卉良种繁育基地等一批重要项目签约落地。

旅游饭店

【半岛温泉酒店】 盐城大丰半岛温泉酒店成立于2010年2月22日，注册资本3.1亿元，经营范围包括住宿服务、餐饮服务、酒店管理等。占地面积1.08万平方米，建筑面积50639平方米，拥有客房203间、豪华套房22间，其中三间套6间、六间套1间、高级湖景房85间、高级园景房96间。拥有会议中心、中餐厅、韩餐厅、咖啡厅、红酒吧、大堂吧及10余间豪华包厢。酒店于2013年12月24日取得国家五星级饭店证书。旗下半岛神鹿家园酒店成立于2013年1月18日，位于国家级麋鹿自然保护区(核心区)内，业务涵盖住宿、餐饮、会议等领域。酒店拥有5幢独栋小楼，每栋两层。拥有客房60间，其中一号楼12间、二号楼14间、五号楼20间、六号楼14间，设计典雅、风格独特。拥有餐厅包厢7间、大厅一间，可容纳200余人同时就餐，从私人晚宴到大型聚会，能够满足宾客举办不同商务会议活动的需求。旗下半岛品鲜汇海鲜大酒店成立于2017年，于2020年4月整建制划转至半岛温泉酒店，经营范围包括餐饮服务、食品经营、餐饮管理等，注册资本50万元。酒店位于大丰港威尼斯人海鲜美食街，紧邻莎士比亚小镇，与大丰港海洋世界和动物园相距不超过4千米，游客从大丰港下高速五分钟即可到店。拥有各式餐饮包厢9个，可容纳200人同时就餐的大厅1个，零点大厅

1个(一楼设有休闲雅座,二楼是宴会大厅,三楼是接待型包厢)。

【新词大酒店】　大丰新词大酒店是一家集客房、餐饮、休闲、娱乐于一体的综合性四星级酒店,位于大丰区城区,毗邻盐通高铁、沈海高速、盐洛高速与新长铁路,距盐城市区及机场仅30分钟车程,交通十分便捷。酒店周边有中华麋鹿园、荷兰花海、黄海湿地公园、新四军纪念馆等旅游景区。酒店主体12层,建筑面积3.7万平方米,设有豪华总统套房、豪华行政套房、高级商务房、高级行政房和标准房207间;三楼设有接见厅、洽谈室和多功能会议室9个,可同时容纳1000人会议;二、三楼设有西餐厅、宴会厅及风格迥异的大小包间23间,可同时容纳1800人用餐;一楼设有KTV、大堂吧、商场等多项设施,是商务、旅游、度假、会议的理想场所。

东方湿地

【概况】　大丰拥有亚洲东方最大的一块湿地,面积7.8万公顷。湿地由林地、芦荡、草滩、沼泽、盐裸地组成,孕育着种类繁多的珍稀动植物。生活着鸟类315种、兽类12种、两栖爬行类27种、鱼类156种、昆虫599种、植物499种。其中,丹顶鹤、黑嘴鸥、天鹅、白尾海雕、牙獐等国家一、二级保护动物40余种,列入《中日候鸟保护协定》的鸟类93种。2002年,联合国开发计划署的“中国湿地生物多样性保护与可持续利用”项目在大丰实施。在大丰人的保护下,湿地生态系统日趋完善,生物圈逐年扩大,生物数量不断增加,丹顶鹤、黑嘴鸥、震旦鸦雀等珍稀鸟类栖息数量增长近10倍。1999年,大丰被国家湿地项目办确定为中国四大湿地项目示范保护区之一。2002年,大丰被联合国湿地保护组织列入《国际重要湿地名录》,成为永久性保护地。2019年,中国黄(渤)海候鸟栖息地(第一期)列入《世界遗产名录》,成为中国第54处世界遗产、江苏首项世界自然遗产,填补了中国滨海湿地类型遗产空白,成为全球第二块潮间带湿地遗产。中国黄(渤)海候鸟栖息地第一期范围包括盐城湿地大丰麋鹿国家级自然保护区全境、珍禽国家级自然保护区部分区域、盐城条子泥市级湿地公园、东台市条子泥湿地保护小区和东台市高泥淤泥质海滩湿地保护小区。近年来,大丰依托“世界遗产”金字招牌,坚持“点、线、块、面”统筹推进,高质量发展旅游经济。整合麋鹿、森林、滩涂资源,打造生态观光核。结合麋鹿自然保护区范围及功能分区优化调整,重点推进“一路、一景、一馆、一园、一岛”,即:黄海海堤路、野鹿荡景区、自然遗产博物馆、世界自然遗产大丰黄(渤)海湿地公园、东沙岛。加强麋鹿小镇建设,完善小镇吃、住配套,打造小镇为世界自然遗产大丰黄(渤)海湿地公园的“主入口”,整合林场、中华麋鹿园等资源,整体打造世界自然遗产黄(渤)海候鸟栖息地的大丰重要节点。

【东沙岛】　有天然海上博物馆之称的东沙岛位于大丰海岸线外侧,距大丰陆地海岸最近距离12千米。称其为岛,但实际上只能算是沙洲,涨潮是海、落潮为滩是东沙的最大特色。东沙历史上是由长江和黄河从南北两个方向夹带泥沙汇聚沉积而成,东沙海图0米以上面积7万公顷,最高海拔5.8米。四周散布着亮月沙、毛竹沙、外毛竹沙、竹根沙、牛角沙、河豚沙、太阳沙等多个沙洲。东沙岛的特殊成因构成丰富的海洋生物链,是渔、贝类等海洋生物繁衍生长的场所。据勘察统计,这里沿海浮游动物有桡足类、水母类、栉水母类、樱虾类、糖虾类、毛颚类等98种。沿海底栖动物183种,其中腔肠动物4种,环节动物31种,软体动物78种,腕足动物2种,甲壳动物62种,棘皮动物6种。沿海的泥螺、香螺、螃蟹、条虾、文蛤、青蛤、四角蛤、蛏蛏、牡蛎等,是人们爱吃的美味。

(谢　杨)

大丰拥有亚洲东方最大的一块湿地,面积7.8万公顷　　周古凯　摄

麋鹿保护

【概况】　江苏大丰麋鹿国家级自然保护区位于黄海之滨,地处北纬32°59′~33°03′,东经120°47′~120°53′,占地面积2666.67公顷。1986年成立,承担着保护麋鹿及其湿地生态系统、恢复野生麋鹿种群的重要任务。2021年,新增幼仔695头,麋鹿数量由1986年建区时的39头发展到6119头,年均增长7.71%,繁殖率、存活率、年递增率均居世界之首。野生麋鹿数量2658头,驯养小麋鹿78头,各项生理、生化指标和体况良

2021年，经国家林草局批准，大丰麋鹿保护区向上海野生动物园、福建省永泰县、内蒙古大青山、山东诸城等地输出麋鹿47头，实施迁地保护措施 薛丹丹 摄

好，建成世界上最大的人工驯养种群，为麋鹿的饲养管理、人工驯养繁殖提供科学依据。2021年2月，中国林学会授予江苏省大丰麋鹿国家级自然保护区管理处“全国林业科普教育基地”称号。麋鹿保护区在发展生态旅游过程中，强力打造“湿地生态、麋鹿文化”特色品牌，持续开展景区绿化、美化、优化“三化”提升和旅游推介工作，导游持证上岗率100%，先后赴兰州、西宁、重庆、上海及省内苏州、无锡、常州等地开展旅游推介活动，全年游客量突破80万人次。

【麋鹿种群迁地保护】 2021年，经国家林草局批准，麋鹿保护区向上海野生动物园、福建省永泰县、内蒙古大青山、山东诸城等地输出麋鹿47头，实施迁地保护措施。前期麋鹿保护区科研团队对输出地环境、气候、水文等条件实地考察，并对其饲养人员进行培训，双方建立多渠道沟通平台，确保输出麋鹿在当地可以很好地繁衍生息。

【麋鹿种群网格化管理】 2021年，保护区根据野生麋鹿活动范围和特点，科学划定4个区域，每个区域明确专人负责开展监测、巡护工作，按照每月5日、15日、25日开展麋鹿数量统计。全年调查轨迹里程超过12000千米，累积1200余个标注点，基本覆盖野生麋鹿活动区域。

【受困麋鹿获救】 随着野生麋鹿数量增多，受困事件频繁发生。野生麋鹿多受困于养殖鱼塘、硬质化水渠、渔网及地笼缠绕等。2021年，发生救助事件364起，涉及麋鹿484头、牙獐2头、梅花鹿1头，救助成功率98.6%。

【麋鹿保护普法教育】 2021年，保护区联合当地公安机关开展自然保护地专项整治行动3次，依法收缴地笼网80条、渔船1艘，并将2名嫌疑人移交至公安机关处理，有效促进自然保护地管理，维护野生麋鹿栖息地安全。2021年10月，保护区联合大丰森林公安、东台森林公安在黄海森林公园入口处开展野生动物保护普法宣传活动，通过展板宣传相关法律条例、工作人员为公众答疑解惑、有奖问答等形式，告知群众保护野生麋鹿及其他动植物的重要性，有效提升群众保护意识。

【科研成果新突破】 2021年，保护区科研人员先后在国内外学术刊物上发表科研论文12篇，其中SCI 1篇、中文核心4篇、省级刊物7篇。建设物联网大数据库系统1套，完善生态环境监测系统中水质监测、负氧离子、$PM_{2.5}$监测等设备。采购巡护车辆2辆，巡护无人机、信息收集处理设备多套，全自动化学发光免疫分析系统，超低温冰箱等设备。提高科研硬件力量，为后期的科研综合水平提升提供数据支撑。

【湿地造林】 2021年，保护区栽植中山杉2.5万株、中山杉苗5000株、苗圃移栽大苗3万余株，扦插金丝垂柳2万株，购入蔷薇1万株，栽植于文化园等地块。聚仙湖栽植黄菖蒲、芦苇、鸢尾等水生植物5万余株，有效改善水质环境。播撒乌桕种1000千克，栽植紫穗槐小苗13万株、不同花色木香1.3万株，造林面积133.33公顷，持续改善麋鹿栖息地的生态环境。

【2021“鹿王争霸”直播】 6月27日，大丰区人民政府、江苏省大丰麋鹿国家级自然保护区、盐城市文化广电和旅游局、盐城市广播电视台总台合作举办第九届“鹿王争霸”直播活动。央视频、央视新闻+、新华社等多家媒体进行直播。运用5G技术在麋鹿野放区进行同步直播，全景式向观众展示野生麋鹿的生存状态和黄海滩涂湿地之美。此外，采用抖音直播方式，让用户从不同视角近距离了解野生麋鹿。

（薛丹丹）

〔编辑　於晨婷〕

房地产业

综　述

【概况】 2021年，大丰区住房和城乡建设局坚持“房住不炒”定位，加强房地产市场管理，全区房地产市场保持平稳，商品住房价格平稳，商品住房库存去化周期控制在合理区间。引导房地产企业调整品种结构，优化小区规划设计，推出一批规划理念科学、生态景观优美、房型设计合理、配套设施完善的优质楼盘。规范商品房预售许可和预售资金监管，对申报项目的工程形象进度、资金投入比例、商品房预售方案等情况进行核查，对房地产企业申报的材料严格按照法定条件和程序进行核验。优化监管程序，明确监管责任，改进监管措施，将预售资金全额纳入监管账户，做到专款专用，确保预售资金用于商品住房项目建设，保障买受人的合法权益。建立健全房地产市场信息公开机制，将批准的预售信息、可售楼盘及二手房源信息、房地产企业、从业人员信用状况、违法违规行为查处情况等向社会公开。研究建立房地产企业和房屋中介机构信用管理系统，拓展信用管理系统的功能和覆盖面，充分发挥信用管理系统作用，及时记录、公布和处理房地产企业和房屋中介机构的违法违规行为，将企业信用档案作为考核企业资质的依据。加强房地产市场监督检查，建立健全商品房预（销）售动态监管机制，进一步畅通投诉举报渠道，加大房地产企业和房屋中介机构违法违规行为的曝光和处罚力度，房地产市场监管水平不断提升。

【房地产业发展】 2021年，区住房和城乡建设局坚持“稳地价、稳房价、稳预期”的发展目标，切实维护房地产市场良好发展环境。完成《大丰区“十四五”城镇住房发展规划》，落实房地产调控长效机制，不断完善房地产市场体系和保障体系。全年全区完成房地产投资45.21亿元。全区新建商品房上市面积115.26万平方米，同比增长16.72%；新建商品房销售面积101.31万平方米，同比下降17.21%；全区新建商品房库存面积156.48万平方米，同比增长24.8%，其中商品住房库存面积66.88万平方米，同比增长34.76%，住宅去化周期10个月。

房地产管理

【房地产市场管理】 2021年，大丰区住房和城乡建设局创新管理模式，完善网上楼市，实现房地产市场监管的科技化、信息化、网络化。执行商品房预售申报制度，保障新建商品房有序均衡供应，提高住宅库存去化时间至合理范围。加强商品住房开盘管理，确保销售行为合法合规。开展房地产市场秩序专项整治行动，重点查处存在捆绑收费、制造阴阳合同等行为的房地产“黑中介”，严厉打击违规销售、变相加价以及限制或阻挠使用公积金等的房地产开发企业，依法查处发布不实房源和价格信息、进行不实承诺等欺骗、误导购房人的虚假房地产广告，营造主体诚信、行为规范、监管有力、公平竞争的房地产市场环境。全年新申报房地产开发企业7个，对60家房地产开发公司资质进行年检，鼓励优势房地产企业做大做强。

【房地产中介市场管理】 2021年，区住房和城乡建设局依据《房地产经纪管理办法》，持续强化房地产中介机构管理。推行从业人员实名制，要求中介机构备案登记时，对从业人员进行实名登记，将具有足够数量的房地产经纪人员或房地产经纪人协理人员作为房地产经纪机构登记的必要条件。对全区房地产中介机构开展登记行为检查，开展群租房专项整治、房屋租赁专项治理等活动，对城区范围内的房地产中介机构检查3次，抽查4次，对发现的问题要求房地产中介机构限期整改。

【直管公房、公共租赁房管理】 2021年，大丰区住房和城乡建设局切实加强直管公房、公共租赁房管理。坚持巡查制度，对所辖直管公房重点检查墙体、屋面、承重结构、下水管道、供电线路等，对存在隐患房屋进行维修处理，对可能造成危险的房屋组织房屋安全鉴定。全年开展安全检查12次，向承租户发放防范恶劣天气及节假日安全通知书5500余份，维修房屋166户，维修面积约5780平方米。按照行政事业单位国有资产公开拍租流程，遵循公平、公开、公正的原则，对到期的闲置直管公房实行公开拍租，有效规范国有资产出租行为，提高国有资产租赁透明度，保障国有资产合

2021年，大丰区完成房地产投资45.21亿元。全区新建商品房上市面积115.26万平方米，同比增长16.72%　周古凯　摄

理合法收益。对转租、转借的公房进行全面清理，确保年度房租收缴率100%。全年收取直管公房、公共租赁房房租383.5万元。

【白蚁防治监管】 2021年，大丰区住房和城乡建设局建立白蚁防治工作机制，健全统一的工程质量监督考核制度，进一步完善施工管理、定期回访复查工作制度。在新建房屋白蚁预防过程中，按标准施工，结合智能监测设备，实现白蚁防治工程质量实时动态监管。定期开展回访复查，对复查中出现蚁害情况的，及时进行有效治理。广泛宣传白蚁防治科普知识，进一步拓展新开发住宅小区、工业厂房、新建房屋、园林建筑和老旧房屋等的白蚁预防与综合治理工作。全年白蚁预防签订公共服务受理单325份，受理面积约107万平方米，签发白蚁防治合格证明140份，回访面积40万平方米，新建预防面积92万平方米，蚁害检查面积6000平方米。

【文物保护单位白蚁防治公益活动】 4月19日，大丰区住房和城乡建设局组织开展红色教育基地及文物保护单位的白蚁防治普查公益活动。邀请省、市白蚁防治专家，到八路军新四军白驹狮子口会师纪念地、施耐庵纪念馆等地，对不可移动革命文物和历史文物进行普查摸底，建档立卡。抽调专门技术人员，组成文物白蚁防治普查队伍，开展白蚁防治宣传和服务，对文保建筑进行现场勘察，并根据现场勘察情况采取白蚁防治措施，做好长期管理，确保文物安全。

【房屋安全管理】 2021年，大丰区住房和城乡建设局加强危险房屋管理，实行管理和检测工作分开，做到规范化、制度化、公开化。通过招投标方式确定第三方中介机构进行危险房屋检测鉴定，检测鉴定单位必须资质、证照齐全，确保出具的《房屋安全检测鉴定报告》具有真实性、可靠性、操作性。全年排查既有房屋30895栋，建筑面积约3079.3万平方米，排查出疑似危房175栋，建筑面积约20.65万平方米，完成疑似危房鉴定144栋。年内，原内衣厂宿舍楼和原缫丝厂宿舍区两处D级危房解危。

物业管理

【概况】 2021年，大丰区住房和城乡建设局强化对物业服务企业的监管，不断规范物业企业服务活动和收费行为，促进物业服务市场平稳有序发展。加大物业服务收费信息公开力度，及时公布物业服务内容及相关收费项目、收费标准、收费方式和投诉电话等信息。按照"属地管理、部门联动、物业管理、业主自治"的原则，进一步明确相关部门单位和街道的职能职责，逐步推进街道社区、业委会、物业公司"三位一体"的管理模式。规范物业管理招投标工作流程，健全企业信用评级管理、物业投诉受理、物业服务企业选聘等相关机制，维护物业服务市场秩序。截至2021年年末，全区有物业服务企业65个，其中本地企业39个，外地企业26个；服务住宅项目83个，服务面积1181万平方米，其中物业服务小区78个，业主自治小区5个。

【物业行业管理】 2021年，大丰区住房和城乡建设局推进全区物业行业规范化管理。建立健全物业服务行业诚信体系，建立企业信用档案，开展信用评分。深化物业管理法规宣传教育，利用小区公告栏、电子屏、微信群、电视广播等多种媒体平台，全方位开展物业相关法律和知识的宣传，提高广大业主接受物业服务的意识。多举措联动落实住宅小区消防安全管理工作，将小区电动自行车火灾防范工作纳入住宅小区常态化监督管理，开展住宅小区电动自行车违规停放充电专项治理工作，提升安全管理水平。强化对基础服务、设施设备维护、公共秩序维护、保洁服务、绿化养护、配合社区建设等方面的考核，对发现的问题责令物业服务企业限期整改，提高业主满意度。严格规范物业用房的移交，审核物管用房的面积、位置、功能是否符合标准，全年办理6起物管用房确认。

【前期物业招投标】 2021年，大丰区住房和城乡建设部门按照《中华人民共和国招投标法》《物业管理条例》《前期物业招投标管理暂行办法》等法律法规的要求，规范全区前期物业管理招标投标活动，保护招标投标当事人的合法权益，促进物业服务市场的公平竞争。所有的住宅项目必须通过招投标方式选聘物业服务企业。凡建筑面积在10万平方米以上的住宅物业必须进行公开招投标，10万平方米以下、3万平方米以上的住宅物业原则上要求公开招投标。全年全区完成云尚台、香汇长龙、珺和府、绿地香港·大丰新天地等4个小区的前期物业招投标工作。

【住宅专项维修资金归集】 2021年，大丰区住房和城乡建设局进一步扩大住宅专项维修资金归集的覆盖面，完善住宅专项维修资金自动化管理系统，畅通住宅专项维修资金的使用渠道，切实维护业主的合法权益。物业主管部门就维修资金业主交存方式、标准及流程等政策对新建备案小区楼盘开发企业进行宣传和指导，更新完善小区基础数据信息和备案材料，严格审核开发企业批量交存和业主交存明细。强化资金跟踪监管，在公示交存进度、额度的基础上，增加使用维修资金的实施项目明细、竣工验收结论、审计认定结果等方面的公示，扩大监督覆盖面，确保各项工作阳光运作。全年收缴维修基金总额1205.26万元，房屋维修基金归集率100%；受理小区居民公共部位维修动用房屋维修基金的申请300起，金额360万元。

【物业小区文明创建】 2021年，大丰区住房和城乡建设局加大住宅小区文明创建工作力度，提升物业服务水平。更新文明创建宣传牌35000块，修复沥青路面6500平方米，增设充电设备200套，施画停车线48000米。完善环卫设施，督促物业企业增设垃圾桶，完善垃圾分类工作。组织物业公司整治环境秩序，全面清理小广告、小种植，规范车辆停放，完善公共设施，做到道路平整，绿化美化、环境整洁。建立长效机制推动全区物业行业文明创建常态化，规范物业从业人员服务行为，统一服装，持证上岗，挂牌服务。

【物业小区疫情防控】 2021年，大丰区住房和城乡建设局按照“全覆盖、零遗漏”的原则，以无疫小区建设为重点，在居民小区开展“同心防疫、守护家园”行动。将全区78个有物业的居民小区和5个业主自治的居民小区分为4个片区，二卯西河以南为1个片区，二卯西河以北分别以东宁路和常新路为界分3个片区。组织局系统44名工作人员成立专班，全面做好小区疫情防控的督查指导工作，做到定点到人、网格化管理，确保各项工作有序开展，措施落实到位。组织物业服务企业通过业主微信群、小区宣传栏、电子显示屏等，宣传疫情防控科普知识，引导业主主动防疫、科学防控。下发《关于进一步加强疫情防控期间物业小区管理的通知》，严格落实小区疫情防控工作要求。全区物业服务企业抽调人员组成区住宅小区应急防疫队伍，储备消毒水、口罩等日常防疫用品，确保物资储备充足。督促物业服务企业对卫生死角进行全面排查和清理，做好物业管理区域环境卫生管理和消毒工作，每天对垃圾清运点、电梯、楼道、单元大厅、地下车库、健身器材等公共部位和人员密集场地早晚各进行1次消杀，并做好消毒记录。对物业服务企业和参加封闭管理的工作人员加强防控技术培训，重点对日常健康监测、个人防护、消毒工作等进行岗前培训。以“防输出、防内扩、防输入”为重点，小区严格实施疫情防控管理，落实小区出入登记、测温、查验健康码、戴口罩等防疫措施，对来访人员和车辆严格登记管理，从源头上做好居民小区疫情防控工作。

【物业小区安全管理】 2021年，大丰区住房和城乡建设局切实加强物业小区安全管理，提升居民群众的安全感、幸福感。对53个住宅小区安防设施进行升级改造，组织物业企业做好维护，确保设施正常运转。定期对物业企业的安保工作进行专项检查，对发现的薄弱环节要求限期整改到位，并将企业的日常服务、制度建设、设备维护等纳入诚信考核，对社会公开，接受业主监督。聘请第三方专业人员，对各小区电梯设施设备维护保养进行专项检查，保障电梯的健康运转和业主使用安全。对全区高层建筑信息进行搜集汇总，406栋高层建筑设置高层建筑安全经理人、安全楼长等，督促物业服务企业落实到位，确保高层建筑安全。落实物业小区防汛期间的值班制度、防汛应急队伍、应急预案、法人责任制度的设立，备齐防汛物资，督促物业企业对防汛器材、排水泵等进行检修，对上海花园物业小区排水管网进行排查整治，确保安全度过汛期。4月17日，大丰区举办物业安全管理及公共设施设备规范化管理培训班，全区140名物业从业人员参加。

【“红色物业”建设】 2021年，大丰区住房和城乡建设局坚持以党建为引领，从组织设置、队伍建设、活动开展、制度执行、保障落实等方面，加强对物业行业党建工作的指导。开展“党员示范岗”“党员先锋岗”等创建活动，推进“红色物业”建设。年内，城区香堤雅郡小区建成“党建引领物业服务省级示范点”，中交美庐城小区、幸福小区、银泰华城小区建成“党建引领物业服务市级示范点”。成立68支以党员干部为主体的“爱心服务队”，为社区居民提供环境整治、法律咨询、业务代办、法治宣传等志愿服务。

【物业小区消防处置演练】 11月8日，大丰区住房和城乡建设局、消防救援大队联合开展物业小区消防处置演练活动，全区83家物业企业负责人参加。活动现场物业工作人员轮流使用水枪、灭火器进行实际操作，掌握灭火要领，增强物业企业的防火防范意识，提高小区物业人员应对突发事件的自救本领。

【住宅小区“飞线充电”专项整治】 2021年12月，大丰区住房和城乡建设局开展住宅小区电动自行车“飞线充电”专项整治行动，进一步规范住宅小区电动自行车充电管理。成立专项

2021年，大丰区住房和城乡建设局坚持以党建为引领，开展“党员示范岗”“党员先锋岗”等创建活动，推进“红色物业”建设　周古凯　摄

检查组，对住宅小区进行定期巡查、飞行巡查，对存在电动自行车“飞线充电”问题的小区，现场下发限期整改通知书，跟踪落实整改效果。组织物业服务企业以物业服务项目为单位，查找存在的电动自行车“飞线充电”问题，发现一起整治一起。在住宅小区门口楼梯间等公共区域张贴《关于规范电动自行车停放充电加强火灾防范的通告》，重点对电动自行车违规停放、私拉乱接及“飞线充电”、充电设施安装不规范等行为进行集中整治和规范管理。推进电动自行车集中停放点、智能充电桩建设试点工作，开展集中充电棚建设，安装智能充电设备，引导业主集中停放。在老旧小区改造时，同步对具备条件的老旧小区增设智能集中充电棚，杜绝安全隐患，满足消防安全要求。

住房制度改革

【概况】 2021年，大丰区住房和城乡建设局以群众“住有所居”为目标，进一步优化工作方法、简化工作流程、强化服务意识，完善多元化保障体系，实现住房保障门槛逐步降低、覆盖面稳步扩大、保障水平不断提高，切实改善群众居住条件和环境。加强住房保障政策宣传。在报纸、政府门户网站做好宣传工作，并印发住房保障政策规定、业务流程、申请审批要件宣传单。深化城镇住房制度改革，稳步推进住房商品化、社会化，加快建设经济适用住房、公共租赁住房、限价商品住房、棚户区危旧房改造安置住房，建立健全“多种保障模式、多类实施主体、多类保障群体”的城市住房保障体系，保障范围基本上覆盖所有类型的住房困难家庭。加强保障性安居工程项目的督促检查，及时发现和解决项目建设中存在的困难和问题，使项目建设按进度和质量要求有序推进。建立保障性住房年审、清退、租金收缴、住房维护、物业管理、定期回访、帮扶服务等管理办法，规范准入、审核、轮候、分配、退出等操作程序，组织保障对象开展资产定期申报，并实施动态核查，联合多部门建立保障性住房清退管理机制，逐步形成保障性住房可持续发展长效机制。

【住房保障】 2021年，大丰区按照国家法律、法规和强制性规范，实施保障性住房工程建设。全区保障性安居工程质量合格率100%，全年未发生一起安全事故。全年完成各类保障性住房建设2135套，其中新开工安置房576套，货币化安置1559套。景尚名城保障性住房小区项目主体竣工，康馨雅苑保障性住房小区项目结构封顶。执行《大丰区经济适用住房分配销售管理办法》和《大丰区公共租赁住房建设管理实施办法》，会同区民政局、人社局、公安局等多个部门对保障对象的资格认定开展联合审查，切实做到“公正、公平、公开”。加大住房保障信息公开力度，扩大住房保障信息公布范围，实现住房保障政策、保障房源、保障对象、审批流程和分配结果“五公开”。全年完成城市低收入家庭租赁补贴65户。

2021年年底，大丰区“为民办实事”重点工程——景尚名城保障性住房项目主体竣工 葛顺明 摄

【房改工作】 2021年，大丰区住房和城乡建设局执行住房货币化分配政策，做好老职工住房补贴的审核审批工作。全年审批一次性住房补贴15人，核定补贴面积979.1平方米，核准发放补贴额24.28万元。积极推进住房制度改革服务工作，出具房改相关证明77份，接待人员127人次。

【景尚名城保障性住房项目】 景尚名城保障性住房项目是大丰区“为民办实事”重点工程。小区占地面积约5.7万平方米，总建筑面积约16万平方米，总投资额约7.6亿元。其中，住宅9幢、867套，建筑面积约10万平方米，容积率1.988，绿地率35.28%。设有机动车停车位1191辆（地上停车位79辆，地下停车位1112辆），非机动车停车位2764辆（地上停车位1030辆，地下停车位1734辆）。商业用房3幢，建筑面积约6740平方米；社区等配套用房建筑面积7125平方米。截至2021年年末，项目主体竣工。

（葛顺明）

住房公积金管理

【概况】 2021年，盐城市住房公积金大丰管理部（以下简称“大丰住房公积金管理部”）把保障和改善住房民生放在突出位置，稳步推进住房公积金各项工作。全年归集住房公积金10.52亿元，新增扩面人数19811人，提取7.98亿元，发放贷款1.9亿元，按

2021年，大丰住房公积金管理部通过发放宣传册等方式，对“新市民”缴存住房公积金惠民政策开展精准宣传　　毕筱筱　摄

时缴存人数7.76万人。被盐城市精神文明建设委员会评为“2019—2020年度盐城市文明创建先进集体”，被中共盐城市委机关工作委员会评为“机关党建工作先进集体”，被盐城市大丰区妇女联合会评为“巾帼文明岗”，被市住房公积金中心评为“2021年度目标与绩效考核先进集体”。

【住房公积金“新市民”建制】 2021年，为支持农民工、城镇个体工商户、自由职业者等灵活就业人员（以下统称“新市民”）解决住房问题，鼓励“新市民”自愿缴纳住房公积金，市财政设立专项资金，对“新市民”予以补贴。大丰住房公积金管理部通过在人流密集场所摆放宣传册和宣传展架、在官方微信公众号登载报道等方式，对“新市民”惠民政策开展精准宣传。全年发放宣传材料3万余份，“新市民”建制1513人，发放“新市民”住房贷款3笔、106万元。

【住房公积金归集扩面】 2021年，大丰住房公积金管理部把扩大住房公积金受益群体作为党史学习教育和“我为群众办实事”实践活动的重点，多渠道、全方位开展政策宣传。以“筑梦万家，让爱直达——公积金就在您身边”为主题，开展“进园区、进企业、进社区”活动，为职工宣讲政策。召开全区住房公积金扩面工作推进会，形成“横向到边、纵向到底”的扩面推动工作机制，推动镇（区、街道）企业建制缴费工作。多次召开民办学校建制推进会，与区教育局会办研究，实现民办学校建制“双覆盖”。全年全区100人以上企业全部建制，新增缴存单位294个，新增开户职工1.98万人，同比增长146.28%。

【住房公积金联办】 2021年，大丰住房公积金管理部与区行政审批局建立交流机制，实现住房公积金“预开户”。当单位办理注册登记时，区行政审批局将数据推送至大丰住房公积金管理部，大丰住房公积金管理部为该单位办理住房公积金缴存账户“预开户”，实现“一窗通办”，全年办理住房公积金预缴存登记单位2194家。纵深推进“跨省通办”和长三角一体化，明确专人负责跨区域业务工作，对接住房公积金跨地区信息协查。对全区1414家缴存单位基础信息进行逐一过堂、核实完善，为跨地区业务信息共享提供基础数据保障，确保业务办理规范、高效、安全。全年“两地联办”异地购房提取4笔、17.8万元，办理异地转入及转出540笔。

【住房公积金风险防控】 2021年，大丰住房公积金管理部进一步细化内部管理制度，提高风险防控水平。持续开展业务技能培训和风险管理知识学习，提高窗口人员甄别材料真伪的能力。定期对提取业务和贷款业务材料“回头看”，严厉打击骗提套取行为。加强贷后管理，对贷款逾期重点人员，落实专项措施，一户一方案，通过上门、发布逾期公告、向欠缴人提起诉讼等方式，加大催收力度。建立健全岗位轮换制度、银行派驻人员管理制度，明确岗位分工，强化岗位制约。按照网络和数据安全管理规定要求，做好业务操作设备的日常维护，加强系统导出数据的管理，保障数据安全。

（何　颖）

〖编辑　於晨婷〗

交 通

综　述

【概况】 2021年，在区委、区政府的正确领导和上级主管部门的关心支持下，大丰区交通运输局认真贯彻区委十三次党代会和省、市交通工作会议精神，围绕全年目标任务，加大重点工程建设力度，强化运输市场监管，优化交通环境，各项工作有序推进。

【交通疫情防控】 2021年，大丰区交通运输局针对新冠肺炎疫情影响，突出高铁站、汽车站等重点场所，加强进出站人员“苏康码”查验，设立中高风险地区人员到大丰专用通道，设置留观室，发现体温异常人员，启动应急预案，并由专人协同公安、卫健等部门，按规定做好人员处置，严防扩散。成立交通转运专班，转运境外回大丰人员310人。7月，南京新冠肺炎疫情发生后，设置5个高速查验点，投入212名执法执勤人员坚守查验一线，实行三班三运转、24小时全天候勤务，对凡是外来车辆进入大丰的做到逢车必查、逢人必检，查验车辆25.77万辆，查验人员31.46万人，劝返车辆5309辆。把水路口岸疫情防控作为重点，设立口岸工作专班和驻点工作组，构筑外防输入的坚实防线，定期对大丰港卡口、码头现场实行全覆盖巡查，重点检查外籍船舶登船人员个人信息、防护用品穿戴、体温测量、核酸检测、疫苗接种等台账资料和上岸人员管理情况。组织交通行业从业人员开展疫苗接种，合计接种2534人。

【交通安全生产】 2021年，大丰区交通运输局研究制定安全生产工作、监督检查、执法等计划，将安全生产责任落实到各单位部门。逐层逐级签订安全生产责任书，压紧压实安全生产管理责任，形成横向到边、纵向到底的安全监督格局。利用党委中心组、安全生产月度例会等各类安全会议，认真组织学习习近平总书记关于安全生产的重要论述和重要讲话精神，学习国务院和省、市、区关于安全生产的决策部署会议文件精神。局主要负责人、分管负责人认真开展“百团进百万企业千万员工”活动，向企业宣讲习近平总书记关于安全生产重要论述。聘请第三方安全专业机构，组织全系统企事业单位安全条线管理人员近500余人进行安全培训。认真开展安全生产月活动，在全系统各单位驻地、企业厂区、港口码头、车站张贴安全生产宣传标语和横幅，利用公交车、出租车、单位电子显示屏滚动播放安全生产标语，利用微信、短信等新媒体推送安全生产警示语。围绕春运春节、全国“两会”、清明、端午和建党100周年等重要时间节点，与安全生产“百日行动”“百日执法”和危化品使用、道路危化品运输等安全生产专项整治相结合，将安全生产工作摆在全局工作的首要位置，保持全系统安全生产形势的持续稳定。“两客一危”（从事旅游的包车、三类以上班线客车和运输危险化学品、烟花爆竹、民用爆炸物品的道路专用车辆）重点企业质量信誉全部达到AA级以上标准，一级和二级安全标准化率、年检合格率、主动智能防控系统安装率均为100%。5个港口危险货物仓储、装卸企业，4个达到一级安全标准化要求，1个在申请二级标准化。积极筹措资金，提升道路基础设施安全通行能力，完成228国道平面交叉口等300余处基础设施安全隐患整改，提升重点道路通行安全环境。全面完成33座干线航道桥梁列入船舶防碰撞桥梁整治任务，其他低等级航道103座桥梁列入2022年改造计划。

交通建设

【概况】 2021年，大丰区交通运输局完成交通工程总投资17.8亿元，占年度计划的107.2%。盐丰快速通道（343国道大丰至盐都段）全面完成征地征迁、杆线迁移、矛盾协调等工作，实现沿线首家无障碍进场施工。克服大丰港铁路支线建设中的困难，取得工程可行性研究批复和初步设计批复，12月15日前获得省政府项目用地批复，全面具备全线开工条件。省道226大丰南段绕城段17千米建成通车并通过交工验收，实现开发区南区、北区全面互通。旅游公路3号线、6号线2条主题线共98千米、3条支线共16千米全面建成，观海廊道一期30千米、二期10千米12月底建成通车。为民办实事项目完成危桥改造45座，新建普通农村公路100千米，安全生命防护工程150千米，消除一批农村路桥安全隐患，提升群众出行满意度。

2021年，大丰区黄海东路东延工程建成通车　　周古凯　摄

【旅游公路1号线大丰段通过验收】 2021年4月21日，旅游公路1号线大丰段进行交工验收。该工程项目起于亭湖区与大丰区交界处中港路，止于麋鹿复线大丰与东台交界处，全长88.55千米，总投资约4500万元，由大丰公路站路桥工程总公司负责施工，于2020年12月完工。大丰路桥工程总公司路基、路面、桥梁等部门密切配合，围绕关键节点、工序，加快工程进度，严把工程质量，采用新工艺处置工程施工废弃物，采用土工布养护法进行基层养护，完成施工任务，通过竣工验收。

【343国道大丰至盐都段建设工程】 343国道大丰至盐都段路线是盐城盐丰快速通道重要组成部分，也是《国家公路网规划（2013—2030年）》中343国道的重要组成部分。该项目全长约25千米，按一级公路标准建设，设计速度为100千米/小时，估算总投资为46.6亿元，建设工期为3年。343国道大丰至盐都段工程的建设有利于加快主城区与大丰城区组群建设，实现主城区与大丰区之间的交通快速联系，打破距离障碍，提升大市区影响力，助力盐丰交通一体化高速推进。大丰区交通运输局成立盐丰工作专班，在快速推进前期各项审批工作的基础上同步开展沿线征地拆迁工作。2021年3月25日，省发改委正式下达该项目可行性研究报告批复，为全线开工奠定基础。截至2021年年底，盐丰快速通道全面完成征地征迁、杆线迁移、矛盾协调等工作，实现沿线首家无障碍进场施工。

【观海廊道一期、二期工程】 观海廊道一期工程全长约30千米，路线起于盐洛高速连接线与旅游1号线交叉处，沿广州港路、王港新闸，经王港河南岸至旅游1号线，总投资约7000万元。2021年9月10日开工，12月底完工。全线打造海绿间驿站、海港风韵、星辰大海、临海远眺、千百渡驿站和梦幻海堤6个景观节点。观海廊道二期工程于2021年10月5日开工，12月底完工。全长约9.7千米，其中川东闸至竹港闸道路全长约9千米，竹港闸至旅游1号线连接线700米，按照6米宽浅灰色沥青路进行改造，总投资约3000万元。

交通运输

【概况】 2021年，大丰区交通运输局完成重大节假日运输保障工作，考生、新兵等重点运输任务。春运期间投入客运车辆211辆10604座，城市公交151辆7897座。投入出租车200辆，运行12万车次，包车客运经营企业5个，车辆23辆。中考、高考及学业水平测试期间，投入学生运输车辆724辆，运输学生10277人。9月完成新兵运输保障工作3次，出动执法人员12人次，执法车辆3次。不断提升城市公交服务，加快智慧公交站台建设，优化公交线网，推动全区交通运输工作持续健康发展。新购置纯电动公交车100辆，优化城市公交线路10条，新增公交线路3条，规划建设智能电子公交站牌100个。

【春运及其他重要运输】 2021年春运期间，盐阜大丰有限公司投入客运车辆211辆10604座，旅客运输量9.86万人次。积极组织加班、包车，节后组织返程加班10辆次、194座。组织包车480辆次，承接大丰至沁阳、平度点到点农民工包车业务3趟次、145人次。区公共交通有限公司投入公交运力88辆（不含城市公交57辆和镇村公交56辆），运送旅客8万余人次，其中发往高铁站的旅客约8252人次，安全行车约83.5万千米。春运期间投入城市公交151辆、7897座，完成旅客运输104.72万人次。投入出租车200辆，运行12万车次，旅客运输量28万人次。包车客运经营企业5个，车辆23辆，完成旅客运输8万人次。2021年中考、高考及学业水平测试，投入学生运输车辆724辆，运输学生10277人。9月完成新兵运输保障工作3次，出动执法人员12人次，执法车辆3次，安全运输新兵。节日期间发放加班标志牌62块，检查客运车辆56辆，完成大丰荷兰花海旅游节等重大运输服务保障工作。

【城市公交服务】 2021年，大丰区交通运输局优化公交线路，加密公交班次，提高城市公交覆盖。区公共交通有限公司新购置100辆纯电动公交车，确保城区主干道高峰时段每10分钟一班，平峰时段每15~20分钟一班。优化城市公交线路10条，新增公交线路3条，实现城区范围内一次换乘；

2021年，大丰区交通运输局优化公交线路，加密公交班次，提高城市公交覆盖 周古凯 摄

2021年，大丰区交通运输局积极引导“交邮快合作”，解决末端配送难题。图为镇村公交司机为沿线站点居民运送快递包裹　（区交通运输局　供图）

开通高铁站至荷兰花海公交服务专线、恒北村至高铁站公交班线、人民医院至荷兰花海公交专线；延长服务时间，公交晚班20点，城市主干道人民路公交班次晚班21点。对城市公交2路延伸新丰集镇、8路城市公交延伸至区妇幼保健院、旅游公交“恒北村—荷兰花海”线路进行勘验、报区政府审批，公示开通。建设智慧公交，开通“大丰公交”App和公众号，协同住建、城管等部门开展站台选址、安全核查，规划建设智能电子公交站牌100个，方便市民实时查询公交信息。全区城乡客运一体化发展指数AAAAA级。

【快递进村建设】　2021年，区交通运输局积极推进“快递进村”工程，探索“快递进村”新模式，通过邮政与快递的合作、快递之间的合作等多种模式打通快递进村“最后一公里”，助力乡村振兴，促进城乡融合发展。11月底之前顺利实现邮政、顺丰、“三通一达”（申通、圆通、中通、韵达）等主要寄递品牌100%覆盖区内202个建制村的目标。利用已有的物流园区、乡镇客运站、农村物流服务站等基础设施，引导邮政、快递企业入驻，提供分拨、转运、仓储等配套服务，打造功能集约、服务高效、资源整合的县级农村邮政快递物流节点。大丰区在邮政快递网点、村邮站、邮乐购、便利店等已有场所基础上进行改造升级，建设具备邮政快递物流服务的村电子商务公共服务中心。按照“多站合一”的模式，建设集客运、货运、邮政、快递于一体的乡镇交通服务站，构建联县通村的农村寄递服务与物流中转节点。利用快递企业向心力强的优势，规划建设区级快递物流园区，积极引导“三通一达”快递企业集聚发展、强化合作，通过快递共配的形式实现“快递进村”，实现成本共担、网络共享，缓解快递企业独自经营成本高、运营难的困境。

【兰艳丽一行到大丰调研指导工作】　9月6日，国家邮政局发展研究中心市场监管研究处高级统计师、国邮科讯业务研究三部副主任兰艳丽一行到大丰调研指导快递合作开展情况。调研组一行到“四通一达”（申通、圆通、中通、韵达、百世汇通）快递集散中心，检查江苏海博仓储物流园的建设情况，听取大丰邮政管理局快递合作推进情况。兰艳丽认为大丰邮政管理局虽成立时间较短，但能主动谋划、务实工作、积极作为，为企业创造条件出台政策措施、打通上下游、拓展产业链、促进行业发展等方面取得一定的成绩，并对下一步工作提出要求。

交通管理

【概况】　2021年，大丰区交通运输局强化交通行业监督管理，依法行政和法治建设效果显著。全区45处内河港口码头完成环保手续34处，拆除11处。39处非法码头关停22处，规范提升17处。全年查处超限超载车辆724辆，卸驳载7986.86吨。邮政市场全年出动安全检查163次，发现安全隐患231条。取消4.5吨以下普通货车道路运输证和从业资格证，规范区级事项清单“不见面审批”标准化，不见面审批率99%。

【内河港口管理】　2021年，大丰区交通运输局积极落实港口码头环保整改。与区生态环境局对接，推动全区内河港口码头环保问题整改落细落实。联合发改、环保、市场监督、行政审批等部门加强业务指导，督促各内河港口企业加快完善环保手续。全区45处内河港口码头完成环保手续34处，拆除11处。推动内河非法码头整治。加大全区非法码头整治取缔力度，发放码头取缔清单和非法码头清单给各镇园区，印发《督查事项交办单》，进一步落实属地责任，加强非法码头整治。全区39处非法码头关停22处，规范提升17处。强化内河港口安全管理。制定执法检查计划，采取“四不两直”（不发通知、不打招呼、不听汇报、不用陪同接待，直奔基层、直插现场）方式加强港口企业安全检查，对执法检查中发现的问题，督促当场或跟踪限期整改，对整改落实不到位和屡查屡犯的违法行为依法进行处罚。督促指导港口危化品企业对危险货物装卸等重点区域、重点环节开展安全风险辨识管控和定期报告，进一步完善企业“双重预防机制”（风险分级管控、隐患排查治理）建设，推动丰山、金羚两个公司进行安全生产标准二级达标换证工作，督促辖区危化品码头企业落实安全生产标准化日常管理维护。全年组织综合安全检查16次，发现问题隐患43条，全部在规定时间内完成整改，整改率100%。

【邮政市场管理】　2021年，区交通运输局从严执行寄递安全“三项制度”（收寄验视、实名收寄、过机安检），推

2021年，大丰区交通运输局将安全生产摆在全局工作的首要位置。图为工作人员在检查“两客一危”　（区交通运输局　供图）

进末端网点备案核查，加强部门沟通协作，注重发挥联合执法效能。全国“两会”期间，联合区公安局开展全区寄递行业安全检查、危化品安全检查，配合区烟草局，深入寄递企业座谈，构建寄递渠道非法贩售烟草违法行为协作监管机制。启动全区普服服务达标、寄递安全、建制村通邮情况、机要通信安全、特种邮票发行及邮政行业“扫黄打非”工作的监督检查，检查邮政支局11个，发现问题全部整改到位。全年出动安全检查163次，实现检查范围全面覆盖，发现安全隐患231条（现场整改175条），处罚企业1个，约谈企业8个。

【公路管理】 2021年，区交通运输局修复水毁土方480.19立方米，路肩边坡及平台整治202883.4平方米，清理大边沟49.34千米，清扫车清扫道路44394.82千米，冬季除雪207421.47平方米，撒布防滑砂236.46吨、融雪剂45.7吨，洒水车清洗路面329台班，维修沥青路面56511.29平方米，路面灌缝6164.6米，路面贴缝26164.11米，台背桥面铺装维修19座，更换伸缩缝34.5米，更换防眩板286块，桥铭牌维修1处，桥梁钢管刷漆29座，桥梁防撞墙刷漆67座，水泥玻璃注浆199.75吨，中侧分带花池维修35.55立方米，更换边沟盖板249.5米，更换百米桩103根、数字标贴425张，绿化修剪760.73千米、清理枯死树木187棵。全年实施行政处罚8件，受理国省道行政许可7份，农村公路行政许可4份，处理路赔案件51起，收取各类路产赔（补）费35.42万元，巡查发现各类交通安全设施损坏上报维修92次（国省道65次、农村公路27次）。清理G204桥下堆积物两处，农村公路桥下违章搭建1处，清理路肩、边坡种植2900平方米，路肩边坡堆积物136处，打谷晒场3500平方米，违章建筑物1处，清理因交通事故造成路面油污25处。联合区公安交警部门集中查处超限超载车辆724辆，公安处罚38.49万元，卸驳载7986.86吨，扣2943分。

【交通法制建设】 2021年，区交通运输局深化“放管服”改革，强化事中事后监管措施落地，对省、市取消下放的行政许可事项及时承接，承接了盐城市局海事审批下放事项4项、公路大件运输审批1项、盐城港口危险化学品经营许可1项。取消4.5吨以下普通货车道路运输证和从业资格证。规范区级事项清单“不见面审批”标准化，不见面审批率99%。完善法律法规权力事项监管责任清单、随机抽查事项清单、随机抽查对象库和执法检查人员名录库，建立健全交通运输双随机抽查系统，合理确定年度随机抽查比例和频次，“双随机一公开”（随机抽取检查对象，随机选派执法检查人员，抽查情况及查处结果及时向社会公开）监管和“互联网+监管”平台114项监管事项实现全覆盖。

【快递行业安全生产管理人员培训班举办】 5月18—19日，区邮政管理局联合区交通局举办交通、寄递行业安全生产管理人员培训班活动。邀请东台实用技能学校的老师进行讲解。围绕“安全”主题，培训内容涉及安全事故处理及法律责任追究、企业安全管理台账、隐患排查与治理以及应急救援预案等方面。通过PPT演示和具体案例相结合的形式，提升培训效果。培训结束后，通过考试进行测评，考试合格者发放安全员证。

地方海事

【概况】 2021年，大丰区地方海事处处理18起小事故，其中17起碰撞事故，1起搁浅，未造成人员伤亡。实施危化品运输船舶管控报告登记464艘次，危险货物量14.06万吨。出动人员633人次，开展巡航253次，巡航里程3066千米。检查船舶289艘次，查处存在违法行为船舶167艘次。完成简易程序行政处罚案件24起，一般程序行政处罚案件173件，罚款13.22万元。处理12345政府热线工单17起。全年未发生水上亡人责任事故，未发生干线航道8小时堵塞事件，未发生水上风景旅游经营项目安全事故，未发生船舶污染水体事件。

【禁限航管制措施落实】 2021年，大丰区地方海事处严格执行《盐城市内河危险化学品运输安全综合治理实施方案》，禁止船舶载运列入《内河禁运危险化学品名录》的危险化学品，禁止未持有有效登记和船检证书以及未安装或未正常使用VITS、AIS等船舶自动识别系统的危险货物运输船舶进入辖区内河水域；建立完善管控登记台账，加强到港危化品运输船舶安全检查，从严打击船舶不适航、货物不适装、船员不适任以及未按规定实施进出港申报、非法洗舱等违法违规行为；发现进入辖区的危化品运输船舶未向管控点报告擅自驶入或申报信息与实际情况不符的，依法实施行政处罚；禁止600总吨及以下载运化学品船在大丰区内河水域夜航（22时至次日5时）。在通榆河等航道沿线竖立夜间禁航标牌，发布航行警告，利用VITS平台对危化品船舶执行禁航规定情况进行抽查，严格查处危化品船舶违法夜航行为。

【现场监督检查】 2021年，大丰区地方海事处加强危险货物运输船舶的现场检查工作，综合运用电子巡查与现场巡查手段，严厉打击危险货物瞒报谎报、不适航船舶承载危险货物等违法行为。利用信息手段，提升危化品运输船舶的监管水平。对检查发现违章或存在隐患的危险货物运输船舶一律禁止其进入大丰区内河水域，并依法进行查处，督促整改。对存在重大安全隐患的危险品运输船舶，禁止通航，驶向指定地点停泊，整改复查合格后方可恢复通航。2021年，全区实施危化品运输船舶管控报告登记464艘次，危险货物量14.06万吨。常态化实施到港危化品运输船舶专项检查，重点检查船舶消防、救生、防污设备是否齐全有效，船舶和船员证书是否齐全有效。

【内河水上游览活动及航运公司安全监管】 2021年，大丰区涉水游览经营活动企业有4个，分别是盐城市神鹿生态旅游发展有限公司（麋鹿保护区）、盐城市梅缘文化产业有限公司（梅花湾）、盐城市大丰区水韵龙湾森林酒店有限公司（水韵龙湾）、江苏裕丰旅游开发有限公司（荷兰花海），都纳入封闭水域备案管理。大丰区地方海事处重点检查水上游览经营活动备案资料，法定登机船舶证书和船员配备情况，交代管理人员加强安全管理和值班值守，时刻关注天气变化，恶劣天气禁止营运。全年开展安全检查35次，查出18个隐患，全部整改。大丰区辖区有航运企业5个，分别是盐城市昌宏运输有限公司（16艘船舶）、盐城市成功运输有限公司（8艘船舶）、盐城市通榆运输有限公司（17艘船舶）、江苏盐城港航运集团有限公司（4艘船舶）、盐城丰港物流有限公司（56艘船舶），共计101艘，都是普通货物运输企业。2021年，大丰区地方海事处开展安全检查22次，督促航运公司全面落实安全生产主体责任。

【水上交通监管执法】 2021年，大丰区地方海事处通过现场巡航等方式，排查辖区长期脱管船舶。开展无线电秩序管理监督，检查190艘次船舶，未发现相关违法行为。配合开展长江流域禁捕退捕行动，组织开展71次执法检查，出动人员225人次，水面巡查814千米，检查“三无”运输船舶，未发现相关违法行为。开展船舶标志标识专项检查，检查船舶159艘次，现场纠正整改船舶19艘次。开展救生衣专项行动，巡航时通过甚高频宣传引导船民规范穿戴救生衣，发现未穿戴救生衣船员87人次，现场令其纠正，要求其穿戴救生衣；积极向船民宣传禁止船舶超载运输，通知辖区货运码头禁止为船舶超载装货。成立船舶超载专项整治领导小组，在刘庄琶船设立船舶超载检查站，联合船闸对过往船舶开展超载检查，并设立超载船舶卸载点，地点位于刘大线海堤复河十字河口盛小军码头。开展船舶超载整治工作以来，检查船舶172艘次，未发现船舶超载运输行为。

【开展船舶生活污水污染防治】 2021年，大丰区地方海事处在日常现场检查工作中重点检查辖区通榆河、刘大线等干线航道及大丰区国省道断面航道航行的内河船舶垃圾、污水收集和送交，以及岸上接收和转运处置情况，严厉打击各类不按规定收集、违规排放和处置垃圾、污水的行为。2021年，发现并查处船舶不能提供本航次船舶污染物接收凭证违法行为146起，处罚32200元。对辖区航运公司进行常态化检查，重点检查主要负责人污染防治第一责任落实情况，督促其严格按照有关规定，为所属船舶配齐相应的防污设施设备，做到垃圾分类收集、船舶防污设施正常使用。大丰区地方海事处船检部门在市地方海事部门统一部署下，对辖区400总吨以下船舶进行生活污水防污改造，共完成改造263艘次。

（陈　都）

〖编辑　朱晓华〗

生态环境

综　述

【概况】 2021年，盐城市大丰生态环境局认真贯彻省、市、区生态环境保护工作要求，围绕生态环境高质量的目标任务，严格落实部门职责，强化责任担当，扎实推进生态文明建设和生态环境保护工作，坚持深入打好污染防治攻坚战，推动生态环境质量持续向好。2021年，大丰区空气质量改善目标为：$PM_{2.5}$浓度不高于31微克/立方米，优良天数比例不低于85.3%（优良天数不低于311天）。1月1日—12月31日，$PM_{2.5}$浓度均值为28.1微克/立方米，比2020年同期下降9.1%，优良天数比率86.3%，比2020年同期提高1.3个百分点。臭氧超标23天，较2020年同期少9天。大丰区国省考断面水质优Ⅲ比例为80%，近岸海水水质优良比例达年度考核要求。环境基础设施建设不断完善，推进农村生活污水治理设施建设，行政村生活污水治理设施覆盖率100%，自然村生活污水治理设施覆盖率35%。2021年5月，大丰区受到省督查激励，省政府奖励大丰区600万元。向上争取省级生态补偿资金5783万元，争取农村生活污水治理资金540万元，争取大气污染防治资金838万元。区生态环境局帮助沪苏大丰产业联动集聚区、草庙镇分别争取环保专项资金1428万元、257万元。

【生态环境保护宣传】 2021年，盐城市大丰生态环境局利用主流媒体的影响，在各类报刊、网站平台发表大丰生态环境环保重点工作和动态信息。组织开展“6·5”世界环境日宣传周系列活动。做好宣传大丰区“十三五”生态环境保护工作，2021年6月5日，大丰区庆祝中国共产党成立100周年活动——“6·5”环境日宣传教育活动启动仪式在施耐庵公园举行。接受群众有关环境保护知识的咨询，发放各类宣传资料近1000份。推进企业环保信用承诺，扩大信用参评范围，大丰区签订环保承诺书企业429个，参评企业719个。积极开展《中华人民共和国民法典》《中华人民共和国行政处罚法》《排污许可管理条例》等相关法律法规培训班两期，并通过统一购置相关解读读本、组织集中观看讲座和系列视频、组织专题研讨。对未参加环境污染责任险的投保企业开展上门宣传服务，投保企业90%以上。

【大丰生态环境局服务建设项目】 2021年，盐城市大丰生态环境局完成建设项目环评审批报告书20个、报告表157个。其中，为大丰区内河港口非法码头专项整治工作办理码头环评审批手续27个。参与大丰区企事业单位不动产补充办证工作，为135个企事业单位签署150份补充办证申请表环保审查意见。根据“放管服”改革要求，推行区域评估。配合指导大丰港经济开发区、大丰经济开发区、苏盐园区、大丰区高新技术区按相关实施细则完成环境影响评价区域评估工作。

2021年6月，大丰区庆祝中国共产党成立100周年系列活动之“6·5”世界环境日宣传教育活动启动仪式在施耐庵公园举行

（大丰生态环境局　供图）

环境质量

【环境空气质量】 2021年，大丰区环境空气质量达到国家空气质量二级标准，全区环境空气质量总体状况继续好转。按AQI指数评价，全年有103天空气质量为优，212天空气质量为良，空气质量为轻度污染的41天，中度污染的6天，重度污染的3天。全年空气质量为优良的天数为315天，占全年有效监测天数的86.3%，重污染天数比例为0.8%。空气质量优良天数比例上升1.3个百分点。

大丰区环境空气二氧化硫年平均浓度为6微克/立方米，二氧化氮年平均浓度为19微克/立方米，可吸入颗粒物年平均浓度为54微克/立方米，细颗粒物年平均浓度为28微克/立方米，一氧化碳日均值第95百分位浓度为0.9毫克/立方米，臭氧日最大8小时均值第90百分位浓度为149微克/立方米，均达到《环境空气质量标准》（GB 3095-2012）二级标准。可吸入颗粒物日均值超标率1.3%，细颗粒物日均值超标率4.4%，臭氧日最大8小时均值超标率为6.6%，二氧化硫、二氧化氮和一氧化碳无超标现象。与2020年相比，主要污染物二氧化硫年平均浓度持平，二氧化氮年均浓度上升5.6%，可吸入颗粒物年均浓度持平，细颗粒物年均浓度下降9.8%，可吸入颗粒物超标率下降2.0%，细颗粒物超标率下降1.3%，臭氧超标率下降1.9%。

全年降尘年平均值为2.1吨/平方千米·月，满足省参照标准，未出现酸雨。

【地表水环境质量】 大丰区水环境质量总体状况有所改善，地表水大部分监测断面能达到划定的水域功能类别，饮用水源水质保持稳定达标，上游入境水质明显好转，但城区部分河流污染依然严重。

饮用水源水质。2021年，大丰区饮用水主水源为宝应县里运河氾水水源地，备用水源为通榆河刘庄水源地，水质继续保持稳定。根据省环境监测中心公布监测结果，宝应县里运河氾水水源地全年水质均未超出Ⅲ类，水质达标。通榆河刘庄水源地除个别时段的溶解氧指标外，其余指标均未超出Ⅲ类标准，80项特定项目均达标，检出率为13.8%，检出浓度远低于标准限值。影响大丰区饮用水源水质污染指标主要为溶解氧、高锰酸盐指数和生化需氧量。

地表水水质状况。2021年大丰区河流监测断面水质好于Ⅲ类水比例为60%，Ⅳ类水比例为36%，劣Ⅴ类水比例为4%，国控、省控断面水质好于Ⅲ类水比例为80%，省级水功能区达标率100%。整体水质状况为轻度污染，水体主要污染指标为化学需氧量、高锰酸盐指数和总磷。大丰区18条主要河流中，通榆河、斗龙港、大丰干河和川东港水质状况为良好；疆界河水质状况为重度污染，其余河流水质状况为轻度污染。与2020年相比，好于Ⅲ类水比例有所提升，劣Ⅴ类水比例明显下降。

【地下水环境质量】 2021年，大丰区地下水水质与2020年相比没有变差，监测指标大部分达到地下水Ⅲ类水质标准，水质类别为较差。影响大丰区地下水水质的主要污染因子是氨氮、亚硝酸盐氮和氯化物，此为大丰区地下水水质的地质特征，同时也表明大丰区地下水水质主要受到地表生活污水的影响。

【声环境质量】 2021年，大丰区声环境质量状况总体下滑，功能区噪声达标率82.1%，与2020年度相比下降3.6个百分点，城区区域环境噪声和道路交通噪声污染水平加重。

区域环境噪声。2021年城区昼间区域环境噪声等效声级平均值49.7分贝，总体水平等级为一级，质量等级属于好，与2020年相比上升2.2分贝，污染程度加重，测量值范围在40.0~59.6分贝。根据对噪声源进行分析，主要声源是社会生活噪声，所占比例100%。

道路交通噪声。2021年城区昼间交通干线噪声测量值范围在60.4~71.6分贝，超标的监测路段长为9.5千米，占监测路段长的21.0%；等效声级平均值为66.0分贝，总体水平等级为一级，质量等级属于好，比2020年上升2.9分贝，污染程度加重。

功能区噪声。2021年城区功能区噪声达标率82.1%，较2020年下降3.6个百分点。噪声功能区中4类区环境噪声达标率最高为100%，1类区环境噪声达标率最低为50%。一、二、三季度功能区噪声达标率均为85.7%，第四季度功能区噪声达标率为71.4%。

生态保护

【生态文明示范创建】 2021年，大丰区坚持生态资源优先保护，开展生态文明创建。建成盐城市级生态文明建设示范村19个，分别是刘庄镇良好村、草庙镇东灶村、白驹镇洋心村、新丰镇裕南村、西团镇九一村、万盈镇天池居委会、大丰区经济开发区建设村、大桥镇大桥村、刘庄镇新桥村、白驹镇马家村、草庙镇庆生村、草庙镇丁东村、万盈镇沈灶居委会、大中街道元丰村、小海镇杨树村、草堰镇三渣村、南阳镇诚心村、三龙镇下坝村、三龙镇龙东村；示范园区1个：大丰区万盈镇工业园区；7个镇通过江苏省级生态文明建设示范镇市级初审，并推荐上报省生态环境厅。

【大丰区“十四五”生态环境保护规划编制】 2021年，盐城大丰生态环境局牵头负责盐城市大丰区“十四五”生态环境保护规划编制工作。1月，规划文本通过专家评审。

【生态项目建设】 2021年，大丰区推进大丰区城北污水处理厂尾水湿地净化项目，该项目投资5000多万元，由大丰区住建局牵头实施，主要建设“新型潜流湿地+深度涵养湖泊”的水生态系统以及相关管网建设。截至2021年年底，项目按时序进度实施。

（张　平）

节能减排

【工业节能】 2021年，大丰区政府出台《2021年度工业节能考核办法》，分解落实年度节能目标任务，全力推进绿色低碳发展。大丰区年综合能耗5000吨标煤以上企业全部建成能耗在线监测平台。大丰区成立坚决遏制“两高”（高耗能和高排放）技改项目盲目发展工作领导小组，制定工作方案。江苏金风科技有限公司、江苏中车电机有限公司创成省级绿色工厂，大丰实现省级以上绿色制造体系零的突破。

（吴　洋）

【减煤工作】 2021年，大丰区非电行业用煤企业有3个，比2016年42个减少92.9%。年内，联鑫钢铁耗煤70.3万吨，金羚纸业耗煤3.8万吨，英茂糖业耗煤3.5万吨，合计77.6万吨。根据省关于建立重点耗煤企业煤炭消费减量数据核查机制的精神，制定了大丰区减煤数据核查机制。12月，大丰区发改委牵头区工信、统计、审计等单位，组织对全区6个耗煤企业进行数据核查，保证减煤数据真实准确。

（陈　倩）

污染防治

【大气污染防治】 2021年，大丰生态环境局及时更新国控大丰高级中学、省控创意产业园站点空气质量提升方案，推进重点问题整改，控制国省控点周边污染源，加强大气污染监控。利用乡镇自动站监测数据，及时分析，每月通报镇区（街道）空气质量排名，及时下发预警，加强日常督查。督促联鑫钢铁公司高质量完成全流程超低排放评估监测验收和“烟气脱白”两项工程。截至年底，“烟气脱白”项目全部完成，全流程超低排放评估监测已完成有组织排放和清洁化运输整改，并形成报告书，全面完成无组织排放整改。推进3个火电企业超低排放改造、20个企业工业炉窑综合治理开展“回头看”，开展燃煤、燃气、生物质锅炉、工业炉窑超低排放改造或“回头看”。制定《盐城市大丰区挥发性有机物专项治理攻坚行动方案》，以化工、工业涂装、包装印刷以及油品储运销等为重点，针对VOCs源头替代、无组织排放收集治理等突出短板，强化重点区域、重点园区（企业集群）、重点企业源头、过程、末端全流程、全时管控，遏制臭氧上升趋势。制定《盐城市大丰区涉挥发性有机物重点行业错峰生产工作方案》，对全区化工行业、工业涂装、印刷包装等重点行业，汽修行业、户外施工、加油站等实施错峰生产。推进企业集群VOCs综合治理，完成石化新材料产业园20个企业、南阳镇企业集群15个企业排查建档，督促VOCs重点企业编制并实施“一企一策”综合治理方案。年内，推进降尘考核，大丰区新建15个、改造2个降尘监测点位，全面完成镇区（街道）降尘监测网络建设。定期更新国省控点周边建筑施工、拆迁工地、市政工地、交通施工等扬尘污染源整治清单，成立联合督察组，不定期开展多部门联合执法检查，严厉查处各类扬尘污染行为。推进在线监测和视频监控设施建设，截至2021年年底，大丰区27个内河港口涉尘装卸企业计31个作业码头，全部实现粉尘24小时在线全程联网监控。加大无人机航拍监控，加大媒体曝光力度，形成扬尘污染防治合力。加快实施大丰区城区机动车限行工作，推进限行通告宣传发布、标志牌制作、出台配套淘汰补贴政策等工作。配合市生态环境局积极推进非道路移动机械编码登记工作。完成机动车监督抽测技术服务招投标，推进机动车入户检测、路检路查。开展餐饮油烟整治，参与区餐饮油烟联合执法检查，对重点区域爆炒、煎炸、烧烤等油烟排放大的餐饮服务单位和存在扰民投诉的餐饮服务单位进行“回头看”，推动在线监控安装并与主管部门联网工作。与大丰区交通局联合印发《大丰区汽修企业大气污染防治告知承诺书》，落实汽修行业管控要求。聘请大气环境质量管控第三方技术服务专家团队，利用先进技术手段、科学的溯源模型和各类先进仪器设备，开展空气质量保障分析服务。开展2021年重污染天气应急管控清单编制、企业豁免评级工作，涉及大丰区414个涉气申报企业，其中民生豁免8个、A级企业2个、B级（B-）企业3个、其他涉气企业401个，为大气治理与管控提供科学保障。根据盐城市省级及以上工业园区（集中区）监测监控能力建设方案要求，制定大丰区建设方案，落实大丰经济开发区、大丰港经济开发区上下风向2个空气自动监测站点建设。

【水污染防治】 2021年，大丰区成立水环境综合整治提升领导小组，下设7个小组，聚集水环境治理合力。编制《盐城市大丰区“十四五”水生态环境保护规划》《全区汛期水质提升专项行动方案》，制定《大丰区10个国省考断面水质提升保障方案》，印发《大丰区国省考断面水质“保Ⅲ争Ⅲ”百日攻坚方案》，印发2批责任状、通报10期、简报25期，发放提醒函19份、交办单27份、问题清单5批。加强水质监测预警，对川东港、疆界河、兴盐界河、斗龙港等4条河流多次开展溯源监测。每月通报128个区级点位水质情况，每周监测10个国省考断面水质，百日攻坚期间每日加密监测“保Ⅲ争Ⅲ”断面。严控农业面源污染，规范整治非禁养区养殖场，督促相关镇和上海农场新建畜禽养殖粪污处置企业。提高畜禽粪污资源化利用，督促苏港和顺生物科技有限公司、江苏道远节能环保科技有限公司提标改造，为拟建的大丰区畜禽粪污处置项目选址并调研处置工艺，在王港河沿线部分重点可疑畜禽养殖场周边安装高清摄像头，用于跟踪粪污去向。推广低密度水产养殖模式，推进养殖尾水处理、生态净化和循环利用设施建设。加快农村生活污水处理设施建设，行政村生活污水治理设施覆盖率100%，自然村生活污水治理设施覆盖率35%。加快工业污水处理厂建设，协助大丰港经济开发区中水回用工业污水处理厂、大丰港经济开发区生活污水处理厂完成排污口审批等相关前期工作。督促三龙镇、南阳镇、草庙镇工业污水处理厂建成投运和竣工验收。督促金悦纺织有限公司、盐城荣达印染有限公司、星达巾被有限公司等印染企业完成废水一级A提标改造。深化城乡河道整治，重点实施串场河环境整治、王港河流域治理、斗龙港景区段和二卯西河疏浚、新丰镇全域农村河道提档升级工程。重点断面支流推广生态浮岛（绿色事物）和曝气设施（增氧装置）。完善重点断面及沿线支河捞点设施设备，全方位做好水面漂浮物拦截打捞工作。开展农村黑臭水体排查治理，按照“村排查申报、镇核实汇总、县核查识别”原则，大丰区排查水体480条，通过现场核查和水质检测，最终确定农村黑臭水体23条，全部完成治理。持续推进湾（滩）长制工作，编制《近岸海域水质攻坚措施表》《2021年度大丰区湾（滩）长制年度重点任务》《大丰区2021年入海排污口监测溯源整治工作方案》，督促各镇级湾滩长单位对区域内海湾垃圾开展常态化打捞，完成大丰区近岸海域污染物削减重点工程项目，完成年度入海排污口溯源整治工作。

【土壤环境防治】 2021年，盐城市大丰生态环境局推进危险废物规范化管理，对大丰区产生的危险废物进行统筹安排，对跨省转移危险废物从严申请，严禁开展跨市（辖区市）和超经营范围收集、贮存。完成江苏好山水环保科技有限公司小微企业危险废物集中贮存试点项目服务指导，督促大丰区10吨以下小微企业纳入小量危险废物收集系统。健全危险废物监控体系，积极推进危险废物全生命周期监控系统，截至2021年年底，有

272个危险废物产生单位和7个危险废物经营单位完成新、老系统交替。完成11个危险废物年产生1000吨及以上的企业和7个危险废物经营单位关键位置视频监控联网系统建设。强化土壤污染防治，加强全国污染地块土壤环境管理系统的使用，定期登录系统，督促相关单位及时上传报告、方案等材料。及时更新土壤污染监管单位名录，全面推进土壤污染重点监管单位主体责任落实。完成重点行业企业用地土壤污染状况调查验收。加强地下水污染防治，督促大丰港石化新材料产业园开展化工园区地下水环境状况调查评估工作。编制大丰区《“十四五”土壤和地下水污染防治规划》，开展现状排查分析、水源地及重点污染源监测调查等工作，全面摸清重点区域、重点污染源的地下水环境质量，完成大丰区地下水环境状况调查评估和污染防治分区工作。推进土壤污染防治问题整改，做好江苏省审计厅开展的全省土壤污染防治专项审计调查工作，认真落实并按时完成审计查出问题的整改工作。

2021年1月，大丰生态环境局执法人员对企业现场进行执法检查

（大丰生态环境局　供图）

环境监管

【生态环境执法监管】 2021年，盐城市大丰生态环境局常态化开展“双随机”执法和各类环境专项执法行动，加大环保执法与司法联动力度，实施现场监察5918人次，检查企业2954个次，立案查处环境违法案件118件，处罚金额1065.03万元，对规避监管、偷排偷放等4起案件移送公安机关行政拘留，作出责令改正决定书78件，发放查封扣押决定10件，作出限产停产决定书8件，震慑环境违法企业。开展夏秋季秸秆禁烧禁抛工作，制定环保系统秸秆禁烧禁抛巡查方案，结合环保83912369热线，安排16个环保执法巡查组。创建“双禁工作”及“蓝天卫士”微信交流群，适时交流、调处工作情况，加大巡查频次，做到辖区内无火点、无乱抛现象。加强污染源在线监控，全年对110个排污企业的276个监控点进行监控，对57个企业的650个监控摄像头视频和录像进行巡查，形成巡查记录单近500份。通过污染防治监管平台受理问题线索3133条，办结3059条，办结率97.6%。运用无人机助力环保执法，实现从平面巡查到立体巡查。积极调处环境信访，全年接到各级环境信访1348件，同比下降3.30%；转办《信访问题转办单》1245件，同比下降3.94%；签订《人民调解协议书》83份（2020年同期64份）。开展中考、高考期间环境护考工作，制定噪声控制方案，印发《关于加强中考、高考期间环境噪声污染控制的通知》。对大丰区噪声敏感区域内的施工工地采取巡查、突查等方式进行现场监督执法检查，重点督促建筑施工单位、冷作加工等行业特定时间内停止生产，考试期间在考点周围驻点巡查。

【环保安全生产专项整治】 2021年，盐城市大丰生态环境局组织召开环保安全培训会，邀请专家对面上重点企业主要负责人和环保负责人进行安全生产专题培训，学习法律法规，观看警示教育片，讲解、剖析具体安全生产事故案例。开展“安全生产月”及“百团进百万企业千万员工”等活动，印制1300余份《致企业主要负责人安全生产告知信》《环境治理设施安全要点及事故案例》等宣传品发放至相关企业。对主体责任落实不到位、安全隐患排查不深入和对排查出的问题隐患整改不彻底的企业进行重点约谈。继续推进危险废物隐患排查整治，排查发现危险废物方面的隐患共242条，整改完成242条，整改完成率100%。持续开展环境治理设施专项整治，排查发现环境治理设施方面的隐患共455条，整改完成455条。开展危险废物处置企业危险化学品使用安全专项治理，对新宇辉丰公司危化品使用情况开展检查23次，发现隐患23处，已全部整改完成。强化部门联动治理，严格按照要求将涉及危化品和6大类环境治理设施企业环评审批清单向应急管理部门进行定期通报。会同大丰区应急管理局多次开展环境治理设施安全环保联合检查，并就排查问题的整改工作进行沟通、会商，共同推动隐患整改。

（张　平）

〖编辑　朱晓华〗

科学技术

综 述

【概况】 2021年,大丰区深入实施创新驱动发展战略,加快推动发展模式由“资源型”向“创新集约型”“两高型”向“绿色低碳型”转变,进一步优化区域创新空间布局。强化产业科技创新能力、企业创新主体地位、创新人才引领、载体平台支撑水平,构建一流科技创新生态,全面提升区域科技创新水平,科技服务经济的能力和水平进一步提升。大丰区获盐城市科技创新突破单项奖,高质量考核科技四项指标总分列盐城第二、县市区第一,7个高新技术企业获盐城市科技创新单项奖,数量为盐城第一。大丰区科技局被表彰为全区2021年绩效考核综合先进集体。

【科技创新成果】 2021年,大丰区完成全社会研发投入26.3亿元,为盐城第一。规模以上工业企业中有研发活动的企业数占比79.5%。江苏金风科技有限公司入榜2021年度省百强创新型企业,盐城唯一,榜单排名由2020年的第78位上升至第38位。江苏爵格工业设备有限公司获得中国石油化工领域科技进步一等奖。全年组织申报江苏省科技进步奖6项,江苏金风科技有限公司以排名第一的位次获2021年度江苏省企业技术创新奖,为盐城唯一。江苏谷登重型机械装备科技有限公司获2021年度全省“最具成长性高科技企业”。江苏苏港和顺生物科技有限公司、江苏腾龙生物药业有限公司被认定为2021年度省农业科技型企业。江苏中车电机有限公司、江苏金风科技有限公司、盐城市联鑫钢铁有限公司、江苏正大丰海制药有限公司、江苏丰山集团股份有限公司、江苏理研科技股份有限公司、江苏森威精锻有限公司7个高新技术企业获盐城市2021年度科技创新单项奖,数量为盐城第一。

科技计划实施

【科技计划项目成果丰硕】 2021年,大丰区科技局广泛发动和组织企业申报2021年度各类科技计划项目。组织申报省级以上各类科技计划项目23项,获立项7个,获省级以上项目资金支持2000万元以上,其中以中汽研汽车试验场股份有限公司为牵头单位的长三角(盐城)智能网联汽车试验场列入江苏省车联网产业发展2021年工作要点。中汽研汽车试验场股份有限公司的“智能网联试验场数字孪生与智慧云控关键技术研发”项目、华创电子材料(盐城)有限公司的“黑孔溶胶国产化的研究与产业化”项目获省产业前瞻与共性关键技术项目立项,江苏正大丰海制药有限公司的“首家过评仿制药福多司坦片质量与疗效一致性评价研究”项目、大丰人民医院的“钛植入体表面镁离子二氧化钛涂层对成骨细胞活性及机制研究”项目获省重点研发计划(社会发展)项目立项,省级及以上科技计划项目立项数为盐城第一。推荐晋级盐城市行业复赛的18个项目中有13个项目入围江苏省行业赛,入围数、入围率都位居盐城各县(市、区)首位。其中,江苏华硅新材料科技有限公司以成长企业组新材料行业第一名的成绩入围省级大赛。获省企业科技副总项目立项12个,获省市资金支持奖励120万元。长三角(盐城)智能网联汽车试验场、金风科技16兆瓦传动实验室、中汽汽车测试服务中心3个项目列入盐城市2021年重点项目平台5000万元以上项目。为盐城芯丰微电子有限公司、盐城市大丰中意机械有限公司、德亚炉业科技江苏有限公司、江苏华硅新材料科技有限公司、盐城远大金属科技有限公司、江苏真鹿科技有限公司、江苏弘烨精密铸造有限公司7个企业争取“苏科贷”资金支持2610万元。

【科技政策落实】 2021年,大丰区科技局提请区委、区政府研究出台《关于推进科技创新促进高质量发展的激励意见》,将区本级科技计划项目资金规模由250万元提升至1000万元,研发费用达标奖励比例由1%提升至3%,研发奖励上限由50万元提高到80万元,政策含金量为盐城最优。兑现省、市、区高新技术企业高质量发展奖励资金2162万元,落实37个高新技术企业减免企业所得税1.43亿元;97个企业享受研发费用加计扣除,扣除金额8.18亿元。全面推进创新型企业、创新型园区、创新型城市建设,为78个单位119个项目申报兑现2020年度推进聚力创新十条政策奖励资金1115.35万元。参加政风热线栏目,就聚力创新促发展系列问题作最新科技政策解读。

高新技术产业

【概况】 截至2021年年末,大丰拥有国家级高新技术企业176个、省级以上创新型试点企业6个、省民营科技企业437个。新增国家科技型中小企业360个。开发新产品200余个,其中高新技术产品45个。2021年完成高新技术产业产值429.58亿元,占规模以上工业总产值的37.1%。

【59个企业被认定为国家高新技术企业】 2021年,江苏爵格工业设备有限公司、江苏大洋精锻有限公司、江苏凯铂成机械有限公司、江苏正驰机电有限公司、江苏益科热处理设备有限公司、江苏凯嘉橡胶科技股份有限公司、江苏丰东热技术有限公司、中汽研汽车试验场股份有限公司、江苏金色工业炉股份有限公司、上海特瑞机械设备盐城大丰有限公司、江苏民申机械装备有限公司、迈杰科输配电设备江苏有限公司、盐城市震业机械有限公司、江苏弘正扬瑞新材料有限公司、盐城天尔机械有限公司、盐城奥凯明通阀门有限公司、江苏晓宝复合材料有限公司、盐城联丰机电有限公司、中泓鑫海盐城生物技术有限公

2021年，江苏爵格工业设备有限公司获得中国石油化工领域科技进步一等奖。图为技术人员检验新产品　　周古凯　摄

司、江苏双菱重工有限公司、盐城中德劲博机电有限公司、盐城市大丰区比齐密封系统有限公司、江苏金风科技有限公司、江苏谷登工程机械装备有限公司、江苏龙城铸造机械科技有限公司、盐城市建龙机电设备制造有限公司、盐城市丰特铸造机械有限公司、江苏真鹿科技有限公司、江苏邦力金属制品有限公司、双一科技盐城有限公司、江苏开普尔实业有限公司、江苏聚腾新能源汽车科技有限公司、盐城市龙万机械有限公司、盐城大丰鑫宇家纺有限公司、盐城吉凯同科技有限公司、江苏万邦宇皓环保机械设备有限公司、盐城乐源包装科技有限公司、盐城市永茂机械科技有限公司、江苏苏港和顺生物科技有限公司、江苏大通精密机械零部件有限公司、盐城市金固机械有限公司、盐城市腾辉电子科技有限公司、国一新材料江苏有限公司、江苏英达机械有限公司、盐城奥通特思克铸业有限公司、苏大维格(盐城)光电科技有限公司、江苏博敏电子有限公司、江苏丰泰流体机械科技有限公司、大丰海嘉诺药业有限公司、盐城迪赛诺制药有限公司、盐城中德精锻股份有限公司、盐城市明佳机械有限公司、盐城丰工机械有限公司、江苏固德建筑机械有限公司、江苏长润智能燃气设备有限公司、江苏腾龙生物药业有限公司、盐城市欧特威机械科技有限公司、江苏大丰华丰种业股份有限公司、盐城市恒丰海绵有限公司59个企业被认定为国家高新技术企业。

【29个企业的研发机构被认定为盐城市工程技术研究中心】 2021年，盐城宝风机械科技有限公司、盐城市龙万机械有限公司、盐城市三友除锈设备有限公司、江苏聚腾新能源汽车科技有限公司、盐城市联明机械有限公司、盐城市大丰区金凯机械有限公司、盐城丰工机械有限公司、江苏特思克阀门制造有限公司、江苏开普尔实业有限公司、江苏弘烨精密铸造有限公司、江苏神力齿轮冷挤有限公司、盐城思达德民力阀门有限公司、盐城市昊芯科技有限公司、江苏瑞鑫集成电路设备有限公司、盐城大昌包装科技有限公司、优尼可尔压缩机制造江苏有限公司、江苏乾晋岩棉科技有限公司、江苏红雷木业有限公司、江苏通略金属制品有限公司、盐城海博精密机械有限公司、江苏佰健环保科技有限公司、双一科技盐城有限公司、江苏丰泰流体机械科技有限公司、江苏盐发机械有限公司、江苏邦力金属制品有限公司、上海特瑞机械设备盐城大丰有限公司、江苏杰源智能制造有限公司、江苏杰工机电设备有限公司、江苏嘉德管道工程有限公司29个企业的研发机构被认定为盐城市级工程技术研究中心。

科技成果

【政产学研合作深化】 2021年，大丰区科技局集聚创新人才，高标准推进产学研合作。大力实施智力引进工程，不断优化人才政策环境，引进外国人才的专业层次日益提高、分布领域更加宽广。荷兰花海郁金香技术顾问荷兰籍专家尼可·卡义克获得2021年省政府颁发的“江苏友谊奖”，是盐城市唯一获奖者。组织多层次产学研活动，邀请上海科技交流中心、上海工程技术大学、上海农业科学院等相关高校和多家长三角技术转移机构，与11个企业对接18次，帮助企业引进12名高校博士担任“科技副总”。全年新获认定省级科技副总12个、市级科技副总10个。与上海工程技术大学达成共建技术转移中心大丰分中心的初步意向；上海的孵化器管理团队与大中街道洽谈孵化器运营管理事宜；上海农科院与盐城市固德机械制造有限公司达成合作意向。实施江苏理研科技股份有限公司和上海交通大学、江苏德和绝热科技有限公司与常州大学、江苏英达机械有限公司与常州机电职业技术学院、江苏麦莎实业有限公司与苏州大学的4项产学研项目。

【研发载体平台建设】 2021年，盐城吉凯同科技有限公司的江苏省智能可穿戴通信终端设备工程技术研究中心被认定为省级工程技术研究中心，大丰鑫源达化工有限公司的陈群贵外专工作室被认定为省级外专工作室。江苏佰建环保科技有限公司的东南大学研究生工作站、江苏鸿基金属有限公司的常州大学研究生工作站获批为省级企业研究生工作站。新增盐城市级新型研发机构29家。全年完成研发投入28.3亿元，为盐城第一。规模以上工业企业中有研发活动的企业数占79.5%。完成技术合同登记20.37亿元。与陕西科技大学、安徽工业大学、盐城工学院、悦达集团洽谈成立盐城汽车及零部件产业技术创新联盟。与上海交通大学合作共建新能源汽车及零部件产业研发平台，与悦达集团、阿尔特公司合作共建阿尔特汽车研究院。悦达科创园完成一期工程，清华大学苏州汽车研究院、斯盖初华等团队入驻。大丰科创园完成省级孵化器对标建设工作。

【科技创新生态环境】 2021年，大丰区注重系统集成、做优科技创新生态。区委、区政府高度重视科技创新工作，把创新驱动作为推动高质量发展的中心战略加以推进。成立以书记、区长为正副组长的科技创新突破年活动领导小组，设立高企培育、高企上市、"高升规"、高企数字化转型、高企知识产权护航五大行动工作专班，为推动科技创新工作提供强大组织保障。区科技、市场监管、金融、工信等部门建立区政府部门之间，部门与乡镇、街道之间的科技工作协商制度。切实优化基层科研项目形成机制，围绕产业链部署创新链、创新链布局产业链，组织企业家、产业专家和科技专家聚焦科技研发项目。全年下发"科技创新突破年"工作情况通报4期，兑现2020年省、市、区三级高新技术企业奖补资金2207万元。实施数字化改造高新技术企业6个、创建省星级上云高新技术企业26个，新增高新技术企业发明专利100件，完成高新技术企业知识产权提升工程项目13个，知识产权质押融资额超1.57亿元，各项高质量考核和"科技创新突破年"指标均排名盐城前列。

国家可持续发展先进示范区建设

【国家可持续发展实验区建设专题研讨会】 2021年，大丰区参加2021年加强会员管理与服务工作座谈会及推进国家可持续发展实验区建设专题研讨会，就大丰的可持续发展建设进展、存在问题及下一步工作打算作汇报，大丰实验区受到中国21世纪议程管理中心领导的肯定。

【可持续发展项目申报与服务】 2021年，大丰区科技局组织6个项目申报2021年省重点研发计划（社会发展）项目。根据中国可持续发展研究会要求，编写大丰海上风电、沿海滩涂湿地生态资源保护方面，关于清洁能源、生态修复、生态农业、绿色制造、食品安全的技术需求材料。完成对盐城市可持续发展实验区示范基地和区可持续发展示范工程项目的跟踪督查服务工作。根据科技部《关于开展国家可持续发展实验区创新能力监测数据调查工作的通知》要求，完成大丰区创新驱动、经济发展、民生改善等40项指标的调查整理工作。

（潘　丰）

气象事业

【概况】 2021年，大丰区气象局以提高预报预测准确率、提升服务质量为核心，及时准确做好预测预警服务，筑牢气象防灾减灾第一道防线。年内获得"2019—2020年度盐城市文明单位"称号，在盐城市2021年度气象行业职业技能竞赛中获团体二等奖，在全市气象系统防雷安全监管职业技能竞赛中获团体第三名。

【气象现代化建设】 2021年，大丰区气象局完成人工影响天气装备和库房标准化建设。大气成分站投入运行，228省道沿线生态交通站、荷兰花海旅游生态站、高铁站生态自动站、五一公园生态自动站建设完成并投入使用。建成"大丰智慧气象综合服务平台"，实现与区相关部门的气象防灾减灾数据实时共享。编制完成《盐城市大丰区"十四五"气象发展规划》。

【气象防灾减灾】 2021年，大丰区气象局发布各类气象灾害预警信号95条，启动1次全区范围内的气象灾害防御应急响应和7次部门内部应急响应。实现气象预警信息发布全覆盖，与区融媒体合作实现全媒体发布气象预报预警信息和气象科普；与区政法委合作将气象信息传播和灾害性天气指导防御纳入网格员职责，在全区范围内建立"横向到边、纵向到底"的网格化气象防灾减灾体系，形成区、镇、村、网格四级综合气象防灾减灾协调机制。开展气象灾害风险普查，落实普查经费60万元，按时完成工作。

【气象服务工作】 2021年，大丰区气象局实现各类气象服务和预警信息发布无错漏，重大气象服务准确及时。充分发挥"互联网+气象"效能，畅通直通式气象服务。常态化开展生态气象服务工作，为全区生态旅游提供气象保障。全年地面气象观测、酸雨观测、区域气象站自动观测、农业气象观测、风廓线雷达监测等综合业务质量达标率99.63%。全国酸雨样品测量抽样考核结果优秀。风廓线雷达全年业务可用性100%。农气报表集审无错情。对全区危险化学品企业、易燃易爆场所、加油加气站、旅游景点等137个防雷安全重点单位进行防雷安全检查，并对隐患整改情况进行督查。

【气象科研和学术研究】 2021年，大丰区气象局完成市级课题结题2个，申报省级课题1个、立项市级课题3个，发表期刊论文3篇，获得软件著作权和实用新型专利各1项。在盐城市2021年度气象行业职业技能竞赛中获得团体第二（县市区第一），其中蔡聪获得个人全能三等奖，被授予"盐城市五一创新能手"称号，顾淏清获得个人全能优秀奖。参加全市防雷安全监管职业技能竞赛获得团体第三。

（耿　健）

〖编辑　於晨婷〗

教　育

综 述

【概况】 2021年，大丰区教育局全面贯彻“教育公平”“教育强区”战略，紧扣全市领先的目标定位，聚焦教育高位均衡发展主题，突出提升教育综合质量核心，加快教育改革转型。大力实施民生工程，不断强化师资队伍建设，全面提高常态化管理水平，各项工作取得新的突破与成效。依托职教中心，加大高素质产业工人培养力度，满足企业高质量发展需求，职业教育与地方经济发展的吻合度不断提高。主动与上海市教委合作，全力打造上海域外研学基地，先后与上海农场、文旅集团对接，协助完成农场研学基地前期选址和规划设计。2021年暑期，面向上海市中小学生的“小小打工人”暑期劳动实践研学活动完成500人次课程教学。全面推动教育高质量发展，扩大与南通等地教学交流合作，打造高素质校长教师队伍。全区所有学校都与南通各级各类学校结成教育联盟，开展互动互访、互联互通教学研等活动；聘请南通大学教育科学院专家、南通市教育局教师发展中心专家和南通优质学校校长、教师组成专家团队对大丰区的教育、教学工作进行培训、指导；区实验初级中学等5所“分层走班”试点学校分管校长、骨干教师赴南通结对学校跟岗学习。加快推进卯酉教育服务中心初中部、原盐垦中学改造等工程建设，实现优质普惠教育资源充分供给。实验初级中学常新路分校两幢宿舍楼内墙腻子完成65%、真石漆完成30%，两幢教学楼墙体抹灰完成90%、外墙保温完成90%，食堂完成90%，行政综合楼完成内外粉刷，操场看台完成护栏安装、排水管道埋设完成30%，报告厅二次结构完成。原盐垦中学改建建筑加固工作已完成，旧教学楼地面、墙面、屋面施工总体完成93%，新建教学楼主体结构封顶，墙面抹灰完成65%，新建风雨操场主体封顶，项目智能化桥架完成90%。

在2021年度综合考核中，区教育局获盐城市2021年度综合先进一等奖，同时获得义务教育优质均衡发展先进奖、教学质量提升先进奖、资源建设先进奖、教师队伍建设先进奖、安全管理先进奖5个单项奖。据2021年教育年报资料反映，大丰区有各类幼儿园52所，其中由区教育行政部门主办的幼儿园9所，由各镇（街道）主办的幼儿园24所，由社会团体或者个人创办的幼儿园19所；全区幼儿园有391个班级，在园幼儿有13022人。全区共有小学32所，820个班级，在校学生27662人，入学率和巩固率均为100%。全区有特殊教育学校1所，有14个班级，在校学生325人（其中在普通中小学随班或送教就读的135人）。全区有初级中学28所（其中九年一贯制学校2所），有352个班级，在校学生12889人，入学率为100%，巩固率为100%，毕业率为100%，升学率为99.76%。全区有普通高级中学4所，有196个班级，在校学生8341人。全区有中等职业技术教育中心1所，在校学生2884人。全区有学前教育教职员工1489人，其中专任教师844人；小学教职员工2097人，其中专任教师2045人，具备中级职称的1160人，具备高级职称的449人；特殊教育学校教职员工44人，其中专任教师32人，具备中级职称的21人，具备高级职称的7人；初级中学教职员工1841人，其中专任教师1668人，具备中级职称的728人，具备高级职称的686人；普通高中教职员工865人，其中专任教师756人，具备中级职称的306人，具备高级职称的360人；中等职业技术教育中心教职员工283人，其中专任教师254人，具备中级职称的75人，具备高级职称的119人。全区有各级各类骨干教师1541人，其中江苏省特级教师10人，盐城市名教师2人，盐城市学科带头人134人，盐城市教学能手236人，大丰区学科带头人338人，大丰区教学能手759人，盐城市教坛新秀62人。

【教育经费投入】 2021年，大丰区义务教育保障水平较2020年有所提高。区教育局按小学每生每年700元、初中1000元的标准安排生均公用经费3803.62万元；对生源少的学校按义务教育学校最低30万元、公办幼儿园最低25万元安排公用经费；按每名住宿生200元的标准补助公用经费63.69万元；按小学每生每年6000元、初中8000元的标准对随班就读残疾学生安排公用经费81.87万元；安排2260万元用于义务教育校舍维修；安排1000万元用于学校现代教育装备购置；安排789万元用于校车运营，安排400万元空调运行及卫生防疫经费，用于弥补学校公用经费。非义务教育实行财政综合预算，在保证学校正常运转的情况下，安排必要的校舍维修和设备更新经费。其中安排250万元用于高中、职业中学宿舍管理成本；安排300万元用于学前教育奖补经费；安排467万元用于高中校舍维修。

【扶贫助学】 2021年，区教育局和区财政局联合印发《盐城市大丰区家庭经济困难学生资助专项经费管理办法》（大财规〔2017〕1号）、《盐城市大丰区家庭经济困难学生认定办法（试行）》（大教发〔2017〕59号）等文件，为做好精准扶贫工作提供政策依据。区教育局加大资助政策宣传解读力度，并主动与区扶贫办、民政局、残联等部门对接，通过学籍信息与建档立卡、低保、困境儿童、孤儿、残疾等信息进行大数据比对，筛选出各学校（园）建档立卡等困难学生名单，由学校主动通过电话通知家长申请困难资助，确保应助尽助。全年发放学前教育补助金58.24万元；对义务教育家庭经济困难学生发放生活补助金702.47万元；对普通高中建档立卡学生、低保学生、残疾学生、农村特困学生按每生每年1600元的标准减免学费25.44万元；对普通高中家庭经济困难学生按每生每年平均2000元标准发放助学金87.97万元；对中等职业学校一、二年级涉农专业学生和非涉农专业家庭经济困难学生按每人每年平均2000元标准发放助学金57.99万元；全面落实残疾学生全过程免学费教育，2021年，对义务教育、中职教育、普通高中残疾学生共减免费用2.56万元；对区职教中心和4所普通高中残疾寄宿学生减免住宿费1.14万元；对全区18名大学新生按每人2000元标准一次性补助3.6万元。

【学校财物管理】 2021年，全区各学校继续推行财务公开制度，学校各类收费上墙公示，公示内容主要包括学校日常公用经费收支、预算外收入、基建项目流程、伙食费收支、学校内外债务5个方面。学校资产管理进一步加强。2021年年底，区教育局印发《关于开展2021年度学校资产清查工作的通知》，各学校根据通知精神认真做好资产自查工作，做到“账账相符，账物相符”，区教育局组织人员不定期分批到每一所学校进行核查。全面实施资产条码化管理，全区各学校统一升级资产管理软件，统一购置条码打印机，按要求张贴资产条码，提高资产管理的科学化、信息化水平。逐步强化监督检查力度，2021年上半年，全区抽调精干力量，重点对各学校2020年度的行政和伙食账进行集中检查。查出来的问题通过梳理归类后，立即组织各学校财务人员进行分析研究，总结经验教训，提出整改措施，限期整改到位，并且将检查情况纳入学校全年考核结果，同时，举办财务人员专题培训班，聘请专业人员进行专题辅导。

【教育装备配置】 2021年，区教育局对学校教育装备采购工作开展常态化监管，印发《大丰区教育系统教育装备采购管理办法》，加强较大规模装备采购项目的业务指导和程序监管力度，指导学校制订教育装备年度采购计划，并逐校审核备案，同时对2020年的集中采购项目使用情况进行“回头看”，学校完善采购、验收等资料的收集整理，根据资产管理要求进行登记造册，入库记账。2021年，全区教育系统完成采购53套电子黑板、316台电脑、4间信息化地理教室、4间数字化理科实验教室、1间VR科学实验教室、2套移动录播设备，计6个项目的公开招标工作；完成教育局机关六楼会议室改造、六楼演播厅改造、五楼中心机房设备维修、五楼卫生间改造维修、四楼会议室音响系统改造和电脑云桌面的招标采购工作；对照《中小学图书馆（室）馆配图书适宜性评价标准》，开展中小学图书室审查清理专项行动，并组织家长开展家庭藏书自查清理，对全区62所中小学校图书进行拉网式审查清理整治，审查图书近220万册，清理图书5.1万册，预防有害出版物、有害卡通画册和淫秽“口袋书”等流入校园，进一步规范图书采购和管理。根据教育部《关于严禁有害App进入中小学校园的通知》，健全校园App使用审核备案制度，按照“谁选用谁负责”“谁主管谁负责”的原则建立“双审查”责任制，明确了选用、主管和监管等人员职责。

【学校危化品和网络安全】 截至2021年年底，大丰区有学校（含幼儿园）116所，其中小学科学实验室、中学生化实验室涉及使用化学试剂，化学试剂种类相对较多，数量相对较少，大多属于危化品。所有化学试剂都严格按照其性质（如：易燃、易爆、腐蚀、毒害等）分类分柜隔离存放，对纳入公安系统监管的三类危化品（易制爆、易制毒、剧毒）实现专柜存放，双人双锁保管，并配备技防、物防措施，所有危化品化学试剂全部集中存放到全区29所中学化学实验室。年内，区教育局认真开展学校危化品安全管理和危险废物处置两项整治活动，成立学校危化品安全管理和危险废物处置工作小组，制订出台《大丰区学校危化品安全整治行动实施方案》和《大丰区学校危险废物处置专项整治行动计划》，常态化开展学校危化品安全管理月查月报，危险废物处置周查周报，及时汇总梳理报告，定期召开危化品安全管理督查工作例会，及时督查安全隐患整治情况。年内，开展6次危化品管理“家家到”现场检查，健全全区学校危化品分布示意图和危化品风险分布档案，统一制订危化品领用申请单，集中开展学校实验室危化品废弃物专项整治行动，主动对接公安、环保部门和有关企业，完善危险废物报批手续，处置危险废物4332件、2482.98千克（不含外包装），成功接受省市学校危化品工作督查。

全面加强网络安全监管，积极开展网络等级保护，建设学校网站集群，常态化开展网络安全工作检查，制订《大丰区教育系统网安“2021”行动计划方案》，召开网络信息安全暨网站管理员培训会，开展学校网站等网络信息化应用系统的安全运行和备案检查工作，统一进行网络信息资产的排摸登记，分别在1月、5月、7月、10月以及中考、高考等重要时间节点组织开展网络安全值班和网络信息系统安全检查，及时处置网络安全隐患。邀请市局网络安全专家对全区学校分管负责人和网络管理员进行网络与信息系统安全专题培训，组织全区学校师生收看全国打击治理电信网络新型违法犯罪工作电视电话会，在全区学校开展年度网络安全宣传周活动，保障全区教育系统网络与信息系统的安全稳定运行。指导学校全面清理学校的信息资产，健全学校信息资产台账，按季度指导学校填报更新“全国教育信息化工作管理信息系统”，完成全区各校“教育行业信息资产管理平台”的全面核查。在组织学校开展用电安全月查月报的基础上，对夏、冬季用电高峰期进行2次重点检查，保障用电安全无事故。

【教育信息化】 年内，区教育局以推进智慧校园建设为重点，融入“数字大丰”建设工程。2021年，全区75%的中小学建成“省智慧校园”，85%的中小学建成“市智慧校园”。教育教学电脑换新，到2021年年底，投入672万元，更新2261台电脑；全年投入535万元，配备503套班级多媒体，提升教室现代化配置水平；开展城乡互动课堂建设，年内完成2个录播教室建设任务；开展创客教室建设，提升师生信息素养，投入60万元，在城区3所学校建设3个创客教室；做好数字化实验室建设，年内，投入约500万元在新建学校、城区重点初中校，开展文、理科信息化实验室建设。

学前教育

【概况】 2021年，全区学前教育按照“办好学前教育、实现幼有所育”的要求，坚持一手抓硬件建设，一手抓保教质量，上下一心，认真履职，把《幼儿教育指导纲要》《幼儿园工作规程》的精神落实到日常教育、保育过程之中，让孩子们学会生活、学会学习、学会关心。

【优质园建设】 2021年，大丰区学前教育继续做好新建幼儿园建设的督查指导工作，区教育局学前办公室定期会同该局基建办、计财科督查指导新建幼儿园建设工作，通过实地考察，对新建公办幼儿园方案进行反复论证，提出修改建议或意见，深入实地检查，督促工程进度，把住质量关口。2021年，丰达幼儿园、金色摇篮幼儿园申报省优质园，已经通过材料审核，6月23、24日两天接受现场考察评估。城东实验幼儿园、川东幼儿园、三龙镇渔业幼儿园、刘庄镇中心幼儿园、洋心洼幼儿园、金墩幼儿园6所幼儿园接受省优质园复审验收。常态化开展普惠性民办优质幼儿园认定工作，2021年，通过宣传、布置，资料展示、现场审核，最终增加认定飞达路幼儿园、东方路幼儿园为市优质园，稳步提高全区普惠性民办幼儿园的覆盖率和保教质量。公开择优招录学前教育公办教师，2021年新招录公办幼儿教师61人，进一步充实幼师队伍。

【学前教育安全管理】 2021年，区教育局及时成立专项督查小组，对全区52所幼儿园规范办园行为实行专项轮番督查，督查内容重点围绕“安全制度的完善和落实、安全隐患的排查和整改、师生安全自护的教育和训练、机构审批和年检制度、环境创设、信息上报”等6个方面进行，采取幼儿园自查、镇（区、街道）社事办（局）核查、共同体牵头园对成员园检查、教育局组织“家家到”督查等形式，经过专项轮番督查，全区各幼儿园认真学习、深刻领会学前教育有关法律、法规，进一步加强幼儿园管理。

【学前教育课程游戏化】 2021年，区教育局全面推进江苏省区域课程游戏化县（市、区）项目建设，全力打造苏北学前教育品牌，截至2021年年底，全区有省级课程游戏化项目园3所，区级课程游戏化项目园49所。全区围绕提升课程游戏化建设水平开展各项活动，组织幼儿园课程游戏化建设专题培训，邀请省、市专家到大丰作专题讲座和现场指导，帮助园长、教师进一步认识课程游戏化的本质和内涵；组织申报、审核确认19所区级第四批课程游戏化建设项目园，并对该批项目园户外场地改造方案进行集中审议，指导相关园按课程游戏化建设要求改造户外游戏场地；组织对第四批区级项目园进行“家家到”视导，重点督查资源室建设、户外场地改造、弹性作息安排、种植、饲养活动等；召开区域推进课程游戏化建设工作会议，安排共同体牵头园和省级项目园就课程游戏化建设工作进行交流并对全区开放，务实高效的活动，提升园长和教师实施课程游戏化建设的能力和水平。

【幼教教学教研】 2021年，区教育局全面贯彻落实《江苏省教育厅关于加强与改进中小学幼儿园家庭教育指导工作的意见》（以下简称《意见》），充实教研队伍，完善教研体系，明确专兼职教研员岗位职责和工作要求，正常组织开展专兼职教研员教研工作经验交流研讨活动，各幼儿园努力探索灵活有效的教研工作模式。强化教研过程管理，建立教研工作责任区制度，全区16名兼职教研员分工负责各乡镇、街道幼儿园教研工作，集体审议区级教研计划、共同体教研方案、中心教研组教研方案，督查各成员幼儿园、各教研组织计划落实情况，召开专兼职教研员、共同体牵头园、幼小衔接实验园会议，交流推广教研成果，积极支持幼儿园课题申报、实验项目申报，教研成果推广，将培训学习纳入个人专业成长考核内容，教研工作纳入学前教育共同体和各幼儿园年终考核范围。发挥专家引领作用，全区建立课程游戏化建设和幼小衔接实验指导专家库，各幼儿园都分别建立自身的专家库，专家通过多种方式对幼儿园课程建设给予具体指导和培训，提升教师专业能力。2021年，组织全区教师线上线下培训，聆听专家讲座，完成高质量的书面和口头作

2021年9月27—29日，大丰区幼儿园开展“童心颂祖国”迎国庆主题活动
（区幼儿园 供图）

业，全区推荐部分园长、骨干教师参加省、市各类培训学习、交流活动，专业素养和能力得到明显提升。组织园长、教师参加省、市各级评比活动，组织参加江苏省教育学会论文评选，一、二等奖篇数在全市位列前茅，在参加盐城市基础教育论文评选中，大丰区5篇论文获得一等奖，一等奖获奖数居全市第一，多篇教研论文在学前教育期刊发表。在参加盐城市青年教师教学基本功比赛中，2名选手获一等奖，其中一名教师代表盐城参加省级大赛，获二等奖。在幼小衔接实验活动中，幼小衔接教研工作初见成效，大丰区是盐城唯一一家省“幼小衔接实验区”。

基础教育

【概况】 2021年，大丰区基础教育工作围绕年初工作目标，坚持以发展为主题，全面推进素质教育，实施课后延时服务，加强课程基地建设和教育内涵建设。2021年，全区创成人民路小学（品格提升工程）、草堰小学（特色文化建设项目）两个省级课程基地，新申报大丰高级中学（学科课程基地）、金丰路初级中学（品格提升工程）、飞达路初级中学（学科课程基地）、渔业小学（品格提升工程）4个市级课程基地，提升大丰区中小学的课程建设水平。科学规划义务教育架构，合理调整城镇义务教育布局，实现优质普惠教育资源充分供给。新校区建设扎实推进，实验初级中学常新路分校两幢宿舍楼内墙腻子完成65%、真石漆完成30%，两幢教学楼墙体抹灰完成90%、外墙保温完成90%，食堂完成90%，行政综合楼完成内外粉刷，操场看台完成护栏安装、排水管道埋设完成30%，报告厅二次结构完成，除体育馆及邻近配套设施，其余工程全部完工；老校区改造稳步实施，盐垦中学改建建筑加固工作已完成，楼地面、墙面、屋面施工总体完成93%，新建教学楼主体结构封顶，墙面抹灰完成65%，新建风雨操场主体封顶，四层砌筑完成60%，项目智能化桥架完成90%，12月底前，完成全部工程建设。校安工程加快建设，2021年，开展多次校舍安全隐患排查，排查存在校舍安全隐患的学校约10个，当即发现，当即消除，全年拆除存在安全隐患及老旧校舍15幢，危房拆除面积约8000平方米，全年实施学校基建项目共73个，涉及43所学校，维修改造约10万平方米，投入资金约1700万元。民生工程顺利实施，实施课桌椅焕新工程，更新课桌椅14600套；实施教师照明增亮工程，为全区初中289间教室装备3468盏健康护眼灯具；实施厕所新建工程，新建校园厕所3座；实施学生饮水及洗浴设施改善工程，采购36套学生直饮水设施，并改造2座农村寄宿制学校浴室。信息化水平不断提升，持续开展教育装备信息化建设，投入79.24万元采购53套电子黑板，实现学校班级教室黑板100%电子化，并保持常态化更新，投入近500万元，建设信息化地理教室4间、数字化理科实验教室4间、VR科学实验教室1间，投入119.22万元，采购316台教师办公电脑，提升教师办公电脑配置水平，采购2套移动录播设备，为城乡互动结对课堂项目提供技术保障。以提高教育教学质量为中心，优质发展普通高中教育，优化高中师生的学习、工作环境，改善高中教育的办学条件，为大丰高中教育优质发展提供坚实的物质基础，全力推进学校基本建设，有效扩大优质资源供给，其中安排250万元用于宿舍管理，安排467万元用于高中学校校舍维修。

【基础教育管理】 2021年，区教育局严格学籍管理，组织全区中小学学籍会审，完善学生转学、借读、休学、复学资料台账。巩固保学控辍成果。年内，全区义务教育阶段适龄儿童均已注册学籍，无辍学现象，义务教育入学率、巩固率一直保持100%。对义务教育学校的常规管理工作加强督查指导，促进学校教育教学工作的常态化管理。贯彻落实普通高中新课程标准和新课程方案，以新高考引领高中教育教学变革，推动高中育人方式的改革，积极参加上级教育主管部门组织关于普通高中新课程标准和新课程方案的学习，区教育局牵头组织相关学校对普通高中新课程标准和新课程方案开展深入研讨。强化高中教育课程管理，有序推进普通高中学生综合素质评价工作，各高中学校按要求开足国家规定的各门必修课程，包括艺术、体育、综合实践、通用技术等课程，引导学生设计、开展丰富多彩的活动，培养学生多方面的综合素养，学校从思想品德、学业水平、身心健康、艺术素养及社会实践5个方面客观记录学生的各项活动，为学生全面发展、健康成长，为高考多元录取提供重要参考。做好疫情防控工作，规范实施江苏省中小学疫情防控措施，组织各学校修订完善疫情防控工作方案、应急处置预案和“十项制度”，专门制作师生健康卡，建立场所码张贴在校园醒目位置，最大限度减少新冠肺炎疫情对中小学教育教学的影响，促进中小学生健康成长和全面发展。加强财务管理。在全区率先启动“资产条码化管理”工作，为资产建立“数字身份证”，进一步提升教育系统国有资产管理科学化和规范化。2021年，完成基建类项目审计4项，送审金额746.22万元，核减66.98万元；完成采购类项目审计9项，送审金额360.83万元，核减38.8万元；完成修缮类项目审计93项，送审金额1882.28万元，核减163.67万元；完成校长离任经济责任审计10项，提出审计建议8条。加强教学过程监管。2021年，对全区中小学的课程表编排、教师的备教改听测、学校的常规教学要求与研究、共同体的教研、校领导的教学示范等展开全面检查；重新修订《中小学教学工作视导评估标准》，全学段常态化开展常规视导和飞行视导，深入学校，深入课堂一线，每次活动每位教研员听课2节以上，并在第一时间开展听课评课交流活动，及时提出有建设性的提升整改建议。通过“不打招呼、不发通知”方式，抽查备、听、改、考、辅、研等过程性资料，促进各学校教育教学秩序规范化、精细化。加强后勤保障能力建设。投入资金1781.63万元，推进“在校集中就餐”民生工程，2021年5月面向全区70所中小学、幼儿园4.2万名师生集中配送食材，每日为全区学校供应餐食7万份次。认真落实“阳光食堂信息化监管服务平台”数据的上传工作，所有学校均做到上线率100%、纠正率100%、预警通知率100%、财务填报率100%。与上海农场签订协议，实现校园食堂食材集中采购。

【融合教育资源中心项目建设】 2021年，区教育局按照《江苏省第二期特殊教育提升计划》总体要求，加强特殊需求学生筛查评估工作，为融合教育资源中心选派融合资源教师并组织专业培训。2021年，总投资近50万元，组织培训43人次，做到全区小学、初中、高中阶段融合教育资源中心培训种类全覆盖，不断提升大丰区融合教育资源中心运行的规范性和科学性。

【融课堂主题研究和培训】 2021年，大丰区全面开展融课堂主题培训工作，广开“研”路，开展“融课堂”课题研究，经过不断提炼充实，制定《大丰“融课堂”建设指南》和《大丰“融课堂”建设实施方案》等可操作性的课改文件。开展“融课堂”建设的培训工作，分学段分学科组织教师开展全员培训工作，将24学时的“融课堂”专项培训落到实处，同时将“学科半日研”活动纳入学时管理，全体教师学有所得，学以致用。

【课后延时服务】 2021年，区教育局指导辖区内义务教育学校做好人员调配、服务内容安排、经费保障、安全管理等各项准备工作，确保“5+2”（5天+2天）课后延时服务全覆盖。全区上半年有58所中小学合计40032名义务教育阶段学生参与课后服务，占学生总人数的99.02%。参与课后服务的教师计3463人，占总教师数的92.49%。印发《关于进一步推进课后服务工作的通知》，强调各校原则上应在工作日期间为有需求的学生每天提供不少于2小时的课后服务，初中学校工作日晚上应积极创造条件为有需求的学生开设晚自习班，探索推行周六和寒暑假托管服务。在确保学生完成家庭作业的基础上，提供类型丰富的活动项目，着力回应群众期盼，满足学生个性化、多样化需求，科学合理安排学校课后服务工作，进一步提高课后服务实施水平。

【中小学德育工作】 2021年，区教育局以《中小学德育工作指南》为指导，根据盐城市《2021年中小学德育工作重点任务清单》要求，结合建党100周年时代背景，开展各类德育主题教育活动，培养学生的爱国情怀、责任意识、担当精神。组织各中小学开展“制止餐饮浪费，弘扬节俭美德”“十个一”（发放一份倡议书，召开一次主题班会，举行一次签名活动，制作一批宣传板报，开展一次主题演讲比赛，举办一次手抄画比赛，举办一次征文活动，收看一次专题讲座，开好一次家长会，举行一次活动作品展）主题宣传教育、“青春自护 平安春节”线上微课堂、“守护·2021清明祭英烈”宣传教育、“童心向党”等系列主题活动。加强中小学师生心理健康教育，严格落实《省教育厅关于加强新时代中小学心理健康教育的意见》，在保证满足心理健康课2周1课时最低要求的基础上，积极开发校本课程，定期联系区青少年活动中心引入专业人员举办心理健康讲座。加强中小学生劳动教育，各中小学制定本校劳动教育实施方案，开齐开足劳动教育校本课程，利用校园劳动资源，筹措资金建设校园家政体验馆，并依托乡村少年宫、青少年活动中心等实践基地，联系各社区、社会公共场所开展校外实践活动，组织学生在五一期间开展“学党史 敬劳模”主题教育活动。加强中小学家庭教育，围绕“双减”政策，坚持“五育并举”（德、智、体、美、劳并举），全面开展家校共育工作，各学校建立并完善家庭教育相关制度，将家庭教育指导服务作为教师业务培训的内容，将家校互动情况纳入教师考核，促进形成家长参与学校监督与服务的工作体系。认真做好2021年三好学生、优秀学生干部的推荐表彰工作，全区表彰省三好学生7名，省优秀学干2名，盐城市三好学生34名，盐城市优秀学干13名，盐城市先进班集体6个，大丰区中小学三好学生192名、优秀学干104名、学生先进集体50个。认真做好2021年优秀班主任的推荐表彰工作，通过个人申报、学校推荐、区教育局评审的程序，共产生2020—2021学年度盐城市中小学

2021年，大丰区城东实验小学培养学生学习镌刻等艺术科技创作
（区城东实小 供图）

优秀班主任8名。

【规范招生秩序】 2021年，根据省、盐城市招生工作有关文件，区教育局相继制定印发《关于做好2021年城区小学毕业生信息采集审核工作的通知》《盐城市大丰区2021年义务教育阶段学校招生工作意见》《盐城市大丰区2021年高中阶段学校招生工作意见》和《关于下达2021年义务教育阶段民办学校招生计划的通知》。认真做好义务教育招生工作，组织城区小学毕业生基本信息的采集、核查工作，做好招生政策的宣传解读工作，规范招生行为，妥善化解各类矛盾，确保暑期义务教育阶段招生工作规范有序开展。积极做好普通高中招生的相关工作，做好高中选科指导，为高中阶段招生做好前期准备工作。

【学生体育】 2021年，全区教育系统积极开展校园阳光体育竞赛活动，举办全国足球特色学校春季和秋季联赛、全区中小学生三棋比赛、大丰区第十二届田径运动会、全区中小学生乒乓球比赛、区直中学生广播操比赛、区直中小学生羽毛球比赛、区直中小学生排球比赛、全区中小学生篮球比赛、区直幼儿园体适能比赛，近2000人参赛。制定《关于印发2021年盐城市大丰区初中毕业升学体育考试工作实施方案的通知》，组织4542名考生参加初中毕业升学体育考试。有序完成2021年普通高中高水平运动队招生工作，大丰高级中学高水平运动队专项测试合格4人，新丰中学高水平运动队专项测试合格11人。选拔优秀体育人才，在全区中小学校进行两个轮次的“体育苗子”选拔工作，通过冬令营、夏令营试训，储备高水平体育后备人才。组织全区中小学生体质健康测试，全面实施《国家学生体质健康标准》，建立学生体质健康监测与上报制度，定期对在校学生进行体质测试，并及时上报数据，2021年监测率100%，合格率95%以上。印发《2021年大丰区校园近视防控宣传教育月活动工作方案》，学生肥胖率和近视率呈逐年下降趋势。

2021年6月，大丰区校园阳光体育节中学生广播操比赛举行
（区少体校　供图）

【群众体育】 2021年，大丰区组织了区级群众体育活动。打造《健身气功·八段锦》《八式太极拳》《居家体能系列》5期“云健身”强身抗疫“春节居家健身”系列示范视频，介绍多种居家科学健身方法；6月，举办“庆祝建党100周年”线上线下百千万联动大展演大丰区广场舞培训；5—8月，举行八段锦、太极拳、五禽戏等健身气功网络个人赛；10月，参加全省联动，举办“颂歌献给党，幸福舞起来”广场健身舞大展演大丰区分会场活动，全区600余名广场健身舞运动爱好者参加活动；组织区级机关及相关单位参加人民路海派风情街开街“奔跑吧，出彩的你!”健康迷你跑活动，全区直接参与系列活动的群众10万余人，推进全民健身运动的开展。积极参加国际、省、市体育活动，全区获各类奖项500余人次，区第二中学健身气功队代表江苏省参加中华人民共和国第十四届运动会群众赛事活动健身气功企事业组展演活动，并获得最佳人气奖；组织市民参加省八段锦网络比赛及盐城市八段锦、太极拳线上视频比赛，参赛居民200余人；参加盐城市第四届龙舟赛，大丰区教育系统龙舟队获得三金两银三铜，金牌数居全市第一，同时获得优秀组织奖；大中街道芳韵舞蹈队在“庆丰收 感党恩 永远跟党走”2021年“梦幻迷宫杯”全省农民广场舞展演赛中获得特等奖；武术协会健身气功队在2021年盐城市城市俱乐部联赛一线社会体育指导员技能大赛中获得一等奖。10月，承办2021中国盐城黄海湿地公路自行车赛（大丰段）。组织社会体育指导员、裁判员等培训班，5月下旬举办健身气功·八段锦和广场舞两个项目社会体育指导员、裁判员培训班，来自全区15个镇（街道、园区）120名健身气功运动、广场健身舞爱好者参加培训，先后选派100余名优秀社会体育指导员参加省、市级砂板乒乓球、羽毛球、广场舞、排舞、健身健美、太极拳、五禽戏等项目培训，区门球协会开办了门球裁判员培训班。11月，组织开展2021年国民体质抽样监测。

【艺术科技国防教育】 2021年，区教育局规范学校艺术教育，有序完成普通高中艺术社团招生和全区初中毕业生艺术素质终期测评工作，大丰高级中学艺术生专项测试合格6人，体育专项测试合格4人，新丰中学体育专项测试合格11人，全区初中毕业生艺考A等占21.7%；组织全区中小学生“三独”比赛，选出21名优胜选手参加盐城市“三独”比赛；举办2021年大丰区中小学生艺术节活动，在全区范围内开展“班班有歌声”合唱、中小学美育改革创新优秀案例评选、艺术作品展评、“唱支歌儿给党听”中小学生合唱、建党100周年文艺会演、“为梦启航”全区中小学生才艺大赛（独唱、独奏、独舞）、“我心向阳”校园集体舞、“乐来越好”器乐合奏等一系列比赛活动，其中，《妈妈的花摆裙》《茉莉花》两个舞蹈节目进入盐城市展评，并代表盐城市参加全省展演。重视学生科技教育，在城区中小学生中招募青少年科技志愿者，大丰城东实验初级中学特邀了鸟类学博士、盐城市黄海湿地世界自然遗产地特聘专家刘彬作“盐城市湿地鸟类”的专题科普讲座，在人民路小学、幸福路小学、实验初级中学益民路分校举办第二十八届江苏省青少年科技模型大赛盐城市选拔赛8个比赛项目，江苏省大丰高级中学获“十三五”第五批“江苏省科学教育综合示范学校”称号，一名学生入选江苏省青少年科技中心的“2021年江苏省中学生科技创新后备人才培养计划”。开展国防教育，全区三所高中学校对所有高一新生进行新生入学前军训，大丰中学、南阳中学、城东实验小学被评为盐城市首批少年军校。

2021年11月，大丰区职业技术教育中心组织学生参加省中等职业学校学生学业水平技能考试（烹饪） 戴媛媛 摄

职业教育

【概况】 2021年，大丰区改善职业教育办学条件，教育质量明显提升，平安校园持续巩固，教学资源优化配置，专业建设稳步推进，中职、高职衔接牢固，校企合作紧密，集团化办学成熟，社会化培训精准，学校知名度提升。2021年，全区职业教育专任课教师254人，其中高级职称教师119人，中级职称教师75人，初级职称教师50人，其他教师10人，教师培训率100%。区职业技术教育中心中职部毕业生技能考试合格率95.6%，综合高中部13级学生中级工考试过关率100%。

【职教师资建设】 2021年，区职业技术教育中心坚持把教师队伍建设作为强基固本的系统性工程，全面提升职业教育教师队伍整体素质和专业化水平。通过校园招聘和社会招聘，引进8名硕士研究生和2名本科毕业生充实到教师队伍，整顿疏导没有教师资格证书的教师，形成“合理流动，适当储备，优胜劣汰”的人员管理格局。强化师德师风建设，制定了师德师风建设方案，建立健全师德师风建设规章制度。

【就业培训】 2021年，区职教中心成功申报电子技术应用（光电产品应用维护）、港口机械运用与维修、轮机维护与管理、国际货运代理等4个专业。继续做强运动训练、新能源汽车维修、西餐烹饪等新专业，加强常州机电职业技术学院就数控技术应用专业、电子商务专业、汽车运用与维修3个专业和江苏信息职业技术学院计算机应用专业以及无锡科技职业学院机电技术应用专业进行“3+3”现代职教体系项目合作，大丰职教中心分别和半岛温泉酒店、大丰区餐饮协会签订现代服务业专业群现代学徒制合作协议，共同制定人才培养方案，加强双师建设，推动落实现代学徒项目。区职教中心坚持以研立教，完成“第四期盐城市职业教育教学改革研究课题开题报告会”，6个市级课题正式开题，老师卞鹏的“新时代中职学校加强学生劳动教育的研究”省级课题被江苏省职业技术教育学会立项。

【教育教学质量提升】 2021年，大丰区职业教育继续实施教师素质提升三年行动计划，加强师德师风建设，推进教师专业成长，培育跨专业、跨领域的科研与教学相结合的教师教学创新团队。区职教中心招收全日制学生1288人、成人本专科招生466人，3+3中高职衔接276人，各级各类非学历培训4096人（1月至11月底），五年一贯制“专转本”，87人被本科院校录取，录取率73%，比全省的平均录取率高出近50%，位居盐城市同类学校之首。综合高中5人达本科线。在2021年江苏省职业院校教学大赛中，大丰区职教中心获得1个一等奖、4个三等奖，获奖等次和获奖数均居盐城市第一。在江苏省第十五届“蓝天杯”优秀教学设计评选活动中，大丰区职教中心获一等奖3个、二等奖10个、三等奖15个。在盐城市职业学校教学大赛中，大丰区职教中心获一等奖4个、二等奖10个、三等奖1个，成为入围省赛现场决赛作品最多的学校。在2021年度江苏省技能大赛中，大丰区职教中心教师朱红梅组织学生参加“建筑CAD”并获二等奖，师生共获三等奖6个。在盐城市技能大赛中，大丰区职教中心获一等奖2个，二等奖12个，三等奖21个。在ICDL亚洲数字挑战赛中，大丰职教中心机电工程系1811班学生张树清、郭大志获金奖，

1711班学生杨明鑫参加高职组设计赛获铜奖。

【实训基地建设】 2021年，大丰区在已有2个省级高水平示范性实训基地和2个现代化实训基地基础上，加强实训资源的优化组合，实施信息化建设提升工程，加大综合实训平台建设，形成与地方产业相匹配的现代制造技术、现代信息技术、现代服务业、汽车技术服务、建筑工程、财经商贸六大实训基地。加强培训基地建设，10月9日，大丰区职教中心增挂"盐城海洋职业学校"校牌，确定"紧贴产业、突出优势、科学定位、打造品牌"的办学思路，聚焦港航和临港产业发展需要，加快专业调整、强化师资储备、深化校企合作，推动学校转型、升级，各级各类非学历培训和职业技能鉴定计4096人次。2021年，大丰区职教中心获江苏省城职院就业创业工作先进集体。

【学校管理】 2021年，全区职业教育严格执行国家有关制度和江苏省德育工作标准，实现学校管理的规范化、制度化和科学化。全力推进"三全育人"（全员育人、全程育人、全方位育人）体系建设，对基建维修、财务管理、后勤管理、物资采购和资产管理等关键领域进行有效监管，规范公务用车、公务接待、经费报销和设备招投标管理。2021年暑期，大丰区职教中心实施文化建设工程，将专业特色、文化特色、办学特色建设与整体形象建设以及对外宣传结合起来，全面提升职业教育整体形象，强化德育工作队伍建设，开展"四特"（特殊家庭、特殊心理、特殊行为、特殊体质）结对帮扶工程，初步形成"全员育人、全程育人、全方位育人"的格局。全体教师践行"四有"（有理想信念、有道德情操、有扎实知识、有仁爱之心）好老师标准，对学生"思想上引导、学习上辅导、心理上疏导、生活上指导、成长上向导"，用心用爱构建和谐奋进的师生关系。着力做好班主任队伍和学生自主管理队伍建设，涌现出一大批事业心重、管理能力强的先进个人，从落实安全防范规章制度入手，建立健全各项安全制度，严格落实安全责任制和"一岗双职"制，确保学校各项安全管理工作有章可循，促使校园安全状况常态化发展。

特殊教育

【概况】 2021年，大丰区特殊教育坚持"以人为本，育人为先"的教育理念，坚持实施素质教育，遵循特殊教育的办学规律，推进特殊教育新课程改革，不断巩固教育现代化创建成果。大丰区特殊教育学校1所，学校总占地面积7400平方米，建筑面积14400平方米。学校班级总数13个，学生总数187人，其中送教上门43人。学校教职工总数为33人，专任教师33人，本科达标率100%，其中副高级教师8人，中级教师21人，助理2人，员级教师2人。

【康复中心改造升级】 2021年，大丰区特殊教育学校康复中心大楼内部设施不断充实，力求满足全区残疾儿童学前教育的康复需求。区政府投资125.4万元，用于隐患整改。启动"医教结合"项目，在获得30万元的项目研究经费的基础上，特殊教育学校通过考察、学习、取经，制定实施方案，采取专款专用、公开招投标的方式，采购了围绕"医教结合"项目必备的康复训练器材，确保"医教结合"项目正常运转。

【服务重残疾学生】 2021年，区特殊教育学校配合区残联做好"送教上门"服务对象调查、比对工作，在此基础上全区最终确认43名重残少年儿童为"送教上门"服务对象。帮助这些重残少年儿童在江苏省中小学生学籍信息库内注册学籍，与重残少年儿童家人约定，定期、定时、定师资、定教材"送教上门"，年末，这些重残少年儿童与在籍贫困学生享受同等补助待遇。稳步扩大办学规模，确保残疾学生进得来、留得住、学得好。

【注重教学研究】 2021年，区特殊教育学校注重教学研究，深入推进新课程改革，推进校本课程的开发，使广大教师自觉运用新课改理念指导教学实践。学校教务处定期组织教师开展业务学习，教研组定期组织教师开展形式多样的教研活动，从教与学两方面研究如何确定教学目标，把握和处理教材，提高课堂教学工作的实效。强化质量意识，不断提升办学品位。区特殊教育学校教师坚持在整个教学过程中始终体现因材施教原则，设计和实施个性化教学方案，注重补差补缺工作，做到课前个别引导、课中个别指导、课后个别辅导。教导处定期检查教师的备、教、改工作，发现问题，及时纠正，并评选出优秀备课笔记，保证教育教学秩序良好规范运行。区特殊教育学校定期委派骨干教师深入残疾学生"随班就读"的学校，与相关教师切磋针对残疾学生的教学业务，共同研究备课、上课、辅导等关键性教学环节，确保"随班就读"的残疾学生得到公平教育。详细了解随班就读学生的学习、活动以及与正常学生的相处等情况，共同探讨随班就读的教学方案。

【教学质量提升】 2021年，区特殊教育学校围绕实施素质教育这一目标，在努力提高残疾学生科学文化基础知识的同时兼顾其他，开展阳光体育活动，坚持每月举行一次小型趣味体育竞赛活动。从学生实际出发，先后开设洗车、缝纫、麦秸秆贴画、手工串珠、3D贴画、纽扣画等职业技术教育课程。2021年，在江苏省特殊教育学校微课大赛中，大丰区特殊教育学校获得优秀组织奖，1人获二等奖，4人获三等奖。

社区教育

【概况】 2021年，大丰区把推进社区教育与学习型社会建设工作作为创新社会管理、推进和谐社会建设的重要举措，以服务地方经济、社会发展为宗旨，统筹社区教育资源，积极创建社会培训共同体。全区建成省级社区教育中心12个、全国"优秀成人继续教育院校"1个、"全国社区教育示范乡镇"1个、"全国城乡社区教育特色学校"1个、

2021年，大丰社区教育继续做好资源整合，实行优质配置，实现社区教育中心资源利用最大化　　周古凯　摄

"全国老年远程教育先进收视点"1个、"全国优秀学习型村居"1个、"中国成人教育协会乡村振兴研学基地"1个，"江苏省40佳社教单位"2个、"江苏省社区教育先进集体"1个、"江苏省百强社教单位"2个、"省社区教育品牌3个"、"省级农科教示范基地"4个、"江苏学习在线夕阳红扶老上网工程省级示范单位"1个。开展技能教育、学历教育、市民素质教育、老龄文化体育卫生娱乐教育、青少年校外教育等，为不同年龄、不同文化层次的各类人员提供菜单式教育培训。2021年，全区办班3661期，培训11.95万人次，培训率72.8%。通过各级各类培训，城乡居民社区教育活动年参与率分别为60%和40%，老年人参加社区教育活动率26%，未成年人参加社区教育活动率65%，从业人员继续教育率65%。

【健全社区教育领导机构】 2021年，全区建立以区社区学院为龙头、镇社区教育中心为骨干、村居民学校为基础的三级社区教育网络。全区各镇（街道）均调整、充实社区教育领导小组，由镇（街道）党委书记或镇长（主任）担任组长，社区劳动模范、老党员、老干部、老教师、专业大户代表为主要成员，共同商议社区教育相关的事项，制定教学计划、规章制度等，同时负责招聘并安排专兼职教师定期、定时到指定地点为学员上课，保证社区教育中心的师资力量。

【社区教育资源融合】 2021年，全区社区教育继续做好资源整合，实行优质配置，实现社区教育中心资源利用最大化。各镇（街道）社区教育中心根据社会需求程度，主动与镇（街道）业余党校、文化站、老龄委、关工委、扶贫分会、老区开发促进分会、居民学校等联手共建，优势互补。各地各部门不断加强联系、注重资源共享整合，提高各类教育设施的利用率，全区公办学校资源有序对社会开放；各镇区党建、科普、文明、法制、文化等教育活动设施不断建成并向居民开放，图书馆、老年大学、文体中心、青少年活动中心、文化广场、市民学校等已成为社区教育活动的重要舞台，各类社会培训机构、公益组织也利用自身场地、师资等资源参与社区教育活动，丰富市民学习的形式和内容。全区社区教育经费实行政府主导、社会参与的多元投入机制。2021年，大丰区将社区教育经费按照常住人口不低于人均2元的标准提高到人均不低于4元的标准，纳入区级财政预算，并按时拨付，实行专款专用，保障各项活动的正常开展。

【社区教育管理加强】 2021年，大丰区政府与各镇政府签订的责任状中，将社区教育作为其中一项重要内容，纳入对各镇政府教育工作年度考核目标。建立健全社区教育督导评估制度、检查指导制度、年度考核制度、工作月报告制度等各项管理制度，全区社区教育继续加强网络化管理力度，清晰呈现三个管理层面：第一个层面为区教育局分管领导以及专设相关服务机构，第二个层面为各镇（街道）建立的社区教育领导小组以及专设的社区教育中心，第三个层面为各村（居）社区教育领导小组以及专设的居民学校。全区形成社区教育三级管理网络。大中街道所有村级居民学校硬件设施齐全，村村配备高规格的教室、课桌椅、阅览室、健身基地、休息娱乐室等，是培训、办学的好场所。

【社区教育师资建设】 2021年，全区12个社区教育中心均按规定配齐专职教师，共115人，根据办学需要聘请兼职教师322人，各村（居）均配备了1至2名社区教育联络员，专门负责社区教育日常工作，另外根据办学需要聘请若干兼职教师。兼职教师绝大部分都是当地有一定专业特长的技术性人才。大中街道、新丰镇、草庙镇、万盈镇、草堰镇的社区教育就地取"才"，聘请教师，技术培训效果明显。

【社区教育业绩】 2021年，全区社区教育以"短、平、快"培训为主，以种养大户、家庭农场、合作社负责人为培训对象，组织农村实用人才示范培训班，组织专业技术人员编制《新型职业农民培训实施方案》，对种植大户"撒网式"轮训，全面开展高效种植、稻虾共作等生产技术指导，系统开展粮油、大蒜等专业培训，提升一线农民职业技能。2021年，全区有农技人员2385人，种养大户6900户以上，家庭农场及合作社共1609家。大中街道的"乐龄手机学堂"工作经验在联合国教科文组织CLC项目组全国和国际会议上进行交流。草庙社区教育中心"鹿鸣尚学堂"被认定为江苏省社区教育特色品牌，草庙社区教育中心获得"中国成人教育协会扶贫教育案例"，草庙社区教育中心、万盈社区教育中心、草堰社区教育中心成功创成"中成协提升农民精神风貌实验单位"，草堰社区教育中心《授之以渔 扶之以智 助力打赢脱贫攻坚战》被中国成人教育协会农村成人教育专业委员会评选为典型经验，在全国农村成人教育网站交流。

【民办教育管理】 2021年，全区正式挂牌的民办学校有18所，其中义务教育学校2所，幼儿园16所。全区有校外培训机构146所。各级各类民办学校均已完善法人法理机构，设立学校董事会、理事会，建立健全内部管理机构，分别从资格审批、收费管理、学籍管理、教育教学常规管理、教师队伍管理、财务后勤管理等多渠道多层面进行监管，区教育局组织相关科室人员对已经区教育局审批领取民办学校许可证的民办教育机构进行年度检查，加强对民办学校的日常监管，联合相关部门对大丰外国语学校、创新学校开展综合督导。同时，加强对合格类校外培训机构进行常态化管理和日常监督，督促他们规范、诚信、安全办学，时刻严防违规办学现象发生或反弹。

师资建设

【概况】 2021年，大丰区围绕《国家中长期教育改革和发展规划纲要》中提出的师资建设要求，始终瞄准“造就一支师德高尚、业务精湛、结构合理、充满活力的高素质专业化教师队伍”的目标，针对全区各级各类师资现状，挖掘一切可利用的资源，积极创造内外部条件，为教师队伍建设提供支撑。

【优化教师队伍】 2021年，区教育局开展校园招聘工作，赴山西师范大学、扬州大学、南通大学、江苏师范大学4个招聘点举行专场招聘会，宣传大丰的人才引进政策，共招聘研究生20人，其中新丰中学5人，南阳中学9人，大丰中等专业学校6人；坚持公开、公平、公正原则，开展社会招聘工作，招聘新教师233人，接收、录用免费男幼师4人，乡村定向师范生7人。组织实施城乡教师交流工作，2021年暑期，通过进城考试，交流城乡教师18名；从外县（市、区）调进优秀教师6人。配强学校领导班子，提拔任用校级干部37人，异地异校调整校级干部24人。严把教师入口关，严格教师资格审核，完成认定、注册工作，2021年两批次教师资格认定工作，全区有706人申请，经过网上报名、现场材料审核、体检等程序，共669人审核通过教师资格；完成盐城市政务服务工作平台数据同步和教师资格证发放工作。依照文件规定，科学合理开展岗位聘用，2021年，合理解决原大丰区第二中学16名副高职称教师未聘的历史遗留问题；经区长会办会同意，实施低职高聘工作，对普通高中工作业绩突出，坚持一线工作、符合申报高一级职称评审条件的人员，按60%的比例开展低职高聘，全区合计低职高聘副高85人、中级4人；在城区初中尝试实行“区管校聘”，对大丰区实验初级中学、大丰区实验初中益民路分校、大丰区金丰路初中、大丰区飞达路初中、大丰区城东实验初中实行“区管校聘”，就相关学校的职称评审、岗位晋升试点实行统一管理。壮大骨干队伍，2021年，全区重新考核认定市级名教师3名、市级学科带头人94名、市级教学能手188名，重新考核认定市级名校长1名、优秀校长6名，推荐赵存安、袁曹阳、陈亚红、唐云、陈小梅等5人为“省特级教师”候选人，评审产生10个“四有”（有理想信念、有道德情操、有扎实学识、有仁爱之心）好教师团队，申报盐城市“名校长培养工程”第二批培养对象19人，申报谭娟、焦勇等10人为省第六期“333高层次人才培养工程”第三层次培养对象，推荐申报第二批特级教师培养对象4人，为应届全日制硕士研究生、“双一流”建设师范院校本科毕业生申报、发放教育人才奖励经费135.34万元，经个人申报自评、学校审核测评、第三方考核、考核领导小组审核，为奚志宏、杨剑峰等10人发放2020年度高层次教育人才奖励98.93万元。

【中小学教师培训】 2021年，区教育局做好中小学教师培训，建成盐城市级“四有”好教师重点培育团队2个，区级“四有”好教师重点培育团队10个。邀请省、市专家开设专题讲座，帮助各团队破解发展难题，形成大丰特色和经验，取得有价值、可推广的团队建设成果，在此基础上，引导各团队成员组建二级团队，扩大“四有”好教师团队建设的辐射面和影响力，引导全区教师争做“四有”好教师。常态化推进师德师风全员培训，将师德师风教育列入教师培训的核心位置，成立师德师风宣讲团队，特别做好新入职教师的师德师风培训工作，将师德师风纳入新教师规范化培训内容。全面完成各级各类教师培训，积极申报省、市级“名师送培”“乡村骨干教师”等培训项目。2021年，组织1268名教师分别参加45个培训项目，省级网络培训1116人次，合格率98.6%，高于市级培训部门下达的合格率97%的目标要求，大丰区全体教师均达96学时要求。开展校领导能力提升培训，2021年，组织2期“中小学、幼儿园新任校级干部任职能力提升网络培训”，对近4年来提拔的76名校级干部进行培训。开展以“聚焦四研抓培训、争做四有好教师”为主题的暑期教师全员培训，围绕建设高素质、专业化、创新型教师队伍的目标，突出“研读、研课、研评、研教”四个方面，以集中培训、网络研修、学科研讨、校本培训的形式，组织82学时开放灵活的全区教师暑期培训活动。开展区级中小学班主任培训，年内，全区有6位班主任参加盐城市中小学班主任基本功竞赛，其中3人获市一等奖（小学1人，初中2人），3人获市二等奖（小学1人，高中2人）。2021年，大丰区争取到初中历史、生物、地理三门学科教师的省级提优项目，培训辐射全区100名教师，其中历史学科40人，生物学科40人，地理学科20人，由南京师范大学送培，提升三门学科教师的教育教学与教科研能力。

【新教师专业培训】 2021年10月25日至11月26日，区教育局组织刚入职的264名新教师进行岗前专业培训，涉及通识培训、学科培训、跟岗培训、自主网络研修培训等内容。其中，通识培训时间3天，学科培训时间8天，跟岗培训时间30天，网络研修时间30天。跟岗学校每周要组织新教师进行观课交流，促进新教师教研能力提高。

2021年，大丰区重新考核认定一批市级名教师、市级学科带头人、市级教学能手
周古凯 摄

【跨区域合作培训】 2021年，区教育局加强跨区域合作培训工作，将知名专家“请进来”指导研修，邀请市教科院特级教师葛连干、陈小平等20多名专家，为学校教育教学工作提供建议，开展主题研修活动。鼓励骨干教师“走出去”提升业务，组织学科教师参加大市教师培训活动，小学语文学科培训活动7次，初中各科中考复习研讨会3次，高中上半年各学科高三二轮复习研讨会1次、基础年级教研活动、下半年高中各学科教师全员培训活动。组织教师参加省骨干教师培训活动，派遣高中历史教师12人，高中英语教师8人，高中生物教师12人，初高中思政课教师5人参加省骨干教师培训活动，组织高中英语教师5人参加高中英语引智培训。

【指导校本研修】 2021年初，区教育局要求各学校认真制定校本培训计划，并认真组织实施。区教师发展中心等相关部门审核各学校校本培训计划，督促学校优化校本培训，指导学校围绕教师发展的师魂、阅读、青蓝、“融课堂”建设，落实监督管理，组织学校及时上传计划方案进培训管理系统，使区域内学校校本培训有计划、有内容、有课时、有实效、有素养。年底，对全区各学校校本培训完成情况进行考核，并为合格教师进行学时认定。充分发挥名优教师的作用，面向全区各中小学校、各直属单位以及区教师发展中心研训员，公开征集中小学教师培训课程资源，组织到各学校讲课，做到优质培训资源建设与共享。

【教学改革】 2021年，区教育局深入推进教学改革。区各高中校着力开展课堂建设研究，邀请如皋市教学一线专家对大丰区全体高三语数外教师做高考复习迎考策略指导，大丰高级中学开展“3+1”高效课堂模式研究，南阳中学在原有“问题探究”课堂教学模式的基础上，有机融入盐城市“让学引思”课堂教学改革实践；义务教育阶段学校转变师生教与学的方式方法，开展大丰“融课堂”课题研究，形成《大丰“融课堂”建设指南》和《大丰“融课堂”建设实施方案》等系列可操作性的课改文件，分学段分学科组织教师开展全员培训，将24学时的“融课堂”教学改革落到实处，同时将“学科半日研”活动纳入学时管理。落实“双减”工作要求，各学校都制定“双减”实施方案。教师发展中心多次组织飞行检查，确保“双减”工作落到实处。

【教学新成效】 2021年，在盐城市“新华杯”小学语文课外阅读竞赛中，大丰区有5名学生获特等奖，6名学生获一等奖；在全国中学生数学奥林匹克竞赛（江苏赛区）中，大丰高级中学的叶晨阳、李彦辰、李明业、李沐阳、陈鹏、杨炎铮获江苏省一等奖，蒋宇轩、卢琦杰等11人获江苏省二等奖，夏冉燃等4人获江苏省三等奖。区教师发展中心组织全区中小学课外阅读分享活动，激发学生阅读兴趣，提升学生学科素养。10月23日，在大丰实验初中举行全区初中《艾青诗选》读书分享交流活动，300多名学生参加活动。11月2日，在青少年活动中心举行以“全员悦读·欣享书香”为主题的颁奖典礼，表彰在市小学语文课外阅读知识竞赛中取得优异成绩的个人和学校。在“童声里的中国”少儿歌谣创作大赛中，大丰区报送作品459篇，城东实验初级中学、大丰高级中学获童谣少儿组优秀作品奖，实验小学、渔业小学获最佳校园歌曲奖。

【教研活动】 2021年，区教育局加强课题指导，确保课题研究有针对性、实效性和高质量，区教师发展中心于8月初举办全区省教研室课题评审暨课题研究培训班，邀请盐城市教师发展学院院长马群仁、盐城市教科院基础教育研究所所长席加宏和研究员戚洪祥等专家做讲座。2021年，大丰区申报省教研室课题48项，省规划课题45项，在盐城市教科院上报的50项省教研室课题中，大丰区占10项，在盐城市申报的200项省规划课题中，大丰区占24项。常态开展有主题的学科教研活动，2021年，开展半日研活动220余次，覆盖全部学段学科，小学数学12次，小学语文15次，小学外语15次，小学英语培育站活动21次，高中英语18次，小学、初中道德与法治23次，心理健康教育12次，高中思政11次，其他各学段学科近百次。

【赛课评比】 2021年，区教育局积极组织省市教学竞赛研磨活动，有10名教师获市基本功大赛一等奖，14名教师获市优质课一等奖。同时初中班主任基本功、初中体育优质课、高中数学基本功、初中数学基本功、小学美术基本功、初中劳技基本功、高中历史优质课和小学英语培育站8个项目的教师代表盐城参加省赛。

（崔跃兵）

〖编辑　朱晓华〗

文化

综 述

【概况】 2021年，大丰文化工作围绕文化事业繁荣、文化产业兴盛的目标，不断推动文化建设高质量发展。全年大丰区举办大型文艺演出13场，送戏下乡284场，展览50余场，人均接受文化场馆服务人次5.62次，位居全市前列。

【公共文化活动】 2021年，大丰区积极开展文化惠民专题活动，组织开展盐城市庆祝中国共产党成立100周年暨党史学习教育优秀群文节目巡演、大丰区“锦绣梨园 光辉征程”暨党史学习教育戏曲专场、庆祝建党100周年大丰区群众文艺调演、“我们的中国梦”——文化进万家大丰区优秀群众文艺作品巡演、荷兰花海郁金香文化月、第九届恒北梨花文化节等专题文化活动。深入推进全民阅读，以公益讲座、展览、社会科普等形式，确保阅读普惠化、均等化，增强文化感召力。厚植优秀文化沃土，相继组织图书馆、文化馆、博物馆、锡剧团等开展红色文化、非遗文化、戏曲文化进校园、进社区、进乡村、进企业、进军营活动。

【文艺精品创作】 摄影作品《神滩乐土》获2021年第七届塞尔维亚国际摄影五地巡回展金牌，摄影作品《夏日河谷》入选中国第18届国际摄影艺术展览；少儿舞蹈《妈妈的花摆裙》在第十一届“小荷风采”全国少儿展演中获“小荷之星”称号（金奖），舞蹈《最美的歌儿唱给妈妈》获江苏省“永远跟党走，幸福舞起来”广场舞最佳表演奖（全省第一）；大丰瓷刻《越洋电话》入选“百年百艺·薪火相传”中国传统工艺邀请展；书法《宋朱熹〈春日〉》入选苏沪百名书画家作品展；大型原创锡剧《大先生》获盐城市盐渎文化艺术月文华大奖；《太行高秋图》等9部美术作品入围第二届盐城美术奖；长篇小说《前沿》、文史《北上海印象系列丛书》等一批重点文艺作品在创作中。

2021年，大丰区人均接受文化场馆服务人次5.62次，位居全市前列
周古凯 摄

【文化遗产保护】 2021年，大丰区组织开展文物安全大检查和消防培训，完成全区60处不可移动文物点安全巡查。西团镇北团村发现大量砖瓦瓷片，经江苏省考古研究所现场勘察、鉴定，认定为盐业遗址，具有重要的研究价值。划定省文物保护单位八路军新四军白驹狮子口会师旧址保护范围和建设控制地带。上海知青纪念馆被省文物局备案，成为大丰区第3家在省文物局备案的国有博物馆。依托全国“文化和自然遗产日”，面向中小学生开展“文化旅游非遗+，牵手家乡非遗文化”“大丰非遗牵手少儿一日游”等活动。“大丰瓷刻”和“大丰麦秆画”相继入选江苏省非遗系列活动暨第四届中国（淮安）大运河文化带城市非遗展、上海人游“北上海”2021江苏大丰（上海）旅游推介会、“庆家国团圆 赏盐博古韵”中秋系列地方文化展。

艺术创作及演出

【概况】 2021年，大丰区广大文艺工作者深入生活，扎根人民，创作出一批优秀艺术作品。4部作品获国家级奖项，20部作品在国家级展览、展演、刊物上入选或发表；4部作品获省级奖项，14部作品在省级展览、展演、刊物上入选或发表；15部作品获市级奖项，49部作品在市级展览、展演、刊物上入选或发表。

【书法篆刻】 2021年，尤浩书法作品《建党100周年感怀》获第三届“沈鹏诗书画奖”诗书类入展奖；顾晓燕书法作品《春日》入选“百年风华”沪苏农工党百位艺术家百幅艺术作品联展；许勤书法作品入选江苏省首届篆隶书法作品展；陈国林书法作品入选首届江苏省“瘗鹤铭·书法篆刻展”；束珩篆刻入选盐城印社“强富美高新盐城”命题篆刻网络展。

【摄影】《梨园春早》获2021扬州世界园艺博览会江苏休闲农业摄影展二等奖，《蒸蒸日上》获省职工摄影大赛金奖，《我和我的祖国》获省财政系统摄影比赛三等奖，《夏日河谷》入选中国第18届国际摄影艺术展览，《海滩鹿群》等5幅作品入选中国国际摄影协会展，《沙滩物语》入选由中国摄影家协会主办的“中国世界遗产地”全国摄影展，《公交车窗内外》入选《摄影世界》杂志2021年4月“读者园地摄影月赛”。

【戏剧文学】 原创锡剧《大先生》获盐渎文化艺术展演月新创舞台剧目调演文华大奖和文华编剧奖、表演奖。1部大戏剧本、2部小戏剧本获盐城市政府文艺奖三等奖。在盐城市新剧本评奖中，获得大戏特等奖1个、一等奖2个、二等奖1个，小戏一等奖2个、二等奖1个、三等奖3个。在盐城市“金菊杯”小戏小品征文评奖中，获得一等奖3个、二等奖13个、三等奖5个。

【音乐舞蹈】 京剧票友协会、丝韵民歌民乐艺术团获得2021年度“江苏省优秀群众文化团队”称号，音乐《梅花湾寻梅》获“盐城市2021年音乐舞蹈曲艺展演”一等奖；少儿舞蹈《妈妈的花摆裙》在第十一届“小荷风采”全国少儿展演中获“小荷之星”称号（金奖），舞蹈《最美的歌儿唱给妈妈》获江苏省“永远跟党走，幸福舞起来”广场舞最佳表演奖（全省第一），舞蹈《星火》、歌伴舞《一面旗帜》分别获“盐城市2021年音乐舞蹈曲艺展演”一等奖、二等奖。

文化遗产保护传承

【概况】 2021年，大丰区文化遗产保护工作在区委、区政府领导下按时逐序开展。做好文博场馆免费对外开放工作，发挥爱国主义教育基地和红色廉政教育基地的作用，开展“5·18”国际博物馆日及“文化遗产日”系列活动，保护并传承文化遗产，组织开展“安全生产大检查活动”，确保文物安全、活动顺利。

【西团盐业遗址考古】 3月8日，西团镇北团村复垦工程中发现大量砖瓦瓷片，结合大面积的草木灰分布，以及文献资料记载，初步推断为明清时期盐业遗址。经江苏省考古研究所现场勘察，结合采集的青瓷碗、青花瓷碗、盘、酱釉瓷罐、韩瓶等遗物，初步认定该遗址年代早至宋代，又以明代和清代遗物居多，遗址整体延续时间较长，具有十分重要的研究价值。

2021年，大丰区博物馆新馆建成　　周古凯　摄

【国家级非物质文化遗产】 5月24日，大丰瓷刻经国务院批准列入第五批国家级非物质文化遗产代表性项目名录。大丰瓷刻艺术已有200余年的历史，随着科技的发展、新工具的应用，大丰瓷刻技艺不断创新完善，成为承载中国传统文化的优秀手工艺术之一。多次应邀参加国际性展览展示等艺术交流活动，系列瓷刻作品充分展现江苏特色和大丰元素，多次获得国家、省、市级奖项，同时，作品被作为政府礼品赠送给英国、荷兰、德国、韩国等国家和地区。

【文化遗产传承活动】 2021年，大丰区文广旅局依托非遗保护中心、博物馆、重点景区等阵地，广泛开展“红色文化展览进校园系列活动”“匠心非遗 献礼百年征程”“博物馆里过端午”等形式各样的展览和活动，强化非遗进景区、进校园活动，促使非遗传承深入人心、走进日常。组织非遗作品、传承人技艺参加国家、省、市等大型展览、展示活动，大丰非遗项目“小海香肚”在中央电视台《味道》栏目热播，吴永龙麦秆画获2021年扬州世园会江苏休闲旅游农业创意精品金奖。

公共文化服务体系建设

【概况】 2021年，大丰区有规模以上文化企业56个。位于大丰区城东高新区的丰华文化产业集聚区，占地28公顷，建成的建筑面积约为10万平方米，将文化会展中心、文化馆、图书馆、博物馆等公共文化设施连接起来。文化会展中心以会展经济、专业剧场、音乐厅为主营方向；卯酉书局融汇传统文化，打造四季阅读、移步换景的特色书店；图书馆致力于公共文化服务和阅读空间分享；博物馆传承历史、展望未来、引领奋斗。四大业态各有侧重，又密切相连，带来全新的文创消费体验。

【博物馆新馆】 2021年，大丰区博物馆新馆建成。总建筑面积约7900平方米，有各类馆藏文物超600件，其中国家一级文物1件（套），二级文物7件（套），三级文物41件（套），包括青铜器、陶瓷器、书法绘画、玉器、化石、明清家具、钱币、绣品和古建筑石雕等，各类文物均具鲜明特色，其中更以楚币郢爰、郑板桥十二条屏、明蟠螭（chi）兽面纹白玉佩、施氏家簿谱等珍贵文物为镇馆之宝。新馆是一座集收藏、研究、陈列、教育、文物信息共享等于一体的大型综合性博物馆，内设黄海湿地、流金热土、峥嵘岁月、未来大丰等多个独立展厅，全面展示大丰发展历程、建设成就和未来愿景。

【图书馆分馆建设】 2021年，根据盐城市推进全民阅读的工作要求和部署，大丰区不断完善全民阅读基础设施体系，持续推进总分馆建设，新建4家图书馆分馆为市民提供普惠均等、开放共享、高雅优质的公共阅读服务。其中，花海名邸社区图书馆，位于南环大道与西环大道交会处的花海名邸艺术展厅内，投资320万元，占地300平方米，藏书超3万册，以书香人文小区为样板，打造成片区居民家门口的阅读新空间；铁军国防教育基地分馆，位于草堰镇梦幻迷宫内，投资550万元，占地500平方米，藏书7690余册，内设红色书屋和党史学习馆；北上海建设者"五老驿站"主题分馆，位于沪苏集聚区知青联络处，投资630万元，占地400平方米，藏书约3万册，是大丰区第一家服务老年读者的主题分馆；白驹皎皎书苑分馆，位于白驹镇水浒街，由白驹镇卫生院大楼改建而成，投资800万元，占地500平方米，藏书近1万册，内设展厅、茶室、庭院、书屋等，是一处注重探究和展示白驹人文历史的分馆。

群众文化

【概况】 2021年，大丰区以"纵向到底、横向到边"的公共文化设施网络为依托，主动了解、对接新时代群众文化新需求，提供更贴心的公共文化服务。先后组织开展各类公益性文艺演出13场、送戏下乡284场、主流文化场馆送展览50余场，进一步激发基层群众文化创新活力，推进公共文化服务高质量发展。

【2021年群众文艺调演】 6月24—25日，由大丰区委宣传部、区文广旅局主办的2021庆祝中国共产党成立100周年暨党史学习教育群众文艺调演在大丰区百姓星光大舞台举行。全区11个镇、1个街道、11个社会文艺团体、390余名演职人员创作40个节目参加调演，涵盖舞蹈、曲艺、歌曲、小品、诗朗诵等多种艺术形式。舞蹈《我的祖国》、京剧《沙家浜》选段"斥敌"、锡剧《江姐》选段"推云拨雾离山城"、小品《担当》、音乐情景剧《绣红旗》等节目依次登场。

【全民阅读春风行动】 3月2日，大丰区2021年"全民阅读春风行动"正式启动。区委常委、宣传部部长赵玉霞出席启动仪式并致辞。全民阅读春风行动与"三下乡""文化进万家"等主题活动结合，依托新时代文明实践中心（所、站）、图书馆（室）、农家（社区）书屋、书店、阅读新空间和中小学校等阵地，利用农家书屋数字阅读平台等线上载体，以读、走、写、讲、听、看、演等多种形式，组织开展阵地援建、物资捐赠、服务指导等阅读关爱活动，有效扩大全民阅读受众面和受益面，有力推动基层公共阅读服务补短板、强弱项、提质量。

文化市场管理

【概况】 2021年，大丰区文化旅游综合行政执法大队巡查经营单位1614家次，出动执法人员6460人次，立案查处案件11起，处罚款1.15万元。在2021年全市文化市场综合执法案卷评查中，区文化旅游综合行政执法大队获"优秀办案团队"称号，卢沛沛获"优秀办案能手"称号，两起案卷被评为"十佳案卷"。

【综合执法队伍建设】 2021年，区文化旅游综合行政执法大队进一步完善综合执法制度建设标准。规范执法队伍建设，使用统一规范的机构名称、证件、文书，实现实际在编在岗者7人全部持证上岗。根据盐城市文化市场综合执法支队《关于全市文化市场综合执法案件评查情况的通报》，大队获"优秀办案团队"的称号，行政执法水平有效提升。大队利用现有基础设施，建立技术监控室、罚没物品库房、询问调查室、证据保存室和举报受理室，逐步向文化市场综合执法装备配备以及执法用房标准靠拢。

【文化市场疫情防控】 2021年，区文化旅游综合行政执法大队根据省、市、区疫情防控工作要求，通过电话、微信工作群、专题会议和现场检查等方式，通知全区文化市场经营单位严格落实疫情防控措施。组织开展早、中、晚多时段巡查工作，确保网吧、游戏厅等32家经营单位疫情防控无死角。配合公安对电竞酒店进行检查，责令关停互联网上网服务。根据复工通告，区文化旅游综合行政执法大队召开复工前疫情防控部署会，要求经营单位严格落实有防疫制度和责任人、有防控应急处置预案、有防疫物资储备等8项防控要求。

【文化市场安全督查】 2021年，区文化旅游综合行政执法大队扎实开展安全生产宣传和学习工作，出动执法人员6460人次，检查1614家次，发现并整改隐患195处，与消防大队、供电公司、市场监管局等部门联合检查6次，发现并整改隐患率100%。大队严格落实文化市场经营单位安全生产主体责任，发放经营管理安全须知，指导经营单位负责人建立健全安全生产责任制和各类安全管理制度及应急、灭火演练方案，引导经营者有效开展"消防四个能力建设"（检查消除火灾隐患的能力，组织扑救初起火灾的能力，组织人员疏散逃生的能力，消防宣传教育培训能力），确保文化市场全年无安全生产责任事故。开展安全生产宣传，在"安全生产月"等重要节点，组织全体执法人员、业主、从业人员参加安全生产专题展览和专题讲座，向从业人员普及安全生产知识，提升应急救援技能。

【文化市场整治】 2021年，区文化旅

2021年3月，卯酉书局对外营业　　周古凯　摄

游综合行政执法大队依法立案查处9起出版物市场案件和1起旅游市场案件，及时制止违法行为，规范市场主体经营行为。大队深入文娱领域综合治理，查处利用建党100周年牟利和邀请劣迹艺人参加商演2场演出，严格防范劣迹艺人转移阵地复出，维护大丰区营业性演出市场经营秩序。对2家游泳场馆和6家歌舞娱乐场所开展"双随机一公开"（在监管过程中随机抽取检查对象，随机选派执法检查人员，抽查情况及查处结果及时向社会公开）联合检查，实现进一次门、查多项事，显著提升监管效能，优化营商环境。落实普法责任制，组织36家旅行社（旅行分社、服务网点）和24家演出市场经营单位负责人开展法律法规专题培训，有效增强业主法治意识。

（谢　杨）

新华书店

【概况】 江苏凤凰新华书店集团有限公司大丰分公司（以下简称"大丰新华书店"）以"品质保证、顾客满意"为经营宗旨，为广大读者朋友提供个性化优质服务，先后获"江苏省双优诚信发行单位""盐城市大丰区全民阅读优秀单位"等称号。

【图书发行】 2021年，大丰新华书店坚持社会效益优先的原则，落实"送书到校、服务到班"的工作责任，确保教材在学校开学上课前按时发放，完成"课前到书，人手一册"任务。大丰新华书店高度重视中国共产党和国家重要文献的发行工作，在门店设立党政图书专柜，开展专题书籍展销活动。全年《习近平调研指导过的贫困村脱贫纪实》《中国共产党一百年大事记》《新征程面对面》等重要文献发行工作实现销售码洋近505万元。深入推进党史学习教育用书进校园，完成全区4所学校3万余册相关图书分发工作。

【书香社会建设】 2021年，大丰新华书店与高新区管委会联合在丰华街道辖区内建设卯酉书局，是一座集书店、咖啡、文创展示于一体的新型复合式文化体验场所，总建筑面积约6000平方米，书店投放图书价值约250万元。卯酉书局已成为当地知名网红打卡地。

【文化书香校园建设】 2021年，大丰新华书店为满足师生阅读需求，在大丰高级中学校园内建设"凤凰 明德书苑"阅读体验中心。该阅读体验中心占地100平方米，投资30万元，陈列各类精选图书860余种，2000余册。体验中心内的图书师生可以免费阅读或自主购买，内部设有图书展示区、阅读区、活动区及配套服务区，并不定期举办各类读书活动、演讲比赛、沙龙、社团活动等，打造新型阅读空间，丰富校园文化生活。

【线上购书】 2021年，大丰新华书店为减少人员聚集，解决读者购书不便问题，开通线上助学读物平台、微店等购书模式，通过微信公众号、微信书友群等平台定期推送畅销图书、助学读物等信息和相关促销活动，方便读者在线咨询及选购。线下配送依托快递公司及门店员工，得到广大读者朋友的喜爱。

（束冬梅）

〖编辑　於晨婷〗

卫生健康

综　述

【概况】 2021年，大丰区现有公立医疗卫生机构24个，其中：三级综合医院、二甲中医医院、二级精神病专科医院、二级综合医院、妇幼保健院各1所，疾控中心、卫生监督所、急救医疗站各1所，镇（中心）卫生院12个，社区卫生服务中心3个，防保所1个。另有镇卫生院一体化管理的村卫生室218个，民营医院15个，门诊、诊所、医务室82个。全区有病床3824张，卫生行业在职职工5635人。其中，卫生技术人员4593人，占职工总数的81.51%，执业（助理）医师1987人，注册护士1817人。全区城乡居民主要健康指标处于较高水平，人均期望寿命82.19岁，婴儿死亡率2.11‰（省定标准为小于8‰）。全年出生人口2326人，出生人口性别比104.57，人口自然增长率为-4.58‰。大丰区通过“全国基层中医药工作先进单位”复审和“江苏省健康促进区”评估。区卫健委被省委、省政府表彰为全省脱贫攻坚暨对口帮扶支援合作先进集体，被省卫健委表彰为2021年度家庭医生签约服务创新单位。

【常态化疫情防控】 2021年，大丰区卫健委履行卫生健康职能，做好常态化疫情防控各项工作，全年无本土疫情发生。调查处置异地协查密切接触者28人，管理本地次密接337人，调查处置涉疫阳性货物协查事件5起（其中1起涉疫奶枣中检出阳性），所有疫情风险均得到及时有效处置。强化预检分诊，对所有进入医疗机构的人员在进行测温、查“两码”（健康码、行程码）、督促规范佩戴口罩的基础上，详细做好接触史、旅居史等流行病学调查并规范登记。所有医疗机构内部核酸检测除隔日检测、一周一轮检测外，每天抽检一定比例的医务人员，增加检测频次。大丰人民医院、大丰中医院、大丰区第三人民医院设置流程、分区合理的发热门诊，并通过网络向社会公布，做到24小时接诊患者，其他医疗机构一律不得收治发热患者。强化重点人群监测，对密切接触者、入境人员、重点地区人员、发热门诊患者、医疗机构工作人员、口岸检疫和边防检查人员、社会福利养老机构工作人员等重点人群，加大核酸检测频次，做到“应检尽检”，全年开展核酸检测117.11万人次。引导群众接种新冠疫苗，全年接种134.56万剂次。

【医疗接轨上海】 2021年，大丰区卫健委选派19名基层医疗骨干分2批到复旦大学附属中山医院进行跟班进修。在盐城市第十一届沿海发展人才峰会上，大丰人民医院与南通大学、江苏省人民医院达成合作协议，大丰中医院与南通大学附属医院达成合作协议。大丰区第三人民医院新成立上海市中医医院李越华名医工作室，每2周坐诊一次，年诊疗量800余人次。

【医疗系统人才科教】 2021年，大丰区卫健委加强高层次人才引进，全年柔性引进博士生16名、硕士生13名，名校优生3名。加强适用型人才引进，全年招聘在编医疗卫生技术人员82名，其中校园招聘42名、社会公开招聘34名、改制民营医院选调6名；招聘合同制卫生技术人员83名；定向招聘定向专科毕业生55名，其中34名进事业编制。加强基层紧缺人才培养，订单定向生免费培养本科生8名、大专生5名；安排2018年南通卫校农村医学35名委培生到大丰人民医院跟班学习。加强科研教育，2个项目获盐城市医学新技术引进奖二等奖。

【卫生应急】 2021年，大丰区卫健委围绕180项新冠肺炎疫情应急处置能力项目清单要求，组建120人的流调队伍、80人的专业消毒队伍、66人的心理健康服务队伍，储备1200名核酸采样人员，按照满负荷运转30天量储备各类医用防护物资，按20间/万人口标准建设并储备6个集中隔离酒店。全年集中隔离医学观察2047人，完成987名扬州外转大丰区集中隔离医学观察工作任务。围绕疫情防控政策和技术，对各板块、各部门和单位参与疫情防控相关人员进行分级分类培训，累计培训2140人，牵头组织开展新冠肺炎疫情应急处置单项和综合实战演练4次。

【扬州大学医学院附属大丰人民医院揭牌】 4月29—30日，扬州大学医学院和大丰人民医院举行合作签约暨附

2021年4月30日，扬州大学医学院附属大丰人民医院揭牌仪式举行
邱鹏　摄

属医院揭牌仪式。扬州大学医学院院长史宏灿、盐城市人民政府副市长费坚、大丰区委书记薛盛堂出席。

卫生改革

【医共体建设】 2021年，大丰区卫健委加快推进两个紧密型医共体实质化运作，大丰人民医院选派9名骨干担任基层医疗卫生机构副院长，购置标本转运专用车负责循环接受基层血样标本集中检测；中医院指导基层开展中医药适宜技术，帮助小海中心卫生院成功实施腹腔镜胆囊切除术。

【等级医院创建】 2021年，大丰人民医院不断提升三级综合医院服务能力，卒中中心、胸痛中心通过国家验收并挂牌，创伤中心加入中国创伤救治中心联盟并成为建设单位，建成扬州大学医学院附属医院。大丰中医院接受江苏省中医药管理局组织的三级中医医院创建工作调研。大丰友义医院被盐城市卫健委确认为二级综合医院。

【基层卫生】 2021年，大丰区持续开展"优质服务基层行"活动，草堰镇卫生院、万盈镇卫生院通过验收。开展基层特色科室创建工作，三龙中心卫生院内分泌科（糖尿病专科）、草堰镇卫生院呼吸内科（慢阻肺专业）、万盈镇卫生院内分泌科（糖尿病专科）、方强卫生院眼科、大中社区卫生服务中心康复医学科建成盐城市级特色科室。大丰区妇幼保健院建成并投入使用，大丰区第三人民医院异地新建项目主体竣工。

公共卫生管理

【公共卫生服务项目】 2021年，大丰区基本公共卫生服务项目人均经费提高到88元。开展第四周期"两癌"筛查，全年宫颈癌筛查28911人、乳腺癌筛查29995人，发现确诊宫颈癌17例、确诊乳腺癌28例。

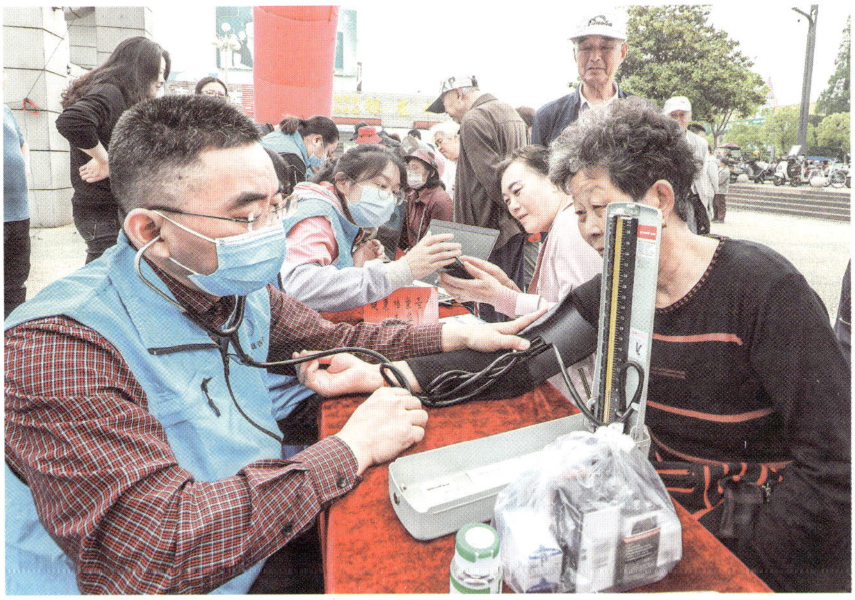

2021年5月19日是第11个"世界家庭医生日"，大丰区家庭医生团队为群众提供义诊服务 （区卫健委 供图）

【卫生综合执法监督】 2021年，大丰区制发"健康培训合格证"39240本，办理老年优待卡4910件、婚育情况证明146件、引产证明57件、医护人员注册471件、医疗机构新证变更校验158件，中医诊所备案、注销8件。强化执法法制审核，专门成立案审会，处罚金额2万元及以上的案件一律上案审会集体讨论。全年行政处罚立案查处49件，其中当场处罚4件、一般程序45件，罚没款金额33.39万元，2宗案卷分别获盐城市卫生健康行政处罚优秀案件卷宗二等奖、三等奖。

【妇幼保健质效指标】 2021年，大丰区全年无孕产妇死亡，孕产妇保健管理率98.73%，早孕建卡率87.03%，产后访视率98.73%，出生缺陷发生率6‰，婴儿死亡率2.11‰，5岁以下儿童死亡率4.1‰。全面实施新生儿先天性心脏病免费筛查工作，全年免费筛查2160例，筛查率99.86%，其中筛查阳性17例，确诊8例。加强儿童近视防控工作，建立儿童视力健康电子档案13080例。艾滋病筛查率、梅毒筛查率、乙肝表面抗原检测率均为100%。

【家庭医生签约服务】 2021年，大丰区坚持将签约服务阵地延伸至居民小区、功能社区，不断完善"15分钟健康服务圈"，新建家庭医生工作室4个。区卫健委、大中社区卫生服务中心被省卫健委表彰为2021年度家庭医生签约服务创新单位。

【精神卫生管理】 2021年，大丰区认真落实"以奖代补"政策，对新增上报的易肇事肇祸严重精神障碍患者进行核定，核实2021年度"以奖代补"对象536人的实际住院情况，补助115.52万元。对严重精神障碍患者实施免费住院治疗，全年免费住院治疗1633人次，免费金额161.7万元。联合区残联，完成1875名残疾贫困精神障碍患者的免费服药和体检工作，减免药费83.7万元、体检费32万元。

医（药）政管理

【医疗质量管理】 2021年，大丰区调整医疗质量管理委员会及检验、病案、药事、麻醉、护理、急诊急救、影像超声、医院感染等8个专业委员会，明确工作职责，落实18项医疗质量安全核心制度。加强医疗文书质量管理，对全区一级以上医疗机构在架病历、门诊处方、护理文书、辅助检查申请单等进行现场点评和指导；组织人民医院临床药师对各医疗机构门诊处方、毒麻药品专用处方进行专题培训，进一步规范医疗文书的书写。规范开展出院患者满意度调查，大丰人民医院、大丰中医院、大丰区第二人民医院出院患者满意度均为90%以上。

【药品管理】 2021年，大丰区强化基药配备使用监管，确保配备、使用比例均达到省市规定，提高基药保障水平。加强短缺药品日常储备，制定临床必需且有短缺风险药品短缺供应预案，设立库存预警，保证合理的储备量。组织开展基本药物现场核查、抗菌药物临床应用、医疗机构合理用药专项督查，提高基本药物临床应用管理水平。

疾病预防控制

【重点传染病防治】 2021年，大丰区全年无甲类传染病报告，未发生传染病多发、暴发疫情，未发生重大、不明原因疫情。报告乙、丙类传染病846例，报告发病率120.69/10万，与2020年同期相比下降69%。结核病、艾滋病、麻风病等传染病防治成效显著。

【慢性病防治】 2021年，大丰区加强癌症、脑卒中等重点慢性病的早查、早诊、早治，规范和提高死因监测、肿瘤登记和心脑血管监测的质量和水平。全年报告心脑血管事件3533例、死亡719例，报告各类死亡人数6372例，肿瘤新发病例2892例、肿瘤死亡病例1920例。

【预防接种】 2021年，大丰区为全区所有预防接种门诊疫苗储存冷藏箱安装自动测温报警系统，实行实时监控，发现异常及时处置。按照新冠疫苗接种要求，对所有预防接种门诊进行督导，设置不合理的，提出整改意见。全区各产房均开展乙肝疫苗产房接种，产房新生儿建卡建档率100%，乙肝接种及时率、知情同意签核率均为100%。全年报告疑似预防接种异常反应病例141例，其中一般反应134例、异常反应7例，均得到规范报告和处置，未发生预防接种纠纷。

【职业健康监测】 2021年，大丰区强化职业卫生宣传，面向用人单位主要负责人和职业卫生管理人员开展职业病防治相关法律法规培训17场次。面向企业职工，通过发放资料、现场咨询、培训讲座等多种形式开展宣传，发放宣传资料2万余份、举办培训讲座4次，受众2万余人次。加强对用人单位职业病防治违法违规查处力度，全年对6家用人单位作出行政处罚，罚款金额5.5万元。指导推进健康企业建设，江苏博敏电子有限公司获江苏省"健康企业"称号。

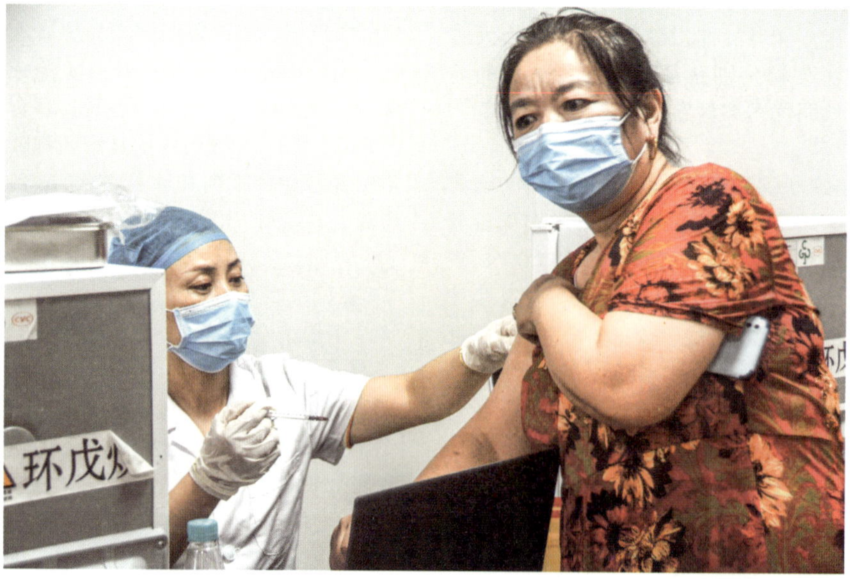

2021年7月29日，大丰区组织老年人到大中街道健东居委会接种新冠疫苗
周古凯 摄

中医药事业

【中医药服务能力】 2021年，大丰区投入4200余万元完成大丰中医院改造整修项目，设置中医综合治疗区、名医堂、治未病科等中医特色服务区。对16个基层医疗机构中医馆进行提档升级，草庙镇卫生院中医馆、方强卫生院中医馆、万盈镇卫生院中医馆、西团镇卫生院中医馆被盐城市卫健委确认为四级中医馆。

【中医药文化宣传】 2021年，大丰区遴选10余名中医药专家组建区级中医药科普巡讲团，组织开展"中医药就在你身边"中医药文化科普巡讲，覆盖全区所有镇卫生院和社区卫生服务中心，累计巡讲14场次。组织开展《中华人民共和国中医药法》实施四周年和《江苏省中医药条例》实施一周年宣传活动，通过发放宣传折页、举办健康知识讲座、开展义诊咨询等多种形式，广泛宣传中医药养生、保健、防病知识，发放宣传资料6073份，开展健康讲座和义诊咨询45场次，受益群众5000人次。

爱国卫生

【健康大丰建设】 2021年，大丰区成立健康大丰建设领导小组，建立覆盖所有责任部门的工作网络。区政府印发《落实健康中国行动推进健康大丰建设实施方案》，将健康大丰建设纳入综合目标考核，适时通报工作进展，完成2020年度试考核工作。

【健康教育与健康促进】 2021年，大丰区利用微信公众号、网站、宣传栏开展常态化科普宣传，并组建专门队伍，到基层开展疫情防控防护知识培训，倡导文明健康的生活方式，引导群众养成勤洗手、保持社交距离、使用分餐公筷等良好卫生习惯，引导发热病人、有可疑症状患者及时就医，居民健康素养水平提高到32%。通过江苏省健康促进区创建评估验收，草庙镇建成江苏省健康镇，草堰镇双河村等16个村（社区）建成江苏省健康村（社区）。

血吸虫病地方病防治

【查螺灭螺】 2021年，大丰区组织对5个流行镇49个流行村、大丰林场以及与疫区镇毗邻的14030个环境进行螺情调查，查螺面积4808.68万平方米。草庙镇东灶村查出有螺环境1处，林场查出有螺环境3处，有螺面积0.5万平方米，未发现阳性钉螺。草庙镇、林场对有螺环境进行药物灭螺，万盈镇、大桥镇继续对近5年发现的有螺环境开展巩固药物灭螺，全区药物灭螺面积70.36万平方米。

【查病治病】 2021年，大丰区全年完成2358人血清学查病、378人粪检查病和355名流动及水上作业人员查病任务，无阳性者。

【晚血病人管理】 2021年，大丰区继续开展晚血病人家庭医生签约服务和晚血病人关爱治疗救助工作，发挥区、镇、村三级医疗网作用，进一步改善现存晚血病人临床症状，提升晚血病人的生存质量。全年对39名晚血病人进行医疗救助，救助金额18.78万元。

2021年，大丰区卫健委完成老年人智能手机运用集中培训2280人次
周古凯　摄

老年健康

【老年健康教育】 2021年，大丰区卫健委广泛宣传老年健康科普知识，普及老年人常见病、多发病预防和治疗等内容，提高老年人健康素养水平。整合健康体检资源和基本公共卫生项目内容，扎实推进65岁以上老年人家庭医生签约服务，全年签约75952人，签约率53.97%。开展预约上门和家庭病床服务试点，积极拓展老年人签约服务范围，满足老年人多样化服务需求。

【智慧助老】 2021年，大丰区卫健委围绕微信聊天、预约挂号、健康扫码、手机支付、网约车出行等老年人常用生活场景，组织开展老年人运用智能技术专项普及培训。全年完成老年人智能手机运用集中培训2280人次、家庭培训1001人次、户外培训165人次。12月16日，在江苏省第一届“老年达人”运用智能技术大赛决赛中，大丰区代表队代表盐城获二等奖。开设老年人挂号就医绿色通道，保留传统现金结算方式，为老年人就医提供便利。全区12家基层医疗机构建成老年友善医疗机构。

【孝亲敬老】 2021年“敬老月”活动期间，大丰区举办庆祝中国共产党百年华诞暨大丰区首届老年书画、摄影、非遗工艺作品展。开展五保老人、社会寄养人员慰问活动，按200元/人的标准，发放慰问金17.6万元。开展“安康关爱行动”，为辖区内60周岁以上户籍老人购买人身意外伤害险，参保人数125964人，参保经费732.212万元，参保率89.9%。开展老年维权优待系列活动，营造依法保障老年人合法权益的社会氛围。大中街道恒北村被国家卫生健康委、全国老龄办评为全国首批示范性老年友好型社区。

（王国生　陈伟琴）

〖编辑　於晨婷〗

体 育

综 述

【概况】 2021年，大丰区体育工作按照稳中求进的工作总基调，围绕创建“全民运动健身模范市”工作，推进全区体育事业高质量发展。江苏省体育局公布的2021年度全省县级体育重点工作督查结果，大丰区体育工作在全省64个县（市、区）中列第28位，在苏北地区28个县（市、区）中列第4位。大丰区梅花湾跑步线路入选“‘魅力江苏最美体育’2021江苏省最美跑步线路”。

【体育工作先进单位】 2021年，大丰区体育局被国家体育总局表彰为全国群众体育先进单位，被江苏省体育局表彰为江苏省县级体育工作先进单位。

群众体育

【概况】 2021年，大丰区体育局深入开展全民健身活动。结合疫情防控要求，打造5期“云健身”强身抗疫“春节居家健身”系列示范视频。以“庆祝中国共产党成立100周年”和国家第13个“全民健身日”为契机，举办“颂歌献给党 幸福舞起来”广场健身舞展演活动等各类全民健身运动系列活动，全区约10万人直接参与活动。组织开展健康江苏体育国民体质测试，全年完成测试人数3000余人。参加国家、省、市各类体育比赛活动，全区获各类奖项500余人次。

【老年人体育节】 4月27日—11月28日，大丰区举办老年人体育节。体育节期间，全区由老年人体育协会、大中街道等单位组织开展活动20余场次，参与群众15000余人次。体育节活动的开展，极大丰富了广大中老年人群的体育文化生活，让更多的中老年人享受健康快乐的人生。

【全民健身志愿服务队伍扩大】 5月21日，大丰区“‘庆祝中国共产党成立100周年’健身气功·八段锦”项目和广场舞项目社会体育指导员、裁判员培训班分别在大丰区全民健身中心舞蹈馆和大丰区奥体中心体育馆举办，约50名健身气功运动爱好者参加健身气功·八段锦项目培训，近80名广场健身舞运动爱好者参加广场舞项目培训。举办健身气功、门球、广场舞等项目三级社会体育指导员、裁判员培训班及一线社会体育指导员提高班，参培人数400余人次。新申报一级社会体育指导员5人，二级社会体育指导员21人，为群众科学健身提供保障，推动各项体育运动项目在广大群众中普及和提高。

【第二届“丰医杯”职工羽毛球暨大丰羽协第六届羽毛球比赛】 6月26—27日，由大丰区总工会、大丰区体育局、大丰区羽毛球协会主办的第二届“丰医杯”大丰区职工羽毛球暨大丰羽协第六届羽毛球比赛在大丰区奥体中心举行。全区10支代表队100余名羽毛球运动爱好者参赛。比赛设混合团体、男双（甲组）、男双（乙组）、混双、女双5项。江苏正大丰海制药有限公司获得团体第一名，大丰区丰华街道办事处获得团体第二名，大丰区供电公司获得团体第三名。

【“梦幻迷宫杯”全省农民广场舞展演赛】 10月13日，“庆丰收 颂党恩 永远跟党走”2021年“梦幻迷宫杯”全省农民广场舞展演赛在大丰区梦幻迷宫举行，14支农民广场舞队伍、300余名队员参加，大中街道芳韵舞蹈队获特等奖。

2021年10月16日，“颂歌献给党 幸福舞起来”全省百万人广场健身舞大展演大丰分会场展演活动举行

（区体育局 供图）

2021年6月，悦动体育公园投入使用　　周古凯　摄

竞技体育

【概况】 2021年，大丰区举办全国足球特色学校足球春季和秋季联赛、区直中学生广播操比赛等十余项比赛，参赛人数近2000人。承办2021年盐城市青少年网球比赛等各项比赛，参赛人数520余人。在全区中小学进行2个轮次的“体育苗子”选拔工作，利用冬令营、夏令营进行试训，涵盖田径、足球、举重、游泳、网球等项目。积极参加各级各类比赛，江苏省县组田径比赛积分在苏北地区排名第二；在盐城市游泳、网球等比赛中，游泳金牌数居盐城第二，举重获3枚金牌，网球获2枚金牌，乒乓球比赛获1枚金牌、5枚银牌；在市初中组“市长杯”足球比赛中获亚军，同时获得2022年“省长杯”参赛名额。大丰区城东实验幼儿园获评“全国足球特色幼儿园示范园”，大丰区少年体校被命名为“江苏省足球后备人才示范学校”。

【江苏省少年儿童羽毛球冠军赛(第一站)】 4月9—11日，2021年江苏省少儿羽毛球冠军赛(第一站)在盐城市大丰区昱丰体育文化传媒有限公司体育馆内举行。此次比赛分9岁、10岁、11岁三个年龄组别，来自全省13个城市的26支代表队、410名运动员和教练员参赛。

【盐城市青少年网球比赛】 6月30日，2021年盐城市青少年网球比赛在大丰区奥体中心网球场举行，来自全市7支网球代表队的82名运动员参加比赛。比赛设团体赛和单项赛，按年龄段分初中甲组、乙组，小学甲、乙、丙、丁、戊7个组别。大丰区代表队获小学甲组团体亚军。

【2021中国盐城黄海湿地公路自行车赛暨首届“振兴乡村　千里千骑”大众骑行活动】 10月31日，2021中国盐城黄海湿地公路自行车赛暨首届“振兴乡村　千里千骑”大众骑行活动举行。本次赛事由盐城市人民政府主办，江苏省体育竞赛管理中心、江苏省自行车运动协会、盐城市体育局、各县(市、区)人民政府、盐城经济技术开发区、盐南高新区管委会共同承办。大丰区承担大丰境内40千米的赛事组织任务，发动教育、公安、体育、卫健、城管、水利等多个部门，250余名工作人员、183名志愿者、687名安保人员参与服务，保障赛事的圆满举行。

【盐城市少儿体适能街舞(齐舞)比赛】 12月19日，由盐城市体育局、盐城市教育局主办，大丰区教育局、大丰区体育局承办的2021年盐城市少儿体适能街舞(齐舞)比赛在大丰区城东实验小学举行。比赛分8岁组、11岁组、12岁组3个组别，全市10支代表队100余名运动员参加。大丰区明星街舞代表队获11岁组第一名；大丰区嗨皮街舞代表队获11岁组第三名；大丰区MTDF舞蹈代表队获12岁组第三名；大丰区代表队获体育道德风尚奖。

体育设施

【概况】 2021年，大丰区持续做好体育设施完善工作。在二卯酉河风光带(状元楼南侧)、康平游园各安装一套二代智能健身路径，为15个老旧小区加密更新一代全民健身路径。全区268个行政村(社区)全民健身路径覆盖率100%。高标准改造健身步道5千米。进行全域体育场地设施排查整改，有效排除各类安全隐患，整改率100%，保障群众健身活动安全正常开展。

【大丰区悦动体育公园】 2021年6月，悦动体育公园投入使用。悦动体育公园项目是大丰区“为民办实事”工程之一，公园占地面积约17333.33平方米，总投资约1000万元。悦动体育公园是集现代化、人性化和智能化于一体的体育运动主题公园，园内分为入口广场区、悦动活动区、综合球类运动区、多功能体育运动区、智能健身器械区、休闲亲子运动区、滨水绿林休闲区和特色绿化隔离区。园内配有环形慢跑道、篮球场、足球场、羽毛球场及全龄智能化健身器械、儿童活动器械和儿童彩虹跑道等体育设施。

（李明姝）

〖编辑　於晨婷〗

社会生活

人民生活及收入消费

【概况】 2021年，大丰区居民收入稳定增长。全区居民人均可支配收入38139元，同比增长9.1%。城镇常住居民人均可支配收入44392元，农村常住居民人均可支配收入29387元。城乡居民收入差距继续缩小，城乡居民人均收入比值为1.51，比2020年缩小0.02。

【城镇居民生活】 2021年，全年城镇常住居民人均可支配收入44392元，比2020年增加3417.3元，增长8.3%；其中工资性收入23488元，经营净收入7327元。城镇居民人均生活消费支出23663元，比2020年增加3364元，增长16.6%。其中：人均食品烟酒消费支出6820元，比2020年增加973.9元，增长16.7%，占生活消费支出的比重为28.8%，与2020年持平；医疗保健消费支出1798元，比2020年增加327.6元，增长22.3%，占生活消费支出的比重为7.6%，比2020年增加0.4个百分点；交通通信消费支出3903元，比2020年增加434.4元，增长12.5%，占生活消费支出的比重为16.5%，比2020年减少0.6个百分点；居住类消费3502元；比2020年增加323.4元；增长10.2%；占生活消费支出的比重为14.8%，比2020年减少0.9个百分点；年末，城镇居民人均住房建筑面积55.6平方米，比2020年增加2.7平方米，增长5.1%。

【农村居民生活】 2021年，全年农村常住居民人均可支配收入29387元，比2020年增加2632.6元，增长9.8%；其中工资性收入14851元，经营净收入9655元。农村居民人均生活消费支出20216元，比2020年增加3662.2元，增长22.1%。其中食品烟酒支出5771元，增长20.6%，占生活消费支出的比重为28.5%，比2020年减少0.4个百分点；医疗保健消费支出1539元，增长17.3%，占生活消费支出的比重为7.6%，比2020年减少0.3个百分点；交通通信消费支出2816元，增长33.2%；占生活消费支出的比重为13.9%，比2020年增加1.1个百分点；居住类消费4073元，增长14.6%，占生活消费支出的比重为20.1%，比2020年减少1.4个百分点。年末，农村居民人均居住房屋面积为66.9平方米，比2020年增加0.5平方米，增长0.8%。

（唐　凯）

2021年4月28日，大丰区丰华街道朝荣村新型农村社区分房现场会举行。图为村民抽号选房　　何绍丰　摄

民政事务

【概况】 2021年，大丰区民政局坚持守正创新、攻坚克难、务实担当，奋力完成各项工作任务，高质量考核指标位居全市第二，全区民政工作实现“十四五”良好开局。“银发馨居”养老服务品牌获中央党史学习教育领导小组点赞。大丰区被确定为省居家和社区养老服务创新示范区、婚俗改革实验区。全省“幸福家园”村社互助工程推进会在大丰区召开。

【民生保障】 2021年，大丰区民政部门严格落实基本生活救助标准动态调整机制，保障各类困难群众1.75万人，发放资金1.45亿元。在全区范围内组织开展低收入人口认定工作，认定低保边缘家庭1360户2465人，支出型困难家庭161户393人。推进部分民政管理事项赋权乡镇改革，将低保、特困人员、临时救助、残疾人“两项补贴”和尊老金的审批确认权限下放至镇（街道）。简化申请办理流程，全面推行“一证一书”即可申请救助的新模式。建立困难群众预警监测机制，加强与省、市申请救助家庭经济状况核对中心对接，将因病因祸等导致基本生活陷入困境的610户1149人及时纳入临时救助范围。

【养老服务】 2021年，大丰区发挥养老服务联席会议效能，编制《大丰区养老服务业三年规划方案》《大丰区“十四五”养老服务发展专项规划》，引领全区养老服务健康发展。积极探索开展“互联网+”“市场+”居家养老上门服务，建成区智慧养老指挥调度中心和服务信息平台，打造“云端上的养老院”，依托“12349”呼叫平台，全年服务老人37.1万人次。开展养老护理员职业技能等级资格培训，上门服务“助老员”岗前培训率100%。在区社会福利院设置集中托养区，为失能失智老人提供医疗康复服务。新丰镇敬老院成功转型升级为农村区域性养老服务中心，面向周边乡镇提供社会化养老服务。全年发放尊老金3370万元，重阳节慰问金10.5万元。

【民政基层治理】 2021年，大丰区民政部门贯彻落实《中华人民共和国村民委员会组织法》，完成村(社区)换届选举工作，产生村(居)委会成员1368名，所有村(居)均实现村书记主任“一肩挑”，换届选举成功率100%。大中街道新团村、丰华街道朝荣村、南阳镇诚心村3家江苏省为民办实事工程建成并投入使用。“红色邻里”引领新型农村社区治理在全省基层社会治理创新评比中获奖，为盐城市唯一获奖项目。行业商会协会实现党建全覆盖，建立社会组织联合监管机制，24个行业协会商会签署诚信承诺书。规范社会组织175个，清理僵尸组织137个，年检率79%，满意度评价位居全市第二。区爱心素食馆——弱势群体的温馨家园项目获评省社区社会组织优秀案例。优化营商环境，行业协会商会减免涉企收费26.97万元。积极稳妥推进镇(区、街道)社工站建设，在全市率先实现15个镇(区、街道)社工站挂牌全覆盖。

【关爱保护】 2021年，大丰区以《中华人民共和国未成年人保护法》修订为契机，成立未成年人保护工作领导小组，统筹协调全区未成年人保护工作。开展全面排查工作，未成年人实现一人一档。将153名政策外困境儿童纳入慈善救助项目，每人发放1000元。全区1297名困境儿童纳入“红黄蓝绿”四色管理，实现精准关爱。草堰镇和丰华街道建成省级儿童关爱之家，常态化开展关爱服务。引入专业社会组织和志愿者，开展“情暖童心，共护未来”儿童关爱活动。残疾人两项补贴标准全面实现城乡一体化，护理补贴标准统一提高至每人每月130元。实现福利彩票销售3521万元。移民服务设施投入1583万元，实施项目26个。

【公共管理】 2021年，大丰区城市公益性公墓一期工程基本建成，殡仪馆改扩建工程顺利开工。推进农村公益性公墓建设，完成新丰、西团等镇(街道)6个农村公益性公墓改造提升任务。开展代客祭扫、网上祭扫、“云守灵”等服务，推广“鲜花换纸钱”活动，倡导绿色祭扫。全市婚姻登记、婚检一体化工作现场推进会在大丰区召开，全年办理结婚登记4500对(涉外登记19对)，离婚登记765对，补发婚姻登记证2580对，实现跨区域通办53件。落实离婚冷静期制度，离婚登记量同比下降37%。利用节日节点，举行新婚户外集体颁证仪式、金婚老人集体婚礼等，全力推进婚俗改革。加大流浪乞讨人员救助管理力度，联合客运站完成救助人员购票乘车流程服务升级，为18名救助对象提供“绿色通道”服务。为24名长期滞留乞讨人员办理落户。白驹狮子口村、大丰烈士陵园入选全省首批认定的100个红色地名。

(仲维华)

人口与家庭

【概况】 2021年年末，全区户籍人口69.38万人，比2020年年末减少0.72万人。全年出生人口2326人，出生人口性别比104.57，人口自然增长率为-4.58‰。城乡居民人均期望寿命82.19岁，婴儿死亡率1.99‰(省定标准为小于8‰)。

【计生基层基础管理】 2021年，大丰区开展集中整治“两非”(非医学需要的胎儿性别鉴定和非医学需要的选择性别的人工终止妊娠行为)专项行动，对全区整治“两非”相关机构、人员、设备、药品进行全面调查摸底和登记造册，签订不实行“两非”承诺。对全区符合生育政策怀孕的对象引产情况进行核查，对孕情异常消失的孕妇组织专门调查，核实医院引产手术记录。全面排找“两非”线索，全区出生人口性别比持续保持稳定。

【计生政策服务】 2021年，大丰区依法实施三孩政策，利用宣传栏、微信公众号、广播等多种载体，宣传解读生育政策，营造良好舆论氛围。完善生育服务登记制度，由家庭自主安排生育。当年办理生育登记2212对，其中一孩生育登记1312对、二孩生育登记853对、三孩生育登记47对，网上办理178对。全面深化三孩配套服务，推进母婴设施建设，公共场所累计建成55个母婴室；加强0~3岁托幼机构监管，落实托育机

2021年，大丰区出生人口2326人，人口自然增长率为-4.58‰
周古凯　摄

构信息管理系统登记制度，全区有托育机构23个、托位数1720个，每千人口拥有3岁以下婴幼儿托位数2.6个，亿婴教育机构被省评为普惠性托育机构。

【计生民生改善】 2021年，大丰区按照规定条件、程序和时限要求，对2021年新增的奖扶、特扶对象进行资格确认，当期全区有农村部分计划生育家庭奖励扶助对象68275人，计划生育特别扶助对象3106人，计划生育手术并发症特扶对象1197人。关怀关爱计划生育特殊家庭，为1734名计划生育特殊家庭人员购买200元的人身意外伤害综合保险，为当年新增的独生子女意外死亡家庭和独生子女意外死亡家庭发生重大疾病的父母分别发放3000元/户的补助金和2000元/户的慰问金，共计发放114人27.75万元。大中城区计生办暖心守护行动项目被省卫健委、省计生协评选为计划生育特殊家庭心理健康服务省级项目。

（王国生　陈伟琴）

民族事务

【概况】 2021年，大丰区民族工作认真贯彻落实中央民族工作会议精神，在区委、区政府的正确领导下，在相关部门的关心支持下，以铸牢中华民族共同体意识作为民族工作的主线，推动大丰区民族工作高质量发展。2021年，大丰区境内居民以汉族为主，少数民族人口主要由因婚入居的少数民族妇女及其子女构成，有33个少数民族约3100余人。

【民族团结进步教育工作】 2021年，区委统战部、区民宗局、区教育局开展大丰区首届青少年民族团结进步书画比赛，30余所学校参与，800余幅作品参赛。比赛在丰华街道朝荣新型社区成功举办颁奖活动，在广大群众特别是青少年心中树立中华民族共同体意识。

【省级"红石榴家园"创建】 2021年，大丰区丰华街道和白驹镇成功创建省级"红石榴家园"，打造各族群众精神家园。通过基层党员精准结对、追踪帮扶，印制少数民族服务联络卡，打通服务群众"最后一公里"。依托"红石榴家园"积极开展职业培训、健康体检、慰问活动、法律援助，增强人民群众的获得感、幸福感、安全感。

（吉中旭）

宗教事务

【概况】 2021年，大丰区宗教工作认真贯彻落实全国宗教工作会议精神，推动宗教向中国化方向发展，维护宗教领域的和谐稳定，提高新形势下宗教工作水平。2021年，大丰区民宗局指导区基督教三自会完成换届并制定《大丰区基督教活动场所规章制度汇编》，提升宗教团体和宗教场所管理水平。

【宗教领域法治化建设】 2021年，大丰区民宗局对各镇、街道300多名综合执法局工作人员，开展3期行政审批和处罚的业务培训，对全区2000多名网格员，开展7期民族宗教政策法规宣讲，提升依法管理宗教事务能力。利用微信公众号，转载《宗教事务条例》释义，拓宽学法渠道，发放宣传手册、张贴宣传海报，营造宗教领域学法懂法守法的氛围。

【宗教活动场所安全专项整治】 2021年，大丰区民宗局深入开展宗教活动场所安全专项整治三年行动，联合区消防救援大队召开宗教活动场所"五个一"（开展一次集中宣讲活动、开展一次集中警示教育活动、开展一次集中应急演练活动、开展一次集中社会宣传活动、开展一次集中安全培训活动）暨"百团进百万企业"宣讲现场会，提高宗教团体和宗教场所负责人安全意识。

（吉中旭）

老龄事业

【概况】 2021年，区老龄协会围绕国家"十四五"老龄事业发展纲要，认真学习贯彻《中共中央、国务院关于加强新时代老龄工作的意见》，在学百年党史，庆百年华诞中汲取奋进力量，认真做好系列活动，全力推进老龄工作，全区老龄事业取得新成绩。创办的"晚晴"微信公众平台设有《晚晴资讯》《晚晴康养》《晚晴风采》等10多个栏目，挖掘收集整理老年群体党的建设、服务大局、健康生活的动态和亮点，及时推送各种信息。年内，区老龄协会先后与区太极拳协会、老年摄影协会、萨克斯管协会建立工作协调机制，并吸收为大丰区老龄协会成员单位，打造老龄团体品牌。

【区老龄协会党史学习教育】 2021年，区老龄协会和各基层分会组织老党员积极参与党史学习教育。区住建局老龄协会会长王宣德先后编写《中国共产党百年党史纪实概要》《中国共产党百年时间简史》等党史学习资料并开设"百年党史"讲堂。万盈镇老龄协会组织以老干部为主体的宣讲队在全镇宣讲党史学习、法纪和中共十九届六中全会精神等内容，共50多个场次，受教育4000人次。各基层协会组织2000多人次参观党史教育馆、革命纪念地，开展重温入党誓词等党性教育活动。

【首届书画、摄影、非遗工艺展览】 2021年，大丰区以庆祝中国共产党成立100周年为主题，在全区老年人、大丰籍在外地和外地在大丰生活的离退休人员、老龄工作者和热心老龄事业的志愿者中组织开展书画、摄影、非遗工艺作品征集、展览活动。4月发布征稿启事，8月底截稿，收到书画作品100余幅，摄影作品300余件，精选71幅书画、篆刻、瓷刻、麦秆画和50幅摄影作品在区文化馆展出。重阳节举行开展仪式，区委书记李志军宣布展览

2021年4月25日,区老龄协会会同区卫健委、老干局、文广旅局、融媒体中心等部门,在荷兰花海举行全区老年人参与区全域旅游活动启动仪式
（区老龄协会　供图）

开幕。入选作品分别在区老龄协会微信公众平台“晚晴”和《大丰日报》上刊登,并汇编成优秀作品集印发。

【“党在我心中”征文活动】 2021年6—9月,区老龄协会在全区老年朋友和所有文学爱好者中开展“党在我心中”征文活动,共收到各类作品158篇。征文有红色经典的读后感、党史学习心得体会,有散文、诗歌、纪实文学。对入围作品在“晚晴”微信公众号上进行发表,并编印成文集《心声》印发。12月16日,庆祝中国共产党成立100周年优秀征文集新书发布暨分享会在区图书馆举行,区委常委、宣传部部长卫爱军出席新书发布暨分享会,有关部门领导和200多名老年文学爱好者参加活动。

【全区老年人参与区全域旅游活动启动仪式举行】 4月25日,区老龄协会会同区卫健委、老干部局、文广旅局、融媒体中心等部门,结合庆祝中国共产党成立100周年,在荷兰花海举行“花里大丰游家乡·相约美好夕阳红”全区老年人参与区全域旅游活动启动仪式。区各主办单位负责人,区老龄协会理事、监事,各镇(区、街道)、区直各单位老干部党总支(支部)负责人,老龄协会分会负责人,全区各旅游景点负责人,区卫健委、新丰镇老年人代表参加活动。2021年全区近1万名老年人以多种形式参加“花里大丰游家乡·相约美好夕阳红”区全域旅游活动。各基层分会将这次活动与庆祝中国共产党成立100周年系列活动相结合举办“颂党恩、赞家乡、话幸福、助发展”活动。

【老年文化活动阵地建设】 2021年,区老龄协会在全区开展老年文化活动阵地提档升级创建活动,组织镇(区、街道)和区直单位老龄协会,积极整合社会各方资源,按照“七有”(有牌子、有场所、有设施、有兴趣小组、有管理人员、有规章制度、有活动记录)标准,提升老年文化活动阵地建设水平。全区新建、改扩建老年活动场所10个,资源共享挂牌老年活动场所3个,单位老年活动场所对社区开放3个,全区各老龄协会共建有老年人活动兴趣小组60个。11月18日,区老龄协会会同卫健委、老干部局、文广旅局举行老年文化活动阵地建设观摩活动,与会人员集中观摩区供电公司、市场监督管理局、住建局、自然资源和规划局、税务局、卫健委、公安局7个单位的老年文化活动之家,以及白驹镇老年文化活动中心、皎皎书苑老年文化活动之家、中华水浒园老年文化活动基地等现场。区委常委、宣传部部长卫爱军为白驹镇老年文化活动中心揭牌,并对老年文化活动阵地建设、开展老年文化活动和老年人学习提出具体要求。

【“敬老月”系列活动开展】 2021年,区老龄协会以全国第十二个“敬老月”和第九个老年节为契机,以关爱老年人活动为切入点,10月在全区开展形式多样、内容丰富的尊老敬老助老活动。区老龄协会、卫健委、司法局、老龄办等单位在施耐庵公园开展第十二个“敬老月”老年人健康宣传周、老年人智能手机培训、老年人法律维权、老年人走访慰问等系列活动。全区各地、各部门和各单位结合庆祝中国共产党成立100周年活动,组织开展老年人座谈会、走访慰问、参观游览、文化体育等活动300多场次,发放尊老金、慰问金500多万元。

【老年人智能手机运用普及培训】 2021年,区老龄协会会同区卫健委、老龄办等有关部门联合印发《关于开展2021年度老年人运用智能技术专项普及培训工作的通知》,并与团区委联合向全区团员青年发出关于开展“指尖上的关爱”行动的倡议,对全区老年人运用智能手机培训工作作具体的布置安排。各基层分会开展宣传动员,针对老年人数量较多、年龄偏大、记忆衰退、行动不便、居住分散等情况,做好培训计划的安排,组织实施培训辅导。全年印发学习教材5000余份,培训5671人次,其中集中培训3280人次,家庭培训2125人次,户外培训266人次。12月,大丰区代表队代表盐城在“同步新时代,智享夕阳红”江苏省第一届“老年达人”运用智能技术大赛全省总决赛中获得二等奖。

【区直单位老年人太极拳培训举办】 6月1—25日,区老龄协会联合区武术协会组织首届区直单位老年人零基础十六式太极培训。共有29人参培,其中年龄最大的82岁。区武术协会指派资深武术教练授教。通过这次培训,初学者们基本掌握了十六式太极拳的套路。

（任　嵘）

2021年大丰区百岁以上老人名录

表16

序 号	姓 名	户籍所在地	性 别	出生年份
1	陈秀英	白驹镇	女	1917
2	周凤喜	白驹镇	男	1920
3	肖同珍	白驹镇	女	1920
4	王存英	草堰镇	女	1914
5	单伯然	草堰镇	男	1918
6	杨德高	草堰镇	女	1919
7	陆桂英	草堰镇	女	1920
8	宗加贤	草堰镇	女	1920
9	朱连英	草堰镇	女	1921
10	顾宝龙	草堰镇	男	1921
11	冯巧英	草堰镇	女	1921
12	杨吉英	草堰镇	女	1921
13	冯凤晓	草堰镇	女	1921
14	冯守娣	草堰镇	女	1921
15	吴义芳	大桥镇	女	1920
16	许桂英	大桥镇	女	1920
17	储凤英	大桥镇	女	1921
18	施卫明	大中街道	女	1916
19	王 兆	大中街道	男	1918
20	陈桂连	大中街道	女	1918
21	顾金兰	大中街道	女	1919
22	施品先	大中街道	女	1920
23	候秀英	大中街道	女	1920
24	陈保琴	大中街道	女	1920
25	倪秀英	大中街道	女	1920
26	王秀英	大中街道	女	1921
27	王锡华	大中街道	男	1921
28	王元英	大中街道	女	1921
29	朱广法	大中街道	男	1921
30	沈林才	大中街道	男	1921
31	董维忠	大中街道	男	1921
32	殷桂芹	大中街道	女	1921
33	朱星楼	丰华街道	男	1920
34	沈志芳	丰华街道	女	1921
35	徐翠英	开发区	女	1921
36	韦秀红	开发区	女	1921
37	王巧銮	刘庄镇	女	1910
38	骆昌英	刘庄镇	女	1921
39	徐兆英	南阳镇	女	1917
40	潘广山	南阳镇	男	1920
41	顾兰英	南阳镇	女	1920
42	唐金娣	南阳镇	女	1920
43	徐习芳	南阳镇	女	1921
44	徐凤英	南阳镇	女	1921

续表16

序 号	姓 名	户籍所在地	性 别	出生年份
45	陈桂英	南阳镇	女	1921
46	陈淑贞	南阳镇	女	1921
47	刘庆林	三龙镇	男	1919
48	蔡汉英	三龙镇	女	1919
49	周立珍	三龙镇	女	1919
50	张连英	三龙镇	女	1921
51	沈 璜	万盈镇	男	1916
52	陈桂英	万盈镇	女	1917
53	刘珍喜	万盈镇	女	1919
54	施秀兰	万盈镇	女	1920
55	丁巧云	万盈镇	女	1920
56	赵玉和	万盈镇	男	1921
57	彭参娣	万盈镇	女	1921
58	朱信英	万盈镇	女	1921
59	李桂英	万盈镇	女	1921
60	王凤英	西团镇	女	1921
61	陈翠英	西团镇	女	1921
62	董桂英	西团镇	女	1921
63	吴兰珍	小海镇	女	1917
64	李福珍	小海镇	女	1919
65	杨永红	小海镇	女	1919
66	刘大林	小海镇	女	1920
67	唐凤英	小海镇	女	1920
68	沈红英	小海镇	女	1921
69	沈凤英	小海镇	女	1921
70	朱宝珍	小海镇	女	1921
71	蒋彩付	小海镇	男	1921
72	顾东英	小海镇	女	1921
73	王锦凤	小海镇	女	1921
74	丁翠英	新丰镇	女	1918
75	董月芳	新丰镇	女	1919
76	陈玉佩	新丰镇	女	1920
77	张亚芳	新丰镇	女	1921
78	施惠琴	新丰镇	女	1921
79	蔡芝英	新丰镇	女	1921
80	郭希舜	新丰镇	男	1921
81	申翠兰	大中农场居委会	女	1921
82	施伟娥	草庙镇	女	1914
83	沈鞋女	草庙镇	女	1921
84	冯正英	草庙镇	女	1921
85	邱金生	草庙镇	男	1921

说明：表内统计人员为2021年12月健在的100周岁以上老人

（乔晶晶）

消费者权益保护

【概况】 2021年，盐城市大丰区市场监督管理局围绕“守护安全、畅通消费”消费维权年主题，以创建放心消费先进示范单位为主线，畅通渠道，多措并举推进消费维权工作机制有效运转和效能提升。全年受理消费者咨询投诉举报各类信息3460件，为消费者挽回经济损失103万元，投诉举报受理和处置率100%，咨询回复率100%，满意率99.8%。

【放心消费示范区域创建】 2021年，大丰区市场监督管理局以人民路海派风情街创建省级放心消费示范街为新起点，全面推进各层级放心消费活动的开展。组织供水供电等公用企事业单位、大型商超等经营户和消费者代表，召开“放心消费在大丰”恳谈推进会，了解现状，掌握实情，出台创建方案，明确标准要求。与区融媒体中心合作，通过电视专题、报刊开辟专栏、“大丰发布”、微信公众号、在校园组织消费维权主题“国旗下讲话”、广场咨询等宣传活动，引导各类市场主体、消费者主动参与“放心消费在大丰”活动，在全社会营造放心消费的氛围。结合文明城市创建，明确“诚实守信、自愿承诺、保障权益、主动公示、接受监督”等五个方面标准内容和要求，组织市场主体集中签约守信，接受社会监督。同时，建立以“政府引导、部门参与、社会共治、行业自律”的共建机制。全区参加省市级创建放心消费示范先进单位62个，其中省级6个，市级56个，均通过验收公示和认定。

【线下实体店七日无理由退货推行】 2021年，大丰区市场监督管理局坚持“大力鼓励倡导，主体自愿承诺，承诺即受约束”的原则，将线下实体店七日无理由退货覆盖面由城区向镇区、街道延伸，由人民路海派风情街、大型商超、城市综合体向各中小市场主体和一般商业街拓展，制作无理由退货承诺书，对退货商品的品种范围、条件、流程和相关说明进行明确，由市场经营主体公开展示“线下无理由退货单位”统一标识，并通过张贴、悬挂、摆放等形式在经营场所醒目处明示。全年大丰区参加“线下实体店无理由退货”的市场主体逾1000户。

（方振宇）

关心下一代

【概况】 2021年，大丰区各级关工委和广大“五老”（老干部、老专家、老军人、老教师、老模范），认真学习贯彻习近平总书记“七一”重要讲话和对关心下一代工作重要指示批示精神，牢记初心使命，勇于担当作为，坚持服务青少年正确方向，紧扣立德树人根本任务，加强青少年思想道德建设，积极参与社会教育和社会治理创新，扎实推进关爱服务体系和关爱服务能力建设，支持和帮助青少年成长成才，进一步完善和落实“党建带关建”工作机制，助力培养德智体美劳全面发展的社会主义建设者和接班人。区委高度重视支持关工委工作，加强对关工委的领导。1月23日，区委召开常委会会议，专题研究全区关心下一代工作，区委书记薛盛堂主持并对做好2021年关心下一代工作提出要求。1月26日，区委召开全区2021年关心下一代工作会议。2月25日，区委办向全区转发区关工委《2021年全区关心下一代工作意见》。在10月召开的省关工委成立30周年纪念大会上，区关工委、区教育局被表彰为全省关心下一代工作先进集体，区关工委副主任郁飞、新丰镇关工委主任王文友、区住建局关工委主任王宣德被表彰为全省关心下一代工作先进个人。10月29日，区委书记李志军在区关工委汇报信上作出批示：“感谢老同志们为关心下一代所做出的积极贡献！祝贺区关工委被表彰为全省关心下一代工作先进集体！”

【区关工委成立30周年纪念会议召开】 12月16日，区关工委成立30周年纪念会议召开。区委书记李志军出席会议并讲话。会上，区委、区政府表扬全区关心下一代工作78个先进集体和118名先进个人；区领导向获得全国、全省关心下一代工作先进集体、先进个人和全区关心下一代工作先进集体、先进个人代表授牌，颁发荣誉证书；区关工委主任朱达丰作纪念区关工委成立30周年工作报告，

2021年3月23日，大丰区文明办、关工委、教育局在区实验小学联合举行2021年全区青少年“颂建党百年、做时代新人”主题教育活动启动仪式

（区关工委　供图）

回顾区关工委成立30年来特别是近5年来的工作，总结经验，并对今后关工委工作作出部署。区关心下一代工作联席会议成员单位主要负责人，区直有关单位分管负责人，各镇（区、街道）党委分管负责人、关工委主任及先进集体或先进个人代表，区直单位关工委专职主任，区直学校关工委主任参加会议。区电视台、《大丰日报》等主流媒体和省、市、区关工委自媒体对此作报道，《大丰日报》用整版具体宣传报道纪念会议情况。年内，编纂纪念区关工委成立30周年《资料汇编》，收集2017—2021年的上级领导批示、重要文件、领导讲话、先进集体和先进个人典型材料计215份。

【青少年主题教育活动】 3月23日，区文明办、关工委、教育局在区实验小学联合举行2021年全区青少年“颂建党百年、做时代新人”主题教育活动启动仪式、召开动员会议。各镇（区、街道）和区直单位关工委纷纷召开会议进行动员部署。全区各中小学分别于3月底、4月初举行主题教育启动仪式。全年主题教育活动有三个特点：突出庆祝中国共产党成立100周年、开展党史宣讲活动；运用八路军新四军白驹狮子口会师纪念地等红色资源开展教育；老少参与，用诗歌朗诵、演讲、唱红歌、访英模等方式歌伟绩、颂党恩，收到很好的效果。在省关工委“童心永向党 筑梦新辉煌”创作演讲比赛中，区关工委、教育局关工委、万盈镇关工委获“优秀组织奖”，区实验小学等4所学校的4名学生被表彰为优秀演讲者。在省关工委办公室、省中华诗学研究会和关心下一代周报社联合举办的“童声齐颂建党百年”主题征稿活动中，区实验小学等3所小学获得“优秀组织奖”，36名学生获奖。在江苏省中小学校刊联盟、关心下一代周报社联合举办的“对话2035的我们”主题征文比赛中，区关工委、教育局关工委获得“优秀组织奖”，区实验初级中学等8所学校获得“学校优秀组织奖”，12名学生作品获奖。

【校外教育辅导工作】 2021年，区关工委强化“校站结合”，一支由666名“五老”、359名在职教师组成的辅导员队伍，参与全区14所镇（区、街道）校外教育中心辅导站、227所村办站（其中与辖区中小学校联办站有41所）、195个家庭辅导点辅导工作。6月2日，区关工委、区教育局联合召开全区校外教育辅导工作推进会，参观小海镇校外教育中心辅导站、小海小学“儿童关爱之家”、万盈小学校外教育中心辅导站、大桥镇双丰村李俊山家庭辅导点、草庙镇房永忠家庭辅导点、草庙小学校外教育中心辅导站等6个现场，听取草庙镇和小海镇关工委、草堰小学和万盈小学、西团赵场村董禹康和大桥双丰村李俊山等6家典型发言。区关工委和区教育局对进一步做好校外教育辅导工作，为留守、流动、困境儿童假日活动提供公益性的社会教育平台提出要求。开展调研督查。7月17—20日，区关工委对全区14个镇（区、街道）中心辅导站和城区5个新创办的社区辅导站暑期活动情况进行“家家到”调研督查，查看辅导站办学场所的硬件设施、学生现场活动、台账资料，听取汇报交流，起到了解情况、发现典型、指出问题、推进工作的实际效果。全区校外辅导站（点）全年吸引11.59万人次学生参加活动，为留守、流动、困境儿童节假日提供一个好去处。12月21日，盐城市关工委副主任葛传华率队，对新丰、万盈、小海、草堰等4所镇校外教育中心辅导站创建的“市优秀辅导站”进行检查验收。

【“四助”关爱帮扶行动】 2021年，大丰区关工系统在青少年中开展“四助”关爱帮扶行动（春节前“助困送温暖行动”、春学期和暑期“助学圆梦行动”、春季返乡青年和秋季大学高中毕业生“创业帮扶助就业行动”、关爱大龄青年“助成家行动”）。2021年，1361名贫困学生及家庭获得总计180.3万元的资助，其中，为32名大学新生每人争取到5000元《扬子晚报》“阳光助学金”计16万元，慈善总会等部门资助25万多元，企业和社会爱心人士捐助80多万元，政府政策支持和兜底助学助困60多万元；助力200多名青年谋职就业、开拓创业；成功帮助23对大龄青年牵线搭桥组成幸福家庭。

【预防和减少青少年违法犯罪工作】 2021年，大丰区各级关工委和广大“五老”协助党委、政府和政法部门，开展预防和减少青少年违法犯罪工作，青少年“零犯罪、零受害”社区（村）创建工作达标率提升。加强法治教育，300多名“五老”法治宣讲员、法治副校长常年深入校园、企业、农村，开展以禁毒邪、戒欺凌、防性侵、反赌博、反诈骗、反传销、重交规等为主要内容的法治教育，6万多人次青少年受教育。开展结对帮扶，各地各单位基层关工委年初摸底、向政法部门了解、平时动态掌握，对所排查出的286名问题青少年，动员668名“五老”与287名在职干部一道与他们逐一结成“3+1”帮教对子，开展一人一策的帮教，问题青少年转化率95%。开展安全守护，近百名“五老”义务监督员协助公安、文化等部门，维护中小学生校园安全、校园周边安全、文化娱乐场所安全。全区16所基层派出所全部创建关爱工作站，一批老政法走上“预减”工作第一线。公检法司等政法单位关工委协助本单位职能科室，积极维护未成年人合法权益，关爱教育刑释矫正人员融入社会。

【“三扶两创”工作】 2021年，全区各级关工委积极开展“三扶两创”（扶志、扶技、扶创业、创建创业示范基地、评选创业之星）工作，助力青年农民致富。各村（居）政治科技学校每月20日组织青年农民参加政治科技学习培训，“五老”宣讲员和新老农技员开课和现场指导1500多场次。培植创业典型，区农业农村局落实各镇（区、街道）农技推广中心挂钩培植青年农民创业点35个，局关工委动员优选身体较好、经验丰富、有威望、能力强、懂技术的22名老科技工作者参与挂钩服务。区关工委和区农业农村局关工委联合成立专门班子，对镇（区、街道）新发现的典型逐一走访调研，推荐4家创业典型上报市关工委和市农业农村局关工委接受“青年农民创业之星”评审，争创全市“三扶两创”工作先进典型。启动基层局关工委组建试点工作，经区农业农村局和小海镇条线关工委积极工作，组建了小海镇农业农村局关工委（试点）。

【企业关工委建设】 2021年8月25日，区关工委主任朱达丰前往区市场监管局，与新任领导和调整后的关工委班子交换做好民企关工委工作的意见，着重就健全“区委领导，区关工委指导，市场监管部门归口管理，地方关工委协调配合”的企业关工委工作领导体制和工作机制问题进行协商与交流，形成共识。企业关工委工作组建力度加大，新建企业关工委12个。助力青年产业工人成长，指导企业关工委在提升质量、发挥作用上下功夫，积极开展关爱活动，培养有理想守信念、懂技术会创新、敢担当讲奉献的青年产业工人队伍。

【关工委宣传工作】 2021年，大丰区关工委向上级主流媒体和系统媒体报送通讯、消息等684篇，被采用366篇，其中，区关工委《倾心用情尽力、务求工作实效》等5篇被省关工委《薪火》刊登；《盐阜大众报》、《大丰日报》、大丰电视台、《盐城晚报》等主流媒体用稿66篇，《大丰日报》10个专版报道区关工委成立30周年纪念会议、主题教育动员启动等关工委工作和典型事迹；中国关工委“中国火炬”公众号采用57篇，江苏少年网采用58篇，市关工委《简讯》和《关心与希望》采用13篇，《大丰关工》全年出刊12期，用稿228篇。在全区关工委工作和校外教育辅导站工作推进会上，推出10家先进集体和先进个人典型。

【基层关工委建设】 2021年9月23日，区关工委在新丰镇召开全区基层关工委工作推进会，各镇（区、街道）关工委主任和区直单位关工委主任等与会人员，参观新丰镇关工委、新丰小学关工委、镇派出所关爱工作站、太兴村关工委、沙港村朱建华家庭辅导点等现场，听取新丰镇、新丰小学、太兴村、圩中村等关工委典型发言。区关工委主任朱达丰对学习贯彻落实习近平总书记“七一”重要讲话精神、贯彻盐城市关工委最近召开的各县（市、区）关工委主任座谈会精神、进一步做好全区关心下一代工作提出意见。12月上旬，对镇（区、街道）关工委开展“家家到”式的年度考核。截至2021年年底，全区有各类关工委组织1085个，其中新增基层关工委组织26个，镇（区、街道）、村（居、社区）、学校关工委组织全覆盖。及时充实关工委班子成员和“五老”队伍，截至年底，全区有“五老”志愿者7800多人。其中，以各级关工委班子成员为中坚力量的核心层400多人，以“五大员”（宣讲报告员、校外辅导员、技术指导员、法治帮教员、义务监督员）为主体力量的骨干层2000多人，以广大“五老”为基础力量的参与层5400多人。改善工作环境，镇（区、街道）、区直单位关工委有办公室、活动室，村（居、社区）关工委有一室一站一校（办公室、校外教育辅导站、农村政治科技学校）。村（居、社区）公共设施资源与关工委共享。拓展网上关工，区和镇（开发区、街道）、区直单位关工委创建了班子成员和工作人员微信、QQ工作群52个，入群成员增加到2000多人，区、镇、村三级关工委实时联系，提高现代化办公水平和工作效率。

（康东升）

革命老区开发促进工作

【概况】 2021年，大丰区革命老区开发促进会（以下简称“老促会”）围绕区委、区政府中心工作，按照省、市老促会工作部署，充分发挥区老促会职能，坚持上下联动，积极主动，先后获得中国老促会老区宣传工作二等奖、省优秀征文组织奖。

【红色资源调查】 2021年，大丰区老促会根据省老促会《关于在全省开展红色资源调研普查》通知精神，及时组织区镇协会人员进行调查走访，形成“大丰红色资源台账”。据调查，截至2021年年底，全区有革命历史事件和活动遗址、遗迹58处，墓碑（群）/烈士陵园26处，综合性的革命历史纪念馆2处，革命故事、革命文艺31篇，以烈士命名的镇村12个。

2021年4月，区老促会组织红色村（居）发展调研活动。图为丰华街道朝荣村现场
（区老促会　供图）

【"三走进"活动】 2021年,区老促会重点组织"三走进"活动。走进教育基地,瞻仰革命先烈。3月初,区老促会组织区"两会"系统人员到白驹狮子口八路军新四军会师纪念地开展红色纪念活动。走进红色村居,努力兴办实事。对全区6个烈士命名的镇村,本着为每个村办一件实事的原则,逐村对接。先后与开发区、丰华街道沟通,帮助长安村、朝荣村兴建村史馆,帮助小海守贞村、草堰成文村、新丰方强居委会修建路桥,加强对红色村居的支持。走进军烈属家中,进行安抚慰问。2021年,走访慰军烈属子女40多人,送去慰问金10多万元。草庙镇设立军烈属基金30万元。各分会利用多种形式,在建军节、春节前夕组织慰烈活动,为军烈属家庭办实事、做好事、解难事。

【老区调研宣传】 2021年,区老促会把调研工作作为重要职能,区镇联动,年初确定课题,4月作为调研月,会员深入基层了解情况,提出建议。配合市老促会开展场地共建调研,推进大中农场、上海农场、方强农场与地方融合发展。截至11月底,区、镇组织调研材料29篇。区"两会"形成的《传承红色基因 建设美丽乡村》调研报告被主要领导、分管领导批转。年内,区老促会积极做好老区宣传工作。省老促会开展"老区人民心向党"征文活动,区老促会宣传发动,组织评比,推荐7篇。在省扶贫"三会"召开的庆祝中国共产党成立100周年暨"老区人民心向党"优秀征文交流座谈会上,区老促会获优秀组织奖,成为全省受表彰的6家市区之一;丰华街道分会、草堰分会、小海分会等提交的4篇文章获优秀征文奖,并在《江苏老区》刊物上陆续登用。向市老促会推荐"盐阜儿女心向党"征文30多篇,获盐城市老促会征文活动优秀组织奖,《老区精神铸就共和国英模》等3篇征文分获一、二、三等奖。2021年,区老促会系统有20多篇文章被中国老区网、《江苏老区》杂志、盐城"两会"刊物采用。年内,编发"大丰老区"微信公众号18期、《会员通讯》6期。

(陈桂官)

慈善事业

【概况】 2021年,区慈善总会落实《中华人民共和国慈善法》《江苏省慈善条例》,锐意改革创新,突出工作重点,提升慈善工作水平,全区慈善事业实现新的发展。2020年12月1日至2021年11月30日,共募集善款1744.15万元,支出救助金997.24万元,救助各类困难群众1.1万人次。

【全省"幸福家园"村社互助工程推进会在大丰召开】 5月10—11日,省民政厅、省慈善总会在大丰区召开全省"幸福家园"村社互助工程推进会。省慈善总会会长蒋宏坤、省民政厅副厅长蒋同进、市政府副市长费坚、区委书记薛盛堂出席会议并讲话,省慈善总会副会长刘成林主持会议,省慈善总会副会长赵顺盘、章大李、唐群参加会议,中华慈善总会新促会执行总干事兼秘书长、幸福家园工程领导小组办公室执行主任谭光华作工程操作培训。会上,省慈善总会向大丰区慈善总会颁发江苏省"幸福家园"村社互助工程示范点牌匾,并与13个设区市慈善总会签订"幸福家园"村社互助工程合作协议。西团镇主要负责人介绍"幸福家园"工程示范点经验做法。与会人员一同观看了《慈行鹿乡·善美大丰》专题片,并参加集中业务培训。与会人员还实地考察西团镇众心村村社互助项目、区慈善文化园、荷兰花海等现场。大家感受到大丰区浓厚的慈善文化氛围,一致认为大丰区"幸福家园"村社互助工程实践总结出的"党的领导是根本、宣传发动是关键、项目筛选是重点、群众支持是保证"四条经验,值得认真学习和借鉴。

【全市"幸福家园"村社互助工程推进会在大丰召开】 10月28—29日,全市"幸福家园"村社互助工程推进会在大丰召开。会议要求,要狠抓关键,进一步健全组织网络,扩大募捐范围,提升基层慈善组织建设水平和覆盖率,推动志愿服务扎根基层,提高人民群众对扶贫济困、扶弱助残等慈善行为的认知度和参与度。要加强组织领导,建立保障协调规范有序的工作运行机制,坚持党政领导、部门支持、社会参与、整体部署、协调联动的工作原则,通过挖掘潜能、发现典型、树立标杆,形成良好发展局面,全力打造具有盐城特色的高质量"幸福家园"。会议期间,与会人员集中观摩考察西团镇众心村"幸福家园"村社互助工程项目、区慈善文化园等现场。

【全市中小学校园慈善文化建设推进会在大丰召开】 11月30日,全市中小学校园慈善文化建设推进会在大丰召开。市慈善总会会长尹金来出席会议并讲话;大丰区委常委、宣传部部长卫爱军致辞。各县(市、区)教育局、慈善总会和推荐试点学校负责人参加会议。卫爱军表示,大丰区将认真贯彻落实会议精神,扛起先行先试、创出经验的责任,主动担当,真抓实干,放大校园慈善文化建设示范效应,努力将全区中小学校园慈善文化建设工作做出特色、做成品牌、形成样板,为推动全市慈善事业高质量发展做出大丰新的更大贡献。

【全区"幸福家园"村社互助工程暨村(居)慈善工作站建设推进会召开】 8月27号,全区"幸福家园"村社互助工程暨村(居)慈善工作站建设推进会在西团镇召开。会议肯定了前一阶段"幸福家园"村社互助工程推进的成绩,并对下一阶段工作安排,提出四点意见:(1)提高思想认识。(2)夯实基础工作。(3)广泛宣传发动。(4)强化组织领导。会前,与会人员实地观摩新丰镇太兴村、小海镇杨树村、西团镇众心村"幸福家园"村社互助工程示范点,会上听取4家代表交流发言。区慈善总会向西团镇众心村颁发江苏省"幸福家园"村社互助工程示范点牌匾。

【区慈善总会（基金会）三届四次理事大会召开】 12月23日，盐城市大丰区慈善总会（基金会）三届四次理事大会召开，区政府副区长、区慈善总会名誉会长韦国出席并讲话，区慈善总会会长韦新作大会工作报告，副会长张丰宣读表彰决定，副会长宗兴荣作2020年度财务收支报告，区民政局副局长、慈善总会副秘书长吴淳作人事安排说明，区民政局党委书记、局长、区慈善总会副会长兼秘书长朱晓扣主持会议。韦新作题为“坚持人民至上 助力乡村振兴 推进共同富裕”的工作报告，对2021年工作进行回顾总结，并提出2022年慈善工作思路。会议审议通过人事安排说明、2021年度财务收支报告，并对江苏大丰农村商业银行股份有限公司、江苏丰山集团股份有限公司等11个最美爱心企业，大中街道等9个慈善工作综合先进集体，草堰镇等4个慈善宣传工作先进集体予以表彰，授予草堰镇双河村等25个村（居）“幸福家园”村社互助工程示范点牌匾。草堰镇、大桥镇慈善会会长作交流发言。

【区慈善总会三届五次会长办公会召开】 12月17日，区慈善总会召开三届五次会长办公会。区政府副区长、区慈善总会名誉会长韦国出席。会议指出，2021年，区慈善总会坚持以人民为中心的发展思想，在“提高政治站位、募集慈善资金、提升救助水平、造浓慈善氛围、扩大慈善宣传、‘幸福家园’建设、广泛交流合作、慈善队伍建设”等八个方面做了大量工作，取得了较好成绩。同时提出三点希望：（1）企业家要有慈善情怀。（2）慈善组织要在促进三次分配中发挥作用。（3）全力以赴服务好会长企业、理事企业。会上，组织学习中共十九届六中全会精神，区民政局副局长、区慈善总会副秘书长吴淳作人事安排说明，副会长宗兴荣对2021年度慈善总会（基金会）财务收支报告及企业会长单位捐赠情况进行通报，并对2022年度慈善项目情况进行说明，副会长张丰介绍三届四次理事大会工作报告要点。

2021年3月18日，“大丰慈善”微信公众号开通仪式举行
（区慈善总会 供图）

【“大丰慈善”微信公众号开通】 3月18日，区慈善总会举行“大丰慈善”微信公众号开通仪式。区政府副区长、区慈善总会名誉会长韦国，区慈善总会会长韦新为“大丰慈善”微信公众号开通共同揭牌。截至12月底，“大丰慈善”微信公众号发布16期、72条信息。全区各慈善会在省级、市级、区级主流媒体分别用稿29篇、15篇、32篇。

【“血透救助”保险项目签约仪式举行】 4月10日，区慈善总会与人保大丰支公司举行“血透救助”保险项目签约仪式。“血透救助项目”是人保大丰支公司面向大丰区慈善总会相关受救助人群约2.5万人提供的扶贫医疗救助保险服务，连续三年每年为符合标准人群提供120万元责任限额保障。该项目是对慈善保障模式的一项创新，丰富多层次的医疗保障和救助体系，能够借助保险的金融杠杆作用，帮助弱势群体度过突发困境，有效防范“因病致贫”“因病返贫”。2021年，区慈善总会发放“慈善血透”救助金89.4万元。区慈善总会邀请区众心助困联合会参与“慈善血透”救助项目。区众心助困联合会在区慈善总会救助的基础上给每位尿毒症患者增发100元慰问金，并上门慰问全区尿毒症病人中的困难家庭。

【政策外困境儿童慈善救助项目实施】 2021年，区慈善总会在走访调研的基础上，加大“政策外困境儿童救助项目”的精准救助力度，扩大慈善救助的受益面和影响面，让更多的政策外困境儿童得到救助。在“六一”儿童节到来之际，区慈善总会为全区153名政策外困境儿童每人发放1000元慈善救助金，合计发放慈善救助金15.3万元。

【“重阳节敬老”活动】 2021年，区慈善总会联合区老龄协会、区农商行开展重阳节慈善慰问活动。为全区老人发放重阳节慰问金。重阳节慰问金的发放对象共880人，其中五保老人642人，社会寄养老人238人，慰问标准为每人200元，区慈善总会共计发放慰问款17.6万元。

【区慈善总会冬季送温暖活动】 2月1日，区慈善总会会长韦新一行对两名大病困难群众和两名百岁老人进行慰问，送去新春的祝福，同时，走访调研西团镇、大中街道慈善村（居）工作站和慈善爱心超市。区慈善总会在前期已经拨付20万元困难群众春节慰问救助金基础上，按照年初制定的月月有项目、有活动的计划在区内开展“慈善爱心超市”项目及“成人年终大病救助”、走访慰问百岁老人等慰问活动，为困难群众、百岁老人送去关爱和新春祝福。此次系列活动共慰问1933人，发放慰问金68.41万元。

【区慈善总会党史学习教育】 2021年，区慈善总会根据区委统一部署，结合大丰慈善工作实际，在“七一”前组织开展“学党史、悟思想、办实事、开新局”“五个一”系列活动。举行一次党史党性党课教育，4月14日，区慈善总会邀请区委党校常务副校长顾仲荣对全区慈善会会长、秘书长，民政局机关、慈善总会机关全体人员作党史教育专题讲座。组织一次到红色教育基地考察学习，5月24日，区慈善总会组织全区各镇（街道、区园）慈善会会长、机关全体人员到八路军新四军白驹狮子口会师纪念地参观学习，感受红色文化，重温红色记忆，继承和发扬革命精神，赓续共产党人精神血脉。开展一次集中走访慰问帮扶活动，区慈善总会会长韦新一行6人走访慰问基层老党员和困难群众，将党的温暖和关怀送到老党员和困难群众的家中。进行一次为企业办实事活动，由慈善总会机关对常务副会长、副会长企业单位，各镇（街道、区园）慈善会对理事企业单位进行送服务、解难题、办实事。实施一批慈善志愿者系列服务项目，6月9日，大丰区慈善总会组织志愿者到大丰区爱心素食馆，开展“我为群众办实事”实践活动，为附近留守老人、残疾人和低保人群提供免费午餐。

【区慈善总会“五个一”活动】 9月5日是第六个中华慈善日，《江苏省慈善条例》将每年9月5日中华慈善日所在星期定为江苏慈善周。区慈善总会组织“五个一”活动，造浓慈善氛围，推进慈善事业高质量发展。举行一次“慈善一日捐”活动，倡议全区各机关团体、企事业单位、社会各界爱心人士，在中华慈善日、江苏慈善周、腾讯99公益日前后，捐出一天的工资或收入，向社会奉献一份爱心。开展一次慈善法律法规宣传活动，与区司法局等单位在慈善文化园主入口，向群众宣传《中华人民共和国慈善法》等法律法规，并接受法律咨询。选登一次历届各级好人“助人为乐”事迹简介，与区文明办在8月30日《大丰日报》整版宣传全区历届各级好人“助人为乐”事迹简介。举办一场运用电子显示屏宣传慈善文化活动，请商务局支持协助，在城区公共区域公益和商业电子显示屏播放慈善文化和“幸福家园”村社互助工程宣传标语。开展一次慈善文化“五进”（进机关、进企业、进学校、进社区、进乡村）活动，要求各镇（街道、区园）慈善会、各村（居）慈善工作站加强与镇（街道、区园）文化站和社会组织的联系与合作，开展慈善文化“五进”活动。

【区慈善总会对外交流合作】 2021年，区慈善总会加强“开放慈善”品牌建设，通过“走出去、请进来”开展慈善事业交流与合作，先后组织到湖州南浔、扬州宝应、泰州海陵等地考察学习助力共同富裕、慈善文化宣传、基层组织建设、拓展募捐途径的做法经验，拓展工作思路，提升工作水平。同时认真做好接待淮安、武进、常熟、泗阳、沭阳、盐都等地慈善总会到大丰考察交流。通过交流合作，拓展合作领域，实现优势互补，联合搭建资源对接、慈善共建的发展平台。

（张丰　高伟伟）

农村扶贫开发

【概况】 2021年，区扶贫开发协会围绕区委、区政府中心工作，按照省、市扶贫“三会”（老区开发促进会、扶贫基金会、扶贫开发协会）部署，发挥协会职能，克服新冠肺炎疫情影响，上下联动，积极主动，被盐城市乡村振兴促进会表彰为2016—2021年综合先进单位，丰华街道分会、新丰镇分会被表彰为先进分会。大丰区关于基层组织建设的调查材料在盐城扶贫协会换届大会上交流发言。加强宣传，年内扶贫协会系统有30多篇文章被上级刊物采用。

【产业扶贫】 2021年，区扶贫协会认真组织好省产业扶贫项目的实施，获得扶持资金100万元，实施4个项目，带动一批困难人员就业，增加劳动收入，同时资助20名困难学生。省“三会”将大丰区“公职人员担保确保资金安全”的做法在全省系统推广。丰华街道支持项目实施，项目带动性强，社会反响好。草庙镇积极申报、主动帮助企业联系担保人，支持产业项目实施。在实施好省产业项目的同时，各分会加强“两带一扶”（带头致富、带领群众致富，培植扶贫基地）基地建设，主动沟通，帮助协调解决问题。年内，草堰分会的晓成家庭农场董事长杨晓成被评为省劳模。

【“2021携手助老区大丰行”公募捐赠慈善活动】 2021年，根据省市扶贫“三会”部署，区扶贫协会发起“2021携手助老区大丰行”公募捐赠慈善活动，会同乡镇分会加强对困难人群的调研，编报以50户困难家庭为主的“助学助困 情暖大丰”项目，全面发动，有序推进，积极争取腾讯公益配捐。9月底，全区“两会”（老区开发促进会、扶贫开发协会）系统4133人次参与，网上募集善款16万元，被省扶贫“三会”表彰为网上公募一等奖。

【助学助困】 2021年，区扶贫协会会同浙江商会、中华保险公司开展以“暖冬行动”为主题的助困活动，慰问250名困难人员，涉及资金10多万元；联合众心联合会开展“爱心助学·众扶圆梦”行动，助学100人，资金10万元。全年有5名同学参加国华中学考试，每人获5000元/年助学金，一定三年。争取到沪苏“一对一”帮扶基金，6名同学每人得到5000元/年资助。刘庄一名学生考上国华中学。大丰农商银行资助20名高中生，每人每年3000元。截至9月底，全区由扶贫“两会”牵头，助学助困420人，累计资金50万元以上，受到社会一致好评。4月，会同友义医院开展义诊。

【区扶贫协会自身建设】 2021年，区扶贫协会在大丰区委党校召开“学党史、悟思想”学习交流会，邀请区委党校常务副校长顾仲荣做题为“百年风华正茂与中国巨变——解码中国共产党为什么能”的党史知识讲座。各镇（街道）、“两区”、区各有关部门分会会长及协会机关全体人员参加。健全完善分会组织体系，对三龙、大桥、刘庄分会会长进行调整，充实开发区、刘庄、万盈、大中分会工作人员，吸纳区医疗保障局、退役军人事务局加入区直部门分会组织，结构进一步优化。

（陈桂官）

社会矛盾纠纷大调解

【概况】 2021年，大丰区社会矛盾调处服务中心以“构建一线实战平台、打造大调解工作品牌”为目标，以社会关心的热点、难点问题为切入点，以维护“两节、两会”、国庆节及重要时期社会稳定为重点，坚持“预防为主、教育疏导、依法调处、防止激化”的原则，组织开展各类矛盾纠纷排查调处工作，处置化解大量的社会矛盾纠纷。2021年，区矛盾纠纷调处中心及各调委会、工作室受理并参与调处各类矛盾纠纷2505件，其中“公调对接”工作室调解914件，“诉调对接”工作室调解762件，金融调解工作室调解84件，劳动争议调解工作室调解610件，道路交通事故调解工作室调解135件，实现矛盾纠纷不上交。

【人民调解工作机制完善】 2021年，大丰区社会矛盾调处服务中心建立完善预防和妥善调处矛盾纠纷的集中排查机制、统筹协调机制、分析研判机制、快速联调机制、应急处置机制、考核奖惩机制等6个机制，落实事前防范和目标防范相结合、经常排查和重点排查相结合、分级调处和应急调处相结合、集中调解和日常调解相结合、强化责任和奖惩制度相结合的工作制度。坚持政策性问题普遍排查、个案问题专题排查、潜伏性问题深入排查、苗头性问题提前排查的原则，实现矛盾纠纷排查调处工作由被动到主动，由调处为主到防范为主的转变，力争做到“排查工作走在预防前，预防工作走在调解前，调解工作走在激化前”。每月定期开展一次“拉网式”排查，摸清矛盾纠纷底数，及时有效化解各类矛盾纠纷。坚持发展“枫桥经验”，做到“纠纷不出网格、小事不出村居、大事不出镇，矛盾不上交”。

【多元调解联动】 2021年，大丰区社会矛盾调处服务中心按照“体现专业特色，实现多调对接联动”的要求，构建以人民调解为基础，行政调解、司法调解有机衔接的“大调解”运行机制。通过派驻式、移送式等多种对接形式，将人民调解组织延伸覆盖到基层人民法庭、基层派出所，诉调、公调、检调、访调实现无缝对接。加强行业性、专业性人民调解组织建设，不断拓展人民调解工作新领域，把人民调解触角延伸到热点行业、重点领域。在区自然资源和规划局、卫健委、生态环境局、人社局等多个部门设立行业性调委会、工作室，化解大量专业领域的矛盾纠纷。

【人民调解进网格】 2021年，大丰区社会矛盾调处服务中心全面推进人民调解进网格，建立矛盾纠纷排查调处基本网格体系，完善“五级”网格化矛盾纠纷排查预警机制，每个单元配备1名信息员和1名调解员，建立健全人员花名册及受理、调解等台账资料和调解卷宗。严格包案责任，对每一件涉稳矛盾纠纷事项，按照“一名领导、一套班子、一个方案、一段时限、一抓到底”的要求，落实包保化解稳控责任，确保案结事了。

【人民调解工作信息化管理】 2021年，大丰区社会矛盾调处服务中心明确专人负责调解信息平台的日常维护和管理，及时掌握全区调解组织平台使用情况和各类数据的汇总。全区各级各类调解组织全面启用人民调解小助手系统，统一利用人民调解小助手平台录入纠纷案件，实现调解工作信息化的便捷性、数据传送的及时性。利用信息化平台，及时全面掌握和了解全区矛盾纠纷的总量和变化情况，加以综合分析，总结矛盾纠纷发展变化规律和特点，及时发现不稳定因素，进行社会稳定风险评估，提供预警建议和稳控意见，提高对矛盾纠纷的分析研判能力，为领导准确掌握维稳信息提供新的载体。

（袁康勇）

〖编辑　朱晓华〗

人力资源 · 社会保障

综 述

【概况】 2021年，大丰区人社系统聚焦中心任务，强化政策落实，坚持底线思维，做实监测预警，保证人社事业总体稳定、人社工作高效运行。高层次、高技能人才队伍并驾齐驱，统筹城乡就业与扶持全民创业互为促进，社会保险的广覆盖和提标准全市领先，快办行动、治欠保支、行风建设“三大攻坚战”取得明显成效。聚焦长三角一体化产业基地发展，精准对接企业需求，创新开展“民营企业服务月”“人社专员服务规模以上企业”等专项活动。全面实施社保降费、援企稳岗等助企惠民政策，全面推进“黄海明珠计划”，大力优化营商环境，在保障用工、人才支撑等方面加力提效、主动作为、成效明显。大丰区人社局连续第11年被区委区政府表彰为目标任务综合考核先进集体。

【综合柜员制改革】 2021年，大丰区人社局按照省人社厅印发的《关于开展综合柜员制业务经办模式改革推进江苏人社公共服务高质量发展的指导意见的通知》要求，制定《大丰区人社公共服务综合柜员制改革实施方案》。结合大丰人社工作服务现状，推行“大综合”的改革模式，全部业务下沉到窗口，设置综合柜员窗口15个，设置服务专窗27个。制定《大丰区人社政务服务中心功能区域和岗位设置实施方案》，统一规划布局服务大厅，建成咨询引导、资料填写、网上代办、自助服务、等候休闲、窗口受办、审核审批七大功能模块的大厅布局。根据功能区域相应设置咨询引导、网上代办、自助服务、业务受办(综窗服务和专窗业务)、审核审批、现场管理等六类岗位。同时，建设与现有的实体大厅功能对应的线上人社政务大厅，建立网上大厅282个，其中1个政务大厅、1个人社服务大厅、280个乡村综合大厅。

【人社服务“快办行动”】 2021年，大丰区人社局认真贯彻落实深化“放管服”改革要求，以企业和群众需求为导向、以信息共享业务协同为支撑、以经办能力建设为基础，形成流程优化、服务智能、便民高效的人社服务格局。对关联度高、规范性强的服务事项，经过窗口整合、表单整合以及数据跑路等方式，按照“一张表单、一套材料、一次申请”的原则，梳理形成14个人社服务“一件事”打包办事项。设计“快办行动”显著标识，编制发布形式直观、易看易懂的打包“一件事”办事指南，在人社综合服务中心设置“快办行动”窗口，在网上办事大厅开辟“一件事”受理入口。通过深入实施综合柜员制和全面推行证明事项告知承诺制，完善“前台综合受理、后台分类审核、综合窗口出件”受审分离经办模式，进一步推动限时办结事项转为即时办结事项，全面推进“职工正常退休(职)申请”等23个高频事项“提速办”。同时，依托合作银行和基层平台，聚焦开展人社服务合作，形成以人社自主经办服务为主体，以基层平台和合作服务机构为补充的“一干多支”人社服务网格化格局，实现“多点可办、就近跑一次”的服务需求。

【省人社一体化信息平台上线运行】 2021年3月，大丰区人社局制定《大丰区一体化信息平台系统切换实施方案》，利用1个月时间完成社保和就业数据转迁工作。全面组织社会保险、就业创业、人事人才、劳动关系、电子档案及财务等条线经办人员在业务停歇期参加省市统一安排的政策业务、经办规程线上培训，每天开展各项业务仿真测试，做到应训尽训。在切换上线准备方面，大丰区人社局关停省一体化平台与老系统同样具备的功能，继续沿用全民参保登记、职业技能鉴定和职业技能等级移动机考等系统，对自助查询一体机、人力资源市场等软件按规定进行升级。大丰区人社一体化信息平台于2021年8月11日正式切换上线运行。

【法治人社建设】 2021年，大丰区人社局着力健全行政权力运行制约和行政监督机制，促进人社领域各项工作法制化规范化。制定《2022年度大丰区人社局法治工作计划》，全年组织开展各类法制宣教活动26场次。增强规范性文件制发的规范性，依据区政府规范性文件制定流程制定出台《盐城市大丰区工程建设领域农民工工资支付管理办法》，清理废止《关于印发〈盐城市大丰区建筑业务人员工伤保险实施办法〉的通知》。根据《江苏省行政执法公示办法》《江苏省行政执法全过程记录办法》等要求，建立行政执法公示制度、行政执法全过程记录制度、重大执法决定法制审核制度，执法行为过程信息全程记载、执法全过程可追溯管理、重大执法决定法制审核全覆盖，全面实现执法信息公开透明、执法全过程留痕、执法决定合法有效，行政执法能力和水平整体大幅提升。强化行政复议与应诉工作，严格落实行政机关负责人出庭应诉制度。全年处理行政案件26宗，出庭应诉40次，胜诉率100%。全面推进政务公开，建立健全群众举报投诉制度，自觉接受新闻舆论监督，及时、准确公开依法应当主动公开的政府信息。

【基层人社平台建设】 2021年，大丰区人社局积极提升基层人社网格管理的水平。在建成区、镇(街道)、村(居)三级联网的人社信息服务网络，并直接与区人社局联通的基础上，进一步扩大服务范围，将人社服务职能向全区17个镇(街道、园区)、254个村(居)平台延伸，畅通服务群众的“最后一公里”，提升“不见面审批(服务)”水平。及时把握人社事业发展的阶段特征和信息技术发展趋势，着力推进互联网与人社工作跨界融合。以基层人社平台信息化建设为载体，依托社会保障卡发放，通过建立网上办事大厅，实现就业创业服务、社会保险经办、人事人才服务、劳动权益维护等业务的全覆盖。根据《大丰区村(居、社区)劳动保障协理员考核管理暂行办法》的要求，进一步明确各村(居、社区)劳动保障协理员工作职责，以基层人社平台劳动保障协理员业务培训为抓手，强化便民惠民能力建设，促基层人社平台服务水平提升。

人才工作

【概况】 2021年，大丰区人社局围绕全区经济社会发展大局，深化人才发展体制机制改革，持续优化人才发展环境，全面推行人才服务"快办行动"，扎实推进"黄海明珠人才计划"，为全区经济高质量发展提供强有力的人才支撑。全年引进创新创业领军人才63名，新增大学生就业4543人，发放"黄海明珠人才绿卡"940张、发放各项人才补贴6046万元，发放绿卡数、人才补贴金额均排盐城首位，人才队伍建设与产业发展的契合度更加密切。

【人才政策宣传】 2021年，大丰区人社局扎实开展"黄海明珠人才计划"进高校、进企业"双进"活动，深入解读人才政策细节及申报流程，不断扩大"黄海明珠人才计划"在企业和高校中的影响力，宣讲活动累计覆盖28所高校、523个企业。聚焦主导产业和重大项目，两次面向重点企业开展优秀高校毕业生及紧缺急需人才需求征集工作，征集人才需求5713个。

【人才活动接轨上海】 2021年，大丰区多层次、多形式开展沪丰两地人才合作，构建大丰人才工作接轨上海新格局。密切与上海人社部门联系，加大在沪高校走访对接频次，在上海高校举办人才专场招聘活动2次，与上海第二工业大学、上海海事大学、上海大学、上海工程技术大学等驻沪高校签订合作协议4份，设立引才工作站3家，聘任引才大使6名。11月4日，大丰区人社局在上海海事大学举办"盐城市新能源产业人才专场招聘会"，10个重点企业提供工作岗位479个，达成就业意向73人。

【长三角高校院所产学研合作】 2021年，大丰区人社局鼓励支持企业借力长三角地区高校院所加快创新发展，有效推进全区战略性新兴产业发展和传统产业转型升级。中汽试验场股份有限公司与上海交通大学，江苏固德建筑机械有限公司与上海工程技术大学，江苏森威精锻有限公司、江苏谷登机械装备有限公司与苏州科技大学分别开展人才项目合作。

【人才工作区场一体化】 2021年，大丰区深入贯彻落实"黄海明珠人才计划"，将上海驻丰农场企业引进的符合条件的人才，全部纳入黄海明珠人才计划实施范围内，以人才政策的互融互通实现区场共建共赢，全年为23名农场引进人才发放黄海明珠人才补贴37.91万元。3月21日，大丰区人社局在海丰农场举行"接轨上海、服务企业"职称申报工作座谈会，会议邀请盐城市人社局、农业农村局、水利局等相关负责人出席，现场为上海农场企业解答职称申报疑难，加快人才公共服务一体化进程，全年帮助上海农场企业完成职称申报47人。

2021年2月20日，大丰区人社局举办大学生创业精英典型经验分享交流会，推动形成"归雁效应" （区人社局　供图）

【上海优质人才资源合作】 2021年，大丰区人社局深化沪丰医疗人才合作，选派第五批共19名医务人员赴上海中山医院进修，提高同质化服务水平。友义医院与复旦大学附属华山医院成立徐雷教授工作室，是大丰区第一个建立上海"名医工作室"的民营医院。充分发挥上海大丰商会桥梁纽带作用，牵头组织长江商学院C13期企业家到大丰考察活动。

【高校招才引智活动】 2021年，大丰区人社局围绕全区产业发展人才需求，持续开展"优秀企业高校行"活动，组织开展高校引才活动47场，设立引才工作站16家，聘任引才大使24名。全年引进高校毕业生4543人，引进人数位列全市第一。

【毕业生就业见习】 2021年，大丰区人社局认真贯彻落实省、市青年就业见习政策，发布《关于做好2021年高校毕业生就业见习工作的通知》，面向全区见习基地及重点企事业单位开展就业见习政策宣传，开发质量高、专业优的就业见习岗位，多举措确保青年见习计划落地见效。全年新审批区级见习基地6家，开发见习岗位1214个，组织就业见习青年457名，发放见习补贴160万元。

【夏季人才网络招聘会】 2021年7月，大丰区人社局举办大丰区2021年高校毕业生就业暨夏季人才网络招聘会，全区121个企业参会，提供就业岗位2870个，线上求职报名人员2630人，达成就业意向851人。

【人才项目申报评审】 2021年，大丰区人才办、人社局联合组织“黄海明珠领军人才”申报评审工作。通过下发通知、组织发动、材料申报、资格审查、实地考察、专家评审、专题会办等程序，14个人才项目获资助880万元。组织企业做好国家重大人才工程计划、省“双创计划”等人才项目申报和储备工作，主动深入园区、企业摸排调研，协助企业做好项目申报、审核等工作。全年申报国家级人才项目1个，省“双创人才”项目15个，省“333工程”培养对象15个，入选国家重大人才工程项目1个，其中入选省“333工程”培养对象第二层次1个，实现大丰“零”突破。

【高层次人才峰会】 10月23日，大丰区举办中国·盐城第十一届沿海发展人才峰会新能源产业高层次人才对接会，聘任“黄海明珠”引才大使12名，6名高层次人才与大丰区重点新能源企业及项目签约。人才峰会期间，大丰区人社局组织全区20名优秀民营企业家人才参加盐城市第11届人才峰会“人才强企”发展对话活动，搭建民营企业与高层次人才对接桥梁，助力企业强化人才发展规划。

【名校优生招引】 2021年，大丰区人社局贯彻落实盐城市名校优生“汇盐行动”部署，协助盐城市委组织部、大丰区委组织部在厦门大学、中山大学、华南理工大学、南方医科大学等名校举办盐城市“名校优生”宣讲会12场，提供优质岗位288个，2000多位名校优生参与报名，引进86人，全年发放名校优生人才补贴345.85万元。

【高层次人才载体建设】 2021年，大丰区人社局按照创建省级创新实践基地相关要求，深入园区和重点骨干企业宣传基地建设申报条件、申报程序及优惠政策，择优推荐盐城市联鑫钢铁有限公司申报省级博士后创新实践基地并获得成功。江苏省大丰留学人员创业园入选第二批“江苏省留学人员之家”，成为盐城首批获评单位之一。截至2021年年末，全区共有国家级博士后工作站5家、分站4家，博士后创新实践基地7家。服务博士后工作站设站单位的人才项目需求，帮助江苏森威精锻有限公司引进江苏大学博士后1名，指导金色农业博士后胡伟成功申报省在站博士后科研资助项目。

【技能人才队伍建设】 2021年，全区新增高技能人才907人，每万名高技能人才数285名，比2020年增长7.55%。全面推行以“招工即招生、入企即入校、企校双师联合培养”为主要内容的企业新型学徒制，丰山集团、江苏兄弟维生素有限公司分别与职业院校合作办学提升员工学历，培养毕业学员213名。盐城市联鑫钢铁有限公司等5个企业分别签约新型学徒制培训，培训员工414名。新增江苏海力化工有限公司、海聆梦家居股份有限公司、盐城市联鑫钢铁有限公司3个自主认定企业。江苏中车电机有限公司、江苏海力化工有限公司、江苏博敏电子有限公司、海聆梦家居股份有限公司4个龙头企业开展技能人才自主评价，681名员工参加技能认定。

【乡土人才培养】 2021年5月，国务院发文公布“大丰瓷刻”列入第五批国家级非物质文化遗产代表性项目名录。2021年6月，大丰区瓷刻世家工艺厂被江苏省人力资源和社会保障厅授予江苏省乡土人才传承示范基地。2021年9月，大丰区瓷刻世家工艺厂列入第五批国家级非物质文化遗产代表性项目保护单位。2021年6月，乡土人才杨应忠被中共江苏省委组织部评为百名示范村（社区）书记。2021年8月，大丰区人社局指导帮助陈银付、吴永龙分别成功申报正高级乡村振兴技艺师、高级乡村振兴技艺师。

【人事代理业务】 2021年，大丰区人才服务中心以“为人才服务，为用人单位服务”宗旨，按照国家有关人事政策要求，为部分单位及人才提供人事档案管理、职称评定、社保费收缴等服务。全年为22个改制事业单位187人进行2020年度考核，其中19人优秀、168人合格。

【人才档案管理】 2021年，大丰区人才服务中心接收人事档案2681份，转出档案1230份。截至2021年年末，服务中心保管人事档案60007份，35218份档案录入盐城市流动人员档案信息管理系统。

【流动党员管理】 2021年，大丰区人才服务中心创新流动党员教育管理方式，搭建“指尖课堂”，充分利用流动党员QQ群、微信群、微信公众号、学习强国等平台，通过资料分享、线上对话等开展网上党课学习，确保流动党员“流动不失学”。强化流动人员党组织关系管理，按照应转尽转的原则转出流动党员263名。

人事管理

【概况】 2021年，大丰区人社局坚持激励约束保障并举，规范高效推进人事制度改革。不断提升事业单位人员招录考录制度的科学性，持续加强事业单位岗位设置和人员聘用管理，扎实推进事业单位综合管理。截至2021年年末，全区事业单位工作人员总数10483人，其中管理人员658人、专业技术人员9628人（含管理岗位人员345人）、工勤人员542人。全区事业单位人员较2020年增加408人，专业技术人员所占比重较大，人员类别分布更加合理，人员队伍的整体结构更加优化。

【事业单位人员聘用管理】 2021年，大丰区人社局严格执行《事业单位管理条例》相关规定，对事业单位岗位设置及人员聘用等制度进一步完善，严格把关空岗数及聘用条件，指导用人单位自主聘用、管理、辞聘等，实现事业单位人事管理的科学化、法治化。对部分执行两种工资制度的事业单位分类管理，确保执行事业单位工资制度的工作人员在岗位设置管理制度的框架下有正常晋升渠道，调动其工作积极性。

【事业考核效能机制】 2021年，大丰区人社局持续推进事业单位人员考核，坚持扩大民主，改进考核方法，增强考核工作的透明度。强化考核结果的运用，使考核工作真正成为事业单位工作人员综合素质评价和选拔任用的重要依据。坚持行政奖励表彰对象立项申报审批制度，严控表彰周期、范围和数量，严格执行表彰政策，逐级审核把关，做到考核有根据，奖励有依据。根据考核结果，对除区委管理干部、公务员（参公）单位工作人员、党群系统事业单位工作人员以外的其他事业单位人员，年度考核被确定为合格及其以上等次人员办理年度考核奖备案手续。

【工资福利政策】 2021年，大丰区人社局按照国家和省市部署，准确规范执行各项工资福利政策，持续保持各类审核审批"零失误""零差错"。全年审核事业单位工作人员1年1次正常晋升薪级工资1万余人；为符合条件的1000余名事业单位工作人员办理跨年度变动工作津贴、岗位津贴审批手续；为2020年考录的423名事业单位工作人员办理试用期满转正核定工资手续；为2021年新招引的71名事业单位名校优生办理工龄审核、工资核定工作；为2021年新考录的441名事业单位工作人员办理工龄审核、工资核定工作；对2014年10月后已领取退休待遇人员中存在提高比例的对象的一次性退休补贴进行审核。在福利工作方面，完成2021年遗属生活困难补助和死亡抚恤金的审批工作。

【事业单位干部职工退休工作】 2021年，大丰区人社局坚持"到龄即退"原则，严格执行国家、省市关于事业单位干部职工各项退休政策，为224名事业单位工作人员办理退休审批手续，春节前对454名特困退休干部进行慰问，发放慰问金。

【事业单位工资年统】 2021年，大丰区事业单位工资年统对象为全区事业单位的在职人员、离休人员和机关工人，统计项目为国标工资、省标工资、上下班交通补贴等。经统计，截至2021年年末，全区执行事业工资在职人员10326人，比2020年增加136人；人均年工资收入174233元，比2020年增加17021元。事业离休人员21人，比2020年减少1人；人均年工资收入181121元，比2020年增加17654元。执行机关工人工资在职人员211人，比2020年减少6人；人均年工资收入252598元，比2020年增加47971元。执行事业工资人员最低年工资收入为74304元，最高年工资收入为408959元（教育系统包含省级特级教师奖金10万元）；执行机关工人工资人员最低年工资收入为180052元，最高年工资收入为309952元。

【专业技术人员职称评聘】 2021年，大丰区人社局对照评审条件，在单位的空岗限额内，做好资格条件审核，做好材料整理指导工作，优化全市专业技术人员队伍结构。组织全区初级职称评定以及中、高级职称审核上报工作，全年申报初级职称570人、中级职称476人、高级职称344人。做好事业单位专业技术人员聘任确认，重点审核专业技术人员的职称、继续教育情况，以此为契机，宣传和推进专业技术人员全员继续教育，努力提升专技人员的素质和自身修养。

【事业单位公开招聘考试】 2021年，大丰区人社局严格落实《江苏省事业单位公开招聘人员办法》以及人事考试相关规定，坚持人事考试信息公开、程序公开、结果公开，确保事业单位人事考试的科学化、规范化。全年组织事业单位招聘考试6场，招录工作人员623名，其中教育系统287名、卫生系统259名。

【事业单位工作人员档案专项审核】 2021年上半年，大丰区人社局以"三龄两历一身份"（年龄、工龄、党龄；学历、工作经历；干部身份）等信息为重点，组织开展全区各镇（街道）、各主管局下属事业单位管理岗、专技岗的事业人员档案审核工作。审核完成334个事业单位事业档案1695份，分别填写"专项审核登记表""专项审核人员信息表"，新增接收事业档案1445份，收集归档材料23000余份。专项审核过程中，发现出生日期不一致、工作时间不一致、党员材料、学历材料不齐全等问题存疑档案332份，均已及时整改到位。2021年7月，大丰区人社局档案专项审核工作通过盐城市委组织部档案专审工作督查。

就业创业

【概况】 2021年，大丰区人社局坚持就业优先发展战略，全面贯彻落实国家、省、市、区"稳就业""保就业"系列政策，创新服务方式、广开就业渠道、助力稳岗留工、深化全民创业，就业规模稳中有升，就业结构持续优化，创新创业蓬勃发展，重点群体就业平稳，登记失业率明显下降。全年城镇新增就业30500人，城镇失业人员再就业6867人，城乡就业困难人员再就业2506人，城镇登记失业率1.47%。支持成功自主创业4626人，其中扶持农村劳动力自主创业2655人、引领大学生创业643人，创业带动就业1.63万人。

【线上线下劳企对接】 2021年，大丰区人社局充分发挥区、镇（街道）、村（居）三级人社服务平台作用，动态掌握辖区人力资源现状，建立劳动者求职、失业登记人员、企业缺岗缺工三本台账，建立辖区人力资源供给清单。依托江苏省智慧就业云平台、大丰公共就业网、"盐城大丰人社" App等各类线上求职招聘平台，动态发布岗位信息，为各类用人单位和城乡劳动者搭建网上对接平台，提高人岗匹配度和求职便利度。围绕全区重点企业招才用工和退役军人、下岗失业人员等重点群体就业需求，组织开展大丰区2021年"花里大丰·送岗乐业"新春企业引才用工网络招聘会、"助企招工引才·金秋送岗暖心"迎国庆金秋招聘等大型招聘活动，举办"大丰区新能源光伏产业网络专场招聘"等四

2021年11月4日，大丰区组织15个企业参加上海海事大学招聘活动
（区人社局 供图）

大主导产业专场以及残疾人就业服务月网络招聘会、大丰区2021年高校毕业生就业服务周网络招聘会、大丰区2021年贫困劳动力及低收入农户再就业网络专场招聘会等各类重点群体专场招聘活动50场。

【人社专员服务行动】 2021年，大丰区人社局组织102名党员干部挂钩服务445个规模以上企业，常态化开展人社专员助企服务专项行动。每名人社服务专员对应挂钩4~5个相关企业，主动深入企业帮助协调和解决用工、社保、惠企政策等问题，实行点对点服务，跟踪了解工作进展，形成问题解决清单，全面实行销号管理。将缺工20人以上的企业列为重点服务企业，实施“一企一策”，快速响应，安排专班上门“一对一”服务，搭建平台，畅通渠道，协助解决企业缺工问题，提升精准服务效率。

【援企稳岗助企纾困】 2021年，大丰区人社局认真落实国务院《关于延续实施部分减负稳岗扩就业政策措施的通知》精神，贯彻执行普惠性稳岗返还政策，按照“政策补贴找企、政策补贴找人”思路，通过大数据比对，主动筛选符合申报企业，积极推行符合标准企业“免申即享”，做到失业保险补助“应返尽返”，全年向1919个企业发放稳岗返还资金1755.72万元。

【劳务协作】 2021年，大丰区人社局先后与河南省信阳市、濮阳市，云南省罗平县、师宗县等地人社部门、职业院校、人力资源中介机构建立劳务合作关系，组织全区缺工企业赴河南、陕西等地劳务基地开展专场招聘活动4场。鼓励和引导省外人力资源服务机构、劳务经纪人等社会力量为大丰区新兴产业和新上大企业招工提供专项服务，先后邀请深圳、浙江、河南濮阳等地人力资源机构到大丰区与企业开展座谈交流活动7场。促进校企合作向纵深推进，搭建学校、企业、学生三方对接机制，组织部分规模企业与常州机电学院、甘肃资源和环境学院、河南息县职教中心等职业院校进行深度合作，促进校企合作实行订单式、定向式、定岗式人才培养，满足企业用工需要。

【创业活动】 2021年，大丰区人社局举办创业富民政策“进村入户”等宣传活动15场次，发放各类创业政策宣传手册、彩页1万余份。组织“青春留丰”大学生看家乡、创业精英经验分享交流会等活动8场，187名“六大重点群体”（大学生、农民、科研人员、城镇失业人员、留学回国人员和复员转业退役军人）人员参加活动。举办2021年“创响江苏”创业指导专家基层行活动，邀请省创业协会常务副会长、“创响江苏”创业指导首席专家与100余名各行业创业代表，和有创业意愿的城乡劳动者现场沟通交流。联合团区委举办大学生创业经验分享交流会、“青春留丰”大学生看家乡等活动，搭建起大学生与创业者面对面交流的平台。组织推进“党员示范+典型带动”，遴选3名退役军人、大学生、返乡创业优秀党员代表拍摄宣传微视频，强化创业宣传。继续实施创业精英培育计划，组织60名创业精英人才赴苏州大学开展创业理念、创业管理水平提升等课程培训，进一步提升创业能力。

【返乡创业大赛】 9月10日，大丰区人社局在大中街道便民服务中心举办“花里大丰·创启未来”返乡创业大赛，选出优秀创业项目26个，10个优胜项目获得奖补资金6.3万元。本次大赛遴选出3个项目参加2021盐城市返乡创业大赛决赛，其中“水蛭养殖及蛭品加工”项目的主创人杨杰获得2021年度“盐城市十大返乡创业之星”称号，“黑鸡枞的种植技术及项目规划”项目主创人陈正东和“新型特色牛肉制品规模产业化”项目主创人吴秀云分别获得2021年度“盐城市十大返乡创业能手”称号。在第四届“创响江苏”大学生创业大赛盐城市级选拔赛中，盐城市大丰区三元晓成家庭农场的杨晓成和江苏绿耀生态产业发展有限公司的金鑫分别获得标兵赛二等奖、三等奖。

【创业载体建设】 2021年，大丰区人社局坚持“政府搭平台、平台聚资源、资源惠企业”，打造不同层次的创业孵化基地，同时加强对基地主体、场地功能、管理制度、团队建设等进行规范，从基地认定、绩效考核、日常运营、孵化服务等方面加强扶持，实现创新、创业、就业的良性循环。重点打造吾悦广场“创业一条街”、大丰港科技孵化中心，大丰港科技孵化中心申报市级创业孵化基地。全区建成省级创业孵化基地1家，市级创业孵化基地11家，区级创业孵化基地28家，1000多家创新创业企业入驻基地。推行留创园、科创园等高端平台建设，留学生创业园共有在孵企业51个，其中留学人员企业46个。大中街道滨河社区被人社部认定为第五批国家级充分就业社区，全市仅2家入选。

【创业诊所】 2021年3月，大丰区在科技创业园智造V谷挂牌成立"大丰区创业诊所"，聘请10名优秀企业家、创业导师，围绕初创小微企业和个体工商户提供"管家式"创业支持。通过建立"问诊"模式，着力打造创业补贴惠及全民、创业服务项目贯穿全程、创业载体建设覆盖全域的"三全"创业服务模式。创业诊所对所有参加创业诊断的项目和个人进行登记备案，及时掌握服务对象需求，并提供跟踪性服务和评估。发挥"线上门诊"互动性强、灵活性高等特点，每周通过"大丰就业创业"公众号发布服务二维码，创业者扫码进入直播间，专家在线提供建议，建立重点项目"一对一"专家辅导模式，面对面剖析创业难题。全年帮助创业者解决问题126例，帮助30名初创者走出初创失败的阴霾。此项工作得到江苏省人社厅、盐城市人社局的表扬肯定，被《中国劳动保障报》、人民网、央广网、新华社客户端等主流媒体宣传报道和经验推广。

【创业富民贷款】 2021年，大丰区人社局充分发挥创业富民贷款的精细政策工具作用，降低小微企业创业担保贷款申请门槛，建立"敢贷、愿贷、能贷"的长效机制。进一步扩大富民创业担保贷款政策对象范围，支持对象从全区行政区域内的全体城乡创业者，扩大到外地户籍在大丰区创业人员；提高借贷额度，对个人自主创业、雇用不足3人的，提高到15万元，雇用3~5人的提高到30万元，雇用6人以上的提高到50万元，并对重点群体全额贴息贷款额度由10万元提高到15万元。对当年新招用就业困难人员、登记失业人员、复员转业退役军人、刑满释放人员、化解过剩产能企业职工和失业人员、建档立卡贫困人口，与其签订1年以上劳动合同的小微企业，当年新招用符合富民创业担保贷款重点支持对象的人员数量达到企业现有在职职工人数15%（超过100人的企业达到8%）并与其签订1年以上劳动合同的小微企业，可申请最高不超过300万元的富民创业担保贷款。完善与经办银行、镇（街道）的联动机制，推进创业担保贷款"一门办""基层办"，申请人在基层、银行办结率100%，放款时限压缩至2天。全年，为765人发放富民创业担保贷款1.06亿元，发放富民创业担保贷款贴息资金90.28万元。

【创业培训】 2021年，大丰区人社局把创业培训作为扶持全民创业的重要抓手，坚持需求引导，加强创业师资培养和培训，有针对性地开设SYB（创办你的企业）创业培训、模拟实训、网络创业培训等培训。制定"需求式"培训清单，发挥基层人社平台作用，深入镇（街道）、区（园）、村（居）开展创业意愿培训需求调查3483人，建立创业需求台账，结合培训对象的自身条件、创业需求等状况，因人、因材施教，按需、按点培训。组织开展"大篷车送培训"系列活动。全年赴各镇、街道、区园开展创业培训活动17场次，参与人次1258人。针对具有创业意愿的大学生，以SYB"创办你的企业"模块教材为中心，将教材内容部分嵌入选修课程，通过互动式教学，帮助大学生掌握创业的基本知识和基本技能，增强创业风险意识，全年引领大学生创业643人。

【职业技能培训】 2021年，大丰区人社局加强与优质职业技能培训机构对接，鼓励培训机构根据市场需求开设专业课程，突出技能培训的针对性和有效性，高质量推进职业技能提升培训活动，促进未就业高校毕业生、退役军人、下岗失业人员等重点人群稳定就业。区劳动就业管理处每月在"大丰就业创业"微信公众号中刊登"大丰区就业技能培训月刊"，宣传技能培训政策、发布培训课程安排，进一步扩大就业技能培训政策普及和培训活动宣传推广作用。全年发布"培训月刊"12期，组织培训城乡劳动者就业培训5814人，新生代农民工职业培训6182人。实施"康养职业技能培训计划"，为大龄就业困难人员开展"送培训、送服务、送岗位"活动，295名大龄就业困难人员参加技能培训班，242人取得相关专业证书，成为专职养老护理员。试点推行"线上+线下"结合的培训形式，对失业大龄妇女、农村妇女劳动力等开展育婴员、保育员、养老护理、家政服务等就业技能培训，235名学员通过参加直播课、录播课、课前预习、课后测验等线上培训完成课时学习。

【职业技能提升补贴】 2021年，大丰区开展补贴性技能提升培训，参与人数36746人，发放职业技能提升行动专项补贴资金1832.41万元。其中，对批发零售、住宿餐饮、物流运输、文化旅游等受疫情影响较重的服务业企业，按照在启动疫情一级防控期间企业参保人数，以300元/人的标准发放一个月的以工代训补贴，累计发放849.47万元，补贴962个企业25447人；企业对新入职员工开展岗前培训的，按照500元/人的标准发放补贴，累计发放184.05万元，补贴96个企业3429人；在岗职工通过企业技能人才评价取得相应工种岗位职业资格证书的，按照初级工1000元/人、中级工1500元/人、高级工2000元/人的标准给予企业补贴，在岗职工技能提升培训补贴支出365.09万元，补贴企业员工1625人。

【就业困难帮扶】 2021年，大丰区人社局建立和完善就业困难人员个人数字化档案，全面掌握就业困难人员的就业状态和信息。组织推进以为就业困难人员提供一次职业指导、三次推荐就业、一次免费技能培训为主要内容的就业困难人员"131"服务，帮扶城乡就业困难人员再就业2506

人。对就业困难人员灵活就业实行动态管理，及时、足额发放灵活就业人员社保补贴，全年发放5544名就业困难人员灵活就业社保补贴2866万元。开发公益性岗位托底安置就业，全年完成新安置就业困难人员乡村服务公益性岗位188人、城乡社会管理公益性岗位25人、临时性公益性岗位1845人，发放公益性岗位补贴资金725.13万元。保障失业人员失业保险待遇，坚持失业保险待遇与缴费基数和缴费年限相挂钩，失业保险金每月人均1668.97元，全年发放失业保险金6870万元；按时足额发放失业补助金698.2万元，惠及失业人员2506人；切实保障失业人员在领失业金期间的基本医疗待遇，为在领失业金人员缴纳医疗保险费748.8万元。

劳动关系

【概况】 2021年，大丰区人社局严格执行《中华人民共和国劳动法》《中华人民共和国劳动合同法》等人力资源社会保障法律法规，积极创新“双维护”（维护企业和劳动者合法权益）手段，统筹推进法律法规宣传、劳动关系协调、劳动违法案件查处、劳动用工管理长效机制等工作，有效保障劳动者的合法权益，促进用人单位和劳动者劳动关系的和谐稳定。

【人力资源社会保障政策法规宣传】 2021年，大丰区人社局依托报刊、网络、手机App等媒介，利用各类公共服务窗口等平台，宣传劳动保障法律法规和政策。以解答用工咨询等形式，开展《中华人民共和国劳动合同法》《中华人民共和国社会保险法》等法律法规的宣传工作。结合“人社专员服务企业专项行动”、劳动保障监察日常巡查，开展人社干部送法进园区、进企业、进镇村活动，着重加强对受疫情影响企业的劳动用工指导和服务，进一步宣传劳动合同解除、依法依规支付职工劳动报酬、合理安排职工休息休假等方面的法律法规知识，切实保障职工合法权益。继续开展“省、市级优秀劳动关系和谐企业”创建工作，推动建立规范有序、公正合理、互利共赢、和谐稳定的劳动关系。

【特殊工时工作制审批】 2021年，大丰区人社局根据《中华人民共和国劳动法》和《中华人民共和国劳动合同法》等规定，严格执行综合计算工时和不定时工作制度审批，并指导相关用人单位合理确定劳动定额，规范用人单位的规章制度。全年对70个单位的特殊工时工作制申请进行合法性审查，涉及劳动者1.7万人。

【企业薪酬调查】 2021年4—6月，大丰区人社局组织开展企业薪酬调查工作。全年调查企业89个，其中人社部抽取调查单位34家、省人社厅抽取调查单位50家、市人社局抽取调查单位5家。召开企业薪酬调查工作培训会议，对企业薪酬调查工作进行动员部署和业务培训，各企业按照要求填报企业薪酬调查和最低工资政策实施效果评估数据，经大丰区人社局审核后通过网上直报的方式上报人社部。

【劳动保障监察】 2021年，大丰区劳动监察大队贯彻执行《中华人民共和国劳动法》《劳动保障监察条例》等法律法规，以查处违反人力资源和社会保障法律、法规的行为为重点，充分发挥劳动保障监察的职能作用，有效保障劳动者的合法权益。全年接待各类来访咨询2100余人次，受理举报劳动保障投诉案件189件，其中案前调处129件、立案60件，结案率100%，涉及劳动者410余人。主动检查各类用人单位260余户，涉及劳动者1.2万人，补签劳动合同5300余份。

【劳动保障监察专项检查】 2021年，大丰区劳动监察大队两次会同区住建局对全区在建项目工程开展“四项制度”（按月足额支付工资制度、农民工实名制管理制度、工资保证金制度、农民工工资专用账户管理制度）落实情况专项检查，重点检查在建工程项目实名制管理、农民工工资专用账户、总包代发、按月足额支付工资、工资保证金等制度实际运行情况。对未按《劳动保障监察条例》规定执行的，采取责令限期改正、责令项目停工并处罚款、给予施工单位限制承接新工程、降低资质等级、吊销资质证书等方式进行处罚。结合“双随机”抽查，指导检查工程建设领域、加工制造业等企业劳动合同签订、高温津贴支付、工时休假、特殊劳动保护及相关规章制度制定等情况。对发现的劳动合同订立不规范、劳动合同内容不完整、未依法发放高温津贴、超时加班等问题隐患，通过教育指导和执法惩戒相结合的方式，督促企业立行立改，切实保障劳动者合法权益。

【劳动保障监察预警预测】 2021年，大丰区人社局充分发挥劳动关系应急指挥系统作用，综合运用网络技术，借助电子地图等各种信息化手段，采取网页与手机App共用，实现劳动关系预警预测的网格化、网络化智慧管理，与社保系统、就业系统之间“一体化”，达到数据共享和业务联动的目的。通过内外部数据交换和数据比对，实时动态监控劳动关系运行状况，发现因违反劳动保障法律法规而引发群访、集访的，启动应急预案，迅速组成工作组，第一时间稳定局面，妥善化解矛盾。

【劳动人事争议仲裁】 2021年，大丰区劳动人事争议仲裁工作以提高争议案件办理质量为中心，持续推进劳动人事争议仲裁实体化建设，加大调解力度，创新办案模式，着力构建和谐劳动关系。全年大丰区劳动人事争议仲裁院处理各类案件731件，其中集体案件1件，仲裁结案率100%。仲裁立案361件，其中仲裁调解92件，调解撤诉238件，裁决31件；不予受理36件；调解成功率85.9%。

【劳动人事争议调解】 2021年，大丰区劳动人事争议仲裁院充分发挥多元调解机制作用，强化政策宣传，将劳动纠纷预防在事前。结合“人社专员”专项行动，定期深入挂钩企业，对用人单位进行法律解读，剖析劳动用工中常见的违法现象和认识误区，指导用人单位规范用工。强化金牌调解组织创建，做实调解基础，指导大丰民营商会、区社会矛盾调解中心驻人社局调解室，大中街道劳动人事纠纷调解委员会等调解机构强化硬件投入，完善软件资料，大力开展矛盾纠纷调解，争创金牌调解组织工作不断深入。组织窗口调解，对于到区劳动维权服务中心咨询、投诉及请求的涉及标的额较小、案情较为简单的矛盾纠纷，窗口接待人员引导求助者填写调解申请书，由调解员主动帮助调解，全年窗口调解成功26件。组织案前调解，对于申请劳动人事争议仲裁的，每一件仲裁案件明确一名仲裁员对接调解工作室，共同组织进行调解，直接对调解结果仲裁确认，出具仲裁调解书或同意撤诉决定书。组织网络调解，针对群众12345、12333、门户网站、微信、微博咨询投诉的案件，主动联系双方当事人，通过电话、网络等进行调解，将问题解决在萌芽状态，全年调解成功12件。

【"要素式"仲裁办案】 2021年，大丰区劳动人事争议仲裁院以"要素式"仲裁办案模式，强化庭前引导、优化庭审程序，为案件调查处理提能增效。强化庭前引导。归纳提炼案件涉及基本要素，改进传统劳动人事争议申请书，将入职时间、工作岗位、离职情况等要素以填空的方式由申请人逐项填写，有助于仲裁员快速全面了解案情。优化庭审程序。强化庭前准备，梳理归纳争议焦点，将传统庭审中相对独立的调查和辩论环节进行融合，庭审过程聚焦案件要素，围绕双方存在争议直奔主题，快速有序推进裁决，提高庭审效率，缩短结案周期。延伸服务一线，健全巡回仲裁庭机制。强化调解员、兼职仲裁员业务培训，通过案件探讨等活动，加强专业化建设，提升仲裁员、调解员的专业思维、素养和能力。

【仲裁援助】 2021年，大丰区劳动人事争议仲裁院与区法律援助中心联合打造区劳动人事仲裁法律援助工作站，在原有2名法律援助律师的基础上，增加3名业务能力突出的律师轮流坐班，确保每天都有1名律师提供免费劳动法律咨询、诉状及劳动仲裁申请书写指导等法律援助服务。针对农民工劳动维权、工伤等案件，开辟法律援助绿色通道，做到应援尽援、援助率100%。全年为困难群众提供法律援助310余起，解答法律咨询2200余人次。

【农民工工资支付管理办法】 2021年，大丰区根治拖欠农民工工资工作领导小组办公室依据《中华人民共和国劳动法》《中华人民共和国劳动合同法》《中华人民共和国建筑法》《保障农民工工资支付条例》《江苏省工资支付条例》《工程建设领域农民工工资专用账户管理暂行办法》《国务院办公厅关于全面治理拖欠农民工工资问题的意见》等相关规定，结合大丰实际，起草《盐城市大丰区工程建设领域农民工工资支付管理办法》，并纳入区政府2021年制定规范性文件计划。6月初，人社局、住建局等部门拟定讨论稿，在区政府网站上公开征求意见，同时向41个相关成员单位和各镇（街道、区、园）书面征求意见，4家单位提出6条建议，采纳5条。8月7日，组织召开专家评审会，形成专家讨论报告。组织开展社会稳定风险评估。区司法局对文稿合法性进行审查，作出主体合法、依据正确、符合规范性文件制定要求的合法性审查意见。该办法经大丰区政府常务会讨论通过，自2021年11月1日起实施。

社会保险

【概况】 2021年，大丰区人社局坚持以制度建设为引领，积极稳妥推进社会保障制度重大改革；深入推进全民参保计划，持续扩大社会保障覆盖范围；充实社会保障基金，确保各项待遇按时足额发放；提升管理精细化程度和优质服务水平，为群众和参保单位提供更加方便快捷的服务。截至2021年年末，全区参加社会保险用人单位5041户，其中新增开户619户。基本养老、工伤、失业保险参保人数分别为19.01万人、12.51万人、10.72万人，城乡居民养老保险覆盖34.61万人。2021年，企业养老保险基金收入30.51亿元、失业保险基金收入6227万元、工伤保险基金收入5356万元，城乡居民养老保险基金收入6.01亿元，机关事业社会保险基金收入8.09亿元，机关事业职业年金收入3.67亿元；企业养老保险基金支出30.5亿元、失业保险基金支出9598万元、工伤保险基金支出7203万元，城乡居民养老保险基金支出4.87亿元，机关事业社会保险基金支出7.53亿元，机关事业职业年金支出8.09亿元。

【企业养老保险扩面征缴】 2021年，大丰区人社局明确区、镇（街道）、村（居）、组四个层级扩面征缴任务，构建共同推进机制。排查2020年度未缴费人员信息，精准推送补缴养老保险政策短信，提醒参保人员补缴2020年度养老保险。排查2019年年底前中断缴费人员信息，多渠道宣传社会保险续保缴费政策，提醒及时续接保险。比对税务部门纳税单位信息，市场监督管理局、行政审批局用人单位注册登记信息，民政局登记注册的民办非企业、社会团体信息，对未参保的单位依法下发限期参保通知书，逾期不参保的，与税务部门协商启动强制核征程序。坚持实地稽核与书面稽核相结合的办法，所有参保单位年内至少申报1次缴费基数，提供工资发放凭证及财务报表等资料参与书面稽核，对有投诉的、或全员按缴费基数下限申报的用人单位开展重点稽核。

【城乡居民养老保险扩面征缴】 2021年，大丰区人社局把城乡居民养老保险扩面征缴工作列为服务乡村振兴的重要支撑，专门成立城乡居民养老保险征缴挂钩服务小组，每周至少一次到挂钩镇区开展指导服务，督促扩面进度，定期对各镇区完成进度进行公

2021年重阳节，大丰社保服务车到基层开展城乡居民养老保险政策宣传活动，引导广大城乡居民积极参保，享受政府惠民利民政策
（区人社局　供图）

示。2—3月，在全区范围内集中开展城乡居民养老保险宣传月活动，在基层农商银行网点派发宣传单、电子屏滚动专题宣传字幕，鼓励城乡居民多缴多补、多缴多得；在《大丰日报》及大丰电视台、大丰电台登载政策问答和滚动的参保缴费通知字幕；使用社保卡流动服务车、广播宣传车在各镇区广播宣传，营造良好宣传氛围，广泛吸引群众热情参与。强化部门协同推进扩面。8月中旬，区人社局与税务局联合召开全区城乡居保扩面征缴工作推进会，重点围绕中断缴费、自然新增对象、2020年参保未缴费人员这三类群体，通过进一步梳理比对、精准识别等举措，推进全区城乡居民全民扩面参保，确保应保尽保，动员新参保居民实现首次缴费，征缴扩面全面超额完成。

【参保缴费政策规范】 7月1日起，大丰区人社局认真贯彻落实省政府《关于规范企业职工基本养老保险省级统筹制度的意见》，严格以参保职工个人上年月平均工资收入作为缴费工资基数申报。严格执行用人单位16%、职工个人8%、灵活就业人员20%的缴费比例。灵活就业人员自愿参加企业职工基本养老保险的，不分户籍地，在办理就业登记手续后，即可在人社综合服务中心窗口办理参保登记等相关手续。严格执行企业职工基本养老保险补缴规定，参保人员存在应缴未缴情形的，根据当时国家和省政策规定、本人当时所在单位性质、本人当时身份性质并结合本人档案，经认定后规范办理补缴业务。

【社会保险经办规范】 2021年，大丰区人社系统对照省政府《关于规范企业职工基本养老保险省级统筹制度的意见》，落实省人社厅社会保障一体化信息平台建设方案的要求，制订数据迁移规则，明确数据迁移范围，为省人社一体化信息平台平稳上线运行奠定基础。区人社局加强与税务局、组织部、财政局、卫健委等部门的协调，落实村组干部、村医等群体2020年度养老保险缴费和个人账户记载工作，完成机关、事业单位工资调整后各险种缴费基数变更及社保费补差结算工作。全年接受异地社保机构转移接受联系函422份，办理养老保险关系转入898人，养老保险关系转出415人；受理各类单位参保业务5914笔，受理各类停保业务14477笔，参保人员基本信息变更1699人次，主要信息变更341人，办理本地社保转移业务1086人。

【社会保险业务网上服务】 2021年，大丰区人社局通过人社局微信公众号、区融媒体中心平台、银行LED大屏等多种渠道，向广大市民宣传“江苏人社网上办事服务大厅”“江苏智慧人社”等自助业务，引导企业及灵活就业人员通过网络办理相关业务，让群众“少跑腿”，让数据“多跑路”。全区在省人社一体化信息平台注册企业3025个企业，社保业务网办率44.18%。

【工伤预防】 2021年，大丰区人社局持续深化规范、高效的工伤预防模式，引导企业将工伤预防融入生产日常，切实保障劳动者职业健康。4月23日，区人社局牵头召开2021年度工伤预防联席会议，明确联席会议成员单位，及各部门的分工和职责。充分发挥电视台、电台、报刊等传统媒体和手机微信、App等新媒体的宣传效应，广泛开展工伤保险预防宣传。联合交通局、民政局等部门，开展“工伤预防进街道”“工伤预防进园区”“工伤预防进企业”等活动；与相关街道、教育主管部门开展“工伤保险进社区”“工伤保险进校园”等行动，对社区居民和学生开展交通安全事故专题宣传培训。4月28日，联合住建部门开展建筑工地一线员工安全教育（工伤预防）培训，邀请专家对木工、钢筋工、架子工、电工等工种的现场作业安全、工作纪律进行讲解和培训，增强建筑工地一线作业人员的安全意识和安全操作技能，督促企业进一步强化安全生产管理责任。5月27日，在丰东公司举行盐城市2021年持续改善与现场互动式工伤预防培训启动仪式，省厅工伤处处长及区领导出席。6月，与应急管理局、公安局等13个部门联合开展“6·16”安全宣传咨询日活动，现场发放工伤预防宣传材料，零距离进行政策解答，传送安全生产理念，营造全社会知晓工伤预防的浓烈氛围。

【社保待遇水平提升】 2021年6月，大丰区连续第17次按国家、省规定增加企业退休人员基本养老金，5.56万名统筹人员人均养老金调整到2945.11元/月，人均增加123.31元/月，为盐城各县（市、区）最高标准，足额发放率和社会化发放率100%。城乡居民基础养老金领取人数15.39万人，基础养老金领取对象待遇实现"年内2调"，6月从190元/月上调至210元/月，11月从210元/月上调至220元/月，全部从1月开始执行，并及时补发到位。65周岁以上的城乡老年参保居民基础养老金在基础养老金标准的基础上每人每月增发5元。

【被征地农民社会保障】 2021年，大丰区认真贯彻落实省委、省政府关于被征地农民社会保障工作的要求，扎实推进被征地农民"应保尽保"。结合区自然资源和规划局提供的相关数据，配合做好新增征地项目的预审工作，及时办理被征地农民代缴、资金退返、人员注销、发放养老补助金四项业务，确保被征地农民及时纳入社会保障。截至2021年年末，全区纳入被征地农民社会保障9085人，其中被征地农民代缴城乡居民养老保险2546人，代缴保费3965万元；被征地农民参加企业职工养老保险个人账户资金退返1449人，退返金额787万元；被征地农民人员注销440人，注销金额3153万元；被征地农民累计发放养老补助金2046人，累计发放金额1533万元。

【机关事业单位养老保险制度改革】 2021年，大丰区人社局持续深化机关事业单位养老保险制度改革，分步实施、分类推进符合条件的退休"中人"按新办法计发待遇。2020年前全区机关事业单位退休"中人"按新政策核定待遇，应核2472人，实际核发2442人；2021年退休"中人"待遇申领复审通过204人，占应核定人员218人的93.58%。有序开展机关事业单位养老保险关系转移工作，全年符合条件省内同险种转出364人，完成转出245人。省人社一体化信息平台上线后，完成转入人员线上参保登记手续247人，其中157名转入人员完成基金转移。以"应归尽归"为核心，全面推进机关事业单位职业年金归集工作，截至2021年年末，大丰区职业年金历史虚账全部做实归集，累计向省归集10.25亿元。

（刘　波）

医疗保障

【概况】 2021年，盐城市医疗保障局大丰分局（以下简称"大丰分局"）践行以人民为中心的发展思想，统筹疫情防控和医疗保障高质量发展，持续深化医疗保障制度改革，各项工作取得显著成效。区医保部门被区委、区政府评为目标任务考核综合先进集体。

【医疗保障待遇水平】 2021年，大丰区部分基本医疗保险待遇政策调整。城乡居民高血压、糖尿病门诊用药保障起付标准，在实行基药管理的基层定点医疗机构，基金不设起付标准；在其他二级（参保地三级县级）及以下定点医疗机构，基金起付标准为100元/年。学生及其他未成年人基本医疗保险门诊普通疾病待遇，一个待遇年度内，在村卫生室（社区卫生服务站）就诊发生的医疗费用，报销50%，单日基金支付限额20元（含一般诊疗费）；在镇（街道）医疗机构就诊发生的医疗费用，每次起付标准为20元，起付标准以上部分报销50%；在其他一级及以上医疗机构就诊发生的医疗费用，每次起付标准为50元，起付标准以上部分报销50%，年度基金支付限额为750元。城乡居民"两病"（高血压、糖尿病）门诊定点范围为全市二级定点医疗机构（含县级人民医院、中医院）、一级定点医疗机构（含镇、街道医疗机构所属的延伸网点）。符合享受门诊慢性病待遇条件的参保城乡居民，可在全市一级及以上定点医疗机构范围内（含镇、街道医疗机构所属的延伸网点）选择3家定点就医；符合享受门诊特殊病待遇条件的参保职工和城乡居民，可在全市一级及以上定点医疗机构范围内选择3家定点就医。对选定的定点医疗机构，参保人员原则上每年可调整1次。2021年度，城乡居民医保个人缴费标准：年满18周岁（不含在校学生）以上的，每人350元；学生及其他未成年人，每人250元。财政补助标准在省定最低标准基础上继续增加100元，为每人710元。对医疗救助对象，个人缴费部分由医疗救助资金全额资助。

【医保参保扩面】 2021年，大丰分局坚持全民医保覆盖全民，不断提升全民参保质量。拓展职工医保扩面空间，建立数据信息共享机制，加强分析比对，锁定参加养老保险未参加医疗保险和产值100万元以上未参加社会保险的企业，采取有效措施实施精准扩面。对职工医保中断缴费6个月

2021年4月9日，盐城市医疗保障局大丰分局在施耐庵公园举办"学习贯彻监管案例，维护医保基金安全"广场宣传活动

（市医保局大丰分局　供图）

以内的参保人员进行筛查汇总，推送复保缴费提醒信息，发送短信4500余条。针对欠费单位，联合税务部门发放催缴通知，发放催缴单200余份，补缴保费100余万元。扎实开展城乡居民医保参保缴费工作，深入发动村组干部、各镇（村）医疗机构工作人员开展入户宣传、动员参保缴费。为加强医保基金安全管理、方便参保人员缴纳医保费，鼓励参保人员采取签约服务的方式缴费，即通过与大丰农商行签订代扣代缴协议缴纳医保费用。截至12月底，全区基本医疗保险参保64.39万人，占常住人口的99.7%。其中，职工医保参保18.29万人，城乡居民医保参保46.1万人。

【医保基金监管】 2021年，大丰分局持续保持打击欺诈骗保的高压态势。深入开展打击欺诈骗保集中宣传月活动，多种形式宣传《医疗保障基金使用监督管理条例》（以下简称《条例》）。发放各类宣传材料3000余份，解答群众疑问900余次；在"大丰医保"微信公众号宣传《条例》内容，开展有奖知识问答，扩大社会知晓率；召开定点医药机构《条例》专题培训会，引导医药机构加强行业自律，自觉遵守《条例》和医疗保障相关政策。全区36家定点医疗机构对照违规使用医疗保障基金自查自纠问题清单，主动退回违规金额195.79万元。开展专项稽查，通过医保智能监控系统，实时监测医保基金使用情况，加大对定点医药机构现场检查力度，坚决打击各种违法违规行为。全年处理定点医药机构214家，暂停医保服务协议6家，解除医保服务协议1家，限期整改117家，公开曝光49例，移交纪检监察机关5例，追回违规医保基金及违约金1068.91万元。

【医保精准扶贫】 2021年，大丰分局不断巩固医保脱贫攻坚成果，协同推进乡村振兴战略，确保医保领域帮扶政策总体稳定。资助23365名困难人员参加城乡居民医保，资助金额804万元。对各类困难人员在定点医疗机构发生的门诊慢性病、特殊病和住院医疗费用，经基本医疗保险、大病保险报销后的个人负担部分进行一站式救助，确保个人自付费用控制在政策范围内总费用的10%以内。6月，盐城市人力资源和社会保障局对区医保分中心在脱贫攻坚工作中做出的重大贡献给予记功奖励。

【支付方式改革】 2021年，大丰分局按照医药卫生体制改革的有关要求，进一步优化医保支付方式，推行总额控制下的按病种付费为主的多元复合式支付方式。继续通过复旦大学数学科学学院数据建模确定的系数分配城乡居民医保住院总额控制指标，医疗机构总额控制指标分配以文件形式下发至各定点医疗机构。推进住院按疾病诊断相关分组（DRG）付费项目，覆盖大丰人民医院、大丰中医院、大丰区第二人民医院、大丰区第三人民医院等二级及以上医疗机构，10月正式实施付费。

【医保公共服务】 2021年，大丰分局持续提升医保公共服务水平。推进医保业务"不见面"办理，不断提升"江苏医保云"平台和医保电子凭证使用率，引导群众从"窗口办"向"网上办、掌上办、自助办"转变。国家15项编码标准在定点医药机构全面贯标应用，国家统一医保信息平台按时上线运行。高标准推进省级"15分钟医保服务圈"示范点建设，投入150万元新建万盈镇医保经办服务点，为东南片5个乡镇和2个农场，近30万人提供就近医保公共服务。服务点于8月2日正式对外启用。与大丰农商行合作，推出"农商行+医保"公共服务，梳理参保登记、医保关系转移接续、异地就医备案等14项医保高频服务事项下放农商行办理，建成农商行白驹支行、三龙支行、花海支行、新丰镇太兴村金融服务站等4家医保服务点。深入推进公共服务专项治理，提升"综合柜员制"服务水平，组织参加全市医保经办服务技能比武大赛，区医保分中心代表队获团队一等奖，3名选手获个人二等奖。扩大异地就医直接结算范围，从长三角扩展到京津冀、西南五省及其他试点省份门诊异地就医直接结算，对市外就医开通未经转诊就医自主备案通道，推动省内定点零售药店异地联网购药直接结算，异地就医直接结算更加畅通。

【国家医保谈判药品"双通道"管理】 2021年，大丰分局建立完善国家医保谈判药品"双通道"（定点医院、定点药店）管理机制。落地落实国家医保谈判药品"双通道"和单独支付，167个国家医保谈判药品纳入"双通道"管理，118个实行单独支付。将区二级以上定点医疗机构和4家定点零售药店纳入"双通道"定点机构，提供相应的药品供应保障服务，有力保障参保群众用药权益。

【医药价格和药品（医用耗材）招标采购】 2021年，大丰分局积极深化医药价格和药品（医用耗材）招标采购改革。对17家公立医疗机构病房床位价格进行调整，规定最高指导价，规范公立医疗机构病房床位价格收费行为。对各医疗机构医药价格按其性质类别进行建档立卡，实行档案式、精细化管理模式。全面落实阳光采购政策，稳步推进国家、省、市药品集中带量采购和医用耗材联盟采购工作，跟踪督促医疗机构按时间进度完成各项采购任务。推进采购平台建设，及时跟踪、协调全区二级以上公立医疗机构医院信息系统与省平台联网对接。

【疫情防控医疗保障】 2021年，大丰分局贯彻落实免费接种疫苗决策部署，全年医疗保险基金支出8000万元用于疫苗及接种费用。持续降低常态化防疫成本，先后三次降低新冠病毒核酸检测价格，单人单检由120元降至40元，混检降至10元/人次，大幅减轻群众和财政负担。

（王军勇）

〖编辑　於晨婷〗

公共安全

安全生产监督管理

【概况】 2021年，大丰区应急管理局深入贯彻落实习近平关于安全生产重要论述和视察江苏重要讲话指示精神，围绕落实安全责任、推动安全发展的目标，持续深化安全生产专项整治，加快创建省级安全发展示范城市，全面落实工业企业安全风险报告，扎实应对灾害事故，有力有效推动应急管理各项事业稳步开展，切实保障全区安全形势持续平稳。全年全区未发生较大以上级别生产安全事故，各类生产安全事故起数、死亡人数较2020年同比下降42.86%和50%，安全生产形势总体平稳。

【安全生产责任落实】 2021年，大丰区全面落实安全生产责任。区委、区政府主要负责人落实“一岗双责”，各镇（街道、区园）党政主要负责人履行安全生产“第一责任人”职责，带头履行年度重点工作清单。全区成立9个安全生产督导（巡查）组，对镇（街道、区园）和相关部门开展专项整治行动“家家到”督查，每月督导不少于3天。对照企业主体责任20条，通过宣传引导、示范引导、逐企督导，帮助企业开展好、落实好“一必须五到位”（必须依法生产经营建设，安全责任到位、安全投入到位、安全教育培训到位、安全管理到位、应急救援到位），通过开展主体责任专项执法、实施信用约束机制等形式，提高主体责任落实的针对性、实效性和可操作性。

【危化品使用专项整治和安全生产治理】 2021年，大丰区统筹推进危化品使用专项治理。完成系统内信息填报，录入企业（单位）1656个，检查单位3176家次，发现问题隐患7969项，对违法违规行为立案70起，罚款140.41万元。聘请专业第三方机构，对企业设计、管理、设备、工艺、自动化等5个方面229项内容进行全面检查。检查化工（医药）企业18个，排查隐患900条、重大隐患7条，责令企业暂时停止使用相关设施设备并整改。突出重点化工工艺安全监管，涉及高危化工工艺的13个精细化工企业全部完成反应安全风险评估。对照应急管理部硝化、氟化工艺检查表，对丰山集团、辉丰集团2个涉及硝化、氟化的化工企业逐项开展检查。根据涉及氯化工艺企业实际情况，制订深度检查表，对10个涉及氯化工艺的企业开展检查。17个化工企业全部通过本质安全诊断和“五位一体”安全生产信息化平台验收。大力提升化工企业人员素质，化工企业从业人员4885人中，取得职业技能等级证书294人，安排新参加职业技能等级提升544人。

【工业企业安全风险报告】 2021年，大丰区按照“应报尽报”的总要求，发放各类宣传材料2.2万份，分10期开展工业企业风险报告专题培训，培训企业1500余个。全区2413个企业开展安全生产风险报告，上报较大以上等级安全风险6545条，较大以上等级风险上报率90%，实现风险应排尽排、应报尽报。

【冶金等工贸行业专项整治】 2021年，大丰区对照《钢铁企业安全生产执法检查重点事项》开展专项检查，排查整治各类隐患177项。邀请省级行业专家对43个粉尘涉爆企业开展“家家到”检查，排查各类隐患319项。部署开展有限空间专项治理，坚持日常检查、计划检查、专项检查、督查检查相结合，抽查有限空间作业企业近100个，立案46起，处罚55.175万元。部署开展小微企业安全管理达标专项行动，对小微企业实施“量分”达标管理，确定全区小微企业1819个（其中停产45个），对1773个进行初次考评，其中163个企业考核结果优秀，1317个企业考核结果达到合格以上。邀请省级行业专家对全区45个粉尘涉爆企业开展“家家到”检查，排查各类隐患414项，整改378项，其中12项重大隐患全部整改到位。

【安全生产行政执法】 2021年，大丰区应急管理局组织开展四季安全专项执法行动，扎实开展限电护航行动。全年执法检查企业1159个次，同比增长189.75%，检查发现各类事故隐患11715条；事前处罚立案数193件，同比上升45.11%；罚没款287.68万元，同比增长47.02%，未有行政诉讼。全面开展安全生产委托执法，镇（街道、区园）行政处罚权限扩大至2万元罚款。

【防灾减灾救灾】 2021年，大丰区应急管理局组织镇级以上灾害信息员参加全市镇级以上灾害信息员暨全国综合减灾示范社区创建业务培训班、应急管理部2021年全国灾害信息员师资视频培训以及专题培训班，提升灾害信息员业务水平。对照《盐城市大丰区救灾物资调拨规程》，完成24类2886件物资和装备的采购和入库。防范应对“4·30”“5·14”“7·15”三次强对流天气和“11·7”寒潮天气，提升全区自然灾害应急能力。

【安全生产宣传】 2021年，大丰区开展“百团进百万企业千万员工”宣讲，覆盖企业1635个、从业人员11620人。联合15家部门和单位举办安全生产集中宣传咨询日活动，展出安全生产图板150块，发放安全文化宣传资料2万余份。部署开展“5·12”全国防灾减灾日和“10·13”国际减灾日宣传活动，切实提高全区群众防灾减灾意识与能力。通过发放宣传手册、开展专题培训等形式，全面宣传贯彻新修订的《中华人民共和国安全生产法》，切实增强企业学法、懂法、守法的自觉性。开展进企业、进农村、进社区、进学校、进家庭“五进”活动2333次、受众29.41万人。

（洪德鑫）

防震减灾

【概况】 2021年，大丰区按照《盐城市大丰区地震应急预案》，统筹应对地震灾害及次生、衍生灾害，加强联席会

2021年，大丰区地震主管部门强化地震监测预报工作，地震监测台站运行正常　葛顺明　摄

议成员单位之间的沟通协调和信息共享，突出督查检查工作。指导丰华街道高新社区创建国家级防灾减灾综合社区，指导区图书馆争创省级防震减灾科普教育示范基地。社会公众主动参与和支持防震减灾各项活动的自觉性普遍提高。大丰区住房和城乡建设局（地震局）被省地震局表彰为防震减灾工作县级先进单位。

【地震监测预报】 2021年，大丰区地震主管部门强化地震监测预报工作，地震监测台站运行正常，大丰区地震台、联丰强震台监测运行正常，资料连续可靠。在全省地震观测资料质量评比中，大丰区地震台电磁波观测获得全省评比第一名，强震动观测获全省第三名。8月，为进一步规范联丰强震台的日常管理，在省、市地震主管部门的指导下，将联丰强震台从大桥镇农户家中搬迁至大丰港经济区王港居委会，落实专门场所，实行专人管理。制定《大丰区震情监视跟踪工作方案》，坚持24小时震情值班制度，跟踪监测震情。

【防震减灾体系建设】 2021年，大丰区地震主管部门指导大丰经济开发区完成地震安全性区域评估工作任务。向区内建设工程提供抗震设防标准，在项目立项和图审阶段分别进行抗震设防的前置审批。在全区开展建筑工程抗震设防检查监督工作，对原缫丝厂、大新村等老旧小区实施拆除，推进更新改造。开展新一代地震动参数区划图实施工作，加快完善抗震设防竣工验收相关工作，积极推动《中国地震动参数区划图》（第五代）落实。重大建设工程和可能发生严重次生灾害的建设工程，严格按照国家和省有关规定进行地震安全性评价，其他建设工程均按照第五代《中国地震动参数区划图》确定的抗震设防标准，进行抗震设防。加强对农村基础设施、公共设施和农民自建房抗震设防的指导管理，引导农民在建房时采取科学的抗震防震措施。在新型农村社区建设中，将抗震设防作为必备的建设要求落实，要求达到7度设防。加强地震监测设施和地震观测环境的保护。8月，区防震减灾工作联席会议办公室印发《关于学习贯彻〈盐城市地震监测设施和地震观测环境保护规定〉的通知》，要求各职能单位认真学习并做好宣传贯彻工作。

【地震科普宣传】 2021年，大丰区住房和城乡建设局（地震局）加强防震减灾知识宣传，提高群众应急避险和自救互救技能，筑牢防震减灾的人民防线。利用“5·12”防灾减灾日、“7·28”唐山大地震纪念日及科普宣传周等时间节点，积极开展“进校园、进社区、进农村、进企业、进机关、进媒体”防震减灾宣传活动。加强与大丰区融媒体中心合作，组织开展“防震减灾无小事，责任使命大如天”的主题宣传活动。联合区应急管理局在区吾悦城市广场、大丰区施耐庵公园广场等人员密集场所开展防灾减灾宣传活动3批次，发放各类宣传资料576份。依托区委党校学习培训平台组织党员干部学习防震减灾知识，发放防震减灾宣传资料200余份。加大《江苏省地震预警管理决定》宣传力度，印发宣传画册1000份。

【防震减灾机制】 2021年，大丰区组织区防震减灾工作联席会议，签订《防震减灾责任书》，形成“党委统一领导、党政齐抓共管、部门各司其职、地震部门统筹协调”的防震减灾工作格局。大丰区政府出台的《大丰区地震应急预案》《大丰区城市抗震防灾规划（2012—2030）修编》，通过省住建厅组织的专家评审。大丰区住房和城乡建设局出台《盐城市大丰区防震减灾“三网一员”队伍建设管理办法》，继续完善防震减灾工作目标管理机制、经费投入机制和督查考核机制，健全“三网一员”工作队伍、管理制度和绩效考核办法，实行分级管理、分块负责、绩效考核，区管镇、镇管村的“三网一员”管理体系形成。定期召开防震减灾“三网一员”培训会议，组织“三网一员”学习防震减灾法律法规和地震知识，提升履职能力和水平。

【地震应急准备】 2021年，大丰区地震主管部门开展地震应急工作督查，检查全区地震应急预案的制定与更新、地震应急演练、地震应急物资配备、应急队伍和志愿者队伍建设情况；分季度常态化开展学校、医院、重点企业的地震应急演练。稳步推进应急避难场所建设，落实4500万元建设7个应急避难场所，年内1个中心应急避难场所、3个固定应急避难场所竣工。通过招标确定上海勘察设计研究院（集团）有限公司，启动大丰区第一次全国自然灾害综合风险（房屋建筑和市政设施项目）普查工作。

（葛顺明）

防汛抗旱

【概况】 2021年，大丰区防汛抗旱防台形势总体平稳，灾害天气发生频次较往年相比基本持平，未发生较大的水旱灾害。全区雨水量较充沛，30℃及以上天气75天，其中35℃及以上天气7天，未发生干旱现象。6月中旬至7月中旬，受超长梅雨期（共29天）影响，大丰区发生6次强降水过程及强对流天气，部分乡镇内河水位略超警戒线。7月第6号台风“烟花”、9月第14号台风“灿都”对全区人民群众的生产生活造成一定影响，但均未造成人员伤亡和较大经济损失。

【水情雨情灾情】 2021年，大丰区总降水量1096.4毫米，其中梅雨期降水量320.2毫米（大中气象站），与常年相比偏多2~3成。梅雨期全区经历6次较强降水过程（6月15日、7月3日、7月4日夜至5日、7月5日夜至6日、7月8日、7月9日），有11个区域自动站日雨量超过100毫米，最大日降水量出现在7月4日至5日大桥镇（145.2毫米）。2021年梅雨期，通过对沿海、城区、农村闸站的科学调度，仅部分河道超警戒水位，城区极少数地段出现短时间积水，没有造成人员伤亡和大的经济损失。

【台风】 2021年，大丰区主要受第6号台风“烟花”和第14号台风“灿都”影响较大，两次台风均未造成经济损失和人员伤亡。第6号台风“烟花”影响期间，大丰区普降大雨，局部暴雨。截至7月29日8时，有14个监测站降水量在100毫米以上，其中草堰228.3毫米、大桥168.0毫米、草庙165.8毫米、万盈165.1毫米、白驹156.9毫米、开发区150.4毫米、丰华街道146.4毫米、港区146.3毫米、小海145.3毫米、南阳145.2毫米。第14号台风“灿都”影响期间，大丰区北部出现小雨，中南部出现中到大雨，过程降水量达大到暴雨。截至9月14日8时，大丰区有6个监测点降水量超过20毫米，其中最大降水量在丰华街道，为28.2毫米。

【防汛责任制】 2021年，大丰区根据机构改革和区、镇（街道、园区）两级人事变动情况，印发《关于调整区防汛防旱指挥部组成人员的通知》。5月12日，印发《大丰区防汛防旱指挥部成员单位主要职责》，进一步落实以行政首长负责制为核心的各项防汛责任制。同日，大丰区防汛防旱指挥部印发《2021年大丰区流域性工程防汛责任人名单》《关于明确城区易淹区域防汛责任的通知》，并在《大丰日报》刊登，接受社会监督。5月13日，召开大丰区防汛防旱工作会议，全面部署2021年防汛防旱各项工作。

【防汛预案修订】 2021年，大丰区根据历年预案运用情况及大丰区防汛防旱工作实际需求，对《盐城市大丰区防洪排涝预案》《盐城市大丰区抗旱预案》《盐城市大丰区防御台风应急预案》《盐城市大丰区城市超标洪水防御预案》《盐城市大丰区海堤超强风暴潮防御预案》等防汛抗旱相关预案进行补充完善，确保预案体系科学可行。

【防汛物资储备】 2021年，大丰区防汛抗旱指挥部办公室在汛前盘点库存物资，潜水泵、抢排泵4月底全部维修保养到位，对部分超过保存年限的编织袋进行销毁并及时补充库存，储备土工布6.58万平方米、编织袋107.85万条、块石1.95万吨以及抢排泵、潜水泵等设备568台（套）。严格物资储备管理制度，合理确定仓储地点，对抢险物资实行专库储存、专人负责，确保防汛物资满足供应、应急调用快速到位。

【防汛抢险队伍】 2021年，大丰区按区域防汛抢险要求，组建沿海堤防及港区、内地、城区等抢险队268个、9534人。4月中旬，组织人员和机械在白驹通榆河东岸进行防汛抢险演练，切实提高防汛抢险队伍应急处置能力和实战本领。6月中旬，派出5名防汛抢险技术骨干到省防汛抢险训练场进行防汛抢险培训演练，进一步提升大丰区防汛抢险队伍专业化水平。

【防洪排涝工程】 2021年，大丰区实施串场河防洪排涝工程、通榆河护岸工程，疏浚河道41.57千米，加固堤防8千米，配套建筑物30座，修复通榆河河坡10千米。利用区级财政防汛抗旱专项经费450万元，在17个单位安排防汛抗旱专项资金项目52个，有效解

2021年6月，大丰区水利局组织防汛演练　（区水利局　供图）

决防汛隐患。投入中央农业和水利救灾资金100万元，实施完成川东港闸下岸坡坍塌应急处理工程，保障川东港闸下游北侧岸坡及闸身的安全。

（黄启明）

消　防

【概况】 2021年，大丰消防大队围绕加快推进消防治理体系和治理能力现代化，以消防安全专项整治三年行动为重要抓手，坚持问题导向，狠抓风险管控和专项治理，完成重大活动、重要节日消防安保任务，全区火灾形势保持持续稳定。全年接警出动1032次，其中火灾扑救600起，抢险救援234起，社会救助199起，出动车辆1448辆次，出动警力7217人次，连续21年未发生重大火灾事故。

【消防宣传教育】 2021年，大丰消防大队加强社会消防安全"防火墙"建设，全面增强全民消防安全意识，强化全民预防和抵抗火灾的综合自救能力。出台消防安全宣传进企业、进农村、进社区、进学校、进家庭"五进"实施细则，全面开展"百团进百万企业千万员工"活动，分批次、分行业先后开展化工、医疗、供电、工贸等行业宣讲活动11场次。聘请专业机构拍摄全区消防安全隐患曝光宣传片，协调社会传播载体参与消防宣传"亮屏"行动。利用城乡大喇叭，以方言版和普通话版等方式，播放燃气、电动车等消防安全常识和火场逃生技能，切实提高公众对消防安全的关注度。

【消防技防设施建设】 2021年，大丰区投入消防技防资金，推广安装电气火灾监控系统82套、电动自行车充电装置85套、简易喷淋50套、独立式烟感火灾报警探测器438只。224家单位接入消防设施联网监测系统，投入专项经费40.76万元用于新增安装和运营维保，提升消防技术防范手段。3月，区政府第59次常务会议审议通过《盐城市大丰区政府专职消防队站建设三年规划（2021—2023）》，计划三年时间建成16座消防队站。

（叶　凡）

2021年11月8日，大丰区建筑工地消防演练活动举行　　葛顺明　摄

应急管理

【应急体系建设】 2021年，大丰区应急管理局坚持"突出实战性、综合性""纵向贯通、横向互联、科学指挥、高效运转"的目标定位，制定应急指挥中心建设方案，并提请专家评审，进一步细化功能设置和设备设施技术参数，加快应急指挥中心建设。构建1个总体应急预案和46个专项应急预案，其中，自然灾害类8个、事故灾难类18个、社会安全类14个、公共卫生类6个。截至2021年年末，完成区级总体应急预案和33个专项应急预案的修编。将社会专兼职救援队伍纳入大丰区救援力量建设，建立城市应急救援队伍10支、石化产业园专职消防队1支、镇（街道、区园）专职消防队15支、危化冶金等高危企业专兼职应急救援队伍31支。

【应急救援演练及处置】 2021年，大丰区应急管理局在江苏瑞科医药科技有限公司开展危化品事故应急救援演练，并进行实时转播。举办化工（危化品）生产企业应急救援技能大比武活动，16支队伍48名选手参赛，对个人项目前两名选手授予区"五一劳动奖章"和"五一创新能手"称号。成功处置5起过境危险化学品运输车辆道路事故，3起为天然气事故、1起为正丁醇事故、1起为硝酸事故。

（洪德鑫）

〖编辑　於晨婷〗

镇·街道

草堰镇

【概况】 草堰镇地处大丰区西南，南与东台市毗邻，西与兴化市接壤，204国道、新长铁路、盐通高铁、盐通高速公路、串场河、通榆河贯穿境内。全镇总面积95.86平方千米，集镇建成区面积3平方千米。2021年年末，辖12个村、1个居委会、78个村民小组，总人口36666人，总户数12596户。2021年全镇完成财政收入1.2亿元，一般公共预算收入6918.86万元，居民人均纯收入29081元。全镇形成机械、铸造、汽车零配件、玩具、建材等支柱产业和花卉、水产品等富民产业。

【工业】 2021年，草堰镇实现全口径工业开票销售收入20.23亿元，规模以上工业开票销售收入17.40亿元，固定资产投资7.71亿元，新增规模以上工业企业3个。千代田精密机械加工、沪乐机械精加工等项目签约落户，精密机械特色产业集聚加快推动。宏鑫建设集团总部搬迁、圣世杰机械、梦幻迷宫果蔬加工等项目竣工投产，形成新的经济增长点。

【农业】 2021年，草堰镇着力推动农业提质增效。草堰、丁溪353.33公顷高标准农田建设有序推进。晓成家庭农场在央视二套《中国粮仓》作大型融媒体直播活动，获评“江苏省主题创意农园”；陈中元家庭农场创建“省级示范家庭农场”，梦幻迷宫生态农业园获评“江苏省农耕实践基地”。2021年村集体经营性收入平均每村43.34万元。

【第三产业】 2021年，草堰镇规模以上服务业企业营业收入2.31亿元，限上批零住宿餐饮企业零售额5344万元，新增规上服务业企业2个、限上批零住宿餐饮企业2个。梦幻迷宫全年接待游客35万人次，实现旅游收入3000万元。

【镇村建设】 2021年，草堰镇扎实推进农房改善工作，三渣二期91户、三元一期74户房屋竣工，三元一期续建34户、苏州名邸二期加快推进。持续推进人居环境整治，创成美丽宜居村庄点25个，双河新型农村社区被命名为盐城市特色田园乡村，三元村2号庄点创建“江苏省特色田园乡村”，三渣村被评为盐城市生态文明建设示范村、盐城市绿美村庄。加快完善基础设施，新建农路12条、7.15千米，改造农村五类公路桥梁5座。

【生态环境】 2021年，草堰镇统筹推进水环境整治提升，新建污水管网19.56千米，建成微动力污水处理设施53座，行政村污水治理设施实现全覆盖，有效保障国考、省考断面水质稳定达标。

【社会治理】 2021年，草堰镇常态化开展疫情防控，完成全员核酸检测应急演练，疫苗接种做到“应接尽接”。持续推进安全生产专项整治，实现风险辨识全覆盖，全镇安全生产形势平稳可控。

【社会事业】 2021年，草堰农贸市场完成主体建设，致富街完成改造提升，旅游公路3号线竣工通车。坚持“自查为主、交办为辅”，深化精神文明建设，培育文明乡风，双河村、三渣村获评“盐城市文明村”。草堰镇纪委、妇联参选的“清正家风故事”《良好的家风铸就了一位共和国英模》，在盐城市纪委监委机关、市文明办、市妇联联合举办的“清风相伴和美万家”市“清正家风故事”作品征集活动中获一等奖。

草堰镇丁溪桥 周古凯 摄

2021年草堰镇主要经济社会指标一览表

表17

项目	数量	项目	数量	项目	数量
地区生产总值	21.71亿元	固定资产投资	7.71亿元	小汽车拥有量	8586辆
用电总量	8802万千瓦时	工业技改投入	3510万元	医院病床数	75张
农林牧渔业总产值	9.94亿元	进出口总额	1200万美元	自来水普及率	100%
粮食总产量	58356吨	学校	4所	参加养老保险	10960人

续表17

项　目	数　量	项　目	数　量	项　目	数　量
肉类总产量	3641吨	在校学生	1215人	参加合作医疗	28713人
水产品总产量	5137吨	在职教师	158人	农民人均纯收入	30145元
工业总产值	11.77亿元	有线电视用户	10021户	农民人均住房	42.8平方米
规模以上工业企业	17个	互联网用户	5938户	—	—
工业销售收入	20.23亿元	固定电话	6986部	—	—

2021年草堰镇各村、居委会基本情况表

表18

名　称	党总支（党支部）书记	主　任	户数（户）	人口（人）	总面积（公顷）
丁溪村	袁　艳	袁艳	1033	3409	581.12
界中村	冯玉军	冯玉军	895	2477	685.80
双河村	李桂生	李桂生	790	2186	527.40
双垛村	景步国	景步国	1265	3463	1177
合新村	陈桂红	陈桂红	1296	3806	1202.28
草堰村	陶春宏	陶春宏	1264	3413	760.62
三元村	钱　军	钱　军	928	2739	696.36
西渣村	许永明	许永明	793	2359	612.84
成文村	王亚君	王亚君	890	2686	965.16
竹园村	单庆勇	单庆勇	809	2328	682.91
三新村	王　平	王　平	787	2258	701.16
三渣村	邢俊青	邢俊青	833	2723	677.15
竹溪居委会	刘俊峰	刘俊峰	1013	2819	316.20

说明：竹溪居委会为党支部

2021年草堰镇骨干企业基本情况表

表19　　单位：万元

企业名称	销售收入	税收总额	法人代表
盐城市大丰区林华制造有限公司	4682	174.32	秦金华
大丰欧益箱包有限公司	1850	36.67	陆凤监
江苏鑫国机械铸造有限公司	11909	447.98	侯卫国
盐城市金鼎金属制品有限公司	3321	99.19	陶　珂
江苏高昌机械制造有限公司	2184	90.03	蔡怀付
盐城市大丰区丰盛环保建材有限公司	4466	70.78	李长韬
盐城市大丰真率工艺品有限公司	3977	154.05	赵咏湖
江苏弘烨精密铸造有限公司	5074	145.71	王金栋
盐城市大丰区长荣建材公司	20425	1119.42	周　扬
盐城市大丰区比齐密封系统有限公司	2483	179.44	黄家辉
盐城市龙万机械有限公司	4625	145.58	宗德宝
江苏禾丰粮油工业有限公司	96939	1336.05	蔡兆海
盐城大丰丰宇屠宰场	2666	4.62	冯小锋
江苏晨卓建材开发有限公司	5242	60.47	张昌养
江苏翊彩高分子材料有限公司	4159	71.9	胡育华

（周汉明）

白驹镇

【概况】白驹镇地处大丰区西南部，总面积约113.27平方千米，下辖16个村、1个社区居委会，总户数13626户、总人口36971人。白驹有海盐古镇、施公故里、会师胜地、玩具之乡四张名片，是“国家级生态镇”“国家卫生镇”“江苏省文化名镇”“江苏省特色景观旅游名镇”。2021年，白驹镇实现地区生产总值26亿元，财政总收入1.38亿元，一般公共预算收入9258万元，农村常住居民人均可支配收入30274元。

【工业】2021年，白驹镇全口径工业开票销售12.09亿元，规模以上工业开票销售7.52亿元。全镇有规模以上工业企业21个、年开票销售超5000万元的企业6个、入库税收超100万元企业18个。“春季招商攻坚赛”“秋季招商大会战”取得成效，获“招商引资工作先进集体”称号。先后招引润丰智能家居、台益纳米科技、苏合农批食品产业园、润翔精密、烨恒汽车零部件等一批重点项目落户，完成全社会固定资产投资47.54亿元。招引5亿元重大项目进园区工作取得突破，总投资5.2亿元的深圳中天仁智能终端项目、总投资10亿元的泓顺硅基半导体科技项目落户沪苏产业联动集聚区。

【农业】2021年，白驹镇推进盐城市级锦绣大地现代农业示范园区提档升级，推进盐通高铁、351省道沿线土地集中连片流转，发展连片稻油种植基地546.67公顷，促进银宝大地禾、大丰仓等高效现代农业战略合作项目实施。推进高标准农田建设，核心项目区拆迁农房31户、迁坟293穴、关闭养殖场21户。充分发挥农业园区上海市外蔬菜主供应基地带头作用，培育特色农业，在进步、肖坳、汤舍、洋心等村流转土地113.33公顷，建设连栋大棚86.67公顷，发展设施蔬菜栽培、精品果蔬采摘，让种地农民在发展高效农业、休闲农业、观光农业等新业态中获得持续收益。

【第三产业】2021年，白驹镇水浒街停车场、古盐运码头、文创商店文化旅游重点项目开工建设。中华水浒园景区在国庆假期期间推出大型实景沉浸式剧本杀项目《水浒英雄》，吸引各地游客和剧本杀玩家参与。八路军新四军白驹狮子口会师纪念地创成“江苏省党史教育基地”，年内接待各地党政军地机关、社会团体1000余批次，接待干部群众和游客超15万人次。

白驹镇洋心新型社区 （白驹镇 供图）

【镇村建设】2021年，白驹镇全面建成马家、洋心两个农村新型社区和盛世名城新型城镇社区，全年吸引268户“危旧破矮空散”住房困难群众入住。全年退宅进城入镇152户、退宅还耕72户、进新型农村社区160户。马家新型农村社区获评“省级特色田园乡村”。镇村通道提档升级、农路农桥生命防护设施、健康公园及串场河沿岸健康步道等34项民生实事工程全部完成。三七路提档升级路段全线竣工通车，新铺设黑色路面4.5万平方米。完成沟塘疏浚16条、总长7.79千米，打造生态河道4条、总长6.1千米。全镇16个行政村污水处理设施覆盖率为100%，对全镇19个自然村开展污水管网建设，总长度约61千米，微动力设施78座。

【生态环境】2021年，白驹镇加强串场河沿线综合整治，关闭低效能企业32个，完成拆除、搬迁185户，复垦绿植8.67公顷。依法关闭神驹建材厂、白驹砖瓦厂、华宏建材有限公司等3个烧结砖瓦生产企业。串场河沿线河道岸线美化13.3万平方米，绿化流转土地160公顷，栽植苗木2.12万株。肖坳、团结、狮子口等村相继建成“森林村庄”。冬春水利工程疏浚河道15条、全长27.49千米，疏浚村庄沟塘32条、全长17.85千米，岸坡绿化13.33公顷。

【社会治理】2021年，白驹镇深入推进安全生产专项整治行动和企业主体责任“家家到”强化月活动，检查生产经营单位1299家次，涉及全镇13个行业领域，排查整改各类安全隐患3773条。深化运用“大数据+网格化+铁脚板”“网格+警格”社会治理工作机制，依法就地化解信访矛盾纠纷，“12345”平台办复各类事项995件，办结率100%，化解信访积案3件。完善全要素网格化服务管理新体系，狮子口村获得“全国乡村治理示范村”称号。

【社会事业】2021年，白驹镇加强新

冠肺炎疫情防控，推广全民接种新冠疫苗，设立17个全员核酸检测采样点，科学、有序推进全域防控新冠肺炎疫情。团结、马家、新垛、肖坳、洋心等村建成"江苏省健康村"。加强民生事业保障，完成1005户省特殊困难群体救助专项帮扶。白驹初级中学、白驹小学被江苏省教育厅授予"江苏省智慧校园"称号。

2021年白驹镇主要经济社会指标一览表

表20

项　目	数　量	项　目	数　量	项　目	数　量
地区生产总值	26.0亿元	肉类总产量	2993吨	在校学生	895人
财政总收入	1.38亿元	水产品总产量	3658吨	在职教师	161人
一般预算收入	9258万元	规模以上工业企业	20个	医院病床数	142张
用电总量	9826万千瓦时	规模以上工业总产值	8.3亿元	自来水普及率	100%
工业用电量	1580万千瓦时	规模以上工业利税总额	3515万元	参加农村社会养老保险	23300人
定报企业用电量	4632万千瓦时	固定资产投资	8.37亿元	参加农村新型合作医疗	24009人
农林牧渔业总产值	10.81亿元	进出口总额	2800万美元	农村居民人均可支配收入	30274元
粮食总产量	73012吨	学校	4所	农民人均住房	49平方米

2021年白驹镇各村、居委会基本情况表

表21

名　称	党总支书记	主　任	户数（户）	人口（人）	总面积（公顷）
沿堤村	肖生存（—2021.9） 刘东荣（2021.10—）	刘东荣	1028	2998	1096.47
马家村	陈华玺	陈华玺	839	2298	847.83
民窑村	杨金华（—2021.9） 肖生存（2021.10—）	杨金华（2021.1—2021.9）	1060	2977	1136.62
七里桥村	陈纪存	陈纪存	617	1680	544.56
团结村	顾益平	顾益平	720	1942	735.48
三里树村	陈　伟	陈　伟	663	1770	597.46
狮子口村	曹　映	曹　映	1121	2822	661.46
汤舍村	单长虹	单长虹	593	1744	626.90
唐西村	肖洪伟	肖洪伟	545	1613	580.62
肖坳村	肖桂存	肖桂存	669	2117	724.60
进步村	刘庆平	刘庆平	625	1847	570
新垛村	朱保美	朱保美	944	2756	1011.57
朱舍村	陈维仁	陈维仁	393	1113	325.63
东窑村	周浦江	周浦江	440	1311	445.06
窑港村	杨金艳	杨金艳	917	2753	900.63
洋心居委会	唐亚武	唐亚武	1062	2540	465.71
海宁社区	陈卫华	陈卫华	1390	2690	55.98

2021年白驹镇骨干企业基本情况表

表22　　单位：万元

企业名称	销售收入	利税总额	法人代表
盐城汇百实业有限公司	7200	834	陈启俊
盐城杉童玩具有限公司	4199	339	李生祥
盐城杉童纺织品有限公司	2074	31	陈付传
盐城神龙玩具有限公司	3179	155	卞九龙

续表22

企业名称	销售收入	利税总额	法人代表
大丰鸿达玩具有限公司	3122	11	葛中东
江苏焕鑫新材料股份有限公司	6834	283	钱建华
盐城荣达印染有限公司	2831	181	周惠杰
盐城市大丰区宏丰米业有限公司	2198	14	徐美英
盐城海贝玩具有限公司	1901	70	王者东
盐城开乐纺织工艺有限公司	4054	136	宗胜旺
盐城康盛纸业有限公司	9133	480	李康恩
盐城市大丰景盛电子有限公司	4042	687	常建礼
盐城怡童家纺有限公司	4105	293	李生华
江苏邦力金属制品有限公司	3083	83	王晋枫
江苏中昌精锻有限公司	4225	43	肖　建
江苏大凡生态建材科技有限公司	2260	143	赵　荣
江苏飞腾铸造机械有限公司	223	20	潘绍兵
江苏华硅新材料科技有限公司	8924	179	罗　芸
江苏百力事新材料科技有限公司	6437	22	朱　钧

（宋　蔚）

刘庄镇

【概况】 刘庄镇位于大丰区西部，是全国重点镇、江苏省重点中心镇，总面积96.39平方千米，下辖12个行政村、3个社区、81个村民小组。2021年年末户籍总数14326户，户籍人口39874人。2021年，刘庄镇财政总收入1.56亿元，其中一般公共预算收入9272万元；实现一般公共财政收入9265万元；农民人均可支配收入30197元。乡村振兴持续推进，全镇13个村经营性收入全部超过30万元，超过50万元的经济强村6个，平均收入50万元。

【工业】 2021年，刘庄镇全口径工业开票销售18.4亿元，规模以上工业企业开票销售11.02亿元，固定资产投资5.33亿元。扎实开展招商引资项目建设，新签约亿元项目6个，新开工亿元项目1个、5000万元以上项目2个，新投产亿元项目3个。培植规模以上工业企业5个。

【农业】 2021年，刘庄镇全镇流转土地3266.67公顷，建成家庭农场35个，其中区级及以上示范家庭农场15个。坚持以万亩优质稻米产业园为抓手，以农产品加工企业为依托，加快优质稻米基地建设，申报省3133.33公顷优质水稻生产基地建设。完成规模化经营主体275户、苏菜直通1772个，电商销售1.4亿元。

【第三产业】 2021年，刘庄镇第三产业持续发展，规模以上服务业企业营业收入7.57亿元、限额以上批零住宿餐饮企业零售额1.04亿元，培植规模以上服务业2个，新增限额以上批零住宿餐饮企业2个。

大丰串场河畔的刘庄中学　　周古凯　摄

【镇村建设】 2021年，刘庄镇以打造农房改善2.0进阶版为目标，系统推进进城入镇、良好新型农村社区建设，积极探索友谊新型农村社区管理。实施刘庄大礼堂、204国道、大刘路绿化提升工程，完成污水管网建设48千米。加快农村水利建设，疏浚河道72条，完成土方204.5万立方米，疏浚村庄河塘26个，完成土方15.6万立方米，建成生态样板河道4条。

【生态环境】 2021年，刘庄镇全面实施串场河、大刘路等环境整治工程，提高人居环境舒适度。重点围绕国考、省考断面水质，扎实开展“三行动三整治”工作，集中力量抓好水环境提升工作。对1个水质管控点实行周检测，对全镇131条河道水质进行月取样，完成村庄12条河塘整治、2条高标准生态河道建设任务。积极应对大气污染预警，扎实开展抑制扬尘整治工作，完善生态环境网格化监管体系，发放环保便民服务卡，开通24小时举报热线。

【社会治理】 2021年，刘庄镇扎实开展安全生产“春之守护”行动，围绕企业主体责任七项重点内容，检查企业1896个次，排查隐患2773条，整改销号隐患2726条，向上级移送安全线索4起，执法处罚企业3个，罚款2万余元。坚持以人民利益为中心，扎实开展矛盾纠纷排查工作，坚定不移推进扫黑除恶专项斗争，社会大局长期和谐稳定。

【社会事业】 2021年，刘庄镇大力发展民生事业，实施园区水景公园、南闸口绿化提升、竞赛村公益性公墓一期等工程。为所有建档立卡低收入农户免费办理农村合作医疗保险、意外伤害保险，实行大病救助，建立动态监测评估。建立居民健康档案37350人份，健康教育和妇幼健康服务、预防接种等项目有序开展。80周岁以上老人实现居家养老服务“全覆盖”。

2021年刘庄镇主要经济社会指标一览表

表23

项　目	数　量	项　目	数　量	项　目	数　量
地区生产总值	31.4亿元	家禽当年出栏数	886234只	有线电视用户	5547户
财政收入	1.56亿元	羊当年出栏数	10336只	互联网用户	8421户
用电总量	1.03亿千瓦时	规模以上工业企业	17个	医院病床数	52张
农林牧渔业总产值	11.08亿元	规模以上工业总产值	12.51亿元	自来水普及率	100%
粮食总产量	58108吨	规模以上工业利税总额	3571万元	燃气普及率	100%
肉类总产量	2698吨	固定资产投资	5.33亿元	参加合作医疗	38157人
油料作物总产量	1070吨	出口总额	3300万美元	农村居民人均可支配收入	30197元
蚕茧产量	2.8吨	学校	4所	农民人均住房	42.4平方米
水产品总量	4151吨	在校学生	969人	—	—
猪当年出栏数	36957头	在职教师	223人	—	—

2021年刘庄镇各村、居委会基本情况表

表24

名　称	党总支（党支部）书记	主　任	户数（户）	人口（人）	总面积（公顷）
光荣村	王元军	王元军	1116	3213	1131
龙心村	杨　卫	杨　卫	655	1918	655
竞赛村	朱成斌	朱成斌	829	2389	622
新桥村	束正华	束正华	1175	3366	857
友谊村	束长明	束长明	1152	3322	937
东联村	严华标	严华标	852	2649	741
东方村	束　伟	束　伟	697	2178	564
良好村	季明还	季明还	996	3011	800
民主村	朱从俊	朱从俊	1165	3555	965
建成村	卞汗秀	卞汗秀	825	2468	642
润民村	季顺高	季顺高	1138	3324	728
胜利村	季自标	季自标	933	2818	676

续表24

名　称	党总支（党支部）书记	主　任	户数（户）	人口（人）	总面积（公顷）
云溪居委会	夏建华	夏建华	486	1199	171
紫林社区	黄　勇	黄　勇	1516	2982	120
三圩社区	—	黄　芳	791	1482	30

说明：三圩社区隶属于润民村委会统一管理，实行两块牌子一套班子，只设主任一名；云溪居委会和三圩社区为党支部

2021年刘庄镇骨干企业基本情况表

表25　　单位：万元

企业名称	销售收入	利税总额	法人代表
江苏源源山富数码喷绘科技有限公司	34029	722	牛卫平
江苏协和新型建材有限公司	2954	16	王益民
盐城市大丰三川麦业有限公司	4879	207	朱　存
江苏盐发机械有限公司	3168	652	黄军龙
江苏澳太斯纺织品实业有限公司	4636	-110	LINBO
盐城市大丰创意工艺品有限公司	12880	806	王加森
江苏大昌燃气设备有限公司	3382	552	杨金平
盐城恒兴饲料有限公司	23300	-343	陈　丹
江苏森月坊纺织制品有限公司	7663	497	陆建军
江苏昊烨新材料科技有限公司	5792	-10	陈智慧
江苏湃福安全用品有限公司	2159	98	葛新海
江苏杰森纺织制品有限公司	9719	486	王加平

（杨开轩）

西团镇

【概况】 西团镇位于大丰区中南部，总面积86.38平方千米。2021年，下辖11个村委会、2个居委会、69个村民小组，户籍总户数10591户、总人口27783人。拥有各类企业近380个，涉及机械、医疗、纺织、建筑、建材、化工(农药、医药、污水处理)等行业。全年实现地区生产总值31.92亿元，一般公共预算收入1.76亿元，固定资产投资12.9亿元。2021年，西团镇获得“江苏省乡村振兴先进集体”“江苏省文明镇”“江苏省生态文明建设示范乡镇”“江苏省基层党员冬训工作示范镇”“省级耕地保护激励单位”等称号。在2021年中国中小城市高质量发展指数研究成果中，位于全国千强镇第681位。

【工业】 2021年，西团镇实现全口径工业开票销售46.8亿元，外贸进出口总额1650万美元，培植开票超1亿元企业8个、超5000万元企业12个，新培植规模以上工业企业4个。全年新签订亿元项目9个，其中总投资5亿元的复迈医疗器械项目落户镇工业园区；迈硕二期、智通包装等4个亿元项目开工建设；势于势汽配、台祥科技等4个亿元项目竣工投产。大力推进科技创新，新增省级“两化”（信息化、工业化）融合贯标企业4个、省星级上云企业19个、国家评价的科技型中小企业37个；新培植国家高新技术企业3个；新完成技术合同登记1.1亿元。

【农业】 2021年，西团镇推进“绿野新中”现代农业园区提标升级工程，新建智能温室5000平方米、冬暖大棚2万平方米，建成南京农业大学、扬州大学产学研基地33.33公顷，健全智慧灌溉、绿色防虫等智慧农业系统，园区综合服务中心对外展示。大力培育新型农业经营主体，全年新发展家庭农场14家、农民专业合作社10家。建成省级绿色优质水稻基地1333.33公顷。

【第三产业】 2021年，西团镇规模以上服务业营业收入1.74亿元，同比增长28.4%。新培植限额以上批零住宿餐饮企业4个、规模以上服务业企业1个。

【镇村建设】 2021年，西团镇推进农村人居环境整治，整治出店经营392处、拆违266处、房屋出新963处、提升节点绿化64处。持续推进农房改善，众心社区完成304户，龙窑新型农村社区被列为“省级示范项目”，众心新型农村社区二期通过省级验收，永泰翡翠城二期9幢274套全面开工。新建农桥7座、农路1.3千米，维修破损路面1万平方米，临水路段防护栏、农路百米桩等“生命防护工程”全部竣工。完成集镇绿化亮化工程，提升

西团镇天边湖公园　（西团镇　供图）

道路景观节点。

【生态环境】 2021年，西团镇中央环保督察交界问题整改通过验收。聘请第三方专业公司，常态化开展环保专项检查。铝壳炉整治实现全覆盖。大力实施植树造林，新增造林10.21公顷、森林抚育27.73公顷，育苗面积3.67公顷。西灵村1号庄点建成省级森林村庄，九一村建成盐城市生态村。疏浚大沟1条、中沟1条，整治村庄河塘16条，建成生态河道2条，一卯西河道全线整治到位，农村生活污水治理设施全覆盖。

【社会治理】 2021年，西团镇纵深推进安全生产专项整治三年行动，创建省级安全发展示范城市。扎实开展驻厂督导和企业安全生产"评星定级"活动，"小微企业安全管理达标专项行动"全面完成。全镇"驻厂督导制度"入选省安全管理案例，并在全区推广。扎实开展基层信访窗口建设提升年活动，建成市级人民满意窗口，建成区级"无访村"7个。政府性债务融资成本明显控降，扫黑除恶专项斗争持续深化，妥善应对台风、地震等自然灾害，社会大局保持和谐稳定，人民群众安全感、满意度明显提升。

【社会事业】 2021年，西团小学毕业班成绩位居全区乡镇第三，西团初中首次完成大丰高级中学录取人数指标任务。西团卫生院通过"全国基层中医药先进单位"复审。盐城华升环保科技有限公司建成市级就业创业示范基地。西团镇退役军人服务站建成全国示范型退役军人服务站。新时代文明实践所(站)全部对外开放，省级"文明镇"通过复审。80周岁以上老人居家养老服务实现"全覆盖"。众心村"幸福家园"村社互助工程成为全省现场推进会观摩项目，"西团经验"在全省推广。

2021年西团镇主要经济社会指标一览表

表26

项　目	数　量	项　目	数　量	项　目	数　量
地区生产总值	31.92亿元	固定资产净值	15.8亿元	小汽车拥有量	6217辆
全口径财政收入	3.22亿元	规模固定资产净值	6.8亿元	医院病床数	85张
定报企业用电量	8457万千瓦时	工业技改投入	6000万元	互联网用户	6864户
农林牧渔业总产值	8.1亿元	当年到账外资	100万美元	自来水普及率	100%
粮食总产量	4.89万吨	学校	2所	参加养老保险	14000人
肉类总产量	1761吨	在校学生	337人	参加城乡居民医疗保险	21007人
水产品总产量	4800吨	在职教师	104人	农村居民人均可支配收入	30139元
规模以上工业企业	33个	有线电视用户	8010户	农民人均住房	45平方米
规模以上工业总产值	33.6亿元	移动电话	23142部	—	—
规模以上工业利税总额	4.35亿元	固定电话	4482部	—	—

2021年西团镇各村、居委会基本情况表

表27

名　称	党总支（党委）书记	村委会主任	户数（户）	人口（人）	总面积（公顷）
西团村	董尔平	董尔平	1024	2579	640.5
北团村	季通芳	季通芳	1121	3034	1097.6
描花村	杨玉权	杨玉权	613	1735	625.99
新中村	吴跃军	吴跃军	583	1604	590.19
西灵村	吴根红	吴根红	696	1848	584.39
赵场村	赵长锋	赵长锋	650	1907	737.36

续表27

名　称	党总支（党委）书记	村委会主任	户数（户）	人口（人）	总面积（公顷）
九一村	丁　成（—2021.5） 袁丽丽（副书记代）	丁　成（—2021.5） 陈春平（副主任代）	632	1798	713.93
黄浦村	施国林	施国林	911	2464	881.98
马港村	陈新宏（—2021.8） 吴君祥（代）	陈新宏（—2021.8）	464	1314	415.21
众心村	葛晓萍	葛晓萍	1161	3054	1202.23
龙窑村	邱信凤	邱信凤	783	2291	890.39
建设居委会	祁爱凤	祁爱凤	1119	2278	87.06
大龙居委会	陈相涛	陈相涛	834	1877	147

说明：西团村为党委

2021年西团镇骨干企业基本情况表

表28　单位：万元

企业名称	销售收入	利税总额	法人代表
中再生盐城资源开发有限公司	149605	26619	朱荫诚
江苏腾龙建材有限公司	15693	2087	吴章荣
盐城市群耀金属制品有限公司	13954	1462	王必莉
盐城益鑫铸业有限公司	13489	585	蔡　蕾
江苏南康钢结构有限公司	12644	1409	陈秀琴
江苏乾晋岩棉科技有限公司	10642	1173	李永发
江苏成越金属材料有限公司	10186	1420	陈汉兵
江苏台祥自动化科技有限公司	7428	749	阳新坚
金山东新铸造江苏有限公司	5998	231	曹大贵
盐城市众美物流装备制造有限公司	5462	435	朱　虎
江苏龙发铸造除锈设备有限公司	5281	402	姜　蕾
大丰腾龙祥顺纺织品有限公司	5035	84	左　军
盐城华升环保科技有限公司	4808	578	肖爱华
江苏鑫德龙环保科技有限公司	4292	251	姜伯云
盐城市丰特铸造机械有限公司	4208	371	乔圣兵
江苏智通包装科技有限公司	4151	552	朱月梅
盐城东皇铸造有限公司	4085	395	朱碧波
江苏久昌机械有限公司	3842	396	陈九昌
江苏迈硕医疗科技有限公司	3744	14	杨　磊
盐城势于势汽车配件有限公司	3742	12	付方贤
江苏洲达铸造机械有限公司	3635	407	杨华高
盐城市畅盛建材有限公司	3632	447	吴俊泽
盐城优工机械有限公司	3319	460	翟留云
江苏一帆汽车配件有限公司	3228	150	唐国弟
江苏龙城铸造机械科技有限公司	3125	389	江兴平
盐城市大丰富裕园麦业有限公司	2978	268	陈　伟
江苏成越抛丸机械有限公司	2939	762	陈汉兵
江苏锐达机械制造有限公司	2904	369	赵爱兵
江苏鑫桥环保科技有限公司	2766	336	蔡杰凯
盐城海峰电机制造有限公司	2297	307	杨仁国
盐城大丰中信机械制造有限公司	1760	131	王忠兴
盐城市大丰永鑫机械制造有限公司	1753	140	李生雨
江苏金龙环保设备发展有限公司	1687	121	刘金荣

（张冲　吴耀庭）

小海镇

【概况】 小海镇位于大丰区中南部，全镇总面积123.81平方千米，耕地面积6505公顷，总户数14206户，总人口37174人。下辖13个行政村、2个居委会、97个村民小组。2021年实现地区生产总值22.46亿元，财政收入9738万元，一般公共预算收入6767万元。各项主要经济指标全面完成，获区委区政府授予的"综合先进奖""共享发展幸福单项奖"等奖项。

【工业】 2021年，小海镇全口径工业开票销售17.73亿元，同比增长18.6%；规模以上工业开票销售11.5亿元，同比增长20%；工业用电量4.1亿千瓦时，同比增长7.8%；固定资产投资6.92亿元，同比增长11%。全年签约1亿元以上项目7个，新开工1亿元以上项目3个，竣工1亿元以上项目1个。产业转型精准有序，围绕现有产业，按照传统产业转型升级的要求，对纺织企业按亩均效益分成五档管理，大力推进"个转企、小升规"，年内新增规模以上工业企业4个。强化企业创新主体地位，支持企业加大研发投入，年内申报国家高新技术企业4个。

【农业】 2021年，小海镇农产品供给保持稳定，全年粮食种植面积10333.33公顷，产量0.65亿千克，生猪年出栏4.5万头。先后流转土地4000公顷，供农业龙头企业及种植大户开展适度规模经营。1066.67公顷高标准农田项目主体竣工，1000公顷示范片项目完成土地平整并全部种植到位。由江苏省沿海开发集团有限公司投资的1600公顷国土空间全域综合整治项目签约并初步拟定实施方案。加大农产品"三品一标"（无公害农产品、绿色食品、有机农产品和农产品地理标志）建设力度，做大麋鹿牌青豆、津锋牌葡萄等农产品品牌，整合小海香肚、小海茶干等特产资源，放大小海农产品品牌影响力。全镇现有家庭农场44家，其中示范家庭农场14家，区级以上专业合作社15家。村集体经济稳步攀升，全镇15个村村集体经营性收入全部超22万元，其中7个村村集体经营性收入超50万元、6个村超30万元。

【第三产业】 2021年，小海镇第三产业持续发展，规模以上服务业企业营业收入1.27亿元，同比增长19.7%；限上批零住餐企业零售额1.39亿元，同比增长37.7%。全年培植规模以上服务企业2个，分别是盐城鼎福科技有限公司和盐城大丰新润通物流有限公司；限上批零住宿餐饮企业1个，即盐城健奥医疗器械有限公司。

【镇村建设】 2021年，小海镇全年完成农房改善310户。新铺设农路8.9千米、修建农桥12座，投资53.6万元维修破碎板块、养护道路及桥梁。投入62万元打造新圩村农村人居环境整治提升示范村，投入380万元完成30个市美丽宜居村庄点建设。

【生态环境】 2021年，小海镇投入110万元对集镇及撤并镇环境进行全面提升，投入200万元完成沈海高速沿线（新村村）环境整治。全力推进镇村生活污水管网建设，全年新建镇村生活污水管网40余千米、完成2条黑臭水体整治任务，提升河道水质。

【社会治理】 2021年，小海镇拓展网格化社会治理，做好初信初访、信访积案处置化解，实现"小事不出格"，各类事项实现闭环处理，全年处理矛盾纠纷1261条、走访特殊人群3458次，化解率、结案率100%。抓实安全生产，落实安全生产主体责任，加强风险防控，强化排查整治，提升监管能力，加大执法力度，严防各类事故发生，排查安全隐患1390条，整改安全隐患1390条，整改率100%。

【社会事业】 2021年，小海镇不断提高基本公共卫生服务质量，北虹村卫生室通过市甲级卫生室验收。9个村卫生室达省示范标准，占比位居全区前列。不断完善公共服务，杨树村老年活动中心创成全区首批慈善村社互助项目。非遗保护成效明显，小海香肚走进央视《味道》栏目，小海镇陈银付瓷刻被正式列入国家级非物质文化遗产代表性项目。

小海镇化纤纺织产业园　　（小海镇　供图）

2021年小海镇主要经济社会指标一览表

表29

项　目	数　量	项　目	数　量	项　目	数　量
地区生产总值	22.46亿元	工业销售收入	16.85亿元	数字电视用户	6900户
财政总收入	9738万元	工业利税	5213万元	互联网用户	8300户
工业用电总量	4.1亿千瓦时	固定资产净值	18.73亿元	固定电话	2860部
农林牧渔业总产值	11.6亿元	固定资产投资	6.92亿元	医院病床数	220张
粮食总产量	68676吨	工业技改投入	4200万元	自来水普及率	100%
皮棉总产量	0.1吨	进出口总额	494万美元	参加养老保险	18500人
肉类总产量	8500吨	学校	3所	参加合作医疗	32100人
水产品总产量	4200吨	在校学生	723人	农民人均纯收入	29278元
规模以上工业企业	22个	在职教师	153人	农民人均住房	48平方米

2021年小海镇各村、居委会基本情况表

表30

名　称	党总支书记	主　任	户数（户）	人口（人）	总面积（公顷）
温泉村	康红兵	康红兵	1286	3709	1311.78
无泊村	朱兴华	朱兴华	864	2391	903.03
小洋村	沈爱华	沈爱华	584	1561	603.87
徐南村	陈　华	陈　华	585	1495	687.03
海团村	丁兴忠	丁兴忠	826	2287	921.65
江北村	吴玉标	吴玉标	1300	3681	1510.31
新圩村	顾　明	顾　明	624	1687	577.56
新村村	唐添资	唐添资	612	1776	734.65
新窑村	施　丰	施　丰	586	1764	697.43
北虹村	单井安	单井安	1153	3253	1230.94
海西村	茅正国	茅正国	527	1420	372.20
唐中村	宗　进	宗　进	773	2148	655.81
杨树村	吴俊高	吴俊高	785	2075	582.14
小海居委会	袁天荣	袁天荣	2534	5161	683.50
南团居委会	朱加根	朱加根	1167	2766	908.74

2021年小海镇骨干企业基本情况表

表31　　单位：万元

企业名称	销售收入	利税总额	法人代表
江苏银河工贸有限公司（鑫海纺织）	2300	110	花英俊
天力电力金具制造江苏有限公司	1609	31	周保存
盐城市大丰嘉华机械制造有限公司	5086	227	高树海
江苏维迅纺织实业有限公司	9690	172.62	仲美妮
江苏宏垒化纤有限公司	7324	114.29	潘云龙
大丰区园丁纺织有限公司	6411	130.45	沈正华
盐城市天元油品有限公司	1883	49	袁学尹
江苏今达纺织实业有限公司	23408	334.41	沈根发
江苏新丝路纺织科技有限公司	13589	189.64	杨永和
江苏恒业纺织有限公司	6900	120	郁春明
盐城市大丰区瑞升纺织有限公司	3825	110.67	计伟芳
江苏鑫伟丰纺织有限公司	4000	20	汝雄伟

续表31

企业名称	销售收入	利税总额	法人代表
江苏新佳宝纺织有限公司	3651	45.94	陆田宝
江苏明宇纺织有限公司	5012	37.56	杨兴明
江苏文翰纺织有限公司	1374	27.64	王建新
江苏丰冠纺织有限公司	7942	121.09	王　掌
江苏禾晟纺织有限公司	3563	59.01	胡菊明
江苏尧弘纺织有限公司	6398	46.94	夏金根
江苏成鑫纺织科技有限公司	2963	37.2	张亭亭
江苏广盈纺织有限公司	2770	23.13	袁卫强
江苏金丝伟业纺织有限公司	2016	17.04	张永加
盐城市震业机械有限公司	3014	32	刘国平
江苏安鑫汇金属制品有限公司	9711	16.31	徐国旺
盐城市大丰百诚纺织科技有限公司	2478	38.1	沈正慧
江苏美利合兴纺织有限公司	3300	67.34	孙　利

（丁荣喜）

大桥镇

【概况】 大桥镇地处大丰区东南部，是江苏省重点中心集镇之一。全镇总面积102.54平方千米，辖13个行政村、70个村民小组，总户数12239户、总人口29733人。2021年一般公共预算收入7156万元，高技术产业投资额1亿元，技术合同成交额3504万元，外贸进出口额61.8万美元；新登记法人企业数131个，新增“四上”（规模以上工业企业、资质等级建筑业企业、限额以上批零住餐企业、国家重点服务业企业）企业10个。

【工业】 2021年，大桥镇全口径工业开票销售14.79亿元，规模以上工业开票销售4.13亿元，规模以上工业增加值率保持在10%以上。招引英船机械制造、鸿泰锦新材料、富耐佳新材料、奥凯明通等亿元项目5个，招引上海企业投资亿元项目2个。持续推进工业企业技改扩能，翔云纺织有限公司2月新上喷气织机扩大产能，预计年可新增开票销售1000万元。园区形成以机械制造、高分子新材料和农产品深加工为主导的特色产业，机械制造产业取得从粗加工向精加工、整机装配突破转型。

【农业】 2021年，大桥镇创建上海农产品直销窗口2个。江东农业开发有限公司和伟景生态农业科技发展有限公司种植大葱、西兰花、土豆、西芹、黄百仙芥菜、芦笋等蔬菜，辐射带动周边建成总面积333.33公顷、20个设施果蔬生产基地，形成种植+加工+保鲜+仓储的长链条优势，带动就业岗位8万个。总投资3180万元的亿佰尔稻米深加工项目开工实施，招引悦旭农业发展有限公司秸秆收储加工项目协议签约。通过平台流转土地114.37公顷，新增土地指标24.67公顷。实施高标准农田项目1013.33公顷，建设灌溉泵站6座、给水管道3.47万米。

【第三产业】 2021年，大桥镇实现规模以上服务业企业营业收入2亿元，限上批零住宿餐饮企业营业收入11.06亿元，限上批零住宿餐饮业零售额8892.6万元，其他营利性服务业营业收入1.59亿元。新培植规模以上服务业企业2个（江苏贝来尔企业服务有限公司、江苏昱丰华项目管理有限公司），新培植限上批零住宿餐饮企业2个（江苏海燕钢铁集团有限公司、盐城大丰东方桃花洲温泉酒店有限公司），新增大个体培植1个（大丰区大桥镇潘鑗邻里购物中心）。

【镇村建设】 2021年，大桥镇进城入镇108户，退宅还耕78户。政府开发项目预计投资近6500万元，138户主体工程完工。投资500万元新建工业园区、医院7000米污水管网。投资310万元对宏源污水处理厂提升改造。投资19万元新安装集镇路灯20盏，换钠灯96盏，维修165套。投资15万元对1200盏路灯亮化进行管护。投资17万元对2000米路面、路牙维修改造。投资22万元新建公共卫生间2间。投资7.4万元对226省道重点路段安装监控设备。投资105万元对绿化进行养护。投资190万元对集镇园区道路进行保洁、垃圾清运。投资20万元对集镇路面破损、人行道水损、窨井盖压损、窨井下水道堵塞等进行日常维修清淤。投资3.5万元对桥南新街、民建街停车位、大桥桥墙体进行刷新。新增安保设施12处，增加减速带21处。

【生态环境】 2021年，大桥镇有序推进生态环境整治提升，实施环境治理项目76项，完成货物堆场、加工作坊和破旧农房搬迁拆除96家，复垦绿植8公顷。打造全镇19个美丽宜居村庄建设点。推进生态河道建设，村庄河塘整治16条，铺设污水管网21

千米，全镇13个行政村实现污水收集处理设施全覆盖。农村生活垃圾收集实现常态化、规范化管理，清理存量垃圾近1万吨，建设500个双座垃圾桶底座。镇村卫生环境得到有效改善。大力抓好村庄环境整治，结合“四整治、四提升”行动和疫情防控相关要求，集中清理零散的鸡窝羊圈等畜禽养殖。各级河长按照河长制工作要求主动认河、巡河、管河、治河，全镇各级河长巡河率100%。重抓水环境整治提升，梳理各条河道现状，加强污染排放监测，针对不同情况，多措并举提升水质。

2021年，大桥镇实施农业农村“112233”工程，做大大蒜、大葱2个特色产业
（大桥镇　供图）

【社会治理】 2021年，大桥镇对冶金铸造、建筑施工、消防安全等重点行业领域，开展安全生产大排查大整治，全年检查企业369个次，发现隐患1443处，整改到位1443处；对全镇工业企业、单位开展夜间检查780家次，对发现的各类隐患现场立即整改。全镇60个企业完成工业企业风险报告，其中存在较大以上风险企业56个，存在较大以上风险89条，风险报告填报完成率100%。开展小微企业安全管理达标专项检查54个次，达标示范企业5个。提升综治工作水平，网格员开展每日巡查走访，及时发现问题、上报问题、解决问题，形成管理闭环，办结案件2281起，办结率100%。对19名易肇事肇祸严重精神障碍患者监护人落实“以奖代补”帮扶工作。全年化解矛盾纠纷145件、236人次；化解信访积案7起；初信初访现场答复240人次；“12345”公共服务平台交办工单641件，件件有回音；阳光信访办理84件。

【社会事业】 2021年，大桥镇新增就业485人，城镇失业人员再就业360人，扶持城乡劳动力自主创业57人，引领大学生自主创业15人。开展城乡劳动力职业技能培训，33位就业困难人员考取初级中式面点师证书。城乡居民养老保险新增参保368人，合作医疗缴费人数20454人，人社窗口全年接待群众10000余人次，为1300余位企业离退休人员办理资格认证，为314位参保人员办理丧葬费，为145名下岗再就业人员办理“4050”补贴。开展保障农民工工资支付专项行动2次，切实维护农民工合法权益。巩固农村低保专项整治成果，全年清退低保对象10户18人，新增低保户7户15人。优化居家养老服务，服务17112人次。切实加强社会救助，办理低保边缘户121户，救助各类困难群众640人，发放救助金44万余元；村镇慈善募集善款39.53万元。大力推进老龄事业，发放尊老金163.378万元。深入推进殡葬改革，规划新建中港村2.27公顷公益性公墓点。

2021年大桥镇主要经济社会指标一览表

表32

项　目	数　量	项　目	数　量	项　目	数　量
地区生产总值	15.43亿元	规模以上工业开票销售	4.13亿元	油料总产量	1457吨
总人口	29733人	规模以上服务业营业收入	1.99亿元	水果总产量	4536吨
一般公共预算收入	7156万元	限上批零住宿餐饮企业营业收入	11.06亿元	蚕茧总产量	80吨
粮食总产量	81191吨	进出口总额	61.8万美元	高标准农田面积	5224公顷
蔬菜总产量	97020吨	固定资产投资	4.035亿元	蔬菜种植面积	2342公顷
肉类总产量	12731吨	学校	4所	当年造林面积	10.9公顷
水产品产量	440吨	在校学生	336人	医疗卫生机构	16个
规模以上工业企业	12个	在职老师	109人	医院病床数	114张

2021年大桥镇各村基本情况表

表33

名　称	党总支书记	主　任	户数（户）	人口（人）	总面积（公顷）
大桥村	陈生龙	陈生龙	2666	5835	1514.5
双丰村	景步乐	景步乐	1002	2611	853.3
联丰村	吕永成	吕永成	914	2369	996.8
中港村	黄　茂	黄　茂	931	2421	874
中业村	奚正进	奚正进	660	1707	934.7
方向村	仇保军	仇保军	622	1680	607.1
中合村	张　勇	张　勇	695	1049	427.9
潘南村	吴宇峰	吴宇峰	695	1843	574.9
潘鳅村	钱叶飞	钱叶飞	1203	2515	404.2
江岸村	顾晓春	顾晓春	853	2271	875.7
东塔村	杨　勇	杨　勇	841	2234	860.6
洋南村	施雨华	施雨华	570	1562	625
川南村	王志勇	王志勇	587	1636	705.5

2021年大桥镇骨干企业基本情况表

表34　　单位：万元

企业名称	销售收入	利税总额	法人代表
江苏美谷塑胶工业有限公司	9587	220.2	吕锦锋
盐城海盟工贸有限公司	6260	220.2	李晓兵
江苏省荆桥铸造有限公司	3716	163.7	蒋慧明
江苏民博铸造有限公司	3942	194.3	王素定

（陈　力）

草庙镇

【概况】 草庙镇位于大丰区东南，北邻大丰港，南接东台市，是世界自然遗产黄(渤)海候鸟栖息地入口处，总面积125.03平方千米，耕地面积7200公顷，辖14个行政村、2个居委会，103个村民小组，户籍总户数9673户，常住人口25775人。2021年实现地区生产总值18.62亿元，实现一般公共预算收入8886万元，完成财政收入1.57亿元，完成外贸进出口总额50万美元，全社会固定投资5.87亿元。草庙镇获评2019—2021年度江苏省文明乡镇，健康镇创建工作通过省级检查验收。

【工业】 2021年，草庙镇开工1亿元以上项目6.5个，投产1亿元以上项目1.5个，签约1亿元以上项目5个。实现全口径工业开票销售26.79亿元，规模以上工业开票销售25.02亿元，培植规模以上工业企业3个。统筹静源污水处理厂、科尚新能源、洁城环保、沐鑫环保等项目快建设、快投产。坚持以节能环保、农产品加工为主攻方向，主动对接长三角一体化发展战略，大力推进招商引资，力保海大动物食品等亿元项目落地签约。

【农业】 2021年，草庙镇保持粮食面积12200公顷，全年产粮9.1万吨，建成省级绿色优质稻米基地3066.67公顷，开辟种业繁育项目试验，促进农业增效、农民增收。川鹿现代农业园、圩东梨园的示范带动效应进一步彰显。推进农业接轨上海，全年销往上海及周边城市的农产品销售额在3亿元以上。鼓励村居积极创新方式，拓宽增收路径，全镇14个村经营收入突破40万元，其中超100万元3个，7个村达强村标准。持续推进高标准农田建设，建成高标准农田6000公顷，带动农村面貌和农民生产生活水平整体改善。

【第三产业】 2021年，草庙镇完成规模以上服务业营业收入1.6亿元，限上批零住宿餐饮业销售额7.3亿元。组织专干力量深度配合麋鹿生态度假村建设，协助盐城国投集团加强招商力度，做好运营策划和开馆运营的各项准备工作。配合麋鹿旅游度假区建设，组织开展川东闸小街拆迁、环境整治及川竹村部分农房改造工程，打造乡村生态旅游景区。

【镇村建设】 2021年，草庙镇推进农村污水治理体系建设，全镇新建生活污水管网73.8千米(其中草庙集镇内6.5千米)，微动力设施40座。以农房改善为重点，整治农村危旧房、空关房，全年改善农民住房216户。投入310万元创建美丽宜居村庄，其中16

个规划庄点新增342盏太阳能路灯，新海村打造成美丽宜居村庄示范点。

【生态环境】 2021年，草庙镇大力推进工业污染治理、畜禽养殖整治和农业面源污染管控、生态河道建设，全方位多层次改善镇村生态环境。落实各级河长制责任清单，常态化开展巡河、治河，保证骨干河道水质"保III争III"目标实现。

【社会治理】 2021年，草庙镇建立健全人民调解、司法调解、行政调解的"大调解"机制，构建接访、办访、督访、研访"四位一体"的工作体系，全年接待群众57批次、"12345"工单637件，各类信访问题化解率98.3%，"12345"工单办结率100%，群众满意度95%。持续加大对各类违法犯罪的打击力度，全年接警处置各类治安案件150件，有力保障全镇社会大局的和谐稳定。

草庙镇主干道交汇处　　周古凯　摄

【社会事业】 2021年，草庙镇加快提升农村居民基本公共卫生服务水平。大力推进文化体育事业，率先建成镇级足球场，村村建有农民健身队、农家书室、远程教育网点，促进居民综合素质的整体提升。全力维护退役军人合法权益，提升军人及家庭幸福感、获得感和荣誉感。

2021年草庙镇主要经济社会指标一览表

表35

项　目	数　量	项　目	数　量	项　目	数　量
地区生产总值	18.62亿元	实际利用外资	50万美元	自来水普及率	100%
财政总收入	1.57亿元	互联网用户	10925户	农村居民人均可支配收入	29948元
其中：一般预算收入	0.89亿元	固定电话	2010部	城乡居民基本养老保险参保人数	13727人
农林牧渔业增加值	5.85亿元	移动电话	20352部	城乡居民基本医疗保险参保人数	24169人
工业定报企业数	7个	小汽车拥有量	3267辆	农民人均住房	40平方米
规模以上工业销售收入	25.02亿元	粮食总产量	8.91万吨	学校	2所
规模以上工业现价产值	13.47亿元	油料总产量	1357吨	在校学生	216人
规模以上工业利税总额	4.78亿元	肉类总产量	16160吨	其中：中学	98人
规模以上工业利润	4.1亿元	其中：猪肉产量	10350吨	小学	118人
固定资产投资	5.87亿元	水产品产量	4147吨	在职教师	80人
其中：工业技术投入	0.4亿元	医院病房数	30间	—	—

2021年草庙镇各村、居委会基本情况表

表36

名　称	党总支书记	主　任	户数（户）	人口（人）	总面积（公顷）
庆生村	沈　俊	沈　俊	558	1548	577.54
圩东村	王伟明	王伟明	431	1235	527.19
沿河村	唐殿宏	唐殿宏	360	1008	655.53
新场村	邹冠亚（主持工作）	邹冠亚（主持工作）	563	1538	944.93
新东村	陈正付	陈正付	414	1223	772.43

续表36

名　称	党总支书记	主　任	户数（户）	人口（人）	总面积（公顷）
川竹村	陈　兵	陈　兵	611	1781	1087.25
东灶村	杨欢欢	杨欢欢	650	1837	1582.84
川洋村	冯　军	冯　军	609	1558	667.31
竹港村	朱荣贵	朱荣贵	560	1524	534.87
北灶村	朱保华	朱保华	661	1715	802.69
丁东村	成爱兵	成爱兵	310	841	443.76
四灶村	石　佳（主持工作）	石　佳（主持工作）	553	1610	733.28
五总村	单　祥	单　祥	573	1605	706.56
新海村	奚建斌	奚建斌	592	1704	652.26
草庙居委会	杨海斌	杨海斌	1100	2338	470.80
川东居委会	杨应忠	杨应忠	1128	2710	1343.49

2021年草庙镇骨干企业基本情况表

表37　　单位：万元

企业名称	销售收入	利税总额	法人代表
都市环保新能源开发大丰有限公司	10054.1	1031.2	胡文杰
江苏大吉环保能源大丰有限公司	10422.9	814.5	戴　华
华能盐城大丰新能源发电有限责任公司	87846.3	42945.6	李来龙

（王文江）

万盈镇

【概况】 万盈镇位于大丰区中南部，东毗大丰港和国家级麋鹿保护区，西邻沈海高速和204国道，351省道、226省道穿境而过，是盐城市首批、大丰区首家国家卫生镇。全镇总面积142.04平方千米，下辖18个行政村，109个村民小组。2021年年末总户数16664户，总人口45326人。2021年，万盈镇实现地区生产总值26.31亿元，财政总收入1.6亿元，其中一般性公共预算收入9683万元。

【工业】 2021年，万盈镇实现全口径工业开票销售19.86亿元，同比增长13.8%；规模以上工业开票销售11.86亿元，同比增长10.8%；规模以上工业产值12.19亿元，同比增长11.2%。新增规模以上工业企业5个，新开工项目5个，竣工投产项目1个，跟踪洽谈项目10个。万盈镇工业园区总规划面积200公顷，已开发110公顷，32个企业入驻。全年投资750万元，用于建设西延工业园区道路、绿化、供电、供水、管网铺设等配套基础设施，进一步提升园区综合服务功能。

【农业】 2021年，万盈镇创建省级示范家庭农场1个；实施“互联网+”农产品出村进城工程，在上海建成直销窗口1个，新建上海市外农产品供应基地1个。农业园区规划面积866.67公顷，已建成520公顷，现有15个农业企业、2个旅游企业以及1个物流企业入驻。大力实施强村行动，通过进行土地流转、盘活闲置资产、开发废沟废塘、清理侵占集体资源等行为，多途径发展村级集体经济，增加集体收入。全镇18个村村营收入全部超过22万元，其中年收益50万元以上经济强村7个，30万~50万元的村4个，30万元以下的村7个。

【第三产业】 2021年，万盈镇新增规模以上服务业企业5个，限上批零住宿餐饮企业2个。加快整合现代农业、生态、文化等资源，发展休闲、观光、竞技、度假等绿色旅游产业，万丰绿茵现代农业园被评为全国AAAAA级休闲农业与乡村旅游示范园区，被省农业农村厅命名为“康美基地”，益民村被省体育竞赛协会授牌“乡村休闲体育赛事基地”。举办第二届万丰绿茵农业示范园采摘休闲节，吸引游客7000余人次；与吉达国旅润扬大区合作，将精品水果采摘基地水果采摘项目纳入旅游线路，接待游客1800余人次；天池湖度假村举办钓鱼比赛10场，1000余名钓鱼爱好者参加比赛，进一步提高园区的知名度。

【镇村建设】 2021年，万盈镇推进农房改善工作，进城入镇132户，进新型农村社区119户，退宅还耕179户，所有农房全部竣工并分房到户，2个文化大礼堂和万盈影院主体竣工。加快“四好农村路”建设，修建农路

万盈镇万丰绿茵现代化农业园区　（万盈镇　供图）

16千米；投资136万元建设公益性农桥10座；开展王港河支河闸站封闭工程，建设万盈大沟闸站、西竖河闸站、新竖河闸站；提标改造污水处理厂，镇村居民生活污水实现达标排放。实施镇村美化亮化工程，对王港河南码头、货场、砂石厂、林业站老办公楼地块进行绿化节点建设，对3个木材厂沿线、陈李线沿线进行绿化设计。

【生态环境】 2021年，万盈镇与各村、各部门签订《水环境“三整治、三提升”工作责任状》，落实镇水治办总体责任，各村属地管理责任，部门巡查处置责任；出台《万盈镇农村水环境综合整治提升工作考核奖惩办法》，设立水环境污染举报专线，对水环境污染问题实行有奖举报，查实后最高奖励1000元；鼓励各村依法取缔河坡种植，最高奖励每村10万元。开展畜禽养殖污染集中整治活动，成立4个督查组，对所有养殖户进行督查；安装监控92个，实时视频监控骨干河道养殖户粪污去向；拆除王港河南六里猪场、大棚虾3户80条棚。三合村获评“盐城市农村人居环境整治示范村”，万盈镇获区“绿色生态发展奖”。

【社会治理】 2021年，万盈镇加强安全生产专项整治，全面开展大排查，开具企业整改通知书178份，涉及隐患1256条，督促企业整改销号，整改率100%；安全生产行政处罚立案2起，处罚金额1.75万元；深入推进风险辨识，通过宣传教育提升企业负责人风险管控意识，72个企业完成行风险辨识，“一图一表一说明”完成率100%。按程序处理130批次到镇初次信访、1200余件“12345”工单；化解4件信访积案；建立“网格+信访”工作机制，常态化开展矛盾纠纷排查整治，全年排查各类风险案件57件。

【社会事业】 2021年，万盈镇帮助弱势群体进行专项资金申请，全年发放各类民生保障资金近3000万元。为537名重点优抚对象发放春节慰问金25万元，登门悬挂光荣牌1415块，慰问优抚对象86人。切实做好计划生育家庭服务工作，发放奖扶及特扶资金670.74万元。开展“暖心活动”，网格员走访服务严重精神障碍患者238人，上门服务老人2200人次。投资20万元打造镇民生关爱驿站，开展“浓情端午，粽享晚年”“爱之守护”“老兵重阳庆”等活动。投资100万元提档升级敬老院，为特困老人打造温馨舒适的生活环境。全面建成21个有声图书馆。医疗服务水平不断提高，万盈镇医保服务点被认定为全区首家“省级15分钟医保服务圈”示范点，2021年8—12月，为周边乡镇提供服务近2500人次。

2021年万盈镇主要经济社会指标一览表

表38

项　目	数　量	项　目	数　量	项　目	数　量
地区生产总值	26.31亿元	工业技改投入	5851万元	自来水普及率	100%
一般公共预算收入	9683万元	进出口总额	230万美元	参加养老保险	11877人
用电总量	2.7亿千瓦时	学校	4所	参加合作医疗	29931人
农林牧渔业总产值	12.42亿元	在校学生	765人	农村居民人均可支配收入	29510元
粮食总产量	96865.2吨	在职教师	87人	农民人均住房	51平方米
肉类总产量	7227吨	有线数字电视用户	6000户	工业利税	0.26亿元
水产品产量	1840吨	互联网用户	8500户	固定资产投资	5.33亿元
规模以上工业企业	21个	工业销售收入	19.86亿元	医院病床数	90张

2021年万盈镇各村基本情况表

表39

名　称	党总支书记	主　任	户数（户）	人口（人）	总面积（公顷）
康宁村	丁建军	丁建军	618	1759	663
双灶村	骆冰冰	骆冰冰	829	2380	515
六川村	安汉卿	安汉卿	1133	2916	1081
双星村	骆　军	骆　军	935	2584	465
殷灶村	丁长江	丁长江	672	1902	760
顾灶村	顾益群	顾益群	685	2084	612
西灶村	刘小勇	刘小勇	758	2130	848
沈灶村	蒋小东	蒋小东	1557	3341	597
金龙村	丁国斌	丁国斌	773	2179	705
双福村	张国军	张国军	673	2017	590
苗丰村	王晓峰	王晓峰	661	2014	845
兆丰村	谢俊堂	谢俊堂	1130	3033	1323
万盈村	阮祥付	阮祥付	741	2042	555
益民村	陈　勇	陈　勇	1177	3408	1275
三合村	朱荣宇	朱荣宇	721	2092	626
文达村	李兴祥	李兴祥	1057	2948	1009
六里村	单爱明	单爱明	1135	3163	981
天池村	唐根生	唐根生	1409	3334	754

2021年万盈镇骨干企业基本情况表

表40

单位：万元

企业名称	销售收入	利税总额	法人代表
大丰万达纺织有限公司	19489	975	石　松
江苏海达纺织有限公司	11915	590	葛永红
江苏旺星纺织科技有限公司	11035	550	周国林
大丰万盈纺织有限公司	9159	457	石　松
江苏丰润纺织有限公司	5418	250	方　进
盐城市兴泰织造有限公司	4877	240	骆　进
江苏中亿佳弘实业有限公司	4269	480	任树峰
江苏禾丰纺织科技有限公司	3976	195	莫志高
盐城市大丰佳达织造厂	3886	190	王晓红
江苏新元素纺织科技有限公司	3712	185	凌卫华
盐城广兴印染有限公司	3692	180	顾旭章
盐城市大丰区志杰制造厂	3438	170	吴海军
盐城大丰天池布厂	3169	158	潘永全
盐城大丰恺悦纺织有限公司	2841	142	冷长华
盐城大丰金鸿运纺织厂	2027	100	蒋广宏
江苏飞扬电子科技有限公司	1497	130	夏荣群
盐城市大丰恒旺织造厂	1420	70	刘绍旺

（黄晓梅　张　晨）

南阳镇

【概况】 南阳镇位于盐城市大丰区中东部，全镇总面积94.29平方千米，其中耕地面积5200公顷，下辖13个村(居委会)、83个村民小组，总户籍14088户，户籍人口34086人，常住人口24761人。先后获阀门特色产业镇、农业特色经济镇、国家生态镇、国家卫生镇、省文明镇、省首批生态文明建设示范镇、省创新型试点镇、省质量强市示范镇、省级和谐社区建设示范镇等称号。2021年完成财政收入2.04亿元，一般公共预算收入1.22亿元，固定资产投资9.8亿元，农民人均可支配收入32082元，综合实力排名全国千强镇第874位。

【工业】 2021年，南阳镇全口径工业开票销售18.4亿元，规模以上工业开票销售收入7.9亿元，新培植规模以上工业企业4个。围绕战略性新兴产业，突出招引光伏配套类和阀门精深加工类项目，签约闪烁阀门、莱安科技、康养小镇等亿元项目6个，其中5亿元以上项目1个，开工建设佳成机械、戎安科技、依艾工业等亿元项目3.5个，竣工泰扶新能源、万诱机械等亿元项目2个。南阳镇被评为“春季高质量重大产业项目招商竞赛先进集体”。

【农业】 2021年，南阳镇流转土地400公顷，建设高标准农田400公顷。发展特色农业，成功申报江苏省首批蔬菜生产特色镇、江苏省绿色优质原料基地，新增绿色食品品牌4个。加快集体经济发展，城乡、诚心等村成立村级劳务公司、祥南村成立林业合作社、南阳居委会成立农业公司，各村经营性收入均超30万元，其中祥南、城乡两村超100万元。

【第三产业】 2021年，南阳镇实现规模以上服务业营业收入4.5亿元，其他营利性服务业营业收入3.6亿元，限上批零住宿餐饮销售额1.2亿元。新增规模以上服务业企业2个、限上批零住宿餐饮企业2个。

【镇村建设】 2021年，南阳镇坚持以人为本，围绕农房改善、生态河道建设等重点领域，不断优化人居环境，切实提高生活质量，推动全镇生态文明建设迈上新台阶。诚心新型农村社区获评市年度农房改善优秀示范项目，广丰新型农村社区创成市级特色田园乡村，新创建美丽宜居村庄14个。

【生态环境】 2021年，南阳镇整治农村河道70千米，实施河坡绿化49.33公顷。成片造林9.73公顷，更新造林4.67公顷，植树5.1万株，创建绿美村庄1个。

【社会治理】 2021年，南阳镇深入开展安全生产三年专项整治行动，重点关注危化品行业、工贸企业的安全生产和达标排放情况，开展各类检查513次，整改各类隐患1400条，协调处理环保信访件65件。创建江苏省“人民满意窗口”，“12345”热线及时处理与回复率100%，群众满意率95%以上。纵深推进网格管理，走访特殊人群4300人次，排查重点场所安全隐患3200条，解决治安问题158起，收集社情民意15000条。制定24小时值班的工作制度，组建独立流调溯源核查小组，开展疫情防控流调溯源演练，落实管控措施，保护群众生命健康。

【社会事业】 2021年，南阳镇常态化开展走访慰问活动，发放各类补助救助资金720万元。实施教育“强基”工程，南阳小学与启东市近海镇近海小学、向阳小学组建三校联盟，开展党建、教学、校园文化等多层次交流，提升办学质量。落实食品安全“固本”措施，开展农村家宴专项整治，全年无食品安全事故。推进慈善事业“提升”行动，全年慈善募捐15万元。

南阳镇水陆交汇处 周古凯 摄

2021年南阳镇主要经济社会指标一览表

表41

项　目	数　量	项　目	数　量	项　目	数　量
地区生产总值	24.22亿元	规模以上工业企业	18个	固定电话	3695户
财政总收入	2.04亿元	规模以上工业主营业务收入	8.1亿元	互联网用户	4273户

续表41

项　目	数　量	项　目	数　量	项　目	数　量
公共财政预算收入	1.22亿元	规模以上工业增加值	2亿元	移动电话	32087（个）户
工业用电总量	8688万千瓦时	工业投资	8.5亿元	小汽车保有量	4049辆
农林牧渔业总产值	10.43亿元	学校	3所	医院病床数	99张
粮食总产量	28343吨	在校学生	263人	参加农村社会养老保险	7850人
肉类总产量	3259吨	在职教师	85人	农村居民人均可支配收入	32082元
水产品总产量	2059吨	有线电视用户	10064户	农民人均住房	52平方米

2021年南阳镇各村、居委会基本情况表

表42

名　称	党总支书记	主　任	户数（户）	人口（人）	总面积（公顷）
沿海村	徐　雷	徐　雷	711	1885	655.37
裕海村	李丽丽	李丽丽	1011	2591	783.32
通商居委会	石红兵	石红兵	1894	3806	665.07
民心村	杨桢桢	杨桢桢	827	2147	625.00
东旺村	袁卫国	袁卫国	999	2558	777.13
吉兴村	刘　静	刘　静	936	2276	832.07
城乡村	陈跃辉	陈跃辉	1286	3302	934.33
诚心村	徐　峰	徐　峰	801	2087	568.07
广丰村	丁　辉	丁　辉	1128	2744	802.40
祥北村	顾　标	顾　标	978	2463	700.67
祥南村	俞建荣	俞建荣	815	2023	750.57
祥西村	宗文斌	宗文斌	1212	3235	990.40
南阳居委会	高俊华	高俊华	1490	2969	349.60

2021年南阳镇骨干企业基本情况表

表43

单位：万元

企业名称	销售收入	利税总额	法人代表
盐城奥通特思克铸业有限公司	7270	428	袁　兵
盐城市大丰区亿然阀门有限公司	4981	-11	王亚军
江苏大中合金耐磨铸件有限公司	0	0	倪青春
江苏绿州米业有限公司	7007	-536	鞠军华
盐城丰工机械有限公司	7354	662	宋大帅
盐城市大丰中意机械有限公司	2088	-20	朱建兵
盐城通商阀门有限公司	2155	94	龚正林
盐城市大丰洪联铸钢有限责任公司	0	0	吴卫明
盐城奥克阀门有限公司	4216	-163	张　斌
盐城法尔机械有限公司	2657	-1450	董春景
盐城固威铸造有限公司	5592	-153	顾海军
盐城市鹏飞铸钢厂	1363	-43	吴越宽
江苏国信大中风力发电有限公司	15236	10766	顾祥和
盐城市大丰华皇纺织有限公司	0	0	曾金哲
盐城大丰创一精锻齿轮有限公司	2007	19	吴玉平
盐城泰扶新能源有限公司	14456	2647	陈　静
江苏依艾工业设备有限公司	4474	96	周　峰
盐城市梦之轩纺织有限公司	0	0	陈金中

（储　斌）

三龙镇

【概况】 三龙镇地处大丰区东北部，是江苏省沿海开发中心节点镇，总面积152.79平方千米，辖19个行政村、3个社区，115个村民小组。2021年年末，总户数17882户，总人口51767人。拥有斗龙国家一级渔港，有国家农产品地理标志4个。2021年实现固定资产投资6.45亿元，财政收入8562万元，一般公共预算收入6819万元，农村居民人均可支配收入29755元。被评为2019—2021年度江苏省文明镇、盐城市文明镇、招商引资项目推进和乡村振兴工作先进集体，获得大丰区高质量发展——沿海跨越发展奖。

【工业】 2021年，三龙镇规模以上工业产值7.02亿元，同比增长30.3%；全口径工业开票销售9.67亿元，同比增长26.1%，其中，规模以上工业开票销售7.76亿元，同比增长65.5%；新培植规模以上工业企业3个。新签约1亿元以上项目5个，即昆龙电子、力恩智能设备制造、贝事特汽车配件、博极电子元件、飞特玻璃制品；开工1亿元以上项目4个，即沿海粮食科技产业园、汉易建筑装饰设备制造、G228服务区、创海电子；投产1亿元以上项目2个，即和合家纺二期扩能、鑫惠丰铝制品。

【农业】 2021年，三龙镇完成农产品稳产保供粮食生产面积12713.3公顷，生猪出栏3.8万头。龙西村高标准农田建设200公顷通过省、市、区三级验收。万亩现代高效农业示范园53.3公顷核心区基础设施、农耕文化园全部完工。新签订海丰米业优质稻米订单666.7公顷。新增农民合作社2家、示范社10家，家庭农场2家。实施土地增减挂钩、占补平衡项目新增耕地面积39.3公顷。村集体经营性收入30万元以上的15个，其中50万元以上的11个。

【第三产业】 2021年，三龙镇规模以上服务业企业营业收入1.7亿元，同比增长17.6%；限上批零住宿餐饮企业零售额1.06亿元，同比增长63.2%；其他营利性服务业营业收入1950万元，同比增长27.2%。总投资2500万元的渔港整治维护项目，完成总工程量的60%；总投资3100万元的盐城智慧渔港仓储项目，在建加水、加冰、渔业仓库等配套用房11座。

【镇村建设】 2021年，三龙镇投资3430万元推进人居环境、渔村民宿、原乡景观等建设，斗龙渔港小镇整体风貌全面提升。龙东村新型农村社区三期建设竣工验收114户，并通过省级考核。34个保留村庄点全部建成美丽宜居村庄。新建普通农路10.02千米，改建农路危桥20座，实现农村公路520千米、桥梁214座养护管理全覆盖。中心集镇护龙河大桥建成通行。三龙和丰富集镇农贸市场完成智能化改造提升。实施农村生活污水管网二、三期工程，铺设管道52.6千米。

【生态环境】 2021年，三龙镇持续加大环境污染治理力度，设立24小时投诉电话，环保交办件全部闭环销号，农业废弃物回收率90%以上，畜禽粪污"四到位"（排粪沟封闭到位、收集池遮盖到位、雨污分离到位、粪污处置到位）整治率100%，镇村垃圾无害化处理率100%。实施水产养殖生态工程，南美白对虾养殖面积182.67公顷尾水治理全部改造到位。常态化推进河长制，扎实开展"两违三乱"专项整治行动，斗龙港国考断面保持Ⅲ类水质。发展成片造林34.15公顷，完成森林抚育面积53.67公顷，落实义务植树、"四旁"植树12.2万株。突出抓好水环境整治，疏浚村庄河塘21条30千米，新建生态河道3条、绿美村庄1个。

【社会治理】 2021年，三龙镇探索企业自查自改、村（社区）日常监管、安监执法监管、第三方服务监管的"四方"监管体系，持续深化隐患排查整治，关闭退出企业2个，消除重大隐患3条。研究制定《盐城市大丰区三龙镇突发事件总体应急预案》总纲和《盐城市大丰区三龙镇生产安全事故应急救援预案》14个专项预案，有效开展综合应急演练1次，专项演练2次，微型消防站比武1次。健全"大数据+网格化+铁脚板"工作机制，常态化开展扫黑除恶，加强社会舆情风险防范，积极化解各类矛盾，社会大局保持和谐稳定。

【社会事业】 2021年，三龙镇完成民生实事工程投资7717.87万元，占财政支出的60.65%。加强低收入人口动态监测，全镇703户1306人脱贫不返贫。扎实做好就业和社会保障工作，新增就业628人，扶持创业219人；新增城镇职工社会保险126人，城乡居民养老保险扩面384人，被征

三龙镇政府及龙东村　　周古凯　摄

地农民社会保险222人，城乡居民社会养老保险缴费13462人，城乡居民医疗保险缴费率99.6%；发放灵活就业社保补贴491人。落实计生奖扶政策，发放奖扶资金620.16万元、奖补资金41.96万元。全力推进社会民生事业，新增农村低保14户18人、特困供养8人、高龄补助302人、残疾人两项补助70人、困境儿童8人。积极落实优抚政策，持续做好优抚褒扬工作，发放优抚金454.5万元。实施“乡村教育振兴工程”，办好人民满意教育。健全基本医疗服务体系，持续开展村医签约服务，续签率98%以上。

2021年三龙镇主要经济社会指标一览表

表44

项　目	数　量	项　目	数　量	项　目	数　量
地区生产总值	29.45亿元	规模以上工业企业	16个	固定电话	1726户
财政总收入	8562万元	规模以上工业总产值	7.46亿元	互联网用户	1486户
一般公共预算收入	6819万元	规模以上工业主营业务收入	7.94亿元	移动电话	2917户
工业用电总量	3356万千瓦时	规模以上工业增加值	1.89亿元	固定资产投资	6.45亿
农林牧渔业总产值	21.53亿元	工业投资	3.03亿元	医院病床数	110张
农林牧渔业增加值	12.71亿元	学校	5所	参加农村社会养老保险	3112人
粮食总产量	9.82万吨	在校学生	1377人	农村居民人均可支配收入	29755元
肉类总产量	10960吨	在职教师	184人	—	—
水产品总产量	9539吨	有线电视用户	6500户	—	—

2021年三龙镇各村、居委会基本情况表

表45

名　称	党总支（党委、党支部）书记	主　任	户数（户）	人口（人）	总面积（公顷）
龙西村	刘　军	刘　军	678	1892	413
前进村	马克轩	马克轩	1113	3446	1134
丰余村	陈寿堂	陈寿堂	1067	3133	1127
龙南村	卞志钊（第一书记）	—	1171	3559	1194
龙东村	朱爱华	朱爱华	975	2869	693
斗龙村	周　忠	周　忠	538	1497	433
东红村	季红旗	季红旗	836	2535	765
开明村	黄　峰	黄　峰	644	1929	638
丰富村	刘仲山	刘仲山	1165	3455	780
新丰村	王忠元	王忠元	960	2945	996
和平村	丁朝波	丁朝波	672	2182	736
洋桥村	李开奇	李开奇	825	2517	749
持久村	杨立忠	—	574	1915	628
久丰村	浦亚平	浦亚平	663	2169	708
增产村	祁云标	祁云标	626	1946	726
新坍村	李桂桐	李桂桐	656	1984	693
富强村	唐春平	唐春平	733	2242	776
下坝村	束荣荣	束荣荣	482	1568	697
斗龙港村	葛　斌	葛　斌	1266	3658	910
龙王庙居委会	杨春生	杨春生	939	1550	106
丰富居委会	周安新	周安新	501	711	302
斗龙居委会	葛　斌	葛　斌	798	2065	75

说明：龙东村、斗龙港村是党委，丰富居委会是党支部

2021年三龙镇骨干企业基本情况表

表46 单位：万元

企业名称	销售收入	利税总额	法人代表
盐城市大丰二良纺织有限责任公司	1963	109	卞玉良
大丰和合家纺有限公司	4387	189	李忠祥
盐城市丰富铝制品厂	6071	206	王爱华
盐城市百顺农产品初加工有限公司	8609	11	季　丹
世贸天阶制药（江苏）有限责任公司	4125	–747	张慧君
江苏鹤鸣谷米业有限公司	9166	135	魏　云
江苏嘉龙纺织有限公司	2350	46	王爱荣
盐城大丰建平铝制品有限责任公司	4376	169	张建平
大唐大丰风电开发有限公司	13531	5908	陈　荣
盐城市大丰区鑫越纺织科技有限公司	2655	122	杨丽娟
盐城市大丰区厦兴纺织科技有限公司	4348	171	陈建伟
盐城市大丰区清泉环保设备有限公司	697	13	李建云
江苏鑫惠丰铝业有限公司	16431	312	夏　伟
大丰市华海电子有限公司	2192	170	薛庆阳
盐城鲜芝贝水产有限公司	2315	28.8	黄　军

（陈　迁）

新丰镇

【概况】 新丰镇位于大丰城区以北，东与上海市上海农场接壤，北与盐城经济开发区相连。204国道、226省道、新长铁路穿境而过，面积300平方千米。2021年年末，户籍总户数37636户，总人口100272人，辖29个村委会、9个居委会、218个村民小组。以纺织、机械、建材、电子、汽配产业、健康养年、旅游为支柱产业，有200多个工业企业，其中规模以上工业企业31个。2021年实现地区生产总值76.61亿元，财政总收入2.96亿元，其中一般公共预算收入1.85亿元。

【工业】 2021年，新丰镇完成全口径工业开票销售65.9亿元；开工建设亿元项目3.5个，竣工投产亿元项目2个；培植规模以上企业5个，都成纺织品有限公司、全盛纺织科技有限公司、兴谷米业有限公司3个企业在江苏股权交易中心成长板挂牌。以新能源汽车零部件产业蓄势赋能，大洋精锻有限公司被认定为省专精特新“小巨人”企业。

【农业】 2021年，新丰镇依托80公顷郁金香花芯基地辐射效应，226省道沿线村种植郁金香种球近66.67公顷，不断提高集体收入。全镇粮食种植面积21566.67公顷，绿色优质水稻基地建设4466.67公顷。积极发展数字农业，规模主体入网425个，建成蔬菜直通平台主体3600个。实施高标准农田建设万众片666.67公顷，新培植认定家庭农场11家，其中4家被列入2021年省级家庭农场项目。大力发展绿色农业，绿色高产田面积76.67公顷，统防统治533.33公顷，全面压降化肥和农药量。

【第三产业】 2021年，新丰镇围绕“度假区+集团公司+新丰镇”三位一体模式，做细做实公共服务、民生保障、社会稳定、征地拆迁等配套。按照“修旧如旧、新建如故”理念推进老街改造提升工程，同步实施河道驳岸整改、业态布置招商。80公顷欧盟标准郁金香花芯基地“产学研院校地”项目稳步实施，阿姆斯特丹酒店、天沐温泉酒店、希尔顿国际会议中心、只有爱“月下爱河”旅游综合体等旅游配套项目全面建设。

【镇村建设】 2021年，新丰镇加强人民路改造提升工程，人民路沿线外立面美化、景观优化、道路亮化。完成进城入镇110户，留乡改造210户，退宅还耕214户，太兴、方强新型社区建成入住，施家湾社区一期工程主体竣工。全心村建成绿美村庄，太兴村创成省特色田园乡村。拆除各类违法建筑64处、1.2万平方米，清理各类垃圾3500余吨，取缔各类流动摊点1000余个。完成户厕改造150户。集镇先后建设污水管网25千米，完成生活污水厂提标改造，金墩小街2.5千米污水管网及负压中心投入使用，涉及18个村总长约45千米的农村生活污水主管网及处理设施建成。

【生态环境】 2021年，新丰镇新造成片林38.27公顷，森林抚育56.53公顷。严格落实河长制，开展河道巡查1600余次，发现问题124件，限时交办整改到位。串场河综合整治项目121项，签约102项，拆除80项。实施农村河道提档升级专项行动，整治河道116条229千米，有效提升大团桥国考、四卯酉省考断面水质。对全镇595户畜禽规模养殖户进行拉网式巡查，全镇105户生猪养殖场与沼禾公司签订协议，做实畜禽养殖绿色发展。

【社会治理】 2021年，新丰镇新冠肺炎疫情防控形势保持稳定，18周岁以上常住人口接种率100%。全年召开21次安全生产工作会议，制定2个专题和7个专项实施方案，开展企业主体责任专题培训3次，发现隐患2257条，整改2148条，剩余隐患限期整改到位。按照《小微企业安全生产对照检查表》开展检查，辖区实体经营企业159个，除停业停产未参与外，小微企业安全管理达标评分全部完成。

新丰镇老街新貌 周古凯 摄

【社会事业】 2021年，新丰镇新增就业379人、失业人员再就业341人，转移农村劳动力286人，开发公益性岗位21个，为1100余名下岗灵活就业人员办理社保补贴。全年发放优抚对象抚恤金970万元，建立退役军人党员信息库并实行动态管理。深入开展"积案攻坚"活动，上级交办重点信访事件32件，化解27件。处理"12345"工单2600余件，满意率99.8%。镇综合指挥中心连接全镇社会治理监控摄像头，涵盖村(社区)、景区、学校、卫生院、交通要道等重点场所。

【裕南蚕桑】 2021年，新丰镇大力发展蚕桑产业。与大丰蚕桑站、盐城农校、苏州大学等专业站所或院校建立科农联系，采用桑园套种药材川贝、桑葚采摘、桑叶炒茶等，创造性开发出桑基鱼塘饲养模式，拉长生态产业链。裕南蚕桑先后开发桑葚酒品、蚕丝被、蚕丝背心等系列产品，走俏市场，商品茧因上茧率、解舒率、产丝率高，获得国家农业认证，受到海外客商青睐。

2021年新丰镇主要经济社会指标一览表

表47

项　目	数　量	项　目	数　量	项　目	数　量
地区生产总值	76.61亿元	水产品产量	12205吨	有线电视入户率	100%
财政总收入	2.96亿元	规模以上工业企业	31个	自来水普及率	100%
一般预算收入	1.85亿元	规模以上工业销售收入	280218万元	居民储蓄存款	550575万元
农林牧渔业总产值	282287万元	规模以上工业增加值	28733.2万元	学校	7所
农林牧渔业增加值	166538万元	固定资产投资	224173万元	在职教师	351人
粮食总产量	102008吨	城乡居民基本养老保险参保人数	64903人	在校学生	2676人
肉类总产量	26605吨	参加合作医疗	64314人	农村居民人均可支配收入	32224元

2021年新丰镇各村、居委会基本情况表

表48

名　称	党总支（党委、支部）书记	主　任	户数（户）	人口（人）	总面积（公顷）
鼎丰村	施亚平	施亚平	2134	5635	1895.80
群乐村	朱兆祥	朱兆祥	1676	4646	1389.30
时丰村	唐翠平	唐翠平	1104	3065	822.20
裕南村	丁世祥	丁世祥	980	2472	661.00
裕北村	崔亚兵	崔亚兵	1797	4096	1147.00
仁南村	王　欣	王　欣	772	2048	532.00

续表48

名　称	党总支（党委、支部）书记	主　任	户数（户）	人口（人）	总面积（公顷）
仁北村	殷　鑫	殷　鑫	1330	3547	983.50
金东村	顾云杰	顾云杰	1072	3030	957.90
金西村	王亚芹	王亚芹	1333	3857	1423.00
同丰村	施永康	施永康	1562	3988	925.00
全心村	施锦涛	施锦涛	2101	5321	930.70
沙港村	陈　培	陈　培	430	1242	521.70
太兴村	王友宏	王友宏	891	2663	1176.40
赤旗村	洪以壮	洪以壮	1151	3345	1091.10
车滩村	韦斌和	韦斌和	858	2427	890.10
永跃村	阮　彬	阮　彬	896	2704	844.30
万众村	明昌安	明昌安	1002	2861	910.20
小团村	韦兴吾	韦兴吾	533	1434	545.70
大团村	王荣海	王荣海	942	2805	883.40
引水村	严亚军	严亚军	745	2247	724.50
圩中村	刘　进	刘　进	819	2577	776.00
五丰村	蔡忠江	蔡忠江	707	2243	682.20
长坍村	赵新全	赵新全	1036	3130	896.00
腰港村	夏德海	夏德海	758	2239	644.70
老墩村	王桂华	王桂华	1228	3694	1239.40
安龙村	柏丽华	柏丽华	669	1932	598.10
三总村	李　芳	李　芳	1483	4741	1407.40
齐贤村	柏松淦	柏松淦	706	2159	592.30
大明村	朱学军	朱学军	614	1898	471.00
方强居委会	张卫东	张卫东	1146	2040	129.70
民主居委会	黄　美	黄　美	934	2174	—
团结居委会	徐中龙	徐中龙	862	1617	—
和平居委会	刘　娟	刘　娟	493	976	—
新淮居委会	袁杨梅	袁杨梅	1051	2247	—
新北居委会	卞小霞	卞小霞	391	863	—
金墩居委会	申　兵	申　兵	701	1069	—
四岔河居委会	沈建标	沈建标	227	404	—
龙堤居委会	韩志才	韩志才	502	836	—

说明：裕北村为党委，方强居委会、民主居委会、团结居委会、和平居委会、新淮居委会、新北居委会、四岔河居委会、龙堤居委会为支部

2021年新丰镇骨干企业基本情况表

表49　　单位：万元

企业名称	销售收入	利税总额	法人代表
江苏大洋精锻有限公司	30153.06	233.8	宋银生
盐城力通建材有限公司	4379.71	79.28	黄万明
盐城市大丰区水泥制造有限公司	16474.06	70.19	吴　林
盐城稳达桥梁构件有限公司	5319.66	53.37	王晓稳

续表49

企业名称	销售收入	利税总额	法人代表
大丰市强丰纺织有限公司	3815.62	45.23	吴小强
盐城市大丰区强丰建材有限公司	9616.59	43.44	陈庆瑞
江苏真美包装科技有限公司	2407.24	37.46	李永青
江苏珍鹿纺织有限公司	10752.49	34.26	赵　勇
盐城芯丰微电子有限公司	6693.22	27.25	彭兴义
盐城市全盛纺织科技有限公司	3771.83	26.69	吴　君
江苏九德科技有限责任公司	8822.62	24.27	刘永秀
盐城市大丰区丰润砼业有限公司	5451.69	20.18	陈海俊

（束秋莲）

大中街道

【概况】 大中街道位于大丰区主城区，辖区面积133.46平方千米，总户数59487户，总人口151897人，下辖20个行政村，26个社区居委会，以及盐城市AAAAA级工业园区、国家级科技农业园区丰收大地现代农业示范区、盐城市级专业市场现代服务业集聚区3个特色区园，拥有丰收大地、恒北村2个江苏省五星级乡村旅游点，形成智能家居、电子信息、农旅融合等特色产业，建成全国最大的早酥梨生产基地，是国家级生态镇、国家新型城镇化综合试点镇、江苏省文明乡镇标兵、江苏省社会治安安全镇、江苏省环境优美乡镇。大中工业园区建成"国家级科技企业孵化器""国家级众创空间""国家小型微型企业创业创新示范基地"；丰收大地获"中国驰名商标""江苏省现代农业科技综合示范基地"称号；专业市场集聚区获电商产业园获"江苏省电子商务示范基地"称号。2021年，大中街道农村、城镇常住居民人均可支配收入分别为3.43万元、4.44万元，同比增长9.1%、8.1%。

【工业】 2021年，大中街道新签约蓝城生活度假小镇、华英无人机及产业链、鑫捷顺电子精密配件等12个1亿元以上项目；新开工莱悦广场、华英美大数据、浩火环保等11个1亿元以上项目；投产谦禾楼承板、丰佰电气一期、新中德包装等6个亿元项目。深入开展"科技创新突破年"活动，实现规模以上工业开票销售54.24亿元，同比增长15.5%；新培植规模以上工业企业7个；净增国家高新技术企业6个；新增江苏省股权交易中心挂牌企业1个。沿海冷链物流智慧城项目被列入2021年盐城市"两重"项目。海聆梦家居股份有限公司获"全国纺织工业先进集体"称号，成为大中街道首家纳税超1亿元工业企业。

【农业】 2021年，大中街道新增高效设施农业项目3个，申报江苏省水稻绿色高质高效创建基地、江苏省水稻绿色优质农产品基地，绿色优质农产品比重80%。丰收大地入选"全国农村创业园区目录"，获江苏省农业技术推广奖；"恒北早酥梨"入选全国2021年第一批农产品地理标志登记产品，恒北村入选全国乡村特色产业亿元村。

【第三产业】 2021年，大中街道不断优化城市经济业态，太平洋国际商务中心、蓝城生活度假小镇项目、全季酒店、优海云工业互联网平台、苏心"互联网+社会心理服务体系"等一批项目签约落户，人民路海派风情街开街、圆鼎市民广场开业，恒北文创街、本场人酒店等特色农旅融合项目建成运营。全年实现限上批零住宿餐饮零售额15.98亿元，限上批零住宿餐饮销售额78.14亿元，规模以上服务业企业营业收入12.6亿元；新增限上批零住宿餐饮企业16个、规模以上服务业企业9个。

大中街道工业园区　　周古凯　摄

【城乡建设】 2021年，大中街道主动融入长三角一体化产业发展基地建设，完成西河口、常盐工业园拓展区一期、铁路支线、春柳路南延等地块搬迁任务，全年完成房屋搬迁任务近3000户。持续改善农村基础设施，全年新建农路4.19千米、农桥39座，改善农房235户，完成新团、元丰等农村主干道亮化工程，红花新型农村社区通过省级验收。江苏明升新农村建设发展有限公司获中国城市规划学会科技奖。新团村获评第三批江苏省生态文明建设示范村，红花村获"江苏省绿美村庄"称号。大中街道创成大丰区五星级美丽乡村4个，四星级美丽乡村7个，三星级美丽乡村9个。

【生态环境】 2021年，大中街道完成高铁、高速、沈方路、人民路、大刘路、春柳路、226省道、新时代大道等道路沿线环境整治。推进环境监管网格化建设，开通24小时环境信访举报热线，网格化监管模式在全区推广。关闭"散乱污"企业、砂石货场、养殖场等重点整治场所50家，整治"大棚虾"养殖、畜禽养殖90户，改造渔业生态化133.33公顷，幸福河湖创建通过省级验收。

【社会治理】 2021年，大中街道全面落实安全责任，组织"四季安全"、小微企业专项整治、安全环保"家家到"等各类专项行动，安全生产态势保持平稳。抓实常态化疫情防控，常住人口疫苗接种率95%，大中社区卫生服务中心入选国家卫健委"优质服务基层行"表扬机构名单。扎实推进"平安网格"建设，建立扫黑除恶专项斗争长效机制，持续开展各类风险防范，被评为盐城市信访窗口建设"人民满意窗口"，同德村通过"全国民主法治示范村"复核，阜北村、育红社区获"江苏省民主法治示范村(社区)"称号。

【社会事业】 2021年，大中街道服务企业用工，滨河社区入选国家级充分就业社区推荐名单。推进文化惠民，大中街道获"江苏省工会'职工书屋'示范点"称号，大中街道文化站入选江苏省"最美公共文化空间"，红花支前文化馆对外开放，芳韵舞蹈队先后四次在省级广场舞比赛中夺得冠军。

2021年大中街道主要经济社会指标一览表

表50

项　目	数　量	项　目	数　量	项　目	数　量
地区生产总值	163.27亿元	规模以上工业企业	43个	在职教师	343人
财政收入	14.31亿元	规模以上工业销售收入	54.24亿元	医院病床数	160张
工业用电总量	9433.82万千瓦时	规模以上工业增加值	86373万元	自来水普及率	100%
农林牧渔业总产值	17.06亿元	固定资产投资	64.77亿元	城乡居民基本养老保险参保人数	10590人
农林牧渔业增加值	89521万元	社会消费品零售总额	56.43亿元	参加合作医疗人数	89303人
粮食总产量	45987吨	居民储蓄存款	216.29亿元	城镇居民人均可支配收入	44392元
肉类总产量	2297吨	学校	7所	农村居民人均可支配收入	34302元
水产品产量	9065吨	在校学生	5229人	—	—

2021年大中街道各村基本情况表

表51

名　称	党总支（党委）书记	主　任	户数（户）	人口（人）	总面积（公顷）
恒南村	吴红云	吴红云	587	1628	507.62
恒丰村	钱海霞	钱海霞	538	1469	464.92
恒北村	李晓霞	李晓霞	686	2156	483.03
利民村	杨晓翠	杨晓翠	642	1804	533.63
双喜村	卢军昌	卢军昌	794	2361	514.96
泰西村	顾旭华	顾旭华	1175	3241	525.32
泰丰村	吴　进	吴　进	1003	2937	522.22
红花村	顾希良	顾希良	1232	3483	685.50
阜北村	陈安芹	陈安芹	785	2264	563.28
同德村	陈祥林	陈祥林	1450	3983	466.03
德丰村	蔡晓平	蔡晓平	1217	3851	803.76
大新村	彭怀龙	彭怀龙	703	1664	278.39
老坝村	陈进和	陈进和	932	2853	1024.63

续表51

名　称	党总支（党委）书记	主　任	户数（户）	人口（人）	总面积（公顷）
新团村	凌志刚	凌志刚	681	2202	636.17
光明村	李　骏	李　骏	872	2586	725.53
八灶村	卞友权	卞友权	698	2124	630.90
福丰村	顾广兵	顾广兵	1273	3510	972.09
元丰村	吴宏庆	吴宏庆	822	2274	841.49
晋北村	鲍宏伟	鲍宏伟	770	2162	651.90
晋丰村	花诗君	花诗君	1081	2758	840.76

说明：恒北村、同德村为党委

2021年大中街道社区居委会基本情况表

表52

中心社区管理办公室及居委会名称	党总支书记	主　任	中心社区管理办公室及居委会名称	党总支书记	主　任
老街居委会	戴海燕	戴海燕	育红居委会	吴玲玲	吴玲玲
新街居委会	李晓平	李晓平	新村居委会	陈　鹏	陈　鹏
大华居委会	陈毅梅	陈毅梅	沿河居委会	柏晓蕾	柏晓蕾
东宁居委会	张　伟	张　伟	建西居委会	刘新平	刘新平
康平居委会	郑文彬	郑文彬	建业居委会	翟文吉	翟文吉
健东居委会	陈　琦	陈　琦	西河口居委会	胡金林	胡金林
城中居委会	王　玲	王　玲	新团居委会	周旭阜	周旭阜
人民居委会	王秀琴	王秀琴	新德居委会	张　波	张　波
飞达居委会	张红霞	张红霞	滨河居委会	陈洪亮	陈洪亮
大新居委会	李　玲	李　玲	建丰居委会	龚秀兰	龚秀兰
朝阳居委会	丁　惠	丁　惠	浦江居委会	张　丽	张　丽
城南居委会	邵金凤（副书记）	邵金凤（副书记）	北兴居委会	张玉娟	张玉娟
大刘居委会	丁　勇（副主任）	丁　勇（副主任）	德润居委会	黄小燕	黄小燕

2021年大中街道骨干企业基本情况表

表53

单位：万元

企业名称	销售收入	利税总额	法人代表
海聆梦家居股份有限公司	128970.3	16389.3	邱建林
盐城市舒润床上用品有限公司	22052.7	983.6	彭秀琴
通威（大丰）饲料有限公司	56716.7	480.8	贾光文
上海电力大丰海上风电有限公司	66985.1	33011.9	戴苏峰
盐城市乐丰纸业有限公司	16486.2	713.3	陈镇初
盐城市大丰三爱家纺有限公司	14695.6	556.3	余兰琴
盐城大丰自来水有限公司	14402.4	1338.1	陈春平
江苏寰宇天成轻纺科技有限公司	14072.5	232.7	陈　晨
盐城市海悦纺织有限公司	12507.6	1225.5	杨晓东

（黄　蕾）

丰华街道

【概况】 丰华街道成立于2018年6月，行政区域面积59.83平方千米，下辖8个涉农村居、5个社区，有45个村民小组，有总户数25961户，常住人口63322人。2021年完成财政收入4.07亿元，一般公共预算收入2.7亿元，增值税收入1.71亿元，新增农村积累收入2.65亿元，农村人均可支配收入33452元，农林牧渔业总产值7.04亿元。

【工业】 2021年，丰华街道完成规模以上工业开票销售19.55亿元，新培植规模以上工业企业5个。全年引进总投资100亿元的蜂巢能源动力电池、总投资10亿元的金信诺5G产业园等项目。蜂巢能源动力电池项目成为2021年大丰投资规模最大的产业项目，入选省级重大项目库。宇豪新材料、共维电子、泓彩智能显示屏等项目在建设中，江苏郎克斯智能工业科技有限公司、杰源智能制造有限公司、昊芯科技有限公司等企业全面投产。

【农业】 2021年，丰华街道充分释放国家地理标志"裕华大蒜"品牌效应，大蒜产业集群项目稳步推进，不断提高大蒜种植效率和产品竞争力。统筹建好中央厨房精品蔬菜供应基地，高标准做好稳产保供，蔬菜播种面积2466.67公顷，年产蔬菜5万吨。阜南村、丰裕居委会等集体经营性收益350万元以上。积极培育新型经营主体，截至2021年年末，丰华街道发展农民专业合作社21家、家庭农场5家，加入合作社农户4110人，建成国家示范合作社1家。

【第三产业】 2021年，丰华街道新培植规模以上服务业企业4个，限额以上批零住宿餐饮企业10个，实现规模以上服务业营业收入8.2亿元，限额以上批零住宿餐饮企业零售额3.6亿元。维也纳国际酒店、众港汇养生馆、雅家乐超市、未来科技馆、博物馆建成开放。

【城乡建设】 2021年，丰华街道统筹做好进城入镇和新型农村社区建设工作，朝荣新型农村社区一期完成，朝荣新型社区二期、海防村庄规划发展点建设加快推进。系统实施绿化、亮化和景观提升工程，完成幸福公园、东郊公园、五一公园改造提升，完成通港大道、东宁路周边、盐洛高速沿线环境整治，完成铁路支线、风电项目、三纺厂地块拆迁。健康路、健康桥建成通行，新城·云樾春秋、金辉·珺和府等楼盘相继开盘。修理坑塘、窨井框盖、破损路牙等520处，拆除广告高炮30个。

【生态环境】 2021年，丰华街道扎实开展环境整治，完成河道整治1.1万米，全年疏浚河道10条，总长16.02千米、土方14.3万立方米。扎实推进"一片林"工程，完成植树造林10.47公顷。

【社会治理】 2021年，丰华街道深入推进安全生产专项整治三年行动，建立区街、部门、村居、企业四级安全网络，逐层逐级签订安全生产责任状。建立专业委员会联络员制度和安委会联席会议制度，常态化专题研究解决安全领域重点难点问题，做到目标清晰、责任到位。重点针对工贸、危化品、消防、建筑施工等重点行业领域，扎实开展有限空间、烟花爆竹、外包作业、危化品使用、纺织企业消防安全等各类专项执法检查，全年检查复查各类生产经营单位1269家，排查隐患3571条，全部整改销号。稳步推进一级消防站项目建设，高新社区创成国家级减灾防灾示范社区。

丰华街道五一河两岸　　周古凯　摄

【社会事业】 2021年，丰华街道开展社会救助帮扶工作，全年救助困难群众2818户，救助金额268.1万元，走访慰问困难对象1079名，发放慰问金68.1万元。完成330名优抚对象信息录入，发放优抚补助资金324.4万元。大丰外国语学校、关爱之家全面建成并投入使用，三纺厂、阜南小区等老旧小区改造加快推进，街道为民服务中心抓紧建设。理顺会展中心产权归属，与盐城文旅集团等大市级国企开展全面合作。抓实抓好常态化疫情防控，完成疫苗接种工作和全员核酸检测演练。

2021年丰华街道主要经济社会指标一览表

表54

项　目	数　量	项　目	数　量	项　目	数　量
地区生产总值	57.31亿元	限上批零售总额	40615万元	在职教师	742人
财政总收入	4.07亿元	粮食总产量	19781吨	参加养老保险	19422人
规模以上工业企业	23个	水产品总量	360吨	参加合作医疗	18034人
规模以上工业销售收入	18.73亿元	肉类总产量	255吨	农村居民人均可支配收入	33452元
规模以上工业增加值	1.99亿元	学校	6所	自来水普及率	100%
固定资产投资	19.05亿元	在校学生	9290人	规模以上工业企业用电总量	0.363亿千瓦时

2021年丰华街道各村、居委会基本情况表

表55

名　称	党总支书记	主　任	户数（户）	人口（人）	总面积（公顷）
阜南村	焦红霞	焦红霞	1069	2483	106.6
阜丰村	何　文	何　文	1293	3342	470
丰裕村	袁忠东	袁忠东	1425	4292	625
万丰村	陈　星	陈　星	708	1958	468
朝荣村	王远玲	王远玲	1282	3588	628.54
海丰村	卞俊富	卞俊富	1185	3287	1061.93
天祥村	黄　鑫	黄　鑫	623	1813	407
海防村	卢日锋	卢日锋	714	2343	625
裕华居委会	陈金霞	陈金霞	1999	4504	527
新东苑社区	刘文庆	刘文庆	5066	9081	114
高新社区	邹　娜	邹　娜	2161	5574	300
香榭丽社区	严　红	严　红	4563	11414	300
海棠社区	范媚娟	范媚娟	3873	9643	350

2021年丰华街道骨干企业基本情况表

表56

单位：万元

企业名称	销售收入	利税总额	法人代表
江苏德硕精工科技有限公司	633.65	304.42	庞遵成
盐城吉凯同科技有限公司	16472.93	223.27	王占成
盐城市大丰燃气设备有限公司	4254.00	569.20	徐　辉
盐城大丰恒盛商品混凝土有限公司	23749.76	1318.96	卞忠国
盐城大丰裕华加捻厂	2922.00	117.50	顾忠新
盐城市大丰苏鹿织染有限公司	3801.75	58.37	施海容
盐城大丰鑫宇家纺有限公司	3995.56	89.15	沈建华
盐城市昊芯科技有限公司	6739.00	3575.10	黄月平
江苏杰源智能制造有限公司	3718.91	64.79	王朋朋
盐城市大丰盛鑫汇嘉公路桥梁构件有限公司	3887.63	120.80	陈严超
江苏宇豪新材料科技有限公司	4348.79	296.29	胡岩青
江苏郎克斯智能工业科技有限公司	13199.70	1022.93	谢友平

（周　霖）

〖编辑　於晨婷〗

驻丰农场

上海农场

【概况】 2021年，上海农场占地307平方千米，其中耕地1.47万公顷、林地0.4万公顷、鱼塘0.53万公顷。下属上海正阳禽业有限公司、上海正阳定食科技有限公司、光明渔业有限公司等多个二级单位。全年实现营业收入14.54亿元，完成全年预算的123.29%。其中，主营业务收入14.46亿元，完成全年预算的123.43%。

【农场产业结构调整】 2021年，上海农场调整产业结构，实现"一业特强""两翼齐飞"和"电力、林业、工程"三大支撑的"1+2+3"多元产业相互协同、齐头并进的产业发展体系。聚焦高蛋白食品战略，以成为"上海市场优质蛋品第一供应商"为目标，推进禽蛋核心产业的培育与壮大。光明渔业坚持主养鮰鱼品种不动摇，实现稳产增产，成为周边鮰鱼养殖的标杆企业。"正阳定食"发展迅速，全面供应大丰区72所学校，被列为"我为群众办实事"重点项目。

【农场品牌建设】 年内，上海农场聚焦"超级农场"建设，构建"一强二优三高"（品牌强，质量优、服务优，科技含量高、信息化程度高、市场化程度高）发展格局。开发线上渠道3个，实现对叮咚买菜、盒马鲜生、本来生活等12家主流电商平台的全覆盖。线下聚焦"新三力"（市场营销力、质量管控力、生产组织力）提升，在无锡、南京、杭州建立营销分中心，进一步拓宽营销服务网络。通过发布会、品牌月、西瓜节、新媒体运营等方式不断提升上海农场及子品牌的知名度和影响力。全年销售品牌农产品7.23亿元，同比增长33.50%；电商平台销售2.14亿元，同比增长40.13%。

【农场安全管理】 2021年，上海农场牢固树立安全意识，投入435.49万元，开展各类安全检查1608次，扎实做好安全生产、疫情防控和食品安全工作。发挥海丰安监委平台作用，主动对接大丰疫情防控办，巩固农场疫情防控工作成果。成立食品安全管理中心，推进全场食品安全管理工作的计划制订和组织实施；进一步规范产品生产环节中的各项流程，严守食品安全防线。

【农场社区服务】 年内，上海农场纵深推进"爱心送餐"，有效解决农场老人就餐难题。有序推进绿化景观提升，加大对临海高等级公路等沿路绿化带和汇丰小区等小区绿化景观建设力度。场部地区基本实现"一年常绿、三季有花、四季如画"。其中农场人工湖公园、海棠大道、马鞭草和粉黛子草种植区成为大丰打卡新地标。

（李蓓蓓）

2021年，上海农场聚焦"超级农场"建设，全年实现营业收入14.54亿元，其中，主营业务收入14.46亿元
（上海农场　供图）

江苏省大中农场

【概况】 2021年，江苏省大中农场（江苏省盐城监狱）坚持"高于平时、严于地方"，完善监管核心圈、社区控制圈、农场外围圈"三圈"防控体系，疫苗接种率99%，居大丰首位，实现"零输入、零感染、零事故"。围绕"高质量建设全国一流的现代监狱"目标，监狱连续23年10个月实现"四无"（无罪犯逃脱、无重大狱内案件、无重大疫情、无重大安全生产事故）目标，连续16年未发生安全生产责任事故。

【监狱安全治理】 年内，农场巩固"一年小灶"（全省安全生产专项整治行动）成果，深入推进"三年大灶"（安全生产专项整治三年行动）行动。开展反"三违"（违章指挥、违章操作、违反劳动纪律）主题教育整治月、安全生产月活动，加强对监狱危险源的管控，定时排查和消除危险源及危险因素。全面落实重大风险防范化解工作，常态化开展扫黑除恶斗争。扎实开展保密工作自查，组织全员签订保密工作责任状和承诺书，完成保密要害部位改造，通过盐城市保密局专项测评。

【监狱改造】 年内，农场组织开展"红色文化月""感悟伟大历程·厚植家国情怀"等主题教育活动，在重大节日开展升旗仪式、改造誓词宣誓、专题讲评等，强化罪犯"五认同"（认同伟大祖国、认同中华民族、认同中华文化、认同中国共产党、认同中国特色社会主义）、"五树立"（树立正确的历史观、民族观、国家观、文化观、宗教观），营造浓厚的政治改造氛围。立足科学矫治，与地方部门、培训机构联合，常态化、规范化开展罪犯职业技能培训。与盐城师范学院联合开展"双匿名"信件咨询，帮助解决罪犯

2021年，大中农场扎实开展优质水稻绿色丰产"无人化"栽培技术试验示范，确保水稻规模化稳定丰产，为建好"吨粮田"、装满"米袋子"奠定基础 （大中农场 供图）

心理问题，罪犯改造多元化水平不断提升。严格出入监教育，编印《盐城红色文化读本》，制定出台《盐城监狱出监教育工作指引》，落实"5+1+1"（5天劳动教育、1天课堂教育、1天休息）教育改造制度，严格罪犯教育课时管理，统筹编制罪犯教育大纲，推行"小班化"教育模式，进一步优化教育内容、丰富教育形式。在春节、"六一"儿童节及开学前，联合地方司法部门、盐城工学院大学生志愿者开展帮扶活动，强化解难纾困，提升改造效果。

【监狱执法】 年内，农场坚持"一案一析一策"，针对队伍教育整顿和监狱综合治理中的不足，制定出台各类管理规定、工作指引17项。严格执行防止干预司法"三项规定"（《领导干部干预司法活动、插手具体案件处理的记录、通报和责任追究规定》《司法机关内部人员过问案件的记录和责任追究规定》《关于进一步规范司法人员与当事人、律师、特殊关系人、中介组织接触交往行为的若干规定》），编印《盐城监狱监管改造工作指引指南》，组织开展《执法医院》短视频拍摄，规范民警日常执法行为。建成并规范运行减刑假释集中办案中心，全面整合原有分散的办案资源，用好科技法庭，进一步提高办案效率和办案质量。强化罪犯健康管理，购置AED（自动体外除颤仪），实施危重病犯"一人一案"管理机制，监内医疗水平不断提升。

【地场联动发展】 年内，农场与地方政法部门联合推进共建共治共享工作，达成4类14项协作项目。监狱辖区正式纳入大丰区政法委属地化管理，与地方卫健委、疾控中心建立常态化免费核酸检测机制，与大丰供电公司建立"全电农场"战略协作，配合中油中泰公司做好天然气资产移交工作，与盐城市图书馆共建"启迪书吧"，与大丰区司法局共建法律援助工作站。

（仇 勇）

江苏省方强农场

【概况】 2021年，江苏省方强农场（江苏省方强强制隔离戒毒所）统筹抓好疫情防控、管教、生产、社区、交通等方面工作。构筑组织、社区、大院三道防线，确保疫情"零输入""零感染"。深入推进"平安戒毒所"建设、"六无"（无毒品流入、无戒毒人员脱逃、无戒毒人员非正常死亡、无所内案件、无安全生产事故、无重大疫情）安全年冲刺，连续25年保持安全稳定。

【农场生产经营】 2021年，农场实现主营收入2.4亿元，全场（所）各项事业实现高质量发展。投资800余万元建成集"智慧灌溉、智慧飞防、农田监测、指挥调度"等功能于一体的现代农业调度中心，初步形成"一站式调度、智能化控制、总仓化管理"的现代农业管理体系，实现年稻麦亩产1120千克。种子公司年产销种子超3吨，实现主营收入1.3亿元；米业公司300吨新大米加工线投产，产销大米2.2万千克，实现主营收入9500万元；服饰公司劳务加工人均增加值2.3万余元。

【戒毒矫治】 2021年，农场始终以"创特色、打品牌"为牵引，全面规范

2021年10月，方强农场建成现代农业调度中心 （方强农场 供图）

"四区四期流转"（生理脱毒区、教育适应区、康复巩固区、回归指导区）和"五大中心"（戒毒医疗中心、教育矫正中心、心理矫治中心、康复训练中心和诊断评估中心）运行，是首批"全国统一的司法行政戒毒工作基本模式建设示范所"。具有自主知识产权的"戒毒人员脑电采集系统软件V1.0"，正式通过国家版权局计算机软件著作权登记。深度推进融合戒毒工作，构建"以戒毒所为主体，以盐城、南通、泰州、淮安四个市后续照管网络为羽翼"的融合戒毒新格局。

【农场实事工程】 2021年，农场继续为职工增资，发放收入同比增加1010万元。持续完善基础设施建设，投入300余万元建成海滨西路至228国道连接线；建设农田水泥路面6.4千米；新建停车位50余个、电瓶车充电位40个。推进幸福家园建设，完成污水处理管网改造，建成餐厨垃圾处理站和医疗废弃物处理站，购买扫路机、洒水车等设备，整治社区环境，提升场区面貌。

（杨　宇）

江苏省东坝头农场

【概况】 2021年，江苏省东坝头农场占地1300公顷，其中无公害农产品生产基地898公顷，全年实现营业收入4256.8万元、利润1186.2万元。农场完善资产资源管理办法，严格农场土地租金收缴管理，对农场发包资源进行重新测量并按新的要求进行收缴，增加收入约7万元，加强更新林地资源管理，确保国有资源增值保值。被江苏农垦集团公司授予"先进基层党组织"称号和"开拓创新奖"。

2021年，东坝头农场全面实施机械化北斗定位小麦播种

（东坝头农场　供图）

【农场农业发展】 2021年，农场坚定"三高一控"（高效、高质、高产、控本）农业发展理念，建立以"亩效益"为核心的现代农业发展新模式。在确保麦、稻种子生产基础上，优化品种布局，扩大高效、优质、高产、抗逆麦稻品种种植面积。麦稻外观品质、晾晒成本、保种量与芽率、产量水平实现"五提升"，实现小麦单产590.5千克，水稻单产693千克。新一轮种植结构调整采用"麦稻+大棚西瓜"模式，年租金2800元/亩。推进水泥场头育秧微喷灌，为苏州基地输送水稻秧苗约66.67公顷。

【农场林业产业发展】 2021年，东坝头农场围绕"生态农场、美丽农场"目标任务，树立"绿色、生态、美化、高效"的林业发展思路，深入谋划林业产业转型升级。投资155.24万元，对王大线公路两侧5.1千米路段进行林业苗木更新升级，打造美丽宜居林带风景线。坚持以市场为导向，落实农场女贞苗木资产依规处置，激活林地资源更新换代，加快挖掘林地资源潜力，打通林业产业转型瓶颈，推动林业产业稳健发展。

【农业社会化服务】 2021年，江苏农垦农业服务有限公司东坝头分公司建立农业服务分公司大户资源共享机制，全年服务农业种植大户93户，农资服务面积6666.67公顷，农技服务面积26800公顷，组织召开农业社会化服务技术培训会2次，实现农业社会化服务3500万元。

【民生工程】 2021年，农场投资952.3万元，加大农场道路维修拓宽和排水系统综合提升力度；为120户农场职工家庭进行户厕改造升级。投资1200万元提升农场中心河驳岸，首期400万元的提档河道驳岸工程完成。将农场中心路两侧花池更换成大理石，对农场部分老旧设施进行维护出新，新购扫地车1辆。制定《江苏省东坝头农场有限公司"十四五"期间困难职工居民常态化帮扶方案》，慰问困难职工131人次，发放慰问金10.36万元。

（朱红军）

〖编辑　於晨婷〗

人物

许 鹏

生前系苏州蓝天救援队队员兼蓝天救援队全国机动队队长、江苏机动队队长。江苏大丰人。男。1981年11月生。硕士研究生。中共党员。

许鹏自2016年9月加入蓝天救援队以来，多次奋战在急难重险抢险救灾最前线，先后参加过阜宁特大龙卷风冰雹灾害、缅甸洪灾、玉树雪灾、浙江丽水泥石流救援和可可西里藏羚羊保护等志愿服务活动。2020年2月6日，他奔赴战“疫”前线，驰援武汉押运物资，连续16天往返奔波于武汉各大医院运送、发放抗疫物资，每天工作十六七个小时。在发现武汉各类应急物资及装备严重匮乏的现状后，他多方联系，行程2000多千米，最终在山东定制一批消杀用的弥雾机。2020年2月21日凌晨4点许，他在前往山东转运弥雾机的途中遭遇车祸，不幸牺牲，用宝贵的生命履行了入党申请书中“不计报酬，无论生死”的承诺。

2020年3月，江苏省委授予许鹏“最美抗疫先锋”荣誉称号；2020年4月，入选第24届“中国青年五四奖章”抗疫追授个人名单；2021年10月，获评第八届江苏省见义勇为道德模范。2021年11月，许鹏被中央宣传部、中央文明办、全国总工会、共青团中央、全国妇联、中央军委政治工作部联合授予全国道德模范提名奖。

（区文明办供）

王 鹏

盐城市大丰区肢体残疾人协会主席。江苏大丰人。男。1971年8月生。初中学历。

王鹏作为一名肢体残疾人，2017年12月当选区肢体残疾人协会主席以后，克服自身困难，积极改善残疾人的生活状况。他认真学习钻研残疾人相关政策，勇于开拓、甘于奉献，在残疾人脱贫攻坚和推进残疾人小康进程中做出贡献。王鹏在征求大丰区残联的意见后，招募一批残疾人，成立了盐城首个残疾人演出团体——盐城市大丰拼搏残疾人艺术团。大丰拼搏残疾人艺术团先后在大丰周围各个乡镇、学校、厂矿企业进行宣传演出。王鹏带领着残疾人艺术团走出大丰，走向全国各地，所到之处积极与当地残联联系，邀请当地的残疾人朋友免费观看演出，促进更多的残疾人融入社会、参与社会。办团十多年，大丰残疾人艺术团走遍全国近200个大小城市，走进剧院和学校演出约2000场。在区残联和人社局的帮助下，王鹏开始定期组织残疾群众一起学习Photoshop、Word等软件。在2016年盐城市残疾人技能大赛中，王鹏获图文设计一等奖。

王鹏关心残疾群众的生产生活，经常利用下乡演出的机会，深入残疾群众的家庭，实地察看他们的生产生活状况，帮助解决困难和存在的问题。借助残疾人文化艺术培训帮助有文艺爱好的残疾人家庭增加收入，每年举办残疾人文艺会演和书法拍卖所得到的善款为困难残疾群众发放生活补助。大丰区肢体残疾人协会承担着区残联组织与肢体残疾群众的桥梁纽带作用，在工作中，王鹏始终坚持视肢体残疾人为亲人，为肢体残疾群众做好解释、宣传工作，努力给予他们满意的答复，受到一致好评。

王鹏曾获“盐城市十佳残疾人之星”、2019年江苏卫视年度人物、大丰区“自强模范”称号。2021年7月，王鹏被国务院残疾人工作委员会授予“全国残疾人工作先进个人”称号。

（区残联供）

李晓霞

盐城市大丰区政协港澳台侨委（委员联络委）主任、恒北村党委书记，兼任江苏省妇联副主席。江苏大丰人。女。1977年10月生。大学专科。中共党员。

李晓霞1999年7月参加工作，扎根基层二十多年，团结带领恒北村两委班子成员，围绕“梨园风光、生态宜居、乡村旅游”发展定位，走“生态富农、以农富农”的生态绿色发展道路，大力实施乡村振兴战略，打造“五好”（好班子、好队伍、好路子、好村风、好环境）基层党组织，加快美丽乡村建设，突出基础配套、公共服务、景点打造、新村庄建设、老村庄整治等重点，挖掘梨园文化，做精发展规划，做足梨文章，放大恒北品牌效应。在李晓霞的带领下，休闲农业和乡村旅游发展成为恒北的特色产业，连续9年举办恒北梨花文化节。2021年邀请央视七套为梨花节进行直播宣传，开通村书记直播代言，点击量突破40万人次，举办系列主题活动，吸引周边游客到恒北打卡，2021年游客量35万人次，经营收入800多万元。

在李晓霞的带领下，恒北文创街、蓝城春风原乡温泉生活小镇、恒北非遗文化园项目先后在恒北落户。她在政协带领委员联络委努力推动“有事好商量”协商议事工作的实施，以专题培训的形式为全区召集人作专题辅导，召开市政协“有事好商量”家家到现场观摩会，全区协商议事室从114家增加到287家，创新开展协商“八议”工作法。

李晓霞于2017年10月当选为“中国共产党第十九次全国代表大会代表”，2019年11月被中共江苏省委组织部评为“江苏省首批百名示范村书记”，2020年11月被中共中央、国务院授予“全国先进工作者”称号。2021年2月，李晓霞被中华全国妇女联合会授予“全国三八红旗手”称号。

（蔡志林）

杨 枫

国家税务总局盐城市大丰区税务局新丰税务分局党支部副书记、副分局长，盐城市大丰区妇联副主席（挂职）。江苏大丰人。女。1970年8月生。本科学历。中共党员。

杨枫在2018年的国税地税征管体制改革中，由江苏省大丰区国税局第三分局分局长转为国家税务总局盐城市大丰区税务局新丰税务分局副局长，迅速完成从“一把手”到“第一助手”的角色转换，在“四合”（事合、人合、力合、心合）上发挥示范作用。配合分局长组建新丰分局，从办公室到食堂，从办公桌椅到环境卫生，亲自安排。2020年，作为盐城市税务系统唯一一家省局党建联系定点单位，新丰税务分局承接了争创省级党建标准化、规范化建设示范点的任务，杨枫带领分局的同事加班加点，通过创新“先锋税务”党建品牌，与新丰镇太兴村党支部、大丰知青馆党支部、大洋精锻有限公司党支部结对共建等一系列方式展现分局党支部的最美风采。2021年，杨枫走上区局风险管理中心负责人的新岗位，迅速进入角色，及时形成风险管理中心运转情况分析汇报材料，为顺利推进风险应对工作夯实基础。

杨枫关心民生福祉，在担任盐城市人大代表期间，提出议案建议近30条，其中列入市委、市政府重点督办事项10条，她在盐城市八届人大五次会议上提出的《关于发挥我市生态优势发展跨区康养产业的建议》被市政府办公室印发实施。她服务产业强区，聚焦和服务新丰镇荷兰花海提档升级、沪苏集聚区项目创新等全区发展重点，发挥税务部门优势，积极与乡镇、园区和纳税人开展互动调研，提出各类思路建议20余条。她服务大众创业，积极参与区女企业家协会的组织协调工作，为女企业家解读政策、辅导纳税，组织女企业家抱团前进，形成集聚效益。她服务基层办税，优化营商环境，确保“放管服”和减税降费落地生根，让老百姓畅享改革红利。她积极服务妇女脱贫，向贫困妇女宣传中央扶贫开发决策部署和各项惠民政策，在思想上扶贫；组织贫困妇女踊跃参与手工编织等实用技能培训，在实事上扶贫。她积极投身儿童事业，倡议组建并参与的新丰小学“税务彩虹班”学生已从一年级升至六年级；她在工作日之余，带领区税务局女干部赴大丰爱心素食馆开展义务劳动和爱心帮扶。在抗击新冠肺炎疫情关键时期，杨枫组织区税务局女干部成立“巾帼党员突击队”，参与社区疫情防控、助力企业复工复产，并开展一系列暖心活动服务社会发展。

从事税收工作三十年来，杨枫先后获得“江苏省先进工作者”“江苏省国税系统先进工作者”等称号。先后当选为中共大丰市第十次、大丰区第十二次党代会党代表、大丰市第十四届人大代表和盐城市第七届、第八届人大代表。2021年3月，杨枫被中华全国妇女联合会表彰为全国巾帼建功标兵。

（陆仁德）

邢 程

盐城市大丰区三龙镇党委书记。江苏大丰人。男。1977年12月生。硕士学历。中共党员。

邢程自2016年1月到三龙任职以来，坚守为民情怀，强化责任担当，聚力脱贫攻坚。全镇初始建档立卡低收入农户共853户1658人全部脱贫，1个省定经济薄弱村提前脱贫摘帽。

邢程坚持全镇“一盘棋”，共筑民生幸福路。严格落实健康扶贫政策，建档立卡低收入人口基本医疗保险参保率100%。全面排查义务教育适龄人员，义务教育阶段低收入人口一人不落。加大四类对象住房安全检查，对全镇建档立卡危房户77户全部实现镇村兜底保障。邢程坚持带头出实招，共谋产业致富路。深入开展“牵手致富”活动，落实“一对一”结对帮扶，深入一线调研，帮助村集体和困难群众算经济账、出点子、找路子，鼓励经济薄弱村结合实际，实施土地整理工程，大力发展“扶贫林”。通过栽植品质较高的绿化苗木，逐年出售形成经济效益，在扶贫林中产出的苗木，镇绿化工程优先同价安排使用，所得收益全部帮扶低收入农户，增强镇村扶贫造血功能。2018年全镇实现无债村的目标，共化解村集体债务2759.33万元，19个村集体经营性收入2019年全部达到20万元以上，2020年有7个村超50万元。邢程坚持靶向再发力，共迈乡村振兴路。组织实施“阳光扶贫”工程，推进产业引领、就业援助、教育助力、医疗救助、政策兜底等脱贫致富专项行动，确保低收入农户稳定实现“两不愁、三保障”（不愁吃、不愁穿，义务教育、基本医疗、住房安全有保障）。强化动态管理，实行过筛式检查，严格落实“四个不摘”（摘帽不摘责任、不摘政策、不摘帮扶、不摘监管）要求，有针对性地解决脱贫边缘户、脱贫监测户以及遭受重大变故的个别农户的现实问题，确保脱贫效果长期可持续。扎实开展村企联建活动，截至2021年年底全镇共对接项目25个，总投资4.38亿元，实现村有项目、村企结对“两个100%”。

2021年10月，邢程被中共江苏省委、江苏省人民政府表彰为全省脱贫攻坚暨对口帮扶支援合作先进个人。

（陈 迁）

袁桂朋

盐城市大丰区丰华街道裕华小学教师。江苏大丰人。男。1968年4月生。本科学历。

袁桂朋自1986年走上教师岗位以来，默默耕耘在三尺讲台，教书育人，为人师表。2019年8月，主动报名赴陕西省铜川市宜君县城关第一小学支教。支教期间，运用教学示范课、教科研专题研究、教学经验分享、业务讲座等多种形式，与挂职学校的教师进行交流与学习。通过“预习单”、“领、扶、放”三段式培养学生的数学预习习惯与能力，为提高课堂教学效率打下基础。针对学生知识缺陷，改变课堂结构，降低教学内容的难度，课堂上力求关注到每一个学生，针对学生基础薄弱环节，在班级开展“争做计算小能手”“我思考，我能行”“每日一练”等竞赛活动，调动学习的积极性。撰写的《核心素养下小学数学让学引思课堂构建策略》一文在《世界家苑——教育论丛》2019年第9期发表。依据“三段式预习能力与习惯的培养”为主题撰写的《核心素养下小学生预习能力的培养策略探究》在《读与写》2019年第36期上发表。2020年5月，成立“袁桂朋工作室”，结合宜君实际，研发校本课程《玉米皮工艺画制作》，培养学生用眼发现美、用心感悟美、用手创造美的能力。

袁桂朋发挥桥梁纽带的作用，先后4次带领挂职学校的骨干教师40余人次赴江苏交流学习。他自费为全校班级建立图书角，购进体育器材捐赠给学校体育室，为建档立卡学生充值饭卡。在2021年六一儿童节之际，自筹资金5万元，赠送学生200套书包和100套文具用品，赠送老师们100套茶水分离茶杯，为挂职学校捐赠了4台电脑和2台3D打印机，建起宜君县第一个电子备课室和3D打印室。

2021年10月，袁桂朋被中共江苏省委、江苏省人民政府表彰为全省脱贫攻坚暨对口帮扶支援合作先进个人。

（丰华街道供）

刘艳虎

江苏中车电机有限公司技术员。内蒙古赤峰人。男。1984年6月生。本科学历。中共党员。

刘艳虎2009年6月进入南车株洲电机有限公司从事设备维护工作，2011年到江苏大丰公司工作，主要从事公司设备、水电的安装、调试、维修维护等工作。他立足本职岗位、坚持学习钻研，解决设备故障近1000余处，先后完成哈密公司、福清分公司新厂房的电气工程、暖通工程、消防工程、压力管道工程等建设项目。他为公司解决设备在运行时出现的各种疑难问题，提出多种改善提案并予以实施，先后获改善提案奖12项。参与制定公司动能、节能、能源等管理办法14项。2019年，公司实施成本优化工作，他从设备采购、设计、工艺、质量、委外、制造过程和管理改善方面分别开展专项降成本工作，以推进全价值链精益管理为核心，开展精益改善活动，不断向生产管理无库存，质量管理无缺陷，设备管理无停机，成本管理无浪费的精益目标迈进。他通过厂房节能灯改造、智能微电网、参加省直购电、工艺优化、设备技改等项目，计节约动力费120万余元。2020年年初，新冠肺炎疫情给公司6兆瓦半直驱产能提升项目的实施带来挑战，他坚持做好疫情防控和中心重点工作，制定产能提升项目的重点工作计划，落实疫情防控方案，确保疫情中顺利开工、复工，保障项目进度按时完成。

作为公司设备技术骨干，2017年9月成立的“刘艳虎工作室”是公司首个以他命名的工作室。“刘艳虎工作室”平台的搭建，提供了员工技术创新实现的基地，通过师带徒、技术交流及培训，培训学员900多人次，先后为公司培育出高级技师2名，技师5名，高级工88名。刘艳虎积极组织工作室成员总结经验、苦练技能，工作室培育的绝活“叉车双人挂啤酒”“灯泡上切钢丝”等亮相央视三套《有趣的奇闻异事》、盐城市技能状元颁奖仪式等电视栏目，弘扬和诠释高铁工匠精神、风电工匠精神。

刘艳虎先后被授予“盐城市企业首席技师”“盐城市五一劳动奖章”“江苏省企业首席技师”“江苏省五一劳动奖章”等称号。2021年4月，刘艳虎被中共江苏省委、江苏省人民政府授予“江苏省劳动模范”称号。

张赛花

海聆梦家居股份有限公司机缝工。江苏大丰人。女。1976年3月生。初中学历。中共党员。

张赛花2004年进入大丰海聆梦家纺有限公司工作，工种是机缝工。作为一名党员，她积极参加党组织活动，认真学习党章、拥护和执行党的路线、方针、政策，坚持用科学的理论武装自己的头脑，时刻以一个共产党员的标准严格要求自己。“一个人可以没有文凭，但决不可以没有知识”，这是她十分欣赏的一句话，为此，她在认真学习政治理论的同时，把所有的业余时间都用在钻研业务上。

张赛花对生产技能刻苦钻研、精益求精，技术水平优秀。她视质量如生命，对产品质量一丝不苟，绝不放过“毛、脱、漏”现象，做到了产量高、质量好。她经常配合车间主任，在做好帮手，培养新人方面做出很大的贡献。她时常关心同事们的工作、生活，及时提供帮助。

2016年4月，张赛花被盐城市委、市政府授予“盐城市劳动模范”称号。2021年4月，张赛花被中共江苏省委、江苏省人民政府授予“江苏省劳动模范”称号。

夏文余

江苏正大丰海制药有限公司党委书记、总经理。江苏东台人。男。1969年1月生。大专学历。中共党员。

夏文余2014年正式接任江苏正大丰海有限公司总经理，审时度势，确立“药品+特医”双轮驱动的企业发展战略，加快企业转型升级。瞄准“特医食品”，建成江苏省首个新标准的特殊医用食品生产基地，成功上市国内首个医用食品“素乾”，并利用已有科研力量，开发医用食品系列产品。在夏文余的带领下，公司关键项目集中上马，软袋输液车间、工程技术中心Ⅱ等一系列项目陆续建成。扩大产能并提升质量标准，解决了发展瓶颈，成功开辟出一条新的经济增长点，公司综合实力增强。坚定支持新品研发上的投入，公司每年研发投入超1亿元，确立“聚焦目标领域，创新仿制兼顾，自主协同并举”具有丰海特色的研发战略路径，开创了从产品立项、小试开发及产业化转移的能力体系。公司先后建成院士工作站、国家博士后科研工作站、高校研究生工作站等多个技术创新平台，并开展一类新药的研发。

夏文余饮水思源，践行社会责任与担当，积极从事各项公益事业。公司先后参与玉树地震灾区、阜宁龙卷风灾区、抗击新冠疫情等捐助活动，累计捐资捐物500余万元。

在夏文余的带领下，公司连续9年纳税超1亿元，成为盐城地区税收，经济总量支柱企业之一；连续7年跻身“中国化学制药行业工业企业综合实力百强”行列；连续6年被评为“盐城市五星级工业企业”；2018年获江苏省“省长质量奖”；2020年获“江苏省企业技术创新奖”。夏文余先后获“盐城市杰出企业家”“盐城市劳动模范”“江苏农省垦系统第三届劳动模范”“江苏省科技企业家”等称号。2021年4月，夏文余被中共江苏省委、江苏省人民政府授予“江苏省劳动模范”称号。

单永祥

江苏丰山集团股份有限公司副总裁。江苏大丰人。男。1973年5月出生。本科学历。中共党员。

单永祥1996年7月进入江苏丰山集团股份有限公司工作，先后任车间主任、生产部经理、副总经理、副总裁。他不断解决各种难题，攻克技术难关。在对"喹禾灵"氯化反应进行技术改造期间，加班加点，精心测算，耐心试验研究，虚心请教有关人士，反复修改完善技改方案，仅花了2个月时间，使氯化收率由56%—58%提升到85%，含量由75%—80%提高到92%—95%，吨成本在原来的基础上降低4.6万元。面对难以处理的废盐副产品，他深入院校，请教专家教授，进行技术研讨，投资新建废盐副产品资源化利用设备，处理后的精制盐各项指标达到工业二级盐标准，可作为离子膜烧碱、融雪剂等原料，实现循环利用。负责实施氟乐灵技改项目成为丰山发展史上最大的亮点，其产能、效益、品质位居全球领先。牵头实施的废水生化三期、四期工程建设，有效地保证企业未来发展的需求，为企业三废治理、达标排放奠定坚实基础。

在企业生产运行中，单永祥注重生产设备设施智能化、程序化、连续化和自动化改造，实现工厂智能化管理；在一线员工中组织实施"安全奖""设备奖""超产奖"，调动车间员工的积极性。在安全生产管理上，落实安全网络建设和责任制，做到一岗不缺、一人不漏，横向到边、纵向到底；在安全培训上，注重员工培训和技能考核，制定岗位操作法和流程管理制度，提高员工的安全意识和岗位操作技能。提高职工安全意识，定期组织车间安全预案演练，努力提高紧急突发事故预防控能力，确保企业重特大安全事故零的纪录。

2010年，单永祥被表彰为江苏省工业企业质量管理优秀工作者。2021年4月，单永祥被中共江苏省委、江苏省人民政府授予"江苏省劳动模范"称号。

肖 勇

江苏今达纺织实业有限公司机修班班长。江苏大丰人。男。1984年1月生。职中学历。

肖勇2012年3月到江苏今达纺织实业有限公司工作，从事纺织机械维修。他深知创新学习的重要性，积极带领整个七车间的维修人员参加各类业务培训，主动请教技术好的同事或到别的厂学习，在车间内部形成良好的学习氛围。七车间的机械维修水平大幅提升，设备完好率保持在99%以上，保证产品的产量和质量，提高经济效益。

新冠肺炎疫情期间，他主动报名参加企业疫情防控小组，由于车间的外地工人需要隔离，在人手严重短缺的情况下，他积极做好分配的疫情防控任务，并加班加点完成车间生产设备检查维修，一个人承担几个人的工作任务，全力保证复工复产。他积极配合公司检验部门，维护今达公司的品牌效益，查找质量问题，特别是因机械故障造成质量问题，经常放弃休息时间，做到24小时随时待命，随叫随到，同大家一起攻关问题。公司产品的质量逐步提高，得到了商家充分认可，市场占有率提高。

肖勇先后获得"盐城市五一劳动奖章""盐城市劳动模范"等称号。2021年4月，肖勇被中共江苏省委、江苏省人民政府授予"江苏省劳动模范"称号。

杨晓成

盐城市大丰区长鹿稻虾养殖专业合作社社长。江苏大丰人。男。1989年2月生。中共党员。

杨晓成从部队退伍回到家乡，积极响应党和政府号召，立志为家乡的农业发展出一份力，确立了扎根农村发展生态农业的人生目标。承包三元村14公顷土地建成大丰区三元晓成家庭农场。实行稻虾轮作模式，亩产粳稻550千克，龙虾150千克。4公顷稻蟹混养，亩产杂交稻360千克，螃蟹90千克。农场模式得到了省、市、区领导及有关部门的充分肯定，被区农业部门确定为区稻田种养结合的示范点，南京农业大学列为稻田综合种养示范基地，江苏农牧学院列为示范基地，盐城生物工程学校列为农业实训基地，农场出产的大米先后获得"全国稻渔米银奖"和"江苏好大米金奖"。

杨晓成认为帮助邻里和群众共同致富是应尽的责任，一人富不是富，大家富才是真正富。他牵头成立大丰区长鹿稻虾养殖专业合作社，助力乡村振兴。通过统一品种、统一技术、统一销售，组织全区的80多户水稻种植户进行免费稻虾养殖培训，扩大全区生态种植面积。区稻米业协会将该社社员种植的水稻作为"大丰大米"地理标志产品的原粮种植基地。自费160万元建立合作社服务中心，推荐和带领农户通过淘宝、微信、超市等线上线下销售网络，销售好稻米、虾、蟹产品。

在杨晓成的努力下，合作社模式获得团省委创青春大赛三等奖、市退伍军人大赛一等奖、团市委创青春大赛一等奖。农场专利模式稻虾"自繁、自育、自养"一体化模式被江苏农牧学院、大丰农干校作为农民培训课程。2019年4月，杨晓成被盐城市委、市政府授予"盐城市劳动模范"称号。2021年4月，杨晓成被中共江苏省委、江苏省人民政府授予"江苏省劳动模范"称号。

张志勇

盐城市大丰人民医院骨科主任、主任医师。江苏大丰人。男。1974年9月生。中共党员。

张志勇自1997年7月参加工作以来，在政治上、思想上、工作上表现突出，得到领导和同事们的肯定和赞扬。作为项目办党支部书记，认真履行"第一责任人"责任，通过召开座谈会进行约谈，从严压实党支部负责人"两个责任"；采取层层签订责任状的形式，从严压实"两个责任"工作体系，新院区重点建设工程以及代建的妇保院建设工程均在"阳光"下实施；通过医院管理年，推动"两个责任"落实制度化、规范化，构建"失责必问、问责必严"常态。

张志勇从事骨科创伤专业二十余年，经常加班加点，随喊随到，抢救了大量急危患者。他耐心对待每一位病患，认真做好每一台手术。开展健康教育讲座，走进区水利局、教育局等局机关，走进街道办、社区开展常见病多发病健康讲座和现场咨询活动。经常放弃周末休息时间，举行大型义诊活动。组织医院专家志愿者乡镇及社区进行义诊，为当地居民送健康、送关爱、办实事。建立医院微信公众号、村卫生室微信群及9个微信专业联盟群，走遍全区221个村卫生室发放专家手册，宣传健康保健知识，为全区乡镇卫生院、村卫生室医务人员在线咨询，方便基层群众的就诊。作为区人民医院项目办主任，他积极参与新院区建设，特别在新冠肺炎疫情防控保障工作中表现突出，建设与疫情防控相关的PCR实验室、负压病房、核酸采集点、发热门诊等，成功完成任务。

张志勇注重临床科研工作，撰写的论文先后在省级以上刊物发表。《利用专用钢板治疗跟骨关节内骨折手术的研究》《骨诱导成骨材料在骨修复治疗中的临床观察》《PFNA微创治疗股骨粗隆间骨折的临床疗效分析》项目获大丰区科技进步奖。2019年4月，张志勇被盐城市委、市政府授予“盐城市劳动模范”称号。2021年4月，张志勇被中共江苏省委、江苏省人民政府授予“江苏省先进工作者”称号。

徐月婷

盐城市大丰区兰花海旅游度假区管理委员会副主任。江苏盐城人。女。1988年6月生。中共党员。

徐月婷2011年7月参加工作以来，扎根旅游事业，埋头苦干，砥砺前行，持续推进旅游经济产业发展。推动文旅融合，引进《只有爱·戏剧幻城》项目，自2020年6月开放以来接待游客10万余人，受到业内和市场好评，被江苏省评为“2020年度消费者最青睐的江苏文旅融合标杆项目”。参与建设全国首家loft型喆啡酒店、4.0版本的全季酒店，项目成功运营，全年营收超1000万元。积极投身于天沐温泉酒店、希尔顿温泉酒店两个旅游度假型酒店的建设中。面对竞争激烈的旅游市场，她坚定自主创新的信念，经过多方调研，全新推出“荷兰皇家花车”大巡游，荷兰花船大巡游，打造网红“爆点”旅游产品，荷兰花海成为“热搜”旅游目的地。

徐月婷经过不断的探索，打造特色品牌，组建荷兰花海国际花艺学院，培训学员2000多人次，带领的花艺团队获第15届美国费城世界杯花艺大赛第七名。带动富民增收，建成江苏首家综合性国际化园艺中心，提供就业岗位100多个，人均增收近2万元，实现社会效益、经济效益双丰收。新冠肺炎疫情防控期间，徐月婷带领花海员工坚持在防疫工作一线，疫情常态化时期，充分研判分析，积极应对疫情后的报复性旅游消费市场，围绕“五一”长假、暑期长假以及“十一”长假等重点时点的旅游营销力度，精准营销，精准发力。

徐月婷先后获得“盐城市五一巾帼标兵”“盐城市劳动模范”“全国巾帼建功标兵”等称号。2021年4月，徐月婷被中共江苏省委、江苏省人民政府授予“江苏省先进工作者”称号。

（区总工会供）

马　玉

江苏大丰高级中学副校长。江苏大丰人。女。1980年12月生。研究生学历。中共党员。

作为一名教师，马玉坚持“课比天大”的理念，认真钻研业务，把生物教材内容有针对性地和学生的德育有机结合起来，促进学生核心素养的提升。课堂教学成绩突出，所教班级生物成绩几乎全部名列同组合第一名，高考生物过A率位于盐城市前列。作为区兼职研训员，她积极研究课题、悉心辅导年轻教师，先后获得省高中生物课件大赛二等奖、省首届高中生物基本功大赛三等奖、市课堂教学一等奖，省基础教育教学研究论文一等奖等。她坚持撰写随笔、反思、论文，其中有两篇文章在生物核心期刊——《中学生物教学》上发表。

马玉将做好“立德树人”为第一责任。她结合学校实际策划重大德育活动，打造德育精品。“三自”教育让自主教育落到实处，打造成大丰高级中学的德育品牌，“三自”教育的成功经验被多家媒体报道宣传，也多次在省市德育会议上交流发言。

马玉分管教学后，通过优化考试评价机制，淡化均分，实行捆绑考核；积极开展班子成员课堂教学大展示活动；引导教师进行“三新”研究，并通过命题比赛、课堂比武更新教师的观念；开展年级交流活动，构建学习共同体，引领教师的专业化成长。教师教科研增强，教学质量提升，学校被评为“盐城市教育科研先进学校”和“江苏省普通中小学教科研工作先进集体”。2021年9月，马玉被江苏省人力资源和社会保障厅、江苏省教育厅表彰为2021年江苏省教育系统先进个人。

张　旭

盐城市大丰区新丰中学团委书记。江苏大丰人。男。1981年1月生。本科学历。中共党员。

张旭工作勤奋刻苦，近20年坚持在教育教学一线。2013年，积极响应大丰区教育局的号召至南阳中学交流，作为一个教育工作者，张旭十分清楚肩上的责任。一个教师的工作关乎学生的前途和他们家庭的希望，教学质量是一所学校的生命线。在教学工作方面，张旭务实细心，善于钻研，教学实绩一直在同类学校中名列前茅。坚持教学与科研并重，先后在省级以上刊物上发表论文，并多次成功地开设市内公开课。

作为一名班主任，张旭任劳任怨。早上，有学生到班，他就到班；晚上，他陪伴最后一位同学离开教室。课间，他经常流连在教室的过道上，把教室看作自己的家。作为年级主任、教务处副主任，张旭有明确的计划和切实的总结。每天早晚自修他都坚持踏遍每一层楼，每一间教室。每周的教师例会上，每位教师都会拿到他的一份报告，既有对存在问题的分析，又有解决问题的思路。张旭以实干精神和敬业态度对待事业，用行动赢得尊重，也给周围的教师以鼓舞和鞭策。

2021年9月，张旭被江苏省人力资源和社会保障厅、江苏省教育厅表彰为2021年江苏省教育系统先进个人。

（区教育局供）

〖编辑　朱晓华〗

荣誉栏

先 进 集 体

国家级和国家条线表彰

单位	荣誉称号	授予单位
大丰区	2020—2021年度畜牧业统计监测工作综合评估优秀生产监测县	农业农村部畜牧兽医局
大丰区刘庄镇友谊村	第二批全国乡村治理示范村	中央农村工作领导小组办公室、农业农村部、中央宣传部、民政部、司法部、国家乡村振兴局
大丰区司法局南阳司法所	全国模范司法所	司法部
大丰区大中街道恒北村	2021年全国乡村特色产业亿元村	农业农村部
大丰区丰收大地现代农业示范区	全国农村创业园区（基地）	农业农村部
大丰区大中街道恒北村	2021年全国示范性老年友好型社区	国家卫生健康委、全国老龄办
大丰区老年大学	敬老文明号	国家卫生健康委、全国老龄办
大丰区大中社区卫生服务中心	“优质服务基层行”表扬机构	国家卫生健康委
国家税务总局盐城市大丰区税务局第一税务分局团支部	全国五四红旗团支部	共青团中央
大丰区市场监督管理局	节约型机关	国家机关事务管理局、中共中央直属机关事务管理局、国家发展改革委、财政部
大丰区教育局（体育局）	2017—2020年度全国群众体育先进单位	国家体育总局
大丰区供销合作总社	2021年度信息报送工作先进单位	中华全国供销合作总社办公厅

省级和省条线表彰

单位	荣誉称号	授予单位
大丰区	2020年省级社区教育示范区	江苏省教育厅
大丰区	2020年度全省学生资助工作绩效评价优秀	江苏省教育厅、江苏省财政厅
大丰区	2020年度乡村振兴实绩考核情况县级综合排名第一等次	中共江苏省委农村工作领导小组
大丰区	2021年度全省信访工作示范县（市、区）	江苏省信访工作联席会议

单位	荣誉称号	授予单位
大丰区	全国法治政府建设示范县市活动先进地区	中共江苏省委全面依法治省委员会办公室
大丰区农业农村局（大丰区政府扶贫工作办公室）	全省脱贫攻坚暨对口帮扶支援合作先进集体	中共江苏省委、江苏省人民政府
大丰区卫生健康委员会	全省脱贫攻坚暨对口帮扶支援合作先进集体	中共江苏省委、江苏省人民政府
大丰区对口帮扶铜川市宜君县联络组	“三对”工作先进集体	中共江苏省委、江苏省人民政府
大丰农村商业银行股份有限公司	江苏省先进基层党组织	中共江苏省委
江苏金风科技有限公司	江苏省企业技术创新奖	江苏省人民政府
大丰区新丰镇	2019—2021年度江苏省文明乡镇	江苏省精神文明建设指导委员会
大丰区南阳镇	2019—2021年度江苏省文明乡镇	江苏省精神文明建设指导委员会
大丰区草庙镇	2019—2021年度江苏省文明乡镇	江苏省精神文明建设指导委员会
大丰区三龙镇	2019—2021年度江苏省文明乡镇	江苏省精神文明建设指导委员会
大丰区西团镇	2019—2021年度江苏省文明乡镇	江苏省精神文明建设指导委员会
大丰区大中街道恒北村	2019—2021年度江苏省文明村	江苏省精神文明建设指导委员会
大丰区白驹镇狮子口村	2019—2021年度江苏省文明村	江苏省精神文明建设指导委员会
大丰区刘庄镇友谊村	2019—2021年度江苏省文明村	江苏省精神文明建设指导委员会
大丰区小海镇海团村	2019—2021年度江苏省文明村	江苏省精神文明建设指导委员会
大丰区万盈镇天池居委会	2019—2021年度江苏省文明村	江苏省精神文明建设指导委员会
大丰区白驹镇马家村	2019—2021年度江苏省文明村	江苏省精神文明建设指导委员会
大丰区大中街道滨河社区	2019—2021年度江苏省文明社区	江苏省精神文明建设指导委员会
大丰区大中街道大华社区	2019—2021年度江苏省文明社区	江苏省精神文明建设指导委员会
大丰区大中街道新德社区	2019—2021年度江苏省文明社区	江苏省精神文明建设指导委员会
大丰区人民医院	2019—2021年度江苏省文明单位	江苏省精神文明建设指导委员会
大丰区教育局	2019—2021年度江苏省文明单位	江苏省精神文明建设指导委员会
江苏大丰农村商业银行股份有限公司	2019—2021年度江苏省文明单位	江苏省精神文明建设指导委员会
大丰区委党校	2019—2021年度江苏省文明单位	江苏省精神文明建设指导委员会

单　位	荣誉称号	授予单位
中国移动通信集团江苏有限公司大丰分公司	2019—2021年度江苏省文明单位	江苏省精神文明建设指导委员会
大丰区青少年活动中心	2019—2021年度江苏省文明单位	江苏省精神文明建设指导委员会
盐城市港航事业发展中心大丰中心	2019—2021年度江苏省文明单位	江苏省精神文明建设指导委员会
大丰区行政审批局	2019—2021年度江苏省文明单位	江苏省精神文明建设指导委员会
大丰区市场监督管理局	2019—2021年度江苏省文明单位	江苏省精神文明建设指导委员会
中国邮政集团有限公司盐城市大丰区分公司	2019—2021年度江苏省文明单位	江苏省精神文明建设指导委员会
大丰区财政局	2019—2021年度江苏省文明单位	江苏省精神文明建设指导委员会
大丰区审计局	2019—2021年度江苏省文明单位	江苏省精神文明建设指导委员会
大丰区交通运输局	2019—2021年度江苏省文明单位	江苏省精神文明建设指导委员会
大丰区人民检察院	2019—2021年度江苏省文明单位	江苏省精神文明建设指导委员会
国家税务总局盐城市大丰区税务局	2019—2021年度江苏省文明单位	江苏省精神文明建设指导委员会
大丰区烟草专卖局	2019—2021年度江苏省文明单位	江苏省精神文明建设指导委员会
国网江苏省电力有限公司盐城市大丰区供电分公司	2019—2021年度江苏省文明单位	江苏省精神文明建设指导委员会
大丰区文化广电和旅游局	2019—2021年度江苏省文明单位	江苏省精神文明建设指导委员会
大丰区人力资源和社会保障局	2019—2021年度江苏省文明单位	江苏省精神文明建设指导委员会
大丰区公安局	2019—2021年度江苏省文明单位	江苏省精神文明建设指导委员会
江苏正大丰海制药有限公司	2019—2021年度江苏省文明单位	江苏省精神文明建设指导委员会
大丰区实验小学	2019—2021年度江苏省文明校园	江苏省精神文明建设指导委员会
大丰区第一小学	2019—2021年度江苏省文明校园	江苏省精神文明建设指导委员会
大丰区实验初级中学	2019—2021年度江苏省文明校园	江苏省精神文明建设指导委员会
江苏省大丰高级中学	2019—2021年度江苏省文明校园	江苏省精神文明建设指导委员会
大丰区交通运输局	江苏省交通建设有功集体	江苏省人力资源和社会保障厅、江苏省交通运输厅
大丰区大中街道滨河社区	第五批国家级充分就业社区	江苏省人力资源和社会保障厅

单　　位	荣誉称号	授予单位
大丰区农业农村局	2020年全省高标准农田建设成效显著单位	江苏省农业农村厅
江苏钟山明镜（盐城）律师事务所	全省法律援助工作先进集体	江苏省司法厅
大丰区司法局	2020年度高质量发展先进司法局	江苏省司法厅
大丰区司法局	2020年度全省司法行政系统新闻宣传工作先进集体	江苏省司法厅
大丰区社区矫正管理局	全省社区矫正和安置帮教工作先进集体	江苏省司法厅
大丰区司法局	互帮共建工作通报表扬单位	江苏省司法厅
大丰区刘庄司法所	江苏省优秀司法所	江苏省司法厅
大丰经济开发区	2021年度全省开发区统计工作先进单位	江苏省商务厅
大丰区住房和城乡建设局（地震局）	2021年度全省防震减灾工作先进单位	江苏省地震局
大丰区大中街道恒北村	2021年度省级放心消费创建荣誉单位	江苏省市场监督管理局
大丰区大中街道新村社区	2021年度省级放心消费创建荣誉单位	江苏省市场监督管理局
大丰区体育局	2021年度江苏省县级体育工作先进单位	江苏省体育局
大丰农村商业银行团委	江苏省五四红旗团委	共青团江苏省委
大丰区关心下一代工作委员会	全省关心下一代工作优秀集体	江苏省关心下一代工作委员会、江苏省精神文明建设指导委员会办公室
大丰区教育局关工委	全省关心下一代工作优秀集体	江苏省关心下一代工作委员会、江苏省精神文明建设指导委员会办公室
大丰区大中街道办事处	2021年度江苏省工会职工书屋示范点	江苏省总工会、江苏省全民阅读办
大丰区档案馆	2021年度档案宣传工作特等奖	江苏省档案馆
大丰区大中街道恒北村计划生育协会	全省计生协工作先进单位	江苏省计划生育协会
中共大丰区自然资源和规划局草堰自然资源所支部委员会	全省自然资源系统先进基层党组织	江苏省自然资源厅党的建设领导小组
大丰区大中街道第七次全国人口普查领导小组办公室	江苏省第七次全国人口普查先进集体	江苏省第七次人口普查办公室、江苏省统计局
大丰区审计局	2021年全省审计通联工作先进单位	江苏省审计厅办公室
大丰区教育局	2021年度全省教育信息工作表扬单位	江苏省教育厅办公室
大丰区科学技术协会	2020—2021年度江苏省全民科学素质大赛优秀组织单位	江苏省科学技术协会

单　　位	荣誉称号	授予单位
大丰区城东实验小学	2020—2021年度江苏省全民科学素质大赛优秀组织单位	江苏省科学技术协会
大丰区科学技术协会	2021年全国科技活动周暨第33届江苏省科普宣传周优秀组织单位	江苏省科学技术协会
大丰区科学技术协会	科普中国信息传播工作优秀组织单位	江苏省科学技术协会
江苏大丰农村商业银行股份有限公司	江苏省放心消费创建先进单位	江苏省放心消费创建活动办公室、江苏省市场监督管理局

盐城市级表彰

单　　位	荣誉称号	授予单位
大丰区	2021年度县（市、区）综合考核第一等次	中共盐城市委、盐城市人民政府
大丰区	2021年度县（市、区）综合考核科技创新突破奖	中共盐城市委、盐城市人民政府
大丰区	2021年度县（市、区）综合考核重大项目推进奖	中共盐城市委、盐城市人民政府
中共大丰区委员会	全市扫黑除恶专项斗争先进集体	中共盐城市委、盐城市人民政府
大丰区司法局普法与依法治理科	全市扫黑除恶专项斗争先进集体	中共盐城市委、盐城市人民政府
大丰区交通运输局	全市扫黑除恶专项斗争先进集体	中共盐城市委、盐城市人民政府
斗龙港旅游度假区党工委	2021年全市先进基层党组织	中共盐城市委
大丰区人民检察院机关党委	2021年全市先进基层党组织	中共盐城市委
大丰区南阳镇广丰村党总支	2021年全市先进基层党组织	中共盐城市委
大丰区城东实验小学党支部	2021年全市先进基层党组织	中共盐城市委
大丰区民政局婚姻登记处党支部	2021年全市先进基层党组织	中共盐城市委
盐城市港航事业发展中心大丰中心党支部	2021年全市先进基层党组织	中共盐城市委
大丰区红色驿站党支部	2021年全市先进基层党组织	中共盐城市委
江苏金风科技有限公司党支部	2021年全市先进基层党组织	中共盐城市委
大丰区卫生监督所党支部	2021年全市先进基层党组织	中共盐城市委
江苏大丰农村商业银行股份有限公司	2021年度盐城市争星创优五星企业	盐城市人民政府

先 进 个 人

国家级和国家条线表彰

姓　名	单位职务	荣誉称号	授予单位
许　鹏	前蓝天救援队全国机动队、江苏机动队队长	全国道德模范提名奖	中央宣传部、中央文明办、全国总工会、共青团中央、全国妇联、中央军委政治工作部
王　鹏	大丰区肢体残疾人协会主席	全国残疾人工作先进个人	国务院残疾人工作委员会
陈　飞	大丰区城市管理局副局长	2021年度巩固深化“强基础、转作风、树形象”专项行动表现突出个人	住房和城乡建设部
李晓霞	大丰区政协港澳台侨委（委员联络委）主任、恒北村党委书记，兼任江苏省妇联副主席	全国三八红旗手	中华全国妇女联合会
杨　枫	国家税务总局盐城市大丰区税务局新丰税务分局副书记、副分局长，大丰区妇联副主席（挂）	全国巾帼建功标兵	中华全国妇女联合会
杨正锋	大丰区供销合作总社党委书记、理事会主席	2021年度信息报送工作先进个人	中华全国供销合作总社办公厅
顾晓平	大丰区疾病预防控制中心科长	2020年度“心血管病高危人群早期筛查与综合干预项目”先进个人	国家心血管病中心、心血管病高危人群早期筛查与综合干预项目管理办公室

省级和省条线表彰

姓　名	单位职务	荣誉称号	授予单位
邢　程	大丰区三龙镇党委书记	全省脱贫攻坚暨对口帮扶支援合作先进个人	中共江苏省委、江苏省人民政府
袁桂明	大丰区丰华街道裕华小学教师	全省脱贫攻坚暨对口帮扶支援合作先进个人	中共江苏省委、江苏省人民政府
刘艳虎	江苏中车电机有限公司设备技术员	江苏省劳动模范	中共江苏省委、江苏省人民政府
张赛花	海聆梦家居股份有限公司机缝工	江苏省劳动模范	中共江苏省委、江苏省人民政府
夏文余	江苏正大丰海制药有限公司党委书记、总经理、高级经济师	江苏省劳动模范	中共江苏省委、江苏省人民政府
单永祥	江苏丰山集团股份有限公司副总裁	江苏省劳动模范	中共江苏省委、江苏省人民政府
肖　勇	江苏今达纺织实业有限公司机修班班长	江苏省劳动模范	中共江苏省委、江苏省人民政府
杨晓成	大丰区长鹿稻虾养殖专业合作社社长	江苏省劳动模范	中共江苏省委、江苏省人民政府

姓　名	单位职务	荣誉称号	授予单位
张志勇	大丰人民医院骨科主任，主任医师	江苏省先进工作者	中共江苏省委、江苏省人民政府
徐月婷	大丰区荷兰花海旅游度假区管理委员会副主任	江苏省先进工作者	中共江苏省委、江苏省人民政府
陈　刚	大丰区委常委、区纪委书记、区监委代主任	全省纪检监察系统先进工作者	中共江苏省纪律检查委员会、江苏省监察委员会、江苏省人力资源和社会保障厅
马　玉	大丰高级中学副校长	江苏省教育系统先进个人（优秀教师）	江苏省人力资源和社会保障厅、江苏省教育厅
张　旭	大丰新丰中学教务处副主任	江苏省教育系统先进个人（优秀教师）	江苏省人力资源和社会保障厅、江苏省教育厅
丁　健	大丰港经济开发区管理委员会经济发展中心综合科科长	2021年全省开发区统计工作先进个人	江苏省商务厅
卞元英	大丰区司法局社区矫正管理局局长、社区矫正执法大队大队长、四级主任科员	第二届新时代江苏司法为民好榜样社区矫正工作好榜样	江苏省司法厅
季　颖	大丰区司法局一级科员	2020年度全省信息工作先进个人	江苏省司法厅
冯国才	大丰区司法局港区分局四级主任科员	全省法律援助工作先进个人	江苏省司法厅
胡伟俊	大丰区社区矫正管理局副局长	互帮共建工作通报表扬民警	江苏省司法厅
吴金才	大丰区社区矫正管理局副局长、大丰区社区矫正中心副主任	互帮共建工作通报表扬民警	江苏省司法厅
王　峰	大丰后续照管工作站副站长、大丰区司法局南阳社区矫正分中心副主任	后续照管工作通报表扬民警	江苏省司法厅
金玲琍	大丰区司法局万盈司法所所长、四级主任科员	江苏省优秀司法所长	江苏省司法厅
圣雨娴	大丰区司法局南阳司法所专职社工	2020年度后续照管工作先进个人	江苏省戒毒管理局
郁　飞	大丰区关工委副主任	全省关心下一代工作优秀个人	江苏省关心下一代工作委员会、江苏省精神文明建设指导委员会办公室
王文友	大丰区新丰镇关工委主任	全省关心下一代工作优秀个人	江苏省关心下一代工作委员会、江苏省精神文明建设指导委员会办公室
王宣德	大丰区住房和城乡建设局关工委主任	全省关心下一代工作优秀个人	江苏省关心下一代工作委员会、江苏省精神文明建设指导委员会办公室
杨松涛	大丰区城市管理局工会主席	2021年度江苏省住房和城乡建设系统城乡运行保障劳动竞赛先进个人	江苏省住房和城乡建设系统职工劳动竞赛活动领导小组办公室
王进军	大丰区交通运输局办公室主任、乡镇交通运输综合管理所副所长	优秀党务工作者	中共江苏省交通运输行业委员会
宗国贵	江苏道远律师事务所副主任	江苏省律师行业优秀党务工作者	中共江苏省律师行业协会

盐城市级表彰

姓　名	单位职务	荣誉称号	授予单位
束必怀	大丰区政法委常务副书记	全市扫黑除恶专项斗争先进个人	中共盐城市委、盐城市人民政府
杨　勇	大丰区政法委办公室主任	全市扫黑除恶专项斗争先进个人	中共盐城市委、盐城市人民政府
柏　静	大丰人民医院呼吸一病区护士长	2021年全市优秀共产党员	中共盐城市委
杨　华	大丰区环境卫生管理处垃圾中转站负责人	2021年全市优秀共产党员	中共盐城市委
束长春	江苏省大丰高级中学党委委员、副校长	2021年全市优秀共产党员	中共盐城市委
张　霞	大丰区文化馆副馆长	2021年全市优秀共产党员	中共盐城市委
蒋桂琴	大丰区三龙镇东红村党总支委员、村卫生室室长	2021年全市优秀共产党员	中共盐城市委
郁　冰	大丰区西团镇党委书记、一级主任科员	2021年全市优秀共产党员	中共盐城市委
孙健君	国家税务总局盐城市大丰区税务局稽查部科员	2021年全市优秀共产党员	中共盐城市委
吴　建	大丰区公安局刑警大队副大队长	2021年全市优秀共产党员	中共盐城市委
王加森	大丰创意工艺品有限公司党支部书记、董事长	2021年全市优秀共产党员	中共盐城市委
徐　燕	大丰区大丰港实验学校党支部委员、副校长、工会主席	2021年全市优秀党务工作者	中共盐城市委
李根林	大丰区众心助困联合会党支部书记、副会长	2021年全市优秀党务工作者	中共盐城市委
曹　映	大丰区白驹镇狮子口村党总支书记、村委会主任	2021年全市优秀党务工作者	中共盐城市委
许卫红	国网江苏省电力有限公司盐城市大丰区供电分公司党委党建部主任、工会副主席兼党支部书记	2021年全市优秀党务工作者	中共盐城市委
杨海燕	大丰区自然资源和规划局党委办副主任、草堰自然资源所四级主任科员	2021年全市优秀党务工作者	中共盐城市委
姚家蓓	大丰区疾病预防控制中心党支部副书记	2021年全市优秀党务工作者	中共盐城市委
徐安桂	大丰区人社局党委委员、副局长、二级主任科员、机关党支部书记	2021年全市优秀党务工作者	中共盐城市委
程　熙	江苏谷登工程机械装备有限公司党支部书记、总办主任	2021年全市优秀党务工作者	中共盐城市委
韦礼和	大丰区财政局机关党委专职副书记、办公室副主任	2021年全市优秀党务工作者	中共盐城市委
肖柑林	大丰区城市管理综合行政执法大队党总支二支部书记、副大队长	2021年全市优秀党务工作者	中共盐城市委
卞玉叶	江苏大丰农村商业银行股份有限公司党委书记、董事长	2021年度盐城市杰出企业家	盐城市人民政府

2021年大丰区目标任务综合考核先进集体和先进个人名单

一、先进集体

（一）综合先进奖

1.镇（区、街道）

西团镇、大中街道、白驹镇、草堰镇、大桥镇、南阳镇、小海镇

大丰港经济开发区、大丰经济开发区、大丰高新区（丰华街道）、斗龙港旅游度假区

沪苏大丰产业联动集聚区、常州盐城工业园区、苏州盐城沿海合作开发园区

2.区级机关单位

发改委、农业农村局、工信局、水利局、住建局、财政局、统计局、金融监管局、科技局、供销总社、商务局、项目服务中心、交通运输局

市场监管局、卫健委、行政审批局、教育局、人社局、公安局、司法局、检察院、信访局、法院、城管局、退役军人事务局

编办、团区委、融媒体中心、档案馆、老干部局

自然资源和规划局、医疗保障局、审计局、税务局、生态环境局、供电公司、盐城出入境边防检查站

大丰农商银行、中国银行、常熟农商银行

交控集团、城建集团、斗龙港集团

（二）高质量发展单项奖

1.高质量发展争先进位奖

草堰镇

2.科技创新突破奖

大丰经济开发区、大中街道、大丰高新区（丰华街道）

3.重大项目推进奖

大丰港经济开发区、大丰经济开发区、大丰高新区（丰华街道）

4.沿海跨越发展奖

三龙镇、大丰港经济开发区、草庙镇

5.乡村振兴促进奖

新丰镇、西团镇、大桥镇

6.绿色生态发展奖

万盈镇、刘庄镇、南阳镇

7.共享发展幸福奖

大中街道、小海镇、白驹镇

8.真抓实干单项奖

住建局、生态环境局、农业农村局、卫健委

二、综合先进个人

（一）镇（街道）

大中街道：席　刚　殷　昊　邓颖峰　张锦泉　凌志刚　胡金林　刘新平　熊安春

丰华街道：密　云　黄　斌　金　晖　王　曦　周　霖　王远玲　杨　洁　祁　鹏

新 丰 镇：殷　鑫　施锦涛　孟群生　李　应　成英俊

西 团 镇：郁　冰　丁卫伟　唐金鑫　朱啸奇　卞慧敏　王　刚　吴跃军　张玉贵

南 阳 镇：葛余柏　陈　锋　陈　敏　邢明程　施　瑶　高　霞　丁　辉　陈跃辉

草 庙 镇：苏国存　智日栋　张航维　王伟明　单永祥

万 盈 镇：张　晨　陈　勇　张　勇　张继红　苏爱群

三 龙 镇：陈　迁　施洪华　张晓明　杨　婷　唐春平

刘 庄 镇：陈　斐　胡晓荣　王元军　杨开轩　郑　芹

白 驹 镇：姜华新　陶　琳　宗圣勇　李吉林　程旭权　肖桂存　吴晓霞　朱建华

草 堰 镇：王　路　陈晶晶　陈姗姗　唐正奇　梅　玫　肖从卫　单雪梅　景步国

小 海 镇：韩志勇　吴守祥　许小华　沈丹丹　吴志忠　宗　进　肖艳萍　程　明

大 桥 镇：袁　伟　朱一鸣　冷亚妍　丁晓清　喻亚卫　陈生龙　王挺峰　奚晓露

（二）区（园）

仇兆华　沈　刚　吴光辉　缪勇峰　吴少平
施茂盛　蔡春雷　林　雁　张亚华　岳银华
陈新华　季海峰　王美娟　韦妮娜　肖荣芳
傅雪梅　石　磊　丁春兰　庄　严　王伯军
裴建军　曾志霞　魏蓝蓝　周珍琼　高　宇

（三）区直部门

顾　斌　陈爱华　朱海东　徐金宏　朱　薇
高新东　姚保平　茅晓峰　束必怀　刘兴宏
张静思　郭治中　陈小龙　吴　兵　谢世平
韦桂和　潘　伟　陈良忠　陈国军　黄海峰
张　强　沈明智　柏传卫　杨正锋　杨国峰
周传邦　骆　顺　张锦存　沈韶霞　茅曙峰

王国平　王亚东　张　辉　陈月华　顾兴俊
葛玉贵　沈勇兵　商明华　吴汉钧　纪建军
王秋枫　王志建　蔡茂康　石永明　张　运
周　伟　李兴华　王海燕　卞玉叶　章　勇
刘小璇　殷志芳　蔡永兴　潘世博　仇宏伟
桂伯祥　周　俊　张建华　倪怀东　徐文忠
唐成钢　张雷磊　陶冬林　陈新江　韦　伟
骆　荣　周　兵　周雪梅(编办)　孙耀武
徐　玲　陈　伟　陈　彤　李生鹏　徐海峰
刘　宾　仇正阳　李桂荣　董　慧
周雪梅(供销总社)沈　倩　刘中海　郭卫华
叶海涛　唐月华　何　钢　高金荣　张正辉
种修环　陈　磊　吴少卿　吴　丹　潘春海
吴小忠　许　锋　安　琦　朱崇恺　周　斌
沈翠华　季明根　葛　剑　徐巳力　杨炜峰
雒聪聪　肖国建　肖　波　陈　玲　张　慧
肖　罡　杨志清　季惠娟　张国庆　陈　实
黄　伟　刘成龙　郭　璐　孙　静　杭　斌
吉中旭　周　玮　李信欣　樊小凤　吴晓丽
张源倍　宋　鹏　陈　刚　王　莹　杨玉林
殷克萍　陈　卫　季　磊　杨丽慧　周艳霞
李林坤　张晓东　龚　燕　王　曦　刘为民
张　冰　刘成源　沈囡囡　刘　萍　邢荔荔
张　炎　程　煦　王　韦　吴　孟　陈　辉
王国忠　陈金龙　施卫东　卢　刚　陈亚运
蔡金东　肖　娟　陈丽君　顾正林　赵文华
沈　琴　周　莹　董　翔　束小虎　柯荣泽
韩茵茵　柏栋梁　陆　玮　赵艳红　缪卫华
殷长桂

〖编辑　於晨婷〗

晨露　　周古凯　摄

附　录

组织机构及其领导人

中共盐城市大丰区委员会

书　记　薛盛堂（　—2021.6）
　　　　李志军（2021.6—　）
副书记　李志军（　—2021.6）
　　　　戴　勇（2021.6—　）
　　　　陈允春
常　委　薛盛堂（　—2021.6）
　　　　李志军
　　　　戴　勇（2021.6—　）
　　　　陈允春
　　　　何为志（挂）
　　　　钱　勇（　—2021.6）
　　　　须卫琴（女，　—2021.3）
　　　　陈　刚（2021.3—　）
　　　　周小进（　—2021.11）
　　　　赵玉霞（女，　—2021.6）
　　　　张林海
　　　　陈　华（女）
　　　　房其勇（2021.3—　）
　　　　王　卫（2021.3—　）
　　　　卫爱军（2021.6—　）
　　　　朱晓春（2021.6—　）
　　　　黄同城（2021.6—　）
　　　　陆友江（2021.11—　）

中共盐城市大丰区委办公室

主　任　顾　斌
副主任　陈小龙
　　　　倪怀东
　　　　朱荣虎
　　　　陈　堃
派驻纪检组组长
　　　　张　利（女）

中共盐城市大丰区委全面深化改革委员会办公室

副主任　陈　炜（　—2021.4）

中共盐城市大丰区纪律检查委员会

书　记　须卫琴（女，　—2021.3）
　　　　陈　刚（2021.3—　）
副书记　朱　薇
　　　　周云冲（2021.1—　）
常　委　朱　薇
　　　　周云冲
　　　　徐　俊
　　　　郁　峰
　　　　杨　尉
　　　　陶冬林（2021.4—　）

盐城市大丰区监察委员会

主　任　须卫琴（女，　—2021.3）
　　　　陈　刚（2021.3—　）
副主任　朱　薇
委　员　徐　俊（　—2021.3）
　　　　杨　尉
　　　　陶冬林
　　　　朱　闽（女）
　　　　臧　锋（2021.4—　）

中共盐城市大丰区委组织部

部　长　陈　华（女）
常务副部长　高新东
副部长　吴建卫
　　　　刘兴宏
　　　　吴　兵
派驻纪检组组长
　　　　朱　燕（女）

中共盐城市大丰区委党建工作领导小组办公室

主　任　陈新江（　—2021.11）
　　　　吴建卫（2021.11—　）

中共盐城市大丰区委区级机关工作委员会

书　记　陈新江（2021.11—　）

盐城市大丰区考核工作委员会办公室

副主任　张浩东（　—2021.4）

中共盐城市大丰区委宣传部

部　长　赵玉霞（女，　—2021.6）
　　　　卫爱军（2021.6—　）
常务副部长　姚保平
副部长　袁金荣
　　　　周　昕
　　　　郭治中（挂）
派驻纪检组组长
　　　　陈　梅（女，　—2021.11）
　　　　单　婧（女，2021.11—　）

盐城市大丰区精神文明建设指导委员会办公室

主　任　袁金荣
副主任　沈　文（女）

盐城市大丰区政府新闻办公室

主　任　周　昕

盐城市大丰区互联网信息办公室

副主任　韦　伟

中共盐城市大丰区委通讯站

站　长　李拥钧

中共盐城市大丰区委统一战线工作部

部　长　陈　华（女）

常务副部长　茅晓峰
副部长　周　兵

盐城市大丰区民族宗教事务局

局　长　茅晓峰
副局长　吴海丰

中共盐城市大丰区委政法委员会

书　记　钱　勇（　—2021.3）
　　　　朱晓春（2021.6—　）
常务副书记　束必怀
副书记　骆　荣
政治处主任　戚立国

中共盐城市大丰区委巡察工作办公室

主　任　周云冲（　—2021.1）
　　　　徐　俊（2021.1—　）
副主任　张　银

中共盐城市大丰区委老干部局

局　长　吴　兵
副局长　纪　丽（女）
区委离退休干部党工委书记　吴　兵

盐城市大丰区机构编制委员会办公室

主　任　刘兴宏
副主任　王　波
　　　　周雪梅（女）

盐城市大丰区事业单位登记中心

主　任　朱继军

中共盐城市大丰区委党校

校　长　陈允春
常务副校长　顾仲荣（　—2021.11）
　　　　　　郁兴忠（2021.11—　）
副校长　王晓华（女）
　　　　王武驷

盐城市大丰区行政学校

校　长　韦应生（　—2021.1）
　　　　张林海（2021.1—　）

中共盐城市大丰区委党史工作办公室

主　任　钱锡军
副主任　周剑飞
　　　　奚　俊

盐城市大丰区地方志编纂委员会办公室

主　任　钱锡军

盐城市大丰区档案馆

馆　长　陈小龙
副馆长　刘文萍（女）
　　　　徐　玲（女）
　　　　王成蓉（女）

盐城市大丰区融媒体中心

主　任　郭治中
副主任　陆益新
　　　　王志文
　　　　申晓芸（女）
　　　　孙耀武
　　　　俞红军
　　　　李丁非
　　　　马苏南（女）

盐城市大丰区人大常委会

主　任　范大玉
副主任　江　波（女）
　　　　朱国新
　　　　钱　江
　　　　李实业
　　　　季明珍

盐城市大丰区人大常委会办公室

主　任　陈爱华
副主任　夏萍娟（女，　—2021.11）
　　　　黄永新
　　　　姜　玲（女，2021.11—　）

盐城市大丰区人大常委会
人事代表联络工作委员会

主　任　黄　艳（女）
副主任　金福华（　—2021.11）
　　　　董均玲（女，2021.11—　）

盐城市大丰区人大常委会
监察和司法工作委员会

主　任　曹　震（　—2021.11）
　　　　王晓聪（2021.11—　）
副主任　姜　玲（女，　—2021.11）
　　　　朱　政（2021.11—　）

盐城市大丰区人大常委会
财政经济工作委员会

主　任　杨海慧（女）
副主任　王晓聪（　—2021.11）
　　　　张　娴（女，2021.11—　）

盐城市大丰区人大常委会
教科文卫工作委员会

主　任　李　勇
副主任　周　健（　—2021.3）
　　　　金福华（2021.11—　）

盐城市大丰区人大常委会
农村工作委员会

主　任　王连军（　—2021.11）
　　　　顾仲荣（2021.11—　）
副主任　黄冬霞（女）

盐城市大丰区人大常委会
环境资源城乡建设工作委员会

主　任　王海滨（　—2021.11）
　　　　夏萍娟（女，2021.11—　）
副主任　徐文忠

盐城市大丰区人民政府

区　长　李志军（　—2021.6）
　　　　戴　勇（2021.6—　）
副区长　韦应生（　—2021.1）
　　　　张林海（2021.1—　）
　　　　房其勇（2021.3—　）
　　　　韦　国
　　　　沈　阳（　—2021.3）
　　　　杨云峰（2021.3—　）
　　　　朱晓春（　—2021.6）

张德凯（ —2021.6）
何昊宇
梁呈元（挂）
薛文杰（2021.6— ）

盐城市大丰区人民政府办公室

主 任 沈旭峰
党组书记 沈旭峰
副主任 柏传卫（ —2021.11）
朱海东
唐成钢
薛飞平
马沈春
葛玉贵（挂）
派驻纪检组组长 陈 鑫

中共盐城市大丰区委外事工作委员会办公室

副主任 朱爱军

盐城市大丰区机关事务服务中心

主 任 陈 明
副主任 陆怀军
李 峰
郭永民

盐城市大丰区发展和改革委员会

主任、党委书记 夏文锦
副主任 陈雨晴
谢世平
陈 伟
俞 平（ —2021.8）
殷桂祥
刘正华（ —2021.8）
汤习飞
能源发展中心主任 骆保国

盐城市大丰区教育局

局长、党委书记 王国平
副局长 何 钢
蒋美萍（女）
高智华
派驻纪检组组长 顾 勇
区委教育工委书记 王国平
区委教育工委副书记 陈 林

盐城市大丰区体育局

局 长 王国平

盐城市大丰区科学技术局

局长、党组书记
郁兴忠（ —2021.11）
柏传卫（2021.11— ）
副局长 陈 静
董 慧
殷蓓蓓（女）
吴金星（2021.4— ）
蒋 蕾
（女，科挂， —2021.8）

盐城市大丰区工业和信息化局

局长、党委书记 潘 伟
副局长 孔晓荣
朱红斌
李生鹏
徐佳庆

盐城市大丰区公安局

局长、党委书记
沈 阳（ —2021.3）
杨云峰（2021.3— ）
政委、党委副书记 张 辉
党委副书记 张建忠
副局长 张建忠
赵建荣
顾建忠
张正辉
霍金蓉（女，挂）
政治处主任 陈一岭
派驻纪检组组长 智 勇

盐城市大丰区民政局

局长、党委书记 朱晓扣
副局长 吴汉钧（ —2021.4）
吴 淳

盐城市大丰区司法局

局 长 朱梅芳（女）
党组书记、副局长 陈月华
副局长 种修环
张旭飞
朱 政（ —2021.11）
徐 荣（2021.11— ）
政治处主任 高 岭

盐城市大丰区财政局

局长、党组书记
卞松岭（ —2021.3）
董海峰（2021.3— ）
副局长 黄 浩
曹锦平
吴育青（女）
曹 冰
派驻纪检组组长
朱轶竹（女， —2021.11）
谢 颖（女，2021.11— ）

盐城市大丰区人民政府国有资产监督管理办公室

主 任 卞松岭（ —2021.3）
黄海峰（2021.3— ）

盐城市大丰区投资公司

副经理 史 涛（挂）

盐城市大丰区人力资源和社会保障局

局长、党委书记 王亚东
副局长 高金荣
吴 卫
王永新
徐安桂
派驻纪检组组长 卢逢祥

盐城市大丰区自然资源和规划局

局长、党委书记 纪建军
副局长 景 曙
李城静
吴桂宏
徐永跃
许 锋
朱佩文
徐金林
张 钧
徐 慧（女）
王培正

盐城市大丰区住房和城乡建设局

局长、党委书记　陈国军
副局长　王　政
　　管宏贵
　　陆一川
　　刘　宾
　　蔡惠民
　　蒋真雅（女，挂，　—2021.3）
　　周瑞祺（挂，2021.4—　）
派驻纪检组组长　陈干荣

盐城市大丰区城市管理局

局长、党委书记　商明华
副局长　王良宇（挂，2021.10—　）
　　潘春海
　　杨　毅
　　陈卫东
　　陈　飞
　　袁同锁

盐城市大丰区综合行政执法局

局　长　商明华

盐城市大丰区交通运输局

局长、党委书记　骆　顺
副局长　刘中海
　　仲海波
　　束方平
派驻纪检组组长
　　何　菊（女，　—2021.11）
　　朱铁竹（女，2021.11—　）

盐城市大丰区水利局

局长、党委书记　陈良忠
副局长　季祥华
　　徐海峰
　　陈志兵
派驻纪检组组长
　　张淞明（　—2021.11）
　　吴育宇（2021.11—　）

盐城市大丰区农业农村局

局长、党委书记　韦桂和
副主任　何承祥（　—2021.3）
　　孟　宇
　　周兴权
　　陈　彤
　　房金钱

盐城市大丰区商务局

局长、党委书记　杨国峰
副局长　任美红（女）
　　王　英（女，　—2021.3）
　　沈　倩（女）
　　俞兴敏

盐城市大丰区文化广电和旅游局

局长、党委书记
　　陶　耸（　—2021.10）
　　邢　程（2021.10—　）
副局长　倪　红
　　周立新
　　周正华
　　孙　平
　　沈彬彬（女）
　　李　萍（女）

盐城市大丰区卫生健康委员会

主任、党委书记
　　栾建军（　—2021.4）
　　沈邵霞（女，2021.4—　）
副主任　陈　玲（女，　—2021.4）
　　沙文彪
　　叶海涛
　　常春贵
　　孙从亮（2021.4—　）
派驻纪检组组长　郁　刚

盐城市大丰区退役军人事务局

局长、党组书记
　　孟祥龙（　—2021.4）
　　吴汉钧（2021.4—　）
副局长　潘正忠
　　许荣军
　　张国庆（挂）

盐城市大丰区应急管理局

局长、党组书记　朱庆祝
副局长　王兴珍
　　汤洪源
　　刘咏枫
　　陈桂俊
　　张　红（女）

盐城市大丰区审计局

局长、党组书记
　　黄海峰（　—2021.4）
　　王志建（2021.4—　）
副局长　单德勇
　　张明安
　　吕金生
　　计晓红（女，2021.6—　）

盐城市大丰区行政审批局

局长、党委书记　茅曙峰
副局长　蔡春雷
　　晁心华
　　沈　峰

盐城市大丰区市场监督管理局

局长、党组书记　张锦存
副局长　薛学斌（　—2021.8）
　　陈曙翔
　　汤建明
　　包红杰
　　肖　袁
　　王建华
　　冯永进
　　金　军
　　冯钧生
　　张秀松
派驻纪检组组长
　　谢　颖（女，　—2021.11）
　　陈　鑫（2021.11—　）

盐城市大丰区统计局

局长、党组书记　张　强
副局长　顾大华
　　李桂荣

盐城市大丰区信访局

局　长　葛玉贵
副局长　葛余波
督查专员　吴少卿

盐城市大丰区地方金融监督管理局

局长、党组书记 沈明智
副局长 蔡 宁
褚小慧(女, —2021.11)

盐城市大丰区供销合作总社

主任、党委书记
徐金宏(—2021.4)
杨正锋(2021.4—)
副主任 周雪梅(女)
季明春
陆晓熹
监事会主任 叶泽海

盐城市大丰区服务业发展中心

主任、党委书记 杨国峰
副主任 陈 海
李晓平

盐城市大丰区港口口岸发展中心

主任、党委书记 施晓钟
副主任 施剑峰
杨照兵
袁建祥

盐城市大丰区接轨上海工作部

主 任 周锐进

政协盐城市大丰区委员会

主 席 石根美
副主席 汤小山
李志阳
张春山(—2021.10)
汤云庆
朱梅芳
秘书长 顾国华

办公室

主 任 顾国华
副主任 张雷磊

提案委员会

主 任 朱 刚
副主任 徐文新(挂)
刘国钧(—2021.11)

农业和农村委员会

主 任 丁 宇(女,2021.11—)
副主任 丁 宇(女, —2021.11)

科教文卫体委员会

主 任 王步中(—2021.11)
刘国钧(2021.11—)

经济委员会

主 任 单德勇(2021.11—)
副主任 丁 皓

港澳台侨委员会

主 任 李晓霞(女)

盐城市大丰区人民法院

院长、党组书记 王如平
副书记 徐远峰
副院长 徐远峰
郑 刚
秦 钢
臧全思
政治部主任 尹 健
审判管理办公室主任 唐鑫邦
派驻纪检组组长
龚 辉(—2021.11)
张淞明(2021.11—)

盐城市大丰区人民检察院

检察长、党组书记 许正胜
副检察长 李智祥
顾兴俊
苏学峰
派驻纪检组组长
吴育宇(—2021.11)
陈干荣(2021.11—)

群众团体

盐城市大丰区总工会

主 席 汤云庆
党组书记 王海涛
副主席 王海涛
杨爱斌
陈惠娟(女,2021.3—)

共青团盐城市大丰区委员会

书 记 朱一鸣(—2021.1)
张静思(2021.3—)
副书记 陶 琳
(女,挂, —2021.3)
张静思(—2021.3)

盐城市大丰区妇女联合会

主 席 蔡 雪(女,2021.3—)
副主席 陈惠娟(女, —2021.3)
施春香(女)

盐城市大丰区科学技术协会

党组书记、主席 鲁丽霞(女)
副主席 吴永健
周淑兰(女)

盐城市大丰区文学艺术界联合会

主 席 冯永义

盐城市大丰区归侨侨眷联合会

主 席 季晓路(女)

盐城市大丰区工商业联合会

主 席 汤小山
党组书记 茅晓峰(2021.3—)

盐城市大丰区总商会

会 长 汤小山
副会长 刘兴乐(—2021.3)

盐城市大丰区残疾人联合会

理事长、党组书记　刘亚和
副理事长　刘正和

盐城市大丰区红十字会

会　长　张德凯（　—2021.4）
常务副会长　孙　杰
党组书记　孙　杰
副会长　陶正明
秘书长　陶正明

园、区、专业招商局

沪苏大丰产业联动集聚区

党工委书记　董　坤
主　任　董　坤
副主任　张四福
　　　　陈苏萍（女）
　　　　杨荣富
纪工委书记　陆　斌

党政办（社会事业局）

主　任　施茂盛
副主任　杨进东

安监局

副局长　丁富桂

生态环境局

局　长　施益新

经济发展局

局　长　杨一峰

规划建设局、城市管理局

局　长　臧正明（　—2021.3）

财税审计局

局　长　黄　浩
副局长　朱世美

监察室

副主任　曾国付

江苏大丰经济开发区

党工委书记　仇兆华
主　任　沈　刚
党工委副书记　周善余
副主任　赵维海（2021.7—　）
　　　　徐　韡（女）
　　　　马　琳（女）
　　　　张亚华
　　　　徐　辉（挂）
　　　　黄　斌（挂，　—2021.11）
纪工委书记　王亚军

江苏大丰风电产业园管理办公室

主　任　陈雨晴

大丰电子信息产业园管理办公室

主　任　顾海荣
副主任　季　晔

大丰轻工机械产业管理办公室

副主任　黄　霞（女）

大丰汽配高端装备产业园管委会

主　任　顾德根
副主任　卞洪生

江苏大丰经济开发区管理委员会项目服务中心

主　任　蒋　峥
副主任　张　莉（女）

盐城市大丰区人民政府装备制造产业招商局

局　长　康　红
副局长　吕文斌
　　　　陈　亮

盐城市大丰区人民政府汽配及热处理产业招商局

局　长　王　前
副局长　武　尚
　　　　金钟宏

盐城市大丰区人民政府泵阀及不锈钢产业招商局

局　长　何银忠（2021.10—　）
副局长　宗江亚
　　　　葛爱华

盐城市大丰区人民政府境外招商一局

副局长　唐　军
　　　　陈　勇
　　　　朱金瑜

江苏大丰港经济开发区

党工委书记　张林海（　—2021.1）
　　　　　　黄同城（2021.6—　）
党工委副书记
　　　　黄同城（　—2021.6）
　　　　吴光辉
主　任　黄同城
副主任　柏　健（　—2021.3）
　　　　刘忠明
　　　　林　雁
　　　　杜卫国（2021.10—　）
　　　　施晓钟（挂）
纪工委书记　徐忠良

大丰港经济区造纸产业园管理办公室

主　任　张渊涛（　—2021.10）
副主任　史中军

大丰港石化新材料产业园管理办公室

主　任　夏　伟
副主任　高　翔

盐城海洋生物产业园管理办公室

副主任　张　莉（女，　—2021.10）
　　　　郁　峰

盐城新能源淡化海水产业园管理办公室

副主任　郝圣响

大丰港特钢新材料产业园管理办公室

主　任　顾洪林
副主任　金海涛（2021.10—　）

大丰港物流中心管理办公室

主　任　吴慧露
副主任　聂青松

大丰港城管理办公室

主　任　杜卫国（　—2021.10）
　　　　杨建生（2021.10—　）
副主任　杨建生（　—2021.10）
　　　　李　军（2021.10—　）

大丰港经济开发区管委会安监局

局　长　干继锋

大丰港经济开发区管委会生态环境局

局　长　柏建荣

盐城市大丰区人民政府新能源与新材料产业招商局

局　长　曹海忠
副局长　李　锋

盐城市大丰区人民政府境外招商二局

局　长　单激文（女）
副局长　陈丰来
　　　　唐春银

盐城市大丰区荷兰花海旅游度假区

党工委书记　李实业
主　任、党工委副书记　缪勇峰
副书记　陶　琳（女，　—2021.3）
纪工委书记　徐永毅（女）
副主任　徐月婷（女）
　　　　岳银华
　　　　陶　蕾（女）

盐城市大丰高新技术区

党工委书记　密　云（女）
主　任　陈纪忠（　—2021.10）
　　　　董　斌（2021.10—　）
党工委副书记
　　　　蔡　雪（女，　—2021.3）
　　　　金　晖（2021.4—　）
副主任　孔晓荣（挂）
　　　　田　径
　　　　（科挂，2021.8—　）
　　　　褚国东（　—2021.4）
　　　　金　晖（　—2021.4）

盐城市大丰区项目服务中心

主　任　夏文锦
副主任　周传邦
　　　　骆文喜

区属国有企业

城建集团

董事长　仇宏伟
总经理　桂伯祥（2021.10—　）
副总经理　季明根
　　　　　钱刘留（2021.3—　）
　　　　　陈辉文（2021.3—　）
　　　　　张　鑫（2021.11—　）

交通控股集团

董事长　蔡永兴
总经理　潘世博（2021.10—　）
副总经理　沈翠华
　　　　　常元柏（2021.3—　）

文旅集团

董事长　奚晓平
总经理　李　波
副总经理　朱瀚威
　　　　　孙令贵（2021.4—　）
　　　　　徐耀之

斗龙港旅游度假区集团公司

董事长　周　俊
总经理　张建华
副总经理　王　伟
　　　　　赵海雯
　　　　　王　华
　　　　　葛　剑

大丰仓农业集团

总经理　崔恒骏（2021.3—　）
副总经理　杨　晨（2021.3—　）
　　　　　徐　刚（2021.11—　）

各镇（街道）

草堰镇

党委书记　沈韶霞（女，　—2021.4）
　　　　　王　路（2021.4—　）
副书记　王　路（　—2021.4）
　　　　陈晶晶（女，2021.4—　）
　　　　陈长青
人大主席　朱　高
镇　长　王　路（　—2021.4）
　　　　陈晶晶（女，2021.4—　）
副镇长　王怀珠（　—2021.4）
　　　　梅海江（　—2021.4）
　　　　李　萍（女）
　　　　曹　蓉（女，2021.4—　）
　　　　陆卫林（2021.4—　）
　　　　李鸿翔（2021.4—　）
纪委书记　曹　蓉（女，　—2021.4）
　　　　　宗亚芹（女，2021.4—　）
组织委员　王　雷
宣传委员　袁　元
统战委员　陈姗姗（女）
政法委员　陆卫林（　—2021.4）
　　　　　朱海卫（2021.4—　）
人武部部长　李鸿翔（　—2021.4）
　　　　　　马　驰（2021.4—　）

白驹镇

党委书记　王志建（　—2021.4）
　　　　　姜华新（2021.4—　）
副书记　姜华新（　—2021.4）
　　　　陶　琳（女，2021.4—　）
　　　　黄爱华（女）
人大主席　陈　钧（女，　—2021.4）
　　　　　朱爱军（2021.11—　）
人大副主席
　　　　王　丹（女，　—2021.4）
镇　长　姜华新（　—2021.4）
　　　　陶　琳（女，2021.4—　）
副镇长　朱　锐

管蔚蓉（女）
宗圣勇
陈小平
金祎臣（2021.4— ）
单春芳（女，2021.4— ）
杨安波（2021.4— ）
周　航（2021.4— ）
纪委书记　杨安波（ —2021.4）
李霁洲（2021.4— ）
组织委员　王　丹（女， —2021.4）
杜　荧（女，2021.4— ）
宣传委员　宋　蔚（女，2021.4— ）
统战委员　张南睿
政法委员　周生涛（ —2021.4）
卞旭辉（2021.4— ）
人武部部长　周　中（ —2021.4）
周浦江（2021.4— ）

刘庄镇

党委书记　黄　磊
副书记　周　瑾（女， —2021.4）
黄　斌（ —2021.11）
申友益
黄晓东（2021.4— ）
陆　杰（2021.11— ）
人大主席　黄永健
镇　长　黄　斌（ —2021.11）
申友益（2021.11— ）
副镇长　曹永新（ —2021.4）
葛余美（ —2021.4）
杨丽华（女）
黄晓东（ —2021.4）
季顺吉
王　婧（女，2021.4— ）
顾兴东（2021.4— ）
陈春霖（2021.11— ）
纪委书记　计晓红（女， —2021.4）
戴文健（2021.4— ）
组织委员　王　婧（女， —2021.4）
李　莉（女，2021.4— ）
宣传委员　杨骐菲（女，2021.4— ）
统战委员　何裕明
政法委员　顾兴东（ —2021.4）
朱兴军（2021.4— ）
人武部部长　蒋元林（ —2021.4）
束正华（2021.4— ）

西团镇

党委书记　郁　冰
副书记　丁卫伟
殷亚萍
董　汇（挂科）
人大主席　吴君祥（ —2021.4）
张浩东（2021.4— ）
镇　长　丁卫伟
副镇长　詹桂玉（女， —2021.4）
管卫兵（ —2021.4）
沈海涛
杨银珠（女， —2021.4）
孙令贵（ —2021.4）
任　伟（2021.4— ）
李蓉蓉（女，2021.4— ）
高子冬（2021.4— ）
唐金鑫（2021.4— ）
纪委书记　高子冬（ —2021.4）
蔡　良（2021.4— ）
组织委员　任　伟（ —2021.4）
李志伟（2021.4— ）
宣传委员　张　冲
统战委员　李蓉蓉（女， —2021.4）
储　悦（2021.4— ）
政法委员　韩旻晋
人武部部长　吴仁桃

小海镇

党委书记　韩志勇
副书记　吴守祥
沈　辉（ —2021.4）
董　翊（2021.4— ）
人大主席　姚日新（ —2021.4）
沈　辉（2021.4— ）
镇　长　吴守祥
副镇长　黄　翊（ —2021.4）
单金华（ —2021.4）
陆进红（ —2021.4）
赵桂存（ —2021.4）
邹　杰（2021.4— ）
翟东芳（女，2021.4— ）
许小华（女，2021.4— ）
仇　露（2021.4— ）
纪委书记　许文杰
组织委员　仇　露（ —2021.4）
宣传委员　许小华（女， —2021.4）
统战委员　朱国华
政法委员　薛友龙（ —2021.4）
人武部部长　邹　杰（ —2021.4）

大桥镇

党委书记　袁　伟
副书记　徐中健（ —2021.1）
蒋真雅（女， —2021.3）
吴恒圣（2021.4— ）
人大主席　金干生
镇　长　徐中健（ —2021.1）
朱一鸣（2021.1— ）
副镇长　卞天群（ —2021.4）
吴恒圣（ —2021.4）
罗卫东（ —2021.4）
胡业飞（ —2021.4）
管佩均（女，2021.4— ）
冷亚妍（女，2021.4— ）
李宏斌（2021.4— ）
王晓东（2021.4— ）
纪委书记　管佩均（女， —2021.4）
孙　骏（2021.4— ）
组织委员　单春芳（女， —2021.4）
吴　乐（2021.4— ）
宣传委员　冷亚妍（女， —2021.4）
统战委员　金文存（ —2021.4）
陆佳佳（女，2021.4— ）
政法委员　李宏斌（ —2021.4）
仇保军（2021.4— ）
人武部部长　王小东（ —2021.4）
王文委（2021.4— ）

草庙镇

党委书记　徐中健（2021.1— ）
副书记　袁　军
单金华（ —2021.4）
陈　慧（女，2021.4— ）
人大主席　张　津（ —2021.4）
单金华（2021.4— ）
镇　长　袁　军
副镇长　朱成安（ —2021.4）
吴金星（ —2021.4）
陈　慧（女， —2021.4）
邹小燕（女）
殷桂荣（ —2021.4）
胡业飞（2021.4— ）
王卫东（2021.4— ）
金　玫（女，2021.4— ）

薛友龙(2021.4—)
纪委书记 金 玫(女, —2021.4)
王智祥(2021.4—)
组织委员 吉荣春(女)
宣传委员 石 曙(—2021.4)
龚 杰(女,2021.4—)
统战委员 顾 益
政法委员 李 鹏
人武部部长 王庆松

万盈镇

党委书记 薛文杰(—2021.10)
郭大海(2021.10—)
副书记 郭大海(—2021.10)
陈邑新(—2021.4)
吕秀凤(女,2021.4—)
人大主席 宗汝干(—2021.4)
周 瑾 (女,2021.4—)
镇 长 郭大海(—2021.10)
杨晓虎(2021.11—)
副镇长 吕秀凤(女, —2021.4)
肖 华
黄晓梅(女)
陈 敏(女, —2021.4)
王学武(2021.4—)
许秀平(女,2021.4—)
纪委书记 王卫东
组织委员 王学武(—2021.4)
曹懿超(女,2021.4—2021.10)
宣传委员 张建祥(—2021.4)
吕银舟(2021.4—)
统战委员 金文存(2021.4—)
政法委员 沈苏珍(女)
人武部部长 金祎臣(—2021.4)
李兴祥(2021.4—)

南阳镇

党委书记 葛余柏
副书记 束伶俐(女, —2021.4)
夏一涛
人大主席 周红霞(女)
镇 长 陈 锋
副镇长 杨艳存(女, —2021.4)
刘永杰
潘克红(女, —2021.4)
陈晶晶(女, —2021.4)
顾津仲(—2021.4)
陈 敏(女,2021.4—)
王一平(2021.4—)
王 斌(2021.4—)
纪委书记 黄韶杰(女,2021.4—)
组织委员 陈育栋
宣传委员 施 君(女,2021.4—)
统战委员 盛月华(—2021.4)
石 昕(女,2021.4—)
政法委员 王一平(—2021.4)
刘 亭(2021.4—)
人武部部长 何爱军(—2021.4)
杨国栋(2021.4—)

三龙镇

党委书记 邢 程(—2021.10)
陈纪忠(2021.10—)
副书记 韦 峰
陆 锋(—2021.4)
董汉忠(2021.4—)
人大主席 陆 锋(2021.4—)
人大副主席 陈根生(—2021.4)
镇 长 韦 峰
副镇长 朱吉恺(—2021.4)
陈 刚
翟东芳(女, —2021.4)
董汉忠(—2021.4)
蔡 枫
成宝明(2021.4—)
陈 烨(女,2021.4—)
王海同(2021.4—)
纪委书记 陈 烨(女, —2021.4)
丁旭明(2021.4—)
组织委员 王海同(—2021.4)
杨学良(2021.4—)
宣传委员 刘 成
统战委员 丁旭明(—2021.4)
沈超超(女,2021.4—)
政法委员 唐林海(—2021.4)
柏 瑶(女,2021.4—)
人武部部长 成宝明

新丰镇

党委书记 李实业(—2021.4)
徐 辉(2021.4—)
副书记 徐 辉(—2021.4)
赵长春
朱文勇
葛 栋(2021.4—)
人大主席 马绍良(—2021.4)
褚小慧(女,2021.11—)
人大副主席 顾晓东
镇 长 徐 辉(—2021.4)
赵长春(2021.4—)
副镇长 钱 康(—2021.4)
沈 娟(女)
胡 勇(—2021.4)
张冠华(—2021.4)
沈 辉
梅海江(2021.4—)
李晓娟(女,2021.4—)
宗云保(2021.4—)
纪委书记 朱瑞丰
组织委员 葛 栋(—2021.4)
陈 浩(2021.4—2021.10)
宣传委员 李晓娟(女, —2021.4)
刘静訸(女,2021.4—)
统战委员 吴海燕
政法委员 施春香(女, —2021.4)
王友根(2021.4—)
人武部部长 朱 江

大中街道

党工委书记 席 刚
副书记 殷 昊
许益龙(—2021.4)
邓颖峰
陈 炜(2021.4—)
人大工委主任
杨建明(—2021.4)
许益龙(2021.4—)
主 任 殷 昊
副主任 李凤玲(女)
崔恒骏(—2021.3)
王小华(女)
纪 纲(挂)
刘卫东
周瑞琪
李惠娟
曹永新(2021.4—)
彭 漩
(科挂,2021.8—)
纪工委书记 鲁 浩
组织委员 孙从亮(—2021.4)
吴洪汛(2021.4—)

宣传委员　吴洪汛（　—2021.4）
　　　　　舒　明（2021.4—　）
统战委员　杨骐菲（女，　—2021.4）
　　　　　程少寒（2021.4—　）
政法委员　沙丽丽（女）
人武部部长　翟荣忠（　—2021.4）
　　　　　　管晓军（2021.4—　）

丰华街道

党工委书记　密　云（女）
副书记　刘广金（　—2021.4）
　　　　陈纪忠（　—2021.11）
　　　　黄　斌（2021.11—　）
人大工委副主任　陶　成
主　任　陈纪忠（　—2021.11）
　　　　黄　斌（2021.11—　）
副主任　刘卫东（　—2021.4）
　　　　姜　华（　—2021.4）
　　　　王　丹（女，2021.4—　）
　　　　袁晓聪
　　　　杨　波
纪工委书记　朱少波
组织委员　陈忠斌
宣传委员　顾　丰（　—2021.4）
　　　　　李　颖（女，2021.4—　）
政法委员　徐　俊
人武部部长　宗志祥（　—2021.4）
　　　　　　丁　成（2021.4—　）
统战委员　王婷华（女）

（区委组织部）

垂直单位

国网江苏省电力有限公司盐城市大丰区供电分公司

总经理、党委副书记
　　　　张　运
党委书记、副总经理
　　　　周　伟
副总经理　丁　峰
　　　　　杨　明（　—2021.3）
　　　　　姜　望（2021.3—　）
　　　　　张　超
　　　　　黄晓巍（2021.3—　）
纪委书记、工会主席
　　　　刘　勇

中国电信股份有限公司大丰分公司

总经理、党委书记
　　　　程文娟（女）
副总经理、纪委书记
　　　　花长兵
副总经理　唐小晨
副总经理、工会主席
　　　　丁宇杰

中国移动通信集团江苏有限公司大丰分公司

总经理　朱海军
副总经理　吴　骏
　　　　　夏　哲

中国邮政集团有限公司盐城市大丰区分公司

党委书记、总经理　梁克冬
副总经理　杨卫东
　　　　　滕建祥
纪委书记、工会主席、副总经理
　　　　蒋秀华（女，　—2021.1）
　　　　封　军（2021.1—　）

大丰区邮政管理局

副局长　顾建祥

中国人民银行大丰支行

党组书记、行长　刘爱民
副行长、纪检组组长　韦斌元
副行长　陈　衡

中国工商银行股份有限公司盐城大丰支行

行长、党总支书记
　　　　唐昆蓓（女，2021.2—　）
副行长　何　亮
　　　　葛　梅（女）
　　　　游　敏（女，　—2021.5）
纪检委员　李玉生

中国农业银行股份有限公司盐城大丰支行

党委书记、行长　崔建晖
党委副书记、副行长　张忠杰
纪委书记　管东平
副行长　唐　乐
　　　　张晓荣（　—2021.11）
　　　　李万通（挂，2021.11—　）

中国银行股份有限公司盐城大丰支行

党总支书记、行长　刘小璇（女）
副行长　沈浴波
　　　　吴旭涛（　—2021.7）
　　　　刘建民
　　　　杨　军（　—2021.7）
　　　　叶　俊（2021.7—　）
　　　　席　强（2021.10—　）

中国建设银行股份有限公司盐城大丰支行

党委书记、行长　于万红
纪委书记　王腾飞
副行长　陈　娟
　　　　孙沐楠

江苏银行股份有限公司盐城大丰支行

行　长　刘　娣（女）
副行长　马清华

交通银行股份有限公司盐城大丰支行

行　长　高　刚（　—2021.10）
　　　　梅　军（2021.10—　）

江苏大丰农村商业银行股份有限公司

董事长、党委书记　卞玉叶
行长、党委副书记　章　勇
监事长、纪委书记　袁　涛（女）
副行长　柏　寅
　　　　柏栋梁
　　　　罗海娟（女）
　　　　杜爱华（女）
　　　　王　淏

中国农业发展银行盐城市大丰区支行

行　长　郑　彦
副行长　严金梅(女)
　　　　曹　莹(女)

中国邮政储蓄银行股份有限公司盐城市大丰支行

行　长　李正杰
副行长　颜　艳(女)

江苏大丰江南村镇银行股份有限公司

董事长　夏晓冬
行　长　袁宝城
支部书记、监事长
　　　　王玉冰
副行长　周　骏(　—2021.4)

上海浦东发展银行股份有限公司盐城大丰支行

行　长　时森林
副行长　蔡　昊

江苏太仓农村商业银行股份有限公司大丰支行

行　长　尹中秋(　—2021.5)
　　　　孙　辉(2021.5—2021.7)
　　　　曹静波(2021.7—　)
副行长　丁　力(女)
　　　　金　燕(女)

苏州银行股份有限公司盐城大丰支行

行　长　毛剑峰
副行长　王　娟(女)

中国人民财产保险股份有限公司盐城市大丰支公司

经　理　杨金余
副经理　陈林华
　　　　陈　强
　　　　景文天

中国人寿保险股份有限公司大丰支公司

经理、党支部书记　庄　雨
副经理　冯金房
　　　　陈　樱(女)

中国太平洋财产保险股份有限公司大丰支公司

经　理　施乐波
副经理　殷　鸿
　　　　伍　燕(女)

中国太平洋人寿保险股份有限公司大丰支公司

经　理　周小燕(女)

国家税务总局盐城市大丰区税务局

党委书记、局长　蔡茂康
党委副书记、副局长
　　　　徐世新(　—2021.6)
副局长　黄晓冲(　—2021.5)
　　　　高　峰(　—2021.11)
　　　　卞松建
　　　　顾　宏
　　　　刘海涛
纪检组组长　张子东

盐城市大丰生态环境局

局长、党组书记　石永明
副局长　周啸尘
　　　　胡　俊
　　　　周　斌
　　　　骆雪生(女, 2021.1—　)

盐城市医疗保障局大丰分局

局长、党总支书记　王秋枫
副局长　孙卫东
　　　　贾桂芬(女)

盐城市大丰区气象局

局长、党组书记　蒋　伟
副局长　平海波(　—2021.8)
　　　　杨国峰(2021.9—　)
纪检组组长　朱　毅(2021.8—　)

盐城市大丰区烟草专卖局

党组书记、局长　骆银海
副局长　孙　逊

盐城市烟草公司大丰分公司

党组书记、经理　骆银海
副经理　朱建华

盐城海关驻大丰港办事处

主　任　钱　成(　—2021.4)
　　　　崔克劲(2021.5—　)
副主任　崔克劲(　—2021.4)
　　　　秦志军(2021.11—　)

盐城大丰海事处

处　长　万仁英(女)

盐城市住房公积金大丰管理部

主　任　陈月华(女)
副主任　秦　隽
　　　　施　波

国家统计局大丰调查队

队长、党组书记
　　　　朱瑞华(　—2021.12)
　　　　王亚男(女, 2021.12—　)
副队长　赵　旭
纪检员　陈卫莉(女)

(各单位)
〖编辑　於晨婷〗

重要会议报告

奋力建设高质量产业基地
勇当长三角一体化发展排头兵

——在区委十三届三次全会上的讲话（摘要）

区委书记　李志军

（2021年12月30日）

2022年是党的二十大召开之年，也是全面落实省市区党代会精神的开局之年，保持平稳健康的经济环境、国泰民安的社会环境、风清气正的政治环境，具有十分重大的意义。我们要坚持以习近平新时代中国特色社会主义思想为指导，稳字当头、稳中求进，立足新发展阶段、贯彻新发展理念、融入新发展格局，重抓“六个统筹”，实现“六个高质量”。

一、统筹区域融合和开放合作，高质量建设长三角一体化产业发展基地

产业基地是大丰未来发展的最大变量，要抓牢产业核心，把最大变量转化成最强增量。一要围绕“一年出形象”，建好重要载体。坚持规划引领、基础设施先行、产业错位布局、园区协同发展，实现产业集聚、产城融合、整体提升。常盐工业园—大丰经开区先进制造核要围绕高端智能装备、新一代电子信息等产业，招引专精特新企业，提升拓展区基础功能配套，打造长三角地标性、高能级先进制造基地。刘庄组团要启动公铁水联运物流园核心区建设，招引物流龙头企业入驻，打造盐南区域性物流集散中心。新丰组团要完善旅游设施与功能，推进康养基地建设，建设康养医院、康养地产，打造长三角旅游康养目的地。规划好斗龙港、老斗龙港、通榆河、新团河刘大线生态廊道，启动老斗龙港生态修复，全力服务盐丰快速通道建设，大丰港铁路支线一季度正式开工，以大交通促进大融合。二要创新体制机制，实现共建共享。把产业项目作为“头版头条”，协同常盐、沪苏、苏盐等合作园区，探索建立联合招商、组团开发、收益共享等合作机制，联合编制储备项目库、产业资源库，实行重大项目“首谈报备”，对本地无法承载的项目，鼓励跨区域落地，实行指标双算。优先将土地、能耗、排放等要素向产业基地倾斜，支持重点园区设立不少于100亿元的产业投资基金，撬动更多社会资本投入基地建设。三要立足融合发展，促进双向开放。抢抓新一轮沿海开发机遇，坚持陆海统筹、港产城联动，大力发展海洋经济。大丰港经济区要积极培育海工装备、海洋生物医药、海水淡化等新兴产业，建设具有全球竞争力的汽车研发测试服务基地。推进沿海生态绿色廊道建设，构建集养殖、捕捞、加工、观光于一体的海洋渔业产业体系，做美渔港特色小镇。对接以上海为龙头的长三角城市群，重点招引产业项目和科创元素，对接教育、医疗、金融等优质资源。加强与南京、苏州、常州等城市合作，推动产业梯度转移。依托与韩国、荷兰等国家友好关系，组织专场推介，招引外资项目，提高制造业利用外资比例，在扩大规模的同时，进一步优化外资结构。高标准建设中韩（盐城）产业园临港产业配套区，加强与LG、三星在动力电池等领域的合作，打造全省沿海韩资经济新高地。

二、统筹链式发展和创新驱动，高质量构建现代产业体系

策应全省产业强链三年行动计划，围绕市重点产业链，突破顶天立地重大项目，落户铺天盖地上下游企业，促进产业集聚集群发展。一要树牢链式发展理念。以行业龙头企业“建链”，以关键配套企业“补链”，推动上下游企业优势互补、合作共赢，增强产业发展强度和韧劲，打造具有大丰特色的优势产业链。新能源及装备制造重抓风电装备和晶硅光伏产业链，依托大型风机、电池片、组件等核心产品，向产业链上下游延伸，招引关键配套企业落户，探索发展储能产业。新能源汽车零部件重抓车联网和动力电池产业链，在自动驾驶、传感器、汽车电子等领域发力，集聚一批研发测试、电池正负极、隔膜等项目。新一代电子信息重抓印制电路板和光电显示产业链，重点向PCB生产设备、偏光片、5G等领域拓展。同时加快发展智慧家纺、化学药和粮油果蔬加工等产业链，服务全市构建产业生态。二要实施“两大工程”。产业“千百亿”工程，即利用三年左右时间，培育新能源及装备制造1个千亿级产业，钢铁、造纸、化工3个500亿级产业，新能源汽车零部件、新一代电子信息2个百亿级产业，试行组建区级招商公司，优化招商中心，成立招商组团，形成板块联动、乡镇部门参与的招商新模式。要对照产业链“按图索骥”，坚持项目集中开竣工月月到、家家看，倒逼每个板块每月都有高质量项目，确保全年

新签约亿元以上项目160个，形成“百亿引领、十亿带动、亿元支撑”的项目格局。企业“1234”工程，即年内新增专精特新“小巨人”企业10家，新增上市企业2家，市级星级企业总数达30家，净增国家高新技术企业40家。建立企业综合评价机制，根据亩均效益对企业分档定级，推动资源要素向高质态企业倾斜，促进企业竞相发展。三要大力发展数字经济。实施规上工业企业数字化改造三年行动，年内覆盖面达40%以上，争创省级工业互联网标杆工厂2家、省级智能车间2个。大丰高新区要以大数据产业园为载体，建设数字园区，推动企业联网上云。建设智慧医疗、智慧交通等，加快发展跨境电商，通过数字化赋能实体经济，让城市生活更加美好。四要提速现代服务业。培育数字服务、新能源服务、检验检测等新型业态，推动文化旅游、现代商贸、康养产业向高品质和多样化升级，大力发展首店经济、夜间经济，开展“春夏秋冬”四季消费促进活动，打造大丰特色消费新模式。五要深化改革创新。坚持创新第一动力、人才第一资源，发挥企业主体作用，主攻应用端和产品技术研发，持续开展“黄海明珠人才计划”和“名校优生”活动，实现产业链、创新链、人才链融合发展，全年新建省级以上研发机构9家。深化“放管服”、国有企业、开发园区等重点领域改革，探索建立企业发展服务中心，完善国有资产管理体制，促进国有企业做强主业，实施以省级开发区为龙头、代管园区为配套的园区管理体制改革，统一领导体系、统一发展规划、统一政策保障、统一招商引资，形成布局合理、产业集聚的新格局。

三、统筹乡村振兴和城市更新，高质量促进城乡协调发展

乡村振兴离不开城市的反哺，城市发展离不开农村的根基。一方面要坚持农业农村优先发展，稳住农业基本盘，另一方面要提升中心城区功能，实现以城带乡、以工促农、城乡一体、融合发展。乡村振兴方面，要按照“二十字”总要求，筑牢“三农”工作“压舱石”。产业兴旺重抓吨粮田、适度规模经营、种业经济和品牌农业，扛稳粮食安全重任，严守耕地红线，藏粮于地、藏粮于技，提高农业综合生产能力，全年建成高标准农田15.7万亩，稳住“米袋子”“菜篮子”。加快建设农业园区、农业强镇，引进培育冷链物流、食品加工、销售服务等经营主体，贯通产加销各环节，年内新招引亿元以上农产品加工项目不少于2个。深入实施种业振兴行动，构建育繁推一体化的种业产业体系，争创国家现代农业（种业）产业园。打响“大丰仓”农业品牌，全年新增品牌门店30家。生态宜居重抓“1133”工程，每年集中力量整治提升1条道路、1条河道，利用两年时间整体打造刘庄、新丰、西团3个乡村振兴示范镇，每年建设30个乡村振兴示范村。要持续发力农房改善，充分尊重群众意见，扩建提升新型农村社区，推动新老村庄同步改善、融合发展。根据调查数据，我区集体土地上的农房有17.3万户，建于2000年前的占72%，其中1980年前建的农房有1.3万户，1981年至2000年建的有11.1万户，要按照积极稳妥推进城镇化的原则，加快改善1980年前所建农房，有序改善1981年至2000年所建农房，对有安全隐患的要迅速改造，让群众住有安居、住有优居。乡风文明、治理有效重抓“三治”融合，坚持和发展新时代“枫桥经验”，健全矛盾纠纷多元化解机制，完善基层治理体系，创建文明镇村、文明家庭、诚信标兵，以省级婚俗改革实验区为带动，营造文明乡风、良好家风、淳朴民风。生活富裕重抓村集体经济、农民增收，扎实开展经济强村三年行动，推进农村集体经营性建设用地入市，有序实施村集体参与适度规模经营，成立农村土地股份合作社，吸引农民自愿流转土地或以土地经营权参股，深入开展示范家庭农场创建，支持农民在现代农业、电子商务、乡村旅游等领域创业，通过公益岗位、帮扶车间等促进农民就地就近就业，持续巩固拓展脱贫攻坚成果，年内所有村（居）集体经营性收入达到30万元以上。

城市更新方面，要坚持精明增长、紧凑发展，以产业基地建设为契机，集聚外来人口，引导和鼓励农村转移人口落户城区，把松散的城市变成集中的城市。城西突出产城融合，集中力量加快建设，为产业基地做好生产生活配套服务，高标准建设西河口片区，打造品质城市会客厅。城东突出做实填白，充分利用楼宇资源，引进社会资本，发展主题酒店、文化创意、科技金融、商贸物流等现代服务业，建设人才公寓、工业邻里中心，开发文体项目，打造宜居宜业宜游的品质生活圈。城中突出有机更新，加快棚户区改造、老旧小区综合整治，丰富城市经济业态，建成新丰里文创产业园，打造大丰新的网红打卡地。城北突出做美环境，完善酒店民宿、特色餐饮、娱乐购物、康养设施等功能项目，为斗龙港旅游度假区做配套，整治提升人民北路，加速与城区融合，打造游客吃在大丰、玩在大丰、住在大丰的首选地。要坚持建管并重，深化“城市管理提升年”专项行动，与市区合力争创全国文明典范城市。

四、统筹生态优先和绿色发展，高质量推动“两山”转化

深入贯彻习近平生态文明思想，以争创全国生态文明建设示范区和全国“两山”实践创新基地为抓手，从“降碳、减污、增绿、提效”四个方面协同发力，建设美丽大丰。一要降碳。科学稳妥、有序推进碳达峰碳中和，决不搞“碳冲锋”和运动式“减碳”，制定切实可行的“双碳”大丰行动方案，确保完成年度能耗强度控制目标。大力开发利用风电、光伏等清洁能源，非化石能源占一次能源消费比重达到50%以上。坚决遏制“两高”项目盲目发展，推进园区循环化改造，制定重点能耗企业绿色改造支持政策，争创省级以上绿色工厂1—2家。二要减污。深入打好污染防治攻坚战，开展臭氧污染、扬尘污染等专项整治，$PM_{2.5}$年均浓度降至28微克/立方米，空气质量优良天数比率87%以上。加强城乡污水

收集处理和黑臭水体治理，推进区场水污染防治一体化，国、省考断面水质优Ⅲ比例达100%。高质量完成省环保专项督察反馈意见整改，全力做好中央环保督察迎查工作。三要增绿。开展新一轮国土绿化，结合城市更新留白增绿、拆违建绿、见缝插绿，优化主干道路、高铁沿线等重要通道生态环境，加快推进沿海防护林、城乡绿化建设，全面完成市下达的成片造林任务，建成口袋公园15个、绿美村庄13个，让绿色成为美丽大丰最鲜明的标识。四要提效。突出西部花海、东部沿海“两个主题”，荷兰花海5A级景区创建通过国家文旅部验收，全面启动斗龙港国家级旅游度假区创建，大龙岛涵养开发、新丰镇老街改造等建成运营。加快“川东—竹港—王港”观海探秘、科普休闲廊道建设，麋鹿小镇、麋鹿博物馆、川东闸小街等项目年内全部建成开放，打造全省沿海最具魅力的海滨特色风貌带。做实做强斗龙港旅游、大丰文旅“两个集团”，推动投资主体多元化，提升市场化运营水平，做精生态康养、红色教育、研学体验、乡村休闲等旅游产品，围绕麋鹿、郁金香、百合花等主题策划系列文旅活动，精准宣传推介，力争全年游客接待量达1200万人次，旅游业总收入突破120亿元。

五、统筹富民增收和公共服务，高质量促进共同富裕

聚焦民生“七有”，把解决“一老一小”问题作为战略抓手，尽力而为、量力而行，扩大优质公共服务供给，降低群众负担成本“做减法”；促进就业创业，做大分好蛋糕“做加法”，向着共同富裕目标迈进。一要稳定就业促进增收。强化就业优先导向，开展“六送”帮扶，做好高校毕业生、农民工、退役军人等重点群体就业工作，加强就业困难人员帮扶，发挥公益性岗位托底安置作用，兜稳就业底线。二要办好人民满意教育。全面落实“双减”政策，规范校外培训机构，加强义务教育学校作业监测管理，精心做好“5+2”课后延时服务，满足学生多样化需求。强化教师队伍和师德师风建设，大力招引区外骨干、“双一流”师范院校人才，稳步做好集团化办学、区管校聘、校长交流轮岗等改革工作，创建“全国义务教育优质均衡发展县（市、区）”。三要提高医疗卫生水平。以人民医院、中医院“晋级升等”为抓手，提高管理服务水平；以医共体为纽带，协同基层卫生院，整体提升大丰医疗卫生质量。大力引进培养紧缺医疗卫生专业人才，强化与上海、南京、南通等医疗机构深度合作，争创省级特色科室。提升中医药服务能力，广泛开展爱国卫生运动，提高城乡居民健康素养。四要优质发展养老事业。健全特殊困难老年人关爱制度，大力发展居家和社区养老，新增医养结合床位200张以上，完成家庭适老化改造1000户，建设老年医院，养老服务综合体建成运营。探索建立助餐服务体系，建成示范性“长者幸福食堂”10个。五要繁荣文化事业产业。深入学习贯彻习近平总书记在中国文联十一大、中国作协十大开幕式上的重要讲话精神，深入挖掘世遗、非遗、红色、盐垦等本土文化，加强文化创作人才培养，打造一批文艺精品，讲好大丰故事，形成大丰现象。六要织密兜牢社会保障网。巩固提升全民参保覆盖率，大力推动扩面征缴，确保应保尽保、应缴尽缴，决不允许以“低标准参保缴费”作为招商引资优惠条件。提高城乡居民生活最低保障标准，完善社会救助等制度，深化医保支付方式改革，加大保障性住房建设力度，不断增强人民群众的获得感和幸福感。

六、统筹发展和安全，高质量维护社会大局稳定和谐

在推进社会主义现代化建设新征程中，各种风险挑战将伴随始终。我们要切实增强忧患意识，全面落实总体国家安全观，努力实现高质量发展和高水平安全良性互动。一要捍卫政治安全这个根本。压紧压实党委（党组）国家安全责任制，把维护政治安全放在首位，深入推进维护国家安全体系和能力建设，坚定维护国家政权安全、制度安全、意识形态安全、网络空间安全，加强全民国家安全意识教育，推动总体国家安全观深入人心。二要夯实经济安全这个基础。保持房地产行业健康发展，打击非法集资，多措并举化解政府性债务，防范国企经营性债务风险，加强各类政府平台公司监管，遏制不合理增量，化解存量，杜绝“数字搬家”，用真金白银化债，坚决把债务压下来、风险控制住。三要守护人民安全这个宗旨。认真落实“两个不放松”“务必整出成效”总要求，深化安全生产专项整治，推动“三年大灶”圆满收官，争创省级安全发展示范城市。科学精准做好疫情防控，严格落实“四早”要求和“四方”责任，加强能力建设、应急演练和疫苗接种，巩固疫情防控良好态势。从严抓好食品药品监管，防范重大环境风险，完善应急管理体系，增强应急救援能力，筑牢防灾减灾救灾防线。四要强化社会安全这个保障。深化运用“大数据+网格化+铁脚板”“网格+警格”工作机制，配强配全基层专职网格员队伍，提升平安大丰、法治大丰建设水平。常态化开展扫黑除恶斗争，严厉打击各类违法犯罪。实施“信访突出问题攻坚化解年”行动，提高信访事项一次性化解率，争创全国信访示范县（市、区）。

（转载于2022年《大丰通讯》第1期）

政府工作报告

——2022年1月12日在盐城市大丰区第十六届人民代表大会第一次会议上

代区长 戴 勇

各位代表：

现在，我代表区人民政府向大会作工作报告，请予审议，并请各位政协委员和其他列席人员提出宝贵意见。

一、本届政府工作回顾

本届政府履职的五年，是大丰发展进程中极不寻常的五年。五年来，我们坚持以习近平新时代中国特色社会主义思想为指导，深入贯彻党的十九大和十九届历次全会精神，坚决落实上级党委、政府和区委决策部署，紧紧依靠全区人民，团结拼搏，砥砺奋进，以高水平全面建成小康社会的实践成果，交出了一份厚重提气的“强富美高”答卷。

——五年来，我们坚持不懈抓发展、提质效，夯实了“经济强”的稳健基础。深入践行新发展理念，扎实推动高质量发展，人均GDP全市领先，全口径工业开票销售实现五年翻番、总量突破1400亿元，外贸进出口总额是五年前的2.5倍、总量占全市四分之一，2020年度高质量发展考核列全市第一等次，获评全省推进高质量发展先进县(市、区)。“四上”企业超千家，年开票销售超10亿元企业20家、纳税超亿元企业11家，分别比五年前增加9家、7家，五星级工业企业、上市公司数量均居全市前列。战略性新兴产业迅猛发展，金风科技海上风电整机实验中心等8个项目列入省重大项目。基础产业加速转型，丰山集团在上交所主板上市，金光博汇、安道麦辉丰两个世界500强重组企业运行良好。开放沿海、接轨上海纵深迈进，大丰港对韩主要港口集装箱航线实现全覆盖，10万吨级深水航道建成，B型保税物流中心封关运行，沪苏大丰产业联动集聚区建设列入国家长三角一体化发展“十四五”规划，常盐工业园在全省南北共建园区中位列第一方阵。科技创新能力持续增强，国家级企业技术中心达4家，创成国家知识产权强县工程示范区。重点领域改革深入推进，获批全省首家行政许可标准化示范单位，成立文旅、斗龙港旅游、大丰仓农业集团，城建集团获评AA+信用等级。金融机构存贷款余额实现五年翻番、总量突破2000亿元，金融生态环境建设列全省第4位，连续八年建成省金融生态优秀县。粮食生产实现“十八连丰”，杂交水稻制种面积全省第一，丰收大地获批创建省级现代农业产业示范园，2020年度乡村振兴实绩考核列全省第一等次。

——五年来，我们坚持不懈抓民生、办实事，取得了“百姓富”的丰硕成果。高质量打赢精准脱贫攻坚战，建档立卡农户全部脱贫，省定、市定经济薄弱村全部达标。新增城镇就业11.79万人，扶持创业1.34万人，城镇和农村常住居民人均可支配收入分别比五年前增长13190元、9708元，社会保险和公共就业服务“社保卡一卡通”全国领先。高铁综合枢纽、沪丰大道建成使用，圆了大丰人民在“家门口”坐上高铁走向四方的梦想。新建和提档升级农路1878公里，改造农桥617座，实施农村公路生命防护工程744公里，城乡客运一体化改造完成。新水源地及引水工程大丰支线竣工通水，全区百姓饮用水有了更好保障。新建各类保障房5095套，完成棚户区改造8499户、老旧小区综合整治50个，改善农房14782户，建成新型农村社区22个，创成省级特色田园乡村11个，城乡居民住房条件得到极大改善。中交美庐城、吾悦广场城市综合体对外开放，满足市民购物休闲全方位需求。新建中小学3所、幼儿园7所，教室装配空调、阳光午餐等教育惠民工程实施到位，学校信息化等教育装备水平大幅提升，被表彰为全国中小学责任督学挂牌督导创新县(市、区)、全国群众体育先进单位。人民医院创成三级综合医院，国家卫生镇、省卫生村实现全覆盖，高分通过省健康促进区评估，基本医疗保险参保率超98%。建成智慧养老服务平台，为4万多名老年人提供助洁、助浴、助医等上门服务。

——五年来，我们坚持不懈抓保护、优生态，擦亮了“环境美”的鲜明底色。坚决打好污染防治攻坚战，被省政府列为“中央环保督察交办问题整改、环境基础设施建设、生态环境质量改善及生态建设成效明显的地方”。生态系统生产总值(GEP)列全国市辖区第3位，空气质量优良天数比率列全省第10位。国家级生态镇实现全覆盖，创成省级生态文明建设示范镇村11个、省级绿色工厂2家。累计整治城乡河道2669条，建设生态河道96条，串场河沿线环境面貌彻底改观，农村河道长效管护连续七年列全省第一等次，建成省级“水美乡镇”3个、“水美村庄”22个，获评国家级节水型社会建设达标县(市、区)。新造林8.9万亩、改造提升10.3万亩，建成万亩沿海新林场，成片造林总量位居全省前10强，新增城市绿化130.7万平方米，建成国家森林城市。创成国家全域旅游示范区，斗龙港旅游度假区创成省级旅游度假区，荷兰花海5A级景区创建上报国家文旅部评定验收，荷兰花海风情小镇在省级特色小镇创建考核中被评为优秀等次，建成美丽乡村旅游公路298.5公里。

——五年来，我们坚持不懈抓治理、促和谐，拓展了“社会文明程度高”的丰富内涵。与大市区一同创成全国文明城市，大丰实验小学当选全国文明校园，大丰农商行、中国银行大丰支行当选全国文明单位，恒北村、全心村、狮子口村当选全国文明村，先后产生“中国好人”6名、“江苏好人”16名、

“盐城好人”46名。在抗击新冠肺炎疫情斗争中，全区人民万众一心、共克时艰，广大党员干部忘我奉献、冲锋在前，广大医务工作者白衣为甲、逆行出征，社会各界齐心协力、守望相助，涌现出一大批先进典型和感人事迹。文化会展中心、卯酉书局、博物馆新馆、会师纪念地建成开放，大丰图书馆被表彰为全国服务农民、服务基层文化建设先进集体，铁军国防教育基地建成省国防教育示范基地。每年开展公益性文艺演出300余场，《妈妈的花摆裙》在第十一届“小荷风采”全国少儿舞蹈展演中荣获金奖，《只有爱·戏剧幻城》成为长三角文旅项目新标杆，《大丰瓷刻》列入国家级非遗名录。扫黑除恶斗争深入推进，安全生产形势持续平稳，社会治理水平不断提升，建成国家级民主法治示范村（社区）2个，获评省平安县（市、区）、法治建设示范县（市、区）、信访工作“三无”县（市、区）、首批食品安全示范区、现代社区治理创新实验区。

刚刚过去的2021年，我们喜迎中国共产党百年华诞，开启了社会主义现代化建设新征程，也实现了“十四五”良好开局。面对复杂多变的外部环境和疫情散发、能耗“双控”等多重挑战，全区上下牢牢把握稳中求进工作总基调，迎难而上，聚力攻坚，经济社会呈现稳中有进、稳中向好的局面。

——这一年，经济实力跃上新台阶。预计全年完成地区生产总值735亿元，增长7.5%；一般公共预算收入58亿元，增长8.4%。千方百计稳定工业经济运行，不折不扣落实各类惠企政策，制定优化营商环境30条措施，全年减税降费8.1亿元，为410家企业提供融资担保和过桥资金服务19.5亿元，新增规上工业企业78家，市工业星级企业达24家，规上工业增加值增长11%，工业税收达41.8亿元、占全区税收收入比重超50%。出台促进服务业高质量发展的激励意见，新培植规上服务业企业30家，服务业增加值增长7.9%，成功承办全省文旅消费推广季活动，全年接待游客1030万人次，旅游业总收入超100亿元。着力推动现代农业提质增效，新开工千万元以上农产品加工项目12个，获评省级示范家庭农场12家，实施高标准农田17.9万亩，农产品电商销售额突破25亿元，集体经营性收入超50万元的村达48个，恒北村入选全国乡村特色产业亿元村。

——这一年，开放合作开创新格局。长三角产业一体化发展基地全面启动建设，产业规划、生态廊道规划等高起点编制，常盐工业园拓展区一期、西河口片区启动区完成房屋征迁，总投资100亿元的蜂巢能源动力电池项目、常盐工业园拓展区基础设施工程开工建设。大丰港滚装码头对外开放，“沪丰海上专线”增至每周四班，全年完成港口货物吞吐量7066万吨、集装箱37.6万标箱，新能源海水淡化成套设备出口马尔代夫。外资外贸逆势增长，全年注册外资实际到账1.2亿美元、外贸进出口总额40亿美元，分别增长10.6%、39.4%。区场一体化发展取得新成效，上海大丰共建优质农副产品重要供应加工基地列入长三角一体化发展三年行动计划（2021–2023年），“一园一厨五基地”加快推进。

——这一年，转型升级迈出新步伐。升温加压开展春季招商竞赛和秋季项目大会战，每季度组织项目集中开竣工活动，全年新签约亿元以上项目140个，长三角智能网联汽车试验场、金信诺5G产业园等一批10亿元以上项目开工建设，正泰新能源一期、天合光能等一批10亿元以上项目竣工投产。三大战略性新兴产业实现开票销售411亿元，增长35.8%；新能源发电量66亿千瓦时，增长20.6%；中汽研汽车试验场上市已向证监会提交注册申请。坚决遏制“两高”项目盲目发展，万吨标煤以上企业能耗在线监测平台实现全覆盖，实施千万元以上技改升级项目63个。深入开展“科技创新突破年”活动，净增国家高新技术企业28家，获批国家科技型中小企业360家，建成省级研发机构9家，德和绝热获批国家专精特新“小巨人”企业，金风科技以第一名的成绩获评省企业技术创新奖，大丰经济开发区建成省大众创业万众创新示范基地。认真落实“黄海明珠人才计划”，新引进高层次人才63名、大学生4543名，每万名从业人员中高技能人才数量全市领先，荷兰籍专家尼可·卡义克荣获“江苏友谊奖”。

——这一年，城乡面貌发生新变化。深入推进城市更新，人民路海派风情街开街，悦动体育公园等20个城市游园建成开放，春柳南路、新时代大道延长线竣工通车，景尚名城、康馨雅苑安置小区主体完工，老旧小区加装电梯22部。扎实开展城市管理提升年行动，在城区100个居民小区推行生活垃圾“四分类”，新建交通路口遮阳挡雨棚20座，拆除高炮、围挡、楼顶广告设施332处，新增和优化城市公交线路13条，新购置新能源公交车100辆。行政村生活污水治理设施实现全覆盖，新建镇级生活污水管网95公里，5个乡镇生活污水处理厂完成提标改造，城北污水处理厂尾水湿地净化工程竣工。严肃认真抓好环保督察以及耕地保护督察、海洋督察反馈意见整改，荣获省级耕地保护激励。

——这一年，民生福祉得到新改善。从严落实常态化疫情防控措施，全力保障人民群众生命安全和身体健康，顺利完成987名扬州外转人员集中隔离医学观察服务保障工作。聚力推动教育、医疗高质量发展，实验初中益民路分校正式开学，飞达路、东方路幼儿园投入使用，实验初中常新路分校、三院新院区主体竣工，妇幼保健院投入运行，扬州大学医学院附属大丰人民医院揭牌成立，万盈镇建成省级“15分钟医保服务圈”示范点。我区成功入选全省居家和社区养老服务创新示范区，丰华街道新东苑社区被确定为全国老年人心理关爱项目试点社区。在全省率先实现全国示范型退役军人服务中心（站）全覆盖。信访群众满意率和初信初访一次性化解率全省领先。高标准建设社会治安防控体系，可防性案件、电信网络诈骗案件持续下降。扎实开展安全生产专项整治，积极创建省级安全发展示范城市，2438家企业接入省安全风险防控“一张网”。妥善应对台风、地震等自然灾害，全区社会大局保持稳定。

这一年，我们切实加强政府自身建设，不断提高政治判断力、政治领悟力、政治执行力，坚定捍卫“两个确立”，进一步增强“四个意识”、坚定“四个自信”、做到“两个维护”。扎实开展区政府党组党史学习教育，推动“我为群众办实事”实践活动、“两在两同”建新功行动取得实效。深入推进依法行政，获评争创全国法治政府建设示范市县活动先进地区。认真办理人大代表议案建议和政协委员提案，满意和基本满意率达100%。强势组织优化营商环境行动，办事效率加速提升。

与此同时，人武、双拥、审计、统计、气象、消防、供销、公积金、民族宗教、防灾减灾、外事、侨务、对台、档案、科协、地方志、老区开发、对口协作、妇女、儿童、青少年、关心下一代、老龄、慈善、工会、残疾人、红十字等工作坚持围绕中心、服务大局，取得新成绩。

各位代表，过去五年取得的成绩，得益于上级党委、政府和区委的坚强领导，得益于区人大、区政协的监督支持，得益于全区人民的共同努力。在此，我谨代表区人民政府，向广大干部群众，向全体人大代表、政协委员，向离退休老同志，向驻丰部队、单位，以及所有关心支持大丰发展的各界人士，致以崇高的敬意和衷心的感谢！

当然，我们也清醒地认识到工作中存在的问题和不足，主要是：经济运行保“稳”求“进”的压力加大，中小企业发展面临不少困难；带动性、引领性的重大项目还不多，创新链与产业链结合不紧密；绿色低碳转型任务艰巨，节能降耗、环境保护、安全生产等工作仍需进一步加强；农业现代化水平还不高，农村基础设施、公共服务、人居环境需要持续改善；民生领域仍有不少短板，教育、医疗、养老、公共卫生等领域与人民群众对美好生活的向往还有差距；统筹发展和安全、应对风险挑战的能力水平有待提升，等等。对此，我们将高度重视，采取有效措施，切实加以解决。

二、未来五年工作展望

未来五年在社会主义现代化建设新征程上具有继往开来、奠基开局的重要意义。尽管世纪疫情冲击下，百年变局加速演进，外部环境更趋复杂严峻和不确定，但是我们更要看到，大丰的发展坐标定位已经从“苏北地区”跻身到“长三角中心区”，正处于新型工业化、新型城镇化两个加速期融合并进的关键阶段，迎来了《江苏沿海地区发展规划（2021—2025年）》正式获批、长三角产业一体化发展基地加快建设等重大战略叠加机遇，产业优势、开放优势、空间优势、生态优势、人才优势进一步凸显，高质量发展的基础不断夯实，经济稳中向好的态势持续巩固，我们一定要坚定信心，接续奋斗，努力在新征程中创造新业绩。

今后五年政府工作的指导思想是：坚持以习近平新时代中国特色社会主义思想为指导，深入贯彻习近平总书记对江苏工作重要指示精神，紧紧围绕“五位一体”总体布局和“四个全面”战略布局，立足新发展阶段，贯彻新发展理念，融入新发展格局，坚决扛起“争当表率、争做示范、走在前列”光荣使命，着力推动高质量发展。按照省第十四次党代会、市第八次党代会和区第十三次党代会决策部署，聚焦美好生活向往，坚定绿色向海发展，大力实施创新驱动、“两海”引领、绿色赋能、融合共享“四大战略”，在海洋、飞地、城市、旅游等方面做大优势，在产业转型、开放合作、城市更新、乡村振兴、生态建设、民生改善“六个路径”上重点发力，努力把大丰打造成全省沿海绿色产业集聚区、向海经济先行区、生态风光示范区、民生幸福样板区，勇当沿海地区高质量发展排头兵，建好长三角产业一体化发展基地，奋力谱写“强富美高”新大丰现代化建设新篇章。主要目标任务是：

——以跨越赶超的姿态勇当沿海地区高质量发展排头兵，推动经济发展更有质量。坚定不移发展实体经济，坚持不懈推进产业强区，大力实施“千百亿”工程，培育顶天立地的产业链龙头企业、集聚铺天盖地的上下游企业，形成“百亿引领、十亿带动、亿元支撑”的项目格局，利用三年左右时间，打造新能源及装备制造1个千亿级产业，钢铁、造纸、化工3个500亿级产业，新能源汽车零部件、新一代电子信息2个百亿级产业。到2025年地区生产总值迈上千亿元台阶，人均GDP保持全省沿海各县（市、区）前列，一般公共预算收入、全口径工业开票销售等主要经济指标保持全市领先。现代产业体系加速构建，制造业主体地位更加突出，战略性新兴产业占比显著提高。创新驱动成为发展主引擎，国资国企、省级开发区等重点改革工作取得新突破。

——以只争朝夕的干劲建好长三角产业一体化发展基地，推动开放开发更有活力。坚持把产业基地建设作为未来五年工作的重中之重，举全区之力、集全区之智加以推进，确保“一年出形象、三年大变样、五年见成效”。五年内产业基地新签约10亿元以上项目100个、其中100亿元以上项目10个，新开工10亿元以上项目50个，常盐工业园和大丰经济开发区成为长三角地标性、高能级先进制造业基地，刘庄物流组团成为区域性物流集散中心，新丰文旅组团成为长三角旅游康养目的地，大丰高新区创成省级双创基地，沪苏大丰产业联动集聚区建成长三角一体化发展“飞地经济”示范区，苏盐合作园区建成苏州先进制造业配套生产基地，大丰港经济开发区建成千亿园区。对外开放活跃度更高，外贸进出口总额、注册外资实际到账等指标保持全市前列，大丰港建成亿吨大港，集装箱突破百万标箱，中韩（盐城）产业园临港产业配套区建成全国有影响力的中韩进出口商品集散地。接轨和服务上海全方位推进，全面融入以上海为龙头的长三角一体化产业创新体系，重点招引产业项目、科创项目，深化教育、医疗、金融等合作，实现共建共享。区场一体化高质量发展，“一园一厨五基地”、长三角城市厨房产业基地和中小学生社会实践基地全面推进，努力打造长三角乃至全国区域协同发展样板。

——以久久为功的定力加强生态文明建设和环境保护，推动生态环境更有魅力。自觉践行习近平生态文明思想，坚持减污降碳协同增效，坚定不移走生态优先、绿色低碳发展之路，以更高标准打好蓝天、碧水、净土保卫战。未来五年空气质量、国省考断面水质“双达标”，林地面积、湿地保有量和森林覆盖率保持稳定，主要生态指标保持全省前列，创成国家生态文明建设示范区、“绿水青山就是金山银山”实践创新基地。节能减排目标全面实现，能源资源利用效率大幅提升。全域旅游成为大丰新名片，斗龙港旅游度假区创成国家级旅游度假区，麋鹿生态旅游度假区打造国内稀缺的湿地度假产品，“多彩湿地·花里大丰”享誉海内外，游客年接待量2000万人次以上，成为美丽盐城建设大丰典范。

——以人民至上的情怀推进共建共享共同富裕，推动人民生活更有品质。坚持以人民为中心的发展思想，竭尽全力为群众办实事、做好事、解难事，一件接着一件干，一年接着一年干，让全区百姓日子过得一年更比一年好。居民就业更加稳定，城镇和农村常住居民人均可支配收入持续增长，中等收入群体规模显著扩大。城市形象、功能、价值全面提升，城镇化率达到69%，成为更具魅力的盐城市区副中心、现代化沿海城市区。乡村振兴全面推进，镇村经济显著增强，刘庄、新丰、西团3个镇建成乡村振兴示范镇，所有村创成星级以上乡村振兴示范村，高标准农田实现全覆盖，美丽宜居乡村建设达标率100%。公共服务不断优化，把解决“一老一小”问题作为战略抓手，统筹推进教育、医疗、养老等各方面事业建设，教育现代化指标全面达成，教育综合竞争力不断提升，主要健康评价指标位列全省上游水平，标准化社区居家养老服务中心实现全覆盖。

——以极端负责的态度统筹发展和安全，推动社会治理更有效率。牢固树立底线思维，切实增强忧患意识，全力防范化解各类风险隐患，努力实现高质量发展和高水平安全良性互动。公共安全和应急管理体系更加完善，“外防输入、内防反弹”疫情防控网扎得更紧更密更牢，本质安全水平显著提升，防灾减灾抗灾救灾能力进一步提高，群众安全感保持全省领先。法治大丰、法治政府、法治社会一体建设，社会治理体系和治理能力现代化建设深入推进，依法行政能力不断增强。政务服务便捷高效，进入全国最优营商环境城市行列。社会公平正义得到保障，社会信用体系更加健全，社会主义核心价值观引领社会风尚。

三、2022年主要工作安排

2022年是党的二十大召开之年，是实施“十四五”规划的关键之年，也是新一届政府的开局之年。我们将认真落实中央和省委、市委经济工作会议精神，

按照区委十三届三次全会部署要求，弘扬伟大建党精神，坚持稳字当头、稳中求进，坚持改革创新，坚持统筹协调和系统推进，完整、准确、全面贯彻新发展理念，继续做好“六稳”“六保”工作，持续改善民生，保持经济运行在合理区间，保持社会大局稳定，进一步抓住用好战略机遇，以长三角产业一体化发展基地建设为统揽，重抓“六个统筹”、实现“六个高质量”。

2022年全区经济社会发展的主要预期目标是：地区生产总值增长7.5%以上；规上工业增加值增长8.5%；全口径工业开票销售增长10%；服务业增加值增长7.8%；社会消费品零售总额增长8%；一般公共预算收入增长7.8%；固定资产投资、制造业投资、高技术产业投资均增长10%；城镇和农村常住居民人均可支配收入分别增长7%、8%；节能减排等指标完成省、市下达任务。

围绕上述目标，我们将重点做好八个方面的工作：

（一）突出开放融合，着力聚焦产业基地建设。

一是铆足干劲掀起会战热潮。对照重大项目、重点工程、重要事项清单，倒排节点，挂图作战。强化一体化理念、系统化思维，抓紧完善产业规划，以高水平规划引领产业基地高质量发展。加速企业集中、产业集聚、要素集约、配套集成，推动常盐工业园—大丰经济开发区智造之核、刘庄物流组团和新丰文旅组团快出形象，沪苏大丰产业联动集聚区、苏盐合作园区、大丰港经济开发区、大丰高新区实现联动发展。重抓大丰港铁路支线、公铁水联运物流园核心区、常盐工业园安置房建设，服务推进盐丰快速通道，规划实施沪丰大道西延、常盐工业园第二通道等重点工程，持续建好斗龙港、老斗龙港、通榆河、新团河刘大线生态廊道，大刘路改扩建工程主体竣工。

二是聚合力量突破重大项目。树立全区“一盘棋”思想，把招商引资项目建设工作聚焦到产业基地上，形成板块联动、乡镇部门参与的招商新模式，加强专业化、专职化、专门化招商队伍建设，齐心协力、按图索骥精准招商。创新合作共享、投融资、公共服务机制，主动融入长三角一体化产业创新体系，与上海、苏州、常州等城市深化对接交流，加强与长三角企业家联盟以及人工智能、新能源汽车、集成电路、生物医药产业链联盟合作，更好引入产业资源、科创资源、外资资源。建好产业投资基金，建设一批代表长三角水平的高标准厂房，实施社会投资建设项目“零审批开工”，保障重大项目快速落地。每月举行项目集中开竣工活动，现场督进度、一线晒成绩，营造“比学赶超、大干快上”的浓厚氛围。年内产业基地新签约100亿元以上项目2~3个，新开工10亿元以上项目10个；全区新签约亿元以上项目160个，新开工亿元以上项目90个、其中10亿元以上项目15个，新投产亿元以上项目50个、其中10亿元以上项目7个。

三是乘势而上扩大对外开放。主动策应RCEP实施和环黄海生态经济圈建设，加强与荷兰、韩国、日本等外国驻沪领事馆及驻长三角各大城市经贸处（中心）对接，在更多“一带一路”

沿线国家和地区开拓市场、扩大合作。依托中韩(盐城)产业园临港产业配套区,加强与韩国动力电池知名企业合作,建设全省沿海韩资经济新高地。全力配合盐城港集团实施大丰港能级提升工程,加快打造区域性国际现代物流枢纽港。加大吸引外资力度,新招引1000万美元以上外资项目10个,注册外资实际到账增长11%。多措并举稳定外贸,新培育进出口超5000万美元企业2家,外贸进出口总额增长8%。

(二)突出创新驱动,着力激发经济增长动能。

一是培大育强现有企业。重抓"1234"工程,培育更多大企业大集团。鼓励企业专注主业,提高细分市场占有率,研发更多特色产品,打造更多质量品牌,新增专精特新"小巨人"企业10家。抢抓全面实行股票发行注册制机遇,加快中汽研汽车试验场、大丰农商行、海聆梦、理研科技等企业上市步伐,新增上市企业2家。持续推进"争星创优",助力企业"破茧成蝶",市星级企业总数超30家。培育以创新型领军企业为引领、高新技术企业为重点、科技型中小企业为主体的"雁阵型"企业集群,净增国家高新技术企业40家。扎实推进国企改革三年行动,增强资产质量、资信实力,不断提升企业经营效益。

二是精心打造创新生态。扎实开展"科技创新推进年"活动,强化企业创新主体地位,深化产学研合作,坚持科技企业孵化器、加速器同向发力,探索"域外创造+大丰制造"合作模式,新增省级以上研发机构不少于9家,全社会研发投入占GDP比重2.8%以上。全面落实"黄海明珠人才计划",深入开展"名校优生"活动,加大科技、金融、教育、卫生、文化等各领域人才招引力度,新引进国家重大人才工程专家3名、大学生4600名,新增高技能人才600名,加快人才公寓、人才载体建设,打造江苏沿海青年人才心仪向往之地。优化综合金融服务平台线上融资功能,引导金融机构加大对实体经济的支持,普惠型金融领域贷款余额占比17%以上,更好地以金融"活水"赋能高质量发展。

三是大力发展数字经济。对标"灯塔工厂",加快企业数字化改造,争创省级工业互联网标杆工厂2家、智能车间2个。放大高新区总部经济园优势,积极招引优秀软件企业、互联网平台企业入驻,助力数字大丰建设。依托B型保税物流中心等载体,推动跨境电商蓬勃发展。建设数字医疗示范项目,完善医共体管理信息平台,实现分级诊疗、资源集约配置。升级数字化城管平台,完善"智慧照明""智慧环卫"管理系统。结合主干道提升、老旧小区改造等,建设智慧泊车、智能缴费等数字交通项目,打造数字交通示范区。

四是持续创优营商环境。强化担当服务,坚决维护和发展亲清政商关系,使"有效市场"和"有为政府"协同发力。深化"放管服"改革,实施涉企审批流程全方位再造,实行项目审批"一件事"、企业开办"一网通办",打响"丰速办"政务服务品牌。加强要素保障,探索建立企业发展服务中心,坚持把保市场主体特别是中小企业作为政策的着力点,继续落实好减税降费等惠企纾困举措。依法保护各类市场主体产权和合法权益,深入推进公平竞争政策实施,形成平等有序、充满活力的法治化营商环境,以扎实的工作为企业发展保驾护航。建立企业综合评价机制,推进工业园区提质增效,提高工业用地集约利用水平和产出效益。

(三)突出链式发展,着力构建现代产业体系。

一是聚力主攻战略性新兴产业。新能源及装备制造重抓风电装备和晶硅光伏产业链,发挥龙头企业引领作用,建链强链延链补链,风电装备主攻轴承、电控、齿轮箱、碳纤维叶片材料等项目,形成研发制造、运维服务全产业链,龙马风电一期、海恒海上风电装备制造项目建成;晶硅光伏有序提升电池、组件等产品产能,推动产品迭代升级,正泰新能源二期开工建设,阿特斯三期加快落户。新能源汽车零部件重抓车联网和动力电池产业链,瞄准电动化、网联化、智能化方向,重点发力自动驾驶、传感器、汽车电子等领域,招引研发测试、电池正负极、隔膜等项目,蜂巢能源动力电池项目竣工投产,悦达汽车科创园全面运营。新一代电子信息重抓印制电路板和光电显示产业链,依托独特的载体配套优势,重点拓展PCB生产设备、偏光片、5G等领域,博敏电子二期、金信诺5G产业园、苏大维格防伪新材料、维旺光学导光板项目竣工投产。全年战略性新兴产业开票销售突破460亿元。

二是转型升级基础产业。钢铁产业抢抓区域产能整合、减量优化机遇,推进并购重组与整合提升,通过引进循环技术、先进设备,提升生产效能,发展精品优特钢等高附加值产品。造纸产业推动港口与林产工业良性互动发展,聚焦木材加工、高端造纸、包装材料等领域,延伸扩充产品线,构建绿色高效生产体系。化工产业依托大丰港石化新材料产业园省级化工园区优势,以绿色化、精细化、高端化为方向,发展石化产业、化学药产业,建设沿海现代高端化工产业基地。同时推动纺织产业提档升级,发展智慧家纺。全年基础产业开票销售突破500亿元。

三是积极培育特色海洋产业。依托国家科技兴海产业示范基地,招引海洋生物产业龙头企业,打造海洋生物制品、海洋生物制药、海洋功能食品产业链,明月海祥婴童食品、优度海洋生物化妆品项目竣工投产。加快突破海洋工程配套装备、海缆电缆等海工装备产业,中天海缆一期建成。拉长做粗海水淡化产业链,打造国内新能源淡化海水产业示范基地。建好斗龙港国家一级渔港,构建集养殖、捕捞、加工、集散、观光于一体的现代海洋渔业产业体系。

四是提速发展现代服务业。坚持先进制造业与现代服务业"双轮驱动",构建更具竞争力的现代产业体系。推动生产性服务业专业化,提升风电检测试验、汽车研发测试水平,做大现代物流业,培育现代金融、工业设计、文化创意、咨询中介等新业态。推动生活性服务业品质化,繁荣人民路海派风情街、中交美庐城和吾悦广场商圈商贸业态，建成新丰里项目，加快高端康养产业发展，促进消费提质升级。全年新培植规上服务业企业30家以上，争创省级现代服务业高质量发展集聚示范区、高质量发展领军企业、两业融合发展标杆典型各1家。

（四）突出主副协同，着力提升城市更新水平。

一是推动城市组团发展。全面融入盐丰一体化，优化城区空间布局，按照“城西突出产城融合、城东突出做实填白、城中突出有机更新、城北突出做美环境”的要求，推动城市精明增长、紧凑发展、人气集聚。高水平开发西河口片区，完善城市设计等相关规划，启动基础设施配套工程建设，打造产城融合示范区、品质城市会客厅。高标准建好斗龙港生态组团，天沐温泉、希尔顿、阿姆斯特丹酒店优质高效运营，新丰镇老街改造项目建成开放，人民北路改造提升工程竣工。学习借鉴盐城城北地区改造经验，坚持片区开发模式，全年实施房屋征迁3200户。

二是完善城市功能配套。改善提升居民生活环境，住宅小区安装智能充电设备和充电棚，加装电梯40部，打造智慧安防小区53个，增设新能源电动汽车充电桩100个，新建口袋公园15个，幸福大街公建二期建成。积极促进房地产业良性循环和健康发展，建好保障性住房，加快润富花园二期、德惠花园西侧安置小区建设，全年新建安置房4200套。织密交通路网，226省道大丰南段、春柳路南延、飞达路改造工程竣工通车。在城乡公交服务细节上下功夫，完善智慧站屏建设，让群众更加便捷掌握运行班次、停靠站点、时刻信息。积极向上对接，争取更多高铁班次。建好排水防涝、应急避难场所等工程，建设海绵城市、韧性城市。

三是加强城市精细管理。认真贯彻“人民城市人民建、人民城市为人民”的重要理念，尊重城市发展规律，带着感情和责任做好城市工作，构建城市规划全链条重大决策程序，完善城市建设巡查管理制度。对照争创全国文明典范城市的要求，深化城市管理提升年行动，开展线杆线缆专项整治，启动建筑垃圾处理厂建设，大新北路、圆鼎广场等打造精细化管理样板。全面提升住宅小区物业管理服务品质，引导和发挥业主委员会作用，规范物业管理服务行为。实施朝阳河、供电北沟、四中北沟等水体截污控源、河道清淤，坚决消除返黑返臭河道。

（五）突出示范引领，着力促进乡村全面振兴。

一是以点带面推进乡村振兴。扎实推进“1133”工程，因地制宜制定目标定位和发展路径，今年集中力量整治提升陈李线和老斗龙港1路1河，加快刘庄、新丰、西团3个乡村振兴示范镇建设，年内建成乡村振兴示范村30个，打造一批特色化、差异化、多样化的典型样板。大力实施经济强村三年行动，鼓励村级集体经济组织参与适度规模经营，年内所有村（居）集体经营性收入均达到30万元以上。切实做好巩固拓展脱贫攻坚成果同乡村振兴有效衔接各项工作，夯实富民增收基础，鼓励农民在现代农业、电子商务、乡村旅游等领域创业，支持家庭农场、专业大户等新型农业经营主体发展，创建国家级示范社1家以上、省级示范社5家以上。

二是多措并举发展现代农业。坚持藏粮于地、藏粮于技，严守耕地红线，严防耕地非农化、非粮化，坚决扛起粮食稳产保供责任。切实提高农业综合生产能力，建设旱涝保收、高产稳产“吨粮田”，新实施高标准农田15.7万亩。加快种业振兴步伐，做强金色农业、华丰种业等种业企业，丰收大地打造全省领先的现代化种苗育繁中心，全年杂交水稻制种7万亩、常规稻麦繁种25万亩，种业总产值突破38亿元，力争创成国家现代农业（种业）产业园。深入实施农业产业化龙头企业提升行动，全力招引粮油果蔬加工等产业链项目，新落户亿元以上农产品加工项目不少于2个。持续推进国家农业科技园区建设，力争创成省级农业高新技术产业示范区。重点打响“大丰仓”品牌，新增品牌门店30家，绿色优质农产品比重78%以上。

三是持之以恒建设美丽乡村。扎实推进乡村发展建设，着力完善乡村治理，整治提升农村人居环境，不断改善农村基础设施和基本公共服务条件。修建农村公路49公里，新改建危桥54座，全域开展垃圾分类的镇（区、街道）达到5个以上，完成农村户厕改造800户。生态治理县乡河道51条，绿化提升河坡158公里，整治村庄河塘195条，建成幸福河湖20条，刘庄、西团全镇域开展农村河道生态治理。实施新型农村社区新建扩建项目7个，新增省级特色田园乡村2个，创建美丽宜居示范村15个、绿美村庄13个，打造三星级以上“美丽庭院”示范户6400户。

（六）突出生态优先，着力打造绿色转型样板。

一是深入打好污染防治攻坚战。精准打好蓝天保卫战，持续抓好$PM_{2.5}$与臭氧“双控双减”，推进挥发性有机物与氮氧化物协同减排，强化扬尘精细化管控，加强秸秆禁烧禁抛和综合利用，全年空气质量优良天数比率超过87%，$PM_{2.5}$年均浓度降至28微克/立方米。系统打好碧水保卫战，全面落实河长制、断面长制、湾滩长制，统筹推进农业面源污染治理、污水处理厂网一体化，新建110公里镇级生活污水管网、191个自然村生活污水治理设施，建好港区生活污水处理厂，保障国省考断面水质达标。持续打好净土保卫战，加强危险废物规范化管理，生活垃圾规范化处理率100%，农膜回收率95%，化肥使用量削减1.2%，农药包装废弃物回收实现全覆盖。

二是加快推动绿色低碳发展。准确把握推进碳达峰碳中和工作要求，坚持节约优先、高效利用，鼓励发展“源网荷储一体化”试点项目，提高可再生能源的消纳比重。大力发展绿色低碳产业，不断增强绿色经济新动能，坚决遏制“两高”项目盲目发展，争创省级以上绿色工厂1~2家。全面推行林长制，加强森林资源管理和自然保护地管护，新增成片造林1500亩，完成森林抚育1万亩、四旁植树60

万株。加强生态空间管控，严格执行生态保护红线、环境质量底线、资源利用上线和环境准入负面清单，不断织密生态环境保护执法监管网格。

三是持续提升生态供给水平。启动斗龙港旅游度假区国家级旅游度假区创建工作，荷兰花海创成国家5A级景区，大龙岛涵养开发、“月下爱河”旅游综合体项目投入运营。优化麋鹿生态旅游度假区业态，建好麋鹿博物馆、川东闸小街、观海廊道等湿地生态旅游项目，放大世遗品牌效应，丰富优质产品供给。推动草堰梦幻迷宫、三龙渔家风情、白驹水浒等乡村旅游融合发展，做好会师纪念地等红色旅游文章。做强文旅集团、斗龙港旅游集团，增强市场化开发能力。创新旅游宣传营销，组织好郁金香文化月、梨花文化节、郁金香音乐节等系列主题文旅活动，扩大“多彩湿地·花里大丰”品牌影响力和远程号召力。

（七）突出民生为本，着力拓宽共同富裕路径。

一是办好民生实事工程。围绕普惠性、精准性、可行性，持续加大民生实事工程投入力度，努力让群众拥有更多的获得感、幸福感、安全感。前期，在广泛征求意见建议的基础上，编排了教育供给、医疗卫生、住房保障等12类22项民生实事候选项目。区政府将按照本次人代会公布的票决结果，咬定目标、挂图作战、跟踪问效，通过即时报送、实时监督、月初预告、月中提醒、月底督办、线下巡查、办结评价等措施，确保民生实事工程办好办实，真正让群众受益。

二是强化就业优先导向。做好高校毕业生、退役军人、失业人员、失地农村劳动力等重点群体就业帮扶，加强公益性岗位开发安置，支持多渠道灵活就业，促进充分就业。落实稳岗返还、以工代训等援企稳岗政策，健全企业用工需求报告和就业信息发布机制，推动就业与用工精准对接。用好小额创业担保贷款等扶持政策，支持各类创业孵化基地建设，以创业带动就业、稳定就业，全年新增城镇就业8000人以上。深入实施全民参保计划，推动扩面征缴，进一步织密社会保障网络。

三是发展优质公共服务。全力办好人民满意的高质量教育，严格落实“双减”措施，稳步推进“集团化办学”“区管校聘”改革，深入实施“骨干力量”培育计划，完成7所学校教育设施改善提升，省级“智慧校园”覆盖率达100%。倾力办好群众期盼的高质量医疗，深化与长三角地区优质医疗机构交流合作，三院新院区投入使用并启动二级乙等综合医院创建，小海、三龙中心卫生院创建二级医院，新增省级“15分钟医保服务圈”示范点2个。着力办好百姓点赞的高质量养老，补齐社区居家养老服务用房等配套设施短板，扩大居家养老上门服务范围，为1000名经济困难独居老人安装一键呼叫装置，建设老年医院、“枢纽式”养老服务综合体，建成示范性“长者幸福食堂”10个。积极应对人口老龄化，落实好三孩生育政策及配套支持措施。繁荣发展文化事业，完善现代公共文化服务体系，支持文化惠民工程建设、文艺精品创作、文化文艺人才培养，塑造大丰特色文化品牌。推动军地融合发展，创成省级双拥模范城。

（八）突出风险防范，着力维护社会平安稳定。

一是科学精准抓好疫情防控。严格落实“四早”要求和“四方责任”，加强能力建设、应急演练和疫苗接种，织密疫情防控网络。坚持“人、物、环境”同防，强化中高风险地区来（返）丰人员排查管控，严格入境人员全流程闭环管理，做好进口物品及环境防控，阻断疫情输入渠道。夯实港口口岸等重点场所防控，从严落实院感防控各项要求，坚决抓好集中隔离点规范管理，巩固疫情防控成果。深入推进爱国卫生运动，教育引导群众养成良好卫生习惯，筑牢疫情防控社会大防线。

二是深入开展安全生产专项整治。紧扣“两个不放松”“务必整出成效”总要求，推动“三年大灶”圆满收官。扎实抓好安全生产“三违”行为治理年行动，切实规范各类生产经营活动和作业行为。压紧压实企业主体责任，强化分级分类管理措施，建立隐患排查治理和安全教育培训全程跟踪督查制度。深化省级安全发展示范城市创建，加大安全基础设施建设力度，实施化工企业本质安全水平提升、政府专职消防站等安全工程，在主要交通路口增设隔离设施和智能设备，提高安全保障能力。

三是切实优化金融生态环境。完善金融风险处置机制，坚持关口前移、及时预警、全程跟踪、各方联动，将隐患消除在萌芽状态。强化农村金融监管，严厉打击非法金融活动，持续擦亮省金融生态优秀县金字招牌。加强信用体系建设，健全守信激励和失信惩戒机制，争创省级创新信用管理与服务试点地区。严格规范政府融资行为，坚决遏制新增政府隐性债务，强化国有企业经营性债务管理，牢牢守住不发生区域性系统性金融风险的底线。

四是高水平推进区域治理现代化。坚持和发展新时代“枫桥经验”，深入开展“排风险、建清单、除隐患、保稳定”专项行动，健全矛盾纠纷多元化解机制，推进重复信访治理和信访积案攻坚，提升信访事项一次性化解率，争创全国信访示范县（市、区）。完善食品药品安全监管体制，构建全链条、全过程的质量安全保障体系。健全立体化现代化社会治安防控体系，建设区域社会治理现代化指挥中心，实施智慧平安网格、新一代雪亮技防工程，常态化开展扫黑除恶斗争，建设更高质量的平安大丰。

四、加强政府自身建设

扛起新使命，谱写新篇章。我们将始终保持“赶考”的清醒和坚定，坚持“三严三实”，大力发扬高目标追求、高效率推进、高质量发展“三高”工作精神，夙夜在公，恪尽职守，努力建设人民满意政府。

（一）把对党忠诚作为第一品格。坚决当好“两个确立”的坚定捍卫者、忠实践行者，坚决当好习近平新时代中国特色社会主义思想的坚定信仰者、忠实实践者，始终胸怀“两个大局”、牢记“国之大者”。注重从百年党史中汲取政治营养，坚持正确政绩观，敬畏历史、敬畏文化、敬畏生态，加强经济学知识、科技知识学习，不断提高抓好经济工作的专业能力。严守政治纪律和政治规矩，不折不扣贯彻落实上级党委、政府和区委决策部署，自觉在区委领导下开展工作，以实际行动推动各项要求落地生根、结出丰硕成果。

（二）把为民服务作为第一追求。坚守初心使命，践行为民宗旨，把人民群众对美好生活的向往作为奋斗目标，保持同人民群众的血肉联系，问计于民、问需于民、问政于民，始终站在群众的立场上看问题、作决策、办事情。巩固“我为群众办实事”实践活动、“两在两同”建新功行动成果，改进联系群众、服务企业机制，用心用情帮助排忧解难。坚持尽力而为、量力而行，围绕民生“七有”目标，聚焦群众“急难愁盼”问题，把政府各项工作真正做到群众心坎上，在推动高质量发展中创造高品质生活。

（三）把干事创业作为第一责任。按照“看得出、站得出、豁得出”的要求，面对风险不畏惧、面对挑战不回避，知责于心、担责于身、履责于行，形成实干担当的浓厚氛围。坚持工作项目化、项目节点化、节点责任化，以事不过夜、时不我待的紧迫感，雷厉风行、紧张快干。牢记一个“争”字，敢于同强的比、和快的赛、向高的攀，以“干在实处”推动“走在前列”。对议定的工作、敲定的事项，第一时间领办，最快节奏推进，按时高效完成。落实为基层减负，精文减会，腾出更多时间和精力办实事。

（四）把依法行政作为第一准则。深入贯彻习近平法治思想，坚决维护宪法和法律权威，深化法治政府建设，创成省级法治政府建设示范区。依法全面履行政府职能，严格按照法定权限和程序行使权力，增强运用法治思维和法治方式推动工作的能力水平。坚持科学决策、民主决策、依法决策，健全行政决策制度体系，提高决策质量和效率。自觉接受区人大、区政协和社会各界监督，高质高效办好人大代表议案建议和政协委员提案。深化政务公开，保障人民群众的知情权和监督权。加大法治宣传力度，增强全民法治观念。

（五）把清正廉洁作为第一底线。坚定不移贯彻全面从严治党要求，锲而不舍落实中央八项规定，持续正风肃纪，坚决整治群众身边不正之风和腐败问题。扎紧扎牢制度笼子，加强国资国企、政府投资项目、招投标等重点领域监管。坚决纠治形式主义、官僚主义，对不作为乱作为、慢作为浅作为零容忍，推动政府各项工作求实绩、见实效。严格遵守廉洁自律准则，营造风清气正、清廉干事的良好氛围。厉行勤俭节约，弘扬艰苦奋斗的优良传统，把更多财力用在民生和社会事业上，以政府的紧日子换取人民群众的好日子。

各位代表，蓝图已绘就，奋斗正当时。让我们更加紧密地团结在以习近平同志为核心的党中央周围，在上级党委、政府和区委的坚强领导下，真抓实干，埋头苦干，奋力建设高质量产业基地，勇当长三角一体化发展排头兵，以优异成绩迎接党的二十大胜利召开！

媒 体 聚 焦

盐城大丰：加快补齐民生短板 用心办好民生实事

马焘焘

初冬时节，盐城市大丰区大中街道恒丰村河畔，2名工人正在打捞河面漂浮物、清理杂草，不远处的健身广场上，老人们正在闲聊着，一幅小桥流水、田园村居的景象跃然眼前。“河道在今年之前还是水系不通，杂草丛生的状况。”恒丰村一位村干部透露，今年该村完成疏浚河道3200米，既提升了乡村美景的品质，也解决了1000多亩农田水系不畅的问题。

日前，盐城市大丰区发布“学党史、办实事、惠民生”项目进展和评价，在1800份问卷调查中，当地群众对20个项目满意度高、社会反响好，其中，乡村水环境整治、城市公交路线优化及智慧站台、垃圾分类处理等项目满意率达到95%左右。

共享碧波清流

恒丰村3组有一条长达800米的沟渠。“死水沟！逢涝必淹！”村民王东象告诉人民网，沟渠以前两头不通，每到夏天，气味很大，“以前也定时清理，但是它不通畅，时间久了就又会堵上。”堵塞的沟渠还给村庄农田灌溉增加了负担，原本农田周边可用的沟渠被淤泥堵塞后，村民不得不从更远的地方取水、引水。

沟渠问题成了当地群众最需要解决的“急难愁盼”。

为此，大丰区将恒丰村在内的多个村庄环境沟渠整理纳入2021年的水环境综合整治计划，2021年以来，恒丰村将全村划分为三个片区，村干部重心下沉，包干到位。截至目前，该村已投入5万元，疏通了三排54号、二排4号等沟渠4条，总厂850米，疏浚了四排40号、五排沟等沟渠3条，总长3100米，组织安装了涵洞150米，清除河底淤泥和岸边杂草。为了让乡村河道更美，村里有安排工人清理河边杂树3.5公里，换上了红叶石楠、中山杉等2400余株适合气候和观赏的树种。

小沟小渠整理完毕，如何让它们更好地服务群众？据恒丰村河工李秀辉介绍，今年年中，该村兴建了恒泰河三排1号泵站，拉网式清除村中心河鱼罾鱼簖3处，“水流畅通了，泵站的功能就得以施展，不论旱涝，现在的恒丰村能排能灌，更好的服务高效农业发展。”

100多亩的农田灌溉有道，村民们再也不用舍近求远了。

据盐城市大丰区生态环境局副局长周斌介绍，今年以来，区生态环境部门把“水环境综合整治提升”这一人民群众关心的热点问题纳入为民办实事重点内容，“十三五”，该区参与国家和省政府考核的6个断面，“十四五”将全部提升为国考断面，每月监测通报128个区级点位，对重点河道沿线两侧200米范围污染源排口摸排溯源，并对全区900多家规模养殖场畜禽粪污治理。

“69个行政村的微动力治理设备和232.4公里管网已建成，220个自然村中有45个自然村已开工建设，已建管网31.5公里。5个镇级生活污水处理厂也正在进行提标改造。问题在河里，根子在岸上，我们将持续推动水环境质量向好，让人民群众共享碧波清流。”周斌说。

共建智慧出行

“为什么公交车不能保证准点到达？”“怎么一下子来两辆？”“最后一个班次是不是不来了？”……近年来，大丰区城市建设稳步迈上台阶，但由于城市早晚高峰、公交公司私营化、站台设置不优等原因，公交车却难以满足居民的出行需求，城镇居民人口的增长与公共交通能力的提升成了新的矛盾。

解决它！

2021年6月，12台崭新的新能源电动公交车盐城大丰高铁站一字排开，这是多条线路的首发站点。为解决居民的公共交通出行，今年大丰区交通运输局将大丰区公交公司收购，优化城市公交线路10条，新增公交线路3条，延伸公交班线至荷兰花海、恒北村，实现公交线路城区全覆盖。

同时，一并上线的还有城市公交智能化信息系统，居民可以在“大丰公交”微信号、“大丰公交行”App等平台实时查询公交线路、换乘、班次，甚至具体定位，在智慧大丰平台上，市民还可以手机完成扫码乘车等功能。

为实时优化线公交车行车轨迹，大丰区还打造了智能公交调度指挥中心，其职能包含运营调度、安全监控、应急指挥、乘客服务等方面，基本实现对公交线路、车辆、场站、人员进行集中调度和监管。

“手机就看下一辆车的位置了！”张女士在体验了新的公交系统后赞不绝口，“不管是扫码付费的App平台，还是能够实时查看公交信息的智慧站台，都让我们出行更加稳定和便捷，一个词就是安心。”

大丰区委书记李志军表示，优化城市公交线路、建设智慧公交站台，是党史学习教育“我为群众办实事”的生动实践，要把好事办好、实事办实，努力为群众提供更加安全、舒适、便捷的出行条件和出行环境，不断增强市民的获得感、幸福感和安全感。

共谋环保发展

最近，大丰区莱茵城小区的居民发现，小区后方多了一幢“垃圾分类环保屋”，绿色的小屋对接上了4辆不同功能的垃圾车，与以往一辆车运走所有垃圾不同，现在的垃圾清运在车辆运输上也进行了区分。

在莱茵城小区环保屋现场，人民网看到一辆绿白相间、车身印有“处于垃圾分类收集车”标识的垃圾车正在作业，两名环卫工人在对厨余垃圾进行清运。据现场环卫工人介绍，每到一个清运点，他们都会主动检查垃圾桶内的垃圾是否是混装，如果有明显混装情况，按照规定不予清运。

这一点获得了小区居民的赞同，居民李先生说，一开始实行生活垃圾分类的时候，他们担心这项工作流于表面，我们老百姓把垃圾分好类，结果运输的时候又放在一起肯定是无效的。现在，居民们发现自己的担心是多余的，从垃圾分类环保屋到垃圾分类清运，生态环境保护和可持续发展，我能深切地感受到参与其中，生活在这样的城市里，满满的获得感。

作为为民办实事工程，今年以来，大丰区积极推进城区100个小区实行生活垃圾“四分类”“两定一撤”，实实在在落实生活垃圾分类收运制度。

据了解，目前100个“四分类”垃圾分类小区设施设备已全面到位，共安装了195个垃圾分类环保屋，实现对计划内7成以上的小区生活垃圾进行收集清运。据大丰区城管局负责人介绍，实行垃圾分类制度以来，党员干部在垃圾分类中争做带头人、示范者，提高群众对垃圾分类的知晓率、参与率、准确投放率，引领全民参与垃圾分类“新时尚”。

困难老年人家庭改造、千医下乡走百村、保障性住房一站式服务、农药集中采购扩面降本……一件件实事，一个个重点民生项目聚焦助力乡村振兴、服务“一老一小”、帮扶生活困难群众等内容，真正把实事办到了大丰群众的心坎上。

“结合开展‘我为群众办实事’实践活动、‘两在两同’建新功行动，解决群众‘急难愁盼’问题，大丰区委区政府始终秉持为民情怀，持续加大民生投入，补齐民生短板，让群众共享现代化建设成果，成为全市创造高品质幸福生活的典范。”大丰区委书记李志军如是说。

（摘自2021年11月26日党史学习教育官网）

大丰观鹤

丁 东

提及江苏盐城大丰，许多人并不陌生，这里有闻名中外的麋鹿国家级自然保护区。除此之外，一群在黄海湿地自由翱翔、惬意栖息的丹顶鹤，也让人心生向往。

冬日，我来到盐城大丰国家级珍禽自然保护区。这里，滩涂肥沃，芦荡茂密，水草洁净，一切是那么的安详、静谧。每年11月到次年3月，1000余只丹顶鹤在此越冬。整个冬天，它们在这里呼朋唤友、自由翱翔，最大的鹤群可达500只，成了保护区一道独特的景观。

近距离观赏丹顶鹤，水禽湖是首选地。水禽湖湖边有柳、湖中有鱼、湖上有鸟。登上望鹤亭，你便能欣赏到一幕唯美的歌舞剧。主角自然是那群丹顶鹤。它们一刻也不消停，忽而伸腰、抬头、行走，忽而跳跃、踢踏、展翅，忽而屈背、鞠躬、衔物……在不同的幅度和快慢间，呈现出几十个、几百个连续变幻、有机结合的动作，既自得、闲适，又欢快、温馨。

"快看，丹顶鹤求爱啦!"导游的一声吆喝，如乐队的指挥，将游客的目光齐刷刷吸引到一处。只见一只雄鹤嘴尖朝上，昂起头颈，仰向天空，双翅耸立，"呵，呵，呵"引吭高歌。旁边的一只雌鹤立马高声应和，然后彼此对鸣、跳跃和舞蹈。

丹顶鹤之所以能发出高亢、嘹亮的鸣叫声，与其特殊的发音器官有关。其颈长，鸣管也长，长达1米以上，是人类气管长度的五六倍。其鸣管末端卷成环状，盘曲于胸骨之间，类似西洋乐器中的铜管，发音时能引起强烈的共鸣，声音可传至3~5公里以外。丹顶鹤，具有傲骨灵动的姿态，如仙人幻化一般，又称"仙鹤"，被视作祥瑞精灵的象征。

来湿地之都，除了观鸟，还可去丹顶鹤主题馆参观。主题馆以艺术的形式展现丹顶鹤临水振翅、引吭高歌的造型，让游客从不同角度，充分感受丹顶鹤徜徉湿地的静谧祥和之美。

置身盐城大丰国家级珍禽自然保护区，我的心也变得澄澈和明朗，不禁对神秘的大自然发出由衷惊叹。如今，盐通高铁已开通运营，不妨带上家人、约上好友，到这儿来一场净心之旅。

(摘自2021年1月20日《人民日报》(海外版)12版)

江苏盐城:农技人"战"盐碱 喜看荒滩变良田

你能想象吗?刚才我们的同事易扬带来的稻香蟹肥的生态和谐之地，曾经是一片盐碱荒滩吗?实际上，盐碱地面积占到了江苏省的70%以上，降盐碱、治荒滩也记录着这座城市的发展轨迹，这背后离不开一代代农技人员前赴后继的付出，他们的故事就从三代创业者的坚守和创新开始。

10月初，江苏盐城市大丰区西团镇的这片水稻田已经收获过半，未来这片杂交稻的良种将会播种在全国10多个省区市，而在30多年前这里还是一片盐碱荒滩。

江苏省盐城市大丰稻麦原种场原场长王宣山:当时，我们这海岸线离我们这里就四五公里，这一片地里面没有沟和河，都是整片的盐碱地，可以说叫兔子不拉屎的地方，很多的地方都是白花花的一片盐碱。

王宣山就是30多年前来到大丰的第一批农技人员，刚从盐城农校毕业的他从县城骑车4个小时来到大丰农场，没想到，宿舍没水没电、蚊虫肆虐，艰苦的环境让他打起了退堂鼓。

江苏省盐城市大丰稻麦原种场原场长王宣山:我来报到以后，我回家休息了半个月就没来。

尽管在家休息，但年轻的他心存梦想，如果能用自己所学改造5200亩盐碱荒滩也算无憾，于是他重新启程，来到了这片不毛之地。

江苏省盐城市大丰稻麦原种场原场长王宣山:想想这个农业还需要有人做，不管多么艰苦的地方都要有人去干。

最初，王宣山改造盐碱地采用的是物理疗法，从开挖沟渠、淡水洗盐开始，主要是降低土地的盐碱成分，不过效果并不明显，两年的努力得到的水稻亩产只有200多斤。

江苏省盐城市大丰稻麦原种场原场长王宣山:当时杂草非常严重，都是人工除草。我们通过技术改良以及化学除草技术的应用，使得水稻的产量就有了大幅度提高，8年左右的时间，我们就已经达到了亩产800斤。

经过15年的努力，王宣山改造的盐碱地在1998年亩产达到1000斤，土地有了生机，大家不再只追求种粮，转而开始发展科技育种。第二代农技人陶亚东就扛起了这个重任。从2005年到2008年，陶亚东穿梭在田间地头和实验室，跑废了一辆新摩托车，也研制出了适合盐碱地的高产良种。

江苏省盐城市大丰区稻麦原种场原质检部经理陶亚东:经过成百上千次试验，我们的种子发芽率明显提高，目前我们生产的杂交水稻种子发芽率比国家标准高8到10个点。

2013年，盐城市大丰区被认定为国家级杂交水稻种子生产基地县，新一代农技人员又开始谋求节本增效、种业创新的新课题，35岁的钱进就是带头人之一，他们引进高科技新型农机运用于杂交水稻制种，解决了机收、机插秧、无人机综合利用等技术难题，每亩地能降低成本400多元。

江苏金色农业股份有限公司农艺师钱进:比如说带有北斗导航的机械去培育出更好的小麦和水稻新品种，要把中国人的饭碗端在中国人自己的手上，保证国家的粮食安全。

目前，大丰区杂交水稻制种面积6.86万亩，保障了全国各地1400万亩杂交水稻的种子供应。杂交水稻制种全程机械化率达到85%以上，规模化、机械化水平全国领先，自主创新良种达到30种左右。

（摘自2021年10月9日央视《中国粮仓》）

新业态、新理念、新格局，“面块线点”统筹发展

大丰打造知名休闲度假旅游目的地

韩雅丽 臧龙伟 张 帆

盐城市大丰区旅游经济发展近来亮点频现：2020年12月10日，荷兰花海通过文化和旅游部组织的5A级景区景观质量评审，为当年省内唯一一家；12月17日，大丰区被文化和旅游部认定为第二批国家全域旅游示范区。“十三五”末，预计全区景区游客接待达1300万人次，旅游业总收入突破120亿元。

“建强旅游产业一根‘线’来支撑全域旅游经济整个‘面’，突破景区景点、功能项目每个‘点’来做精‘五大集聚区’这个‘块’。”大丰区委书记薛盛堂表示，围绕全域旅游，统筹“面块线点”同步发展，擦亮“大丰好玩呢”金字招牌，力争建成全国知名休闲度假旅游目的地。

新业态增强旅游产业引领力

寒风凛冽，大丰荷兰花海景区内，游客热度依旧不减。“温室里的花朵很美，《只有爱·戏剧幻城》更好看。”南京游客王晨笑着说。

《只有爱·戏剧幻城》是2020年大丰区重点旅游项目。总投资7.6亿元的《只有爱·戏剧幻城》6月15日云上首演直播，610万人同时在线观看，被评为“2020年度消费者最青睐的文旅融合标杆项目”。“我们从普通的农业观光向幸福产业转型，发展婚博会、旅拍、彩妆、婚纱、花艺等新业态。”荷兰花海管委会主任缪勇峰说。

大丰区不断拓宽产业面、拉长产业链、打造产业群，增强旅游产业引领力。梦幻迷宫以玫瑰种植、绿化造型为切入点，打造出麋鹿主题植物迷宫，创造“世界最大的永久性树篱迷宫”和“最大的永久性树篱迷宫路径网”两项吉尼斯世界纪录；海洋世界差异化发展情境互动体验项目，获江苏省“亲子旅游优秀产品奖”；东方桃花洲、丰收大地从赏花到住民宿，从采摘到“泡泉”，从品农家菜到畅饮手工精酿啤酒，各类新业态层出不穷。

“大丰做足‘旅游+’和‘+旅游’文章，聚力打造‘黄海湿地、斗龙港、串场河文化、城市商贸休闲、美丽乡村’五大旅游产业集聚区，创成国家5A级景区1个、4A级景区6个，高等级景区数量居全省前列。”大丰区区长李志军说，富民效应也在旅游产业发展中得到释放。荷兰花海成立花卉种植销售专业合作社，带动周边3000多农户发展花卉苗木种植，每户年均增收近两万元。旅游产业带动全区3万多人就业，人均年收入4.8万元。

新理念夯实旅游服务支撑力

提升服务水平、优化管理模式、全方位提升旅游体验。

“做到‘旅游配套人性化、管理服务精细化’，建成‘宾至如归’的大丰旅游服务窗口，持续提升‘大丰好玩呢’品牌影响力和远程号召力。”大丰区政协主席石根美说，该区强化“全域旅游”新理念，有效整合旅游服务功能，夯实旅游服务支撑力。2018年文化和旅游部向全国推广全域旅游发展的“大丰模式”。

紧扣“吃、住、行、游、购、娱”六要素，大丰区高标准完善旅游交通、游客服务、智慧旅游、安全应急、市场管理、购物消费等公共服务网络：实施“三通三千”工程，规划建设黄海海堤风景道，构筑全域旅游交通网，实现高速公路、高等级公路与景区无缝对接；创新设立全国首个全域旅游诉调中心，建成全域旅游集散中心和大数据中心；组建大丰文旅集团、斗龙港旅游度假区集团，整合资源、激发活力；深入开展“厕所革命”，推行物业化管理，确保所有景区、城市社区和交通要道厕所达标；推进“明厨亮灶”，构建餐饮业食品安全管理标准化体系，假日旅游安全应急工作领导小组常态化驻点景区。

大丰区在改善景区硬件环境的同时，不断加强景区人员的文明礼仪培训和职业道德教育，开展“微笑服务”“服务技能大比武”活动，以自身文明带动游客文明，同时建立景区文明督导制度，设立文明监督岗，引导游客文明游览。

新格局增强旅游经济内生力

在新一轮接轨上海、融入长三角一体化的大潮中，大丰充分发挥“长寿之乡”优势，加强与长三角地区以及高铁沿线城市的旅游合作，建立资源共享、线路互推、客源互送的合作新机制，全力打造旅游康养新格局，努力将生态优势、资源优势转化为产业优势和经济优势，增强旅游经济内生力。

积极接轨上海建设康养基地，大丰区利用上海农场场部西侧资源、资产，建立护理养老中心，同时筹划建设光明康养特色小镇，发挥农场医疗、休闲、农旅等资源优势，为上海老人提供旅游、养老、度假、休闲、娱乐、住宿、餐饮等系列化服务。大丰人民医院与上海中山医院成立医疗技术服务中心，建成15个名医工作室，累计派遣79名医生赴上海复旦大学附属中山医院进修学习，实现了沪丰医保异地就诊结算。

上海旅游康养基地的建设，带动了一批康养基地破土而出。斗龙港旅游度假区、恒北原乡温泉度假村、桃花洲温泉度假村、荷兰花海旅游康养基地，正成为康养旅游的推进器和加速器。

大丰区文广旅局局长陶銘表示，大丰将不断放大“人无我有”的核心资源，全力打造高品质全域旅游目的地。

（摘自2021年1月3日《新华日报》头版）

锚定更高质量 成就更多精彩

春风十里，看最美“丰”景

卞小燕 丰 萱

3月的大丰，好戏连台，“丰”景美不胜收，引人注目——

3月初，盐城市大丰区委书记薛盛堂率队赴深圳、珠海、上海考察洽谈，主动出击珠三角、长三角城市群密集招商。

3月26日，盐城市高质量发展项目观摩推进会在大丰召开，与会者进企业、观项目、看城市、访街区，感受奔腾奋进、转型发展的火热氛围。

3月27日上午，“水韵江苏·有你会更美”文旅消费推广季在荷兰花海启动；当天下午，“花里大丰·相约美好”旅游季暨2021荷兰花海郁金香文化月开启。

3月30日，我省2020年度高质量发展总结表彰大会召开，会上通报了全省2020年度综合考核结果，大丰区被评为推进高质量发展先进县（市、区），区委书记薛盛堂被评为推进高质量发展优秀县（市、区）委书记。

“聚焦‘面朝大海、向海发展、赋能未来’新要求，大丰坚持市区联动，打造盐城发展最重要的蓝色增长极，为盐城在全省沿海率先崛起勇挑重担。”薛盛堂说。2020年，夺得盐城市综合绩效考核第一等次，将经济发展、文化建设两个高质量单项奖揽入囊中，获评五星企业数量位列全市第一；实现GDP687亿元，同比增长4%；全口径工业开票销售超1100亿元，全市最高；进出口总额28.7亿美元，占全市四分之一强；本土上市企业数量、累计融资额、合计市值均居全市第一……大丰锚定高质量发展目标，接续奋斗，笃定前行，成就了一个又一个精彩。

将重大项目作为高质量发展的“头版头条”，大丰以“跳起摘桃”的拼劲、“弯道超车”的闯劲，聚力招大引强，重大产业项目建设高潮迭起，推动工业经济发展质量变革、效率变革、动力变革。

把高标准实验室建在车间里，建成国内一流FPC生产线——走进大丰经开区，丰耐德电子科技有限公司柔性电路板项目处处显示出高精密性，这次全市高质量发展项目观摩会在这里启动。来自公司总部——深圳耀德科技的董事长助理刘志新说，“项目去年10月动工，目前机械设备已进车间。对线路板企业来说，这个速度相当快，常态下没有两年难以投产。”

“我们原是出口企业，出口量占90%，新冠肺炎疫情暴发后，企业一度陷入困境。国内大循环的快速启动，为我们打开了广阔的国内市场，企业订单大增。”刘志新坦言，选择大丰，看中的是产业集聚优势，丰耐德落户后，与一墙之隔的博敏电子形成产业集聚，带动上下游共同发展。而盐通高铁的开通、大丰港的运输优势，为企业华东市场稳定提供了硬支撑。“目前研发团队已来到大丰，丰耐德年产能将达总部的5倍。”

绿色发展，让更多企业在大丰找到了适合的舞台。在国新深通智能科技产业园，丰迪科技董事长何坚强的办公桌上，放着公司生产的振膜产品——黑色小喇叭。去年，在中国科学院大学举办的“国科大杯”创新创业大赛中，丰迪“扬声器振膜智能制造变革”获一等奖。“扬声器振膜是传统产业，但只要人类需要声音，这个产业就有生命力。如何转型？唯有创新。”何坚强说，如今的丰迪拥有完全自主研发的智能声学新科技，实现纤维零流失，一年可少砍树8万棵，而且能始终保持水质清净度，引领传统行业迸发新活力，走绿色环保可持续发展之路。

重大项目引领高质量发展，今年，大丰区又有两个项目入选省重大项目库，其中总投资25亿元的天合光能项目参加全省重大项目集中开工活动，预计9月竣工投产。据了解，今年该区三大战略性新兴产业开票销售将超360亿元，占全口径工业开票销售30%以上。

大丰最大化利用沿海空间优势，全力引进优质项目，培育绿色产业，向海发展春潮涌动。以海上风电和光伏两大产业为支撑，大丰新能源及装备制造产业风生水起。备受关注的金风科技16兆瓦传动实验室设备全部进场安装，预计6月投入运营；金风科技大功率整机智能制造项目具备6兆瓦、8兆瓦及以上大功率机组批量生产能力。

坚持生态优先，大丰不断探索“两山”转化新路径。创成国家全域旅游示范区，荷兰花海创建国家5A级景区通过景观质量评审，《只有爱·戏剧幻城》成为长三角文旅新标杆，全域旅游的内涵不断提升。同时，旅游公路、观海廊道、斗龙渔港小镇等建设加快，麋鹿、珍禽自然保护区加快生态修复，大丰野鹿荡入选“世界暗夜保护地名录”，世遗品牌效应充分释放。值得注意的是，串场河、斗龙港、王港河生态廊道的打造，加快了大丰系统治污进度。去年该区国省考断面水质优Ⅲ比例100%，空气质量优良天数比例同比提高5.1个百分点。

同步提升的还有城市。城区主干道——人民路承载着一代代大丰人的记忆，然而，这条40年未经系统修复的道路已跟不上城市发展的步伐，遇暴雨淹，路面过窄，沿途建筑建设没有规划、混乱无序，影响城市形象。大丰区住建局相关负责人说，从一条路着手，大丰对标盐城大市区建管标准，系统谋划，实现雨污分流、店招出新、业态更新，同时加快街区提升、老小区改造等综合整治，精心打造“一镇一里两街两商圈”。在更新中提升功能，让城市显得年轻而富有生命力。

向海发展、绿色转型，在高质量发展征途上，大丰步履铿锵，呈现一路“丰”景。

（摘自2021年4月4日《新华日报》头版）

八路军、新四军白驹狮子口会师纪念碑铭记峥嵘岁月——

盐阜“会师圣地”闪耀红色精神

祝 洁

“十年征战几人回，又见同侪并马归。江淮河汉今谁属？红旗十月满天飞。”大半个世纪以来，陈毅元帅这首诗在盐阜大地广为传颂，热血澎湃的字里行间，记载着八路军、新四军胜利会师的历史性时刻，这是盐城革命老区抗战的光辉一页。

阳春三月，晴空万里。记者来到盐城大丰区白驹镇北郊——八路军、新四军白驹狮子口会师纪念地，作为中国人民抗战史上重大事件发生地，纪念地四周苍松翠柏环绕，格外安静肃穆。广场中央，一座高22.6米、形似一把直插云天的双刃宝剑的纪念碑矗立，瞬间便将瞻仰者的思绪拽入那段激情燃烧的革命岁月。

“这是为了纪念八路军和新四军会师，于1986年建的纪念碑，碑文系张爱萍将军亲笔题写。”八路军、新四军白驹狮子口会师纪念地负责人丁日旭指着纪念碑介绍，纪念碑顶端浮雕象征八路军、新四军是中国共产党领导下的两支抗日武装。

纪念碑后方，会师文化展示馆主体建筑外形象征南北会师的两面军旗。依托八路军、新四军会师圣地的独有资源，当地将红色文化充分融入党建，此处成为传承红色基因和开展革命传统教育的重要阵地，不少外地党员前来参观，重温入党誓词。展示馆内，一场时长6分钟的3D微话剧，真实再现了两军会师的历史性时刻，在体验式教育中厚植爱党爱国爱社会主义情感。

96岁高龄、白驹镇唯一健在的会师见证人李元祥，几十年来每逢重要纪念活动，只要身体状况允许，他都会来到这里，讲述当年亲身经历。81年前，年仅15岁的李元祥作为青年代表，参与了八路军、新四军会师庆祝大会。“以前白驹是没有共产党部队的，只有国民党韩德勤的部队。韩的部队吃饭不给钱的情况时有发生，大家不敢靠近。但是，人们很快就看出新四军与国民党部队不同。”在大丰区李元祥小儿子家中，记者见到了老人。他动情地讲述起往事——

1939年2月，周恩来代表中共中央到皖南新四军军部，传达了中共中央六届六中全会精神，确定了新四军“向南巩固，向东作战，向北发展”的战略方针。1940年6月，新四军奉命渡江，开辟苏北抗日根据地，黄桥决战胜利后，继续挥师北上。1940年4月中旬，黄克诚率领八路军南下，挺进苏北，接连解放了东坎、阜宁、益林、湖垛、盐城。1940年10月10日，两支英雄部队在白驹狮子口胜利会师，为皖南事变后在盐城重建新四军军部，开辟苏北、建立华中抗日根据地奠定了基础，华中抗日斗争自此翻开了新的一页。

白驹镇的王立贵曾亲眼见证两支部队在狮子口相遇，后来他把这事告诉了李元祥。“10日上午，王立贵正在田里干活，抬头看到不远处的范公堤上停着两支部队，几个当兵模样的人跑来跑去。”李元祥说，王立贵心想这两支部队是来干嘛的，便跑过去看，“只见他们紧紧地抱在一起，很多人笑着哭着。”

当时的庆祝场景，李元祥仍历历在目，“白驹的白云山（寺院）挤满人，新四军苏北指挥部所属6团政治处主任林胜国宣布大会开始，全场顿时响起了雷鸣般的掌声……联欢会上，大家相互拥抱、热情握手，歌声嘹亮，高呼抗日口号。会后，新四军还杀猪、买鱼，招待八路军战友，表示要并肩战斗，相互支持。”他说，两军会师时间虽短，但给当地带来了深远影响，“大家团结一心，肯动脑筋做事，而且氛围很民主。”当时选举乡长，有人觉得举手投票不公平，乡亲们就想起来用丢豆子的方法选举乡长，黄豆和蚕豆当成选票。1942年，李元祥被选为河北乡乡长，狮子口村当时属于河北乡。

党的百年历史，就是一部与人民群众心连心、同呼吸、共命运的历史。“两军会师狮子口，军民齐心打鬼子。”现在狮子口很多老人都知晓这样的口号。八路军、新四军驻扎期间，军民关系非常融洽，“白驹镇上有位金大嫂，家里住了一名新四军干部。一天，这名干部不小心把水瓶打碎了，执意要赔，金大嫂坚决不同意。不久部队开拔，离开后金大嫂发现，这名干部把一双雨靴放在家中，留下一张字条，说内心有歉意，雨靴算是抵水瓶的。”说到这儿，李元祥一声感慨：“那时候，雨靴可是个好东西啊！”

如今，白驹镇乡风淳朴、产业兴旺，走在春意盎然的狮子口，一幅现代农村美好画卷徐徐延展，红色精神在新时代盐阜大地弘扬开来。最美村医任兴国就是白驹好人的代表，七组村民陈付明告诉记者：“我有慢性支气管炎和胃病，每次病情发作只要一个电话，他就及时赶到我家，哪怕是风雨交加也从不抱怨，20多年来他从不多收1分钱出诊费。”作为一名村医，任兴国恪尽职守，用实际行动诠释了一位乡村医生的自我信念与人生价值，传承了会师圣地的红色基因。

伟大事业孕育伟大精神，伟大精神引领伟大事业。历史长河波澜壮阔，革命先辈身上甘于奉献、心系群众、关注民生的生动实践，所体现的红色精神，早已在盐阜人民中内化为行动自觉，激励着一代又一代青年接续奋斗、砥砺前行。迈向第二个百年奋斗目标的新征程中，盐城满怀信心、步履铿锵，老区人民的日子必定会越来越红火。

（摘自2021年4月8日《新华日报》6版）

上海电力在大丰自主开发建设海上风电，远程全自动控制，无人机独立巡检

离岸43公里，72台风机输送清洁电力

李　蕾

在江苏省盐城市大丰区亮月沙北侧海域，国家电投上海电力股份有限公司自主开发建设了首个海上风电项目工程，成为长三角区域离岸最远的海上风电。这一海上风电项目总装机容量302.4兆瓦，共安装72台风机，单机额定容量为4.2兆瓦，年可利用小时数约2792小时，年发电量约8.4亿千瓦时。

海上风电的环保效益不可小觑。按火力发电标准煤耗315克/千瓦时计算，风电每年可节约标准煤26.59万吨，可减少二氧化碳排放68.39万吨、二氧化硫6780.61吨、氮氧化物5826.43吨，减少灰渣10.64万吨、烟尘2553.49吨，此外每年还可以减少用水243.19万吨，并减少相应的废水和废弃物排放。这一海上风电场还依靠科技力量，初步实现了智慧化运营。

离岸最远的海上风电

盐城大丰的海上风电于2018年12月20日建成，也是当时国内离岸最远的海上风电。“海上风电的场址中心距海岸线约43公里，海域使用面积约90平方公里，场区水深8米至14米。”负责建设、运维、管理的上海电力大丰海上风电有限公司（以下简称“上电大丰”）总经理助理陈伟介绍。

离海岸线43公里是什么概念？就是站在岸边，即使能见度很高的天气情况下，也无法看到90米高的海上风机；如果坐船去，单程需要2小时左右。海域使用约90平方公里，相当于9500多个大型足球场的面积。海上风电每一片叶片的长度是66.5米，三片叶片和中心轮毂构成的叶轮直径大约有136米。“现在技术越来越先进，有的风电叶片已加长至140多米，发电效率能增加10%。”

72台海上风机如何把风能转化成的电能成功输送到岸边？这离不开220千伏海上升压站。72台风机分为12条集电线路，通过海底电缆将转化而来的电能先传输到处于中心位置的海上升压站，统一升至220千伏等级的电压后，再通过电缆传输到岸边。

海上施工，并非易事。在建造过程中，海缆施工、风机调装的工作都需要出海操作。第一个遇到的“拦路虎”就是可以施工的时间窗口期十分短，“如果预测海上风速达7米/秒以上时，就不建议出海了，除非有紧急情况。”陈伟说。一般来说，在这里，一年中只有一半的时间适合出海操作。即使在这种情况下，上电大丰还是创下一个又一个奇迹：在同等规模的海上风电项目中，大丰海上风电的投资最省，每千瓦造价1.42万元；一年内完工，创下工期最短的建设纪录，同时也创下“当年开工，当年竣工，当年见效”的最快纪录。

打造海上“智慧风电”

上电大丰的海上风电正呈现出越来越高的效率。“2020年的海上平均风速低于2019年，但发电量却相差无几，这和科学管理分不开。”陈伟介绍。

确保远在海上的风机能健康运转，离不开“聪明”的智慧风场。当海上风速达到3米/秒，大丰海上风电的风机才能发电；当风速达到12米/秒时，发电满负荷；一旦风速超过25米/秒，风机会保护性切出。何时启动、何时保护停机，都是远程全自动控制的。风机的叶片上装有“风速传感器”。海上风力变幻莫测，72台风机每一台都因为位置不同而受到不同大小的风力。中央控制中心的大屏幕上实时显示每台风机的风力大小，一旦达到启动风速，海上风机便会自动启动，而一旦风力变得很弱或超过规定风速，风机也会感应到风速的变化自动停机。

今年，上电大丰还计划利用无人机技术，借助高速摄像对叶片进行巡检。无人机独立完成巡检任务，并将图像信息传回地面站。地面站接受的图像信息能进行放大判断，当发现可疑点时，能将图片放大对故障进行确认，对于不能确认的高清图像数据还能远传至专家端进行判断，使故障的诊断更加可靠。同时，图像数据将会长期存留，方便每次叶片巡检工作结束后与历史巡检数据进行对比，为叶片全寿命跟踪机制提供宝贵数据。

数字化智慧风场的神奇之处远不止这些。还可通过振动大数据分析来发现风机主轴承、齿轮箱等机械传动链问题，评估部件健康度；挖掘设备实测疲劳载荷与设计载荷之间关系，对风机健康度进行超感知提前管理；自动识别记录击中的次数，准确记录雷电电流等关键参数。

（摘自2021年5月31日《解放日报》10版）

（区委通讯站）

文件目录

中共盐城市大丰区委员会文件目录（摘要）

02-09 关于表彰2020年度杰出企业家和星级企业的决定
02-10 关于表扬2020年度秋季招商引资项目建设大会战先进单位的决定
02-10 关于表扬2020年度招商引资项目建设先进集体先进个人和十大突破项目的决定
02-10 关于表彰2020年度全区综合考核先进集体和先进个人的决定
04-12 关于全面推进乡村振兴加快农业农村现代化建设的实施意见
04-13 关于认真做好镇领导班子换届工作的通知
04-23 关于在全区开展“科技创新突破年”活动的实施意见
06-15 关于中国共产党盐城市大丰区委员会第十三次大会代表选举工作的通知
06-27 关于表彰优秀共产党员、优秀党务工作者的决定
08-13 关于深入学习贯彻《习近平总书记在庆祝中国共产党成立100周年大会上的讲话》的通知
08-17 关于在全区党员干部中开展“两在两同”建新功行动的实施意见
08-21 印发《贯彻落实中共盐城市委〈关于大力锻造“看得出、站得出、豁得出”的干部队伍加快形成激情澎湃勇立潮头干事创业氛围的意见〉的实施办法》的通知
08-24 关于区委常委工作分工的通知
09-08 关于表扬大丰区“十佳教坛精英”“十佳师德标兵”“十佳班主任”“十佳校长”和“十佳功勋教师”的决定
09-14 关于印发《2021年度镇(区、街道)综合考核意见》《2021年度区级机关单位年终综合考核意见》的通知
09-28 关于转发中共盐城市大丰区人大常委会党组关于做好区镇人民代表大会换届选举工作意见的通知
09-28 关于印发《盐城市大丰区教育高质量发展实施意见(2021—2025)》的通知
11-16 关于加强新时代监察机关法律监督工作的实施细则
12-08 关于表扬全区关心下一代工作先进集体和先进个人的决定
12-25 关于印发《全区共青团基层组织改革实施方案》的通知

盐城市大丰区人大常委会文件目录（摘要）

01-18 关于印发《盐城市大丰区人大常委会2021年工作要点》的通知
01-27 关于盐城市大丰区十五届人大五次会议第1号代表议案的交办意见
03-25 关于《中华人民共和国固体废物污染环境防治法》贯彻实施情况的审议意见
03-26 关于公共卫生体系建设情况报告的审议意见
03-29 关于开展党史学习教育的实施方案
05-20 关于部门接受专项工作评议情况报告的审议意见
07-30 关于2021年上半年国民经济和社会发展计划执行情况报告的审议意见
07-30 关于2020年区本级财政决算、审计工作报告及2021年上半年预算执行情况的审议意见
07-30 关于批准2020年区本级财政决算的决议
07-30 关于印发《盐城市大丰区人大常委会关于推行街道议政代表会制度的实施办法》的通知
08-03 关于区人大常委会领导分工和挂钩联系镇级人大工作的通知
08-23 关于印发《关于在全区人大系统和人大代表中开展“两在两同”建新功行动的实施意见》的通知
09-26 关于绿色向海赋能未来战略推进情况报告的审议意见
09-27 关于区镇两级人民代表大会换届选举问题的决定
09-27 关于设立盐城市大丰区选举委员会、各镇选举委员会的决定
09-27 关于授权主任会议接受区、各镇选举委员会组成人员辞职的决定
11-23 关于表彰区十五届人大五次会议人大代表优秀议案和建议的决定

盐城市大丰区人民政府文件目录（摘要）

01-11　关于表扬2020年度全区安全生产工作先进集体和先进个人的决定
01-27　关于下达2021年区政府民生实事项目任务的通知
02-02　关于表扬2020年度全区食品安全工作先进集体和先进个人的决定
03-02　关于表扬2020年度全区消防工作先进集体和先进个人的决定
03-05　关于表扬2020年度全区卫生健康工作先进集体和先进个人的决定
03-05　关于表扬2020年政务服务“十佳红旗窗口”“十佳服务标兵”、优秀项目代理员和优秀政务工作者的决定
03-16　关于表扬2020年度全区人力资源和社会保障工作先进集体和先进个人的决定
03-17　关于印发《盐城市大丰区国家现代农业产业园建设规划（2021–2025年）》的通知
03-22　关于表扬2020年度全区服务业发展工作先进集体和先进个人的决定
03-26　关于表彰2020年度城市建设大会战先进集体和先进个人的决定
03-30　关于表扬2020年度全区民政工作先进集体和先进个人的决定
04-01　关于2021年全区开放型经济高质量发展的意见
04-19　关于表扬2020年度全区科技工作先进集体和先进个人的决定
04-21　关于下达2021年度财政收入预算的通知
04-25　关于表扬2020年度全区金融工作先进集体和先进个人的决定
05-08　关于表扬2020年度全区财税工作先进集体和先进个人的决定
05-09　关于表扬2020年度全区法治政府建设先进集体和先进个人的决定
05-10　关于印发《盐城市大丰区国民经济和社会发展第十四个五年规划和2035年远景目标纲要》的通知
05-25　关于推进秸秆综合利用工作的实施意见
06-15　关于印发《落实健康中国行动推进健康大丰建设实施方案》的通知
06-24　关于印发《全区2021年度民兵组织整顿工作方案》的通知
08-03　关于印发《2021年大丰城区房屋征迁大会战实施意见》的通知
08-25　关于推进科技创新促进高质量发展的激励意见
09-07　关于印发《盐城市大丰区赋予镇（街道）经济管理权限目录（第一批）》的通知
09-17　关于印发《盐城市大丰区促进开放型经济高质量发展激励办法》的通知
09-18　关于促进服务业高质量发展的激励意见
11-15　关于区政府领导成员工作分工的通知
12-02　关于加快建设知识产权强区的指导意见
12-10　关于印发《盐城市大丰区国有粮食企业粮食仓储设施建设三年行动计划（2022–2024）》的通知
12-28　关于印发《盐城市大丰区镇（街道）权力清单》的通知

政协盐城市大丰区委员会文件目录（摘要）

01-07　关于表彰2020年度全区政协工作先进集体、先进个人的决定
06-01　关于印发《政协盐城市大丰区委员会2021年度“有事好商量”协商议事工作考核办法》的通知
06-01　关于印发《政协盐城市大丰区委员会2021年度委员履职量化考核评分细则》的通知
06-30　关于加快我区“构建海上风电全产业链生态圈”的建议案
10-08　关于推进区场一体化发展的建议案
12-01　关于城市精细化管理的建议案

统 计 资 料

分行业地区生产总值

表57 单位：亿元

指 标	2021年	2020年	以2020年为100的可比价速度（%）
地区生产总值	759.21	685.28	6.6
农林牧渔业	117.48	104.76	3.5
工业	231.18	198.09	9.8
建筑业	22.08	25.30	-13.1
批发和零售业	70.12	62.09	11.5
#批发业	40.57	37.98	11.5
零售业	29.55	24.11	11.6
交通运输、仓储和邮政业	36.71	34.26	4.0
住宿和餐饮业	13.82	11.31	19.8
#住宿业	2.12	2.38	7.5
餐饮业	11.71	8.94	23.1
金融业	65.86	60.01	6.1
房地产业	60.58	56.23	7.7
其他服务业	141.38	133.23	4.9
第一产业	111.06	98.64	3.4
第二产业	253.21	223.11	7.3
第三产业	394.94	363.54	7.0
人均地区生产总值（元）	117561	106270	6.4

国民经济与社会发展总量与速度指标

表58

指　标	总量指标						环比速度指标%					
	2016年	2017年	2018年	2019年	2020年	2021年	2016年	2017年	2018年	2019年	2020年	2021年
一、人口（万人）												
年末总人口	71.65	71.45	71.09	70.66	70.10	69.38	-0.1	-0.28	-0.5	-0.6	-0.8	-1.0
常住人口	63.80	64.00	64.20	64.40	64.57	64.59	0.2	0.3	0.3	0.3	0.3	0.03
二、就业（万人）												
单位从业人数★	5.51	5.18	5.20	4.25	4.46	6.47	-5.5	-6.0	0.5	-18.2	4.9	45.1
国有经济	2.19	2.16	2.00	2.15	2.59	3.29	-0.4	-1.4	-7.4	7.5	20.4	27.0
城镇集体	0.14	0.11	0.11	0.11	0.15	0.08	—	-25.4	6.3	-1.0	32.5	-46.7
其他经济	3.17	2.91	3.09	1.99	1.73	3.10	-8.9	-8.2	6.2	-35.5	-13.2	79.2
三、国民经济核算（亿元）												
地区生产总值	522.67	574.44	621.52	650.36	685.28	759.21	9.5	7.5	5.2	5.1	4.0	6.6
第一产业增加值	77.69	80.26	84.75	88.72	98.64	111.06	1.3	2.8	3.4	3.0	2.7	3.4
第二产业增加值	188.91	209.24	225.08	223.65	223.11	253.21	9.7	6.2	2.3	1.4	3.0	7.3
工业	160.61	185.10	198.66	195.66	198.09	231.18	9.8	7.5	1.2	1.1	3.6	9.8
第三产业增加值	256.07	284.94	311.70	337.99	363.54	394.94	10.8	10.1	7.9	8.3	4.9	7.0
人均地区生产总值（元）	82007	89897	96961	101145	106270	117562	9.6	7.2	4.9	4.8	3.7	6.4
四、工业（亿元）												
全口径工业开票销售收入	739.89	846.14	922.47	1005.92	1143.42	1404.35	16.4	13.4	7.6	8.0	10.0	27.8
规模以上工业总产值★	944.76	936.58	865.45	812.53	884.24	1109.06	—	—	—	—	—	—
规模以上工业主营业务收入★	920.18	887.81	841.23	835.04	938.62	1193.32	—	—	—	—	—	—
工业用电量（亿千瓦时）	43.65	44.86	52.06	48.45	56.80	65.13	5.7	2.8	16.1	-6.9	17.2	14.7
五、固定资产投资（亿元）												
固定资产投资★	453.80	494.64	341.54	362.01	392.70	312.13	14.9	9.0	8.6	5.7	4.2	-17.3
工业投资	266.31	294.84	240.05	254.66	218.73	197.46	12.5	7.9	15.3	6.1	-14.1	-9.7

续表58

指　标	总量指标						环比速度指标%					
	2016年	2017年	2018年	2019年	2020年	2021年	2016年	2017年	2018年	2019年	2020年	2021年
六、农业（亿元）												
农林牧渔业总产值	171.02	173.23	152.07	160.46	182.22	199.81	2.5	1.3	0.5	3.2	2.7	4.4
农业	81.83	83.61	71.14	72.78	83.88	103.25	0.6	2.2	0.3	4.1	2.1	13.6
林业	4.15	4.14	3.32	3.49	4.39	3.22	0.7	–0.3	4.3	3.8	5.2	–26.5
牧业	36.95	36.52	27.98	30.51	36.83	34.32	6.5	–1.2	0.6	–1.8	3.3	–0.6
渔业	36.72	37.70	39.14	42.20	45.30	46.64	3.1	2.7	0.5	5.1	2.9	–5.9
农林牧渔业服务业	11.36	11.36	10.49	11.48	11.82	12.38	2.9	—	–0.7	2.9	3.3	5.5
七、主要农产品产量												
粮食（万吨）	86.05	92.71	86.99	90.94	91.34	91.28	0.4	7.7	–6.2	4.5	0.4	–0.07
棉花（万吨）	0.50	0.23	0.00	0.00	0.00	0.00	–41.9	–54.4	–100.0	—	—	—
油料（万吨）	5.11	4.99	2.91	2.42	2.51	2.56	–1.4	–2.4	–41.7	–16.7	3.7	1.9
生猪年末存栏数（万头）	42.30	51.76	50.85	27.99	48.18	49.45	–5.1	22.4	–1.8	–45.0	72.1	2.7
水产品（万吨）	17.70	17.70	17.52	17.37	17.36	16.69	1.1	—	–1.1	–0.8	–0.1	–3.9
肉类总产量（万吨）	11.22	10.77	10.48	11.17	8.32	9.94	–3.7	–4.0	–2.7	6.6	–25.5	19.5
蚕茧（吨）	749	713	669	760	624	464	–19.2	—	–6.2	13.6	–17.9	–25.6
禽蛋（万吨）	4.85	3.82	5.68	6.06	7.34	8.18	–24.9	–21.2	48.7	6.7	21.1	11.4
八、运输和邮电												
客运量（万人）	948	828	912	934	589	175	–1.4	–12.7	10.1	2.4	–37.0	–70.3
货运量（万吨）	1039	1100	1113	1133	1038	1105	–0.7	5.9	1.2	1.8	–8.4	6.5
旅客周转量（万人公里）	53529	43585	43203	45370	52100	53400	–1.5	–18.6	–0.9	5.0	14.8	2.5
货物周转量（万吨公里）	246701	255284	243410	268450	251500	269100	–0.8	3.5	–4.7	10.3	–6.3	7.0
邮政业务总量（万元）	8638.21	10363.33	12734.65	21148.40	19811.03	13192.31	10.2	20.0	22.9	66.1	–6.3	–33.4
出口计费函件（万件）	58.15	21.72	15.75	11.22	8.87	13.14	–14.4	–62.6	–27.5	–28.8	–20.9	48.1
订销报纸累计份数（万份）	1215.76	1271.84	1223.25	1222.84	1659.21	1033.84	–9.0	4.6	–3.8	0.0	35.7	–37.7
九、贸易												
社会消费品零售总额（亿元）	172.77	189.36	187.89	202.74	205.85	245.79	11.1	9.6	6.8	7.9	1.4	19.4
自营出口额（万美元）	87432	110513	115544	113087	143000	177500	–2.3	26.4	4.5	–2.1	26.5	24.1
实际利用外资（万美元）	14456	11357	15003	5139	11184	12366	–22.8	–21.4	32.1	–65.7	117.6	10.6

续表58

指标	总量指标						环比速度指标%					
	2016年	2017年	2018年	2019年	2020年	2021年	2016年	2017年	2018年	2019年	2020年	2021年
十、财政（亿元）												
财政收入	77.90	76.85	85.19	80.41	81.71	92.35	−10.0	−1.4	10.9	−5.5	1.6	13.0
一般公共预算收入	59.26	52.50	55.13	51.01	53.57	58.05	−14.5（同口径−2）	−11.4（同口径1.5）	5.0	−7.5	5.0	8.4
一般公共预算支出	89.38	84.66	91.06	96.07	112.60	115.06	−5.7	−5.3	7.6	5.5	17.2	2.2
十一、金融（亿元）												
金融机构年末存款余额（本外币）	609.58	638.54	676.78	835.16	1017.99	1085.35	21.4	4.8	6.0	23.4	21.9	6.6
金融机构年末贷款余额（本外币）	396.81	469.05	561.58	709.59	856.46	982.92	18.4	18.2	19.7	26.4	20.7	14.8
住户存款余额（本外币）	338.53	350.41	360.94	400.57	462.74	615.56	8.4	3.5	3.0	11.0	15.5	33.0
十二、物价（%）												
零售物价总指数	101.7	102.1	102.8	103.8	101.5	102.4	1.7	2.1	2.8	3.8	1.5	2.4
居民消费价格总指数	101.5	101.2	102.8	103.9	103.6	102.0	1.5	1.2	2.8	3.9	3.6	2.0
十三、教育（万人）												
各类在校学生	6.92	6.59	6.56	6.56	6.55	6.50	−1.4	−4.8	−0.5	0.1	−0.3	−0.8
普通中学	2.25	2.18	2.16	2.16	2.15	2.12	−2.2	−2.9	−1.0	−0.1	−0.5	−1.4
小学	2.71	2.72	2.76	2.78	2.78	2.77	−1.5	0.4	1.4	0.9	0.0	−0.4
十四、卫生												
卫生机构数（个）	42	42	350（卫生部口径）	364（卫生部口径）	363（卫生部口径）	362（卫生部口径）	—	—	—	4.0	−0.3	−0.3
床位（张）	3514	3431	3482	3725	3893	3824	0.4	−2.4	1.5	7.0	4.5	−1.8
卫生技术人员（人）	2884	3067	3955	4120	4540	4593	−0.3	6.3	29.0	4.2	10.2	1.2
十五、人民生活												
全体居民人均可支配收入（元）	25445	28125	30590	33279	34973	38139	9.3	10.5	8.8	8.8	5.1	9.1
城镇常住居民人均可支配收入（元）	31104	33717	36462	39437	40975	44392	8.2	8.4	8.1	8.2	3.9	8.3
农村常住居民人均可支配收入（元）	19480	21202	23055	25121	26754	29387	8.7	8.8	8.7	9.0	6.5	9.8

说明：1.单位从业人数来源于各年度劳动工资年报。
2.规模以上工业总产值、主营业务收入数据来源于各年度工业年报。
3.固定资产投资2018年之前采用形象进度法申报数据；2018—2019年，500万~5000万元项目使用财务支出法，5000万元及以上项目使用形象进度法；2020年以来两种方法可以任意选择

人口、户数及构成

表59

指　　标	2017年	2018年	2019年	2020年	2021年
全区总人口（万人）	71.45	71.09	70.66	70.10	69.38
按性别分：					
男（万人）	35.70	35.51	35.30	35.01	34.65
比重（%）	49.97	49.95	49.96	49.94	49.94
女（万人）	35.74	35.58	35.36	35.09	34.73
比重（%）	50.03	50.05	50.04	50.06	50.06
按城镇和乡村分：					
城镇人口（万人）	41.72	42.36	42.87	43.38	43.41
比重（%）	58.40	59.58	60.67	61.88	62.57
乡村人口（万人）	29.72	28.73	27.79	26.72	25.97
比重（%）	41.60	40.42	39.33	38.12	37.43
全区总户数（万户）	27.06	26.87	26.72	26.47	26.27
平均每户人口（人）	2.64	2.65	2.64	2.65	2.64
年平均人口（万人）	71.55	71.27	70.88	70.38	69.74
人口密度（人/平方公里）	237.52	236.34	234.91	233.05	230.65
出生人数（人）	6953	4999	4015	4072	2813
#男	3634	2579	2060	2157	1434
女	3319	2420	1955	1915	1379
出生率（‰）	9.72	7.01	5.66	5.79	4.03
死亡人数（人）	6467	5925	5221	6573	6576
#男	3486	3190	2809	3483	3458
女	2981	2735	2412	3090	3118
死亡率（‰）	9.04	8.31	7.37	9.34	9.43
自然增长（人）	486	–926	–1206	–2501	–3763
自然增长率（‰）	0.68	–1.30	–1.71	–3.55	–5.40

说明：城镇和乡村人口数据以城镇化率推算

规模以上工业企业主要经济指标

表60　　　　单位：万元

指　标	2020年	2021年
企业单位数（个）	474	513
#亏损企业（个）	111	118
工业总产值（当年价）	8842423	11090626
营业收入	9723721	12561514
其中：主营业务收入	9386242	11933181
利税总额	754495	1036173
利润总额	523333	761600
亏损企业亏损额	170866	114521
工业产品销售率（%）	101	98
年平均用工人数（人）	62638	70574

数据来源：联网直报工业年报

规模以上工业企业单位数

表61　　　　单位：个

分　类	2020年	2021年
总　计	474	513
总计中：乡镇工业	267	282
区直工业	207	231
总计中：国有企业	5	5
外商及港澳台投资	50	52
大型企业	8	12
中型企业	25	30
小型企业	384	419
总计中：轻工业	178	188
重工业	296	325
丰华街道	21	23
大中街道	46	43
草堰镇	14	17
白驹镇	19	20
刘庄镇	16	17
西团镇	30	33
小海镇	18	22
大桥镇	10	12
草庙镇	8	9
万盈镇	19	21
南阳镇	16	18
新丰镇	36	31
三龙镇	14	16
苏盐合作区	2	2
沪苏集聚区	6	9
经济开发区	108	119
大丰港经济区	65	72
常盐工业园	26	29

说明：大中农场企业调整南阳镇统计，方强农场企业列入三龙镇统计

对外经济基本情况

表62

指　标	2020年	2021年
外贸		
自营进出口总额（万美元）	287000	420200
自营出口（万美元）	143000	177500
自营进口（万美元）	144000	242700
外资		
新签协议（合同）数（个）	19	24
协议（合同）外资金额（万美元）	27104	41659
实际利用外资金额（含境外借款）（万美元）	11184	12366

固定资产投资

表63　　单位：万元

指标及分类	2020年	2021年
规模以上固定资产投资	3384672	3121359
其中：规模工业投资	2187290	1974563
房地产开发投资	542431	452174

城镇常住居民家庭就业与收支情况

表64

（2021年）

指 标	大丰区	指 标	大丰区
平均每户家庭常住人口（人）	2.5	人均生活消费支出（元）	23663
平均每户就业人口（人）	1.8	食品烟酒	6820
平均每一就业人口负担人数（人）	1.4	衣着	1495
平均每户就业面（%）	70.2	居住	3502
人均可支配收入（元）	44392	生活用品及服务	1243
工资性收入	23488	交通通信	3903
经营净收入	7327	教育文化娱乐	4378
财产净收入	2854	医疗保健	1798
转移净收入	10723	其他用品及服务	524

各镇（区）农村居民人均可支配收入

表65

单位：元

镇（区）	2020年	2021年	比2020年（±%）	镇（区）	2020年	2021年	比2020年（±%）
大 中	31212	34302	9.9	万 盈	26974	29510	9.4
草 堰	26582	29081	9.4	南 阳	29325	32082	9.4
白 驹	27597	30274	9.7	新 丰	29401	32224	9.6
刘 庄	27502	30197	9.8	三 龙	27124	29755	9.7
西 团	27449	30139	9.8	经济开发区	27530	30145	9.5
小 海	26665	29278	9.8	大丰港经济区	27264	29882	9.6
大 桥	27008	29628	9.7	高新技术区（丰华街道）	30438	33452	9.9
草 庙	27350	29948	9.5				

农村基本情况

表66

指　标	2020年	2021年	比2020年（±%）
一、村组织情况			
村民委员会（个）	208	208	0.0
村民小组（个）	1296	1296	0.0
二、乡村户数、人口			
乡村总户数（万户）	20.22	20.04	−0.9
乡村总人口（万人）	52.48	52.00	−0.9
三、乡村实有从业人员（万人）	29.88	29.76	−0.4
1. 农业	8.69	8.58	−1.3
2. 工业	7.69	7.67	−0.3
3. 建筑业	2.58	2.55	−1.2
4. 交通运输仓储和邮电通讯业	1.54	1.55	0.6
5. 信息传输、计算机服务和软件业	0.29	0.30	3.4
6. 批发、零售、贸易业、餐饮业	1.52	1.53	0.7
7. 住宿和餐饮业	0.57	0.57	0.0
8. 金融保险业	0.23	0.24	4.3
9. 房地产社会服务业	0.20	0.20	0.0
10. 卫生体育和社会福利业	0.17	0.17	0.0
11. 教育文化艺术和广播电视事业	0.17	0.17	0.0
12. 科学研究和综合技术服务事业	0.06	0.06	0.0
13. 乡村经济管理	0.20	0.20	0.0
14. 其他	5.97	5.97	0.0

各镇（区、街道）居委会和村委会名称

表67

（2021年）

镇/区/街道	居、村委会数（个）	居委会数（个）	居委会名称	村委会数（个）	村委会名称
合计	268	60		208	
大中	46	26	大华、大新、康平、人民、沿河、大刘、老街、新街、城中、健东、建业、育红、东宁、建西、飞达、新村、新团、西河口、滨河、新德、朝阳、建丰、浦江、城南、北兴、德润	20	红花、泰西、德丰、同德、新团、光明、老坝、八灶、泰丰、双喜、利民、恒北、恒丰、恒南、阜北、大新、福丰、元丰、晋丰、晋北
丰华	13	5	新东苑、高新、裕华、海棠、香榭丽	8	阜南、阜丰、丰裕、万丰、朝荣、海防、天祥、海丰
草堰	13	1	竹溪	12	丁溪、双河、双垛、合新、草堰、三元、西渣、成文、竹园、三新、三渣、界中
白驹	17	1	海宁	16	洋心、沿堤、马家、民窑、团结、狮子口、汤舍、肖坳、进步、新垛、窑港、七里桥、三里树、唐西、朱舍、东窑
刘庄	15	3	紫林、三圩、云溪	12	光荣、新桥、友谊、民主、良好、建成、润民、胜利、竞赛、龙心、东联、东方
西团	13	2	大龙、建设	11	北团、西团、西灵、龙窑、众心、黄浦、九一、新中、赵场、马港、描花
小海	15			15	温泉、无泊、海团、江北、新圩、北虹、唐中、杨树、新村、小洋、徐南、海西、新窑、小海、南团
大桥	13			13	大桥、潘鳜、潘南、方向、中业、中港、联丰、双丰、东塔、江岸、川南、洋南、中合
草庙	16	2	草庙、川东	14	东灶、川洋、竹港、北灶、川竹、庆生、圩东、新海、五总、四灶、新场、新东、丁东、沿河
万盈	18			18	兆丰、益民、文达、六里、苗丰、万盈、三合、天池、沈灶、双灶、六川、西灶、金龙、双福、双星、康宁、殷灶、顾灶
南阳	13	1	南阳	12	城乡、广丰、祥北、祥南、祥西、诚心、裕海、民心、东旺、吉兴、沿海、通商
新丰	38	9	民主、团结、新淮、和平、新北、金墩、四岔河、龙堤、方强	29	鼎丰、时丰、裕南、裕北、仁北、金西、同丰、全心、群乐、仁南、金东、大团、沙港、太兴、赤旗、车滩、永跃、万众、小团、长坍、腰港、老墩、三总、引水、圩中、五丰、安龙、齐贤、大明
三龙	22	3	龙王庙、丰富、斗龙	19	龙西、龙东、丰余、龙南、丰富、下坝、斗龙港、前进、斗龙、东红、开明、新丰、洋桥、持久、久丰、增产、新坍、富强、和平
开发区	12	4	新民、新城、上海花园、蝴蝶湾	8	和瑞、七灶河、灶圩、同圣、建设、龙福、长安、河口
港区	4	3	王港、海湾、海港	1	南新

说明：大中街道城南、北兴、德润未选举

（区统计局）

〖编辑 於晨婷〗

索　引

说 明

1.本索引采用内容分析法编制，按汉语拼音顺序排列。

2.标引词后的数字表示内容所在页码，数字后的字母 a、b、c 分别表示左、中、右栏。

3.卷首、特载、大事记、荣誉栏、附录等栏目内容未作索引。

4.本索引编有附见系统和参见系统。主款目下行空一格排列者为附见条目，标引词后的第二个页码起为参见页码。

5.栏目、分目标题用黑体字标示。表格均注明“(表)”字样。

6.索引标引词一般采用中心词或简称。“省”即江苏省，“市”即盐城市，“区”即大丰区。

A

B

C

D

H

J

K

L

M

R

S

T

W

X

Y

Z

〔编辑　於晨婷〕